西北区耕地质量评价

农业农村部耕地质量监测保护中心　编著

中国农业出版社
北　京

图书在版编目（CIP）数据

西北区耕地质量评价/农业农村部耕地质量监测保护中心编著．—北京：中国农业出版社，2018.11
ISBN 978-7-109-24025-4

Ⅰ.①西… Ⅱ.①农… Ⅲ.①耕地资源—资源评价—西北地区 Ⅳ.①F323.211

中国版本图书馆 CIP 数据核字（2018）第 067031 号

审图号：GS（2018）3395 号

中国农业出版社出版
（北京市朝阳区麦子店街 18 号楼）
（邮政编码 100125）
责任编辑 贺志清

北京通州皇家印刷厂印刷 新华书店北京发行所发行
2018 年 11 月第 1 版 2018 年 11 月北京第 1 次印刷

开本：787mm×1092mm 1/16 印张：27.75 插页：8
字数：675 千字
定价：150.00 元

编　委　会

前　言

按照耕地质量评价工作总体部署，县域耕地质量调查与质量评价试点工作于2002年启动，至2012年底，已组织完成全国2 498个农业县（区、场）的耕地质量评价工作。在此基础上，为进一步掌握我国重点农区耕地质量状况，推动评价成果为农业生产服务，2014—2016年，组织开展了西北区耕地质量评价工作。

在总结3年来西北区耕地质量汇总评价工作基础上，农业农村部耕地质量监测保护中心组织编写了《西北区耕地质量评价》一书。全书分为六章：第一章西北区概况。介绍了区域地理位置、行政区划、气候条件、地形地貌、植被分布、水文情况、成土母质等自然环境条件，区域种植结构、产量水平、施肥情况、灌溉情况、农作物品种、病虫害发生和防治、机械化应用等农业生产情况，并对区域耕地质量保护与提升制度建设、耕地质量基础性工作、耕地质量管理、耕地质量建设等情况做了介绍。第二章耕地土壤类型。对西北区面积较大的淋溶土、半淋溶土、钙层土、干旱土、漠土、人为土、初育土、半水成土、水成土、盐碱土等10个土纲的黄绵土、栗钙土、黑钙土、褐土、黑垆土、灰钙土、水稻土、草甸土、棕钙土、草甸盐土、风沙土等24个土类、134个亚类进行了重点描述。第三章耕地质量评价方法与步骤。系统地对区域耕地质量评价的每个技术环节进行了详细介绍，具体包括资料收集与整理、评价指标体系建立、数据库建立、耕地质量等级评价方法、评价指标权重确定、专题图件编制方法等内容。第四章耕地质量等级分析。详细阐述了西北区各等级耕地面积及分布、主要属性及存在的障碍因素，提出了有针对性的对策与建议。第五章耕地土壤有机质及主要营养元素。重点分析了土壤有机质、全氮、有效磷、速效钾、缓效钾、有效铜、有效锌、有效铁、有效锰、有效硼、有效钼、有效硅等12个耕地质量主要性状及变化趋势。第六章其他指标。详细阐述了土壤pH、灌溉排水能力、有效土层厚度、耕层厚度、质地构型、耕层质地、林网化程度、盐渍化程度等其他耕地指标分布情况。

本书编写过程中得到了农业农村部财务司、种植业管理司领导的大力支持。内蒙古自治区土壤肥料和节水农业工作站、陕西省土壤肥料工作站、甘肃省耕地质量建设管理总站、青海省农业技术推广总站、宁夏回族自治区农业技术推广总站、新疆维吾尔自治区土壤肥料工作站、新疆生产建设兵团农业技术推广总站参与了数据资料收集与整理分析工作，西北农林科技大学资源环境学院承担了图件制作与耕地质量管理信息系统建设工作，在此一并表示感谢！

由于编者水平有限，书中不足之处在所难免，敬请广大读者批评指正。

编　者

2018年5月

目　录

第一章　西北区概况

第一节　地理位置及行政区划

一、概述

西北区是我国重要的粮食生产基地之一，主要粮食作物有小麦、玉米、马铃薯等。此外，该区棉花分布广泛，以新疆玛纳斯河流域、吐鲁番盆地、喀什三角洲及塔里木盆地南北缘绿洲为主，棉花年产量约占全国产量的1/3，并以质量优良著称。西北区耕地质量关系着全国1.6亿人口的粮食安全与农产品质量安全问题。开展该区耕地质量评价分析，摸清耕地自然与社会经济条件，评估耕地质量水平，探明耕地利用中存在的主要问题，能为有针对性开展耕地土壤改良与地力培肥提供科学依据，为促进区域耕地资源可持续利用与农业可持续发展提供基础支撑。

二、地理位置

西北区位于我国锡林郭勒草原以西，昆仑山、唐古拉山、巴山以北，地理坐标介于北纬31°36′～49°10′和东经73°30′～116°55′之间，其最西端在新疆阿克陶县乌孜别里山口以西，最北端在新疆布尔津县北部友谊峰以北，最东端为内蒙古的多伦县，最南端在青海省的囊谦县。整个西北区的东部与山西、河北、湖北省接壤；西部与塔吉克斯坦、乌兹别克斯坦、巴基斯坦、阿富汗等国交界；南部与西藏、重庆、四川省（自治区、直辖市）比邻；北部与哈萨克斯坦、俄罗斯、蒙古等国相接。

三、行政区划

西北区主要包含陕西省、甘肃省、青海省、宁夏回族自治区、新疆维吾尔自治区五省（自治区）及内蒙古自治区西部和新疆兵团，共计68个地市、396个县和兵团14个师。陕西省包含西安、宝鸡、榆林等10市及其所辖的101个县（区），甘肃省包含兰州市等14个地州市及其所辖的87个县（区、市），青海省包含西宁等2个市、6个自治州及其所辖46个县（区），宁夏回族自治区包含银川等5个市及其所辖的22个县（区），新疆维吾尔自治区包含乌鲁木齐等4个地级市、5个地区、5个自治州、9个直辖县级市、20个县级市、62个县、6个自治县，内蒙古自治区西部包含呼和浩特等6个地级市、2个盟及其所辖的52个县（旗、区、市）。新疆建设兵团包含14个师（表1-1）。西北区总人口1.6亿，农业人口7 020万、人均耕地为0.12hm^2。

表 1-1　西北区行政区划

省（自治区）名称	地、州、市名称	所辖县、旗、区、县级市名称
陕西	西安市	新城区、碑林区、莲湖区、灞桥区、未央区、雁塔区、阎良区、临潼区、长安区、蓝田县、周至县、户县、高陵县
	铜川市	王益区、印台区、耀州区、宜君县
	宝鸡市	渭滨区、金台区、陈仓区、凤翔县、岐山县、扶风县、眉县、陇县、千阳县、麟游县、凤县、太白县
	咸阳市	杨凌示范区、秦都区、渭城区、泾阳县、乾县、礼泉县、永寿县、长武县、旬邑县、淳化县、武功县、兴平县、三原县、彬县
	渭南市	临渭区、华县、潼关县、大荔县、合阳县、澄城县、白水县、富平县、华阴市、韩城市
	延安市	宝塔区、延长县、延川县、子长县、安塞县、志丹县、甘泉县、富县、洛川县、宜川县、黄龙县、黄陵县
	榆林市	靖边县、吴堡县、榆阳区、神木县、府谷县、横山县、定边县、绥德县、米脂县、佳县、清涧县、子洲县
	汉中市	汉台区、南郑县、城固县、洋县、西乡县、勉县、略阳县、镇巴县、留坝县
	安康市	汉滨区、汉阴县、石泉县、宁陕县、紫阳县、岚皋县、平利县、镇平县、旬阳县、白河县
	商洛市	商州区、洛南县、丹凤县、商南县、山阳县、镇安县、柞水县
甘肃	兰州市	永登县、皋兰县、榆中县、城关区、七里河区、西固区、安宁区、红古区、兰州新区
	嘉峪关市	—
	金昌市	永昌县、金川区
	白银市	靖远县、会宁县、景泰县、白银区、平川区
	天水市	清水县、秦安县、甘谷县、武山县、张家川回族自治县、秦州区、麦积区
	武威市	民勤县、古浪县、天祝藏族自治县、凉州区
	张掖市	民乐县、临泽县、高台县、山丹县、肃南裕固族自治县、甘州区
	平凉市	泾川县、灵台县、崇信县、华亭县、庄浪县、静宁县、崆峒区
	酒泉市	金塔县、瓜州县、肃北蒙古族自治县、阿克塞哈萨克族自治县、肃州区
	庆阳市	庆城县、环县、华池县、合水县、正宁县、宁县、镇原县、西峰区
	定西市	通渭县、陇西县、渭源县、临洮县、漳县、岷县、安定区
	陇南市	成县、文县、宕昌县、康县、西和县、礼县、徽县、两当县、武都区
	临夏回族自治州	临夏市、临夏县、康乐县、永靖县、广河县、和政县、东乡族自治县、积石山保安族东乡族撒拉族自治县
	甘南藏族自治州	合作市、临潭县、卓尼县、舟曲县、迭部县、玛曲县、碌曲县夏河县

（续）

省（自治区）名称	地、州、市名称	所辖县、旗、区、县级市名称
青海	西宁市	大通县、湟中县、湟源县、城东区、城西区、城南区、城北区
	海东市	乐都区、平安区、民回族土族自治和县、互助土族自治县、循化撒拉族县、化隆回族自治县
	海西蒙古族藏族自治州	格尔木市、德令哈市、都兰县、乌兰县、天骏县、大柴旦行政工委、芒崖行政工委、冷湖行政工委
	海北藏族自治州	海晏县、刚察县、祁连县、门源县
	海南藏族自治州	共和县、贵德县、兴海县、同德县、贵南县
	黄南藏族自治州	同仁县、尖扎县、泽库县、河南蒙古族自治县
	果洛组织自治州	玛沁县、班玛县、甘德县、达日县、久治县、玛多县
	玉树藏族自治州	玉树市、杂多县、治多县、称多县、囊谦县、曲麻莱县
宁夏	银川市	兴庆区、金凤区、西夏区、永宁县、贺兰县、灵武市
	石嘴山市	大武口区、惠农区、平罗县
	吴忠市	利通区、红寺堡区、盐池县、同心县、青铜峡市
	中卫市	沙坡头区、中宁县、海原县
	固原市	原州区、西吉县、隆德县、彭阳县、泾源县
新疆	乌鲁木齐市	天山区、沙依巴克区、新市区、水磨沟区、头屯河区、达坂城区、米东区、乌鲁木齐县
	克拉玛依市	独山子区、克拉玛依区、白碱滩区、乌尔禾区
	吐鲁番市	高昌区、鄯善县、托克逊县
	哈密市	伊州区、伊吾县、巴里坤哈萨克自治县
	阿克苏地区	阿克苏市、温宿县、库车县、沙雅县、新和县、拜城县、乌什县、阿瓦提县、柯坪县
	喀什地区	喀什市、疏附县、疏勒县、英吉沙县、泽普县、莎车县、叶城县、麦盖提县、岳普湖县、伽师县、巴楚县、塔什库尔干塔吉克自治县
	和田地区	和田市、和田县、墨玉县、皮山县、洛浦县、策勒县、于田县、民丰县
	昌吉回族自治州	昌吉市、阜康市、呼图壁县、玛纳斯县、奇台县、吉木萨尔县、木垒哈萨克自治县
	博尔塔拉蒙古自治州	博乐市、精河县、温泉县、阿拉山口市
	巴音郭楞蒙古自治州	库尔勒市、焉耆回族自治县、轮台县、尉犁县、若羌县、且末县、和静县、和硕县、博湖县
	克孜勒苏柯尔克孜自治州	阿图什市、阿克陶县、阿合奇县、乌恰县
	伊犁哈萨克自治州	伊宁市、奎屯市、霍尔果斯市、尼勒克县、伊宁县、霍城县、巩留县、新源县、昭苏县、特克斯县、察布查尔锡伯自治县、塔城地区（塔城市、乌苏市、额敏县、沙湾县、托里县、裕民县、和布克赛尔蒙古自治县）、阿勒泰地区（阿勒泰市、布尔津县、富蕴县、福海县、哈巴河县、青河县、吉木乃县）
	直辖县级市	石河子市、阿拉尔市、图木舒克市、五家渠市、北屯市、铁门关市、双河市、可克达拉市、昆玉市

（续）

省（自治区）名称	地、州、市名称	所辖县、旗、区、县级市名称
内蒙古西部	阿拉善盟	阿拉善左旗、阿拉善右旗、额济纳旗
	乌海市	乌达区、渤海湾区、海南区
	巴彦淖尔市	临河区、五原县、杭锦后旗、乌拉特前旗、乌拉特中旗、乌拉特后旗、磴口县
	鄂尔多斯市	东胜区、达拉特旗、准格尔旗、鄂托克前旗、鄂托克旗、杭锦旗、乌审旗、伊金霍洛旗
	包头市	九原区、青山区、昆都仑区、东河区、石拐区、固阳县、达尔罕茂明安联合旗、土默特右旗、白云鄂博矿区
	呼和浩特市	清水河县、土默特左旗、托克托县、武川县、赛罕区、回民区、新城区、玉泉区、和林格尔县
	乌兰察布市	集宁区、卓资县、化德县、商都县、兴和县、凉城县、察哈尔右翼前旗、察哈尔右翼中旗、察哈尔右翼后旗、四子王旗、丰镇市
	锡林郭勒盟	多伦县、太仆寺旗
新疆兵团	第一师	一团、二团、三团、四团、五团、六团、七团、八团、十团、十一团、十二团、十三团、十四团、十六团
	第二师	二十一团、二十二团、二十四团、二十五团、二十七团、二十九团、三十团、三十一团、三十三团、三十四团、三十六团、二二三团、三十八团
	第三师	四十一团、四十二团、四十四团、四十五团、四十六团、四十八团、四十九团、五十团、五十一团、五十三团、伽师总场、东风农场、红旗农场、叶城二牧场、托云牧场
	第四师	六十一团、六十二团、六十三团、六十四团、六十六团、六十七团、六十八团、六十九团、七十团、七十一团、七十二团、七十三团、七十四团、七十五团、七十六团、七十七团、七十八团、七十九团
	第五师	八十一团、八十三团、八十四团、八十六团、八十七团、八十八团、八十九团、九十团、九十一团
	第六师	一〇一团、一〇二团、一〇三团、一〇五团、一〇六团、芳草湖农场、新湖农场、军户农场、共青团农场、六运湖农场、土墩子农场、红旗农场、奇台农场、北塔山牧场
	第七师	一二三团、一二四团、一二五团、一二六团、一二七团、一二八团、一二九团、一三〇团、一三一团、一三七团
	第八师	一二一团、一三三团、一三四团、一三六团、一四一团、一四二团、一四三团、一四四团、石河子总场、一四七团、一四八团、一四九团、一五〇团、一五二团
	第九师	一六一团、一六三团、一六四团、一六五团、一六六团、一六七团、一六八团、一七〇团、团结农场
	第十师	一八一团、一八二团、一八三团、一八四团、一八五团、一八六团、一八七团、一八八团
	第十二师	一〇四团、三坪农场、五一农场、头屯河农场、西山农场、二二一团
	第十三师	红星一场、红星二场、红星四场、黄田农场、火箭农场、柳树泉农场、红山农场、淖毛湖农场
	第十四师	四十七团、皮山农场、一牧场、二二四团
	兵团直属	二二二团

第二节 自然概况

一、气候条件

西北区以温带大陆性气候为主，在青海和新疆部分地区，有高原高山气候。西北区气候总的特点是冬冷夏热，年温差大，年降雨量较少且时空分布不均，平均年降水量一般不足500mm，属于干旱半干旱区。该区土地荒漠化较重，水土流失严重。

（一）气温

1. 年均气温 从西北区各气象站点近30年数据统计情况看，年均气温在－5.1～16.6℃之间，平均气温7.4℃。西北区年均气温受海拔影响非常大，位于我国二级阶梯的黄土高原、鄂尔多斯台地、准格尔盆地、吐鲁番盆地、塔里木盆地平均气温在10～14℃之间，位于我国三级阶梯的青藏高原，年均气温不足5℃。年平均气温最低出现在青海，而最高出现在陕西。高山、高原与盆地间温度状况差别极为悬殊。

2. ≥10℃的有效积温 西北区≥10℃的积温变幅为338～5 554℃，平均值为3 185℃，最低在青海，而最高在新疆。有效积温分布特点为南疆、陕西东南部较高，变幅为4 000～5 000℃；而青海南部、中部则较低，在400～1 600℃之间。宁夏、甘肃≥10℃的有效积温变幅为2 000～3 500℃。

（二）降水量与蒸发量

西北区年降水量总的分布特点是西北少东南多。降水量自东南向西北迅速递减。由陕西汉中市南郑县的1 182mm到河西走廊的50mm，然后到新疆巴音郭楞州且末县的24mm。就降水的季节而言，夏季最多，占年总降水量的一半以上，冬季最少，仅占年总降水量的3.6%，春季和秋季降水基本相当，约占年降水的20%左右。月降水量7月最多，且呈准“正态分布”。分析全年逐旬降水量，发现多雨期在5月上旬到10月上旬，多雨期雨量占全年雨量的80.7%，而雨季在7月上旬到9月上旬，雨季雨量占全年降水的44.5%。西北区年蒸发量最高的地区是塔里木盆地，以此为中心，向东、向西、向南、向北逐渐降低。

（三）辐射和日照

西北区辐射由北向南递减，由于海拔较高、云量较小，西北区成为太阳辐射高值区。除陇南一隅外，河西及新疆大部均高达5 900～6 300mJ/m^2。一年中夏季辐射量大，冬季只及夏季的一半。值得注意的是，西北区地表反射率高达30%，地表物质导热不良，热量易于散失，所吸收的热量主要用于促使近地面空气增温，从而加剧气温变化幅度。

日照时数分布为北高南低，随着纬度的增加，日照时数逐渐增长。同时，年日照时数也随着海拔高度相对增高而增高。年日照时数最高的是新疆，最低是青海。年日照时数除个别地区不足2 000h外，大多在2 600～3 000h，河西走廊和新疆东部超过3 200h。

二、地形地貌

西北区地势南高北低，境内平原、高原、山地、丘陵交错分布，平原面积为1 018.81

万 hm^2，高原面积为 483.28 万 hm^2，山地面积为 323.48 万 hm^2，丘陵面积为 129.29 万 hm^2。黄土高原、鄂尔多斯台地占据中国二级阶梯，青藏高原占据三级阶梯。我国四大盆地中，有 3 个分布在西北区，分别为柴达木盆地、准格尔盆地、塔里木盆地。境内东西走向的山脉有阿尔泰山脉、天山山脉、昆仑山山脉、阿尔金山脉、祁连山山脉、秦岭、阴山山脉等。河套平原、河西走廊、关中平原等与山脉、盆地、高原、台地交错分布。海拔高低相差悬殊，昆仑山的乔戈里峰海拔 8 611m，是世界第二高峰，吐鲁番盆地最低，处于海拔－154m，为中国内地的最低点，二者相差 8 765m。错综复杂的地形地貌造就了西北区气候、植被、土壤类型的多样性。

三、植被分布

西北区植被主要有高山垫状植被、常绿阔叶、落叶阔叶混交林、落叶阔叶林、森林草原、草原植被、荒漠草原、荒漠植被、草甸草原、森林—草甸植被、亚高山草原植被、亚高山草甸、高山草甸、平原低地草甸、荒漠河岸林（灌丛）植被和沼泽植被等。

高山垫状植被主要分布在海拔 3 000m 以上的阿尔泰山、天山、昆仑山、帕米尔及阿尔金山，具有耐寒性强、根系发达、植株低矮等特点，是以垫状为主的生活型植被，分布稀疏。常绿阔叶、落叶阔叶混交林带分布在陇南山地，还有陕西的南部地区。海拔 1 200m 以下的河谷和低山山麓地带，是我国亚热带常绿阔叶、落叶阔叶林带向西延伸部分。落叶阔叶林带分布在北秦岭、甘肃的徽成盆地、陕西关中盆地、黄土高原南部，属暖温带气候，植被类型以夏绿落叶阔叶林和针阔叶混交林为主。森林草原带主要分布在黄土高原南部、陕北北部，是暖温带落叶阔叶林向草原过渡的地带。森林主要分布于温湿梁峁的阴坡和石质山地、沟壑边缘或名胜古迹附近。草原带分布于鄂尔多斯高原、宁夏南部、黄土高原中部，属温带半干旱气候，自然植被只残留在黄土荒坡和石质山岭。荒漠草原带分布在宁夏中北部、准格尔盆地南部平原、阿拉善荒漠，是草原向荒漠过渡类型。荒漠带主要分布在准格尔盆地、河西走廊及北山地带以及苏干湖盆地和哈尔腾河谷等地。草甸草原植被主要分布在内蒙古土壤肥沃、湿润的河谷、湖盆低地以及大兴安岭东西两侧低山丘陵。森林—草甸植被，主要分布在海拔 1 200～2 500m 阿尔泰山区。亚高山草原主要分布在帕米尔高原和昆仑山的部分山地。亚高山草甸植被主要分布在阿尔泰和天山南北坡的亚高山地区，高山草甸植被主要分布在阿尔泰山高山区，是在寒冷而湿润气候条件下的高山带生长发育起来的植被类型。平原低地草甸植被广泛分布于西北区冲积、淤积平原的低地，是一种喜湿性的植被类型，荒漠河岸林（灌丛）植被主要分布在南疆主要河流沿岸，是荒漠地带依靠洪水或地下水发育起来的植被。沼泽植被主要分布在新疆的盆地低洼处、河漫滩、湖滨沼泽地带，是在土壤过度潮湿或有浅层积水生态环境中发育起来的隐域性植被类型。

四、水资源条件

西北区地表水资源总量为 2 191 亿 m^3，地下水资源总量为 $911m^3$。

（一）地表水资源

西北区河流水系较少，主要有冰川、河流和湖泊。主要的冰川有祁连山、天山、昆仑山，这些冰川融水为塔里木河补给大部分的水量。主要的河流有长江、澜沧江、黄河、塔里木河、伊犁河、额尔齐斯河、汉江、嘉陵江等，美丽的三江源就在西北区的青海省南部，它是长江、黄河、澜沧江的发源地。主要的湖泊有青海湖、博斯腾湖、乌伦古湖、艾比湖、赛里木湖、罗布泊、艾丁湖等。

（二）地下水资源

西北区地下水主要由河流渠系渗漏、田间渗漏、降水渗入补给，可利用并对土壤和绿洲农业影响较大的地下水主要是平原地下水。河流渗漏补给的地下水，有利于形成宽度不等的低下水淡化带。

五、成土母质

（一）残积物

岩石经过风化以后，部分物质随水而分解流失，另有部分物质变得疏松，残留原地，即为残积物。残积物经过各种形式的搬运，可成为其他类型的堆积物。组成残积物的主要物质是具有棱角的石块和砂粒，其成分和生成它的岩石成分一致。基岩成分不同、残积母质的特性各异。残积物主要分布在内蒙古西部境内的阴山、桌子山、贺兰山，宁夏境内的六盘山、南华山、西华山，甘肃境内的祁连山、新疆境内的天山、昆仑山等地。

（二）坡积物

当坡地上端的分水岭以及坡面上，受大雨或暴雨形成的片状水流的片蚀作用，将风化的碎屑物质冲刷搬运到斜坡的小凹地和下坡地段，因流速减缓而发生多量堆积，形成坡积物。主要分布在广大山地和丘陵地区，如天山和阿尔泰山冰雪活动带以及昆仑山干旱谷底两侧的陡坡上。

（三）洪积物

洪积物是沟谷流水造成的沉积物。在暂时性山洪流出沟谷峡口时，由于坡降突减，流路变宽，流速骤减，使上游集水区内侵蚀下来的碎屑物质很快堆积下来，这种物质称为洪积物。形成扇状堆积地形，面积大的称为洪积扇，面积小的称洪积锥。主要分布在阴山南麓、贺兰山西麓、鄂尔多斯高原中部、阿拉善高平原东北及北部、额济纳河右岸，在祁连山北麓、甘肃陇南山地及其他山区的沟谷地带，新疆境内的山前平原、山间盆谷地和河流上游、天山南北麓洪积细土平原，昆仑山和阿尔金山北麓洪积细土平原也有分布。

（四）河流冲（沉）积物

岩石经过风化以后，残留于地表的疏松物质，被雨水冲刷流入经常性流水的河流中，当砾石泥沙等碎屑物质在水中的含量超过了本身的负荷能力或因某种原因致河水流速减低而发生沉积，即为河流冲积沉积物。冲积母质是甘肃、内蒙古、新疆农耕集中的地方。主要分布在内蒙古西部的黄河河套平原、大黑河下游平原、额济纳河下游平原，宁夏境内的黄河及支流清水河、苦水河、葫芦河、茹河、红河和渝河等河流的两侧，新疆境内的塔里木盆地、塔里木河和叶尔羌河，孔雀河三角洲、阿克苏三角洲及喀什冲积平原及准噶尔盆地，甘肃境内的河西走廊、陇南白龙江流域等。

（五）湖积物

湖积物是湖泊静水沉积物，颗粒细而均匀，质地黏重，具龟裂性质，色深暗，结构和层理不甚明显，颗粒有湖岸向湖盆中心由粗变细的规律。湖积物主要分布在宁夏境内的湖泊中，新疆的罗布泊、艾比湖、玛纳斯湖等较大的湖积平原上。甘肃河西走廊的石羊河、黑河、北大河、疏勒河等河流的尾间地带，如民勤、永昌、高台、金塔、玉门、瓜州、敦煌等地河流下游入湖地区。

（六）风积物

被风力搬运的碎屑物质，在搬运过程中，由于风速降低或遇到阻碍物质，如地面起伏不平和植物的生长等，增加了地面粗糙率，从而减低了风速，使风的搬运能力减小，风所携带的碎屑物质在重力作用下沉积下来形成风积物。风积物主要分布在新疆的塔里木盆地、准噶尔盆地和吐鲁番—哈密盆地的古老冲积、洪积平原，内蒙古的巴丹吉林沙漠、腾格里沙漠、毛乌素沙地、浑善达克沙地，宁夏中、北部，甘肃的河西走廊。

（七）黄土及黄土状物

黄土及黄土状物是一种可能导致水土流失的土层。主要分布在甘肃、陕西的黄土高原上，内蒙古高原的南缘多伦向西至镶黄旗的丘陵地带，宁夏南部的黄土丘陵地区，北疆的天山北麓、伊犁谷地、塔城盆地及风力减弱的博尔塔拉谷地；南疆的喀什、阿克苏附近及乌什谷底的山坡上。黄土及黄土状物是陕西省和甘肃省主要的成土母质类型。

（八）泥炭物

在湖泊边缘或河流沿岸低洼地带，由于地表积水或地下水位过高等原因，地表经常被水潮湿，土壤水分处于饱和状态，在厌氧条件下，残留的有机物不能完全分解，使土壤矿质养分贫瘠化形成泥炭物。泥炭物主要分布在甘肃省的甘南高原及祁连山东部山间盆地具有冰冻层的地区。

第三节　农业生产概况

一、耕地利用状况

西北区的耕地总面积为 1 954.86 万 hm^2，约占全国总耕地面积的 14%。其中，水田主要分布在陕西的秦巴低山丘陵区、汉江、月河盆地川道、宁夏的石嘴山、银川及吴忠市的引黄灌区，新疆的温宿、阿克苏、阿瓦提、米东区、察布查尔、伊宁等县（市）。水浇地主要分布于山前倾斜平原、各大河流低阶地和中下游地势平坦的冲积平原，具体分布在陕西的关中灌区，甘肃的河西地区，宁夏的引黄灌区、扬黄灌区和井库灌区，青海的黄河、湟水河流谷地和柴达木盆地等。旱地主要分布在黄土高原、祁连山地、青海海南台地、青南高原、阴山南北麓区和新疆的伊犁、昌吉、阿勒泰 3 个地州。

二、主要农作物播种面积及产量

2010 年以来，西北区粮食种植面积稳定，总产量稳中有升，粮食的亩[①]产从 2010 年的 276kg 增加到 2015 年的 313kg，增加了 13%。见表 1-2、图 1-1 至图 1-3。

表 1-2　西北区 2010—2015 年粮食生产状况

项目	2010 年	2011 年	2012 年	2013 年	2014 年	2015 年
粮食种植面积（万 hm^2）	1 107	1 093	1 093	1 087	1 073	1 060
粮食总产量（万 t）	5 161	5 068.7	4 898	4 779	4 557	4 381

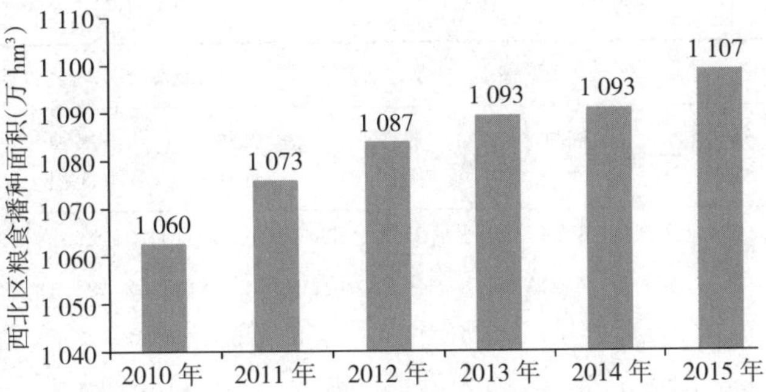

图 1-1　西北区 2010—2015 年粮食播种面积

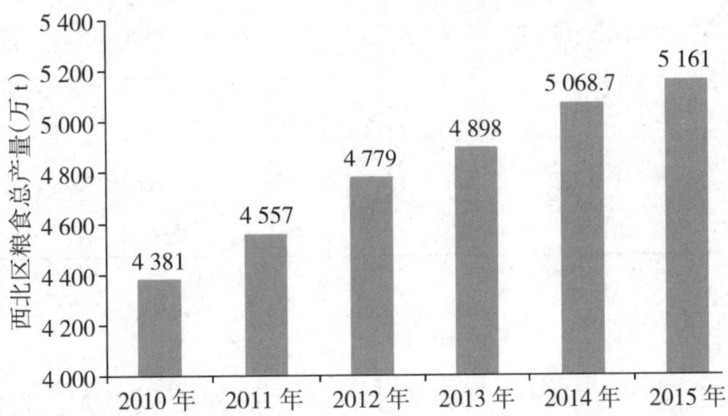

图 1-2　西北区 2010—2015 年粮食总产量

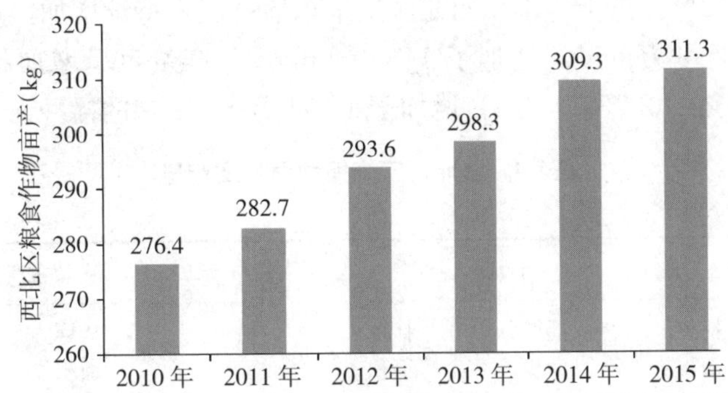

图 1-3　西北区 2010—2015 年粮食亩产

① 亩为非法定计量单位，1 亩＝1/15hm^2≈667m^2。——编者注

（一）小麦

西北区小麦种植以陕西、甘肃、新疆为主，内蒙古西部、宁夏、青海也有分布。2015年西北区小麦种植面积为318万hm^2，总产量为1 572万t，分别占全国小麦播种面积和总产量的13%和12%，近十年，小麦总播种面积保持在299万hm^2以上，2007年播种面积最低为299.8万hm^2，2009年播种面积为近十年最高，达到344万hm^2。小麦的播种面积及产量见表1-3。

表1-3 西北区小麦播种面积及产量

单位：万hm^2、万t

年份	陕西		甘肃		青海		宁夏		新疆		内蒙古西部		总面积	总产量
	播种面积	产量	播种面积	产量	播种面积	产量	播种面积	产量	播种面积	产量	播种面积	产量		
2006年	118.2	392.6	93.7	260.7	6.99	41.1	25.8	83.3	49.3	400.3	26.2	117.2	320.2	1 295.2
2007年	116.7	357.0	92.4	237.4	7.00	41.8	19.1	61.6	42.3	359.2	22.3	99.5	299.8	1 156.5
2008年	114.0	391.5	90.4	268.1	6.69	42.0	19.9	64.1	58.5	395.7	24.8	92.0	314.9	1 253.4
2009年	114.6	383.1	91.7	261.1	6.94	39.0	22.8	73.6	76.9	630.7	31.4	113.6	344.3	1 501.1
2010年	114.7	403.8	88.0	250.9	6.73	37.3	21.8	70.3	74.7	623.5	29.0	91.2	334.8	1 477.0
2011年	113.7	410.1	86.2	247.5	6.27	35.4	19.5	63.0	71.9	576.6	27.7	89.2	325.2	1 421.8
2012年	112.8	435.5	81.9	278.5	6.28	35.2	19.2	62.0	72.1	576.6	30.7	107.8	323.0	1 495.7
2013年	109.5	389.8	80.2	235.9	6.36	36.0	14.4	46.3	74.1	622.1	30.1	106.3	315.2	1 436.4
2014年	108.3	417.2	78.9	271.6	5.91	34.9	12.6	40.5	76.2	642.2	26.6	121.4	308.5	1 527.8
2015年	108.6	458.1	79.5	281	8.00	27.7	12.2	39.6	82.6	698.3	27.1	66.9	318.0	1 571.6

（二）玉米

西北区玉米种植以陕西、甘肃、新疆为主，陕西播种面积最大，青海最小。2015年西北区玉米种植总面积为405.6万hm^2、总产量为2 758.1万t，分别占全国玉米总播种面积和总产量的11%和12%。近十年来，西北区玉米总播种面积持续增加，从2006年的265万hm^2到2015年的405.6万hm^2，增加了141万hm^2。总产量也呈增加趋势，从2006年的1 561.5万t到2015年的2 758.1万t，增加了1 197万t。玉米的播种面积及产量见表1-4。

表1-4 西北区玉米播种面积及产量

单位：万hm^2、万t

年份	陕西		甘肃		青海		宁夏		新疆		内蒙古西部		总面积	总产量
	播种面积	产量	播种面积	产量	播种面积	产量	播种面积	产量	播种面积	产量	播种面积	产量		
2006年	104.2	448.6	51.8	218.6	0.0	0.0	16.9	127.1	33.1	386.8	59.0	380.4	265.0	1 561.5
2007年	106.0	498.8	49.9	242.7	0.0	0.0	19.5	146.6	35.3	396.0	62.3	398.0	273.0	1 682.0
2008年	111.3	504.3	55.7	265.4	0.0	0.0	19.9	149.9	36.4	416.4	68.3	467.7	291.6	1 803.8

（续）

年份	陕西		甘肃		青海		宁夏		新疆		内蒙古西部		总面积	总产量
	播种面积	产量	播种面积	产量	播种面积	产量	播种面积	产量	播种面积	产量	播种面积	产量		
2009年	116.4	526.1	70.3	312.6	0.0	0.0	20.8	156.4	39.9	439.4	70.5	473.5	317.8	1 908.0
2010年	118.2	532.2	83.5	390.4	0.0	0.0	22.1	165.8	43.6	421.6	74.0	515.7	341.5	2 025.7
2011年	117.8	550.7	85.2	425.6	0.0	0.0	22.9	172.5	48.5	517.7	78.1	533.6	352.5	2 200.0
2012年	116.7	566.9	92.5	504.1	0.0	0.0	25.4	191.2	57.0	592.1	82.0	561.6	373.7	2 415.9
2013年	116.6	586.7	96.6	571.5	0.0	0.0	27.4	206.2	61.4	649.0	87.4	644.9	389.5	2 658.4
2014年	115.4	539.6	100.9	564.5	0.0	0.0	29.8	224.1	60.7	641.1	92.0	684.0	398.7	2 653.2
2015年	115.2	543.1	103.8	577.2	0.0	0.0	30.2	226.9	64.1	705.1	92.4	706.1	405.6	2 758.1

（三）马铃薯

西北区马铃薯种植面积较大的是甘肃，其次是内蒙古西部，陕西、宁夏、青海也有种植，种植面积最小的是新疆。2015 年总播种面积为 175.6 万 hm^2，总产量为 784.4 万 t，分别占全国马铃薯播种总面积和总产量的 20%和 21%。2011—2015 年，西北区马铃薯的播种总面积稳定维持在 2 600 万亩以上，产量也在 690 万 t 以上。马铃薯的播种面积及产量见表 1-5。

表 1-5　西北区马铃薯播种面积及产量

单位：万 hm^2、万 t

年份	陕西		甘肃		青海		宁夏		新疆		内蒙古西部		总面积	总产量
	播种面积	产量	播种面积	产量	播种面积	产量	播种面积	产量	播种面积	产量	播种面积	产量		
2006年			58.0	187.9	5.7	33.0	18.7	32.5	1.5	76.5	46.7	145.2		
2007年			65.8	206.6	5.7	34.2	20.0	41.4	2.2	101.4	48.0	110.3		
2008年			65.7	214.6	5.7	36.2	23.3	42.3	2.4	107.6	49.6	173.0		
2009年			64.4	191.4	5.8	38.3	21.8	39.1	2.5	126.1	49.6	114.8		
2010年			64.5	185.2	5.8	36.6	22.2	42.5	2.5	102.5	50.1	141.0		
2011年	32.7	80.3	68.2	228.9	5.9	36.9	22.5	44.5	3.1	119.8	52.7	196.4	185.1	706.8
2012年	31.7	82.5	69.7	239.5	5.6	32.5	21.6	42.3	1.9	65.9	48.3	231.2	178.7	693.8
2013年	33.6	86.8	69.5	244.6	6.2	35.9	21.5	44.0	2.0	80.9	48.9	258.7	181.8	750.8
2014年	33.2	89.8	68.2	237.9	6.2	36.0	17.7	42.1	2.4	118.3	45.8	282.4	173.5	806.5
2015年	33.2	73.8	66.7	225.3	9.6	42.1	17.1	37.2	2.0	99.8	47.1	306.1	175.6	784.4

（四）油料

西北区油料作物以油葵、油菜和胡麻为主，主要分布在内蒙古西部、甘肃、陕西，其次是青海，新疆和宁夏也有分布。2015 年西北区油料总播种面积为 148.3 万 hm^2、总产量为 439.6 万 t，分别占全国油料总播种面积和总产量的 11%和 12%。近十年来，西北区油料总播种面积稳中有增，从2006年的1 687万亩增加到2015年的2 224万亩，增加了537万亩。总产量由255.6万t增加到439.6万t，增加了184万t。油料的播种面积及产量见表1-6。

表1-6 西北区油料播种面积及产量

单位：万 hm^2、万t

年份	陕西		甘肃		青海		宁夏		新疆		内蒙古西部		总面积	总产量
	播种面积	产量	播种面积	产量	播种面积	产量	播种面积	产量	播种面积	产量	播种面积	产量		
2006年	24.9	41.4	32.5	49.0	11.2	27.9	5.5	8.4	10.1	32.8	28.2	96.0	112.5	255.6
2007年	25.2	39.2	30.5	46.4	11.5	32.0	5.1	7.7	11.8	40.3	21.9	81.2	105.9	246.8
2008年	27.7	49.5	33.2	53.5	11.5	35.2	8.9	13.6	19.1	56.9	27.1	92.0	127.5	300.6
2009年	29.5	54.4	35.2	58.5	11.5	36.6	8.9	13.6	18.0	63.9	32.6	104.3	135.7	331.4
2010年	30.1	56.1	34.6	64.1	11.7	36.9	13.6	20.8	18.2	66.6	37.0	110.6	145.3	355.1
2011年	30.1	59.0	35.1	63.5	12.3	36.1	12.0	18.4	17.6	66.8	37.6	163.4	144.8	407.1
2012年	30.2	60.3	33.6	67.0	11.0	35.2	11.8	18.0	16.2	59.0	38.9	115.6	141.6	355.2
2013年	29.9	59.5	33.7	69.7	10.6	32.6	11.0	16.8	14.8	60.6	42.7	165.4	142.6	404.6
2014年	30.0	62.3	32.9	72.4	10.1	31.5	10.8	16.5	14.7	59.3	46.6	202.1	145.1	444.2
2015年	29.9	62.7	32.0	71.6	15.7	30.3	10.6	16.1	14.6	62.9	45.5	196.0	148.3	439.6

（五）棉花

西北区的棉花主要分布在新疆，陕西和甘肃也有少量分布。2015年棉花总播种面积为156.9万 hm^2、总产量为438万t，分别占全国棉花总播种面积的和总产量的42%和78%。近十年来，西北区棉花播种面积波动较大，2006年为127.2万 hm^2，2009年跌至105.8万 hm^2，2011—2013年这3年都持续在120.0万 hm^2 左右，到2014年达到近十年最大总种植面积168.4万 hm^2，总产量随播种面积变化而变化。棉花播种面积和产量见表1-7。

表1-7 西北区棉花播种面积及产量

单位：万 hm^2、万t

年份	陕西		甘肃		青海		宁夏		新疆		内蒙古西部		总面积	总产量
	播种面积	产量	播种面积	产量	播种面积	产量	播种面积	产量	播种面积	产量	播种面积	产量		
2006年	8.5	8.83	7.6	12.6	0	0	0	0	111.0	267.53	0.1	0.1	127.2	289.1
2007年	8.9	8.98	7.9	12.94	0	0	0	0	118.8	290	0.1	0.1	135.7	312.0
2008年	8.5	10.07	7.3	12.32	0	0	0	0	111.2	301.55	0.1	0.1	127.0	324.0
2009年	6.2	8.58	5.6	9.54	0	0	0	0	94.0	252.4	0.1	0.1	105.8	270.6
2010年	5.1	6.92	4.8	7.56	0	0	0	0	97.4	247.9	0	0.1	107.3	262.5
2011年	5.0	6.74	4.8	7.6	0	0	0	0	109.2	289.77	0.1	0.2	119.1	304.3
2012年	4.8	6.72	4.8	8.1	0	0	0	0	114.7	353.95	0.1	0.2	124.4	369.0
2013年	3.7	5.79	4.1	7.05	0	0	0	0	114.6	351.8	0.1	0.2	122.4	364.8

（续）

年份	陕西		甘肃		青海		宁夏		新疆		内蒙古西部		总面积	总产量
	播种面积	产量	播种面积	产量	播种面积	产量	播种面积	产量	播种面积	产量	播种面积	产量		
2014年	3.1	4.22	3.8	6.47	0	0	0	0	161.4	451	0.1	0.2	168.4	461.9
2015年	2.7	3.859 1	2.6	4.3	0	0	0	0	151.5	429.8	0	0.02	156.9	438.0

注：表1-3至表1-7数据均来源于各省统计年鉴。

三、农作物施肥情况

2015年，西北区农用化肥施用量（折纯）达到536万t，占全国化肥施用量的9%，单位面积肥料施用量为0.27t/hm^2。西北区化肥施用总量近几年保持稳定，2012—2015年，农用化肥施用量分别为537.45万t、536.39万t、537.16万t和536.06万t。

其中，氮肥施用量最大，其次是磷肥，再次是钾肥，但是钾肥增加速度较为明显。以内蒙古西部为例，氮肥用量大约占到总肥料用量的59%；磷肥其次，大约占肥料总量的30%；而钾肥用量最少，大约占肥料总量的11%。从肥料氮磷钾比例看，氮磷比例比较合适，钾肥投入仍然偏低。但由于近年来复混（合）肥的大量施用，钾肥用量呈大幅增加趋势，钾肥投入比例也有所增加。

四、农作物灌溉情况

（一）降水稀少，气候干旱

西北区地处内陆，属干旱、半干旱气候区。区内气候干旱，降水稀少，全区多年平均降水量，除陕西为667.8mm外，其他省（自治区）在270～320mm之间，而年蒸发量高达1 000～2 600mm或以上。其中黄河流域，关中盆地多年平均降水量为500～600mm，年蒸发量为900～1 200mm；宁夏引黄灌区年平均降水量不足200mm，年平均蒸发量在2 000mm以上；甘肃景泰灌区年均降水量不足200mm，年蒸发量在3 300mm以上。在内陆河地区，河西走廊年均降水量160mm，年蒸发量2 100mm；新疆北疆的乌鲁木齐一带，年均降水量为150～300mm，年蒸发量1 800～2 400mm。

（二）水资源严重短缺，制约着农业及经济建设的发展

西北区多年平均水资源总量为2 511亿m^3，占全国总量的8%，除水土资源组合极不协调外，水资源的区域分布极不均匀，是全国最严重的缺水地区之一。

1. 水源类型　西北区农作物灌溉水源类型主要有地表水、地下水、地表水+地下水、无4种类型。其中，31%的农作物灌溉水源类型为地表水，15%的农作物灌溉水源类型为地下水，15%的农作物灌溉水源类型为地表水+地下水，39%无水源。如图1-4所示。

2. 灌溉方式　西北区农作物灌溉方式主要有滴灌、沟灌、漫灌、喷灌、畦灌5种，在所有调查样点中，15%的农作物灌溉方式为滴灌，5%的为沟灌，25%的为漫灌，15%的为畦灌，1%为喷灌，39%的无灌溉条件。如图1-5所示。

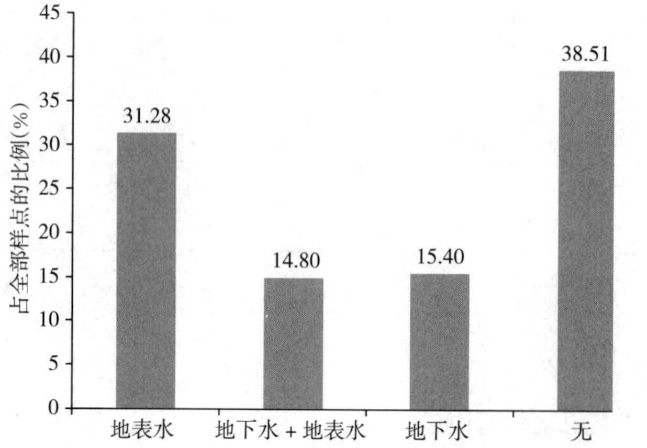

图 1-4　农作物灌溉水源类型

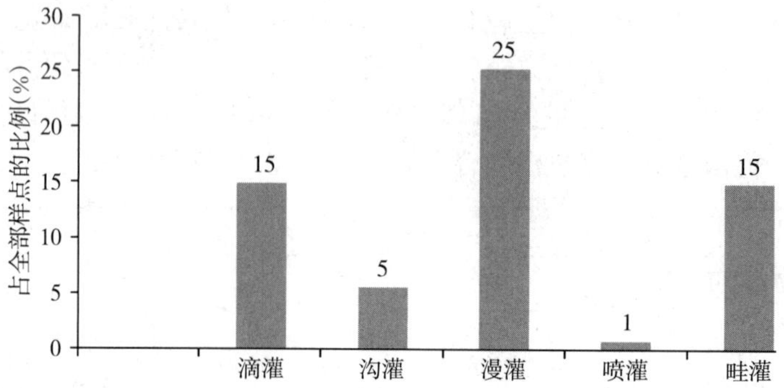

图 1-5　农作物灌溉方式

3. 灌溉能力　根据西北区灌溉情况，将灌溉保证率划分为等于 0%、大于等于 30%小于 50%、大于等于 50%小于 70%、大于等于 70%的四级，各级所对应的分别为不满足、基本满足、满足、充分满足四个级别。从全西北区来看，各灌溉保证率面积分布中，充分满足灌溉的共 946.93 万 hm^2，占西北区总耕地面积的 48.44%；其次为基本满足，面积为 696.23 万 hm^2，占西北区总耕地面积的 35.62%；不满足的耕地面积共 163.69 万 hm^2，占西北区总耕地面积的 8.37%；所占比例最小的是满足，面积共 148.01 万 hm^2，占西北区总耕地面积的 7.57%。

五、农作物品种应用情况

1. 小麦品种　冬小麦主要种植在陕西关中、甘肃南部、新疆南疆地区；春小麦主要种植在河套灌区。小麦品种从原来大穗型向现在的中穗型、多穗型发展，并与特种优质麦等多类型相结合，多为中高肥水类型，品种主要有小偃 22、西农 3 517、西农 979、酒春 3 号、永良 4 号、内麦 21、大白皮、新春 42、新冬 44、新冬 45、原 437、青麦 1 号、中麦 175 等，亩播种量为 9～10kg。

2. 玉米品种　20 世纪 90 年代，玉米种植品种主要为四单 19、哲单七、冀承单 3 号、吉单 180、西玉 3 号、中单 2、白单九，大多为非耐密型品种，亩株数一般为 3 000 株左右。

目前，玉米种植品种主要为郑单958、陕单609、中金368、豫玉22、先玉335、沈单16、先玉335、正大12、先玉696、先达203、新玉80、元华116、新玉84、科玉糯2号、新糯玉14等，大多为耐密型品种，亩株数一般为4 000～5 000株。

3. 马铃薯品种 20世纪90年代，以克新1号、紫花白、夏波蒂、内薯7号、同薯8号、克伊大西洋、底西芮、台湾红皮、里外黄为主，大多数为早熟型。目前以克新6号、植秦芋30、克新1号、陇薯3号、陇薯6号、庄薯3号、青薯2号、青薯9号、乐薯1号为主，大多为中、晚熟型。

4. 油料品种 油菜以陇油、陇油9号、甘杂1号、单杂1号、秦优7号、秦优8号、浩油11、青杂5号、青杂2号为主。胡麻以宁亚11、宁亚10号为主。油葵以SH363、3638C、X3939、TK1359、JK601为主。

5. 棉花品种 20世纪90年代，以中棉41号、鲁棉研28、鑫秋4号、中棉所60号、新陆早64号为主，目前以新陆早67、新陆中71、新陆早64、新陆早67、新陆中75、新海45、新海48为主。西北区棉花种植主要集中在新疆。在南疆地区，光照时间长，气温比北疆高，种植时间和采摘时间好。种植的棉花白度好，长度好，一致性也好，而且马克隆值好，主要是A-B2级，细度好。由于气温高，棉花回潮率能达到6%～7%左右，棉花都是在三级以上。我国唯一的长绒棉产区位于南疆阿克苏，长绒棉纤维长度在36～37mm，仅次于埃及长绒棉，优于美国皮马棉。在北疆地区，光照时间比南疆短，阴雨多，水量大，种植的棉花马克隆值低于南疆，强力低，光泽白度比南疆低，以三级为主。

六、农作物病虫害发生和防治情况

1. 小麦病虫害发生和防治 从20世纪90年代后期到2005年，小麦条锈病、小麦白粉病、纹枯病、赤霉病、吸浆虫等发生一般在中等到偏重程度，面积也比90年代初明显增加，部分年份减产严重。进入21世纪，主要病虫种类有吸浆虫、条锈病、小麦条锈病、吸浆虫、麦蚜、白秆病、麦茎蜂、麦蜘蛛等。

小麦病虫害防治按照“预防为主、综合防治”的植保方针，在重视农业防治、物理防治和生物防治的基础上，重点以化学防治为主。小麦蚜虫主要以有机磷杀虫剂、拟除虫菊酯类和新烟碱类杀虫剂为主，如氧化乐果、辛硫磷、毒死蜱、高效氯氰菊酯、吡虫啉等。小麦条锈病主要用三唑酮（粉锈宁）烯唑醇、戊唑醇等杀菌剂防治。小麦白粉病主要有三唑酮、甲基托布津等杀菌剂喷雾防治。小麦叶锈病主要以三唑酮、多菌灵等农药喷雾防治。小麦叶枯病主要以三唑酮、甲基托布津、多菌灵、百菌清等杀菌剂农药防治。农药使用品种方面在向低毒、低残留、生物农药等方面发展。机防、飞防等统防统治措施的加强，使得防治效果显著提高。

2. 玉米病虫害发生和防治 20世纪90年代玉米病虫害主要是大、小叶斑病，玉米螟和黏虫，发生程度一般轻度至中度。进入21世纪，主要病虫种类有黏虫、玉米螟、灯蛾、苗期蓟马、耕葵粉蚧、玉米蚜、玉米茎基腐病、褐斑病、瘤黑粉病、丝黑穗病、粗缩病毒病，中南部还发生有细菌性顶腐病、粒腐病、瑞典蝇、二点委夜蛾等。

玉米螟防治主要采取杀虫灯诱杀成虫、赤眼蜂寄生玉米螟卵的防治技术，到喇叭口期还可用苏云金杆菌或有机磷类防治玉米螟。玉米粗缩病的防治采取“治虫防病”策略，通过久效磷、氧化乐果等有机磷内吸性药物防治灰飞虱，降低灰飞虱带毒率。玉米弯孢叶斑病主要以百菌清、甲基托布津等喷雾防治。玉米褐斑病发生初期选用唑类农药喷雾防治，用吡虫啉、啶虫脒等防治玉米蚜；玉米生长后期可选用杀虫剂、杀菌剂防治蚜虫、玉米螟等。

3. 马铃薯病虫害发生和防治 20 世纪 90 年代马铃薯的病虫害主要是晚疫病、早疫病、黑胫病、蛴螬等，发生程度一般轻度至中度。进入 21 世纪，主要病虫种类有晚疫病、早疫病、黑胫病、蛴螬、青枯病、病毒病、小地老虎等。

晚疫病、早疫病主要采用喷洒杀菌剂，及时对发病中心附近及低洼地进行化学防治，逐步扩大防治范围。黑胫病主要在发病初期用 86.2%氧化亚铜可湿性粉剂 1 000～1 500 倍液防治。青枯病用药剂防治，可在发病初期用 86.2%氧化亚铜可湿性粉剂 1 000～1 500 倍液，隔 10d 施药 1 次，连续施药 2～3 次。病毒病发病初期用 30%盐酸吗啉胍药肥混剂 900～1 200倍液喷雾效果明显。小地老虎的防治方法为，早上 6：00～7：00 和下午 5：00～6：00 开展防治；亩用 522.5g/L 氯氰・毒死蜱乳油 1 000～1 500 倍液或 48%毒死蜱乳油600～1 000倍液滴灌防治。

4. 棉花病虫害的发生与防治 棉花病虫害主要以棉盲蝽、棉铃虫、地老虎、枯萎病、黄萎病为主。棉盲蝽的防治措施为，在苗期百株虫量达到 3 头时，选用丙溴磷或氟啶虫胺腈或联苯菊酯等防治。棉叶螨防治措施为，在苗期有螨株率低于 15%时挑治中心株，超过 15%时普治；在蕾期，点片发生期并有扩展态势时，选用哒螨灵、克螨特等药剂控制危害。棉铃虫的防治措施为，在苗期非抗虫棉种植区，应用棉铃虫性诱剂或害虫生物食诱剂防治二代棉铃虫；在蕾期非抗虫棉及早发棉田，棉铃虫成虫期采用性诱剂配套干式飞蛾诱捕器，或条施生物食诱剂诱杀成虫；当棉铃虫百株低龄幼虫达 10 头时，优先选用棉铃虫 NPV、甘蓝夜蛾 NPV、Bt（抗虫棉田禁用）、茚虫威防治，化学药剂可选用氯虫苯甲酰胺、甲氨基阿维菌素苯甲酸盐等防治。地老虎的防治措施为，在幼虫发生期用晶体敌百虫拌炒香的麦麸或砸碎炒香的棉籽饼上或铡碎的青鲜草上配制成毒饵，顺垄条施诱杀幼虫。枯萎病、黄萎病的防治措施为，初见病株时，及时用乙蒜素、枯草芽孢杆菌、多抗霉素、咪鲜胺等药剂控制病情扩展。

七、农作物机械化应用情况

截止 2015 年底，西北区农机总动力发展到 10 656.2 万 kW。受益于农机购置补贴政策，大中型拖拉机、联合收获机等先进机械快速增长。西北区大中型拖拉机、联合收获机分别发展到 97.32 万台、47.66 万台。主要粮食作物耕种收机械化水平得到较大提高，但农业全程全面机械化水平仍较低。

以内蒙古西部为例，2015 农机总动力为 1 639.4 万 kW，亩均农机动力为 0.340kW。机耕面积为 246 万 hm^2，占 76.5%；机播面积为 245 万 hm^2，占 76.2%；机械植保面积为 77 万 hm^2，占 24%；机收面积为 178 万 hm^2，占 55.3%。机械深耕面积为 119 万 hm^2，占总耕地面积的 36.9%；机械深松面积为 39 万 hm^2，占 12.2%。

第四节 耕地质量保护与提升

一、制度建设及法律保障情况

西北区各省（自治区）高度重视耕地质量保护，相继制定了一系列具有可操作性的地方政策性文件，为耕地质量保护与提升提供了政策支撑，有力地推动了耕地质量建设与管理工作。

内蒙古自治区 1992 年制定了《耕地地力等级、中低产田类型划分及改良验收标准》(DB15/T44—92)；1997 年制定了《内蒙古自治区基本农田保护实施细则》。1998 年 9 月 28 日，内蒙古自治区颁布实施了《内蒙古自治区耕地保养条例》（简称《条例》），《条例》在耕地使用保护、耕地培肥改良、耕地保养保障措施、违反规定罚则等方面做出了详细规定，明确提出了耕地使用者和涉农部门的耕地质量保护责任和义务。

甘肃省 2011 年制定了《甘肃省耕地质量管理办法》（简称《办法》）。为加强耕地质量保护和建设，促进农业可持续发展，《办法》明确规定破坏耕地须承担的责任、惩罚标准，既为耕地质量管理者提供了执法依据，也提出了对破坏耕地者的警示，对保护耕地和保障甘肃省粮食安全起了重要的作用。2016 年 2 月 14 日，甘肃省颁布了《甘肃省肥料管理办法》，这是依法实施肥料监督管理的一部重要的政府规章，对进一步理清部门职责，强化肥料市场准入和监管，遏制和减少假劣化肥坑农害农事件，促进甘肃省农业可持续发展、农民增收和人民群众的健康生活，提供了强有力的法律保障。

陕西省 2015 出台了《陕西省耕地质量保护办法》（简称《保护办法》）（陕西省人民政府令第 182 号公布），经陕西省人民政府 2015 年第 2 次常务会议通过。《保护办法》自 2015 年 5 月 1 日起施行。《保护办法》共二十六条，对耕地质量保护的适用范围、相关部门职责分工、耕地质量建设及保护措施、监督管理和质量评定等内容作出了详细规定。

二、耕地质量基础性工作

（一）耕地质量评价

西北区的耕地质量评价工作从 2002 年开始，并于 2012 年完成全区所有农业县（396 个县）的县域耕地质量评价工作。各县均建立了县域耕地资源管理信息系统，编写了工作报告、技术报告和专题报告，并绘制了耕地质量评价成果图集。通过评价，摸清了耕地质量等级、分布、土壤养分状况、农田基础设施状况、存在的主要障碍因素、利用中存在的问题等，提出了耕地合理利用、耕地质量提高的对策措施与建议，为有针对性开展耕地质量建设与管理工作打下了坚实基础。

（二）耕地质量监测

西北区内共有 98 个国家级耕地质量长期定位监测点，416 个省级监测点。各省（自治区）土肥技术推广部门严格按照《耕地质量监测技术规程》的有关要求，监测田间作业情况、作物产量、施肥量，并在每年最后一季作物收获后、下一季作物施肥前采集各处理区耕层土壤样品，送有土壤肥料检测资质的机构检测，并形成耕地质量检测年度报告制度。

以内蒙古自治区为例，从 20 世纪 80 年代末期开始，内蒙古自治区在西部共设置了 4 个国家级耕地质量监测点，分布在太仆寺旗、凉城县、商都县和呼和浩特市的赛罕区。2008 年年底，按照“逐步扩大监测点规模、稳妥调整监测内容、积极开展专项调查、直接服务农业生产”的总体思路，依托测土施肥项目，在西部共建立 80 个省级耕地质量监测点，每个监测点 3 个处理（即空白区、常规施肥区、配方施肥区），初步形成较为健全的耕地质量监测网络。2016 年，内蒙古自治区优选了 29 个耕地质量监测点升级为国家级耕地质量监测点，并扩展了监测内容。在国家级监测点设置 2 个处理的基础上，增加了“常规＋有机肥”和“常规＋秸秆还田”处理。

三、耕地质量管理

（一）基本农田划定

划定永久基本农田，是贯彻土地基本国策和土地管理法律法规，落实土地利用总体规划，加强耕地保护的重要措施，是确保基本农田保护面积和质量的重要手段，对于优化农用地利用结构和布局，严格耕地保护和集约节约用地制度，促进农业可持续发展，具有十分重要的意义。西北区多年来重视基本农田划定工作，把永久基本农田保护和建设工作作为富民强区的基础性工作，纳入各级政府工作重点，常抓不懈。如内蒙古自治区，自城市周边永久基本农田划定工作开展以来，积极推进，严肃落实，取得了阶段性成果。截至 2016 年 6 月上旬，完成了 12 个盟市、83 个旗县城市（镇）周边永久基本农田划定，新划入永久基本农田面积 315 万亩，划定后保护面积达到 817 万亩，保护率由原来的 46％提高到 73％，实现了“数量增加、质量提高、形态优化”的划定要求。

（二）补充耕地质量验收评定

为加强耕地质量建设与管理，确保占补平衡，保障国家粮食安全，农业农村部在总结各地经验基础上制定了《补充耕地质量验收评定工作规范》与《补充耕地质量验收评定技术规范》，西北区各省也相继开展了一系列补充耕地质量验收评定工作。

如甘肃省为全国 6 个补充耕地质量验收评定试点省之一，农业部门与国土部门联合下发了《甘肃省补充耕地质量验收评定实施细则》，建成了省、市、县三级补充耕地质量验收评定专家库，明确了评定主体，规范了评定程序，确定了评定方法。在试点基础上，全省新增了 10 个补充耕地质量验收评定省级试点县，完成了 3 万余亩补充耕地的质量评定验收工作。

青海省起草了《青海省占补平衡补充耕地质量验收工作技术规范》、《青海省补充耕地质量验收工作管理暂行办法》，并起草了试点工作方案。

（三）自然资源资产负债表编制

2015 年，《国务院办公厅关于印发编制自然资源资产负债表试点方案的通知》明确西北区的陕西省延安市作为试点，开展自然资源资产负债表编制试点工作。按照国家统计局、发改委、财政部、国土资源部、环保部、水利部、农业部、国家林业局等 8 部委印发《自然资源资产负债表试编制度（编制指南）》的有关要求，延安市政府办又制定并印发了延安市自然资源资产负债表编制试点工作实施方案。按照方案要求，延安市增补了耕地土壤样点布设和检测项目，补充完善 10 个基础指标的耕地土壤情况调查。在此基础上，全面开展全市的耕地质量等级评价工作，摸清了延安市的耕地质量家底。按时上报了耕地质量等级及变动表（503 表）。

（四）资源环境承载能力分析

按照《关于协助开展资源环境承载力试评价工作的函》（农计（可持续）［2015］168

号）有关要求，选择西北区的青海省为试点省份，以县级为评价单元，开展耕地资源环境承载力试评价。评价选取土壤养分、土壤理化性状为评价指标，通过测算土壤养分和土壤理化性状的变化，在评估一定时期内耕地质量变化情况基础上，分析县域资源环境承载力。

评价结果显示，青海省不超载类型的县有 10 个，占全省 29 个农业县数量的 34.5%；面积 6.48 万 km^2，占全省农业县面积 17.86%；人口总数 97.41 万，占全省农业县人口 30.85%；耕地面积 217.12 万亩，占全省农业县耕地面积 26.77%。临界超载类型的县有 14 个，占全省 29 个农业县数量的 48.3%；面积 23.02 万 km^2，占全省农业县面积 63.42%；人口总数 164.63 万，占全省农业县人口 52.13%；耕地面积 427.23 万亩，占全省农业县耕地面积 52.68%。超载类型的县有 5 个，占全省 29 个农业县数量的 17.2%；面积 6.79 万 km^2，占全省农业县面积 18.71%；人口总数 53.77 万，占全省农业县人口 17.03%；耕地面积 166.7 万亩，占全省农业县耕地面积 20.55%。

四、耕地质量建设

（一）高标准农田建设

西北区积极开展高标准农田建设工作，形成了集中连片、设施配套、高产稳产、生态良好、抗灾能力强，并与现代农业生产和经营方式相适应的基本农田。如青海省加强农田基础设施建设，大规模建设旱涝保收高标准基本农田，为有效提高全省粮食综合生产能力夯实了基础。截至目前，青海省先后投资 24 亿元，建成高标准基本农田 120 万亩，相继在大通和互助两县实施了国家级现代农业示范区旱涝保收高标准农田示范项目。高标准农田建设项目的实施，有效改善了农业基础设施条件，提高了耕地产出率。

（二）有机质提升

西北区从 2009 年实施有机质提升项目以来，参与的项目县达到 260 个，投入资金将近 5 亿元，推广面近 5 000 万亩。如甘肃省，2016 年通过推广秸秆还田、施用商品有机肥、畜禽粪便堆沤腐熟还田、绿肥种植、盐碱地改良等技术，完成推广面积 37 万亩，辐射带动全省实施秸秆还田技术 1 900 万亩、700 万 t，商品有机肥施用 456 万亩、733 万 t，畜禽粪便堆沤腐熟还田达到 1 858 万亩、9 259 万 t，绿肥种植技术 192 万亩、544 万 t，在提高了耕地质量的同时，保护了生态环境。其中，内蒙古自治区 2009—2013 年在 31 个项目单位主要和特色农作物上推广有机质提升技术 404.6 万亩，共计新增经济效益 25 519.4 万元。

（三）测土配方施肥

自 2005 年测土配方施肥工作开展以来，测土施肥技术已覆盖西北区 6 个省（自治区）和新疆生产建设兵团。通过实施测土配方施肥项目，建立了氮磷钾养分分区丰缺指标体系，确立了区域配方技术与原则；进行了中微量养分肥效评价；通过农田氮素实时诊断新技术的应用，实现了快速精准施肥；通过创新技术服务模式，确保技术普及：通过采取施肥建议卡入户、测土信息公示、电视讲座、广播宣传、报纸报道、网络信息、墙体广告、宣传车、赶大集等多种方式广泛开展宣传，组织多层次技术培训，把测土配方施肥技术普及到乡村农户、田间地头、农家炕头。此外，针对小农户分散经营方式，采用“一户一卡、一村一表、一乡一图、配肥直供”的技术服务模式，做到技术到位、服务到户、指导到人、配肥到田。

（四）深耕深松

深耕深松可有效打破长期以来犁耕或灭茬所形成的坚硬犁底层，有效提高土壤的透水、透气性能，深松后的土壤容重更适宜作物生长发育，有利于作物根系深扎。机械深松作业可极大地提高土壤蓄积雨水和雪水能力，在干旱季节能有效提高耕作层的蓄水量。随着西北区各地机械化深耕深松项目的展开，很多农牧民已经对这个新技术有了初步认识，特别是对增加收入、节约生产成本方面形成了共识。如青海省，2010—2012 年在西宁、海东农业区，海南、海北、海西农牧交错区的 16 个县实施机械化深松项目，深松面积 59.43 万亩。项目实施县组成的 145 个合作社、服务队、农机大户从事深松作业，累计投入机具 592 台套，其中：大型机具 179 台套，中型 353 台套，小型 60 台套。为确保深松质量，各地十分重视深松机具的引进、试验与改进工作，在大量的机具调查、参数分析、机具鉴定及试验对比基础上，结合各县的实际情况，对深松机具进行了改进。深耕深松取得显著的经济效益，累计实施面积 59.43 万亩，共计增收 2 273.2 万元。

（五）轮作休耕试点

开展耕地轮作休耕制度试点是中央做出的一项重大部署，也是农村改革的一项重大任务。根据农业部 2016 年轮作休耕试点项目安排，内蒙古自治区西部共有 6 个旗县参与实施，主要采取“一主三辅”的耕地轮作模式，计 100 万亩。其中，玉米马铃薯轮作 25 万亩，主要在乌兰察布市 10 万亩，锡林郭勒盟、呼和浩特市和包头市各 5 万亩；玉米与油料轮作 5 万亩，试点地区为巴彦淖尔市。同时，在轮作试点区域建立 300 个耕地质量监测点。

甘肃省作为休耕试点，在深入调研基础上，选择环县生态问题较为突出、农业生产较为典型、农民意愿较为强烈的洪德镇李家源等 3 个村作为项目实施区域。按照当地生态环境特点、农业生产实际和耕地质量现状，制定了耕作、防护、培肥、调控、治理、修复等休耕技术模式；明确了休可藏粮、休可持续、休可操作、休可发展的总体目标和 3 年具体目标及分年度工作任务，确定了补贴方式、标准及范围，细化了主要工作环节及运行机制，划定了核心示范区，建立了休耕管护效果的评价标准和体系。围绕防止休耕地撂荒、保护休耕地耕层、提升休耕地地力、协调休耕地水肥四个主要休耕环节，落实休耕年限、休耕模式、绿肥作物筛选、休耕措施、地力提升、耕层保护等技术要求。

第二章　耕地土壤类型

西北区耕地总面积为 1 954.86 万 hm^2，其中陕西省 398.87 万 hm^2，占西北区耕地总面积 20.40%；甘肃省 532.93hm^2，占西北区耕地总面积 27.26%；宁夏回族自治区 129.01 万 hm^2，占西北区耕地总面积 6.60%；青海省 58.80 万 hm^2，占西北区耕地总面积 3.0%；新疆维吾尔自治区 513.57 万 hm^2，占西北区耕地总面积 26.27%；内蒙古自治区西部地区 321.68hm^2，占西北区耕地总面积 16.46%。西北区耕地土壤类型复杂多样，分 11 个土纲、24 个亚纲、43 个土类、134 个亚类。本次评价仅对面积较大的淋溶土、半淋溶土、钙层土、干旱土、漠土、人为土、初育土、半水成土、水成土、盐碱土 10 个土纲的黄绵土、栗钙土、黑钙土、褐土、黑垆土、灰钙土、水稻土、草甸土、棕钙土、草甸盐土、风沙土等 24 个土类、134 个亚类进行重点描述(表 2-1)。

表 2-1　西北区耕地土壤分类系统

土纲	亚纲	土类	亚类	土属
淋溶土	湿暖淋溶土	黄棕壤	典型黄棕壤	黄土质黄棕壤 麻砂质黄棕壤 砂泥质黄棕壤 泥质黄棕壤
			黄棕壤性土	硅质黄棕壤性土 泥质黄棕壤性土
		黄褐土	典型黄褐土	黄土质黄褐土 泥砂质黄褐土
	湿暖温淋溶土	棕壤	典型棕壤	黄土质棕壤 泥砂质棕壤 暗泥质棕壤 麻砂质棕壤 硅质棕壤 砂泥质棕壤 泥质棕壤 灰泥质棕壤
			白浆化棕壤	黄土质白浆化棕壤 麻砂质白浆化棕壤 泥质白浆化棕壤
			棕壤性土	泥砂质棕壤性土 麻砂质棕壤性土 硅质棕壤性土 泥质棕壤性土
	湿温淋溶土	暗棕壤	典型暗棕壤	黄土质暗棕壤 麻砂质暗棕壤 泥质暗棕壤
			暗棕壤性土	暗泥质暗棕壤性土
			草甸暗棕壤	黄土质草甸暗棕壤 泥砂质草甸暗棕壤 麻砂质草甸暗棕壤

（续）

土纲	亚纲	土类	亚类	土属
半淋溶土	半湿暖温半淋溶土	褐土	典型褐土	黄土质褐土 泥砂质褐土 灰泥质褐土 红土质褐土
			淋溶褐土	黄土质淋溶褐土 泥砂质淋溶褐土 硅质淋溶褐土
			石灰性褐土	黄土质石灰性褐土 泥砂质石灰性褐土 硅质石灰性褐土 砂泥质石灰性褐土 灰泥质石灰性褐土 红土质石灰性褐土
			褐土性土	黄土质褐土性土 泥砂质褐土性土 硅质褐土性土 灰泥质褐土性土
			塿土	油塿土 垆塿土 立茬塿土 斑斑土 塿墡土
	半湿温半淋溶土	灰褐土	典型灰褐土	黄土质灰褐土 泥砂质灰褐土 硅质灰褐土 泥质灰褐土
			淋溶灰褐土	黄土质淋溶灰褐土 砂泥质淋溶灰褐土
			石灰性灰褐土	黄土质石灰性褐土 泥质石灰性褐土 灰泥质石灰性褐土
			暗灰褐土	泥质暗灰褐土
		黑土	典型黑土	黄土质黑土 泥砂质黑土 暗泥砂质黑土
			草甸黑土	黄土质草甸黑土 泥砂质草甸黑土
		灰色森林土	典型灰色森林土	麻砂质灰色森林土 硅质灰色森林土

（续）

土纲	亚纲	土类	亚类	土属
钙层土	半湿温钙层土	黑钙土	典型黑钙土	黄土质黑钙土 泥砂质黑钙土 泥质黑钙土 灰泥质黑钙土
			石灰性黑钙土	红土性石灰性黑钙土 黄土质石灰性黑钙土
			草甸黑钙土	黄土质草甸黑钙土 泥砂质草甸黑钙土
			淋溶黑钙土	黄土质淋溶黑钙土 麻砂质淋溶黑钙土
			淡黑钙土	黄土质淡黑钙土 暗泥质淡黑钙土
	半干温钙层土	栗钙土	典型栗钙土	黄土质栗钙土 泥砂质栗钙土 麻砂质栗钙土 硅质栗钙土 泥质栗钙土 白干栗钙土 砂田栗钙土
			暗栗钙土	黄土质暗栗钙土 泥砂质暗栗钙土 麻砂质暗栗钙土 泥质暗栗钙土 白干暗栗钙土 砂田暗栗钙土
			淡栗钙土	黄土质淡栗钙土 泥砂质淡栗钙土 麻砂质淡栗钙土 硅质淡栗钙土 泥质淡栗钙土 白干淡栗钙土
			草甸栗钙土	黄土质草甸栗钙土 泥砂质草甸栗钙土 白干草甸栗钙土
			盐化栗钙土	氯化物栗钙土 硫酸盐栗钙土 苏打栗钙土
			栗钙土性土	栗钙土性土
	半干暖温钙层土	栗褐土	淡栗褐土	黄土质淡栗褐土
			潮栗褐土	泥砂质潮栗褐土
		黑垆土	典型黑垆土	典型黑垆土
			黏化黑垆土	黏化黑垆土
			潮黑垆土	潮黑垆土
			黑麻土	黑麻土

（续）

土纲	亚纲	土类	亚类	土属
干旱土	干温干旱土	棕钙土	典型棕钙土	黄土质棕钙土 泥砂质棕钙土 暗泥质棕钙土 硅质棕钙土
			淡棕钙土	泥砂质淡棕钙土
			草甸棕钙土	泥砂质草甸棕钙土
			盐化棕钙土	氯化物棕钙土 硫酸盐棕钙土
			碱化棕钙土	碱化棕钙土
	干暖温干旱土	灰钙土	典型灰钙土	黄土质灰钙土 泥砂质灰钙土 砂田灰钙土
			淡灰钙土	黄土质淡灰钙土 泥砂质淡灰钙土 砂田淡灰钙土
			草甸灰钙土	泥砂质草甸黑钙土
			盐化灰钙土	氯化物灰钙土 硫酸盐灰钙土 砂田苏打灰钙土
漠土	干温漠土	灰漠土	典型灰漠土	黄土质灰漠土
			钙质灰漠土	钙质灰漠土
			草甸灰漠土	草甸灰漠土
			盐化灰漠土	氯化物灰漠土 硫酸盐灰漠土
			灌耕灰漠土	泥质灌耕灰漠土 泥砂质灌耕灰漠土
			碱化灰漠土	碱化灰漠土
		灰棕漠土	典型灰棕漠土	泥砂质灰棕漠土
			石膏灰棕漠土	泥砂质灰棕漠土
			石膏盐盘灰棕漠土	泥砂质石膏盐盘灰棕漠土
			灌耕灰棕漠土	泥砂质耕灌灰棕漠土
	干暖温漠土	棕漠土	典型棕漠土	泥砂质棕漠土
			盐化棕漠土	硫酸盐棕漠土
			石膏棕漠土	泥砂质石膏在漠土
			石膏盐盘棕漠土	泥砂质石膏盐盘棕漠土
			灌耕棕漠土	泥砂质灌耕棕漠土

（续）

土纲	亚纲	土类	亚类	土属
人为土	人为水成土	水稻土	潴育水稻土	潮泥田 潮砂泥田
			淹育水稻土	浅潮泥田 浅潮砂泥田
			渗育水稻土	渗潮泥田 渗潮砂泥田 渗马肝泥土 渗褐泥田
			潜育水稻土	青潮泥田 青灰泥田 黄斑泥田 表潜黄泥田
			脱潜水稻土	黄斑泥田 黄斑黏田
			漂洗水稻土	漂黄泥田 漂马肝田
			盐渍水稻土	氯化物涂砂田 氯化物涂泥田 硫酸盐泥砂田
	灌耕土	灌淤土	典型灌淤土	灌淤砂土 灌淤壤土 灌淤黏土
			潮灌淤土	潮灌淤壤土
			表锈灌淤土	表绣灌淤壤土
			盐化灌淤土	盐化灌淤土
		灌漠土	典型灌漠土	灌漠壤土
			灰灌漠土	灰灌漠砂土 灰灌漠壤土 灰灌漠黏土
			潮灌漠土	潮灌漠壤土
			盐化灌漠土	硫酸盐灌漠土
初育土	土质初育土	黄绵土	黄绵土	绵土 绵砂土 绵墡土 黄墡土
		红黏土	典型红黏土	典型红黏土
		新积土	典型新积土	山洪土 石灰性山洪土 堆垫土 坝於土 漫淤土

（续）

土纲	亚纲	土类	亚类	土属
初育土	土质初育土	新积土	冲积土	冲积砾砂土 冲积砾泥土 冲积砂土 冲积壤土 石灰性冲积砂土 石灰性冲积壤土 石灰性冲积黏土
		龟裂土	龟裂土	盐龟裂土 碱龟裂土
		风沙土	荒漠风沙土	荒漠固定风沙土 荒漠半固定风沙土 荒漠流动风沙土
			草原风沙土	草原固定风沙土 草原半固定风沙土 草原流动风沙土
			草甸风沙土	草甸固定风沙土 草甸半固定风沙土 草甸流动风沙土
	石质初育土	石质土	钙质石质土	灰泥质钙质石质土
			含盐石质土	含盐石质土
			酸性石质土	麻砂质酸性石质土
			中性石质土	麻砂质中性石质土
		紫色土	中性紫色土	紫砾泥土 紫砂土
			酸性紫色土	酸紫壤土
			石灰性紫色土	灰紫砾泥土
		石灰（岩）土	棕色石灰土	棕色石灰土
		粗骨土	钙质粗骨土	硅质钙质粗骨土
			中性粗骨土	泥质中性粗骨土
半水成土	暗半水成土	草甸土	典型草甸土	草甸砂土 草甸壤土 草甸黏土
			石灰性草甸土	石灰性草甸砂土 石灰性草甸壤土 石灰性草甸黏土
			潜育草甸土	石灰性潜育草甸壤土
			盐化草甸土	氯化物草甸土 硫酸盐草甸土 苏打草甸土

（续）

土纲	亚纲	土类	亚类	土属
半水成土	淡半水成土	潮土	典型潮土	潮砂土 潮壤土 潮黏土 石灰性潮砂土 石灰性潮壤土 石灰性潮黏土
			脱潮土	脱潮砂土 脱潮壤土 脱潮黏土
			湿潮土	湿潮砂土 湿潮壤土 湿潮黏土
			盐化潮土	氯化物潮土 硫酸盐潮土 苏打潮土 镁盐潮土
			灌淤潮土	淤潮砂土 淤潮壤土 淤潮黏土 表锈淤潮砂土
		林灌草甸土	典型林灌草甸土	林甸土 耕灌林甸土
			盐化林灌草甸土	盐化林灌草甸土
		山地草甸土	典型山地草甸土	山地草甸壤土
			山地草原草甸土	山地草原草甸土
水成土	矿质水成土	沼泽土	典型沼泽土	典型沼泽土
			腐泥沼泽土	腐泥沼泽土
			泥炭沼泽土	泥炭沼泽土
			草甸沼泽土	草甸沼泽土
			盐化沼泽土	盐化沼泽土
	有机水成土	泥炭土	低位泥炭土	草炭土
盐碱土	盐土	草甸盐土	典型草甸盐土	氯化物草甸盐土 硫酸盐草甸盐土 苏打草甸盐土 镁质草甸盐土
			结壳盐土	氯化物结壳盐土
			沼泽盐土	氯化物沼泽盐土 硫酸盐沼泽盐土
			碱化盐土	氯化物碱化盐土 苏打碱化盐土 镁质碱化盐土

（续）

土纲	亚纲	土类	亚类	土属
盐碱土	盐土	漠境盐土	典型漠境盐土	典型漠境盐土
			干旱盐土	干旱盐土
			残余盐土	氯化物残余盐土 硫酸盐残余盐土 苏打残余盐土
	碱土	碱土	草甸碱土	草甸碱土
			龟裂碱土	龟裂碱土
			荒漠碱土	荒漠碱土
高山土	湿寒高山土	草毡土	典型草毡土	草甸壤土
			薄草毡土	薄草毡砂土
			棕草毡土	棕草毡壤土
		黑毡土	典型黑毡土	黑毡壤土
			薄黑毡土	薄黑毡砂土
			棕黑毡土	棕黑毡壤土
	半湿寒高山土	寒钙土	暗寒钙土	暗寒钙壤土
			淡寒钙土	淡寒钙砂土
		冷钙土	典型冷钙土	冷钙壤土
	干寒高山土	寒漠土	寒漠土	寒漠砂土

第一节　淋溶土纲

淋溶土主要分布在陕西省和甘肃省，面积 59.00 万 hm^2，占西北区耕地面积的 3.02%。根据土壤水热状况的差异，淋溶土纲分为湿暖淋溶土和湿暖温淋溶土 2 个亚纲。湿暖淋溶土具湿润、温暖的水热状况，根据主要由母质影响所造成的土壤淋溶特征的差异，进一步区分为黄棕壤、黄褐土 2 个土类，前者主要由中、酸性基岩风化物发育而成；后者由黄土状物发育而成。湿暖温淋溶土具湿润、温性水热状况，分棕壤和暗棕壤 2 个土类。

一、黄棕壤

黄棕壤是陕西、甘肃两省的重要耕作土壤之一，面积 35.60 万 hm^2，占西北区耕地面积的 1.82%。主要分布在陕西秦岭南坡海拔 900～1 500m，巴山北坡海拔 900～1 800cm 的中、低山地；甘肃西秦岭南坡海拔 1 300～1 400m 以下的低山地、河谷地区。黄棕壤处于暖温带与亚热带的过渡地带，因而土壤的形成和性态兼具棕壤、褐土与红、黄壤的特征。其成土过程主要是较强的腐殖化、黏化、淋溶过程以及弱富铝化过程。根据黄棕壤发育的阶段性和土壤属性，分为典型黄棕壤、黄棕壤性土 2 个亚类。

黄棕壤典型剖面一般分为耕作层、犁底层、淀积层。

（1）*耕作层*　厚 10～20cm，灰黄棕色，团粒结构，砂质黏壤土，疏松。

（2）*犁底层*　厚 11～25cm，黄棕色，小块状结构，稍紧实，砂质黏壤土。

（3）*淀积层*　厚 20～50cm，黄棕色，小块状结构，壤质黏土，稍紧实，有铁锰斑纹沉淀。

黄棕壤特殊的成土过程为耕层土壤养分积累奠定了基础，土壤养分含量较高。土壤有机质 19.54g/kg，全氮 1.17g/kg，碱解氮 94mg/kg，有效磷 18.4mg/kg，速效钾 123mg/kg，缓效钾 886mg/kg，有效铁 20.9mg/kg，有效锰 28.08mg/kg，有效硼 0.65mg/kg，有效铜 2.04mg/kg，有效锌 1.51mg/kg，有效钼 0.27mg/kg，有效硅 69.3mg/kg，pH7.17。

（一）典型黄棕壤亚类

典型黄棕壤亚类是黄棕壤土类的典型代表。成土母质多为变质岩、花岗岩、片麻岩等残积、坡积物或黄土沉积、冲积物。典型黄棕壤亚类面积 22.49 万 hm^2，占西北区该土类面积的 63.17%。典型黄棕壤主要由各种中、酸性基岩风化物发育形成。土体厚度 1m 左右，具有完整的 A-B-C 发生层构型。A 层多为暗黄棕至暗棕灰色，主要受矿质土粒本色及有机质含量的影响，多为壤土，砾石含量较少，小块状结构，较松。B 层为淡黄棕、棕、红棕等，一般随风化物类型及游离铁含量变化而异，多为黏壤土或壤质黏土，砾石含量少，块状结构，较紧实。C 层色泽较 B 层淡，质地轻于 B 层，砾石含量较多，土壤裂缝及岩石碎块表面铁锰淀积物较少，结构为块状或不明显。典型黄棕壤元素迁移的共同特征是二氧化硅都表现为淋失，氧化铁、铝则相对积累，但随母质类型的不同而略有差异。

该亚类耕层较薄，土壤养分含量较低。土壤有机质 14.47g/kg，全氮 0.50g/kg，碱解氮 69mg/kg，有效磷 13.6mg/kg，速效钾 157mg/kg，缓效钾 819mg/kg，有效铁 6.8mg/kg，有效锰 8.77mg/kg，有效硼 0.38mg/kg，有效铜 0.74mg/kg，有效锌 0.64mg/kg，有效钼 0.29mg/kg，有效硅 120.0mg/kg，pH7.17。

典型黄棕壤主要包括黄土质黄棕壤钙土、麻砂质黄棕壤、砂泥质黄棕壤、泥质黄棕壤 4 个土属。

（二）黄棕壤性土亚类

黄棕壤性土是黄棕壤分布区土壤发育程度处于初级阶段的幼年性土壤，主要是发育在石质或易侵蚀山地的陡坡地带，土层浅薄，植被稀疏，常与典型黄棕壤亚类镶嵌分布，其母质基础同于黄棕壤亚类，但土壤的发育程度差，除酸化特征外，土壤的弱富铝化、黏化及生物富集等特征均不够明显，土壤剖面处在初级发育阶段，土体多半风化岩石碎片，粗骨性强。剖面构型为 A-C 型或 A-B-C 型，一般腐殖质层以下即为半风化岩石，总厚度约 10～30cm，质地和颜色因母质而异。通体一般无石灰反应。成土母质为岩石残积、坡积物与黄、红土的混合物。面积 13.11 万 hm^2，占土类面积 36.83%。

该亚类土壤有机质 11.35g/kg，全氮 1.16g/kg，碱解氮 108mg/kg，有效磷 16.6mg/kg，速效钾 20mg/kg，缓效钾 742mg/kg，有效铁 19.4mg/kg，有效锰 19.58mg/kg，有效硼 4.91mg/kg，有效铜 2.27mg/kg，有效锌 1.17mg/kg，有效钼 0.31mg/kg，有效硅 81.3mg/kg，pH6.64。

根据母质类型和性质，黄棕壤性土分硅质黄棕壤性土和泥质黄棕壤性土 2 个土属。

二、黄褐土

黄褐土分布于陕西省秦岭以南海拔 900m 以下的河流阶地、丘陵和低山地区，主要分布在汉中、安康地区的汉江及其支流两岸降低和低山丘陵，商洛地区的商南、丹凤、山阳、镇安、柞水等县的东部和南部以及宝鸡市的太白、凤县境内的秦岭南坡也有分布，分布地势较黄棕壤低。成土母质为黄土状物或黏黄土。面积 4.52 万 hm^2，占西北区耕地面积的 0.23%。

黄褐土的成土过程除受生物气候条件影响外，还深受黏黄土状物的影响，因而具有强烈的黏化过程和一定程度的钙积过程，同时又具有微弱的富铝化过程。黄褐土土体深厚，具有 A-B-C 或 A-AB-B-C 的剖面特征，土壤呈黄褐色或黄棕色，质地黏重，土层紧实，尤以心底土中黏粒聚积明显，并有铁锰胶膜和结核沉淀。黄褐土全剖面质地层间变化不大。黄褐土只有典型黄褐土 1 个亚类，分黄土质黄褐土和泥砂质黄褐土 2 个土属。

黄褐土剖面一般分为耕作层、犁底层、黏化层、过渡层。

(1) *耕作层* 厚 10～25cm，灰褐色，团块状结构，黏壤土，疏松，多植物根系。

(2) *犁底层* 厚 8～10cm，淡灰棕色，块状结构，土体紧实，黏壤土。

(3) *黏化层* 厚 20～70cm，褐色，棱块状结构，黏壤土，紧实，结构面有多量灰色胶膜。

(4) *过渡层* 厚度大于 100cm，黄褐色，棱块状结构，黏壤土，紧实，有多量铁锰胶膜。

黄褐土土体深厚，一般 90～150m。耕层土壤有机质 11.20g/kg，全氮 1.15g/kg，碱解氮 95mg/kg，有效磷 17.9mg/kg，速效钾 128mg/kg，缓效钾 777mg/kg，有效铁 20.4mg/kg，有效锰 26.52mg/kg，有效硼 4.56mg/kg，有效铜 2.49mg/kg，有效锌 1.42mg/kg，有效钼 0.46mg/kg，有效硅 73.5mg/kg，pH6.78。

三、棕壤

棕壤主要分布在陕西、甘肃两省，面积 15.41 万 hm^2，占西北区耕地面积的 0.79%。地处陕西秦岭北坡海拔 1 300～2 400m，秦岭南坡海拔 1 400～2 400cm，巴山北坡海拔 1 700m和陇山 1 300m 以上的中山区；甘肃分布范围大致在陇山—西秦岭—甘南高原以南地区。西秦岭南部低山地、河谷地区，最低海拔约 1 300m，西秦岭东段即徽成盆地南北山地和陇南山地，海拔 1 800～2 000m 以上，西秦岭西段海拔 2 200～2 500m 的广大地区。棕壤是在暖温湿润至温寒湿润气候条件下形成的地带性土壤。棕壤的成土过程具有明显的淋溶与黏化、生物富集与分解及元素迁移的地球化学成土过程。其具有明显的剖面发生层理，剖面构型为 A-B-C 型。质地多为壤土至黏壤土。根据棕壤发育的阶段性和附加成土过程，分典型棕壤、白浆化棕壤和棕壤性土 3 个亚类。

棕壤剖面一般分为耕作层、犁底层、淀积层，自上而下呈有序排列。

(1) *耕作层* 厚 10～15cm，暗灰黄棕色，团块状结构，黏壤土，疏松，有岩屑侵入体，无石灰反应。

(2) *犁底层* 厚 8～10cm，灰棕色，小块状结构，土体紧实，黏壤土有岩屑侵入体，无石灰反应。

(3) *淀积层*　厚 35～150cm，鲜棕色，棱块状结构，黏壤土，紧实，结构面有多量橙色胶膜，无石灰反应。

棕壤土体深厚，耕作层较薄，一般 10～15cm。耕层土壤有机质 13.40g/kg，全氮 1.09g/kg，碱解氮 102mg/kg，有效磷 18.8mg/kg，速效钾 144mg/kg，缓效钾 884mg/kg，有效铁 14.0mg/kg，有效锰 18.53mg/kg，有效硼 9.48mg/kg，有效铜 1.46mg/kg，有效锌 1.32mg/kg，有效钼 0.32mg/kg，有效硅 120.9mg/kg，pH7.23。

(一) 典型棕壤亚类

典型棕壤亚类是棕壤土类的主要类型。面积 12.34 万 hm^2，占西北区该土类面积的 80.08%。典型棕壤亚类剖面的共同特征是：表层有一凋落物层或草根层，厚度 5cm 左右，其下为腐殖质层，黑棕或灰棕色，厚 15～25cm，结构松泡，心土层较黏重，紧实，质地多为黏壤，呈块状或棱块状结构，棕色或棕红色，结构面上有铁、锰聚积。棕壤土壤交换性盐基量高，为 10～30cmol/kg。耕层土壤有机质 17.36g/kg，全氮 0.97g/kg，碱解氮 93cmol/kg，有效磷 14.6mg/kg，速效钾 152mg/kg，缓效钾 830mg/kg，有效铁 9.3mg/kg，有效锰 9.04mg/kg，有效硼 0.59mg/kg，有效铜 0.97mg/kg，有效锌 0.89mg/kg，有效钼 0.31mg/kg，有效硅 102.1mg/kg，pH7.77。

典型棕壤亚类分黄土质棕壤、泥砂质棕壤、暗泥质棕壤、麻砂质棕壤、硅质棕壤、砂泥质棕壤、泥质棕壤、灰泥质棕壤 8 个土属。

(二) 白浆化棕壤亚类

白浆化棕壤是在棕壤形成过程的基础上，在表土层或亚表层附加了侧向漂洗作用，产生了一个颜色较淡的白浆层，因而称为白浆化棕壤。面积 0.41 万 hm^2，占西北区该土类面积的 2.66%。成土母质为中酸性基岩风化物和非钙质土状堆积物。

白浆化棕壤剖面形态特征为：在心土层之上为白浆化层，剖面构型为 A-E-B-C 或 Ae-B-C 型。白浆层呈灰白或浅灰色，砂壤土或壤土，结构不明显或略呈片状结构，有时见锈纹锈斑，有或无铁锰结核。淀积层多呈棕色，质地黏重，棱块状结构，结构面和裂隙有铁锰胶膜，有或无二氧化硅粉末。母质层为岩石半风化物或土状堆积物。

由于受滞水或侧漂离铁和黏粒迁移的影响，白浆土层及其上部土层的质地较轻，粉砂粒含量高，多为砂质壤土至黏壤土，下部黏粒层多为黏壤土至黏土。白浆化黏壤土养分含量比其他棕壤亚类更低。耕层土壤有机质 12.19g/kg，全氮 1.12g/kg，碱解氮 107mg/kg，有效磷 18.0mg/kg，速效钾 135mg/kg，缓效钾 837mg/kg，有效铁 18.6mg/kg，有效锰 19.26mg/kg，有效硼 6.14mg/kg，有效铜 2.05mg/kg，有效锌 1.32mg/kg，有效钼 0.29mg/kg，有效硅 103.7mg/kg，pH6.96。

根据分化壳及母质的类型和特性，白浆化棕壤亚类分黄土质白浆化棕壤、麻砂质白浆化棕壤和泥质白浆化棕壤 3 个土属。

(三) 棕壤性土亚类

棕壤性土是棕壤土区域内处于弱度发育阶段，剖面分化不明显的一类棕壤。面积 2.67 万 hm^2，占西北区该土类面积的 17.33%。成土母质以花岗岩、片麻岩风化物为主，其次为石英岩、片岩、安山岩和无石灰性砂页岩风化物。棕壤性土形态特征为，剖面土体较薄，通体不超过50cm，厚者60cm以上，其下为半风化岩。剖面构型为A-（B）-C或O-A-（B）-C型。原生矿物风化弱，土体中石质性或粗骨性强，剖面发育不明显。棕壤性土粗骨性强，具有砂性和砾质性特点。

耕层土壤有机质11.89g/kg，全氮1.05g/kg，碱解氮103mg/kg，有效磷19.4mg/kg，速效钾140mg/kg，缓效钾957mg/kg，有效铁13.2mg/kg，有效锰18.21mg/kg，有效硼13.17mg/kg，有效铜1.24mg/kg，有效锌1.26mg/kg，有效钼0.30mg/kg，有效硅124.2mg/kg，pH7.20。

根据分化壳及母质的类型和特性，棕壤性土亚类分泥砂质棕壤性土、麻砂质棕壤性土、硅质棕壤性土和泥质棕壤性土4个土属。

第二节　半淋溶土纲

半淋溶土主要分布在陕西、甘肃、内蒙古三省（自治区），面积184.82万hm^2，占西北区耕地面积的9.45%。半淋溶土属弱度淋溶的土壤，土壤的共性是土壤形成正处于脱钙阶段，碳酸盐类已在剖面中发生淋溶与积累，还可见部分氧化铁、锰的弱度析出。土壤发生层分化明显，表层具有不同厚度的腐殖质累积层，其下有黏化土层。根据土壤水热状况的差异，半淋溶土纲分为半湿暖温半淋溶土和半湿温半淋溶土2个亚纲。半湿暖温淋溶土只有褐土1个土类，半湿润半淋溶土亚纲分灰褐土、黑土、灰色森林土3个土类。

一、褐土

褐土在陕西、甘肃、内蒙古三省（自治区）均有分布，面积132.94万hm^2，占西北区耕地面积的6.80%。褐土温带、暖温带落叶阔针叶混交林带或该森林迹地、森林草原、灌丛草原，处于半湿润气候带的典型地带性土壤。其成土过程包括弱的腐殖质积累、碳酸盐淋溶和淀积、黏粒的形成和淀积及耕作熟化过程。主要分布区域地形复杂，地貌类型多样，气候差异大，垂直分布高差大，海拔高度在1 000～3 000m之间，年降水量约400～800mm，土壤母质、结构、颜色、质地、新生体等因分布地域不同差异较大。褐土依其成土过程和土壤性状的差异，分典型褐土、淋溶褐土、石灰性褐土、潮褐土、褐土性土、埁土6个亚类。

褐土典型剖面一般分为耕作层、犁底层、心土层和底土层，自上而下呈有序排列。

1. 耕作层　厚15～20cm，块状结构，砂质黏壤土，稍润，灰棕色，多孔，多量植物根系。

2. 犁底层　厚15～35cm，灰棕色，土体紧实，层块状或片状结构，砂质黏壤土，多孔，多量植物根系。

3. 心土层　厚35～60cm，灰棕色，块状结构，壤质黏土，体较紧实，中量植物根系，有白色石灰假菌丝体、斑点、斑纹。

4. 底土层　厚度20～60cm，灰棕色，粉状结构，砂质黏壤土，土体稍紧，少量植物根系。

褐土土层深厚，耕作层一般15～20cm。耕层土壤有机质16.00g/kg，全氮1.01g/kg，碱解氮76mg/kg，有效磷20.1mg/kg，速效钾176mg/kg，缓效钾1 103mg/kg，有效铁

11.0mg/kg，有效锰 14.68mg/kg，有效硼 0.60mg/kg，有效铜 1.31mg/kg，有效锌 1.39mg/kg，有效钼 0.20mg/kg，有效硅 233.2mg/kg，pH7.89。

（一）典型褐土亚类

典型褐土亚类是褐土的典型土类，面积 15.68 万 hm^2，占西北区该土类面积的 11.79%。所处地带的气候条件典型，具有褐土土类的一般成土过程和剖面形态。典型褐土的主要发育层是淡色腐殖质层及弱黏化土层，碳酸盐在剖面中发生淋移与积累，碳酸钙不仅在B层聚积，也可沿根孔下移，作假菌丝状累积，而且脱钙与黏化作用同时进行。碳酸钙下移可见于B层，也可向下延伸至C层。黏化层中黏粒聚积的起始部位，随年降水量的大小而异，降水量较大的地区，黄土黏化层的起始部位深度也随之下移。典型褐土的成土母质以黄土为主，也有岩石风化物等其他岩类所发育的褐土，在剖面形态与理化性状上均有一定差别。

耕层土壤有机质 15.18g/kg，全氮 0.91g/kg，碱解氮 70mg/kg，有效磷 16.7mg/kg，速效钾 168mg/kg，缓效钾 862mg/kg，有效铁 7.8mg/kg，有效锰 8.12mg/kg，有效硼 0.64mg/kg，有效铜 1.21mg/kg，有效锌 0.94mg/kg，有效钼 0.23mg/kg，有效硅 125.0mg/kg，pH7.85。

典型褐土亚类依据土壤母质的不同岩性，分黄土质褐土、泥砂质褐土、灰泥质褐土、红土质褐土 4 个土属。

（二）石灰性褐土亚类

石灰性褐土主要形成于较新沉积的黄土层上，所处地区年降水量 450～500mm，气候相对干燥，土体中的石灰无明显淋移。其主要性状表现为较典型褐土亚类的腐殖化程度弱，表层有机质含量低，淋溶作用和黏化过程弱，黏化层位高，黏化层厚度薄，剖面中的碳酸钙分异不明显，全剖面呈较强石灰性反应，是褐土土类中发育最弱的一个亚类。面积 25.56 万 hm^2，占西北区该土类面积的 19.23%。

耕层土壤有机质 13.31g/kg，全氮 0.86g/kg，碱解氮 75mg/kg，有效磷 16.2mg/kg，速效钾 165mg/kg，缓效钾 886mg/kg，有效铁 9.7mg/kg，有效锰 12.05mg/kg，有效硼 4.04mg/kg，有效铜 1.07mg/kg，有效锌 0.95mg/kg，有效钼 0.36mg/kg，有效硅 160.8.0mg/kg，pH8.04。

根据成土母质不同，该亚类分黄土质石灰性褐土、泥砂质石灰性褐土、硅质石灰性褐土、砂泥质石灰性褐土、灰泥质石灰性褐土、红土质石灰性褐土 6 个土属。

（三）淋溶褐土亚类

淋溶褐土是棕壤与褐土的过渡类型，其性态特征和理化性质具有过渡性特征。所处地区年降水量 600～800mm，气候相对湿润，土体中的石灰无明显淋移。淋溶褐土与石灰性褐土在发育程度与性态上相比较，石灰性褐土发育相对微弱的褐土类型，仍保留了明显的母质残存特征。而淋溶褐土黏粒悬迁黏化明显，有较明显的黏化层，石灰遭到强度淋溶下移，并在底土层中才可见碳酸钙聚积，剖面通体呈中性反应，为 A-B_t-Ck 剖面构型，仍有明显的褐土发育层段，具有由棕壤向褐土发育的过渡特征。淋溶褐土面积 4.08 万 hm^2，占西北区该土类面积的 3.07%。

根据母质类型不同，淋溶褐土分为黄土质淋溶褐土、泥砂质淋溶褐土、硅质淋溶褐土 3 个土属。

（四）褐土性土亚类

褐土性土是指发育不完全并向褐土发育的幼年褐土，成土年龄短。剖面中碳酸钙已开始分化脱钙，但尚未形成明显的黏化特征，剖面构型呈 A-（B_k）-C 型。褐土性土属于褐土发育的初期阶段。A 层以下有 AB 层或 B_k层初步形成，通体有石灰反应，土壤 pH 值在 7.5 以上，母质特征明显。面积 15.67 万 hm^2，占西北区该土类面积的 11.79%。

褐土性土广泛分布于褐土区的山丘地段。由于地形陡缓与侵蚀、切割强度的差异，经常交替分布不同发育程度的褐土及初育性的土壤类型。在坡度小、地形平缓及土体深厚的地区，侵蚀轻微或基本无侵蚀处，可见褐土分布。

耕层土壤有机质 12.78g/kg，全氮 0.96g/kg，碱解氮 84mg/kg，有效磷 18.5mg/kg，速效钾 171mg/kg，缓效钾 1 047mg/kg，有效铁 12.2mg/kg，有效锰 17.28mg/kg，有效硼 9.41mg/kg，有效铜 1.24mg/kg，有效锌 1.09mg/kg，有效钼 0.28mg/kg，有效硅 166.3mg/kg，pH7.81。

褐土性土按母质类型不同分黄土质褐土性土、泥砂质褐土性土、硅质褐土性土、灰泥质褐土性土 4 个土属。

（五）塿土亚类

塿土是褐土剖面上具有黄土覆盖层的亚类，分布在陕西关中平原渭河阶地、黄土台塬上。其区域范围，东至潼关，西到宝鸡，北达北山，南抵秦岭，呈东西长，南部狭条带状。包括渭南、西安、咸阳、铜川、宝鸡等地市的大部分或一部分，是关中地区主要的耕种土壤。面积 71.96 万 hm^2，占西北区该土类面积的 54.13%。

塿土剖面由黄土覆盖层和褐土剖面两大层段组成。覆盖层是长期耕作，施加土粪和近代黄土沉积形成的，厚度 40～60cm，最厚可达 1m，依地面坡度与侵蚀强弱的不同而不一。覆盖层包括耕层、亚耕层和老耕层。耕层一般呈灰棕色，屑粒至团块状结构，质地多为粉砂质壤土或粉砂质黏壤土，疏松多孔隙。

塿土的颗粒组成因区域性气候条件不同而有差异。关中西部和靠近秦岭南部地带降水量较多，比较湿润，土壤黏化作用较强，土壤质地比东部和北部黏。塿土覆盖层系富含碳酸钙的黄土物质，受降雨和灌灌水淋洗作用，碳酸钙淋溶下移，以假菌丝和霜粉状淀积于老耕层结构面上，形成新的石灰聚积，致使剖面上部呈强石灰反应。

塿土土层深厚，养分含量较高。耕层土壤有机质 12.06g/kg，全氮 1.02g/kg，碱解氮 73mg/kg，有效磷 21.9mg/kg，速效钾 192mg/kg，缓效钾 1 198mg/kg，有效铁 11.4mg/kg，有效锰 15.04mg/kg，有效硼 1.08mg/kg，有效铜 1.48mg/kg，有效锌 1.58mg/kg，有效钼 0.34mg/kg，有效硅 207.7mg/kg，pH7.94。

塿土亚类分油塿土、垆塿土、立茬塿土、斑斑土、塿墡土 5 个土属。

二、灰褐土

灰褐土是干旱、半干旱地区森林草原植被下的地带性土壤。在甘肃、宁夏、青海、内蒙古四省（自治区）均有分布，面积 49.49 万 hm^2，占西北区耕地面积的 2.53%。主要位于狼山、贺兰山、子午岭、祁连山、西秦岭（黄河流域范围内）、六盘山、天山及西昆仑山等山地；在青藏高原地区的河流两岸山坡和峡谷也有分布，是垂直带谱上的组成部分，海拔高度一般为 1 600～3 200m，但东部子午岭可降至 1 300m；青藏高原南部可升至 4 400m。土壤母质类型繁多，主要有残积物、坡积物、冰水沉积物或黄土状物。灰褐土依其成土过程的变异状况，划分为典型灰褐土、淋溶灰褐土、石灰性灰褐土、暗灰褐土 4 个亚类。

灰褐土的成土过程是碳酸盐淋溶、有机物分解的下移、腐殖质积累和下层土壤黏化过程。典型剖面为：A_0层（残落物层）、A 腐殖质层、B 层（黏化层）、C 层（钙积层）、D 层（母质层）层次发育完整，过渡明显。腐殖质层黑棕色或暗灰褐色，黏化层以棕色为主，向下颜色变浅。腐殖质层和钙积层质地较轻，黏化层质地黏重。有机质含量高，一般为 30～110mg/kg。灰褐土酸碱反应变化较大，表土层微碱性，黏化层中性—微碱性，钙积层中性—碱性。耕层土壤有机质 23.21g/kg，全氮 1.36g/kg，碱解氮 99mg/kg，有效磷 14.5mg/kg，速效钾 169mg/kg，缓效钾 889mg/kg，有效铁 11.3mg/kg，有效锰 12.86mg/kg，有效硼 0.74mg/kg，有效铜 1.07mg/kg，有效锌 1.12mg/kg，有效钼 0.33mg/kg，有效硅 145.8mg/kg，pH8.06。

（一）典型灰褐土亚类

典型灰褐土亚类是灰褐土类的核心，具有灰褐土类典型性状及形态特征。主要分布于宁夏贺兰山、内蒙古大青山、甘肃祁连山中段和东段。面积 9.00 万 hm^2，占西北区该土类面积的 18.19%。

典型灰褐土剖面由粗腐殖质层、腐殖质层、淀积层和母质层组成。主要剖面构型有 A_0-A-B_t-C 型或 A_0-A-AB-Bt-C 型。腐殖质层厚 25cm，棕灰色，质地为砂质黏壤土或砂壤土，粒状结构，无石灰反应或微弱石灰反应。弱黏化层厚度 37cm，淡棕黄色，质地多为壤质黏土或砂质黏壤土，块状结构，弱石灰反应。母质层多为杂色泥岩、砂砾岩、泥质砂岩、砂岩等风化物或黄土状物。

典型灰褐土因母质不同，其土壤颗粒组成不同，总体土壤有机质含量比较高，具有黏化作用。耕层土壤有机质 16.91g/kg，全氮 1.56g/kg，碱解氮 93mg/kg，有效磷 11.3mg/kg，速效钾 142mg/kg，缓效钾 729mg/kg，有效铁 10.6mg/kg，有效锰 13.51mg/kg，有效硼 0.70mg/kg，有效铜 0.86mg/kg，有效锌 0.90mg/kg，有效钼 0.19mg/kg，有效硅 159.5mg/kg，pH8.02。

典型灰褐土因土壤母质不同，分黄土质灰褐土、泥砂质黄褐土、硅质灰褐土、泥质灰褐土 4 个土属。

（二）淋溶灰褐土亚类

淋溶灰褐土是灰褐土区雨量较多，水分条件较好，气温较暖的地方发育的一个亚类，在地理分布上常与灰褐土亚类、亚高山草甸土交错分布。面积 7.03 万 hm^2，占西北区该土类面积的 14.20%。

淋溶灰褐土剖面由枯枝落叶层、粗腐殖质层、腐殖质层、淀积层和母质层组成。主要剖面构型有 A_{00}-A_0-A-B_t-C 型或 A_{00}-A_0-A-AB-B_t-C 型。枯枝落叶层厚 5～10cm，粗腐殖质层厚3～5cm，褐色；腐殖质层厚30～55cm，暗灰褐色，质地为砂壤土或砂质黏壤土，粒状结构，无石灰反应；弱黏化层厚25～35cm，灰棕色，质地为壤质黏土或砂质黏壤土，块状或核状结构，无石灰反应，有弱黏化现象；母质层多为杂色泥质砂砾岩、砂砾岩、砂岩等风化物。

淋溶灰褐土主要特征是碳酸钙淋溶作用较强，1m土体内无石灰反应，不含碳酸钙或含量较低；1m以下有石灰反应，也可见白色假菌丝体等石灰淀积物，但无明显的钙积层。淋溶灰褐土仍呈盐基饱和状态，盐基饱和度大于60%，中性反应。淋溶灰褐土的腐殖质厚度与有机质含量，黏粒淀积层的出现部位及黏粒含量，均与典型灰褐土相似。

淋溶灰褐土耕层土壤有机质16.83g/kg，全氮1.37g/kg，碱解氮104mg/kg，有效磷26.3mg/kg，速效钾202mg/kg，缓效钾1 084mg/kg，有效铁6.1mg/kg，有效锰7.92mg/kg，有效硼1.27mg/kg，有效铜0.74mg/kg，有效锌0.97mg/kg，有效钼0.53mg/kg，有效硅161.8mg/kg，pH8.19。

淋溶灰褐土根据土壤母质不同，分黄土质淋溶灰褐土、砂泥质淋溶灰褐土2个土属。

（三）石灰性灰褐土亚类

石灰性灰褐土是灰褐土类向栗钙土或黑钙土演变的过渡类型，分布区域为相对比较干旱的低山丘陵地区，如六盘山、贺兰山、大青山等低海拔地区，青藏高原灰褐土地带中的避风向阳的阳坡峡谷，甘肃灰褐土区的低山区。面积29.98万hm^2，占西北区该土类面积的60.58%。

石灰性灰褐土剖面由腐殖质层、淀积层和母质层组成。以内蒙古典型剖面为例，主要剖面构型有A-B-C型或A-AB-B-C型。腐殖质层厚25～35cm，暗灰色，质地为砂壤土或砂质黏壤土，粒状结构，弱石灰反应；淀积层厚20～45cm，棕灰色，质地为壤质黏土或黏壤土，块状结构，强石灰反应；母质层多为杂色泥质砂岩、砂质泥岩、砂岩、砂砾岩等风化物。

石灰性灰褐土主要特征是全剖面石灰反应强，pH值8左右，碳酸钙含量高，均在50g/kg以上，钙积层与腐殖质层中碳酸钙含量比值比典型灰褐土小，碳酸钙的淋溶作用比典型灰褐土明显减弱。母质多为黄土或黄土为主的残积—坡积物。

石灰性灰褐土耕层土壤有机质17.446g/kg，全氮1.01g/kg，碱解氮85mg/kg，有效磷16.2mg/kg，速效钾164mg/kg，缓效钾889mg/kg，有效铁9.0mg/kg，有效锰9.51mg/kg，有效硼0.66mg/kg，有效铜0.95mg/kg，有效锌0.86mg/kg，有效钼0.31mg/kg，有效硅140.4mg/kg，pH7.90。

石灰性灰褐土分黄土质石灰性灰褐土、泥质石灰性灰褐土和灰泥质石灰性灰褐土3个土属。

（四）暗灰褐土

暗灰褐土广泛分布于海拔高度1 700～2 600m的宁夏六盘山、罗山、南华山、西华山、云雾山和贺兰山等山地。面积3.47万hm^2，占西北区该土类面积的7.01%。

暗灰褐土剖面由腐殖质层、过渡层、淀积层和母质层组成。主要剖面构型为A-AB-Bt-C型。腐殖质层厚25.7cm，暗褐色或灰棕色，质地为中壤土或轻壤土，稍紧实，粒状结构，无石灰反应或微弱石灰反应；过渡层厚25.8cm，暗灰棕色、棕灰色或灰棕色，质地为中壤土或轻壤土，粒状或块状结构，稍紧实，空隙和根系较多，可见有少量石灰质假菌丝体和暗色胶膜等新生体，弱石灰反应；淀积层厚48.6cm，灰褐色或棕色，质地多为中壤土或重壤土，少数为轻壤土，粒状或块状结构，稍紧实，空隙较上层少，胶膜明显，有白色霉状碳酸盐新生体。母质层多为砂质泥岩和页岩风化物的残积物或坡积物。

暗灰褐土耕层土壤有机质16.57g/kg，全氮1.04g/kg，碱解氮80mg/kg，有效磷12.0mg/kg，速效钾180mg/kg，缓效钾1 060mg/kg，有效铁8.6mg/kg，有效锰8.92mg/kg，有效硼0.89mg/kg，有效铜1.07mg/kg，有效锌0.76mg/kg，有效钼0.27mg/kg，有效硅159.5mg/kg，pH8.42。暗灰褐土只有泥质暗灰褐土1个土属。

三、黑土

黑土是在寒冷湿润气候条件下发育而形成的土壤。西北区主要分布于甘肃祁连山、西秦岭（黄河流域范围内）海拔2 300～3 000m的中山山地，面积2.39万hm^2，占西北区耕地面积的0.12%。土壤母质多为黄土状沉积物和少量残坡积物。黑土依其剖面形态发育和特征，划分为典型黑土和草甸黑土2个亚类。

黑土的成土过程主要包括土壤腐殖质积累、可溶性盐分的淋溶和黑土耕垦后的耕种熟化三个过程。黑土形成过程的主要特点是明显的生物积累过程，由于有一定高度和覆盖度的中生性草甸植物生长繁茂，为黑土生物积累创造了良好的物质基础。加之冬季寒冷漫长，微生物活动微弱，有机物质得不到充分分解，夏季适应气候条件下，通过微生物的活动，使土壤腐殖质化作用加快，而矿质化作用缓慢，从而腐殖质能在土壤中大量积累，形成了深厚的腐殖质累积层—黑土层。黑土形成的另一个特征是物质的迁移和转化。在临时性滞水和有机质分解产物的影响下，产生还原条件，使土壤中的铁锰元素发生还原，并随水移动，长期周期性发生氧化还原反应，在土壤空隙中形成铁锰结核，而在有些土层中尚可见到锈斑和灰斑。

黑土典型剖面一般分为耕作层、犁底层、心土层、过渡层和母质层，自上而下呈有序排列。

1. 耕作层　厚15～20cm，灰棕色，团粒结构，土体较松散，质地为黏壤，多量植物根系。

2. 犁底层　厚8～10cm，色泽与耕作层相近，土体较紧实，团粒结构，根系多。

3. 心土层　厚30～40cm，黑棕色，粉沙质黏壤土，块状结构，土体较紧实，中量植物根系。

4. 过渡层　厚20～30cm，灰棕色，粉沙质黏壤土，块状结构，土体较紧实，少量植物根系。

5. 母质层　厚40～60cm，浊黄棕色，质地为黏壤土，块状结构，土体较紧，无植物根系。

黑土耕作层一般15～20cm。耕层土壤有机质26.25g/kg，全氮1.46g/kg，碱解氮79mg/kg，有效磷25.8mg/kg，速效钾182mg/kg，缓效钾789mg/kg，有效铁8.8mg/kg，有效锰9.04mg/kg，有效硼0.73mg/kg，有效铜1.12mg/kg，有效锌1.12mg/kg，有效钼0.95mg/kg，有效硅202.2mg/kg，pH7.86。

（一）典型黑土亚类

典型黑土亚类主要分布于甘肃省定西市、临夏回族自治州、陇南市和张掖市，具有黑土剖面的典型特征和主导成土特征。面积 2.38 万 hm^2，占西北区该土类面积的 99.58%。

与其他亚类相比，典型黑土亚类分布地形较高，地下水位深，腐殖质层厚，一般 30～80cm，有机质含量高。分为黄土质黑土、泥砂质黑土和暗泥质黑土 3 个土属。

典型黑土剖面由耕作层、犁底层、心土层、过渡层和母质层组成。以临夏回族自治州和政县新营乡典型黑土亚类典型剖面为例型。耕作层厚 18cm，灰褐色，质地为黏壤土，团粒结构，土体疏松，植物根系分布多；犁底层厚 10cm，灰棕色，质地为粉砂质黏壤土，团粒结构，土体稍紧实，植物根系分布多；心土层厚 45cm，黑棕色，质地为粉砂质黏壤土，块状结构，土体紧实，结构面有黑色胶膜，分布有中量植物根系；过渡层厚 22cm，灰棕色，质地为粉砂质黏壤土，块状结构，土体紧实，植物根系分布少；底土层厚 55cm，浊黄棕色，质地为黏壤土，块状结构，土体紧实，无植物根系。

典型黑土通体无石灰反应，土壤养分含量比较高。耕层土壤有机质 26.24g/kg，全氮 1.46g/kg，碱解氮 78mg/kg，有效磷 25.8mg/kg，速效钾 183mg/kg，缓效钾 789mg/kg，有效铁 8.8mg/kg，有效锰 9.04mg/kg，有效硼 0.74mg/kg，有效铜 1.12mg/kg，有效锌 1.12mg/kg，有效钼 0.95mg/kg，有效硅 202.5mg/kg，pH7.86。

典型黑土根据土壤利用情况，分黄土性黑土和泥质岩残坡积黑土 2 个土属。

（二）草甸黑土亚类

草甸黑土亚类主要分布在甘肃临夏回族自治州、张掖市、天水市、定西市的西秦岭、祁连山中山地带的平缓山坡和平台。面积 0.018 万 hm^2，占西北区该土类面积的 0.42%。

草甸黑土亚类的形态特征与黑土相似，唯腐殖质层较深厚，达 40～100cm，有机质含量较高，平均 27.77g/kg，剖面之间差异较小；淀积层（耕种土壤的心土层）有潜育现象，有锈斑锈纹。

草甸黑土剖面由生草层、腐殖质层、过渡层和母质层组成。以天水市甘谷县古坡乡草甸黑土亚类典型剖面为例。生草层厚 15cm，黑褐色，质地为团粒结构，粉砂壤土，根系交织密集；腐殖质层厚 45cm，灰棕色，团块或团粒状结构，粉砂黏壤土，土体紧实；过渡层厚 50cm，由腐殖质层向母质层过渡，暗棕色，由上向下逐渐变淡，呈舌状向下延伸呈灰棕色，质地为粉砂质黏壤土，土体紧实；母质层 110cm 以下，灰棕色，质地为粉砂黏壤土。

草甸黑土剖面土体深厚，腐殖质层有机质含量高，质地较黏重，通体无石灰反应，土壤养分含量比较高。耕层土壤有机质 27.77g/kg，全氮 1.90g/kg，碱解氮 85mg/kg，有效磷 22.3mg/kg，速效钾 162mg/kg，缓效钾 782mg/kg，有效铁 9.3mg/kg，有效锰 8.68mg/kg，有效硼 0.60mg/kg，有效铜 0.90mg/kg，有效锌 0.88mg/kg，有效钼 1.16mg/kg，有效硅 176.9mg/kg，pH8.19。

草甸黑土分为黄土质草甸黑土和泥砂质草甸黑土 2 个土属。

第三节　钙层土纲

钙层土是温带半湿润与半干旱区的草原土壤。西北区各省（自治区）均有分布，面积

374.63 万 hm^2，占西北区耕地面积的 19.16%。钙层土在土壤形成过程中，土壤中钙离子与植物残体分解时产生的二氧化碳和水作用，形成重碳酸钙，在降雨时向下移动，并在剖面中部或下部明显淀积，形成钙积层，成为钙层土纲的重要鉴别标志。钙层土纲根据水热条件与成土特征的差异，分半湿温钙层土、半干温钙层土、半干暖温钙层土 3 个亚纲。半湿温钙层土亚纲有黑钙土 1 个土类，半干温钙层土亚纲有栗钙土 1 个土类，半干暖温钙层土亚纲有栗褐土、黑垆土 2 个土类。

一、黑钙土

黑钙土在甘肃、青海、新疆、内蒙古四省（自治区）均有分布，面积 33.18 万 hm^2，占西北区耕地面积的 1.70%。黑钙土是在温带半湿温大陆性季风气候条件，草原草甸植被下发育而成的土壤。黑钙土分布的地形在内蒙古地区为低山丘陵及波状台地；甘肃、青海、新疆地区则多分布于中山上部地段，不同地区的海拔高度差异较大，在 700～3 000m 之间，分布区域地形复杂，地貌类型多，气候差异大，年降水量约 350～600mm，土壤母质、结构、颜色、质地、新生体等因分布地域不同差异较大。

黑钙土的成土过程具有明显的腐殖质积累和钙化过程，同时也具有草甸化过程和退化过程，依据黑钙土腐殖质积累程度、碳酸盐淋溶淀积差异和有无附加的成土过程，分典型黑钙土、石灰性黑钙土、草甸黑钙土、淡黑钙土、淋溶黑钙土 5 个亚类。

黑钙土典型剖面一般分为耕作层、犁底层、心土层和底土层，自上而下呈有序排列。

1. 耕作层　受耕作活动影响最强烈的土层。厚 15～20cm，土色比心土层、底土层稍暗，灰棕黄色至黑棕色，结构多为团粒结构，土体较松散，质地为砂壤、壤土和黏壤，多量植物根系，少量粉末和斑点状碳酸盐新生体，石灰反应弱或无。

2. 犁底层　紧接耕作层之下，长期受耕作机具的挤压作用所形成，厚 5～15cm 不等，色泽与耕作层相近，土体紧实，块状或片状结构，根系与孔隙显著减少。

3. 心土层　颜色较耕作层浅，灰黄棕色，质地为壤质—黏壤，块状结构，土体较紧实，中量植物根系，有中量粉末和斑点状碳酸盐新生体，石灰反应强烈。

4. 底土层　颜色较浅，为灰黄色，质地为壤质—黏壤，块状结构，土体较紧，少量植物根系，中量斑点状碳酸盐新生体，石灰反应强。

黑钙土土体较厚，一般 150cm 以上，耕作层一般 15～20cm。耕层土壤有机质 26.51g/kg，全氮 1.59g/kg，碱解氮 99mg/kg，有效磷 19.4mg/kg，速效钾 174mg/kg，缓效钾 1 031mg/kg，有效铁 9.4mg/kg，有效锰 8.30mg/kg，有效硼 0.76mg/kg，有效铜 1.09mg/kg，有效锌 1.14mg/kg，有效钼 0.46mg/kg，有效硅 209.1mg/kg，pH8.22。

（一）典型黑钙土亚类

典型黑钙土是在草原及草甸草原植被下发育的地带性土壤，是黑钙土土类的典型代表。面积 24.59 万 hm^2，占西北区该土类面积的 74.11%。主要分布于昭苏盆地及天山、祁连山北坡向阳山地和青海达坂山、啦鸡山、日月山山麓缓坡地段。分布区域大都位于黑钙土带的中间部位。成土母质多为黄土、红土、残坡积物。

典型黑钙土剖面土体深厚，层次分化明显。剖面构型为 A-AB-B_k-C 型。土壤有一定淋溶淀积，表层无石灰反应，腐殖质层厚 30～60cm，颜色暗灰或暗棕色，粒状或团粒结构，逐步向下过渡；过渡层腐殖质呈舌状下伸；再下为石灰聚积层，浅灰棕或黄棕色，常见石灰假菌丝体或粉状石灰结核；母质层多为黄棕色或棕红色，质地为黏壤土，棱块状结构，含少量碳酸钙。耕层土壤有机质 15.24g/kg，全氮 1.37g/kg，碱解氮 95mg/kg，有效磷 20.7mg/kg，速效钾 177mg/kg，缓效钾 1 122mg/kg，有效铁 8.3mg/kg，有效锰 7.10mg/kg，有效硼 2.31mg/kg，有效铜 0.82mg/kg，有效锌 1.26mg/kg，有效钼 0.41mg/kg，有效硅 119.4mg/kg，pH8.12。

依据土壤母质类型，典型黑钙土亚类分黄土质黑钙土、泥砂质黑钙土、泥质黑钙土、灰泥质黑钙土 4 个土属。

（二）石灰性黑钙土亚类

石灰性黑钙土亚类面积 3.84 万 hm^2，占西北区该土类面积的 11.57%。它是黑钙土土类中湿度最小并向栗钙土过渡的亚类，位于典型黑钙土亚类之下，暗栗钙土之上，性状已接近暗栗钙土，以其全剖面具有石灰反应而与其他亚类相区别。该亚类的形成除受生物气候条件影响外，还和局部地区碳酸钙的地表迁移聚积有关。

石灰性黑钙土在黑钙土土类中气候逐渐干旱，腐殖质积累及碳酸钙淋溶强度大大减弱、有机质分解过程中矿化过程占优势，因而腐殖质层较薄，有机质含量相对较低，pH 值较高，通体有石灰反应。但层次发育仍很明显完整，剖面构型为 A-AB-B_k-C。腐殖质层厚 20～40cm，暗灰棕或暗灰色，粒状或小团粒状结构，中度石灰反应，逐渐向下过渡；过渡层厚 20～30cm，黄灰夹灰黄色，腐殖质呈舌状下伸，中强度石灰反应；钙积层厚 30～40cm，碳酸钙呈假菌丝状淀积；母质层形态不一，亦有假菌丝体；成土母质多为残坡积物或黄土；质地极不均一。耕层土壤有机质 19.71g/kg，全氮 2.10g/kg，碱解氮 77mg/kg，有效磷 26.2mg/kg，速效钾 142mg/kg，缓效钾 607mg/kg，有效铁 8.0mg/kg，有效锰 7.04mg/kg，有效硼 0.91mg/kg，有效铜 0.85mg/kg，有效锌 1.17mg/kg，有效钼 0.49mg/kg，有效硅 158.9mg/kg，pH8.12。

依据土壤母质类型，石灰性黑钙土分红土性石灰性黑钙土和黄土质石灰性黑钙土 2 个土属。

（三）草甸黑钙土亚类

草甸黑钙土面积 1.98 万 hm^2，占西北区该土类面积的 5.97%。它是黑钙土形成过程中伴随着草甸化过程而形成的亚类，是黑钙土向草甸土过渡的亚类，以其剖面中下部具有铁锰结核或锈纹锈斑而与其他亚类相区别。草甸化过程是草甸黑钙土的主要特征，成土母质多为黄土状坡积物。一般分布在黑钙土带地形低平的河谷阶地上，其次在部分山间沟谷两岸低地及缓平谷地也有少量分布。地下水位一般在 3～5m，土壤湿度大，植被生长茂盛，土壤表层根系密集而盘结。剖面构型为 A-AB-B_{ku}-C_u。腐殖质层厚 25～60cm，暗灰或灰黑色，粒状结构，石灰反应有或无；过渡层厚 30～40cm，棕灰色夹暗灰色条纹，腐殖质呈舌状下伸，石灰反应较明显；钙积层厚 20～30cm，黄棕色夹灰白斑和锈色斑；母质层棕黄色夹青灰斑和锈斑、铁锰结核，石灰反应强。

草甸黑钙土耕层土壤有机质 12.72g/kg，全氮 0.65g/kg，碱解氮 51mg/kg，有效磷 12.4mg/kg，速效钾 165mg/kg，缓效钾 1 188mg/kg，有效铁 12.6mg/kg，有效锰

7.71mg/kg，有效硼 0.52mg/kg，有效铜 2.37mg/kg，有效锌 0.83mg/kg，有效钼 0.85mg/kg，有效硅 273.1mg/kg，pH8.30。

依据土壤母质类型，草甸黑钙土分黄土质草甸黑钙土和泥砂质草甸黑钙土 2 个土属。

（四）淡黑钙土

淡黑钙土面积 0.22 万 hm^2，占西北区该土类面积的 0.66%。主要分布在较为干旱地区，位于黑钙土向栗钙土过渡的地带，并多与石灰性黑钙土共存。淡黑钙土成土特征是腐殖质积累和钙积化特征，和典型黑钙土亚类相比，腐殖质积累减弱了，钙积加强了，碳酸钙淀积部位升高，钙积层出现在 40～60cm，碳酸钙含量增加。剖面构型为 A-AB-B_k-C。腐殖质层厚 25～40cm，暗灰或栗灰色，粒状结构，无石灰反应，逐渐向下过渡；过渡层厚 20～40cm，淡灰棕色夹黄色，腐殖质呈舌状下伸，有少量白色假菌丝，石灰反应中等；钙积层厚 30～50cm，灰棕色夹灰白色，碳酸钙呈菌丝或斑块状淀积；母质层形态不一，石灰反应强。

淡黑钙土耕层土壤有机质 23.51g/kg，全氮 1.50g/kg，碱解氮 65mg/kg，有效磷 21.8mg/kg，速效钾 182mg/kg，缓效钾 708mg/kg，有效铁 9.5mg/kg，有效锰 9.12mg/kg，有效硼 0.65mg/kg，有效铜 0.82mg/kg，有效锌 0.91mg/kg，有效钼 1.16mg/kg，有效硅 194.9mg/kg，pH8.04。

淡黑钙土分黄土质淡黑钙土和暗泥质淡黑钙土 2 个土属。

（五）淋溶黑钙土

淋溶黑钙土淋溶黑钙土是黑钙土土类中气温最低、湿度最大的亚类，以其具有深位石灰反应和硅粉、铁锰斑与其他亚类相区别。面积 0.41 万 hm^2，占西北区该土类面积的 1.24%。主要分布在西北区黑钙土山地上部，常与阴坡部位的灰色森林土和灰褐土共存。剖面为 A-AB-C_k型。腐殖质层厚 30～60cm，黑色或暗棕灰色，粒状、团粒状结构，逐渐向下过渡。过渡层（AB）厚 30cm，颜色在棕灰色、棕色之间。腐殖质呈舌状下伸。淀积层（B）厚 40～60cm，棕灰色或灰棕色，核状或块状结构，结构面上有点状硅粉和铁锰斑点。母质层（C_k）为浅棕黄色或杂色，有白色假菌丝聚积，石灰反应明显。

淋溶黑钙土耕层土壤有机质 12.30g/kg，全氮 1.49g/kg，碱解氮 87mg/kg，有效磷 24.7mg/kg，速效钾 177mg/kg，缓效钾 1 104mg/kg，有效铁 16.8mg/kg，有效锰 7.27mg/kg，有效硼 3.62mg/kg，有效铜 0.90mg/kg，有效锌 1.98mg/kg，有效钼 0.40mg/kg，有效硅 126.4mg/kg，pH8.17。

淋溶黑钙土分黄土质淋溶黑钙土和麻砂质淋溶黑钙土 2 个土属。

二、栗钙土

栗钙土在甘肃、青海、新疆、内蒙古四省（自治区）均有分布，面积 199.36 万 hm^2，占西北区耕地面积的 10.20%。它是温带半干旱大陆性气候条件下形成的具有明显栗色腐殖质层和钙积层的主要草原土壤类型之一，广泛分布在我国温带草原地区。东起内蒙古高原，西到新疆的伊犁盆地，从海拔 1 300m 的内蒙古高原到海拔 4 000m 以上的青藏高原均有分布。

栗钙土主要分布区域地形复杂，地貌类型多，气候差异大，年降水量约 250～450mm，土壤母质、结构、颜色、质地、新生体等因分布地域不同差异较大。其成土过程具有明显的有机质积累和钙化过程，同时也具有草甸化和盐碱化过程，剖面发生层次分化明显，有腐殖质层（A）、钙积层（B_k）和母质层（C）3 个基本层段组成。部分栗钙土有过渡层（AB）、碱化层（A_n）和氧化还原层（C_u）。

栗钙土土体较厚，一般 150cm 以上，耕作层一般 15～20cm。耕层土壤有机质 17.12g/kg，全氮 1.08g/kg，碱解氮 78mg/kg，有效磷 13.7mg/kg，速效钾 154mg/kg，缓效钾 814mg/kg，有效铁 8.5mg/kg，有效锰 10.19mg/kg，有效硼 0.75mg/kg，有效铜 1.04mg/kg，有效锌 1.03mg/kg，有效钼 0.25mg/kg，有效硅 163.0mg/kg，pH8.47。

依据栗钙土形成过程中腐殖质积累程度、钙化过程的特点以及草甸化、盐碱化等附加过程所赋予的过渡性特征，栗钙土分典型栗钙土、暗栗钙土、淡栗钙土、草甸栗钙土、盐化栗钙土 5 个亚类。

栗钙土典型剖面一般分为耕作层、犁底层、心土层和底土层，自上而下有序排列。

1. 耕作层 厚 15～20cm，受耕作活动影响最强烈的土层。呈暗棕色—黄棕色，结构多为粒状或团粒结构，土体较松散，质地为砂壤、壤土和黏壤，多量植物根系，少量粉末和斑点状碳酸盐新生体，石灰反应强。

2. 犁底层 厚 5～15cm，紧接耕作层之下，长期受耕作机具的挤压作用所形成，色泽与耕作层相近，土体紧实，块状或片状结构，根系与孔隙显著减少，石灰反应强。

3. 心土层 厚 40～50cm，颜色较耕作层浅，浊黄棕色，质地为壤质—黏壤，块状结构，土体较紧实，中量植物根系，有中量粉末状碳酸盐新生体，石灰反应强烈。

4. 底土层 厚 40～50cm，颜色较浅，为灰黄色，质地为壤质—黏壤，块状结构，土体较紧，少量植物根系，多量粉末状碳酸盐新生体，石灰反应强。

（一）典型栗钙土亚类

典型栗钙土亚类是栗钙土类的典型亚类。面积 76.81 万 hm^2，占西北区该土类面积的 38.53%。主要分布在内蒙古高原中部、鄂尔多斯高原东部、青藏高原及祁连山、天山、阿尔泰山以及准噶尔盆地以西等地的中低山，多位于暗栗钙土的下缘，淡栗钙土之上。出现的部位不同，海拔跨度较大。母质类型复杂，有残坡积物、冲洪积物、风积物、黄土、红土和黄土状物。剖面构型为 A-B_k-C，层次过渡明显。腐殖质层厚 15～40cm，栗色或灰黄棕色，粒状结构，壤质砂土，强石灰反应；钙积层出现部位较暗栗钙土亚类高，一般出现在 30～40cm 处，厚度也较大，一般在 40cm 左右，呈灰白色，砂质黏壤土，碳酸钙多呈粉末状、斑状或层状淀积，强石灰反应；母质层厚 25～45cm，呈红棕色或黄色。

典型栗钙土分布区域气候趋于干旱，矿质化作用相对较强，因此生物积累作用减弱，碳酸钙淋洗较弱，在剖面中部有明显的钙积层。耕层土壤有机质 16.18g/kg，全氮 1.19g/kg，碱解氮 89mg/kg，有效磷 10.8mg/kg，速效钾 139mg/kg，缓效钾 674mg/kg，有效铁 9.0mg/kg，有效锰 12.21mg/kg，有效硼 0.58mg/kg，有效铜 0.78mg/kg，有效锌 0.87mg/kg，有效钼 0.20mg/kg，有效硅 136.9mg/kg，pH8.17。

典型栗钙土亚类根据母质类型和沙化情况，分为黄土质栗钙土、泥砂质栗钙土、麻砂质栗钙土、硅质栗钙土、泥质栗钙土、白干栗钙土和砂田栗钙土 7 个土属。

（二）暗栗钙土亚类

暗栗钙土亚类是栗钙土向黑钙土过渡的典型类型，上连黑钙土，下接典型栗钙土亚类。面积 72.05 万 hm^2，占西北区该土类面积的 36.14%。主要分布在内蒙古高原东部、甘南高原、祁连山、天山、阿尔泰山以及准噶尔盆地以西等地的平、丘陵和中低山区。多位于山地垂直带谱上，是栗钙土向黑钙土过渡的类型，其形成特点除腐殖质积累和碳酸钙、黏粒淋移两过程继续加强外，腐殖质层和钙积层分化更加显著，随着地势升高，气温、地温降低，蒸发微弱，湿度增大等生物气候的变化，土壤形成过程中逐渐出现了新的成土过程——草甸化过程。成土母质多为残坡积物、冲积洪积物和黄土状物。

暗栗钙土剖面构型以 A-B_k-C 为主，也常见 A-AB-B_k-C，层次过渡不甚明显。缺乏黑钙土腐殖质层舌状下伸特点。腐殖质层厚 20～50cm，暗灰棕色或灰棕色，粒状或块状结构，质地为砂壤土或黏壤土，中等石灰反应；钙积层厚 30～40cm，暗灰黄色或淡灰色，质地为砂质黏土或砂质黏壤土，块状或核状结构，强石灰反应；母质层厚 45cm 左右，呈浅黄色，壤质黏土，核状结构，中度石灰反应。

暗栗钙土由于受区域成土条件、分布区域所处的地形地貌单元不同影响，地表植被、腐殖质积累程度、有机质矿化程度均有明显差异。耕层土壤有机质 164.64g/kg，全氮 0.98g/kg，碱解氮 71mg/kg，有效磷 12.7mg/kg，速效钾 144mg/kg，缓效钾 674mg/kg，有效铁 7.7mg/kg，有效锰 9.67mg/kg，有效硼 0.87mg/kg，有效铜 0.79mg/kg，有效锌 0.94mg/kg，有效钼 0.25mg/kg，有效硅 141.0mg/kg，pH8.25。

暗栗钙土亚类根据母质类型和沙化情况，分为黄土质暗栗钙土、泥砂质暗栗钙土、麻砂质暗栗钙土、泥质暗栗钙土、白干暗栗钙土和砂田暗栗钙土 6 个土属。

（三）淡栗钙土亚类

淡栗钙土亚类是栗钙土向灰钙土过渡的一个亚类，是栗钙土分布区中水热状况较干旱部位发育的土壤。面积 40.08 万 hm^2，占西北区该土类面积的 20.10%。主要分布在内蒙古高原的中西部，包括锡林郭勒高原中西部，乌兰察布高原中部，鄂尔多斯高原中部，黄土高原西北部丘陵，青藏高原东部的低山丘陵，阿尔泰山、准噶尔盆地以西低山丘陵，布赛尔谷地及天山南北坡等。成土母质多为风积、湖积、冲积、坡积、黄土及红土母质。

由于淡栗钙土处于栗钙土土类中气候较干旱的环境，年降水量少，一般 200～300mm，淋溶作用弱，相应的植被生长稀矮，每年地上、地下生物积累量较低，腐殖质层更薄，厚 20～30cm，有机质含量低，钙积层部位升高，碳酸钙与黏粒的淀积没有典型栗钙土亚类明显。

淡栗钙土的剖面与典型栗钙土相似，由淡栗色或黄棕色腐殖质层、灰白色钙积层和淡灰黄或黄灰色母质层组成，剖面构型为 A-B_k-C，层次过渡非常明显。腐殖质层厚一般为 15～30cm，薄的仅 10cm 左右，质地为砂壤土或砂质黏壤土，块状结构；钙积层厚 20～35cm，出现部位较典型栗钙土更浅，常在 25～40cm 深处出现。碳酸钙呈斑状或层状淀积，含量为 96～450.5g/kg，高者可达 400g/kg；母质层为淡黄棕色或淡棕色，由黄色、红色和各种基岩残积、坡积风化物形成。由于气候干旱，化学风化较差，下渗水流量少，除钙有明显下移和淀积外，其他元素均未发生明显移动。

淡栗钙土耕层土壤有机质 14.64g/kg，全氮 1.01g/kg，碱解氮 74mg/kg，有效磷 18.8mg/kg，速效钾 170mg/kg，缓效钾 883mg/kg，有效铁 8.1mg/kg，有效锰 8.05mg/kg，有效硼 1.48mg/kg，有效铜 1.04mg/kg，有效锌 1.25mg/kg，有效钼 0.40mg/kg，有效硅 125.6mg/kg，pH8.20。

淡栗钙土根据母质类型和沙化情况，分黄土质淡栗钙土、泥砂质淡栗钙土、麻砂质淡栗钙土、硅质淡栗钙土、泥质淡栗钙土和白干淡栗钙土 6 个土属。

（四）草甸栗钙土亚类

草甸栗钙土属于栗钙土区的隐域性土壤，面积 0.15 万 hm^2，占西北区该土类面积的 0.08%。常位于栗钙土与草甸土的过渡地段的平原低平地、丘间谷地、台地边缘、沿河一级阶地与河漫滩的过渡地带及湖泊周围的低平地。成土母质为第四纪近代冲积物或冲洪积物。草甸栗钙土由于受地下水影响，除具有栗钙土的腐殖质积累和钙积化成土过程外，尚有铁、锰氧化还原、草甸化等附加成土过程，致使剖面心、底土层铁、锰等元素在剖面中、下层移动并聚积，形成氧化还原层，剖面底部有明显的锈纹锈斑。

草甸栗钙土剖面由腐殖质层、钙积层、过渡层和母质层组成，后两层常常结合在一起，故剖面构型为 $A\text{-}B_k\text{-}C_u$ 型。腐殖质层厚 30～50cm，暗灰棕色或灰棕色，质地为砂壤土或砂质黏壤土，粒状或块状结构；钙积层不十分明显，厚度变化较大，变幅在 20～90cm 左右，呈暗灰黄色或灰黄色、灰白色。碳酸钙淀积的形态和数量差异较大，在富含石灰母质的地区，石灰淀积呈斑状或层状、斑点状、粉末状、网纹状，碳酸钙含量 93.8～582.3g/kg。氧化还原特征在母质层表现明显，其厚度 40～50cm，呈淡棕黄色或棕红色，见少量锈斑锈纹。土壤呈碱性反应，pH 值 8.3～9.0，剖面上的变化很不一致，有的由上往下增大，有的由下往上增大，有的中间大两头小，有的上大下小等等，这与剖面的成土物质来源不同有关。

草甸栗钙土耕层土壤有机质 17.12g/kg，全氮 1.08g/kg，碱解氮 78mg/kg，有效磷 13.7mg/kg，速效钾 154mg/kg，缓效钾 814mg/kg，有效铁 8.5mg/kg，有效锰 10.19mg/kg，有效硼 0.75mg/kg，有效铜 1.04mg/kg，有效锌 1.03mg/kg，有效钼 0.25mg/kg，有效硅 163.0mg/kg，pH8.47。

草甸栗钙土根据母质类型和沙化情况，分黄土质草甸栗钙土、泥砂质草甸栗钙土和白干草甸栗钙土 3 个土属。

（五）盐化栗钙土

盐化栗钙土也是栗钙土区的隐域性土壤。面积 11.30 万 hm^2，占西北区该土类面积的 5.67%。主要分布于栗钙土区的低洼河湖阶地、蝶形洼地、沿河流两岸的阶地、洪积扇边缘及湖泊外缘地带，分布的地形部位比草甸栗钙土低，高于盐土。成土母质多为冲积、洪积或湖积物，盐分主要来源于成土母质和地表径流汇集。土壤形成既有栗钙土的腐殖质积累和钙积特征，又有可溶性盐聚积的盐化特征。地下水位多在 3～5m 或更深，盐分在剖面上的分布不像盐化草甸土那样上多下少的漏斗状，剖面无明显规律。

盐化栗钙土的剖面由腐殖质层、钙积层、过渡层和母质层组成，但具有盐化特征，剖面构型为 $A_z\text{-}B_{kz}\text{-}C$ 型。腐殖质层厚 20～30cm，暗棕色、暗黄棕色或淡灰棕色，地表有盐源，质地为砂壤土或砂质壤土，块状结构；钙积层厚 40～45cm，淡灰黄色或灰黄色，质地为壤质黏土或砂质黏土，块状结构；母质层厚 20～45cm，灰白色或灰黄色，质地为砂壤土或壤质黏土，块状结构。

盐化栗钙土盐分分布状况是，由表层向下急剧增加，而以心土钙层含盐量为最高。盐分组成多属氯化物—硫酸盐混合型。耕层土壤有机质 16.03g/kg，全氮 1.44g/kg，碱解氮 97mg/kg，有效磷 23.7mg/kg，速效钾 191mg/kg，缓效钾 990mg/kg，有效铁 9.0mg/kg，有效锰 6.91mg/kg，有效硼 1.38mg/kg，有效铜 0.77mg/kg，有效锌 1.36mg/kg，有效钼 0.38mg/kg，有效硅 122.4mg/kg，pH8.20。

根据土壤盐分类型，盐化栗钙土分氯化物栗钙土、硫酸盐栗钙土和苏打栗钙土 3 个土属。

三、栗褐土

栗褐土分布于内蒙古自治区的中段南部，被燕山隔成东西两片，以乌兰察布盟南部为集中分布区，向西延伸到呼和浩特市郊区，南与山西省北部栗褐土相接，北接内蒙古高原的栗钙土。面积 21.00 万 hm^2，占西北区耕地面积的 1.07%。栗褐土分布地区以黄土丘陵为主，其次是石质丘陵、河谷平原、河谷阶地、湖盆阶地以及丘间盆地等。海拔 1 100～1 400m，年降水量约 360～420mm，成土母质主要有黄土、黄土状物、红土、残坡积物、冲积物、洪积物和湖积物。成土特征表现为褐土向栗钙土过渡的特点，即弱腐殖化、弱黏化和钙积化。

栗褐土剖面由腐殖质层（A）、黏化层（B_t）、钙积层（B_k）和母质层（C）组成，土体构型以 A-Bt-B_k-C 型为主，土体薄的残坡积物上也会出现 A-Bt-C 型或 A-Bt-D（基岩层）型。腐殖质层厚 27～34cm，棕色，质地为砂壤土、黏壤土或壤质黏土，粒状或碎块状结构；黏化层属弱黏化层，厚 35～46cm，黄棕色，质地为砂质黏壤土或壤质黏土，块状结构；钙积层厚度变幅较大，在 36～62cm，淡黄棕色，质地为砂质黏壤土或壤质黏土，块状结构，通体石灰反应强烈。黏化层和钙积层均可见斑点状分散的石灰沉积，钙积层略多于黏化层。

栗褐土土体深厚，质地比较均匀，通透性较好，腐殖质层有机质含量低。栗褐土分淡栗褐土、潮栗褐土 2 个亚类。

栗褐土典型剖面一般分为耕作层、心土层和底土层 3 个层次。

1. 耕作层　厚 18～21cm，灰黄色，多砾质砂壤土，粒状结构，较紧，干，根系多量，中度石灰反应。

2. 心土层　厚 25～55cm，颜色较耕作层浅，为浅黄色，砂质黏壤土，块状结构，土体紧实，润，根系中量，中度石灰反应。

3. 底土层　厚 35～85cm，为灰黄色，质地为砂质黏壤，块状结构，土体较紧，润，少量植物根系，石灰反应强。

栗褐土土体较厚，一般在 120cm 上下，质地比较均一，通透性较好，土壤水分下移深度在 1m 以上，且表层土壤毛管断裂、湿度较高，对抑制土壤水分蒸发有一定作用，耕层土壤有机质 13.08g/kg，全氮 0.74g/kg，碱解氮 58mg/kg，有效磷 8.5mg/kg，速效钾 121mg/kg，缓效钾 507mg/kg，有效铁 8.1mg/kg，有效锰 15.88mg/kg，有效硼 0.56mg/kg，有效铜 0.90mg/kg，有效锌 0.98mg/kg，有效钼 0.18mg/kg，有效硅 168.3mg/kg，pH8.26。

（一）淡栗褐土亚类

淡栗褐土面积15.71万hm^2，占西北区该土类面积的74.81%。分布于内蒙古赤峰市、哲理木盟、乌兰察布盟南部及浩特市郊区、托克托县的黄土丘陵、石质丘陵、山前倾斜平原和丘间盆地。属半干旱暖温带向温带过渡的季风大陆性气候，水文地质条件差，地下水资源贫乏，土壤干旱严重。成土母质多为黄土或黄土状物。

淡栗褐土典型剖面由腐殖质层（A）、弱黏化层（B_t）、钙积层（B_k）和母质层（C）组成，土体构型为A-Bt-B_k-C型或在残坡积物上出现的A-Bt-C型和A-Bt-D型（基岩层）。腐殖质层厚35cm，棕色，质地为壤土或黏壤土，粒状或块状结构；黏化层厚度43cm，淡棕色，质地为砂质壤土、黏壤土或壤质黏土，块状结构，有弱黏化现象和斑点状石灰沉淀；钙积层厚47cm，淡黄棕色，质地为黏壤土或壤质黏土，块状结构，石灰反应强烈，碳酸钙淀积形态斑状、核状，甚至形成砂姜；母质层因母质类型而异，黄土和黄土状物母质层深厚，残坡积物母质层较薄。

淡栗褐土土体颜色较浅，有较深厚的黏化层和钙积层，黏化层有弱黏化现象，土壤质地适中，结持力差，水土流失严重，土壤肥力普遍较低。耕层土壤有机质12.60g/kg，全氮0.66g/kg，碱解氮59mg/kg，有效磷8.8mg/kg，速效钾128mg/kg，缓效钾461mg/kg，有效铁8.9mg/kg，有效锰19.15mg/kg，有效硼0.54mg/kg，有效铜0.93mg/kg，有效锌0.98mg/kg，有效钼0.19mg/kg，有效硅176.3mg/kg，pH8.17。

淡栗褐土只有黄土质淡栗褐土1个土属。

（二）潮栗褐土亚类

潮栗褐土是内蒙古自治区的主要农用土壤之一，也是内蒙古自治区开发利用较早的土壤。分布于赤峰市、乌兰察布盟、呼和浩特市的南部和哲理木盟的东南部，面积5.30万hm^2，占西北区该土类面积的25.24%。所处地形为河流阶地、湖盆阶地、丘间洼地或丘间谷地。潮栗褐土是栗褐土向潮土过渡的亚类，成土母质为现代冲积物或次生黄土状物，母质具有质地粗细相间的水平层次。所处位置地势平坦，土体深厚，水资源丰富，地下水埋藏较浅，一般在3～5m。由于地下水参与成土过程，剖面下部处于氧化还原交替状态，土层中有少量的锈纹锈斑，产生了弱草甸化过程。

潮栗褐土成土过程比较稳定，典型剖面由腐殖质层（或耕作层）、黏化层、钙积层和氧化还原层组成，土体构型为A-Bt-B_k-C型。腐殖质层厚35cm，暗棕色，质地为砂土—黏土，变化较大，多为壤质黏土或黏壤土，粒状或块状结构，石灰反应强；黏化层厚度36cm，棕色，质地不一，多为壤质黏土或黏壤土，块状结构，石灰反应强，有斑点状石灰沉淀，具有黏化特征；钙积层厚42cm，棕色，质地多为砂质黏壤土或壤质黏土，有时可出现砾石层，块状结构，石灰沉淀假菌丝状或斑点状；母质层厚62cm，色杂，有锈斑锈纹，为氧化还原层。

潮栗褐土腐殖质层较厚，有机质含量高于淡栗褐土。耕层土壤有机质14.15g/kg，全氮0.81g/kg，碱解氮56mg/kg，有效磷7.8mg/kg，速效钾106mg/kg，缓效钾609mg/kg，有效铁6.2mg/kg，有效锰8.55mg/kg，有效硼0.60mg/kg，有效铜0.83mg/kg，有效锌1.00mg/kg，有效钼0.16mg/kg，有效硅150.4mg/kg，pH8.44。

潮栗褐土只有泥砂质潮栗褐土 1 个土属。

四、黑垆土

黑垆土广泛分布于陕北、陇中、陇东、宁南等黄土高原地区，是西北黄土高原地区的主要地带性土壤，面积 121.09 万 hm^2，占西北区耕地面积的 6.19%。它是在干旱温凉或较温暖湿润气候条件下，干旱草原或森林草原植被下，经历长时期的成土过程而形成的，因具有一个深厚的黑色腐殖质层（黑垆土层），故名“黑垆土”。分布地区海拔在 850～2 500m，年降雨量 320～650mm，土壤母质为马兰黄土和绵黄土。

黑垆土有明显的腐殖质积累过程、碳酸钙淋溶淀积过程和黄土覆盖过程。黏化作用弱，黏粒积累不明显。腐殖质层深厚，碳酸钙淋溶强，淀积层明显。黑垆土分布地区水热条件差，且黄土富含碳酸钙，致使土壤分化过程比较缓慢，黏化作用弱，所形成的黏粒与钙、镁离子胶结，不易分散下移，腐殖质层中上部出现黏粒就地累积，具有残积弱黏化特征。黏化层的部位与腐殖质层一致。

黑垆土的剖面由覆盖熟土层、黑垆土层、石灰淀积层和母质层组成。

1. 覆盖熟土层　是长期耕种、施用土粪和近代黄土沉积物的产物，其厚度不等，一般厚 30～60cm，呈淡灰棕色，壤质至黏壤土。这一层又可细分为耕层、犁底层和老表土层。

2. 黑垆土层　厚 50～100cm，暗灰色，黏壤土至壤质黏土，块状或棱柱状，沿结构孔隙壁覆有大量霜粉状、假菌丝状石灰新生体。微团聚体结构呈多孔状，腐殖质铁染胶膜明显。此层可细分为腐殖质层与过渡层，为粒状或团粒状结构，土体稍紧，小空隙多，植物根系多。

3. 石灰淀积层　厚约 150cm，淡棕黄色，质地为黏壤，为柱状、棱块状、块状结构，中壤—黏壤，土体稍紧，中小空隙多，紧实，假菌丝土状和霜粉状石灰新生体较上层少，出现豆状或瘤状小石灰结核。

4. 母质层　黄土母质深厚，200cm 以下，淡棕色，质地为壤质至黏壤土，为块状结构，上层仍见豆状或瘤状小石灰结核。

黑垆土土体深厚，一般 150～200cm。耕层土壤有机质 14.80g/kg，全氮 0.90g/kg，碱解氮 70mg/kg，有效磷 17.8mg/kg，速效钾 178mg/kg，缓效钾 1 052mg/kg，有效铁 7.7mg/kg，有效锰 9.81mg/kg，有效硼 0.67mg/kg，有效铜 1.08mg/kg，有效锌 0.87mg/kg，有效钼 0.20mg/kg，有效硅 166.3mg/kg，土壤 pH8.41。

根据黑垆土分布区水热条件的差异及成土作用与剖面特征的不同，分典型黑垆土、黏化黑垆土、潮黑垆土和黑麻土 4 个亚类。

（一）典型黑垆土亚类

典型黑垆土亚类是黑垆土的典型亚类，面积 39.84 万 hm^2，占西北区该土类面积的 32.90%。分布于陕西黑垆土区北部的黄土沟壑区的残塬、梁峁顶部，甘肃陇东黑河、四郎河以北的黄土梁峁沟壑区。

典型黑垆土分布区气候较为干冷，年降水量 400～500mm，年均温 7～9℃。母质多为黄土、黄绵土。剖面层次完整，覆盖熟土层厚度大于 30cm，腐殖质层厚 80～100cm，厚的达 150cm，稍显黏化特征，黏粒含量 19%～23%。灰棕带褐色，砂质壤土至壤土，块状至棱块状结构，结构体间略显裂隙，有明显假菌丝土状、霜粉状石灰新生体。石灰淀积层位深达 140～200cm，有较多假菌丝状淀积物和少量豆粒状石灰结核，碳酸钙含量 130～150g/kg，全剖面强石灰反应。碳酸盐淋溶作用较强，表层颜色较浅。土壤质地适中，上下层变化不大，多以壤质黏土为主。

典型黑垆土除腐殖质层钙有淋溶，铁相对较高外，其他元素全剖面变化不大。耕层土壤有机质 15.90g/kg，全氮 0.83g/kg，碱解氮 61mg/kg，有效磷 12.6mg/kg，速效钾 174mg/kg，缓效钾 1 028mg/kg，有效铁 7.0mg/kg，有效锰 8.20mg/kg，有效硼 1.29mg/kg，有效铜 0.97mg/kg，有效锌 0.60mg/kg，有效钼 0.30mg/kg，有效硅 158.4mg/kg，pH8.46。

典型黑垆土只有典型黑垆土 1 个土属。

（二）黏化黑垆土亚类

黏化黑垆土是黑垆土与褐土的过渡类型，分布地区在陕西黑垆土区南部塬区的平坦塬面和甘肃陇东黄土高原泾河一级支流黑河、四郎河以南的塬面、河谷阶地和陇南靠近秦岭、六盘山的黄土梁峁区。面积 14.90 万 hm^2，占西北区该土类面积的 12.30%。

黏化黑垆土分布区年平均气温 9～11℃，较典型黑垆土区高，年降水量 600～650mm，降水量也较典型黑垆土大，成土母质为细黄土，水热条件好，土壤分化作用相对较强烈，碳酸钙的淋溶作用强，垆土层的碳酸钙被淋洗到下层，黏化作用比较明显。腐殖质层厚 60～80cm，厚的可达 100cm 以上。黏粒聚积较多，达 26%～28%，质地为黏壤土至壤质黏土，暗棕色，棱柱状结构，结构体面上部有显光泽的褐土铁质胶膜。腐殖质层碳酸钙含量最低，多在 10～20g/kg，无石灰反应或弱石灰反应。腐殖质层上部多有 30～60cm 厚的淡色覆盖熟土层，黏壤土，疏松，构成上虚下实土体构型，保水蓄墒性能好。石灰淀积层位深达 150～250cm，有假菌丝状、霜粉状石灰新生体，以及较多豆状和瘤状石灰结核体，碳酸钙含量最高可达 130g/kg，石灰反应强。上层质地较轻，疏松多孔，下层质地黏重，比较紧实。

黏化黑垆土耕层土壤有机质 14.48g/kg，全氮 0.98g/kg，碱解氮 70mg/kg，有效磷 20.1mg/kg，速效钾 173mg/kg，缓效钾 1 169mg/kg，有效铁 9.6mg/kg，有效锰 14.23mg/kg，有效硼 1.13mg/kg，有效铜 1.15mg/kg，有效锌 0.95mg/kg，有效钼 0.28mg/kg，有效硅 183.9mg/kg，pH8.00。

黏化黑垆土只有黏化黑垆土 1 个土属。

（三）潮黑垆土亚类

潮黑垆土面积很小，只有 0.01 万 hm^2，约占西北区该土类面积的 0.01%。主要分布在宁夏固原县、隆德县和同心县。由于所处地形部位低，地下水位高，一般 2m 左右，土壤受地下水升降的影响，剖面下部氧化还原交替，形成了具有锈纹锈斑的锈涂层，亦称锈黑垆土。

潮黑垆土剖面自上而下可分为熟土覆盖层、腐殖质层、锈色土层和母质层。覆盖熟土层厚 20～30cm，灰棕色或棕灰色，质地为壤土。腐殖质层厚 70～80cm，暗灰棕或棕黑色，质地较黏重，黏壤土至壤质黏土，棱块状结构，结构面上有胶膜和石灰假菌丝沉淀。腐殖质层之下为锈色土层，厚度 25～70cm，淡灰棕色或灰棕色，锈纹锈斑明显，块状结构。剖面上部具有黑垆土的基本特征，土壤质地均匀，理化性质良好。

潮黑垆土土壤水分状况良好，土壤保肥能力强，是黑垆土类肥力最高的亚类。耕层土壤有机质 21.61g/kg，全氮 0.97g/kg，碱解氮 51mg/kg，有效磷 10.1mg/kg，速效钾 160mg/kg，缓效钾 1 062mg/kg，有效铁 7.0mg/kg，有效锰 8.05mg/kg，有效硼 1.02mg/kg，有效铜 1.09mg/kg，有效锌 0.53mg/kg，有效钼 0.51mg/kg，有效硅 129.8mg/kg，pH8.57。

潮黑垆土只有潮黑垆土 1 个土属。

（四）黑麻土亚类

黑麻土主要分布在甘肃省六盘山以西乌鞘岭以东的黄土梁峁沟壑区的梁、峁、川台地，及陇东环县城西川、城东沟以北的黄土塬面、梁、峁、湾掌，及陇南黄土梁峁沟壑区山区的坡地和河谷阶地。面积 66.34 万 hm^2，占西北区该土类面积的 54.79%。

黑麻土亚类分布区域气候比较干冷，年降水量 350～450mm，年均温 6～7℃，半干旱草原植被，地势高，气温低，有机质积累较多，颜色较黑，腐殖质层厚度多在 1m 以上。碳酸钙淋溶作用弱，往往以假菌丝状或霜粉状淀积于腐殖质层中下部，淀积层不明显，不见豆状或米粒状石灰结核体。黏化作用很不明显，腐殖质层黏粒含量 22%～25%。黄土覆盖层大都被侵蚀，腐殖质层裸露。全剖面石灰反应强，碳酸钙含量 50～170g/kg。

黑麻土亚类剖面中垆土层深厚，呈暗灰棕色，石灰新生体少，耕层土壤有机质 16.20g/kg，全氮 0.93g/kg，碱解氮 73mg/kg，有效磷 19.7mg/kg，速效钾 181mg/kg，缓效钾 1 010mg/kg，有效铁 7.8mg/kg，有效锰 8.32mg/kg，有效硼 0.68mg/kg，有效铜 1.06mg/kg，有效锌 0.88mg/kg，有效钼 0.36mg/kg，有效硅 155.2mg/kg，pH8.24。

黑麻土亚类只有黑麻土 1 个土属。

第四节　干旱土纲

干旱土在西北区各省（自治区）均有分布，面积 163.31 万 hm^2，占西北区耕地面积的 8.35%。它是草原土壤向荒漠过渡的土壤，主要分布于黄土高原西部、鄂尔多斯高原、内蒙古高原西部、新疆准噶尔盆地周围及天山北麓洪积冲积扇，在某些山地垂直带下部也有分布。

干旱土区的年平均温为 2～9℃，≥10℃积温为 2 000～3 400℃，年平均降水量只有 100～300mm，植被为荒漠草原，覆盖度低，一般为 15%～30%，高的可达 50%左右。所处的地貌单元有高原、丘陵、盆地及冲积平原中的高阶地。地下水位很深，对土壤的形成没有明显的影响。成土母质多样，有黄土、洪积冲积物，内蒙古高原有沉积岩、火成岩及变质岩的风化物。干旱土具有十分微弱的腐殖质积累，有较强石灰聚积，易溶盐一般流失，有的有石膏淀积。因植被稀少，有机质来源不足，故腐殖质的积累弱于钙层土，而比漠土强。腐殖质层厚度多在 20～30cm，少数可达 50cm。因降雨量少，石灰都在腐殖质层以下淀积，形成钙积层。碳酸钙呈白色斑块状、层状，部分呈假菌丝状，钙积层厚度一般为 20～40cm，碳酸钙含量比腐殖质层或母质层高出 20%，甚至有的可高数倍，易溶盐因其溶解度大，一般在剖面中没有淀积。部分剖面有石膏淀积。

干旱土纲分为干温干旱土和干暖温干旱土 2 个亚纲，分为棕钙土和灰钙土 2 个土类。棕钙土分布的区域偏北，介于栗钙土和灰漠土之间，而灰钙土分布的地区偏南，介于黑垆土与荒漠土之间。

一、棕钙土

棕钙土是荒漠化草原生境下形成的地带性土壤，具有明显荒漠土壤特征。在甘肃、青海、新疆、内蒙古四省（自治区）均有分布，面积 61.82 万 hm^2，占西北区耕地面积的 3.16%。分布区域跨度大，主要分布于与我国荒漠接壤的干旱草原地区，甘肃洪水坝河以西，祁连山西段的北麓和阿尔金山的北坡，青海柴达木盆地、海南藏族自治州的共和县、兴海县西北区的盆地，新疆塔里木盆地、托里谷地、和布克赛尔谷地、天山北麓山前洪积—冲积扇上部和南北疆山地垂直带的下部、准噶尔盆地北部的两侧河流流域及内蒙古西北荒漠地带。

棕钙土区的气候温凉干旱。年平均气温一般为 2～5℃，部分可高达 7℃左右。≥10℃的积温为 1 400～2 700℃，少数达 3 200℃。年平均降雨量为 100～300mm，以 7、8、9 三个月降水比较集中，但在新疆地区，四季降水比较均匀。地形复杂，地貌类型多，海拔高度在 2 100～3 200m 之间。土壤母质、结构、颜色、质地、新生体等因分布地域不同差异较大。

棕钙土主要成土过程是弱腐殖质积累过程和强钙积化过程，并伴有一定盐分集聚过程，地表常具砾质化、沙化和荒漠假结皮。

棕钙土典型剖面一般分为耕作层、犁底层、心土层和底土层。

1. 耕作层 厚 15～30cm，浊黄色，小块状结构，土体较紧，质地为壤土，多量植物根系，强石灰反应。

2. 犁底层 厚 15～20cm，黄褐色，土体稍紧，块状结构，壤土，少量植物根系，石灰反应强。

3. 心土层 厚 20～50cm，浅黄橙色，质地为黏壤，块状结构，土体稍紧，少量植物根系，石灰反应强烈。

4. 底土层 厚 40～50cm，为灰黄棕色，质地为轻壤，大块状结构，土体较松，少量植物根系，石灰反应强。

棕钙土土体较厚，一般 60～110cm，耕作层一般 15～30cm。耕层土壤有机质 14.04g/kg，全氮 0.83g/kg，碱解氮 65mg/kg，有效磷 11.9mg/kg，速效钾 152mg/kg，缓效钾 1 174mg/kg，有效铁 7.0mg/kg，有效锰 7.17mg/kg，有效硼 1.22mg/kg，有效铜 1.57mg/kg，有效锌 0.90mg/kg，有效钼 0.18mg/kg，有效硅 93.2mg/kg，pH8.08。

依据其有机质积累和钙化过程的强弱、土壤盐化、侵蚀等因素，棕钙土分典型棕钙土、淡棕钙土、盐化棕钙土和草甸棕钙土 4 个亚类。

（一）典型棕钙土亚类

典型棕钙土亚类是棕钙土类的典型土类，是荒漠化草原生境下形成的地带性土壤，面积 33.40 万 hm^2，占西北区该土类面积的 54.03%。主要分布在甘肃祁连山西段北麓和阿尔金山，青海柴达木盆地和海南台地，新疆阿尔泰山前冲积—洪积扇，塔城盆地、托里谷地、和布克赛尔谷地、博乐谷地、天山北麓山前倾斜平原的上部，及天山南坡、昆仑山北坡的中低山带，内蒙古西部荒漠地带。

典型棕钙土剖面分化较为明显，由腐殖质层、钙积层和母质层组成。腐殖质层平均厚度 27.7cm，厚的可达 45cm，薄的仅 10cm。呈棕带红或灰棕色。块状或碎块状结构，植物根系多。受风蚀作用影响，表土细土物质被吹蚀，致使腐殖质层上部颜色较浅；钙积层呈灰白色，平均出现深度为31.9cm，平均厚度为39.7cm，腐殖质常以短舌状过渡到此层。碳酸钙呈层状或斑块状淀积，很紧实，植物根系减少；母质层在钙积层之下，因母质类型不同，或为岩石风化物，或为洪积冲积物。其中有少量碳酸钙淀积，有的还出现石膏结晶。

典型棕钙土的土层较厚，土壤质地均匀，一般为砾质砂土及砂质黏壤土，黏粒不多。耕层土壤有机质13.07g/kg，全氮1.04g/kg，碱解氮57mg/kg，有效磷15.0mg/kg，速效钾152mg/kg，缓效钾538mg/kg，有效铁9.4mg/kg，有效锰7.01mg/kg，有效硼1.04mg/kg，有效铜1.14mg/kg，有效锌0.96mg/kg，有效钼0.29mg/kg，有效硅131.4mg/kg，pH8.29。

典型棕钙土分黄土质棕钙土、泥砂质棕钙土、暗泥质棕钙土和硅质棕钙土4个土属。

（二）淡棕钙土亚类

淡棕钙土发育在温带草原化荒漠生物气候条件下，是棕钙土向漠土过渡的一个土壤类型。面积24.54万hm^2，占西北区该土类面积的39.70%。该亚类生物气候条件比典型棕钙土亚类土带更趋干旱，年平均降水量小于200mm。植物种类单一稀疏。与典型棕钙土比较，淡棕钙土的地表沙化、砾石化、假结皮的荒漠化特征比典型棕钙土强烈，砾石表面略带黑色。与此相反，淡棕钙土的草原成土过程比棕钙土减弱，主要表现在腐殖质层和钙积层两个发生层上。所处地形条件和棕钙土相同，土壤母质相似。

淡棕钙土剖面可分为腐殖质层、钙积层和母质层。但腐殖质的积累明显减弱，有机质含量降低。钙积层出现部位升高，厚度增加，其含量也增高。土壤中易溶盐及石膏的淀积比较明显。耕层土壤有机质13.22g/kg，全氮0.66g/kg，碱解氮55mg/kg，有效磷13.6mg/kg，速效钾150mg/kg，缓效钾757mg/kg，有效铁11.6mg/kg，有效锰7.93mg/kg，有效硼1.20mg/kg，有效铜1.42mg/kg，有效锌0.93mg/kg，有效钼0.30mg/kg，有效硅109.7mg/kg，pH8.37。

淡棕钙土只有泥砂质淡棕钙土1个土属。

（三）盐化棕钙土亚类

盐化棕钙土是棕钙土表层含易溶盐浓度达到盐化指标的棕钙土亚类。面积1.01万hm^2，占西北区该土类面积的1.63%。主要分布于河谷湖盆外围阶地及洪积扇前缘，常与草甸棕钙土和碱化棕钙土组成复区。这些地区，径流易于汇集，盐分也随水分聚积于土层中。盐化棕钙土的形成过程较为复杂，主要是生物气候条件影响的结果，同时也是在人为严重干扰下棕钙土退化演变而成的亚类。

盐化棕钙土仍具有棕钙土的基本形态，腐殖质层和钙积层明显，腐殖质层厚8～15cm，淋溶层不明显，钙积层部位高，多出现在25～30cm，钙积层的碳酸钙含量比表层高，石膏含量很低。目前新疆耕种面积较大。耕层土壤有机质15.15g/kg，全氮0.81g/kg，碱解氮65mg/kg，有效磷11.3mg/kg，速效钾168mg/kg，缓效钾1 232mg/kg，有效铁10.8mg/kg，有效锰7.33mg/kg，有效硼1.30mg/kg，有效铜1.84mg/kg，有效锌1.05mg/kg，有效钼0.41mg/kg，有效硅162.7mg/kg，pH8.22。

盐化棕钙土分氯化物棕钙土和硫酸盐棕钙土2个土属。

（四）草甸棕钙土亚类

草甸棕钙土面积 0.79 万 hm^2，占西北区该土类面积的 1.28%。零星分布于棕钙土地带的丘间谷地及河流湖盆外缘阶地。所处地形部位较低，具有一定的径流和地下水补给优势，在剖面下部形成黄锈色氧化还原特征，母质多为第四纪冲积—洪积物。

草甸棕钙土具有棕钙土类地表荒漠化特征，剖面构型为 $A\text{-}B_k\text{-}C_u$。据内蒙古典型剖面统计显示，腐殖质层平均厚度为 29cm，颜色以浅棕带灰和褐棕为主，质地为砂土至粉砂质壤土，粒状结构，松到稍紧，弱石灰反应，向下过渡明显。钙积层随腐殖质层厚度不同而深浅不一，平均出现在 29cm 以下，厚度 46cm，黄棕色至棕黄色，碎块状至块状结构，紧实，碳酸钙淀积层呈网纹状或斑点状，向下过渡明显。碳酸钙含量平均 73.7g/kg，一般表现通体有石灰反应。母质层受地下水的影响，出现黄棕色的锈斑锈纹。耕层土壤有机质 16.36g/kg，全氮 0.82g/kg，碱解氮 63mg/kg，有效磷 10.7mg/kg，速效钾 164mg/kg，缓效钾1 191mg/kg，有效铁 9.9mg/kg，有效锰 6.52mg/kg，有效硼 1.35mg/kg，有效铜 1.32mg/kg，有效锌 0.84mg/kg，有效钼 0.29mg/kg，有效硅 120.0mg/kg，pH8.17。

草甸棕钙土只有泥砂质草甸棕钙土 1 个土属。

二、灰钙土

灰钙土在陕西、甘肃、宁夏、青海、新疆、内蒙古六省（自治区）均有分布，面积 101.49 万 hm^2，占西北区耕地面积的 5.19%。主要分布在陕西黄土高原西北部、甘肃河西走廊东部、宁夏盐池县中北部、同心县及海原县北部，宁夏黄河平原两侧高地、青海东部农业区黄河主干流的山前阶地、谷地及低山丘陵，及新疆伊犁河高阶地及其两侧山前倾斜平原上、内蒙古鄂尔多斯市的西南角。灰钙土是荒漠草原的地带性土壤，分布区域地形复杂，地貌类型多，气候差异大，海拔高度在 400～2 700m 之间，年降水量约 230～390mm，土壤母质、结构、颜色、质地、新生体等因分布地域不同差异较大。

黑钙土地区的气候比较温暖干旱，年平均气温为 5～9℃，≥10℃的积温为 2 000～3 400℃，年平均降雨量 180～350mm，以 7、8、9 月 3 个月降水比较集中，约占全年降水量的 60%；但新疆灰钙土地区的降水以 4、5 月为多。

灰钙土分布区的地貌以黄土丘陵和河谷高阶地为主，部分为低山，鄂尔多斯高原西部多为缓坡低丘。地下水一般很深。成土母质以黄土及次生黄土为主，部分为洪积冲积物。

灰钙土的成土以有机质的积累和碳酸钙的淀积为主要特征。有时也有石膏和易溶盐的淋淀作用。

灰钙土典型剖面一般分为耕作层、灌淤层、心土层和底土层，自上而下呈有序排列。

1. 耕作层 厚 15～25cm，棕灰色，结构多为团粒结构，土体较松散，质地为壤土，多量植物根系，有粉末状石灰新生体，石灰反应。

2. 灌淤层 厚 30～70cm，灰棕色，土体稍紧，块状结构，壤土—黏壤，中量植物根系，石灰反应强。

3. 心土层 厚 30～60cm，灰棕色，质地为黏壤，块状结构，土体较紧实，中量植物根系，石灰反应强烈。

4. 底土层 厚 50～60cm，为淡灰棕色，质地为砂质壤土，块状结构，土体较紧，少量植物根系，中量假菌丝和石灰结核新生体，石灰反应强。

灰钙土土体较厚，一般70～150cm，耕作层一般15～20cm。耕层养分平均值为：有机质13.00g/kg，全氮0.83g/kg，碱解氮59mg/kg，有效磷17.9mg/kg，速效钾169mg/kg，缓效钾971mg/kg，有效铁7.0mg/kg，有效锰6.93mg/kg，有效硼0.84mg/kg，有效铜1.06mg/kg，有效锌0.96mg/kg，有效钼0.26mg/kg，有效硅165.4mg/kg，土壤pH8.09。

依据灰钙土的发育分段和附加成土过程分典型灰钙土、淡灰钙土、草甸灰钙土和盐化灰钙土4个亚类。

（一）典型灰钙土亚类

该亚类是灰钙土土类的典型代表，具有灰钙土土类相似的剖面构型和典型特征。面积54.06万hm^2，占西北区该土类面积的53.27%。成土母质多为黄土、黄土状物、洪积—冲积物。

典型灰钙土是灰钙土分布区降雨量较多的亚类，土壤腐殖质积累相对较多。年平均降雨量250～350mm。因降水量多，土壤淋溶作用相对较强，土体有一定淋溶淀积，钙积层在剖面中出现的部位比其他亚类较深，平均深度为35cm，深度达50～80cm。表层以下多有石灰淀积，形成假菌丝状或斑点状钙积层，石灰反应强。受区域成土条件、分布区域所处的地形地貌单元不同，地表植被、腐殖质积累程度、钙积层位的高低均有明显差异。

典型灰钙土土体深厚，质地适宜，保水保肥性能较强。耕层土壤有机质14.59g/kg，全氮0.71g/kg，碱解氮47mg/kg，有效磷14.1mg/kg，速效钾165mg/kg，缓效钾832mg/kg，有效铁6.0mg/kg，有效锰7.02mg/kg，有效硼0.97mg/kg，有效铜0.82mg/kg，有效锌0.77mg/kg，有效钼0.35mg/kg，有效硅150.6mg/kg，pH8.51。

典型灰钙土亚类分黄土质灰钙土、泥砂质灰钙土和砂田灰钙土3个土属。

（二）淡灰钙土亚类

该亚类是在中温带荒漠草原下形成的土壤，面积41.52万hm^2，占西北区该土类面积的40.91%。成土母质多为黄土或洪积—冲积物。分布于灰钙土带气候干燥、炎热地带，年均降水量200mm左右，植被较差，小灌木相对较多，覆盖度低，土壤腐殖质积累较少。因降水少，土体淋溶作用较弱，钙积层在剖面中出现的部位亦高，平均为28cm。

淡灰钙土亚类和典型灰钙土亚类比较，一是生物积累量少，有机质矿化作用强；二是碳酸钙的淋溶作用更弱，整个剖面石灰反应强烈，pH值较高。耕层土壤有机质16.90g/kg，全氮0.88g/kg，碱解氮59mg/kg，有效磷20.6mg/kg，速效钾157mg/kg，缓效钾885mg/kg，有效铁10.8mg/kg，有效锰6.37mg/kg，有效硼1.68mg/kg，有效铜1.13mg/kg，有效锌0.99mg/kg，有效钼0.38mg/kg，有效硅142.9mg/kg，pH8.42。

淡灰钙土分黄土质淡灰钙土、泥砂质淡灰钙土和砂田淡灰钙土3个土属。

（三）草甸灰钙土亚类

草甸灰钙土是灰钙土向草甸土过渡的类型，面积3.79万hm^2，占西北区该土类面积的3.73%。成土母质多为风积黄土或黄土状物。草甸灰钙土的成土过程附加了草甸化过程，是草甸灰钙土的主要特征。草甸黑钙土分布于地带地势低洼地带，地下水位一般1.5～5m，土壤湿度大，植被生长茂盛。一般土体下部经常处于干湿交替的环境之中，从而导致土壤下层出现氧化—还原交替现象，锈色斑纹出现。土壤质地较淡黑钙土重，通体壤质砂土或砂质壤土，通透性好，代换量高于淡黑钙土。

草甸灰钙土腐殖质层深厚，有机质含量高，土层深厚，质地适中。耕层土壤有机质19.75g/kg，全氮0.79g/kg，碱解氮58mg/kg，有效磷20.2mg/kg，速效钾135mg/kg，缓效钾831mg/kg，有效铁12.8mg/kg，有效锰6.57mg/kg，有效硼0.84mg/kg，有效铜1.37mg/kg，有效锌0.88mg/kg，有效钼0.26mg/kg，有效硅102.7mg/kg，pH8.49。

草甸灰钙土只有泥砂质草甸灰钙土1个土属。

（四）盐化灰钙土亚类

盐化灰钙土是灰钙土在成土过程中附加了盐化过程而划分的一个亚类。面积2.11万hm^2，占西北区该土类面积的2.08%。主要分布在甘肃、宁夏、新疆三省（自治区）。土壤母质为黄土或冲积黄土。

盐化灰钙土主要分布于地下水位较高的低平地区，因土壤母质含盐，在季节性降水较多时，母质层的易溶性盐分随上升水流聚积到土体上部。盐化灰钙土的土体剖面构型与典型灰钙土不同，地表植物生长较弱，有机质含量低，土壤表层为0～5cm的疏松结皮层，当盐化程度较高时，在剖面上部可以见到斑点状的白色盐霜，其剖面底部有时可见到锈纹锈斑。土壤盐分组成一般以硫酸盐为主，氯化物次之，部分盐化灰钙土的氯化物高于硫酸盐。耕层土壤有机质14.25g/kg，全氮0.86g/kg，碱解氮56mg/kg，有效磷18.6mg/kg，速效钾191mg/kg，缓效钾978mg/kg，有效铁8.2mg/kg，有效锰7.17mg/kg，有效硼0.96mg/kg，有效铜1.14mg/kg，有效锌1.07mg/kg，有效钼0.68mg/kg，有效硅161.9mg/kg，pH8.31。

盐化灰钙土分氯化物灰钙土、硫酸盐灰钙土和砂田苏打灰钙土3个土属。

第五节　漠土纲

漠土是在温带干旱区和暖温带极度干旱的气候条件下发育而成的土壤。在甘肃、宁夏、青海、新疆、内蒙古五省（自治区）均有分布，面积99.29万hm^2，占西北区耕地面积的5.08%。漠土主要分布于新疆准噶尔盆地南部，天山南北麓山前倾斜平原及噶顺戈壁、将军戈壁，甘肃河西走廊中、西段的祁连山山前平原和赤金盆地西缘，青海柴达木盆地，内蒙古鄂尔多斯高原西部，宁夏石嘴山市的东北面等地。

漠土地区地貌类型多，有较广阔的冲积平原，古老洪积冲积平原，盆地，剥蚀高原，以及低山、丘陵、高阶地等。海拔高程较悬殊，从新疆吐鲁番盆地的低于海平面百米多到青海柴达木盆地，到新疆昆仑山北麓海拔3 000m以上。漠土的成土母质类型多样，在剥蚀的古老洪积扇和剥蚀高原上，多以残积物、坡积残积物和坡积物为主；在古老洪积冲积平原和现代冲积平原上，以洪积物、洪积冲积物和冲洪积物为主；此外，还有风成黄土和风成沙土等风积物。成土母质的特点是质地轻粗，均混有粗砂与砾石。

漠土区处于极度干旱地区，年降水量一般不到100mm，极度干旱区只有几毫米到十几毫米，有时甚至终年无雨。由于干旱，植物生长缓慢，覆盖度极低，多在10%以下。漠土地处干旱强风地带，就地分化形成的细土物质常被风吹走，残留地表多为粗砂。漠土的另一特征是土层普遍积盐，易溶盐和石膏在剖面中积累，铁质化的物质残留于亚表层；碳酸钙积累于表层孔状结皮中。

漠土分为干温漠土和干暖温漠土 2 个亚纲。下分灰漠土、灰棕漠土和棕漠土 3 个土类。

一、灰漠土

灰漠土分布于温带漠境边缘向干旱草原过渡地区。主要位于内蒙古河套平原，宁夏银川平原的西北角，新疆准噶尔盆地沙漠两侧的山前倾斜平原、古老洪积平原和剥蚀高原地区，甘肃河西走廊中西段、祁连山的山前平原也有一部分。面积 61.85 万 hm^2，占西北区耕地面积的 3.16%。

灰漠土区地形地貌复杂，海拔、积温、年降水量等气候因素差异较大。夏季炎热干旱，冬季寒冷有雪，年平均气温 4～9℃，东部内蒙古、宁夏的气温略高，西部甘肃、新疆略低；≥10℃的年积温为 2 000～3 600℃，新疆偏高，甘肃偏低，内蒙古、宁夏居中；年降水量 100～200mm，也以新疆偏高，甘肃偏低，内蒙古、宁夏居中；年蒸发量 1 600～2 100mm，超出年降水量的 10 倍左右，但相对而言仍是漠土地区蒸发量最小而较湿润的类型区域。

灰漠土的成土母质以黄土状洪积—冲洪积物母质最为广泛，部分为风积物和坡积物，是沙漠中成土物质含砾石最少而含细土粒最多的土壤类型。

灰漠土典型剖面一般分为耕作层、犁底层、心土层和底土层。

1. 耕作层 厚 15～20cm，灰棕色，小块状结构，土体紧实，质地为壤质黏土，多量植物根系，强石灰反应。

2. 犁底层 厚 8～10cm，灰棕褐色，土体紧实，块状结构，壤质黏土，多量植物根系，空隙少，少量白色斑点，多细小砾石，石灰反应强。

3. 心土层 厚 15～30cm，棕褐色，质地为黏土，块状结构，土体紧实，中量植物根系，多砾石，中量空隙，石灰反应强。

4. 底土层 厚 15～20cm，为棕褐色，质地为黏土，块状结构，土体紧实，少量植物根系，空隙小，多碳酸盐斑点，石灰反应强。

灰漠土土体较薄，一般 50～110cm，耕作层一般 15～20cm。耕层土壤有机质 12.68g/kg，全氮 0.89g/kg，碱解氮 56mg/kg，有效磷 17.0mg/kg，速效钾 165mg/kg，缓效钾 1 163mg/kg，有效铁 10.5mg/kg，有效锰 7.83mg/kg，有效硼 1.63mg/kg，有效铜 1.50mg/kg，有效锌 1.08mg/kg，有效钼 0.43mg/kg，有效硅 161.6mg/kg，pH8.03。

依据灰漠土的发育阶段和附加成土过程的不同，可分为典型灰漠土、钙质灰漠土、草甸灰漠土、盐化灰漠土和灌耕灰漠土 5 个亚类。

（一）典型灰漠土亚类

典型灰漠土亚类是灰漠土类的代表性亚类。面积 8.69 万 hm^2，占西北区该土类面积的 14.05%。主要分布于古老洪积扇的中上部、含盐轻的母质上，一般在数十厘米黄土状物质之下即为砂砾层。地下水埋深很深，通常都在数十米以下。

典型灰漠土亚类具有发育良好的孔状结皮层和片状—鳞片状层，其下为褐棕色紧实层，白色斑点状或斑块状碳酸钙新生体多见于地表20cm以下，易溶盐及石膏在剖面中无明显富集。由于生物过程显著减弱，土壤缺乏明显的腐殖质层，有机质含量低，表面有明显的荒漠结皮，同时，由于降雨少，淋溶作用弱，碳酸钙在剖面表层聚积。耕层土壤有机质13.85g/kg，全氮0.80g/kg，碱解氮67mg/kg，有效磷23.9mg/kg，速效钾170mg/kg，缓效钾672mg/kg，有效铁9.5mg/kg，有效锰6.64mg/kg，有效硼0.72mg/kg，有效铜1.03mg/kg，有效锌0.97mg/kg，有效钼0.35mg/kg，有效硅148.4mg/k，pH8.20。

典型灰漠土只有黄土质灰漠土1个土属。

（二）钙质灰漠土亚类

钙质灰漠土是草原化荒漠植被条件下发育的土壤，是灰漠土区中所处气候条件稍湿润的亚类。面积0.95万hm^2，占西北区该土类面积的1.54%。主要分布在内蒙古、宁夏向荒漠草原棕钙土和灰钙土过渡的地段。

该亚类除具有荒漠结皮等荒漠土壤的特征外，土壤成土过程中的草原化特征表现明显。碳酸钙常在表土结皮下紧实层的中上部有所聚积，并形成不明显的钙积层，碳酸钙含量比孔状结皮层高1～3倍。由于土壤多处在与乌兰察布和沙漠相邻近地段，因而土壤质地偏砂，地表也常覆有砾石。耕层土壤有机质13.00g/kg，全氮0.64g/kg，碱解氮60mg/kg，有效磷18.4mg/kg，速效钾150mg/kg，缓效钾699mg/kg，有效铁12.8mg/kg，有效锰6.20mg/kg，有效硼0.90mg/kg，有效铜0.90mg/kg，有效锌0.72mg/kg，有效钼0.24mg/kg，有效硅120.0mg/kg，pH8.28。

钙质灰漠土亚类只有钙质灰漠土1个土属。

（三）草甸灰漠土亚类

草甸灰漠土亚类是漠境地区受季节性地下水或洪水影响而形成的灰漠土亚类。面积0.11万hm^2，占西北区该土类面积的0.18%。分布在较为低平的地形部位。由于受季节性地下水或地表洪水的影响，在剖面下部氧化还原作用产生锈纹锈斑，这是它区别于其他亚类的重要标志。其成土过程除微弱的草甸化过程外，一般均伴有较强烈的积盐过程。

由于草甸灰漠土所处环境的水分条件得到改善，植物生长比其他亚类好，有机质含量比其他亚类高。土壤有机质、氮、磷、钾等营养元素均比较均匀地储存在1.5m厚的心土中，这在其他亚类中是很少见到的，土壤碱性也较轻。耕层土壤有机质16.44g/kg，全氮1.25g/kg，碱解氮65mg/kg，有效磷18.2mg/kg，速效钾159mg/kg，缓效钾1 145mg/kg，有效铁6.3mg/kg，有效锰5.16mg/kg，有效硼2.01mg/kg，有效铜1.35mg/kg，有效锌0.82mg/kg，有效钼0.64mg/kg，有效硅177.1mg/kg，pH7.80。

该亚类只有草甸灰漠土1个土属。

（四）盐化灰漠土亚类

盐化灰漠土是灰漠土含易溶盐较多的亚类，面积16.88万hm^2，占西北区该土类面积的27.29%。由于所处地形封闭低洼而造成排水不畅，地表径流汇集，地下水位升高，加之干旱多风，蒸发强烈的气候条件，引起土壤盐分积累及再分配。土壤积盐的情况有两种：一种是剖面下部石膏聚盐的残余积盐；一种是低地地表径流汇集和地下水位上升引起土壤表层盐分积累而产生盐化。后者地表常有明显的盐霜或盐斑，盐分聚积在紧实层中的中下部（5～50cm 之间），含盐量在 10g/kg 左右；而残余积盐则聚积在紧实层下端的石膏聚盐层中，含盐量普遍较高，含盐层的厚度也大。

耕层土壤有机质 15.62g/kg，全氮 0.96g/kg，碱解氮 57mg/kg，有效磷 15.5mg/kg，速效钾 178mg/kg，缓效钾 1 136mg/kg，有效铁 9.4mg/kg，有效锰 7.09mg/kg，有效硼 2.05mg/kg，有效铜 1.57mg/kg，有效锌 1.21mg/kg，有效钼 1.21mg/kg，有效硅 158.5mg/kg，pH7.98。

盐化灰漠土亚类分氯化物灰漠土和硫酸盐灰漠土 2 个土属。

（五）灌耕灰漠土亚类

灌耕灰漠土是经过人为长期灌溉培肥发育而成的土壤，广泛分布于灰漠土区的新老绿洲内。面积 31.76 万 hm^2，占西北区该土类面积的 51.35%。

该亚类由于长期的耕翻、施肥、灌溉、耕作等人为措施，原来的表土层变成了耕作层，心土层也因受灌灌水的作用而使原来聚积的盐分下移或消失。

灌耕灰漠土亚类肥力比原来的母土高，有的甚至高很多。灌耕灰漠土的发生层次由耕灌熟土层（耕作层）、紧实层和母质层组成。据新疆灌耕灰漠土典型剖面显示，耕灌熟土层的厚度已达 60cm 以上，其中有机质含量 15.89g/kg，氮、磷、钾等营养元素的含量也相应增高，而盐分含量除表土稍高外，以下至 100cm 土层均下降到 0.5g/kg。

耕层土壤有机质 19.17g/kg，全氮 1.15g/kg，碱解氮 75mg/kg，有效磷 20.0mg/kg，速效钾 205mg/kg，缓效钾 737mg/kg，有效铁 7.6mg/kg，有效锰 7.59mg/kg，有效硼 0.90mg/kg，有效铜 1.29mg/kg，有效锌 1.10mg/kg，有效钼 0.47mg/kg，有效硅 183.6mg/kg，pH8.27。

灌耕灰漠土亚类分泥质灌耕灰漠土和泥砂质灌耕灰漠土 2 个土属。

二、灰棕漠土

灰棕漠土是在温带漠境地区极端干旱气候条件下形成的土壤。在甘肃、青海、新疆、内蒙古四省（自治区）均有分布，面积 11.59 万 hm^2，占西北区耕地面积的 0.59%。所处区在甘肃河西地区海拔 1 300～2 500m 的山前洪积—冲积扇和砾质戈壁倾斜平原，青海柴达木盆地怀头他拉至脱土山以西的山前洪积扇、山前坡积裙、风蚀残丘、洪积扇中上部海拔 3 600m 以下的广泛地区，新疆准噶尔盆地东部和西部边缘、东疆北部的诺敏戈壁及内蒙古巴彦淖尔盟乌拉特后旗的西北部和阿拉善盟的中北部、西部、西北部荒漠戈壁上也有分布。

灰棕漠土区的气候极为干旱，年平均降水量一般只有 50～100mm，最低仅 17.8mm（青海柴达木盆地）；年平均气温为 4～10℃，≥10℃积温为 3 000～4 100℃。分布区域植被以旱生或超旱生灌木和小半灌木为主，且生长期多为单柱丛生，覆盖度不足 5%，有的甚至是裸露地。其成土母质多为砂砾质洪积冲积物或粗骨性残积坡积物，均富含砂粒物质和一定的盐类。地下水位很深，对土壤形成无明显影响。

灰棕漠土的成土特征主要表现是砾质化、亚表层铁质化、石灰表聚、残积盐化和石膏分异及微弱的生物积累。其典型剖面一般分为耕作层、犁底层、心土层和底土层。

1. 耕作层 厚 15～30cm，灰褐色，粒状结构，土体松散，质地为壤土，多量植物根系，无新生体，中等石灰反应。

2. 犁底层 厚10～20cm，灰褐色，粒块状结构，壤土，土体稍紧，中量植物根系，石灰反应强。

3. 心土层 厚20～30cm，灰褐色，质地为黏壤土，粒块状结构，土体稍紧，少量植物根系，石灰反应强。

4. 底土层 厚20～30cm，为黄棕色，质地为轻壤，单粒状结构，土体松散，无植物根系，少量假菌丝体，石灰反应强。

灰棕漠土土体较薄，厚度一般50cm左右，耕作层一般20cm左右。耕层土壤有机质19.17g/kg，全氮1.15g/kg，碱解氮75mg/kg，有效磷20.0mg/kg，速效钾205mg/kg，缓效钾737mg/kg，有效铁7.6mg/kg，有效锰7.59mg/kg，有效硼0.90mg/kg，有效铜1.29mg/kg，有效锌1.10mg/kg，有效钼0.47mg/kg，有效硅183.6mg/kg，pH8.27。

灰棕漠土分典型灰棕漠土、石膏灰棕漠土、石膏盐盘灰棕漠土和灌耕灰棕漠土4个亚类。本书重点介绍灌耕灰棕漠土亚类。

灌耕灰棕漠土是近数十年发展灌溉、开垦耕种而形成的土壤。面积0.91万hm^2，占西北区该土类面积的7.85%。其主要分布于青海柴达木盆地东自脱土山，西至乌图美仁、昆仑山北麓海拔2 750～3 400m的广大洪积扇倾斜平原及新疆精河县、巴里坤县、伊吾县及新疆建设兵团农五师，是主要的绿洲农业区。

灌耕灰棕漠土质轻，多以轻壤或砂土为主，并混有少量砾石，结构为粒状—块状结构，土层厚度一般30～100cm。由于人为灌溉、耕作施肥，原灰棕漠土的砾幕、结皮和紧实层已变成熟化度较高的耕作层，厚度在20cm左右。土壤耕性良好，适耕期长，肥力水平较高。耕层土壤有机质19.17g/kg，全氮1.15g/kg，碱解氮75mg/kg，有效磷20.0mg/kg，速效钾205mg/kg，缓效钾737mg/kg，有效铁7.6mg/kg，有效锰7.59mg/kg，有效硼0.90mg/kg，有效铜1.29mg/kg，有效锌1.10mg/kg，有效钼0.47mg/kg，有效硅183.6mg/kg，pH8.27。

耕灌灰棕漠土亚类只有泥砂质耕灌灰棕漠土1个土属。

三、棕漠土

棕漠土是在暖温带极端干旱的生物气候条件下发育而成的地带性土壤，以其具有漆黑的砾幕、不明显的孔状结皮鳞片层和较明显的红棕色紧实层及石膏、盐盘聚积层特征而与其他漠土土类区别。棕漠土广泛分布于甘肃的河西走廊西段、安敦盆地海拔1 150～1 400m的山前洪积—冲积平原和剥蚀丘陵上，新疆天山以南昆仑山和阿尔金山以北的塔里木盆地、哈密盆地、吐鲁番盆地、葛顺戈壁、昆仑山北坡的山前—中上带，以甘肃河西走廊的西半段，新疆东部的吐鲁番，哈密盆地和噶顺戈壁地区最为集中，面积25.85万hm^2，占西北区耕地面积的1.32%。

棕漠土地带的气候特点是夏季干旱炎热，冬季暖和少雪。年平均气温10～12℃，≥10℃的积温3 300～4 500mm，甘肃地区偏低，新疆偏高，吐鲁番最高可达5 500℃。年降水量不足100mm，大部分地区低于50mm。棕漠土地面生长的植被极稀疏而种类简单，覆盖度很低，通常不超过1%，少数可达1%～4%，大多数地面光秃裸露。风蚀严重的地表均由粗砂砾石组成。

棕漠土的成土特征表现为以下几个方面：一是表土层的孔状荒漠结皮发育较差，蜂窝状的气孔不及其他漠土土类完整，其下片状、鳞片状结构或弱或无；二是生物积累作用非常微弱。表层有机质含量比灰棕漠土和灰漠土都低，是漠土中生物作用最弱的类型；三是碳酸钙表聚和石膏、易溶盐分聚积较灰漠土、灰棕漠土明显；四是铁质化作用显著增强。棕漠土区的干热程度远比灰漠土和灰棕漠土强烈，因而铁质化作用明显增强，土壤呈鲜艳的红棕色。

棕漠土典型剖面一般分为耕作层、犁底层、心土层和底土层，自上而下呈有序排列。

1. 耕作层　厚15～25cm，灰棕色，小块状结构，土体紧实，质地为壤质黏土，多量植物根系，强石灰反应。

2. 犁底层　厚8～10cm，黄棕色，土体紧实，片状结构，粉砂质黏壤土，多量植物根系。

3. 心土层　厚25～35cm，棕褐色，粉砂质黏壤土，块状结构，土体稍紧，中量植物根系。

4. 底土层　厚20～30cm，为灰棕色—棕黄色，粉砂质黏壤土，块状结构，土体稍紧，中量植物根系。

棕漠土土体较薄，厚度一般60～110cm，耕作层一般15～25cm。耕层土壤有机质12.04g/kg，全氮0.66g/kg，碱解氮53mg/kg，有效磷14.2mg/kg，速效钾163mg/kg，缓效钾982mg/kg，有效铁7.8mg/kg，有效锰6.43mg/kg，有效硼1.68mg/kg，有效铜1.34mg/kg，有效锌1.42mg/kg，有效钼0.37mg/kg，有效硅86.8mg/kg，pH8.12。

棕漠土分典型棕漠土、盐化棕漠土、石膏棕漠土、石膏盐盘棕漠土和灌耕棕漠土5个亚类。在此重点介绍灌耕棕漠土。

灌耕棕漠土是棕漠土经人为灌溉耕种使其剖面上部具有明显灌溉耕作层的一个类型，面积7.56万hm^2，占西北区该土类面积的29.25%。分布于新疆塔里木盆地、吐鲁番盆地洪积扇中下部绿洲边缘和甘肃安西、敦煌的戈壁平原下部扇缘地带。

灌耕棕漠土的形成主要受人为灌溉耕作的影响，导致原土壤表土孔状结皮片状层和红棕色紧实层被耕翻打乱，并逐步与灌溉物质混合而形成新的灌溉耕作层；碳酸钙的表聚特征不再突出，易溶盐和石膏也开始向剖面下部移动；土壤湿度增大，肥力性状和生产性能较原土壤大为改善，但剖面下部仍保留原土的基本形态。耕层土壤有机质14.45g/kg，全氮0.77g/kg，碱解氮60mg/kg，有效磷12.6mg/kg，速效钾167mg/kg，缓效钾1 081mg/kg，有效铁10.5mg/kg，有效锰7.03mg/kg，有效硼1.21mg/kg，有效铜1.56mg/kg，有效锌1.01mg/kg，有效钼0.46mg/kg，有效硅169.9mg/kg，pH8.23。

第六节　人为土纲

人为土是经长期耕作、施肥、灌耕排水等人为生产活动，改变了原来土壤在自然状态下的物质循环与迁移积累，促使土壤性状发生明显改变，同时又具备了可以鉴别的新的发生段与属性，从而形成的土壤类型。在西北区均有分布，面积133.07万hm^2，占西北区耕地面积的6.81%。人为土分为人为水成土和灌耕土2个亚纲，人为水成土亚纲只有水稻土1个土类，灌耕土亚纲分灌淤土和灌漠土2个土类。

一、水稻土

水稻土因长期连作水稻或稻旱轮作，经人们平整田面、泡水耕耘、垄作施肥等一系列生产措施，产生了特殊的成土过程，逐步改变了母质和母土的性质。在陕西、甘肃、新疆三省（自治区）均广泛分布，面积13.49万hm^2，占西北区耕地面积的0.69%。

水稻土分布区域为：陕西北起长城沿线风沙区，南至秦巴山区均有分部，以汉中面积最大，安康市、西安市次之，所处部位在各大河流及其支流的新、老阶地和山间盆地；甘肃主要分布于陇南地区，天水市的河谷川坝河漫滩、洪积扇、水源充足的河岸阶地上；新疆南北疆均匀分布，北疆在玛纳斯河及乌鲁木齐河平原区内，南疆则在阿克苏河、渭干河、克孜河、和田河等流域平原区内。

水稻土的形成与人为种稻生产活动直接关联。在表层季节性灌溉条件下，地表为薄层水层淹没，并经水下耕翻、耙耘、平整土地，使土壤内部的物质运动，进入新的过程，产生新的土壤物质运动规律，使原来改种水稻前的土壤属性逐步发生改变，形成了与原始母土性状具有明显差异的土类。

水稻土的成土特点：一是周期性的氧化还原交替作用，产生一定数量的铁锰有机络合物，其在一定程度上改变了耕作层土壤的基色；二是有机质的合成与分解。这与母土的表层相比较，其含量明显趋于稳定，对于多数水稻土而言，耕作层土壤有机质含量比母土均有不同程度的增加。三是盐基淋溶和复盐基作用。水稻土在人工培肥和灌溉的影响下，使盐基饱和的母土中在淹水耕作后，部分盐基被淋溶，而又使盐基不饱和的母土中发生复盐基作用。

水稻土层次明显，特征清楚，发生层次有耕作层（A_a）、犁底层（A_p）、渗育层（p）、潴育层（W）、脱潜层（G_w）、潜育层（G）和漂洗层（E）7个层次。耕层土壤有机质20.27g/kg，全氮1.22g/kg，碱解氮100mg/kg，有效磷18.3mg/kg，速效钾127mg/kg，缓效钾747mg/kg，有效铁23.2mg/kg，有效锰24.31mg/kg，有效硼0.44mg/kg，有效铜1.38mg/kg，有效锌1.25mg/kg，有效钼0.52mg/kg，有效硅141.6mg/kg，pH7.30。

依据水稻土发生的水型、成土过程及主要形态，分潴育水稻土、淹育水稻土、渗育水稻土、潜育水稻土、脱潜水稻土、漂洗水稻土、盐渍水稻土7个亚类。

（一）潴育水稻土亚类

潴育水稻土是水稻土的主要类型，面积6.68万hm^2，占西北区该土类面积的49.52%。主要分布于陕西的各条河流低阶地、山丘沟谷，甘肃的徽县、武都，一般在白龙江、白水江、嘉陵江沿岸滩地老稻区，新疆阿克苏地区的于田、墨玉、和田，喀什地区的疏附、喀什、疏勒，克孜勤苏州的图什、阿克陶，昌吉回族自治州的米泉等县市。

潴育水稻土起源于各类土壤的再积物及河流的冲积物或河湖相沉积物。其所处的地形部位条件优越，种稻历史悠久，灌溉水和地下水资源丰富，经长期的耕作培肥，加之周期性的灌溉、排水，土体内的水分状况受其双重影响，氧化还原作用剧烈并频繁交替进行，土壤剖面分化明显，具有完整的发生层段，尤以潴育层发育较好，潴育层是其诊断层，氧化还原作用明显，有铁锰新生体。其剖面发生类型为A_a-A_p-P-W-C或A_a-A_p-W-C型。

以第二次土壤普查陕西城固县城关镇01主剖面锈胶泥田土种为例，其剖面特征如下：

1. 耕作层 0～18cm，暗灰棕色，团粒或块状结构，土体疏松，质地为粉砂黏土，有砖瓦侵入体，多量锈纹锈斑，无石灰反应。

2. 犁底层 18～25cm，灰棕色，块状结构，土体紧实，黏壤土，多量锈纹锈斑，无石灰反应。

3. 渗育层 25～57cm，黄褐色，棱块状结构，黏壤土，多量灰色胶膜和少量铁锰斑纹，无石灰反应。

4. 潴育层 57～87cm，黄棕色，棱块状或棱柱状结构，壤黏土，多量铁锰斑纹，无石灰反应。

5. 母质层 87～150cm，淡黄棕色，块状结构，砂壤土，无石灰反应。

潴育水稻土耕作时间长，投肥较多，土壤肥力高，土体深厚，厚度一般 90～150cm，土壤剖面层次明显，质地适中，排灌条件好，既通气透水，又保水保肥。耕作层一般 15～25cm。耕层土壤有机质 13.02g/kg，全氮 0.89g/kg，碱解氮 96mg/kg，有效磷 16.1mg/kg，速效钾 147mg/kg，缓效钾 794mg/kg，有效铁 15.6mg/kg，有效锰 14.99mg/kg，有效硼 0.77mg/kg，有效铜 1.92mg/kg，有效锌 1.05mg/kg，有效钼 0.38mg/kg，有效硅 124.3mg/kg，pH7.20。

按其土壤母质或母土类型分潮泥田和潮砂泥田 2 个土属。

（二）淹育水稻土亚类

淹育水稻土面积 4.30 万 hm^2，占西北区该土类面积的 31.88%。主要分布在河流阶地、洪积扇扇缘以及浅山丘陵区的梯田、塝田上。其起源母土大多数分布在丘陵山地的各类土壤，部分为平原、谷地的潮土与草甸土等。因多为梯田，靠降水和引水灌溉种植水稻，为数不少的是"望天田"。土体内的水分运动为单向自上而下的渗透淋溶，不受地下水的影响。处于平原区的淹育水稻土，虽受地表水和地下水的双重影响，但因种稻时间短或受自然条件限制，每年只种一季，淹水时间不长，耕作层具有氧化还原特征，仍为下渗淋溶。总之，淹育水稻土的耕作层和犁底层因具有氧化还原作用而区别于起源母土，但氧化还原程度较弱，氧化铁的蚀变和迁移不明显，土壤剖面初步开始分化，属初期发育的水稻土，剖面构型为 A_a-A_p-C 和 A_a-A_p-P-C 型。

以第二次土壤普查陕西勉县弥陀寺 6 号剖面黄泥田土种为例，其剖面特征如下：

1. 耕作层 0～18cm，暗灰棕色，块状结构，质地为黏壤土，结构面及根孔附加有锈斑锈纹，无石灰反应。

2. 犁底层 18～29cm，淡灰棕色，块状结构，壤黏土，可见少量细根，无石灰反应。

3. 渗育层 29～60cm，黄褐色，大块状或棱块状结构，黏壤土，有较多铁子和铁锰胶膜，无石灰反应。

4. 母质层 60～150cm，黄褐色，壤黏土，棱柱状结构，有大量黑褐色胶膜，铁子沉淀，无石灰反应。

淹育水稻土，土体较厚，厚度一般 51～150cm，土壤剖面层次明显，耕作层厚度一般 15～20cm。耕层土壤有机质 14.36g/kg，全氮 1.00g/kg，碱解氮 56mg/kg，有效磷 13.1mg/kg，速效钾 152mg/kg，缓效钾 867mg/kg，有效铁 16.8mg/kg，有效锰 15.61mg/kg，有效硼 0.97mg/kg，有效铜 2.19mg/kg，有效锌 1.17mg/kg，有效钼 0.43mg/kg，有效硅 142.5mg/kg，pH7.39。

按其土壤母质或母土类型分浅潮泥田和浅潮砂泥田 2 个土属。

（三）潜育水稻土亚类

潜育水稻土是因常年积水，潜育层位高，亚铁反应显著，土体有一强还原态的青泥层（潜育层）而形成的一个亚类。面积 1.74 万 hm^2，占西北区该土类面积的 12.90%。所处地形部位为河漫滩及低阶地的蝶形洼地、古河道、洪积扇前缘的泉水线地带及山丘沟谷排水不畅或泉水出露的地方。

潜育水稻土的起源母土或母质为冲洪积物、湖积物、沼泽土以及红壤、紫色土等各种母土及其再积物。由于长期处于水饱和状态，虽然有机质积累多，但空气少，土温低，微生物活动微弱，养分转化缓慢，供应不足，影响水稻的正常发育。潜育水稻土土体构型主要有 A-A_p-W-G 型、或 A-A_p-G 型或 A-G 型、AG-W-G 型等。

以第二次土壤普查陕西南郑县八里沟乡 7 号剖面青泥鳝土田土种为例，其剖面特征如下：

1. 耕作层　0～25cm，暗灰棕色，无结构，质地为壤土，根系附近有少量锈斑锈纹，无石灰反应。

2. 犁底层　25～37cm，暗棕灰色，无结构，壤土，稍紧实，有少量锈纹锈斑，无石灰反应。

3. 潜育层　37～110cm，青灰色，无结构，粉砂黏壤土，无石灰反应。

潜育水稻土耕作层一般 18～25cm。耕层土壤有机质 12.16g/kg，全氮 0.91g/kg，碱解氮 88.5mg/kg，有效磷 13.6mg/kg，速效钾 144mg/kg，缓效钾 853mg/kg，有效铁 16.4mg/kg，有效锰 14.76mg/kg，有效硼 0.73mg/kg，有效铜 2.56mg/kg，有效锌 1.07mg/kg，有效钼 0.40mg/kg，有效硅 130.3mg/kg，pH7.31。

按其土壤母质或母土类型分青潮泥田、青灰泥田、黄斑泥田和表潜黄泥田 4 个土属。

（四）脱潜水稻土亚类

脱潜水稻土是在兴修水利、改善排水、降低地下水位的条件下，土体中潜育层脱离地下水的浸渍而形成的。面积 0.26 万 hm^2，占西北区该土类面积的 1.93%。主要分布在陕西汉中市汉江的阶地与山丘沟谷。其母质大多为湖积物或冲积物。此类土壤起源于潜育水稻土，经改良利用，整治河网，开沟排水，排涝防渍，降低地下水位，目前常年地下水位为 60～80cm，促使土壤演变为脱潜过程。由于长期水耕熟化，人为调节灌排，土体内氧化还原作用频繁交替进行，剖面分化明显，脱潜层发育较好。

脱潜水稻土剖面的共同特征是具有脱潜层（G_W），这一层段是潜育层经排水后，进行了一定程度的氧化，向潴育层发展的过渡性层次，呈青灰或棕灰色，开始棱块状结构发育，有红棕色铁锰斑纹淀积，表现出潜育层和潴育层特点。其剖面发生类型为 A-A_p-G_w-G（C）型，部分剖面的底层仍埋藏有腐泥层或泥炭层。

以第二次土壤普查陕西宁强县桑树湾乡 003 号剖面脱潜砂泥田土种为例，其剖面特征如下：

1. 耕作层　0～17cm，暗灰棕色，粒状、小块状结构，疏松，质地为壤砂土，有少量锈斑锈纹，无石灰反应。

2. 犁底层　17～24cm，暗棕灰色，粒状、小块状结构，稍紧实，壤砂土，有多量锈纹锈斑，无石灰反应。

3. 脱潜层　24～87cm，淡棕灰色，块状结构，砂壤土，孔隙有少量锈纹锈斑，无石灰反应。

4. 潜育层　87～153cm，青灰色，碎屑状结构，多砾质壤土，水分近饱和，无石灰反应。

脱潜水稻土不仅一定程度上消除了盐渍害，而且土壤性质也得到改善，养分状况较好。耕层土壤有机质 12.21g/kg，全氮 1.24g/kg，碱解氮 119mg/kg，有效磷 15.9mg/kg，速效钾 117mg/kg，缓效钾 644mg/kg，有效铁 23.2mg/kg，有效锰 22.04mg/kg，有效硼 0.63mg/kg，有效铜 3.02mg/kg，有效锌 1.17mg/kg，有效钼 0.29mg/kg，有效硅 83.8mg/kg，pH6.40。

按其土壤母质或母土类型分黄斑泥田和黄斑黏田 2 个土属。

（五）漂洗水稻土亚类

漂洗水稻土是土体中受侧渗水影响，形成灰白色层的水稻土，零星分布在陕西汉中市、安康市的山坡梯田，面积 0.06 万 hm^2，占西北区该土类面积的 0.44%。其主要起源于冲洪积物和黄土状沉积物。该亚类的形成特征是土体中具有在强度淋溶漂洗条件下形成的白土层。白土层并不是水稻土发育形成过程中的一种必然现象，有地质作用，有母土的残留症状，也有水稻土形成过程中发育而成的。渍水离铁作用和黏粒淋失，是形成白土层的主要因素。由于漂洗水稻土所处地形明显倾斜，土体中有一个黏重紧实的不透水层（弱透水层），阻止了水分下渗，阻滞的水分侧向淋洗，使盐基、铁、锰、黏粒等物质随水流失，从而形成一个灰白色的层次，称为漂洗层。

漂洗性水稻土土体构型为 A_p-P-E-C 型或 A_p-P-E-W-C 型。漂洗层为灰黄或灰白色，黏粒含量减少。

以第二次土壤普查陕西西乡县板桥乡 18 号剖面白三泥土种为例，其剖面特征如下：

1. 耕作层　0～13cm，暗灰棕色，团粒结构，疏松，质地为粉砂黏土，较多锈斑锈纹，无石灰反应。

2. 犁底层　13～22cm，灰黄棕色，棱块状结构，紧实，粉砂黏土，有少量锈纹锈斑，无石灰反应。

3. 漂洗层　22～38cm，灰白色，块状结构，稍紧实，粉砂黏土，少量铁子及胶膜，无石灰反应。

4. 漂洗层　38～62cm，灰白色，棱块状结构，紧实，黏土，少量铁子及胶膜，无石灰反应。

5. 母质层（黄褐色黏化层）　62～135cm，黄褐色，棱块状结构，紧实，黏土，有多量铁子及胶膜，弱石灰反应。

漂洗层富含粉砂，质地较粗，二氧化硅相对富集，俗称白三泥，是一种障碍性层段，对作物生长发育有不良影响。耕层土壤有机质 18.16g/kg，全氮 1.25g/kg，碱解氮 129mg/kg，有效磷 16.6mg/kg，速效钾 136mg/kg，缓效钾 884mg/kg，有效铁 19.3mg/kg，有效锰 20.53mg/kg，有效硼 4.18mg/kg，有效铜 2.62mg/kg，有效锌 2.04mg/kg，有效钼

0.25mg/kg，有效硅 154.8mg/kg，pH6.93。

按其土壤母质或母土类型分漂黄泥田和漂马肝田 2 个土属。

（六）渗育水稻土亚类

渗育水稻土主要分布于新疆北疆的昌吉回族自治州米泉县和南疆阿克苏市的温宿、乌什两县，克孜勤苏州的阿图什市，甘肃的陇南市的温县，面积 0.34 万 hm^2，占西北区该土类面积的 2.52%。所处地形部位为平原区中部及部分低山丘陵区的低塝田或排田，以及土壤地下水位较深的平原区。

渗育水稻土所处的地形部位条件比较优越，种稻历史较长，不受地下水影响。起源于潮土或钙质冲积物的渗育水稻土，土体基本脱钙或上段土层均已脱钙，只有部分起源于紫色土的坡洪积物或冲积物，土体中尚含一定量的碳酸钙。土体内的水分运动状况以降水和灌溉水自上而下渗透淋溶为主。土体内氧化还原作用较为频繁，土壤分化明显，渗育层发育较好，其剖面构型为 A_a-A_p-P-C 型。

以第二次土壤普查甘肃温县渗育水稻土典型剖面为例，其剖面特征如下：

1. 耕作层　0～18cm，淡黄色，粒状结构，疏松，质地为粉砂壤土，孔隙少，多根系，有铁锰锈斑。

2. 犁底层　18～29cm，淡黄色，块状结构，紧实，粉砂壤土，孔隙少，多根系。

3. 心土层　29～43cm，浊红棕色，粒状结构，粉砂壤土，孔隙中量，无根系，有铁锰结核。

4. 底土层　43～150cm，暗棕色，粒状结构，紧实，孔隙中量，无根系。

渗育水稻土水耕熟化层的有机质含量高，与下层土壤过渡明显。耕层土壤有机质 18.09g/kg，全氮 0.92g/kg，碱解氮 76mg/kg，有效磷 11.5mg/kg，速效钾 145mg/kg，缓效钾 666mg/kg，有效铁 9.5mg/kg，有效锰 9.26mg/kg，有效硼 0.66mg/kg，有效铜 1.47mg/kg，有效锌 1.02mg/kg，有效钼 0.39mg/kg，有效硅 179.0mg/kg，pH8.07。

按其土壤母质或母土类型分渗潮泥田、渗潮砂泥田、渗马肝泥土和渗褐泥田 4 个土属。

（七）盐渍水稻土亚类

盐渍水稻土主要分布在新疆克孜勒苏州、阿克苏市和米泉县。面积 0.12 万 hm^2，占西北区该土类面积的 0.89%。

该亚类是由于母土含盐和灌灌水含盐两个因素而形成的水稻土。此外，地势低洼，冻土作用等，也是形成盐渍水稻土的原因。如盐渍水稻土起源于滨海盐土和盐土，经人为围堤筑田和降低地下水位，引用江河淡水进行灌溉洗盐，使土壤向脱盐方向发展，淹水种稻时间不长，土体上段基本脱盐，而母土层仍含有一定数量的可溶性盐。新疆克孜河水矿化度0.59～0.62g/L，米泉的井灌水矿化度达 3.8g/L，所以种稻洗盐与盐随水来是两个相反又同步进行的过程，而且带有普遍性和持久性。但是土壤表层的氧化还原作用频繁进行，耕作层和犁底层发育较好。盐渍水稻土的剖面发生类型为 A_a-A_p-P-C 型。

盐渍水稻土表层土壤的养分含量比起源母土有所增加，但同其他亚类相比，除钾素较为丰富外，其他养分含量水平较低，大部分是低产田。耕层土壤有机质 20.97g/kg，全氮 0.96g/kg，碱解氮 54mg/kg，有效磷 13.5mg/kg，速效钾 235mg/kg，缓效钾 1 400mg/kg，有效铁17.8mg/kg，有效锰18.88mg/kg，有效硼0.92mg/kg，有效铜1.43mg/kg，有效锌0.77mg/kg，有效钼0.33mg/kg，有效硅101.1mg/kg，pH8.17。

按其土壤母质或母土类型分氯化物涂砂田、氯化物涂泥田和硫酸盐泥砂田3个土属。

二、灌淤土

灌淤土是在灌溉条件下经过灌溉、耕作、培肥而形成的高度熟化的耕作土壤，在甘肃、宁夏、青海、新疆、内蒙古五省（自治区）均有广泛分布，面积82.76万hm^2，占西北区耕地面积的4.23%。所处地形部位主要是沿河低阶地、河流滩地、河流冲积平原上部、山前平原冲积扇的中下部。主要分布于新疆昆仑山北麓和天山南北麓的山前洪积扇中下部、河流冲积平原及河流阶地。甘肃河西走廊，青海湟水河谷平原，甘肃、宁夏、内蒙古的黄河冲积平原也有分布。

灌淤土区域的气候大都有较高的热量，但降水不足，年平均气温6～10℃，≥10℃的积温达2 500～3 500m，年平均降水量100～400mm。灌淤土的形成过程，包括灌溉淤积过程、耕作熟化过程和附加成土过程。其形成特点是，引用含大量泥沙的水流经长期灌溉而形成，由于灌水落淤，逐步加深土层，并经种植与施肥消除了淤积层理，改善了土壤结构，从而使灌淤土层逐渐加厚。此外，灌水不仅补充土壤水分，也有淋洗作用，对土壤水分与盐分的运动及土壤结构产生一定影响。

灌淤土剖面形态比较均匀，无明显分异，自上而下依次为灌淤耕层、灌淤心土层（灌淤耕下层）及下伏母土层3个层段。灌淤耕层和灌淤心土层总称为灌淤土层，与下伏母土层的界面呈起伏波状。灌淤耕层一般厚度为15～20cm，多属壤质土，呈灰棕或暗灰棕色，疏松，屑粒状及碎块状结构，常有碎瓦砾、炭渣及碎骨等侵入体。灌淤心土层厚度多在50cm左右，部分大于100或200cm，呈淡灰棕或灰棕色，有的色泽偏暗，质地多属壤质土，较紧实，块状结构，有的呈鳞片状结构，结构面上有胶膜，有较多的孔隙、蚯蚓孔及蚯蚓粪，常见侵入体，不见沉积层次。下伏母土层即被灌淤土层所覆盖的原土壤层，因灌淤土多分布于洪积冲积平原，故下伏母土层多为不同的洪积冲积土层。灌淤土中的灌淤土层理化性状比较一致，在剖面的垂直方向上变化较小。灌淤土层与下伏母土层相比较，土壤理化性状有较大差异。受耕作影响，灌淤耕层的有机质、氮、磷、钾含量较高。

灌淤土典型剖面一般分为耕作层、犁底层、老（古）灌淤层和底土层，自上而下呈有序排列。

1. 耕作层 厚20～25cm，明黄褐色，结构多为团粒结构，土体较松，质地为黏壤，多量植物根系，石灰反应中。

2. 犁底层 厚8～10cm，明褐色，土体紧，块状结构，壤土，多量植物根系，石灰反应中。

3. 心土层 厚40～70cm，明黄褐色，质地为黏壤，块状结构，土体较松，少量植物根系，石灰反应强烈。

4. 底土层 厚20～60cm，为明黄褐色，质地为黏壤，块状结构，土体较紧，少量植物根系，中量假菌丝和石灰结核新生体，石灰反应强。

灌淤土土体较厚，厚度一般100～150cm，耕作层厚度一般20～25cm。耕层土壤有机质15.02g/kg，全氮0.84g/kg，碱解氮64mg/kg，有效磷17.3mg/kg，速效钾165mg/kg，缓效钾

971mg/kg,有效铁 10.7mg/kg，有效锰 7.79mg/kg，有效硼 0.89mg/kg，有效铜 1.93mg/kg，有效锌 1.11mg/kg，有效钼 0.44mg/kg，有效硅 230.2mg/kg，pH8.14。

依据灌淤土的主要成土过程和附加成土过程不同，分典型灌淤土、潮灌淤土、表锈灌淤土、盐化灌淤土 4 个亚类。

(一) 典型灌淤土亚类

典型灌淤土亚类具有灌淤土类的典型特征，面积 30.15 万 hm^2，占西北区该土类面积的 36.43%。分布于地形部位较高，地下水位较深的地区，灌淤层深厚，上下质地均一，多为壤土，不受地下水影响，全剖面无锈纹锈斑，无盐化现象。

典型灌淤土亚类土壤熟化程度高，结构良好，肥力水平高。耕层土壤有机质 20.28g/kg，全氮 1.07g/kg，碱解氮 72mg/kg，有效磷 31.2mg/kg，速效钾 165mg/kg，缓效钾 733mg/kg，有效铁 14.8mg/kg，有效锰 6.50mg/kg，有效硼 1.46mg/kg，有效铜 1.46mg/kg，有效锌 1.86mg/kg，有效钼 0.34mg/kg，有效硅 139.0mg/kg，pH8.31。

按其土壤母质或母土类型分灌淤砂土、灌淤壤土、灌淤黏土 3 个土属。

(二) 潮灌淤土亚类

潮灌淤土是在地下水位高、长期耕灌种植条件下形成的土壤。面积 34.41 万 hm^2，占西北区该土类面积的 41.58%。分布的地形部位较典型灌淤土亚类低，多处于河流一级阶地、冲洪积扇缘或沟河交汇三角洲。地下水埋深 1～3m，但矿化度较低，多数小于 3g/L。潮灌淤土在地下水升降的影响下，灌淤心土层下部及下伏母土层中，还原与氧化作用交替发生，常有锈纹锈斑形成，土体中的亚铁总量及还原性物质总量自表层向下增多，比不受地下水影响的典型灌淤土明显增高。

潮灌淤土的一般化学性质与典型灌淤土相似，同一剖面的有机质、碳酸钙含量比较均匀，土壤盐分含量很低；同一剖面的颗粒组成也比较一致。

潮灌淤土亚类土壤熟化程度高，结构良好，肥力水平高。耕层土壤有机质 14.95g/kg，全氮 0.85g/kg，碱解氮 75mg/kg，有效磷 17.1mg/kg，速效钾 176mg/kg，缓效钾 688mg/kg，有效铁 16.6mg/kg，有效锰 12.07mg/kg，有效硼 1.81mg/kg，有效铜 2.03mg/kg，有效锌 1.19mg/kg，有效钼 0.20mg/kg，有效硅 131.9mg/kg，pH8.46。

潮灌淤土只有潮灌淤壤土 1 个土属。

(三) 表锈灌淤土亚类

表锈灌淤土主要分布于宁夏平原引黄灌区的南部和新疆天山以南的乌什县，面积 10.58 万 hm^2，占西北区该土类面积的 12.78%。

此亚类一般为稻旱轮作田，每隔一或二年种一次水稻，受种稻淹水与地下水双重影响，灌淤耕层氧化还原作用交替，剖面上部和下部有锈纹锈斑形成，表土沿根孔的锈纹锈斑更为明显。与典型灌淤土及潮灌淤土比较，灌淤耕层的亚铁及还原性生物总量均有明显增加。

表锈灌淤土的一般化学性质，与典型灌淤土相似，同一剖面的有机质、碳酸钙及颗粒组成比较均匀一致，但灌淤耕层的有机质平均含量，比典型灌淤土及潮灌淤土高。耕层土壤有机质 19.36g/kg，全氮 0.98g/kg，碱解氮 58mg/kg，有效磷 28.0mg/kg，速效钾 142mg/kg，缓效钾 859mg/kg，有效铁 23.2mg/kg，有效锰 6.26mg/kg，有效硼 1.56mg/kg，有效铜 2.72mg/kg，有效锌 2.43mg/kg，有效钼 0.30mg/kg，有效硅 133.8mg/kg，pH8.41。

表锈灌淤土只有表锈灌淤壤土 1 个土属。

(四) 盐化灌淤土亚类

盐化灌淤土面积 7.63 万 hm^2，占西北区该土类面积的 9.22%。分布地形部位较低，如冲积平原的下游、低阶地、冲积扇下部和扇缘地带，故地下水位高，地下水埋深为 1～3m 不等。

盐化灌淤土的形成有两种情况，一是在排水不良的地区，灌溉后地下水位上升而发生土壤次生盐渍化；另一种是盐土开垦利用，进行排水，灌溉改良，但未能充分脱盐。此亚类的主要特点是，在未灌溉的干旱季节，可溶性盐在表土层聚积，影响作物的正常生长发育。因各地的生物气候条件和盐分组成的差异，其含盐量指标有所不同，新疆地区在 0～60cm 土层内的全盐量大于 1.5g/kg，宁夏在 0～20cm 土层内的全盐量大于 1.5g/kg。

盐化灌淤土的盐分，可随灌溉水的下渗而下移。停灌之后，土壤水分蒸发，盐分随土壤毛管水上升，再度向表层集中。一年之中，以春季灌头水之前，土壤盐化最为严重。盐化灌淤土的盐分组成各地不尽相同，新疆以硫酸盐为主，甘肃和宁夏主要是氯化物—硫酸盐类。

盐化灌淤土的有机质、氮、磷、钾养分含量较低，但同一剖面，上下比较均匀，颗粒组成各地也有差异。宁夏以黏壤土或壤质黏壤土为主，新疆和田市以砂壤土为主。耕层土壤有机质 17.18g/kg，全氮 0.94g/kg，碱解氮 70mg/kg，有效磷 20.4mg/kg，速效钾 152mg/kg，缓效钾 810mg/kg，有效铁 13.5mg/kg，有效锰 6.48mg/kg，有效硼 1.31mg/kg，有效铜 2.09mg/kg，有效锌 1.91mg/kg，有效钼 0.30mg/kg，有效硅 121.4mg/kg，pH8.37。

盐化灌淤土只有盐化灌淤土 1 个土属。

三、灌漠土

灌漠土是在多种土壤类型基础上，经长期清水灌溉所形成的无明显灌淤层的灌溉漠土。面积 36.82 万 hm^2，占西北区耕地面积的 1.88%。广泛分布于荒漠绿洲地带的内陆灌区，如新疆的广大地区和甘肃的河西走廊，主要是东疆、北疆、南疆的准噶尔、塔里木盆地的焉耆、库尔勒一带；甘肃酒泉、武威、张掖盆地的洪积扇，干三角洲，大河三角洲，平原，谷地滩地等。在这样广阔的荒漠地区，仍以棕漠土、灰棕漠土和灰漠土为主，并存在风沙土、盐碱土等，而灌漠土分布其间，并组成复区域。灌漠土是在多年灌溉农业条件下，经人为轮作，植被连续不断更替，土壤理化性状产生一系列变化，定向培育而形成的土壤。

灌漠土的成土特征。一是淋溶表聚交替进行。其形成是在蒸发量大于降水量的情况下发生的，形成溶性物质的表聚作用，同时，由于灌水使可溶性盐分有淋移趋势，脱盐淡化明显，黏粒也有随水下移的情况；二是干湿冻融交替进行。灌漠土区冬春干燥，经夏秋作物灌溉后，土壤湿润，冬季土壤结冻深达 1m 以下，春季解冻，冻层自上而下融化。干湿冻融周期性交替进行，促进土壤绵软，疏松多孔，根系密集，强化了土壤生物积累，使土壤通气性有所改善。

灌漠土的全剖面颜色、质地、结构比较均一，但也出现表土层有砂、黏、壤土覆盖，还有夹层型，如腰砂、腰黏、夹砾等土层变化。

灌漠土典型剖面一般分为耕作层、心土层和底土层。

1. 耕作层 20～30cm，淡灰色，小块状结构，润，土体较松，多量植物根系。

2. 亚耕层 10～15cm，淡灰色，片状结构，润，土体较紧实，多量植物根系。

3. 心土层 40～50cm，淡黄色，块状结构，土体较紧，多量植物根系。

4. 底土层 45～50cm，淡黄色，块状结构，润，土体较紧，少量植物根系。

灌漠土土体较厚，厚度一般 130～150cm，耕作层厚度一般 20～30cm。耕层土壤有机质 16.69g/kg，全氮 0.95g/kg，碱解氮 70mg/kg，有效磷 22.4mg/kg，速效钾 188mg/kg，缓效钾 879mg/kg，有效铁 8.3mg/kg，有效锰 7.94mg/kg，有效硼 0.87mg/kg，有效铜 1.45mg/kg，有效锌 1.18mg/kg，有效钼 0.25mg/kg，有效硅 133.5mg/kg，pH8.14。

按灌溉历史，土壤水分状况，管理水平等的差异及土壤性状差异，分典型灌漠土、灰灌漠土、潮灌漠土和盐化灌漠土 4 个亚类。

（一）典型灌漠土亚类

典型灌漠土是灌漠土的典型土类。面积 5.49 万 hm^2，占西北区该土类面积的 14.91%。集中分布于新疆哈密、乌鲁木齐、伊宁、奇台、吉木萨尔，甘肃张掖至武威城郊的河流两岸、河流三角洲等地。分布区域水利条件较好，灌水适量，经营集约程度高，排灌耕作轮作良好，生物积累丰富。

典型灌漠土的重要特征是有机质以及氮、磷、钾等营养元素含量高，地下水埋深在 5m 以下，具有 50～100cm 的深厚肥沃土层，颜色灰暗，结构疏松，保肥保水性能好，适耕期长。耕层土壤有机质 19.43g/kg，全氮 1.09g/kg，碱解氮 73mg/kg，有效磷 23.2mg/kg，速效钾 188mg/kg，缓效钾 593mg/kg，有效铁 9.8mg/kg，有效锰 7.57mg/kg，有效硼 0.83mg/kg，有效铜 1.46mg/kg，有效锌 1.13mg/kg，有效钼 0.52mg/kg，有效硅 164.5mg/kg，pH8.28。

典型灌漠土只有灌漠壤土 1 个土属。

（二）灰灌漠土亚类

灰灌漠土是灌漠土类分布最广的亚类，面积 29.86 万 hm^2，占西北区该土类面积的 81.10%。主要分布于新疆伊犁谷地、博尔塔拉谷地、天山北麓冲积扇末端，东疆吐鲁番、哈密、南疆库尔勒等，甘肃安西至武威的冲积扇下部的细土平原。该亚类地处平原，全剖面紧实、干燥、板结僵硬。又因远离村庄，耕作方式粗放，灌水少，碳酸钙、硫酸盐类表聚旺盛，表土灰白，当地称白板土。多呈片状结构，影响水分下渗，结构面上可见暗色腐殖质颗粒胶膜。亚耕层下可见菌丝状、斑点状碳酸钙淀积。由于通透性差，供水供肥性能差弱，抗旱性能差，作物生长后期易脱水。耕层土壤有机质 17.60g/kg，全氮 0.97g/kg，碱解氮 68mg/kg，有效磷 22.2mg/kg，速效钾 191mg/kg，缓效钾 829mg/kg，有效铁 9.4mg/kg，有效锰

7.90mg/kg，有效硼 0.92mg/kg，有效铜 1.48mg/kg，有效锌 1.14mg/kg，有效钼 0.46mg/kg，有效硅 167.0mg/kg，pH8.22。

灰灌漠土分灰灌漠砂土、灰灌漠壤土和灰灌漠黏土 3 个土属。

(三) 潮灌漠土亚类

潮灌漠土面积 0.37 万 hm^2，占西北区该土类面积的 1.00%。主要分布于冲洪积扇下部洼地边缘较平坦地方。此亚类具有灌漠土类特征外，心土层、底土层中见氧化还原形成的棕色锈纹锈斑，下层为蓝灰色潜育层，地下水位 1.5m 左右。系由草甸土或沼泽土垦殖灌耕而成。心土层中还见 35cm 厚度的泥炭层或腐泥层。

潮灌漠土因地下水位高，作物生长前期，土壤养分释放慢，后期生长发育迅速，有旱涝保收性能，产量较高。有机质含量高，理化性状较好。耕层土壤有机质 19.18g/kg，全氮 1.14g/kg，碱解氮 79mg/kg，有效磷 25.0mg/kg，速效钾 192mg/kg，缓效钾 742mg/kg，有效铁 8.3mg/kg，有效锰 7.31mg/kg，有效硼 0.85mg/kg，有效铜 1.53mg/kg，有效锌 0.93mg/kg，有效钼 0.29mg/kg，有效硅 131.7mg/kg，pH8.41。

潮灌漠土只有潮灌漠壤土 1 个土属。

(四) 盐化灌漠土

盐化灌漠土面积 1.10hm^2，占西北区该土类面积的 2.99%，集中分布于新疆吐鲁番盆地的灌溉绿洲区内，甘肃张掖盆地、酒泉盆地的冲洪积扇下部的低洼地区。地下水位在 1.65～2m，容易返潮，盐分聚积地表，形成盐霜盐斑，1m 土体平均含盐量>4g/kg，耕层含盐量 4～8g/kg，剖面中下部高达 5～12g/kg，盐分组成以硫酸盐为主。灌耕层厚 40～60cm，其下见菌丝状石灰淀积，剖面下部有盐分聚积，植物生长受盐害抑制。

成土过程主要是因地下水位高，蒸发量大，母质本身含盐或引洪漫淤带来盐分，受地下水升降而形成盐化灌漠土。土壤有机质、氮、磷、钾等养分均低，属弱盐化土壤。耕层土壤有机质 16.27g/kg，全氮 0.83g/kg，碱解氮 67mg/kg，有效磷 15.6mg/kg，速效钾 171mg/kg，缓效钾 932mg/kg，有效铁 10.8mg/kg，有效锰 8.24mg/kg，有效硼 1.01mg/kg，有效铜 1.77mg/kg，有效锌 1.03mg/kg，有效钼 0.55mg/kg，有效硅 201.4mg/kg，pH8.26。

盐化灌漠土只有硫酸盐灌漠土 1 个土属。

第七节 初育土纲

初育土在西北区分布广泛，面积 508.50 万 hm^2，占西北区耕地面积的 26.01%。初育土的共同特征是，土壤发育微弱，处于成土的初始阶段，剖面层次分异不明显，母质特征显著，属 AC 或 AR 剖面构型的土壤。其中，包括因母质特性，阻滞了土壤的形成发育，也因侵蚀较强，使土壤形成始终保持初育阶段的土壤。

初育土所处的地貌类型多样，有强烈水土流失的山丘坡地，也有坡积、洪积作用盛行的坡麓地带或山前平原，还有泛滥频繁的冲积平原、风沙活跃的流沙地带等。所处地形部位，一般坡度大，植被差，侵蚀强烈，导致土壤发育微弱。

根据母质特性的差异，初育土分土质初育土和石质初育土 2 个亚纲。土质初育土，母质为土状堆积物，土层深厚，结构疏松，一般只有淡色表土层和母质层，剖面构型为A-C型；石质初育土，土体极浅薄，一般不超过10cm，并夹有大量岩石碎屑、砾石，在极薄的A层下即为基岩层，剖面构型为A-R型。土质初育土进一步分为黄绵土、红黏土、新积土、龟裂土、风沙土5个土类；石质初育土进一步分为石质土、紫色土、石灰（岩）土、粗骨土4个土类。在此重点介绍黄绵土、红黏土、新积土、风沙土4个土类。

一、黄绵土

黄绵土广泛分布于陕西、甘肃、宁夏三省（自治区）的黄土丘陵、塬区和沟坡。自东向西，由南往北，跨越了温带半湿润、半干旱、干旱几个气候区，常和黑垆土、褐土、灰钙土、红黏土之间交错分布。面积328.66万hm^2，占西北区耕地面积的16.81%。

黄绵土母质为黄土，其基本成土过程，一是有机质的积累或耕作熟化的成土过程，二是土壤侵蚀所引起的生土化过程。由于黄绵土区，地面坡度大，土壤侵蚀严重，黄土状物裸露地表，发育微弱，无剖面发生层次。其特征是：土层深厚疏松，具有良好的通透性和保水保肥性，质地多为均一的粉砂壤土；抗冲性弱，在缺少植被覆盖下，易遭受水蚀和风蚀；仅由表土层和底土层两个层段组成；有机质含量低，土层间变化不大，通体黄棕色；富含碳酸钙，在半湿润和半干旱生物气候影响下，钙有轻度淋溶和淀积；磷钾储量较丰富，但有效性低。黄绵土只有黄绵土1个亚类，有绵土、绵砂土、绵墡土、黄墡土4个土属。

黄绵土典型剖面一般分为耕作层、犁底层、心土层和底土层。

1. 耕作层 厚15～20cm，淡棕黄色，团块状结构，土体较松，质地为壤土，多量植物根系，强石灰反应。

2. 犁底层 厚10～12cm，淡黄色，土体紧，块状结构，壤土，少量植物根系，强石灰反应。

3. 心土层 厚70～90cm，淡棕黄色，质地为壤土，团块状结构，土体较紧实，少量植物根系，少量斑点状石灰盐霜，强石灰反应。

4. 底土层 厚20～40cm，淡棕黄色，质地为砂壤土，块状结构，土体较紧实，无植物根系，少量斑点状石灰盐霜，强石灰反应。

黄绵土土体较厚，厚度一般100～150cm。坡地黄绵土侵蚀与耕翻交替进行，土壤发育多保持黄土状物特征，耕层浅薄，土壤贫瘠，生产力低。塬地、梯田、台地的黄绵土，土壤侵蚀轻微，长期耕作施肥，生物活动比较强烈，土壤肥力较高。耕作层一般15～20cm。耕层土壤有机质12.42g/kg，全氮0.74g/kg，碱解氮63mg/kg，有效磷15.2mg/kg，速效钾162mg/kg，缓效钾942mg/kg，有效铁16.3mg/kg，有效锰11.16mg/kg，有效硼0.65mg/kg，有效铜1.06mg/kg，有效锌1.00mg/kg，有效钼0.21mg/kg，有效硅164.3mg/kg，pH8.62。

二、红黏土

红黏土广泛分布于陕西、甘肃两省的黄土高原丘陵沟壑、沟口、沟谷和山坡、坡脚及河西漠境地区的低山峡谷、丘陵坡地，常和黄绵土交错分布。面积21.73万hm^2，占西北区耕地面积的1.11%。

红黏土是在第四纪午城黄土、第三纪红土和红砂岩风化物母质上发育形成的初育土。主要分布于暖温带及其以北水土流失地区，黄土层遭严重侵蚀后红土层露出，经垦殖发育而成。所处地形部位陡峭，植被差，水土流失严重，土壤发育微弱，有机质含量低，通体呈棕红色，质地黏重，致密少孔，可塑性和胀塑性强，呈块状或大块状结构；土壤物理性差，生物作用弱，表现母质特征，但保肥能力强。红黏土只有积钙红黏土 1 个亚类。积钙红黏土只有积钙红黏土 1 个土属。

红黏土典型剖面一般分为耕作层、心土层和底土层，自上而下呈有序排列。

1. 耕作层　厚 15～20cm，灰红色，团块状结构，土体较松，壤黏土，多量植物根系，强石灰反应。

2. 心土层　厚 20～40cm，暗灰红色，质地为壤黏土，块状结构，土体较紧实，多量植物根系，多石灰霜粉与石灰假菌丝体，强石灰反应。

3. 底土层　厚 30～50cm，红色，质地为壤黏土，块状结构，土体较紧实，无植物根系，少量斑点状石灰盐霜，强石灰反应。

红黏土土体较薄，一般 60～110cm，耕作层一般 15～20cm。耕层土壤有机质 15.86g/kg，全氮 0.89g/kg，碱解氮 72mg/kg，有效磷 16.6mg/kg，速效钾 170mg/kg，缓效钾 1 017mg/kg，有效铁 8.6mg/kg，有效锰 12.33mg/kg，有效硼 1.76mg/kg，有效铜 1.11mg/kg，有效锌 1.03mg/kg，有效钼 0.35mg/kg，有效硅 163.0mg/kg，pH8.17。

三、新积土

新积土为近冲积、洪积、坡积、海湖沉积或人工堆垫而成的土壤，面积 53.71 万 hm^2，占西北区耕地面积的 2.75%。广泛分布在陕西、甘肃、宁夏、青海、新疆五省（自治区）的河流两岸阶地，河漫滩，山前洪积扇，山麓洪积扇，黄土丘陵区沟坝地及塔里木盆地、柴达木盆地、各古老绿洲农业区。

新积土是非地带性的幼年土壤。成土时间短，没有剖面发育，或在表层略有腐殖质积累，或因耕作而具有疏松的耕作层。为（A）- C 型或 C 型土壤，与其他初育土比较，不具备特定的母质特征。

新积土常和当地其他土类交错分布，分布区域地形复杂，地貌类型多，气候差异大，土壤母质、结构、颜色、质地、新生体、成因等因分布地域不同差异较大。

新积土由于分布区域差异较大，母质类型各异，养分变异也很大。耕层土壤有机质 14.61g/kg，全氮 0.77g/kg，碱解氮 66mg/kg，有效磷 15.1mg/kg，速效钾 148mg/kg，缓效钾 853mg/kg，有效铁 10.5mg/kg，有效锰 12.76mg/kg，有效硼 2.64mg/kg，有效铜 1.19mg/kg，有效锌 1.17mg/kg，有效钼 0.30mg/kg，有效硅 149.5mg/kg，pH8.22。

根据其不同的成土条件和土壤属性分典型新积土和冲积土 2 个亚类。

（一）典型新积土亚类

典型新积土亚类是人们为了扩大耕地，经引洪淤积或人工搬运堆垫而成。面积 33.31 万 hm^2，占西北区该土类面积的 62.02%。

该亚类土壤没有剖面发育，一般为（A）- C 型剖面，甚至没有（A）层。土壤层次混乱，或无层次可分。因母质来源不同、沉积过程不同及分布地域不同，土壤性质变异较大。

土壤质地的粗细、养分含量、土层厚度等理化特征受当地的成土因素影响不大，主要受引洪淤积和搬运前土壤理化特征的影响。耕层土壤有机质 13.88g/kg，全氮 0.78g/kg，碱解氮 62mg/kg，有效磷 15.5mg/kg，速效钾 152mg/kg，缓效钾 879mg/kg，有效铁 9.1mg/kg，有效锰 10.01mg/kg，有效硼 1.57mg/kg，有效铜 1.04mg/kg，有效锌 1.04mg/kg，有效钼 0.34mg/kg，有效硅 158.1mg/kg，pH8.30。

典型新积土分山洪土、石灰性山洪土、堆垫土、坝於土和漫淤土 5 个土属。

（二）冲积土亚类

冲积土是由河流冲积物形成，面积 20.40 万 hm^2，占西北区该土类面积的 37.98%。土壤没有剖面发育，但沉积层理明显，为（A）- C 型剖面或没有（A）层的剖面。成土母质为冲洪积物。因河流携带的物质不同及沉积作用的变化，土壤理化性状有很大的变异。在西北部多石灰性冲积土，呈碱性。陕西秦岭以南的冲积土多呈中性。但由于该亚类分布区域跨度大，气候条件差异大，土体中粗细土粒不均的交错分布，淤积层的质地、厚度、颜色各不相同。

耕层土壤有机质 15.38g/kg，全氮 0.80g/kg，碱解氮 73mg/kg，有效磷 16.0mg/kg，速效钾 147mg/kg，缓效钾 901mg/kg，有效铁 12.1mg/kg，有效锰 15.61mg/kg，有效硼 3.97mg/kg，有效铜 1.38mg/kg，有效锌 1.43mg/kg，有效钼 0.30mg/kg，有效硅 146.0mg/kg，pH8.06。

冲积土分冲积砾砂土、冲积砾泥土、冲积砂土、冲积壤土、石灰性冲积砂土、石灰性冲积壤土、石灰性冲积黏土 7 个土属。

四、风沙土

风沙土是干旱半干旱地区风成沙性母质发育的初育土，集中分布于西北区的古尔班通古特、塔克拉玛干、腾格里、乌兰察布、库布齐沙漠，毛乌素、科尔沁、海拉尔沙地，柴达木盆地，面积 74.76 万 hm^2，占西北区耕地面积的 3.81%。

风沙土成土作用极其微弱，剖面无明显发育层次，多呈固定、半固定或流动沙丘状。剖面无明显的腐殖质层和淋溶淀积层，一般由薄而淡的腐殖质层和深厚的母质层组成，剖面构型为 A-C、AC-C 或 C 型。成土母质为风积物。风沙土分布地区多属于干旱、半干旱的大陆性气候，降水量少，蒸发量大，干燥多风，且大风日数持续时间长。年平均气温 0～8℃，降水量东北地区 250～450mm，而西部多在 150mm 以下，有些地区不足 50mm。风沙土区植被稀疏，覆盖率低，多以根系发达、耐旱、耐瘠、抗风沙的灌木、半灌木为主。其成土过程可分 3 个阶段：流动风沙土阶段、半固定风沙土阶段和固定风沙土阶段。

风沙土质地均一，土壤颗粒组成中粒径＞0.02mm 的粗沙和细沙一般占 85%～90%，颗粒组成因地区和成土阶段不同也发生一些变化。风沙土土壤肥力低，营养缺乏，耕层土壤有机质 11.81g/kg，全氮 0.68g/kg，碱解氮 60mg/kg，有效磷 12.4mg/kg，速效钾 150mg/kg，缓效钾 732mg/kg，有效铁 10.9mg/kg，有效锰 10.46mg/kg，有效硼 1.27mg/kg，有效铜 1.38mg/kg，有效锌 1.25mg/kg，有效钼 0.52mg/kg，有效硅 141.6mg/kg，pH8.39。

风沙土分荒漠风沙土、草原风沙土和草甸风沙土 3 个亚类。

(一) 荒漠风沙土亚类

荒漠风沙土分布于内蒙古阿拉善盟、巴彦淖尔盟、宁夏北部、甘肃河西荒漠区、新疆准噶尔盆地和塔里木盆地、青海柴达木盆地。面积 42.01 万 hm^2，占西北区该土类面积的 56.19%。

荒漠风沙土形成于漠境生物气候带，冬季干燥寒冷，夏季酷热，年平均气温 6～9℃，降水量一般在 50～150mm，50%集中在 7、8 月，多突发性暴雨。植被以旱生、超旱生灌木为主，覆盖度＜20%。由于土壤发育微弱，剖面构型为 C 型或（A）-（C）型，层次基本无分异。

荒漠风沙土通体为壤质砂土，颜色较浅，单粒状或弱块状结构，碳酸钙含量高，交换量低，土壤呈碱性，养分含量低，耕层土壤有机质 15.30g/kg，全氮 0.69g/kg，碱解氮 50mg/kg，有效磷 14.5mg/kg，速效钾 150mg/kg，缓效钾 737mg/kg，有效铁 11.2mg/kg，有效锰 6.70mg/kg，有效硼 1.11mg/kg，有效铜 1.15mg/kg，有效锌 0.86mg/kg，有效钼 0.30mg/kg，有效硅 140.6mg/kg，pH8.48。

荒漠风沙土分荒漠固定风沙土、荒漠半固定风沙土和荒漠流动风沙土 3 个土属。

(二) 草原风沙土

草原风沙土分布于陕西、甘肃、宁夏、青海、内蒙古五省（自治区）的干旱草原地带。面积 30.12 万 hm^2，占西北区该土类面积的 40.29%。

草原风沙土区年平均气温 0～8℃，降水量一般在 250～400mm。植被以旱生灌木、半灌木为主，并伴生一定数量的草本植物，覆盖度 20%～50%。半数以上的沙丘已固定或半固定，土壤发育较荒漠风沙土为好，剖面发生分异，多为 A-C 型。

草原风沙土通体多为壤质砂土，表层碎块状结构，母质层为单粒状结构，碳酸钙含量低，土壤呈中性至碱性反应，养分含量较低，耕层土壤有机质 13.96g/kg，全氮 0.60g/kg，碱解氮 65mg/kg，有效磷 11.9mg/kg，速效钾 128mg/kg，缓效钾 494mg/kg，有效铁 13.4mg/kg，有效锰 13.51mg/kg，有效硼 0.79mg/kg，有效铜 1.56mg/kg，有效锌 1.71mg/kg，有效钼 0.41mg/kg，有效硅 109.3mg/kg，pH8.34。

草原风沙土分草原固定风沙土、草原半固定风沙土和草原流动风沙土 3 个土属。

(三) 草甸风沙土

草甸风沙土分布于陕西、甘肃、宁夏、内蒙古四省（自治区）的河流沿岸和老河床风积沙地。面积 2.63 万 hm^2，占西北区该土类面积的 3.52%。

草甸风沙土是在地下水影响下发育的风沙土，地下水位 1～3m，年降水量＞400mm。植被多为旱（中）生沙生灌木、半灌木和杂类草草甸，植物种类较多，覆盖度可达 30%～70%。土壤剖面发育微弱，表层有一定的有机质积累，下层具有氧化还原特征。

草甸风沙土通体多为壤质砂土，土壤呈中性至碱性反应，养分含量较低，耕层土壤有机质 12.11g/kg，全氮 0.59g/kg，碱解氮 46mg/kg，有效磷 9.2mg/kg，速效钾 114mg/kg，缓效钾 486mg/kg，有效铁 9.2mg/kg，有效锰 10.43mg/kg，有效硼 0.83mg/kg，有效铜 1.42mg/kg，有效锌 1.07mg/kg，有效钼 0.40mg/kg，有效硅 100.4mg/kg，pH8.36。

草甸风沙土分草甸固定风沙土、草甸半固定风沙土和草甸流动风沙土3个土属。

第八节 半水成土纲

半水成土是在地下水位较高，地下毛管水前锋浸润地表，土体下层经常处于潮润状态下形成的土壤，在西北区均匀分布。面积267.04万hm^2，占西北区耕地面积的13.66%。半水成土的共性是：剖面具有腐殖质层和氧化还原交替形成的锈色斑纹层。

半水成土的多数土类经长期旱作耕种，在土体上部形成了人为耕作层，较之耕垦前的孔隙度增加，容重降低，部分速效养分增加。亚耕层由于长期承受机具挤压，板结紧实，容重增大而形成压实层。表土层的有机质含量在旱耕初期有减少的趋势，但在旱耕培肥过程中，腐殖质仍有积累现象，理化生物性状得到改善。

由于地形及水文条件对土壤形成发育的影响不同，各土类的分布区域、气候条件、土壤母质、海拔高度、土壤理化性状各不相同，半水成土续分为暗半水成土和淡半水成土2个亚纲。暗半水成土只有草甸土1个土类，淡半水成土分潮土、林灌草甸土和山地草甸土3个土类。

一、草甸土

草甸土是冷湿条件下，直接受地下水浸润，在草甸植被下发育而成的半水成土壤。土体构型为A-C_u或A-C-C_u型。主要分布在甘肃、青海、新疆、内蒙古四省（自治区）的河流两岸河漫滩、河漫滩低阶地、冲积平原、洪积扇、湖滨洼地、季节性渍水的洼地或沼泽退化阶地。面积102.75万hm^2，占西北区耕地面积的5.26%。

草甸土由于处于地势微起伏的低平地与积水洼地或坡麓延伸平坦地，母质为河流沉积物，原生草甸植被或已开垦为旱地，地下水位较高，剖面发生层次明显，然而由于草甸土成土条件和成土特点的变异，在基本剖面构型的基础上，尚可分化出多种剖面层次构型。

草甸土的基本发生层是腐殖质层（A）和锈色锈纹层（C_u）。腐殖质厚度一般为30～70cm，最厚可达100cm，干态色调呈暗棕灰色—浊黄橙色，多团粒或屑粒状结构，松软，根系多。锈色锈纹层干色为灰黄棕色—黄橙色，其出现深度与潜水位上升高度有关。

耕地草甸土主要分布在内蒙古，典型剖面一般由耕作层、腐殖质层、锈纹锈斑层、潜育层组成。

1. 耕作层 厚15～20cm，灰棕色，块状结构，土体较松散，粉砂质壤土，多量植物根系，湿润。

2. 腐殖质层 厚20～30cm，灰棕色，质地为粉砂质黏壤土，层状结构，土体紧实，少量植物根系，零星锈纹，土体湿润。

3. 锈纹锈斑层 厚35～40cm，灰棕色，质地为粉砂质黏壤土，层状结构，土体稍紧，空隙不明显，大量红棕色锈斑锈纹，土壤湿。

4. 潜育层 厚20～30cm，暗蓝灰色，质地为粉砂黏土，层状结构，土体稍紧实，空隙不明显，无根系，土壤湿。

草甸土土体厚度不同亚类间差异较大，一般100～150cm，耕作层一般15～20cm。耕层养分平均值为：有机质15.65g/kg，全氮0.95g/kg，碱解氮75mg/kg，有效磷14.1mg/kg，速效钾 214mg/kg，缓效钾 1 110mg/kg，有效铁 7.4mg/kg，有效锰 8.16mg/kg，有效硼 1.44mg/kg，有效铜 1.50mg/kg，有效锌 1.08mg/kg，有效钼 0.43mg/kg，有效硅 161.6mg/kg，pH8.29。

草甸土根据草甸过程和盐化附加过程分典型草甸土、石灰性草甸土、盐化草甸土 3 个亚类。

（一）典型草甸土亚类

典型草甸土亚类主要分布在森林草原带及部分暗栗钙土亚类的河漫滩、低阶地、山间盆地、湖盆边缘。面积 2.29 万 hm^2，占西北区该土类面积的 2.23%。成土母质为冲积物、洪积物和湖积物，地下水位一般在 1～2m。此亚类成土年龄较短，受季节性积水和渍水影响较深，土层较薄，发育程度较弱，碳酸盐淋溶作用强，剖面通体无石灰反应。剖面由腐殖质层（A）、氧化还原层（B_u、C_u）、潜育层（G）3 个层次组成。腐殖质层平均厚度 15～45cm，颜色呈暗灰或灰黑色。氧化还原层的锈纹锈斑从 20cm 左右即可出现，颜色以灰色为主，带棕色，质地偏砂或含砂粒。低洼处典型草甸土底土见潜育层，一般位于地下水常水位之下，颜色多呈灰黄或灰蓝色，结构性差。耕层土壤有机质 17.84g/kg，全氮 1.06g/kg，碱解氮 92mg/kg，有效磷 9.5mg/kg，速效钾 112mg/kg，缓效钾 415mg/kg，有效铁 14.1mg/kg，有效锰 12.55mg/kg，有效硼 0.47mg/kg，有效铜 0.44mg/kg，有效锌 0.47mg/kg，有效钼 0.19mg/kg，有效硅 111.5mg/kg，pH7.78。

典型草甸土分草甸砂土、草甸壤土和草甸黏土 3 个土属。

（二）石灰性草甸土亚类

石灰性草甸土主要分布于内蒙古高原和新疆天山南，面积 52.99 万 hm^2，占西北区该土类面积的 51.57%。其所处的区域气候多属半干旱至荒漠气候，成土母质为石灰性冲积物或洪积冲积物。所处地形部位在河流沿岸的河漫滩、低阶地。地下水埋深在 1m 左右，地下水矿化度 0.5～1g/L，母质富钙。此亚类是受地下水影响而形成的土壤。剖面由腐殖质层和氧化还原层两个基本层次组成。腐殖质层平均厚度 20～40cm，颜色呈灰黑色，暗棕灰色或棕灰色，质地多为砂质黏壤土，结构多呈块状及粒状。氧化还原层的锈纹锈斑一般出现在 20cm 以下，淋溶作用弱，通体强石灰反应。地下水位较高处，底土中可见潜育层。

石灰性草甸土亚类土壤肥力与典型草甸土亚类接近。耕层土壤有机质 16.26g/kg，全氮 1.14g/kg，碱解氮 85mg/kg，有效磷 16.4mg/kg，速效钾 170mg/kg，缓效钾 845mg/kg，有效铁 9.6mg/kg，有效锰 7.65mg/kg，有效硼 1.05mg/kg，有效铜 1.19mg/kg，有效锌 0.94mg/kg，有效钼 0.57mg/kg，有效硅 148.5mg/kg，pH8.20。

石灰性草甸土分石灰性草甸砂土、石灰性草甸壤土和石灰性草甸黏土 3 个土属。

（三）盐化草甸土亚类

盐化草甸土主要分布于新疆塔里木和准噶尔盆地、内蒙古高原、青海柴达木盆地和甘肃河西走廊，面积 46.95 万 hm^2，占西北区该土类面积的 45.69%。盐化草甸土多见于半干旱、干旱和荒漠地区的盆地与湖泊边缘，河岸和海滨低平地。成土母质为石灰性流水沉积物，地下水位一般在 1～2m，矿化度 0.6～9g/L。

盐化草甸土是在草甸化成土过程中附加盐渍化成土过程所形成的一类盐渍化土壤。盐分表聚层厚度一般 20cm 左右。可溶盐含量 1～10g/kg，旱季地表有白色盐霜和灰白色盐结皮，厚度 0.2～2cm，无草根毡状累积。干态色呈（浅）灰黄棕色—浊黄棕色。在盐分表聚层和母质层之间，有的具有腐殖质层，厚度为 7～27cm，干态色调为亮黄棕色—（浅）灰黄棕色。锈纹锈斑层特征与石灰性草甸土相似。通体强石灰反应。剖面构型为 A_z-B_u-C_u（G）型。盐化草甸土质地多为壤土或黏土，有的底土为砂土。耕层土壤有机质 15.37g/kg，全氮 0.86g/kg，碱解氮 69mg/kg，有效磷 12.7mg/kg，速效钾 169mg/kg，缓效钾 955mg/kg，有效铁 9.3mg/kg，有效锰 7.22mg/kg，有效硼 1.14mg/kg，有效铜 1.55mg/kg，有效锌 0.97mg/kg，有效钼 0.52mg/kg，有效硅 174.3mg/kg，pH8.16。

盐化草甸土分氯化物草甸土、硫酸盐草甸土和苏打草甸土 3 个土属。

二、潮土

潮土是在河流沉积物上受地下水影响，并经长期旱耕而形成的一类半水成土，广泛分布在陕西 、甘肃、宁夏、青海、新疆五省（自治区）的河流两岸阶地，各大河流及其支流的河漫滩、河流冲积平原河谷阶地、河流三角洲及湖滨平原。面积 147.89 万 hm^2，占西北区耕地面积的 7.57%。潮土的主要成土母质是近代河流冲积物，部分为古河流冲积物、洪积物及浅海沉积物等。

地下水直接参与潮土的形成过程，是潮土的重要特征。潮土分布区的地下水位高，一般 1～3m。但由于年内降水不匀，地下水的季节性升降比较频繁，土壤干湿交替，氧化还原作用交替进行，造成土体中铁锰等物质的迁移和淀积，土体中形成棕色锈纹锈斑、铁锰斑及雏形结核，这是潮土的重要特征土层。

潮土的形成与发育受沉积物和耕种活动的双重影响。潮土的耕垦历史相对较短，耕垦活动首先改变表土沉积物特征而形成疏松的耕作层，或亚耕层，其下部土体仍保持沉积层理明显的母质特征与地下水升降活动形成的氧化还原特征。潮土的耕作层厚度一般 10～25cm，屑粒状、碎块状结构，与原沉积物相比，土壤孔隙度增加，容重降低。亚耕层厚度约 10cm 左右，呈块状结构，结持稍紧，孔隙度降低，而容重有所提高。耕作层与亚耕层普遍具有作物根系活动及耕作施肥等人为作用特征。

潮土土壤剖面层次构型一般由耕作层、氧化还原特征层及母质层组成。耕作层是在冲积母质基础上，受旱耕影响最深的土层，沉积特征消失，结构性状改善，养分含量增加。氧化还原特征层是在周期性干湿交替条件下，形成有锈色斑纹或有细小铁锰结核的心土或底土层。母质层仍保持河流冲积物沉积层理特征，或有少量的锈色斑纹及蓝灰色潜育特征。潮土因其特定的土层组合特征区别于平原冲积土、草甸土、沼泽土及水稻土等，但受耕种及各种附加成土作用的影响，潮土的性状各异，因而在不同情况下潮土具有盐化、碱化、沼泽化、脱潮及人工灌淤等特征。

潮土在西北区分布区域广泛，剖面形态和理化性状各异，土壤母质、结构、颜色、质地、新生体、成因等因分布地域不同差异较大。其典型剖面，一般由耕种熟化层、犁底层、心土层和母质层组成。

1. 耕作层 厚 20～30cm，灰褐色，粒状结构，土体较松，黏壤土，多量植物根系，强石灰反应。

2. 犁底层　厚10～15cm，灰褐色，质地为粉砂质黏壤土，片状结构，土体紧实，多量植物根系，强石灰反应。

3. 心土层　厚20～50cm，浊赤褐色，质地为壤土，鳞片状结构，土体紧实，多量植物根系，有多量锈斑锈纹，强石灰反应。

4. 底土层　厚30～40cm，浊黄橙色，质地为粉砂黏土，块状结构，土体紧实，少量植物根系，强石灰反应。

潮土土体厚度不同亚类间差异较大，一般60～140cm，耕作层一般15～30cm。其在长期旱耕种植与农业管理过程中，土壤有机质等养分含量有所增加。耕层土壤有机质15.71g/kg，全氮0.92g/kg，碱解氮78mg/kg，有效磷14.8mg/kg，速效钾186mg/kg，缓效钾911mg/kg，有效铁12.9mg/kg，有效锰12.95mg/kg，有效硼1.32mg/kg，有效铜1.69mg/kg，有效锌1.30mg/kg，有效钼0.43mg/kg，有效硅191.4mg/kg，pH7.72。

潮土按主要成土过程、发育分段和附加成土过程，分典型潮土、脱潮土、湿潮土、盐化潮土、灌淤潮土5个亚类。

（一）典型潮土亚类

典型潮土亚类主要分布于暖温带半干旱、半湿润地区的冲积平原、河谷平原和盆地，在干旱区、高寒山区的河谷及湖盆边缘也有分布，面积60.70万hm^2，占西北区该土类面积的41.04%。典型潮土亚类具有潮土土类的典型形态特征。由于不同河系冲积物成因与属性差异，剖面形态不一。

典型潮土的理化性状与沉积物类型密切相关。由黄河沉积物形成的潮土，土壤质地分异性强，有潮砂土、潮黏土及不同质地剖面构型的土壤类型，但均不含砾石，而多粉砂粒。古河流沉积物发育的潮土，黏粒与粉砂粒含量高，以壤质黏土为主。一般河谷平原的潮土，沉积物源于山丘各类基岩风化物，土体中砂粒多，黏粒少，常含少量石砾或底部是砾石层。

典型潮土亚类分布区域地形平坦，土层深厚，虽然地下水位高，但没有盐碱危害，大部分为水浇地，土壤水分状况较好。耕层土壤有机质15.43g/kg，全氮0.98g/kg，碱解氮82mg/kg，有效磷12.6mg/kg，速效钾149mg/kg，缓效钾693mg/kg，有效铁12.7mg/kg，有效锰12.97mg/kg，有效硼0.84mg/kg，有效铜1.20mg/kg，有效锌1.03mg/kg，有效钼0.34mg/kg，有效硅141.9mg/kg，pH8.27。

典型潮土分潮砂土、潮壤土、潮黏土、石灰性潮砂土、石灰性潮壤土、石灰性潮黏土6个土属。

（二）湿潮土亚类

湿潮土是潮土土类向沼泽土或潜育土发育的一类过渡土壤类型，面积4.69万hm^2，占西北区该土类面积的3.17%。它是在高位潜水或季节性地表积水的影响下形成的。多分布在河流两岸一级阶地低洼地段和河漫滩上。

湿潮土因所处地势低，地下水位在1m以内，土体长期受水渍作用强烈，内外排水条件差，含水量高，成土过程除地下水作用的潮化过程外，附加潜育化过程。

湿潮土除具有潮土的剖面形态特征外，主要在土体下部有长期滞水条件下形成的潜育化特征层。色泽灰暗，上部呈暗棕或棕灰色；心土层暗棕灰色，有多量暗棕色或黄棕色锈斑锈纹；底土层通常呈蓝灰色、暗灰色，具多量锈纹斑，并有少量铁锰结核，含水量高，呈软块状或糊状。土体中可见淡水螺壳，根系及腐根较多。

湿潮土以静水沉积物的黏质土为主，土壤自然含水量高，母质碳酸钙含量达 30～90g/kg，随质地变黏高者可达 180g/kg，通体有石灰反应。耕层土壤有机质 15.15g/kg，全氮 0.93g/kg，碱解氮 71mg/kg，有效磷 20.1mg/kg，速效钾 149mg/kg，缓效钾 829mg/kg，有效铁 14.6mg/kg，有效锰 11.82mg/kg，有效硼 1.97mg/kg，有效铜 1.71mg/kg，有效锌 1.57mg/kg，有效钼 0.29mg/kg，有效硅 147.6mg/kg，pH8.12。

湿潮土分湿潮砂土、湿潮壤土和湿潮黏土 3 个土属。

（三）盐化潮土亚类

盐化潮土是潮土向盐土过渡的亚类，主要分布于冲积平原内地势相对低洼或洼地边缘，面积 74.55 万 hm^2，占西北区该土类面积的 50.41%。盐化潮土是潮土成土过程中附加盐化过程而形成的，是潮土与盐土之间的过渡类型，它与盐土有相同的成土条件和成土特征，只是表土层或土体的积盐量不同。

盐化潮土同样有潮土的耕作层、氧化还原特征层。但由于所处地区地下水矿化度较高，一般>2g/kg，旱季土壤盐分明显表聚，地表形成盐霜，而雨季土壤盐分向下移动而地表不显盐霜。

盐化潮土质地以砂质壤土至黏壤土为多。耕层土壤有机质 14.81g/kg，全氮 0.94g/kg，碱解氮 75mg/kg，有效磷 14.5mg/kg，速效钾 156mg/kg，缓效钾 690mg/kg，有效铁 18.8mg/kg，有效锰 18.99mg/kg，有效硼 1.19mg/kg，有效铜 1.59mg/kg，有效锌 1.48mg/kg，有效钼 0.30mg/kg，有效硅 138.0mg/kg，pH8.42。

盐化潮土分氯化物潮土、硫酸盐潮土、苏打潮土和镁盐潮土 4 个土属。

（四）灌淤潮土亚类

灌淤潮土是在潮土的基础上，经过人工引洪或河水灌溉，逐渐形成深厚的灌淤层，并经过耕作，施肥而形成的土壤，主要分布于宁夏、内蒙古的河套平原的沿黄淤灌区。面积 6.19 万 hm^2，占西北区该土类面积的 4.19%。

灌淤潮土土体构型由灌淤耕作层、心土层和底土层组成。灌淤耕作层平均厚度 34cm，呈棕黄色、灰棕色或红棕色，质地为壤土至粉砂质黏土，碎块状或块状结构，有锈斑，强石灰反应。耕作层之下仍见黏砂土层相间的沉积层理。心土层平均厚度 42cm，底土层平均厚度 67cm。灌淤层经过多年反复地淤灌耕翻，土壤质地均一，多为壤土或黏壤土。底土层有锈纹锈斑。

灌淤潮土的物理性状良好，易耕作，耐旱涝。耕层土壤有机质 17.23g/kg，全氮 0.93g/kg，碱解氮 69mg/kg，有效磷 21.3mg/kg，速效钾 151mg/kg，缓效钾 742mg/kg，有效铁 18.3mg/kg，有效锰 7.05mg/kg，有效硼 1.40mg/kg，有效铜 1.94mg/kg，有效锌 1.43mg/kg，有效钼 0.26mg/kg，有效硅 113.8mg/kg，pH8.39。

灌淤潮土分淤潮砂土、淤潮壤土、淤潮黏土、表锈淤潮砂土 4 个土属。

（五）脱潮土亚类

脱潮土是潮土向相邻非水成、半水成演变的潮土亚类，多由于地区性侵蚀基准面下降，或河流改道，上游截留断源，兴修竖井排水等水利工程，使水文地质条件发生了根本性改变脱潮而成。面积 1.76 万 hm^2，占西北区该土类面积的 1.19%。

脱潮土分布区地表径流通畅，土壤内排水良好，地下水位埋深 3～5m，矿化度在 1g/L 左右，一般情况下土壤无盐渍化。脱潮土除有潮土的耕作层、氧化还原特征层外，在心土层尚表现褐土化发育的特征。脱潮土土体上部色泽较鲜艳，浅棕色及黄棕色为主，底土层仍为灰棕色。土体上部黏粒及可溶盐类有向下迁移在心土层淀积的迹象，使心土层色泽较鲜艳，并显轻度黏化特征，有时在结构面和细孔隙见碳酸钙，呈假菌丝状淀积。底土层受地下水活动影响，土体潮湿，仍具锈纹锈斑特征。

脱潮土的质地大部分为壤质土或砂质土，剖面质地土层较匀。有机质、全氮含量较低。耕层土壤有机质 10.66g/kg，全氮 0.94g/kg，碱解氮 79mg/kg，有效磷 19.3mg/kg，速效钾 167mg/kg，缓效钾 1 072mg/kg，有效铁 9.7mg/kg，有效锰 13.36mg/kg，有效硼 0.97mg/kg，有效铜 1.36mg/kg，有效锌 1.64mg/kg，有效钼 0.26mg/kg，有效硅 54.3mg/kg，pH8.12。

脱潮土依据土壤质地，分脱潮砂土、脱潮壤土、脱潮黏土 3 个土属。

三、山地草甸土

山地草甸土是在草甸植被下发育而成的草原土壤，属于地带性土壤。甘肃、青海、内蒙古三省（自治区）均有分布，面积 3.79 万 hm^2，占西北区耕地面积的 0.19%。位于山地寒温针叶林层带高度范围内，居于山体中部，在垂直带谱中三省（自治区）接壤土壤和海拔高度各不相同。土壤母质有残积物、坡积物、洪积物、冲积物和黄土状物。

山地草甸土形成特点：一是腐殖质积累明显。山地草甸土所处环境由于气候冷凉，土体湿润，草甸植被生长茂盛，每年能提供大量植物残体，但分解缓慢，积累于土体中，使土壤有机质和腐殖质明显富集；二是矿物分化缓慢。山地草甸土的成土母质以各类母岩的分化残坡积物为主，部分为黄土堆积物，土体大多浅薄，厚约 50cm 左右。在冷凉湿润气候条件及频繁的冻融与干湿交替作用下，物理分化作用强，矿物化学风化作用弱，黏粒矿物化学组成无明显分异；三是潴水氧化还原特征明显。由于山地草甸土区降水量大，地势平缓，加之土层有机质含量高，粗骨性强，土体经常处于潴积滞水状态，在季节性干湿交替影响下，铁锰氧化还原作用十分活跃，在草皮下可见明显的锈纹锈斑，局部低洼地段还可出现潜育化的土层，显示出土壤形成过程中潴水氧化还原作用的特征。

根据地势、气候和草甸化程度将山地草甸土分典型山地草甸土和山地草原草甸土2个亚类。

山地草甸土典型剖面，一般由耕作层、腐殖质层、心土层、母质层组成。

1. 耕作层 厚 15～20cm，暗棕色，团粒结构，土体较松散，黏壤土，湿润，多量植物根系，无石灰反应。

2. 腐殖质层 厚 20～25cm，暗棕色，质地为黏壤土，团粒状结构，湿润，土体稍紧，少量植物根系，无石灰反应。

3. 心土层 厚 20～50cm，黑棕色，质地为壤质黏土，团块状结构，湿，土体稍紧，少植物根系，无石灰反应。

4. 母质层 厚30～40cm，浊黄棕色，质地为壤质黏土，小块状结构，土体紧，无根系，无石灰反应。

山地草甸土耕作层较薄，一般15～20cm。耕层土壤有机质22.39g/kg，全氮1.33g/kg，碱解氮120mg/kg，有效磷20.2mg/kg，速效钾166mg/kg，缓效钾954mg/kg，有效铁7.8mg/kg，有效锰10.07mg/kg，有效硼1.00mg/kg，有效铜0.97mg/kg，有效锌0.88mg/kg，有效钼0.34mg/kg，有效硅141.9mg/kg，土壤pH7.99。

（一）典型山地草甸土亚类

典型山地草甸土面积1.47万hm^2，占西北区该土类面积的38.79%。它是该土类的典型亚类。一般分布在西秦岭和陇南山地的地势平坦梁顶或湾部的低洼潮湿的地方。植被主要为喜湿的草甸植被群落。成土母质为黄土及部分残坡积物。土体厚度一般在50cm以内，夹石砾及半分化岩块，底土层尤多。

典型山地草甸土形成特点与黑土相似，具有腐殖质积累和氧化还原特征，只是氧化还原作用微弱。在土壤发育过程中，草甸化程度较山地草原草甸土高。其分布地形平缓，无土壤侵蚀，土壤有机质含量高，腐殖质层含量更高，其他养分含量也高。耕层土壤有机质18.40g/kg，全氮1.18g/kg，碱解氮104mg/kg，有效磷17.5mg/kg，速效钾184mg/kg，缓效钾1 075mg/kg，有效铁8.8mg/kg，有效锰9.45mg/kg，有效硼1.31mg/kg，有效铜1.14mg/kg，有效锌1.04mg/kg，有效钼0.41mg/kg，有效硅130.6mg/kg，土壤pH7.98。

典型山地草甸土只有山地草甸壤土1个土属。

（二）山地草原草甸土亚类

山地草原草甸土面积2.31万hm^2，占西北区该土类面积的60.95%。分布在西秦岭和陇南山区的通风向阳，坡度较陡的山地，多与典型山地草甸土亚类构成复区，成土过程相同，只是植被类型以草原植物为主，草甸植被为辅。在土壤发育过程中，草甸化程度较弱。

山地草原草甸土土体厚60～100cm，发育在黄土状物上的土体厚度在1m以上，砾石含量少，土壤有机质含量稍低。由于所处生境条件较干旱，土壤淋失作用弱，土体中不含碳酸钙或含少量的游离碳酸钙。土体一般无石灰反应。该亚类一般无水土流失，植被生长量大，潜在土壤肥力较高。耕层土壤有机质26.98g/kg，全氮1.50g/kg，碱解氮1 139mg/kg，有效磷23.3mg/kg，速效钾146mg/kg，缓效钾815mg/kg，有效铁6.6mg/kg，有效锰10.78mg/kg，有效硼0.65mg/kg，有效铜0.79mg/kg，有效锌0.70mg/kg，有效钼0.26mg/kg，有效硅155.1mg/kg，土壤pH8.01。

山地草原草甸土只有山地草原草甸土1个土属。

第九节　水成土纲

水成土是地面积水或土层长期水分饱和状态、生长喜湿与耐湿植被下形成的土壤。由于土层长期处于还原状态，首先是土壤潜育过程十分活跃，土层中的游离铁、锰还原、移位，形成蓝灰色潜育土层（G）。局部铁、锰在孔隙、裂隙中，氧化淀积，形成锈色斑纹和铁子锰斑层。

水成土西北区均有分布，面积15.72万hm^2，占西北区耕地面积的0.80%。其大多分布于高纬度与高海拔的山间洼地、废弃河道与塞湖沼的积水小洼地、牛轭湖与湖泊边缘地区。西北区水成土分矿质水成土和有机水成土2个亚纲，矿质水成土包括沼泽土土类，有机水成土包括泥炭土土类，在此重点介绍沼泽土。

沼泽土是在地面积水或土层中长期处于水分饱和状态、生长湿生植被所形成的土壤。土层处于嫌气还原状态，形成大量有机质积累。剖面泥炭层、腐泥层、潴育与潜育特征发育明显。泥炭层或腐泥层有机质含量小于200g/kg，厚度小于50cm均属于沼泽土范畴。

沼泽土西北区均有分布，面积15.68万hm^2，占西北区耕地面积的0.80%。沼泽土的成土环境一般不受气候条件的限制，只要处于地表长期或季节性积水处，均可形成沼泽土，但是湿冷的气候条件更有利于沼泽土的发育。沼泽土的成土特征包括多种形态的有机质积累和土体下层矿物质的潴育和潜育特征。沼泽土的剖面发生层有草根层、腐殖质层、腐泥层、潜育层、潴育层和泥炭层。

1. 草根层 厚10～20cm，多呈浅棕色，为活的根系盘结所组成，含极少矿质土粒。

2. 腐殖质层 厚约10～40cm，暗灰色，粒状或团块状结构，含少量根系，一般位于潜育层之上，草根层和泥炭层之下，质地多为黏壤土或壤质黏土。

3. 腐泥层 暗灰色至灰黑色，有机质分解度高，且多转化成细腐殖质，并与矿质颗粒结合成为黑灰色泥状腐殖质层，湿时手感细腻、润滑、软烂无结构，平时呈块状。

4. 潜育层 呈灰色、灰蓝色、灰白色，质地黏重，无结构，土体泞湿。

5. 潴育层 可出现在底部，也可出现在腐殖质层下，底色较为复杂，浅棕至暗灰色，但均具铁锰质斑块或斑纹，质地较黏重，结构变化亦较大。

6. 泥炭层 湿时黄棕色至暗棕色，松软、多含半分解的植物残体。

沼泽土的质地比较黏重，大多为壤质黏土或黏壤土，部分为砂质黏土，个别剖面中尚含砾石，颗粒组成的分异主要是与母质来源和沉积环境有关。耕层土壤有机质14.21g/kg，全氮0.89g/kg，碱解氮63mg/kg，有效磷15.5mg/kg，速效钾160mg/kg，缓效钾830mg/kg，有效铁10.3mg/kg，有效锰7.44mg/kg，有效硼1.02mg/kg，有效铜1.49mg/kg，有效锌1.20mg/kg，有效钼0.39mg/kg，有效硅152.3mg/kg，土壤pH8.24。

沼泽土分典型沼泽土、腐泥沼泽土、泥炭沼泽土、草甸沼泽土、盐化沼泽土5个亚类。

（一）典型沼泽土亚类

典型沼泽土是沼泽土土类的典型亚类，具有土类的一般共同特点，面积0.95万hm^2，占西北区该土类面积的6.06%，主要分布于内蒙古自治区。

典型沼泽土分布地形多为山谷低地、低河漫滩、牛轭湖边缘。其成土母质大多由河湖相沉积物组成。土体构型为A_s-G-C型，表层为草根层，下为矿质潜育层，也有部分典型沼泽土在草根层和潜育层之间有一个过渡层次。

典型沼泽土的pH和养分变化较大，与有机质含量及区域土壤属性差异有关系。阳离子交换量与碳酸钙的含量变幅也较大，唯一的共性是在多水嫌气条件下，有大量有机质积累，以及铁还原移动与积累造成的蓝灰色潜育层。耕层土壤有机质 15.44g/kg，全氮 0.96g/kg，碱解氮 71mg/kg，有效磷 42.0mg/kg，速效钾 138mg/kg，缓效钾 825mg/kg，有效铁 13.3mg/kg，有效锰 7.43mg/kg，有效硼 1.49mg/kg，有效铜 1.40mg/kg，有效锌 1.02mg/kg，有效钼 0.29mg/kg，有效硅 113.9mg/kg，土壤 pH8.37。

典型沼泽土只有典型沼泽土 1 个土属。

（二）泥炭沼泽土亚类

泥炭沼泽土面积 2.05 万 hm^2，占西北区该土类面积的 13.07%。主要分布于内蒙古自治区，是在长期、稳定滞水条件下形成的，为沼泽土向泥炭层过渡的亚类。

泥炭沼泽土常见于山间沟谷低地、河流两侧洼地及洪积扇扇缘低湿地等，地面常年积水或季节性积水，大多与其他沼泽土成复区。泥炭沼泽土所处地形部位比草甸沼泽土更为低洼，其形成特点是表层泥炭化和底层潜育化作用都较强烈。泥炭沼泽土的土体构型为 H-G 型，泥炭层（H）一般厚 40cm 左右，褐色至棕黑色，是半分解的沼泽植物有机残体，松软，富有弹性，有机质含量高。潜育层（G），厚约 46cm，暗灰，青灰色。

泥炭沼泽土耕层土壤有机质 36.4g/kg，全氮 1.99g/kg，碱解氮 61mg/kg，有效磷 18.3mg/kg，速效钾 331mg/kg，缓效钾 1 074mg/kg，有效铁 10.1mg/kg，有效锰 5.99mg/kg，有效硼 1.16mg/kg，有效铜 1.40mg/kg，有效锌 0.88mg/kg，有效钼 0.65mg/kg，有效硅 214.6mg/kg，土壤 pH8.21。

泥炭沼泽土只有泥炭沼泽土 1 个土属。

（三）腐泥沼泽土亚类

腐泥沼泽土面积 0.97 万 hm^2，占西北区该土类面积的 6.17%。其所处地形为积水洼地、湖泊周围、河流沿岸低洼处、山间洼地、沙丘间甸子地。地表常年或季节性积水。成土母质多为冲、湖积物。

腐泥沼泽土的形成过程中由于水分状况较为稳定，有机质转化成腐殖质后与冲湖积物的矿物质颗粒结合在一起成为黑色泥状腐殖质，常称腐泥。腐泥土土体构型为 F-H-G 型，有的剖面腐泥层上还有草根层。腐泥层（F），厚 20～30cm，黑色、暗灰色，湿时软烂无结构，干时成块状结构。埋藏腐泥层（H），平均厚度 20cm，黑色淤泥状。潜育层（G），在腐泥层之下，平均厚度 50cm，青灰色或蓝灰色，无结构，有腥臭味。

腐泥沼泽土耕层土壤有机质 48.20g/kg，全氮 2.54g/kg，碱解氮 62mg/kg，有效磷 13.0mg/kg，速效钾 132mg/kg，缓效钾 569mg/kg，有效铁 11.8mg/kg，有效锰 8.69mg/kg，有效硼 0.86mg/kg，有效铜 1.50mg/kg，有效锌 1.78mg/kg，有效钼 0.26mg/kg，有效硅 110.7mg/kg，土壤 pH8.25。

腐泥沼泽土只有腐泥沼泽土 1 个土属。

（四）草甸沼泽土亚类

草甸沼泽土是沼泽土向草甸土过渡的类型。面积 9.66 万 hm^2，占西北区该土类面积的 61.61%。其所处地形部为较其他沼泽土高，常与草甸土构成复区，地表为季节性积水，地下水位埋深在 1m 以内。成土母质多为冲、湖积物。

草甸沼泽土的形成过程中有机质以腐殖质积累为主，并有草甸化过程参与，因此表土层为根系密集的粗腐殖质层（A_s+A），往下由于土体中有氧化还原现象较明显，所以在潜育层之上经常有氧化还原层（B_u）出现。其土体构型为 A_s-A-B_u-G 等。

腐殖质层（A），厚约 17～40cm，深褐至黑棕色，分解程度较差，植物残体形状尚可分辨，粒状或不稳定的团粒状结构。氧化还原层（B_u），平均厚度 35cm，颜色较上层浅，块状结构，有大量锈纹锈斑。潜育层（G），平均厚度 42cm，暗灰色或青灰色，块状结构。

草甸沼泽土耕层土壤有机质 14.96g/kg，全氮 0.94g/kg，碱解氮 65mg/kg，有效磷 12.8mg/kg，速效钾 183mg/kg，缓效钾 1 017mg/kg，有效铁 10.0mg/kg，有效锰 7.33mg/kg，有效硼 1.03mg/kg，有效铜 1.61mg/kg，有效锌 1.10mg/kg，有效钼 0.45mg/kg，有效硅 174.6mg/kg，土壤 pH8.18。

草甸沼泽土只有草甸沼泽土 1 个土属。

（五）盐化沼泽土亚类

盐化沼泽土面积 2.06 万 hm^2，占西北区该土类面积的 13.14%。盐化沼泽土除具有沼泽土特征外，土壤可溶盐含量超过 1g/kg，全剖面具有石灰反应，旱季地表有盐霜，与盐渍土呈复区分布。

盐化沼泽土通常剖面上层为盐化的腐殖质层或腐泥层，下部为潜育层，泥炭化程度较弱。盐化沼泽土的颗粒组成以细沙和黏粒为主，质地多为砂质黏土和砂黏壤土。

盐化沼泽土土体构型为 A-B_u-G 型。草根腐殖质层（A），平均厚度 27cm，暗灰至黄棕色，砂壤至黏壤土，根系密集，有石灰反应。氧化还原层（B_u），棕灰色或灰黄棕色，平均厚度 45cm，质地砂壤至黏壤土，有大量锈纹锈斑。潜育层（G），暗灰棕色，砂壤至黏壤土，有石灰反应，有腥臭味。

盐化沼泽土耕层土壤有机质 14.76g/kg，全氮 1.08g/kg，碱解氮 65mg/kg，有效磷 12.2mg/kg，速效钾 172mg/kg，缓效钾 801mg/kg，有效铁 9.9mg/kg，有效锰 5.96mg/kg，有效硼 0.98mg/kg，有效铜 1.64mg/kg，有效锌 0.88mg/kg，有效钼 0.42mg/kg，有效硅 154.4mg/kg，土壤 pH8.21。

盐化沼泽土只有盐化沼泽土 1 个土属。

第十节　盐 碱 土

凡土壤中可溶性盐类的含量或碱化度分别达到盐土或碱土指标，即属盐碱土纲。它包括盐土和碱土 2 个亚纲，3 个土类，其中盐土亚纲有草甸盐土和漠境盐土 2 个土类，碱土亚纲只有碱土 1 个土类。盐碱土在西北区分布广泛，面积 126.03 万 hm^2，占西北区耕地面积的 6.45%。在此重点介绍草甸盐土和漠境盐土 2 个土类。

一、草甸盐土

草甸盐土广泛分布于干旱、半干旱甚至荒漠、半荒漠地区的泛平原、河谷盆地以及湖盆洼地中。面积 79.56 万 hm^2，占西北区耕地面积的 4.07%。

草甸盐土常与草甸土、潮土、沼泽土等组成复区存在。在土壤形成过程中，由于地下水或地表水参与，通过水的地表蒸发发生积盐过程，随着盐分向表层累积而形成盐土。

草甸盐土的形成受气候和水文地质状况影响较大。气候干旱是土壤积盐的主要原因之一。草甸盐土分布在地形低洼，排水不畅，地下水位埋藏较浅或地下水矿化度较高的地方，在干旱气候蒸发量大于降水量的条件下，地下水越浅，蒸发作用越强，土壤积盐越重。其成土特征主要以盐分的积累过程为主，土壤表面或土体中出现白色盐霜或盐结晶，形成盐结皮或盐结壳。同时，草甸盐土是在长期受地下水和地表水双重作用下发生的。由于它所处生物气候条件不同，各地土壤积盐状况差异很大，并与蒸降比呈正相关，蒸降比愈大，土壤积盐愈重，盐结皮和盐结壳愈厚。

草甸盐土的剖面形态特征。地表为盐结皮和盐结壳，可有大量的白色盐分结晶。在生草过程相对强的地方，表土层可看出明显的有机质积累，颜色稍暗，有较多腐烂和半腐烂的植物根。在半湿润、半干旱地区的盐土，剖面没有明显的发生层次，但可见不同质地的沉积层理，剖面中也很少盐分结晶，心底土潮湿，有黄色锈纹锈斑。在干旱地区，草甸盐土剖面自上而下可划分为盐结皮或盐结壳、盐积层、过渡层和母质层 4 个层段。

草甸盐土的养分状况决定于母质和地表的植被。耕层土壤有机质 17.09g/kg，全氮 0.88g/kg，碱解氮 67mg/kg，有效磷 16.8mg/kg，速效钾 165mg/kg，缓效钾 862mg/kg，有效铁 12.6mg/kg，有效锰 8.73mg/kg，有效硼 1.33mg/kg，有效铜 1.51mg/kg，有效锌 1.10mg/kg，有效钼 0.45mg/kg，有效硅 144.0mg/kg，pH8.29。

草甸盐土分典型草甸盐土、结壳盐土、沼泽盐土和碱化盐土 4 个亚类。

（一）典型草甸盐土亚类

典型草甸盐土是草甸盐土土类中分布最广泛的一个亚类，面积 46.81 万 hm^2，占西北区该土类面积的 58.84%。主要分布在洪积、冲积扇缘，泉水溢出带的外缘，河谷和平原洼地，河流两侧和河滩地，河间低地和湖滨平原。地下水埋深一般 1～2m，最低不超过 3m。矿化度因所处区域不同而不同，干旱地区较高，宁夏地区典型草甸土矿化度 10～25g/L，青海达到 10g/L，新疆仅 2～5g/L。

典型草甸盐土具有明显的盐分表聚特征，多具盐结皮或盐霜，盐分剖面呈 T 形、Y 形。草甸盐土因有生草过程，腐殖质层和其他发生层分化比较明显。由于地下水位较高，土体潮湿，过渡层和母质层具有明显的氧化还原特征。典型草甸盐土的养分较高，有机质、有效磷、速效钾都高于其他亚类。耕层土壤有机质 18.31g/kg，全氮 0.83g/kg，碱解氮 64mg/kg，有效磷 17.5mg/kg，速效钾 146mg/kg，缓效钾 665mg/kg，有效铁 14.2mg/kg，有效锰 9.14mg/kg，有效硼 1.33mg/kg，有效铜 1.42mg/kg，有效锌 1.11mg/kg，有效钼 0.26mg/kg，有效硅 118.3mg/kg，pH8.46。

典型草甸盐土分氯化物草甸盐土、硫酸盐草甸盐土、苏打草甸盐土和镁质草甸盐土 4 个土属。

（二）结壳盐土亚类

结壳盐土面积 31.11 万 hm^2，占西北区该土类面积的 39.10%。主要分布于新疆、甘肃西部半荒漠和荒漠地区，它是典型草甸盐土和其他盐渍土进一步积盐而形成的。地下水埋深一般 1～3m，比典型草甸盐土低，矿化度 10～20g/L。

结壳盐土是草甸盐土土类中含盐量最高的亚类，盐分的表聚性极强，积盐层厚度可至数厘米，由盐结皮和疏松积盐层组成。积盐层含盐量都在20g/kg以上，最高可达700g/kg，常占1m土体含盐量的70%～80%，耕层土壤有机质16.00g/kg，全氮0.96g/kg，碱解氮68mg/kg，有效磷14.2mg/kg，速效钾195mg/kg，缓效钾1 149mg/kg，有效铁11.6mg/kg，有效锰8.90mg/kg，有效硼1.34mg/kg，有效铜1.61mg/kg，有效锌1.10mg/kg，有效钼0.69mg/kg，有效硅167.8mg/kg，pH8.05。

结壳盐土只有氯化物草甸盐土1个土属。

（三）沼泽盐土亚类

沼泽盐土面积1.00万 hm^2，占西北区该土类面积的1.26%。主要分布于洼地边缘，常有季节性积水，地下水埋深一般0.5～1.0m，矿化度各地不同，可从1g/L左右（甘肃）至10～50g/L（宁夏）。

沼泽盐土除具有盐化作用外，还伴有沼泽化作用。一般表土层有盐结皮，其下为沼泽过程明显的生草层，呈半腐解的草炭层或灰黑的腐泥层，再下为还原作用强烈的潜育层，夹有大量的锈纹锈斑。耕层土壤有机质15.08g/kg，全氮0.90g/kg，碱解氮70mg/kg，有效磷35.5mg/kg，速效钾144mg/kg，缓效钾741mg/kg，有效铁13.4mg/kg，有效锰7.58mg/kg，有效硼1.70mg/kg，有效铜1.29mg/kg，有效锌0.99mg/kg，有效钼0.30mg/kg，有效硅125.4mg/kg，pH8.43。

沼泽盐土分氯化物草甸盐土和硫酸盐草甸盐土2个土属。

（四）碱化盐土亚类

碱化盐土，亦称苏打盐土，面积0.66万 hm^2，占西北区该土类面积的0.83%。碱化盐土的形成是受地下水质影响所致。它分布地区地下水埋深较浅，多在1～2m，矿化度1～3g/L，属弱矿化的重碳酸钠或镁水。由于长期受含重碳酸钠和重碳酸镁的地下水影响，表土层集聚了大量的苏打或碳酸镁为主的盐分，并在积盐的同时，发生了碱化过程。因此，它常与碱化草甸土或草甸碱土组成复区。

碱化盐土一般表层有呈灰白色的厚度小于2～3cm的二氧化硅和盐分组成的混合结皮，结皮易与下层分离，其下层多呈棕色块状结构的碱化层。耕层土壤有机质19.17g/kg，全氮1.01g/kg，碱解氮91mg/kg，有效磷16.6mg/kg，速效钾140mg/kg，缓效钾531mg/kg，有效铁10.2mg/kg，有效锰6.94mg/kg，有效硼1.27mg/kg，有效铜1.69mg/kg，有效锌1.24mg/kg，有效钼0.56mg/kg，有效硅235.6mg/kg，pH8.38。

碱化盐土分氯化物碱化盐土、苏打碱化盐土和镁质碱化盐土3个土属。

二、漠境盐土

漠境盐土是分布在极端干旱条件下，土体中集聚大量盐分的土壤。其主要分布于新疆塔里木盆地，哈密、吐鲁番盆地，北疆准噶尔盆地南部，甘肃疏勒河下游冲积平原的南北戈壁前沿，龙首山、合黎山和祁连山东延部分的山麓以及青海柴达木盆地，宁夏中部的缓坡丘陵，内蒙古杭锦后旗西部。面积46.11万 hm^2，占西北区耕地面积的2.36%。

漠境盐土常与其他盐土或盐渍化土壤成复区存在。分布地区气候异常干旱，少雨多风、蒸发强烈。因此盐分的表聚非常明显，结皮或结壳常占 1m 土体的 50%以上。地表植被稀疏，覆盖率不及 10%。

漠境盐土的盐分组成比较复杂，既有以中性盐为主形成的氯化物、硫酸盐氯化物、氯化物硫酸盐、硫酸盐盐土，也有受当地植被影响而形成的硝酸盐盐土。耕层土壤有机质 13.39g/kg，全氮 0.83g/kg，碱解氮 80mg/kg，有效磷 15.2mg/kg，速效钾 192mg/kg，缓效钾 722mg/kg，有效铁 16.1mg/kg，有效锰 12.83mg/kg，有效硼 1.63mg/kg，有效铜 2.15mg/kg，有效锌 1.57mg/kg，有效钼 0.25mg/kg，有效硅 141.1mg/kg，pH8.41。

漠境盐土分典型漠境盐土、干旱盐土和残余盐土 3 个亚类。

（一）典型漠境盐土亚类

典型漠境盐土面积 0.55 万 hm^2，占西北区该土类面积的 1.19%。典型漠境盐土是漠境地区分布最广的一类盐土，在地下水影响下进行着现代积盐过程，属于盐分积累最重的一个亚类。地下水埋深都大于 2m，由于极度干旱，地下水的毛管上升高度仍然可以直达地表，土壤的积盐作用异常强烈。地下水矿化度通常都在 5g/L 以上，尤以 10～20g/L 者居多，甚至高达 30～50g/L。

典型漠境盐土耕层土壤有机质 13.49g/kg，全氮 0.98g/kg，碱解氮 57mg/kg，有效磷 15.9mg/kg，速效钾 193mg/kg，缓效钾 1 110mg/kg，有效铁 12.8mg/kg，有效锰 6.68mg/kg，有效硼 1.38mg/kg，有效铜 1.26mg/kg，有效锌 0.88mg/kg，有效钼 0.59mg/kg，有效硅 145.3mg/kg，pH8.24。

典型漠境盐土只有典型漠境盐土 1 个土属。

（二）干旱盐土亚类

干旱盐土多分布于内蒙古西部阿拉善地区，面积 44.40 万 hm^2，占西北区该土类面积的 96.29%。干旱盐土形成特点是地下水位 7～8m，已不受地下水升降活动的影响，属于干旱条件形成的盐土。其盐分组成以氯化物、硫酸盐为主。属于地质历史时期，曾受地下水盐分补给，形成表聚特征的盐土。之后，地壳上升，或因干旱地下水补给减少，地下水位强烈下降。在年降水量 150mm 条件下，表层盐分受到淋洗，而在心土至底土层中，盐分大量聚积。形成表层轻微脱盐，而心、底土层盐分大量增高，底土至底土下部又逐渐减少的剖面盐分分异特征。

干旱盐土的发生层次由表层盐结皮层（A_z）、淡色腐殖质层（A）、心土层（盐分淀积层 B_z）及母质层（C）组成。耕层土壤有机质 13.27g/kg，全氮 0.83g/kg，碱解氮 82mg/kg，有效磷 14.9mg/kg，速效钾 196mg/kg，缓效钾 717mg/kg，有效铁 16.2mg/kg，有效锰 13.19mg/kg，有效硼 1.62mg/kg，有效铜 2.21mg/kg，有效锌 1.61mg/kg，有效钼 0.25mg/kg，有效硅 140.7mg/kg，pH8.40。

干旱盐土只有干旱盐土 1 个土属。

（三）残余盐土亚类

残余盐土主要分布在新疆、甘肃、青海三省（自治区），面积 1.16 万 hm^2，占西北区该土类面积的 2.52%。它是过去形成的各种盐土，由于地壳上升，侵蚀基准面下降或河流改道等原因，使地下水大幅度下降（水位在8m以下），地下水不参与积盐过程。因此残余盐土已停止了现代的积盐过程。漠境地区降水稀少，过去积累在土壤中的大量盐分仍残存在土体中，年内仅借助于稀少的降水、风力搬运和泌盐盐生植物等方式，使盐分在表层土壤中有所增减和重新分配。残余盐土的最高积盐层不在地表，多数出现在亚表层或心底土，并形成坚硬的盐盘，含盐量可达200～700g/kg。

残余盐土土体一般都很干燥，仅底土稍润。地表常有薄盐结皮和龟裂纹，表土层较紧实，板结。不少地方残余盐土与龟裂性土和砂土组成复区存在，形成龟裂状残余盐土，地表常覆盖有薄砂层。

残余盐土的盐分含量比漠境盐土略低，盐分组成以氯化物为主，有的剖面上部以氯化物为主，而心、底土以硫酸盐为主。整个剖面含有碳酸钙。此外，新疆吐鲁番盆地分布有特殊剖面性状和地表景观的硝酸盐残余盐土。

残余盐土耕层土壤有机质15.23g/kg，全氮0.75g/kg，碱解氮50mg/kg，有效磷20.6mg/kg，速效钾129mg/kg，缓效钾792mg/kg，有效铁13.6mg/kg，有效锰6.47mg/kg，有效硼1.81mg/kg，有效铜1.05mg/kg，有效锌0.92mg/kg，有效钼0.32mg/kg，有效硅146.9mg/kg，pH8.59。

残余盐土分氯化物残余盐土、硫酸盐残余盐土和苏打残余盐土3个土属。

第三章　耕地质量评价方法与步骤

西北区耕地质量评价以本区甄别遴选与补充调查后的县域耕地质量评价数据为基础，应用3S等现代技术手段，建立耕地资源基础数据库；综合考虑耕地的立地条件、气候因素、土壤理化性状、土壤养分状况、土壤管理等因素构建评价指标体系；应用层次分析法和特尔菲法确定各指标权重和隶属函数；采用综合指数法确定并划分耕地质量等级。同时，依据西北区土壤养分实际状况、丰缺指标和生产需求，建立了耕地土壤主要性状指标的分级标准

第一节　资料收集与整理

资料主要包括耕地立地条件、气候因素、土壤养分状况、土壤理化性状、土壤管理等。通过野外调查、室内化验分析和图件及统计资料收集，获取大量表征耕地质量基础信息，并经过严格的数据筛选、审核与处理，保障数据资料的科学准确。

一、软硬件及资料准备

（一）软硬件要求

1. 硬件　主要包括高性能PC机、工程扫描仪、喷墨绘图仪等。高性能计算机或工作站主要用于数据和图件的处理分析，扫描仪用于传统图件的输入，喷墨绘图仪用于成果图的输出。

2. 软件　主要包括WINDOWS操作系统软件、SPSS等数据统计分析软件、SQL server等数据库管理软件，ArcGIS等专业地理信息化分析软件。

（二）资料的准备

本次西北区耕地质量评价广泛收集了与评价有关的各类自然和社会经济因素资料，主要包括参与耕地质量评价的野外调查资料及分析测试数据、各类基础图件、相关统计资料等。收集获取的资料主要包括以下几个方面。

1. 野外调查资料　野外调查资料主要来源于县域耕地质量调查的点位中的调查数据，主要包括地理位置信息、海拔、所在行政区名称、地貌类型、地形部位、土壤母质、土壤类型、有效土层厚度、土壤质地、耕层厚度、耕地利用现状、灌排条件、施肥状况、气候条件、水文、作物产量及管理措施等。采样地块基本情况调查内容见表3-1。

表3-1　采样地块基本情况调查

<table>
<tr><td colspan="2">统一编号</td><td colspan="2"></td><td>采样年份</td><td></td></tr>
<tr><td rowspan="3">地理位置</td><td>省名称</td><td></td><td>地（市）名称</td><td></td><td>县（旗）名称</td><td></td></tr>
<tr><td>乡（镇）名称</td><td></td><td>村组名称</td><td></td><td></td><td></td></tr>
<tr><td>经度（°′″）</td><td></td><td>纬度（°′″）</td><td></td><td></td><td></td></tr>
</table>

（续）

自然条件	地貌类型		地形部位		海拔高度（m）	
	≥0℃积温		≥10℃积温		年降水量（mm）	
生产条件	农田基础设施		排水能力		灌溉保证率	
	水源类型		灌溉方式		熟制	
	常年耕作制度		常年亩产水平（kg）		农田防护林网	
土壤情况	土类名称		亚类名称		土属名称	
	土种名称		成土母质		土壤质地	
	剖面土体构型		障碍因素		障碍层类型	
	障碍层深度（cm）		障碍层厚度（cm）		耕层厚度（cm）	
	采样深度（cm）		有效土层厚度（cm）		盐化类型	
	盐渍化程度					
种植情况	棉花亩产（kg）		马铃薯亩产（kg）		玉米亩产（kg）	
	其他主栽作物1		其他主栽作物2			
施肥管理情况	有机N亩施用量（kg）		有机 P_2O_5 亩施量（kg）		有机 K_2O 亩施量（kg）	
	化肥N亩施用量（kg）		化肥 P_2O_5 亩施量（kg）		化肥 K_2O 亩施量（kg）	
	秸秆还田方式		秸秆还田量		覆膜方式	

2. 分析化验资料　从筛选好的耕地质量评价点位资料中，获取点位土壤样品化验数据，主要有土壤有机质、全氮、碱解氮、有效磷、速效钾、缓效钾、pH、土壤含盐量、有效硅、有效锌、有效硼、有效铜、有效铁、有效钼、有效锰以及容重等参数分析化验数据。

3. 基础及专题图件资料　主要包括各省级1∶50万或1∶100万比例尺的土壤图、土地利用现状图、地貌图、行政区划图、降水量分布图、≥10℃积温分布等。其中土壤图、土地利用现状图、行政区划图主要用于叠加生成评价单元。地貌图用于提取评价单元地形地貌信息。降水量、有效积温相关图件统一从国家气象单位获取，用于提取评价单元气候信息。

4. 其他资料　包括以各县行政区划为基本单位的第二次土地调查的国土面积、耕地面积、肥料投入等社会经济指标数据；各地方特色农产品分布、数量等资料；近几年土壤改良试验、肥效试验及示范资料；土壤、植株检测资料；土壤水土保持、生态环境建设、农田基础设施建设等相关资料；项目区范围内的耕地质量评价资料，包括技术报告、专题报告等；第二次土壤普查基础资料，包括土壤志、土种志、土壤普查专题报告等。

二、评价样点的选取

（一）评价样点的选取原则

西北区区域面积大、地形复杂，地貌类型多样，耕地分布相对分散，从能够保证获取信息的代表性，提高耕地质量调查与评价结果的可靠性出发，综合考虑土壤类型、种植作物、地形地貌及土地利用等因素进行布点。

地貌类型：全区地貌类型共分为冲积平原、洪积平原、黄土峁梁、黄土塬、高平原、高阶地、低阶地、低丘陵、高丘陵、中山、低山、河漫滩、固定沙地、半固定沙地、流动沙地、风蚀地、河谷、高山与极高山等，样点分布基本按照某地貌类型区中耕地面积占区域耕地面积比例确定采样点数。具体各类地貌耕地面积占比及其样点分布见表 3-2。

表 3-2　西北区地貌类型耕地面积占比与样点数量分布

地貌类型	面积（hm^2）	面积比例（%）	采样点数	地貌类型	面积（hm^2）	面积比例（%）	采样点数
冲积平原	4 204 106	21.2	6 861	高台地	309 148	1.6	280
中山	3 257 598	16.4	2 092	固定沙地	227 622	1.2	149
洪积平原	3 144 217	15.8	4 022	其他平原	195 553	0.98	258
黄土峁梁	2 325 741	11.7	2 401	半固定沙地	191 190	0.96	123
黄土塬	1 742 393	8.8	1 412	黄土坪	113 311	0.57	94
高平原	1 177 085	5.9	1 572	低山	99 739	0.50	50
低阶地	767 611	3.9	1 127	流动沙地	32 156	0.16	14
低丘陵	496 601	2.5	386	黄土墹	31 728	0.16	59
河漫滩	475 257	2.4	542	高山	27 961	0.14	17
高丘陵	345 513	1.7	224	风蚀地	4 448	0.02	4
高阶地	340 694	1.7	426	河谷	3 846	0.02	5
低台地	329 788	1.7	288	极高山	313	0.00	0

考虑土壤类型：全区耕地土壤共有 43 个土类、134 个亚类，除分布面积极小，农业利用率不高的亚类外，区域内大部分亚类均进行了布点。西北区各主要土类耕地样点数分布见表 3-3。

表 3-3　西北区主要土壤类型耕地面积占比与样点数分布

土壤类型	面积（hm^2）	耕地面积比例（%）	采样点数	土壤类型	面积（hm^2）	耕地面积比例（%）	采样点数
黄绵土	3 304 448	16.6	3 208	其他土类	399 178	2.0	373
栗钙土	2 002 096	10.1	1 907	灌漠土	368 230	1.8	473
潮土	1 478 912	7.4	2 049	黄棕壤	356 014	1.8	200
黑垆土	1 451 049	7.3	1 283	黑钙土	332 109	1.7	310
褐土	1 329 420	6.7	1 639	棕漠土	258 466	1.30	395
草甸土	1 027 484	5.2	1 504	红黏土	217 254	1.09	220
灰钙土	1 016 270	5.1	1 575	栗褐土	210 041	1.05	173
灌淤土	828 875	4.2	1 085	沼泽土	156 813	0.79	189
草甸盐土	795 645	4.0	894	粗骨土	155 788	0.78	101

（续）

土壤类型	面积（hm^2）	耕地面积比例（%）	采样点数	土壤类型	面积（hm^2）	耕地面积比例（%）	采样点数
风沙土	747 594	3.8	784	棕壤	154 196	0.77	81
灰漠土	618 474	3.1	920	水稻土	134 924	0.68	139
棕钙土	618 170	3.1	911	林灌草甸土	126 092	0.63	160
新积土	538 017	2.7	624	黑毡土	122 354	0.61	97
灰褐土	497 743	2.5	352	灰棕漠土	115 927	0.58	155
漠境盐土	461 058	2.3	605	草毡土	90 221	0.45	113

主要种植作物：西北区主要农作物有水稻、小麦、玉米、棉花、大豆、油菜、马铃薯，布点上针对这些作物实行全面布点。

行政区划：为确保评价点位在空间上分布均匀，在确定样点布设数量的基础上，在各乡镇内均衡甄别遴选评价样点。

（二）评价样点的确定

各县耕地调查样点是区域评价样点的选择基础。首先根据样点密度、耕地面积比例，将评价样点数量分配到各省（自治区），再逐级分配到市、县。县级耕地质量评价点位数量一般在1 500 个左右，各县按照分配的评价样点数量，在参与县域评价的样点中做进一步筛选。筛选样点时，首先按照地理位置信息，将不在其行政区划范围内或没有落入耕地上的样点去除。其次是兼顾土壤类型、地貌类型等因素，对土壤类型及地形条件复杂的区域，适当加大样点密度。最终选取 32 854 个样点用于本次耕地质量评价。

（三）样点数据项的筛选

在确定评价样点数据的基础上，筛选各样点信息，进行耕地质量评价及其相关分析。各数据项筛选主要依据西北区的特点及评价内容，考虑本区域影响粮食生产的相关因素，并做适当补充调查。主要包括样点基本信息、立地条件、剖面性状、气候因素、土壤理化性状、土壤养分及土壤管理 6 个方面。保证筛选出的样点信息齐全、准确、不缺项。

基本信息：包括统一编号、省名称、地市名、县名称、乡镇名、村名称、采样年份、经度、纬度等。

立地条件：包括土类、亚类、土属、土种、成土母质、地形部位、地貌类型等。

剖面性状：包括耕层厚度、有效土层厚度、剖面土体构型等。

气候条件：包括年均降水量、≥0℃及≥10℃有效积温等。

理化性状：包括耕层质地、土壤 pH、含盐量及盐渍化程度等。

土壤养分：包括有机质、全氮、碱解氮、有效磷、速效钾、缓效钾、有效硅、有效锌、有效硼、有效铜、有效铁、有效钼、有效锰等。

土壤管理：包括常年轮作制度、作物产量、灌溉方式、灌溉保证率、林网覆盖度、排水能力、障碍层类型、障碍层深度、障碍层厚度及肥料施用量等。

三、评价样点补充调查

（一）补充调查的目的意义

在县域耕地地力评价工作中，根据技术规程要求，进行土壤采样分析及农户调查，收集土地利用现状图、土壤志等资料，为本区域耕地地力评价打下了坚实基础。西北区耕地质量评价工作与县域耕地评价工作有着密切联系，但也有明显不同。县域耕地评价时有些未参与评价的指标没有严格按照相关规范执行，且大部分县微量元素没有分析或分析项目不全。另外，西北区范围广，降水量、积温等气候条件、地形地貌等立地条件存在明显差异，各县域参评因子也不同，所以从县域获取的评价资料不能完全满足西北区耕地质量评价工作要求。因此，必须在充分梳理并利用县域评价资料的基础上，开展补充调查以查漏补缺，满足区域评价工作的需求。

（二）补充调查的主要内容与方法

补充调查的主要内容主要有以下几个方面：①规范填写调查项目表，保证评价指标数据的统一可比性。如灌溉方式分漫灌、沟灌、畦灌、喷灌、滴灌、无灌溉条件；灌溉保证率按0～100％；水源类型分为地表水、地下水、地表水＋地下水和无水源；耕层质地分为砂土、壤土、黏壤土及黏土。排水能力分强、中、弱、无；剖面土体构型分为薄层型、海绵型、夹层型、紧实型、漏砂型、上紧下松型、上松下紧型及松散型等。②新增调查项目。如盐渍化程度分重度、中度、轻度、无；障碍因素分为白浆化、钙积层、盐碱化、无等；秸秆还田方式分不还田、留茬还田、全量还田等；林网覆盖度分为好、一般、差和无。③完善点位各种养分资料。以原县域耕地质量评价点位土样为基础，对没有分析的项目进行补充分析，如有效钼、有效硼、有效硅、含盐量等。对部分典型区域而无点位化验资料的，需重新采样进行分析化验。

区域内所有项目，逐项按补充调查要求及划分标准审核、规范修改填写。对新增加的项目如盐渍化程度、秸秆还田方式等由技术人员到实地调查、测量并填写。在完成补充调查后，需达到表格填写项目齐全、规范、数据准确的要求。

四、数据资料审核处理

数据的准确与否直接关系到耕地质量评价的精度、养分含量分布图的准确性，并对成果应用的效益发挥有很大影响。为保证数据的可靠性，在进行耕地质量评价之前，需要对数据进行检查和预处理。数据资料审核处理主要是对参评点位资料的审核处理，采取了人工检查和计算机程序检查相结合的方式进行，以确保数据资料的完整性和准确性。

先由县级专业人员在采样分析点位中，按照每10 000亩筛选1个样点的密度要求，从中筛选出点位资料，并进行数据资料的检查和审核。市级再对县级资料进行检查和审核，重点审核养分数据是否异常，施肥水平、作物产量是否符合实际，发现问题反馈给相应的县级部门，进行修改补充。在此基础上，省级部门对市级资料再进行分析审核，检查数据项及其内容的完整性。按照不同利用、不同质地、不同土壤类型检查土壤养分数据，剔除异常值。

为能快速核查逐级上报的数据，利用计算机编程设计了数据检查处理系统。系统采用平均值加减 2 倍标准差的方法找出异常值，作为可疑样本，根据实际情况返回项目县核证。

五、调查结果应用

（一）确定耕地质量主要性状分级标准

依据各省汇总样点数据，结合本区域田间试验和长期研究等数据，建立本区域土壤 pH、有机质、全氮、有效磷、速效钾、缓效钾、有效铜、有效锌、有效铁、有效锰、有效硼、有效钼和有效硅等耕地主要养分分级标准。

（二）建立耕地质量评价指标体系

区域耕地质量评价实质上是评价各要素对农作物生长影响程度的强弱，所以，在选择评价指标时主要遵循了以下四个原则。一是选取的因素对耕地质量有较大影响，如灌溉保障率、地貌类型等等；二是选取的因素在评价区内变异较大，如土体构型、海拔等；三是选取的因素具有相对的稳定性和可获取性，如质地、有机质等；四是选取的因素考虑评价区域的气候变化，如积温、降雨等。区域耕地质量评价样点填报信息除气候因素外，其他基本能够满足耕地质量评价指标的获取，可以直接应用于区域耕地质量评价指标体系的建立。

（三）分析耕地综合生产能力

通过分析区域样点资料和评价结果，可以获得区域生产条件状况、耕地质量状况、耕地质量主要性状情况，以及农业生产中存在的问题等，为区域耕地质量水平提升提出有针对性的对策措施与建议。

第二节　评价指标体系建立

评价重点为耕地质量等级评价和耕地理化性状分级评价两个方面。为满足评价要求，首先要建立科学的评价指标体系。

一、耕地质量评价指标选取

耕地质量是与耕地生产相关各要素相互作用所表现出来的潜在生产能力。耕地质量评价可以根据所在地区的立地条件、剖面性状、气候因素、土壤的理化性状、耕地土壤养分及土壤管理等要素相互作用表现出来的综合特征，揭示耕地潜在的生产能力高低。

（一）选取原则

正确选取评价指标、建立评价指标体系是科学评价耕地质量的前提，直接关系到评价结果的正确性、科学性和社会可接受性。选取的指标之间应该相互补充，上下层次分明。指标选取的主要原则主要如下。

1. 科学性原则　指标体系能够客观地反映耕地综合质量的本质及其复杂性和系统性。选取评价指标应与评价尺度、区域特点等有密切的关系，因此，应选取与评价尺度相应、体现区域特点的关键因素参与评价。西北区既需考虑降水、积温、地貌等大尺度变异因素，又需选择与农作物生产相关的灌溉、土壤物理及化学性质等重要因子，从而保障评价的科学性。

2. 综合性原则 建立的指标体系要反映出各影响因素的主要属性及相互关系。评价因素的选择和评价标准的确定要考虑当地的自然地理特点和社会经济因素及其发展水平，既要反映当前的局部和单项的特征，又要反映长远的、全局的和综合的特征。本次评价选取了立地条件、土壤化学性状、物理性状、土壤管理以及气候条件等方面的相关因素，形成了综合性的评价指标体系。

3. 主导性原则 耕地系统是一个非常复杂的系统，要把握其基本特征，选取的因素对耕地质量有较大影响，且有代表性的起主导作用的指标。指标的概念应明确，简单易行。各指标之间涵义各异，没有重复。选取的因子应对耕地质量有比较大的影响，如地形因素、土壤理化性状和灌溉保证率等。

4. 可比性原则 由于耕地系统中的各个因素具有很强的时空差异，因而评价指标体系在空间分布上应具有可比性，选取的评价因子在评价区域内的变异较大，数据资料应具有较好的时效性。

5. 可获取性原则 各评价指标数据应具有稳定性及可获得性，易于调查、分析、查找或统计，有利于高效准确完成整个评价工作。

（二）选取方法

根据区域指标选取原则，针对西北区耕地质量评价要求和特点，在评价指标的选取中，采用 Delphi 法进行了影响耕地质量的立地条件、土壤物理及化学性状等定性指标的筛选，同时对气候指标提出选取意见，最后由专家组确定。

首先，通过召开陕西、甘肃、宁夏、青海、新疆及内蒙古六省（自治区）土肥站业务人员参加的专题会，征集讨论拟选取的评价指标；然后组织土壤农业化学专家、农作物栽培专家及西北区六省（自治区）相关土肥站业务人员组成专家组，对征集的评价指标及各省专家意见进行会商，统一各方意见；最后，综合考虑各因素对耕地质量的影响，确定最终的评价指标，为灌溉保证率、地貌类型、耕层质地、降水量、≥10℃积温、有机质、有效土层厚度、耕层土壤含盐量、有效磷、海拔、剖面土体构型、林网覆盖度等 12 项指标。12 项评价指标中，海拔、地貌类型、≥10℃积温、降水量等为耕地自然因素指标；林网覆盖度和灌溉保证率为反映耕地管理条件的指标；剖面土体构型、有效土层厚度为耕地土壤剖面性状指标；耕层质地、有机质、有效磷、盐渍化程度为反映耕地土壤理化性状指标。

地貌类型和气候要素是影响大区域耕地质量和农作物生产的关键性自然要素。西北区面积大，气候干旱，地貌类型以山地、高原与平原为主，区域内包含了部分丘陵等其他类型，地貌类型较为复杂，不同类型其耕地利用和产量水平有较大差异，因而对农作物生长及耕地质量产生重要影响。随着海拔高度的不同所造成了气候、土壤、水热条件的垂直地带性分布，同时也影响了耕地的耕种的难易程度，故海拔也作为此次评价的指标之一。

积温、降水是两个最重要的气候因子，也是影响西北区作物生产的关键因子，区域内不同的区位其积温与降水条件有明显的差异，因此，本次评价选取了≥10℃积温和降水量这作物生长关系密切的关键指标。

西北区冬季严寒而干燥，夏季高温，降水稀少。水分是西北区农作物生产的瓶颈因子之一。所以灌溉条件是该区作物产量的重要影响因素。耕地灌溉保证率是影响该区耕地质量水平的重要指标之一。

农田防护网可以为改善农田生态系统结构与功能，增强农田生态系统抗干扰能力。同时，农田林网还可以改善农牧业生产的微气候及土壤条件，维持农田生态系统的健康，确保农牧业稳产高产，实现农田生态系统的可持续发展。所以本次评价将林网覆盖度也作为评价耕地质量指标。

土壤有效土层厚度与剖面土体构型是耕地土壤剖面性状的重要指标。土壤有效上层厚度对作物根系的发育及生长管理有很大影响，因此，选择耕地土壤有效土层厚度指标参与该区耕地质量评价。土壤剖面土体构型是指土体内不同质地土层的排列组合。土体构型的好坏对土壤水、肥、气、热诸肥力和水盐运移有着重要的制约和调解作用，良好的土体构型是土壤肥力的基础。因此，土体构型也作为本次评价的指标。

耕层土壤理化性状对作物生长起着非常重要的作用。其中，耕层质地是耕地土壤的重要物理性状指标。土壤质地与土壤通气、保肥、保水状况及耕作的难易有密切关系，也是拟定土壤利用、管理和改良措施的重要依据，对耕地质量产生直接影响。土壤的养分状况是耕地土壤肥力水平的重要反映，而土壤有机质是土壤肥力的综合反映，是评价耕地肥力状况的首选指标。其次，需考虑影响作物生长的大量营养元素指标，分析养分对作物生产的直接有效性。由于土壤氮素营养与有机质含量具有较高的相关性，并且西北区土壤速效钾含量较高，基本可以满足作物生长的需要。所以本次评价选择了土壤有效磷作为大量营养元素指标。

此外，由于西北区蒸发量远远大于降水量，地下水含盐量较高，尤其是在新疆、宁夏，由于地下水位较高，土壤盐化较严重。土壤的盐渍化然是影响该区耕地生产力水平的一个重要障碍因素。因此，西北区耕地评价将土壤含盐量作为耕地质量评价指标之一。

二、耕地质量主要性状分级标准确定

20 世纪 80 年代开展的第二次全国土壤普查就曾对土壤 pH、有机质、全氮、碱解氮、有效磷、速效钾、全磷、全钾、碳酸钙、有效硼、有效钼、有效锰、有效锌、有效铜、有效铁等耕地理化性质进行了分级，其分级标准见表 3-4。经过 30 年，耕地土壤理化性质发生了较大变化，有的分级标准与目前的耕地土壤现状已不相符。以陕西省土壤有效磷为例，全国第二次土壤普查分级标准最大级别含量为 40mg/kg，当时大于 20mg/kg 的面积仅占全省耕地面积 1.49%。而时至今日，据陕西省 7 713 个土样检测数据显示，全省的有效磷平均含量为 17.8mg/kg，其中含量大于 20mg/kg 的耕地面积占全省耕地面积的 29.9%。因此，本次评价在全国第二次土壤普查土壤理化性质分级标准的基础上进行了修订。

表 3-4 全国第二次土壤普查土壤理化性质分级标准

分级标准	一级	二级	三级	四级	五级	六级	七级
有机质（g/kg）	>40	30～40	20～30	10～20	6～10	<6	
全氮（g/kg）	>2	1.5～2	1.5～1.0	1～0.75	0.5～0.75	<0.5	
有效磷（mg/kg）	>40	20～40	10～20	5～10	3～5	<3	
速效钾（mg/kg）	>150	120～150	90～120	60～90	30～60	<30	

（续）

分级标准	一级	二级	三级	四级	五级	六级	七级
有效硼（mg/kg）	>200	150～200	100～150	50～100	30～50	<30	
有效钼（mg/kg）	>2.0	1.0～2.0	0.5～1.0	0.2～0.5	<0.2		
有效锰（mg/kg）	>0.3	0.2～0.3	0.15～0.2	0.1～0.15	<0.1		
有效锌（mg/kg）	>30	15～30	5～15	1～5	<1		
有效铜（mg/kg）	>3.0	1.0～3.0	0.5～1.0	0.3～0.5	<0.3		
有效铁（mg/kg）	>1.8	1.0～1.8	0.2～1.0	0.1～0.2	<0.1		
有效硅（mg/kg）	>230	115～230	70～115	25～70	<25		
pH	>9	8.5～9	7.5～8.5	6.5～7.5	5.5～6.5	4.5～5.5	<4.5

（一）制定原则

一是与第二次土壤普查分级标准衔接，在保留原全国分级标准的级别值基础上，对其中一个级别进行细分，以便于资料的纵向、横向比较。二是级别值的细分以及向上或向下延伸，要有依据，需综合考虑作物需肥的关键值、养分丰缺指标等。三是各级别的幅度要考虑均衡，幅度大小基本一致。

（二）主要性状分级标准

首先，对评价区域所有土壤养分及相关指标进行了数理统计分析，计算了各指标的平均值、中位数、最大值、最小值和标准差等统计参数（表 3-5）。以此为依据，同时参考相关已有的分级标准，并结合当前区域土壤养分的实际状况、丰缺指标和生产需求，确定科学合理的养分分级标准（表 3-6）。

表 3-5　西北区耕地土壤主要性状描述性统计

项目	单位	平均值	中位数	最大值	最小值	标准差
pH	—	8.12	8.20	9.40	5.00	0.49
有机质	g/kg	14.99	13.70	65.80	1.30	7.08
全氮	g/kg	0.91	0.82	4.28	0.05	0.48
碱解氮	mg/kg	70.77	63.00	448.30	1	34.80
有效磷	mg/kg	16.00	13.30	200.00	2.20	10.79
速效钾	mg/kg	169	156	606	17	67
缓效钾	mg/kg	969	943	2 864	87	384
有效锰	mg/kg	10.90	8.50	112.86	0.10	9.33
有效钼	mg/kg	0.43	0.19	32.56	0.001	1.32
有效铜	mg/kg	1.43	1.13	49.40	0.01	1.52
有效铁	mg/kg	10.70	8.60	95.10	0.01	8.22
有效锌	mg/kg	1.08	1.05	29.18	0.005	0.97
有效硼	mg/kg	0.94	0.67	86.00	0.006	1.00
有效硅	mg/kg	163.3	144.0	811.2	0.1	98.5

表 3-6　西北区耕地土壤养分指标分级

项目	单位	分级标准					
		一级	二级	三级	四级	五级	六级
有机质	g/kg	>30	20～30	15～20	10～15	6～10	<6
全氮	g/kg	>1.50	1.25～1.50	1.00～1.25	0.75～1.00	0.50～0.75	<0.50
有效磷	mg/kg	>40	25～40	20～25	15～20	10～15	<10
速效钾	mg/kg	>200	150～200	120～150	100～120	80～100	<80
缓效钾	mg/kg	>1 500	1 200～1 500	900～1 200	750～900	500～750	<500
有效铜	mg/kg	>1.8	1.5～1.8	1～1.5	0.5～1.0	0.2～0.5	<0.2
有效锌	mg/kg	>3.0	1.5～3	1.0～1.5	0.5～1.0	0.3～0.5	<0.3
有效铁	mg/kg	>20	15～20	10～15	4.5～10	2.5～4.5	<2.5
有效锰	mg/kg	>30	20～30	15～20	10～15	5～10	<5
有效硼	mg/kg	>2.0	1.5～2.0	1.0～1.5	0.5～1.0	0.2～0.5	<0.2
有效钼	mg/kg	>0.30	0.25～0.30	0.20～0.25	0.15～0.20	0.10～0.15	<0.10
有效硅	mg/kg	>300	200～300	150～200	100～150	50～100	<50

第三节　数据库建立

西北区耕地资源数据库建设工作，是区域耕地质量评价的重要内容之一，是实现评价成果资料统一、标准化以及综合农业信息资料共享的重要基础。耕地资源信息数据库是对西北区的土地利用现状调查、第二次土壤普查的土壤及相关资料、地形地貌、气候资料、耕地质量评价采集的土壤物理及化学分析成果的汇总，是集空间数据库和属性数据库的存储、管理、查询、分析、显示为一体的数据库，实现数据的更新，快速、有效地检索，可以为各级决策部门提供信息支持，也将大大提高耕地资源管理及应用水平。

一、建库主要流程

西北区域耕地资源信息数据库建设流程涉及到资料收集、资料整理与预处理、数据采集、属性数据输入、数据入库 5 个工作阶段。

资料收集阶段：为满足建库工作的需要，收集了西北六省（自治区）的电子版 1∶50 万或 1∶100 万比例尺土地利用现状图、土壤图、行政区划图、地貌图等。区域内的调查点位图及相应的点位属性表。

资料整理与预处理阶段：为提高数据库建设的质量，按照统一化和标准化的要求，对收集的资料进行了规范化检查与处理。

首先，对西北各省（自治区）提供数据资料按照区域汇总和数据库建设的要求规范化处理点、线、面等要素的内容。其次是对图片格式的资料进行配准并数字化、投影变换等一系列操作。第三是对各省（自治区）点位属性表中的属性内容，在本省系统甄别养分异常值的基础上，对各省的采样点位重号、采样点位图中的点位数与点位属性表中的点位数的一致性等内容进行了系统检查和处理。最后成图，由于西北区域跨度较大，地图的投影和中央子午线选择各省（自治区）也不一致。为使本区的编图符合数据库建设要求，参照国家西北区地理底图的投影和中央子午线参数，确定西北区坐标系及投影参数，通过进一步编辑，形成西北区系列成果图。

在属性数据输入阶段，依据耕地资源管理数据库的数据字典等资料，对所有成果图按相关要求输入属性代码和相关的属性内容。

在数据入库阶段，在所有矢量数据和属性数据质量检查和有关问题处理后，进行属性数据库与空间数据库联接处理，按照有关要求形成所有成果的数据库。

二、建库依据及平台

数据库建设主要是依据和参考县域耕地资源管理信息系统数据字典、耕地质量调查与质量评价技术规程，以及有关西北区汇总技术要求完成的。

建库工作采用 ArcGIS 平台，对电子版资料进行点、线、面文件的规范化处理和编辑处理，将所有建库资料首先配准到省级 1∶100 万地理底图上，最后配准到西北区 1∶100 万地理底图框上。对纸介质或图片格式的资料，进行扫描处理，将所有资料配准到省级 1∶100 万地理底图上，进行点、线、面分层矢量化处理和拓扑处理，最后配准到西北区 1∶100 万地理底图框上。空间数据库成果为 ArcGIS 点、线、面格式的文件，属性数据库成果为 Excel 格式。最后将数据库资料在 ArcGIS 平台上运行。

三、建库引用标准

GB 2260—2002　中华人民共和国行政区划代码

NY/T 1634—2008　耕地地力调查与质量评价技术规程

NY/T309—1996　全国耕地类型区、耕地质量等级划分标准

NY/T310—1996　全国中低产田类型划分与改良技术规范

GB/T 17296—2000　中国土壤分类与代码

GB/T 13989—1992　国家基本比例尺地形图分幅与编号

GB/T 13923—1992　国土基础信息数据分类与代码

GB/T 17798—1999　地球空间数据交换格式

9. GB 3100—1993　国际单位制及其应用

GB/T 16831—1997　地理点位置的纬度、经度和高程表示方法

GB/T 10113—2003　分类编码通用术语

中国农业出版社　县域耕地资源管理信息系统数据字典

四、建库资料核查

数据资料核查：主要对项目区域点位属性表资料的属性结构、属性内容、土样化验数据值进行核查。重点核查土壤采样点位编号有否重号，采样点位图编号与采样点位属性表编号是否点位数量一致等。通过核查修正，进一步提高数据资料质量。核查主要依据耕地质量评价数据审查标准和有关技术要求进行。

图件资料核查：图件资料重点核查原始图件坐标系是否符合西北区坐标系的编图要求，图件内容是否符合区域汇总和数据库建设的要求等。首先由各省（自治区）提供满足西北区

区域汇总要求的基础图件资料，由建库单位将所有的图件均打印输出成纸介质图，依据数据库建设要求进行核查，对发现的问题，依据有关技术标准及时处理，或与各省协商处理，以使核查后的图件资料满足地理底图编制和区域汇总的有关要求。

五、空间数据库建立

（一）空间数据库内容

空间数据库建设基础图件包括土地利用现状图、行政区划图、土壤图、地貌图、耕地质量调查点位图、≥10℃有效积温和降水量分布图、耕地质量评价等级图、土壤养分系列图等21幅，见表3-7。

表3-7　西北区空间数据库主要图件

序号	成果图名称	比例尺
1	西北区土壤图	1∶100万
2	西北区行政区划图	1∶100万
3	西北区土地利用现状图	1∶100万
4	西北区地貌图	1∶100万
5	西北区≥10℃有效积温分布图	1∶100万
6	西北区降水量图	1∶100万
7	西北区耕地质量调查点点位图	1∶100万
8	西北区耕地质量评价等级图	1∶100万
9	西北区耕地土壤pH分布图	1∶100万
10	西北区耕地土壤有机质含量分布图	1∶100万
11	西北区耕地土壤全氮含量分布图	1∶100万
12	西北区耕地土壤有效磷含量分布图	1∶100万
13	西北区耕地土壤速效钾含量分布图	1∶100万
14	西北区耕地土壤缓效钾含量分布图	1∶100万
15	西北区耕地土壤有效硅含量分布图	1∶100万
16	西北区耕地土壤有效锌含量分布图	1∶100万
17	西北区耕地土壤有效硼含量分布图	1∶100万
18	西北区耕地土壤有效铜含量分布图	1∶100万
19	西北区耕地土壤有效铁含量分布图	1∶100万
20	西北区耕地土壤有效钼含量分布图	1∶100万
21	西北区耕地土壤有效锰含量分布图	1∶100万

（二）各地理要素图层的建立

考虑建库及相关图件编制的需要，将空间数据库图层分为：地理底图、点位图、土地利用现状图、地貌图、气象及土壤养分等专题图。

地理底图：按照空间数据库建设的分层原则，所有成果图的空间数据库均采用同一地理底图，即地理底图的要素主要有县级行政区划、县行政驻地、西北区水系、国道、高速公路及铁路等要素。

土地利用现状图、地貌图，气象、耕地土壤养分等专题图，则是分别在地理底图的基础上增加了各专题要素。

（三）空间数据库比例尺、投影和空间坐标系

依据国家测绘部门 1∶100 万省级数字地理底图的坐标系，西北各省（自治区）的 1∶100 万数字地理底图投影和空间坐标系不统一。为满足西北区耕地质量评价和数据库建设的需要，西北区各专题地图采用国家测绘部门西北区的空间坐标系，见表 3-8。为保证西北区各图件等所有资料的坐标系统一，首先按照表 3-6 中的参数形成西北区理论坐标图框，将原各省（自治区）土壤图、土地利用现状图等或纸介质扫描后的所有资料配准到西北区的空间坐标系中。西北区成果图比例尺为 1∶100 万，投影方式为兰勃特正轴圆锥投影，坐标系为 1980 年西安坐标系，高程系统采用 1985 年国家高程系。

表 3-8　西北区 1∶100 万数字地图空间坐标系

比例尺	投影方式	投影原点经度	投影原点纬度	标准割纬度 1	标准割纬度 2	假东偏移	假北偏移
1∶100 万	兰勃特正轴圆锥投影	95°00′00″	30°00′00″	25°00′00″	47°00′00″	0.00	0.00

六、属性数据库建立

（一）属性数据库内容

属性数据库内容是按照耕地资源管理信息系统数据字典和项目相关属性代码标准要求来填写的。在数据字典中对属性数据库各数据项的规定包括字段代码、字段名称、字段短名、英文名称、释义、数据类型、数据来源、量纲、数据长度、小数位、取值范围、备注等内容。

（二）属性数据库导入

属性数据导入主要采用外挂数据库的方法进行。通过空间数据与属性数据的相同关键字段进行属性连接。在具体工作中，先在编辑或矢量化空间数据时，建立面要素层和点要素层的统一赋值 ID 号。在 Excel 表中第一列为 ID 号，其他列按照属性数据项格式内容填写，最后统一属性。

（三）属性数据库格式

属性数据库前期存放在 Excel 表格中，后期通过外挂数据库的方法，在 ArcGIS 平台上与空间数据库进行连接。

第四节　耕地质量等级评价方法

一、评价原理

耕地质量是由立地条件、气候因素、土壤理化性状及农田管理等综合因素构成的耕地生

产能力。耕地质量评价是选取耕地质量的主要影响因子，并通过层次分析法给各影响因子赋予一定的权重，利用特尔斐（Delphi）法构建各影响因子隶属函数，应用综合指数法划分耕地质量等级的过程。通过耕地质量评价可以掌握区域耕地质量状况及分布，摸清影响区域耕地生产的主要障碍因素，提出有针对性的对策措施与建议，对进一步加强耕地质量建设与管理，保障国家粮食安全和农产品有效供给具有十分重要的意义。

二、评价原则

主要依据以下5个方面的原则进行评价。

1. 综合因素研究与主导因素分析相结合原则　耕地是一个自然经济综合体，耕地质量也是各类要素的综合体现，因此对耕地质量的评价应涉及耕地自然、气候、管理等诸多要素。所谓综合因素研究是指对耕地土壤立地条件、气候因素、土壤理化性状、土壤管理、障碍因素等相关社会经济因素进行综合全面的研究、分析与评价，以全面了解耕地质量状况。主导因素是指对耕地质量起决定作用的、相对稳定的因子，在评价中应着重对其进行研究分析。只有把综合因素与主导因素结合起来，才能对耕地质量做出更加科学的评价。

2. 共性评价与专题研究相结合原则　西北区耕地利用存在水浇地、旱地等多种类型，土壤理化性状、环境条件、管理水平不一，因此，其耕地质量水平有较大的差异。一方面，考虑区域内耕地质量的系统性、可比性，应在不同的耕地利用方式下，选用统一的评价指标和标准，即耕地质量的评价不针对某一特定的利用方式。另一方面，为了解不同利用类型耕地质量状况及其内部的差异，将来可根据需要，对有代表性的主要类型耕地进行专题性深入研究。通过共性评价与专题研究相结合，可使评价和研究成果具有更大的应用价值。

3. 定量评价和定性评价相结合的原则　耕地系统是一个复杂的灰色系统，定量和定性要素共存，相互作用，相互影响。为了保证评价结果的客观合理，宜采用定量和定性评价相结合的方法。首先，应尽量采用定量评价方法，对可定量化的评价指标如有机质等养分含量、有效土层厚度等按其数值参与计算。对非数量化的定性指标如耕层质地、地貌类型等则通过数学方法进行量化处理，确定其相应的指数，以尽量避免主观人为因素影响。在评价因素筛选、权重确定、隶属函数建立、等级划分等评价过程中，尽量采用定量化数学模型，在此基础上充分运用人工智能与专家知识，做到定量与定性相结合，从而保证评价结果准确合理。

4. 采用GPS和GIS技术的自动化评价方法原则　自动化、定量化的评价技术方法是当前耕地质量评价的重要方向之一。近年来，随着计算机技术，特别是GIS技术在耕地评价中的不断发展和应用，基于GIS技术进行自动定量化评价的方法已不断成熟，使评价精度和效率都大大提高。本次评价工作采用GPS数据采集和更新耕地资源现状信息，通过数据库建立、评价模型与GIS空间叠加等分析模型的结合，实现了评价流程的全程数字化、自动化，在一定程度上代表了当前耕地评价的最新技术方向。

5. 可行性与实用性原则　从可行性角度出发，西北区耕地质量评价的主要基础数据为区域内各项目县的耕地地力评价成果。应在核查区域内项目县耕地质量各类基础信息的基础上，最大程度利用项目县原有数据与图件信息，以提高评价工作效率。从实用性角度出发，为确保评价结果科学准确，评价指标的选取应从大区域尺度出发，切实针对区域实际特点，体现评价实用目的，使评价成果在耕地资源的利用管理和粮食作物生产中发挥切实指导作用。

三、评价流程

整个评价工作可分为 3 个方面，按先后的次序分别如下。

1. 资料工具准备及评价数据库建立 根据评价的目的、任务、范围、方法，收集准备与评价有关的各类自然及社会经济资料，进行资料的分析处理。选择适宜的计算机硬件和 GIS 等分析软件，建立耕地质量评价基础数据库。

2. 耕地质量评价 划分评价单元，选取影响耕地质量的关键因素并确定权重，选择相应评价方法，制订评价标准，确定耕地质量等级。

3. 评价结果分析 依据评价结果，统计各等级耕地面积，编制耕地质量等级分布图。分析耕地存在的主要障碍因素，提出耕地资源可持续利用的对策措施与建议。

评价具体工作流程如图 3-1 所示。

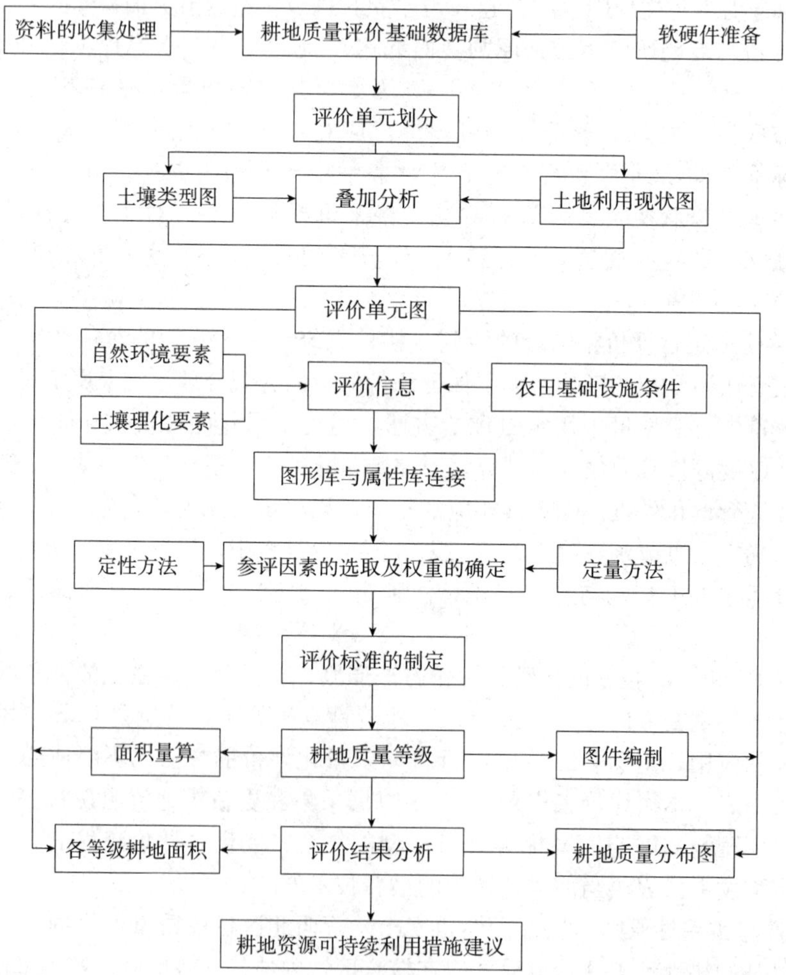

图 3-1 西北区耕地质量评价流程

四、评价单元确定

（一）评价单元划分原则

评价单元是由对耕地质量具有关键影响的各要素组成的空间实体，是耕地质量评价的最基本单位、对象和基础图斑。同一评价单元内的耕地自然基本条件、个体属性和经济属性基本一致。不同评价单元之间，既有差异性，又有可比性。耕地质量评价就是要通过对每个评价单元的评价，确定其地力等级，把评价结果落实到实地。因此，评价单元划分的合理与否，直接关系到评价结果的正确性及工作量的大小。进行评价单元划分时应遵循以下原则。

1. 因素差异性原则　影响耕地质量的因素很多，但各因素的影响程度不尽相同。在某一区域内，有些因素对耕地质量起决定性影响，区域内变异较大；而另一些因素的影响较小，且指标值变化不大。因此，应结合实际情况，选择在区域内分异明显的主导因素作为划分评价单元的基础，如土壤条件、地貌特征等。

2. 相似性原则　评价单元内部的自然因素、社会因素和经济因素应相对均一，单元内同一因素的分值差异应满足相似性统计检验。

3. 边界完整性原则　耕地质量评价单元要保证边界闭合，形成封闭的图斑，同时对面积过小的零碎图斑应进行适当归并。

（二）评价单元的建立

目前，对耕地评价单元的划分常见有以下几种类型：一是基于单一专题要素类型的划分。如以土壤类型、土地利用类型、地貌类型划分等。该方法相对简便有效，但在多因素均呈较大变异的情况下，其单元的代表性有一定偏差；二是基于行政区划单元的划分。以行政区划单元作为评价单元，便于对评价结果的行政区分析与管理，但对耕地自然属性的差异性反映不足；三是基于地理区位的差异，以方里网、栅格划分。该方法操作简单，但网格或栅格的大小直接影响评价的精度及工作量；四是基于耕地质量关键影响因素的组合叠置方法进行划分。该方法可较好反映耕地自然与社会经济属性的差异，有较好的代表性，但操作相对较为复杂。

考虑评价区域的地域面积、气候因素、土壤属性及农田管理的差异性，本次耕地质量评价中评价单元的划分采用土壤图、土地利用现状图和行政区划图的组合叠置划分法，相同土壤单元、土地利用现状类型及行政区的地块组成一个评价单元，即“土地利用现状类型—土壤类型—行政区划”的格式。为了保证土地利用现状的现势性，基于野外实地调查，对耕地利用现状进行了修正。同一评价单元内的土壤类型相同，利用方式相同，所属行政区相同，交通、水利、经营管理方式等基本一致。用这种方法划分评价单元，可以反映单元之间的空间差异性，既使土地利用类型有了土壤基本性质的均一性，又使土壤类型有了确定的地域边界线，使评价结果更具综合性、客观性，可以较容易地将评价结果落到实地。

通过图件的叠置和检索，本次西北区耕地质量评价共划分评价单元 628 465 个，并编制形成了评价单元图。

（三）评价单元赋值

影响耕地质量的因子较多，如何准确地获取各评价单元评价信息是评价中的重要一环。

鉴于此，评价过程中舍弃了人工输入参评因子值的传统方式，而采取将评价单元与各专题图件叠加采集各参评因素的方法。具体的做法为：①按唯一标识原则为评价单元编号；②对各评价因子进行处理，生成评价信息空间数据库和属性数据库，对定性因素进行量化处理，对定量数据插值形成各评价因子专题图；③将各评价因子的专题图分别与评价单元图进行叠加；④以评价单元为依据，对叠加后形成的图形属性库进行“属性提取”操作，以评价单元为基本统计单位，按面积加权平均汇总各评价单元对应的所有评价因子的分值。

本次评价构建了由地貌类型、海拔、耕层质地、降水量、有效积温、有效土层厚度、剖面土体构型耕层含盐量、有机质、有效磷、灌溉保证率和林网覆盖度等12个参评因素组成的评价指标体系，将各因素赋值给评价单元的具体做法为：①地貌类型等因子均有各自的专题图，直接将专题图与评价单元图进行叠加获取相关数据；②灌溉保证率、剖面土体构型、耕层质地和林网覆盖度等定性因子，采用“以点代面”方法，将点位中的属性联入评价单元图；③有机质、有效磷、有效土层厚度和耕层土壤含盐量等定量因子，采用空间插值法将点位数据转为栅格数据，再叠加到评价单元图上；④海拔是通过西北区的DEM与评价因子叠加提取各评价单元的海拔；降水、有效积温等气候因子是西北区气象数据插值与评价单元叠加将值赋给评价单元。

经过以上步骤，得到以评价单元为基本单位的评价信息库。单元图形与相应的评价属性信息相连，为后续的耕地质量评价奠定了基础。

五、评价指标权重确定

在耕地质量评价中，需要根据各参评因素对耕地质量的贡献确定权重。权重确定的方法很多，有定性方法和定量方法。综合目前常用方法的优缺点，层次分析法（AHP）同时融合了专家定性判读和定量方法特点，是在定性方法基础上发展起来的定量确定参评因素权重的一种系统分析方法。这种方法可将人们的经验思维数量化，用以检验决策者判断的一致性，有利于实现定量化评价，是一种较为科学的权重确定方法。本次评价采用了特尔斐（Delphi）法与层次分析法（AHP）相结合的方法确定各参评因素的权重。首先采用特尔斐（Delphi）法，由专家对评价指标及其重要性进行赋值。在此基础上，以层次分析法计算各指标权重。层次分析法的主要流程如下。

（一）建立层次结构

首先，以耕地质量作为目标层；其次，按照指标间的相关性、对耕地质量的影响程度及方式，将12个指标划分为五组作为准则层：第一组气候条件包括积温与降水。第二组立地条件包括地形地貌和海拔；第三组剖面性状包括剖面土体构型和有效土层厚度；第四组土壤管理包括林网覆盖度和灌溉保证率；第五组土壤理化性状包括有机质、有效磷、质地和含盐量；最后，以准则层中的指标项目作为指标层。从而形成层次结构关系模型。

（二）构造判断矩阵

根据专家经验，确定准则层（C层）对目标层（G层），及A层（指标层）对C层（准则层）的相对重要程度，共构成A、C1、C2、C3、C4及C5共6个判断矩阵，并通过一致性检验（表3-9至表3-14）。

表 3-9　西北区耕地评价目标层判断矩阵

层次分析模型	土壤管理	理化性状	立地条件	剖面性状	气候条件	权重
土壤管理	1.000 0	1.000 0	1.000 0	1.126 8	0.842 1	0.197 0
理化性状	1.000 0	1.000 0	1.000 0	1.126 8	0.842 1	0.197 0
立地条件	1.000 0	1.000 0	1.000 0	1.126 8	0.842 1	0.197 0
剖面性状	0.887 5	0.887 5	0.887 5	1.000 0	0.747 4	0.174 9
气候条件	1.187 5	1.187 5	1.187 5	1.338 0	1.000 0	0.234 0

特征向量：[0.197 0 0.197 0 0.197 0 0.174 9 0.234 0]，CR=0.000 004 8<0.1，一致性检验通过表明，此判断矩阵权重分配合理。

表 3-10　土壤管理准则层判断矩阵

土壤管理	林网覆	保证率	权重
林网覆	1.000 0	0.527 8	0.345 5
保证率	1.894 7	1.000 0	0.654 5

特征向量：[0.345 5 0.654 5]，CR=0<0.1，一致性检验通过表明，此判断矩阵权重分配合理。

表 3-11　立地条件准则层判断矩阵

立地条件	海拔	地貌类	权重
海拔	1.000 0	0.707 5	0.414 4
地貌类型	1.413 3	1.000 0	0.585 6

特征向量：[0.414 4 0.585 6]，CR=0<0.1，一致性检验通过表明，此判断矩阵权重分配合理。

表 3-12　剖面性状准则层判断矩阵

剖面性状	有效土层厚度	剖面土体构型	权重
有效土层厚度	1.000 0	1.253 2	0.556 2
剖面土体构型	0.798 0	1.000 0	0.443 8

特征向量：[0.556 2 0.443 8]，CR=0<0.1，一致性检验通过表明，此判断矩阵权重分配合理。

表 3-13　气候条件准则层判断矩阵

气候条件	积温	降水量	权重
积温	1.000 0	0.968 8	0.492 1
降水量	1.032 3	1.000 0	0.507 9

特征向量：[0.492 1 0.507 9]，CR=0<0.1，一致性检验通过表明，此判断矩阵权重分配合理。

表 3-14 土壤理化性质准则层判断矩阵

理化性状	含盐量	有机质	有效磷	质地	权重
含盐量	1.000 0	0.792 1	1.095 9	1.066 7	0.243 2
有机质	1.262 5	1.000 0	1.383 6	1.346 7	0.307 0
有效磷	0.912 5	0.722 8	1.000 0	0.973 3	0.221 9
质地	0.937 5	0.742 6	1.027 4	1.000 0	0.228 0

特征向量：[0.243 2 0.307 0 0.221 9 0.228 0]，CR=0.000 015<0.1，一致性检验通过表明，此判断矩阵权重分配合理。

（三）各因子权重确定

根据层次分析法的计算结果，同时结合专家经验进行适当调整，最终确定了西北区耕地质量评价各参评因子的权重（表 3-15）。

表 3-15 西北区耕地质量评价因子权重

指标	权重	指标	权重	指标	权重	指标	权重
林网覆盖度	0.068 1	有机质	0.060 5	海拔	0.081 6	剖面土体构型	0.077 6
灌溉保证率	0.129 0	有效磷	0.043 7	地貌类型	0.115 4	积温	0.115 1
土壤含盐量	0.047 9	耕层土壤质地	0.044 9	有效土层厚度	0.097 3	降水量	0.118 9

六、评价指标的处理

获取的评价资料可以分为定量和定性两大类指标。对于定性指标的隶属度或定量指标的隶属函数的确定是评价过程的关键环节。评价过程需要在确定各评价因素的隶属度或隶属函数基础上，计算各评价单元分值，从而确定耕地质量等级。

（一）定性指标

为了采用定量化的评价方法和自动化的评价手段，减少人为因素的影响，需要对其中的定性因素进行定量化处理，根据各因素对耕地质量级别状况的影响赋予其相应的分值或数值。本次评价采用的定性指标主要有地貌类型、耕层质地、林网覆盖度、剖面土体构型等描述性的因素。通过特尔菲法直接给出各定性指标的隶属度，见表 3-16。

表 3-16 定性指标专家分值

耕层质地	砂土	壤土	黏壤土	黏土		
隶属度	0.2	1	0.85	0.5		
灌溉保证率	100	80	60	40	20	0
隶属度	1.00	0.9	0.60	0.40	0.3	0.3
林网覆盖度	好	一般	差	无		
隶属度	1	0.7	0.5	0.3		

（续）

剖面土体构型	薄层型	海绵性	夹层型	紧实型	上紧下松型	上松下紧型	松散型		
隶属度	0.3	1	0.7	0.8	0.6	0.9	0.4		
地貌类型	极高山	流动沙地	高山	半固定沙地	中山	固定沙地	河漫滩	黄土峁梁	低山
隶属度	0.1	0.2	0.3	0.4	0.5	0.55	0.6	0.6	0.65
地貌类型	低山	高丘陵	黄土坪	低丘陵	高平原	高台地	黄土塬	高阶地	黄土塬
隶属度	0.65	0.7	0.7	0.75	0.8	0.8	0.8	0.85	0.85
地貌类型	低台地	河谷	低阶地	冲积平原	洪积平原	风蚀地	其他平原		
隶属度	0.9	0.9	0.95	1	0.85	0.15	0.8		

（二）定量指标

此次评价定量的指标主要有土壤有机质、有效磷、有效土层厚度、积温、降水、海拔、耕层土壤含盐量等，均用数值表示其指标状态。应用DELPHI法划分各参评因素的实测值，根据各参评因素实测值对耕地地力及作物生长的影响进行评估，确定其相应的分值，为建立各因素隶属函数奠定基础，如表3-17所示。

表3-17　定量指标的赋值处理

有机质（g/kg）	>25	20	18	15	12	10	5		
分值	1	0.9	0.8	0.6	0.4	0.3	0.1		
有效磷（mg/kg）	25	20	18	15	12	10	5		
分值	1.00	0.9	0.8	0.6	0.4	0.3	0.1		
有效土层厚度（cm）	120	100	80	70	60	50	40	30	10
分值	1.00	1.00	0.85	0.8	0.75	0.7	0.5	0.3	0.1
积温（℃）	4 500	4 000	3 500	3 000	2 500	2 000	1 500	1 000	
分值	1.00	0.9	0.8	0.6	0.4	0.3	0.2	0.1	
海拔（m）	2 500	2 000	1 500	1 000	700	500			
分值	0.1	0.3	0.5	0.7	0.9	1			
含盐量（%）	0.1	0.2	0.4	0.6	0.8	1	1.5		
分值	0.85	0.7	0.5	0.35	0.25	0.15	0.1		
降水量（mm）	800	700	600	500	400	300	200	100	50
分值	1.00	0.90	0.8	0.7	0.55	0.4	0.3	0.2	0.1

通过模拟共得到戒上型和戒下型两种类型的隶属函数，其中，对土壤有机质、有效磷、有效土层厚度、降水量与有效积温等指标构建了戒上型函数；对耕层土壤含盐量与海拔构建了戒下型隶属函数，然后根据隶属函数计算各参评因素的单因素评价评语。各数值型指标构建的隶属函数图与隶属函数如图3-2与表3-18所示。

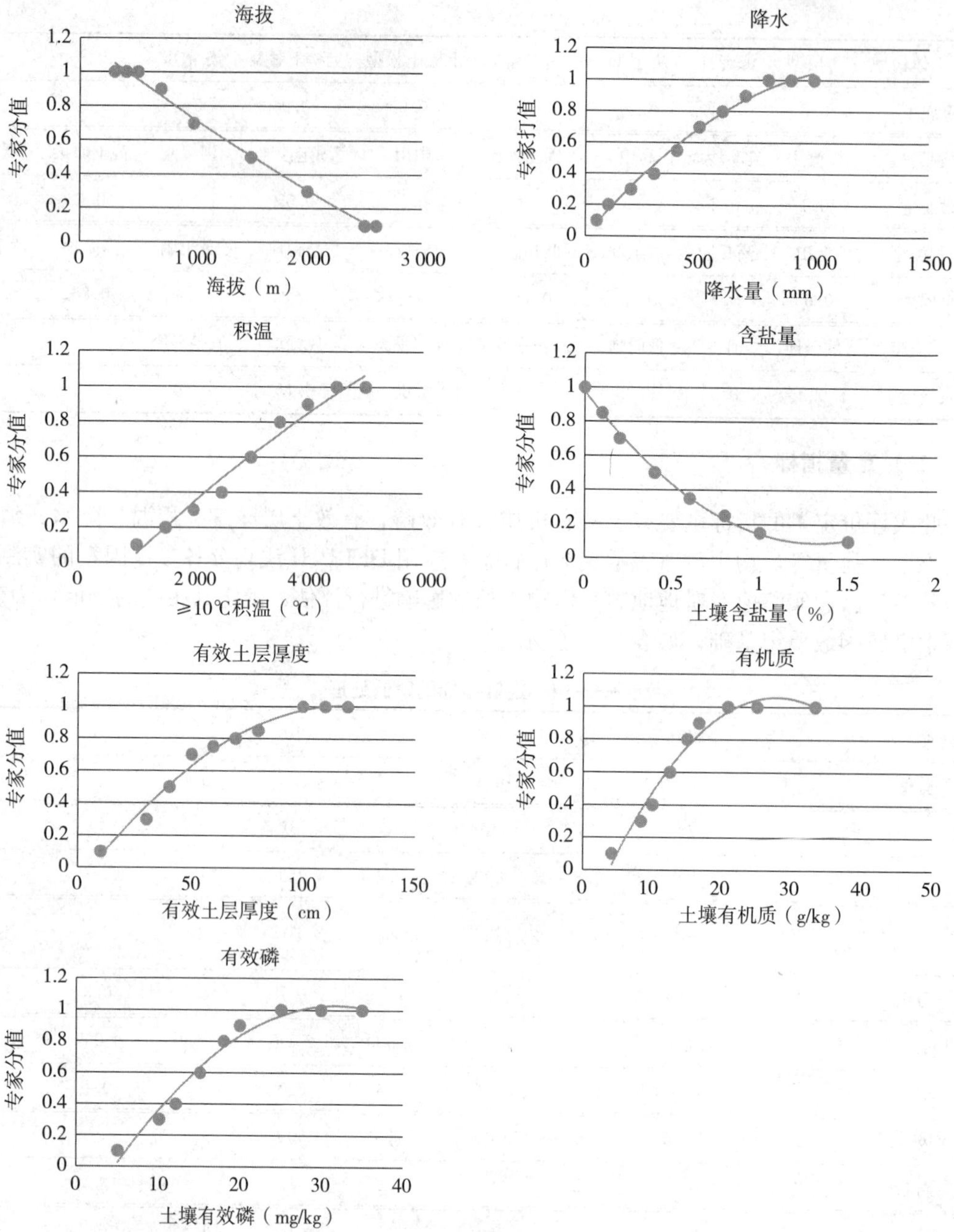

图 3-2　数值型指标隶属函数

表 3-18　参评定量因素类型及其隶属函数

函数类型	参评因素	隶属函数	a	c	U_1	U_2
戒下型	海拔	$y=1/[1+a(u-c)^2]$	1.80E-06	983	983	3 104
戒下型	含盐量	$y=1/[1+a(u-c)^2]$	3.994 364	−0.10	−0.1	1.39
戒上型	有机质	$y=1/[1+a(u-c)^2]$	0.012 795	22.88	0.04	19.89
戒上型	有效磷	$y=1/[1+a(u-c)^2]$	0.012 795	22.88	0.40	19.89

（续）

函数类型	参评因素	隶属函数	a	c	U_1	U_2
戒上型	积温	$y=1/[1+a(u-c)^2]$	7.40E-07	3 672	672	3 672
戒上型	降水量	$y=1/[1+a(u-c)^2]$	1.33E-05	599	2.45	595
戒上型	有效土层厚度	$y=1/[1+a(u-c)^2]$	0.000 288	135	1.2 E-3	114

七、耕地质量等级确定

（一）计算耕地质量综合指数

用指数和法确定耕地质量的综合指数，具体公式为：

$$IFI = \sum F_i \times C_i$$

式中：IFI（Integrated Fertility Index）代表耕地质量综合指数；F 为第 i 个因素的评语（隶属度）；C_i 为第 i 个因素的组合权重。

（二）确定最佳的耕地质量等级数目

首先根据所有评价单元的综合指数，形成耕地质量综合指数分布曲线图，然后根据等距方法划分耕地质量等级。将西北区耕地质量划分为 10 个等级，各等级耕地质量综合指数见表 3-19，耕地质量综合指数分布曲线图见图 3-3。

表 3-19　西北区耕地质量等级综合指数

IFI	≥0.775	0.745～0.775	0.715～0.745	0.685～0.715	0.655～0.685
耕地质量等级	一等	二等	三等	四等	五等
IFI	0.625～0.655	0.595～0.625	0.565～0.595	0.535～0.565	<0.535
耕地质量等级	六等	七等	八等	九等	十等

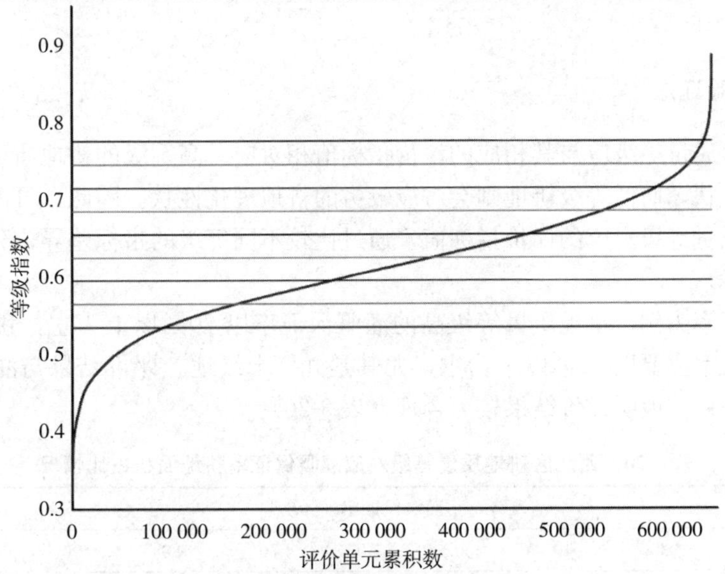

图 3-3　西北区耕地质量综合指数分布图

八、耕地质量等级图编制

为了提高制图的效率和准确性，采用地理信息系统软件 ArcGIS 进行西北区耕地质量等级图及相关专题图件的编绘处理。其步骤为：数字化各类基础图件→数据编辑及预处理→统一坐标系→赋属性→根据属性赋颜色→根据属性加注记→图幅整饰→图件输出。在此基础上，利用软件空间分析功能，将评价单元图与其他图件进行叠加，从而生成其他专题图件。

（一）专题图地理要素底图

专题图的地理要素内容是专题图的重要组成部分，用于反映专题内容的地理分布，也是图幅叠加处理等的重要依据。地理要素的选择应与专题内容相协调，考虑图面的负载量和清晰度，应选择评价区域内基本的、主要的地理要素。以西北区最新的土地利用现状图为基础，进行制图综合处理，选取的主要地理要素包括居民点、交通道路、水系、境界线等及其相应的注记，进而编辑生成与各专题图件要素相适应的地理要素底图。

（二）耕地质量等级图

以耕地质量评价单元为基础，根据各单元的耕地质量评价等级结果，对相同等级的相临评价单元进行归并处理，得到各耕地质量等级图斑。在此基础上，分两个层次进行耕地质量等级的表达：一是颜色表达，即赋予不同耕地质量等级以相应的颜色。二是代号表达，用一等至十等表示不同的耕地质量等级。将评价专题图与以上的地理要素底图复合，通过图幅整饰获得西北区耕地质量等级分布图。

九、评价结果验证方法

为保证评价结果的科学合理，需要对评价形成的耕地质量等级分布等结果进行审核验证，使其符合实际，更好地指导农业生产与管理。具体采用了以下方法进行耕地质量评价结果的验证。

（一）对比验证法

不同的耕地质量等级应与其相应的评价指标值相对应。高等级的耕地质量应体现较为优良的耕地理化性状，而低等级耕地则会对应较劣的耕地理化性状。因此，可汇总分析评价结果中不同耕地质量等级对应的评价指标值，通过比较不同等级的指标差异，分析耕地质量评价结果的合理性。

以灌溉保证率为例，耕地质量等级高的灌溉保证率以 70%以上为主，耕地质量低等级的耕地灌溉保证率主要以 30%以下为主，尤其是九、十级地。评价结果与灌溉保证率指标有较好的对应关系，说明评价结果较为合理（表 3-20）。

表 3-20　西北区耕地质量等级对应灌溉保证率耕地面积占比情况

耕地等级	灌溉保证率（%）									总计
	0	30	40	50	60	70	80	90	100	
一级地	0	4.51	2.61	3.02	2.24	9.1	32.61	45.91	0	100

（续）

耕地等级	灌溉保证率（%）									总计
	0	30	40	50	60	70	80	90	100	
二级地	0.55	6.74	4.69	2.42	3.67	15.7	22.37	43.86	0	100
三级地	1.62	8.18	10.27	1.55	5.36	7.66	16.92	48.44	0	100
四级地	2.61	16.49	17.37	5.23	3.11	12.17	11.32	31.7	0	100
五级地	3.51	21.37	8.33	4.4	4.22	16.15	11.09	30.93	0	100
六级地	7.84	28.82	21.45	5.18	4.36	6.64	6.51	19.17	0.03	100
七级地	11.34	22.02	22.53	4.25	5.78	6.38	8.63	17.57	1.5	100
八级地	12.78	33.24	19.7	3.74	3.83	7.47	6.2	12.93	0.11	100
九级地	21.69	30.83	21.54	5.67	3.04	5.1	4.97	7.14	0.02	100
十级地	22.29	33.89	21.48	2.64	1.77	6.78	5.86	3.93	1.36	100

（二）专家验证法

专家经验的验证也是判定耕地质量评价结果科学性的重要方法。邀请熟悉区域情况及相关专业的专家，会同参与评价的专业人员，共同对评价指标选取、权重确定、等级划分、评价过程及评价结果进行系统的验证。

本次评价先后组织了熟悉西北区情况的土壤学、土地资源学、作物学、植物营养学、地理信息系统等领域的多位专家，以及陕西省、甘肃省、宁夏、青海、新疆和内蒙古等各省（自治区）土肥站的专业技术人员，通过多次专题会议，对评价结果进行验证，确保了评价结果尽可能的符合西北区耕地实际状况。

（三）产量验证

作物产量的高低既受气候、土壤等自然因素的影响，又受投入、管理水平等社会经济因素的影响。通常状况下，高等级质量的耕地一般对应相对较高的作物产量水平；低等级质量的耕地则受限制因素的影响，作物产量水平也相对较低。因此，可将评价结果中各等级耕地对应的农作物调查产量进行对比统计，分析不同等级耕地质量的产量水平。通过产量的差异来判断评价结果是否科学合理。

表 3-21 和图 3-4 为西北区耕地质量等级、各等级综合指数和平均作物产量。可以看出，耕地地力评价的等级结果与作物平均产量具有较好的关联性。高等级地力对应较高的综合指数，同时拥有较高的作物亩产水平。以玉米为例，高等级（1、2、3 等）耕地平均亩产为 750kg，中等级耕地亩产达到 516kg，低等级耕地亩产为 286kg，说明评价结果较好地符合了西北区耕地的实际产量水平，具有较好的科学性和可靠性。

表 3-21　西北区耕地质量等级、综合指数与作物产量

等级	综合指数均值	平均作物亩产（kg）
1	0.790 3	896.56
2	0.759 2	759.49

（续）

等级	综合指数均值	平均作物亩产（kg）
3	0.732 6	601.43
4	0.701 8	566.74
5	0.668 4	523.23
6	0.631 5	460.28
7	0.611 3	382.38
8	0.574 9	326.17
9	0.548 1	246.81
10	0.482 7	189.76

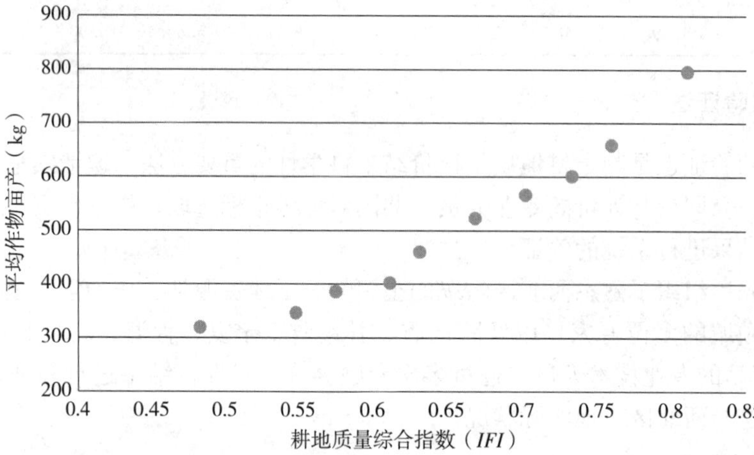

图 3-4 西北区耕地质量综合指数与产量关系

（四）实地验证

以评价得到的耕地地力等级分布图为依据，随机或系统选取各等级耕地的验证样点，逐一到对应的评价地区实际地点进行调查分析，实地获取不同等级耕地的自然及社会经济信息指标数据，通过相应指标的差异，综合分析评价结果的科学合理性。

本次评价的实地验证工作由陕西、甘肃、宁夏、青海、新疆和内蒙古六省（自治区）土肥站分别组织人员展开。首先，根据各个等级耕地的空间分布状况，选取代表性的典型样点，各省每一等级耕地选取 10～15 个样点，进行实地调查并查验相关的土壤理化性状指标及土地利用状况、地貌类型、农田管理情况等。同时，调查近 3 年的作物产量、施肥、灌溉等生产管理情况，查阅土壤有机质、有效磷、速效钾含量等化学性状，通过综合考虑实际土壤环境要素、土壤理化性状及其作物产量等相关信息，分析实地调查和化验分析数据与评价结果各等级耕地属性数据，验证评价结果是否符合实际情况。

以陕西省为例，在不同等级耕地内各选取约 15 个样点进行实地调查，收集样点自然状况、物理性状及社会经济等方面资料，通过比较不同等级耕地间差异性及与评价结果是否相符，验证评价结果是否符合实际情况。

表 3-22 为部分典型样点的实地调查信息对照情况。可以看出，不同等级耕地在地貌类型、耕层质地、剖面土体构型、灌溉保证率及作物产量等方面均表现出明显的差异性，且与不同评价等级特征基本相符。1、2 号样点地类均为水浇地，分布在黄土塬及低阶地地貌类型上，质地均为壤土，海拔相对较低，无盐渍化，具备较好的灌溉条件和土壤物理性状及立地环境，小麦玉米总亩产在 1 000kg 以上，该结果符合评价结果中一、二等地质量特征。3、4 号样点地类为水田和旱地，位于阶地上，质地为黏壤土，也有较好的灌溉条件和立地环境，小麦玉米总亩产在 1 000kg 左右，该结果符合评价结果中三、四等地地力特征。5、6 号样点地类均为旱地，位于黄土塬与低山区，剖面土体构型为夹层型与海绵型，灌溉条件一般，土壤物理性状和立地环境较差，小麦玉米总亩产在 650～700kg 之间，该结果符合评价结果中五、六等地地力特征。7、8 号样点地类为旱地，位于丘陵与黄土峁上，剖面土体构型为薄层型与松散型，海拔较高，灌溉条件较差，粮食亩产在 480kg 左右，符合七、八等地质量特征。9、10 号样点地类也均为旱地，位于黄土峁与高丘陵区，土壤质地为砂土，海拔较高，灌溉条件差，粮食亩产在 350kg 左右。通过对不同等级耕地的土壤物理性状、立地条件及农田基础设施状况等方面的对比，说明评价结果与实地调查结果一致，基本符合实际情况。

表 3-22　陕西省不同等级耕地典型地块实地调查信息

样点编号	评价等级	地点	地类	地貌类型	土类	剖面土体构型	质地	海拔（m）	灌溉保证率	验证作物	作物亩产（kg）
1	一	兴平市	水浇地	黄土塬	褐土	上松下紧型	壤土	410	80	玉米	1 200
2	二	凤翔县	水浇地	低阶地	褐土	海绵型	壤土	600	80	玉米	1 060
3	三	南郑县	水田	低阶地	水稻土	上紧下松型	黏壤土	562	80	玉米	1 050
4	四	洋县	旱地	高阶地	黄棕壤	紧实型	黏壤土	480	70	玉米	900
5	五	商南县	旱地	低山	黄棕壤	夹层型	黏土	780	60	玉米	700
6	六	富县	旱地	黄土塬	黄绵土	海绵型	壤土	1 100	50	玉米	600
7	七	子长县	旱地	丘陵	黄绵土	薄层型	壤土	1 250	30	玉米	500
8	八	佳县	旱地	黄土峁梁	黄绵土	松散型	壤土	1 200	30	玉米	450
9	九	横山县	旱地	黄土峁梁	黄绵土	海绵型	砂土	1 300	0	玉米	380
10	十	定边县	旱地	高丘陵	风沙土	薄层型	砂土	1 400	30	玉米	320

第五节　耕地土壤养分等专题图件编制方法

一、图件编制步骤

对于土壤有机质、全氮、有效磷、速效钾、缓效钾、有效铁、有效锰、有效铜、有效锌、有效硼、有效钼及有效硅等养分数据，首先按照野外实际调查点进行整理，建立了以调查点为记录，以各养分为字段的数据库。在此基础上，进行土壤采样样点图与分析数据库的连接，进而对各养分数据进行插值处理，形成插值图件。然后，按照相应的分级标准划分等级绘制土壤养分含量分布图。

二、图件插值处理

本次绘制图件是将所有养分采样点数据经 ArcGIS 软件处理，利用其空间分析模块功能对各养分数据进行克里金插值，经编辑后得到养分含量分布图。克里金（Kriging）插值法又称空间自协方差最佳插值法，广泛地应用于地下水模拟、土壤制图等领域，是一种地质统计格网化方法。其首先考虑的是空间属性在空间位置上的变异分布，确定对一个待插点值有影响的距离范围，然后用此范围内的采样点来估计待插点的属性值。该方法在数学上可对所研究的对象提供一种最佳线性无偏估计（某点处的确定值）的方法。它是考虑了样点相互间的空间位置等几何特征以及其空间结构特征之后，为达到线性、无偏和最小估计方差的估计，而对每一个样点赋予一定的系数，最后进行加权平均来估计未知点值的方法。克里多插值方法是一种光滑的内插方法，在数据点多时，其内插的结果可信度较高。

在 ArcGIS 中先插值生成西北区养分栅格格式图件，再与评价单元图叠加，转换为矢量格式图件。

三、图幅整饰

对于土壤有机质、pH、土壤大中微量元素含量分布等其他专题要素地图，按照各要素的不同分级分别赋予相应的颜色，标注相应的代号，生成专题图层。之后与地理要素底图复合，编辑处理生成相应的专题图件，并进行图幅的整饰处理。

第四章　耕地质量等级分析

第一节　耕地质量等级

一、耕地质量特征

依据各评价单元耕地质量指数和法（IFI）确定评价单元的耕地质量综合指数，形成耕地质量综合指数分布曲线，然后采用等距离法来确定等级的数目和划分综合指数的临界点，将整个西北区耕地质量划分为十个等级（表 4-1）。

表 4-1　西北区耕地质量等级各级面积与比例（综合指数法）

等级	面积（万 hm^2）	比例（%）
一等地	81.24	4.16
二等地	116.58	5.96
三等地	180.20	9.22
四等地	218.95	11.20
五等地	255.63	13.08
六等地	291.31	14.90
七等地	281.39	14.39
八等地	225.51	11.54
九等地	142.02	7.26
十等地	162.04	8.29
总计	1 954.86	100.00

西北区总耕地面积为 1 954.86 万 hm^2，其中一等地 81.24 万 hm^2，占总耕地的 4.16%；二等地 116.58 万 hm^2，占 5.96%；三等地 180.20 万 hm^2，占 9.22%；四等地 218.95 万 hm^2，占 11.20%；五等地 255.63 万 hm^2，占 13.08%；六等地 291.31 万 hm^2，占 14.90%；七等地 281.39 万 hm^2，占 14.39%；八等地 225.51 万 hm^2，占 11.54%；九等地 142.02 万 hm^2，占 7.26%；十等地 162.04 万 hm^2，占 8.29%。其中，一等地、二等地和三等地为高质量耕地，合计占总耕地面积的 19.34%，四等地、五等地、六等地为中等质量耕地，合计占总耕地面积的 39.18%，七等地、八等地、九等地和十等地为质量较差的耕地，合计占总耕地面积的 41.48%。西北区耕地质量等级的总体特征是，高等级质量的耕地面积所占比例明显较低，而低等级质量的耕地面积所占比例明显较高。

本次评价结果反映出，西北区高、中、低质量等级耕地呈条带状相间分布，部分地区呈交叉或分散分布的特征。高等级耕地主要分布在陕西中部关中平原、陕南盆地、甘肃河西走廊地区、宁夏平原灌区、内蒙古河套平原、新疆天山北麓等地区。低等级耕地主要分布在甘肃中东部、陕西北部、宁夏南部的黄土高原沟壑区、青海东部、内蒙古中部及新疆部分地区。西北区耕地质量等级分布没有明显的随气候带变化特征，也没有明显的地带性规律。从地貌特征来看，西北区一、二、三等地主要分布在冲积平原、洪积平原、黄土塬和低阶地等几种地貌类型上；四、五、六等地主要分布在黄土梁峁、洪积平原和黄土塬，冲积平原和高平原也有较大面积分布，但分布较为分散；七、八、九、十等地主要分布在高平原、高丘陵、中山、高山、高台地及固定和半固定沙地。

二、各省（自治区）耕地质量地域分布特征

对西北区耕地质量等级按照省域进行面积统计，陕西、甘肃、宁夏、青海、内蒙古西部、新疆六省（自治区）的耕地质量各等级面积分布及其占该省（自治区）项目区耕地总面积的比例见表 4-2。

表 4-2　西北区不同省（自治区）各等级耕地面积及比例

地力等级		甘肃	内蒙古西部	宁夏	青海	陕西	新疆
一等地	面积（万 hm^2）	7.62	1.99	2.78	0	44.34	24.51
	所占比例（%）	1.43	0.62	2.15	0	11.12	4.77
二等地	面积（万 hm^2）	17.95	6.94	9.25	0.66	39.73	42.05
	所占比例（%）	3.37	2.16	7.17	1.12	9.96	8.19
三等地	面积（万 hm^2）	29.03	22.10	10.42	0.89	40.18	77.58
	所占比例（%）	5，45	6.87	8.08	1.51	10.07	15.11
四等地	面积（万 hm^2）	43.98	28.66	7.74	3.32	41.01	94.24
	所占比例（%）	8.25	8.91	6.00	5.65	10.28	18.35
五等地	面积（万 hm^2）	69.90	31.08	8.99	3.95	45.91	95.80
	所占比例（%）	13.12	9.66	6.97	6.72	11.51	18.65
六等地	面积（万 hm^2）	99.70	36.17	12.85	5.56	62.57	74.46
	所占比例（%）	18.71	11.24	9.96	9.46	15.69	14.50
七等地	面积（万 hm^2）	114.18	33.54	20.65	6.94	55.89	50.19
	所占比例（%）	21.41	10.43	16.01	11.80	14.01	9.77
八等地	面积（万 hm^2）	93.84	29.76	28.26	9.35	34.14	30.16
	所占比例（%）	17.61	9.25	21.90	15.90	8.56	5.87
九等地	面积（万 hm^2）	41.67	37.95	16.75	9.94	19.05	16.66
	所占比例（%）	7.82	11.80	12.98	16.90	4.78	3.24
十等地	面积（万 hm^2）	15.08	93.49	11.33	18.19	16.04	7.91
	所占比例（%）	2.83	29.06	8.78	30.94	4.02	1.54
合计	面积（万 hm^2）	532.93	321.68	129.01	58.80	398.87	513.57
	所占比例（%）	27.26	16.46	6.60	3.01	20.40	26.27

从各省（自治区）耕地总面积分布来看，甘肃和新疆分别以 523.93 万 hm^2 和 513.57

万 hm^2 的耕地面积，占西北区耕地总面积的 27.26%和 26.27%，位居西北区第一和第二位，陕西和内蒙古西部分别以 20.4%和 16.46%的比例位居第三和第四位，宁夏和青海耕地面积最少，仅占西北区耕地总面积的 6.6%和 3.01%。但从耕地质量等级分布比例来看，陕西和新疆高等级质量耕地面积和比例最多，内蒙古和青海低等级质量耕地面积和比例最多。

甘肃省总耕地面积 532.93 万 hm^2。其中，一、二等地合计 25.27 万 hm^2，占 4.8%；三、四等地合计 73.01 万 hm^2，占 13.7%；五、六等地合计 169.6 万 hm^2，占 31.83%；七、八等地合计 208.02 万 hm^2，占 39.02%；九、十等地合计 57.00 万 hm^2，占 10.13%。

内蒙古西部总耕地面积 321.68 万 hm^2。其中，一、二等地合计 8.93 万 hm^2，占 2.78%；三、四等地合计 50.76 万 hm^2，占 15.78%；五、六等地合计 67.25 万 hm^2，占 20.90%；七、八等地合计 63.3 万 hm^2，占 19.68%；九、十等地合计 131.44 万 hm^2，占 40.86%。

宁夏总耕地面积 129.01 万 hm^2。其中，一、二等地合计 12.03 万 hm^2，占 9.32%；三、四等地合计 18.16 万 hm^2，占 14.08%；五、六等地合计 21.84 万 hm^2，占 16.93%；七、八等地合计 48.91 万 hm^2，占 37.91%；九、十等地合计 28.08 万 hm^2，占 21.76%。

青海省总耕地面积 58.8 万 hm^2。其中，一、二等地合计 0.66 万 hm^2，占 1.12%；三、四等地合计 4.21 万 hm^2，占 7.16%；五、六等地合计 9.51 万 hm^2，占 16.18%；七、八等地合计 16.29 万 hm^2，占 27.7%；九、十等地合计 28.13 万 hm^2，占 47.84%。

陕西省总耕地面积 398.87 万 hm^2。其中，一、二等地合计 84.07 万 hm^2，占 21.08%；三、四等地合计 81.19 万 hm^2，占 20.35%；五、六等地合计 108.48 万 hm^2，占 27.20%；七、八等地合计 90.03 万 hm^2，占 22.57%；九、十等地合计 35.09 万 hm^2，占 8.80%。

新疆总耕地面积 513.57 万 hm^2。其中，一、二等地合计 66.56 万 hm^2，占 12.96%；三、四等地合计 171.82 万 hm^2，占 33.46%；五、六等地合计 170.26 万 hm^2，占 33.15%；七、八等地合计 80.35 万 hm^2，占 15.64%；九、十等地合计 24.57 万 hm^2，占 4.78%。

三、耕地质量在不同土壤类型上的分布

西北区耕地中，主要的土壤类型有黄绵土、栗钙土、潮土、黑垆土、褐土、暗棕壤、草甸土、草甸盐土、草毡土、粗骨土、风沙土、灌漠土、灌淤土、龟裂土、寒钙土、寒漠土、黑钙土、黑土、黑毡土、红土、红黏土、黄褐土、黄棕壤、灰钙土、灰褐土、灰漠土、灰色森林土、灰棕漠土、碱土、冷钙土、栗褐土、林灌草甸土、漠境盐土、泥炭土、山地草甸土、石灰岩、石质土、水稻土、新积土、亚高山草甸土、沼泽土、紫色土、棕钙土、棕漠土、棕壤等五十个土类。不同土壤类型的耕地等级面积分布见表 4-3 至表 4-5。

表 4-3　西北区耕地主要土壤类型质量等级面积与比例（一至三等地）

土类	一等地		二等地		三等地	
	面积（hm^2）	%	面积（hm^2）	%	面积（hm^2）	%
黄绵土	93 233.2	11.10	121 984.9	10.11	136 819.9	7.44
栗钙土	10 454.2	1.24	19 921.3	1.65	85 296.6	4.64
潮土	105 179.9	12.52	161 878.7	13.42	272 509.0	14.81
黑垆土	33 345.5	3.97	59 263.3	4.91	60 777.7	3.30
褐土	233 417.9	27.78	173 041.7	14.35	161 868.8	8.80
草甸土	57 482.9	6.84	89 085.6	7.39	158 242.1	8.60
灰钙土	10 423.3	1.24	48 105.9	3.99	143 273.5	7.79
灌淤土	24 443.9	2.91	73 847.1	6.12	107 093.7	5.82
草甸盐土	37 196.0	4.43	96 836.4	8.03	130 798.8	7.11
风沙土	16 580.8	1.97	28 056.5	2.33	51 335.6	2.79
灰漠土	72 508.5	8.63	80 269.5	6.65	94 762.2	5.15
棕钙土	94.6	0.01	22 817.4	1.89	83 271.6	4.53
新积土	47 209.7	5.62	48 550.6	4.03	41 077.0	2.23
灰褐土	908.8	0.11	4 129.2	0.34	4 280.8	0.23
漠境盐土	14 040.4	1.67	31 309.7	2.60	67 959.2	3.69
灌漠土	27 301.0	3.25	41 911.3	3.47	69 875.5	3.80
黄棕壤	244.7	0.03	5 397.4	0.45	13 275.1	0.72
黑钙土	2.3	0.000 3	2 761.3	0.23	4 031.6	0.22
棕漠土	3 099.6	0.37	14 431.1	1.20	23 160.8	1.26
沼泽土	3 257.0	0.39	5 315.0	0.44	21 129.6	1.15
粗骨土	9 786.9	1.16	2 832.1	0.23	8 905.3	0.48
棕壤	1 365.1	0.16	3 437.1	0.28	1 888.2	0.10
水稻土	8 946.8	1.06	25 790.7	2.14	27 323.5	1.49
红黏土	0.0	0.00	315.7	0.03	2 953.0	0.16
林灌草甸土	1 345.4	0.16	10 934.5	0.91	18 830.6	1.02
黑毡土	0.0	0.00	8.0	0.001	1 430.4	0.08
灰棕漠土	22 971.4	2.73	14 055.6	1.17	26 872.1	1.46
红土	1 770.3	0.21	5 332.5	0.44	7 198.4	0.39
其他土类	3 696.8	0.44	14 594.9	1.21	13 386.5	0.73

表 4-4　西北区耕地主要土壤类型质量等级面积与比例（四至六等地）

土类	四等地		五等地		六等地	
	面积（hm^2）	%	面积（hm^2）	%	面积（hm^2）	%
黄绵土	195 536.0	8.78	363 637.8	13.89	628 437.5	21.24
栗钙土	93 614.3	4.20	134 298.0	5.13	173 755.1	5.87
潮土	272 322.9	12.22	246 383.5	9.41	149 750.0	5.06
黑垆土	107 468.2	4.82	208 370.2	7.96	268 545.8	9.07
褐土	159 708.5	7.17	132 588.3	5.07	138 686.6	4.69
草甸土	197 052.3	8.84	178 583.1	6.82	138 263.2	4.67
灰钙土	176 422.7	7.92	135 975.2	5.20	87 599.0	2.96
灌淤土	139 071.8	6.24	148 283.4	5.67	144 215.4	4.87
草甸盐土	124 259.2	5.58	142 445.6	5.44	111 514.7	3.77
风沙土	60 195.4	2.70	91 418.1	3.49	138 878.3	4.69
灰漠土	141 930.2	6.37	96 380.9	3.68	75 457.9	2.55
棕钙土	89 697.9	4.03	86 205.3	3.29	106 204.7	3.59
新积土	32 363.4	1.45	74 258.3	2.84	100 062.6	3.38
灰褐土	13 090.7	0.59	55 313.4	2.11	107 576.6	3.64
漠境盐土	73 648.9	3.31	73 912.3	2.82	93 136.4	3.15
灌漠土	83 786.7	3.76	76 661.1	2.93	41 843.1	1.41
黄棕壤	31 046.5	1.39	46 625.5	1.78	60 434.6	2.04
黑钙土	8 685.9	0.39	32 989.1	1.26	56 673.5	1.92
棕漠土	55 726.6	2.50	50 578.9	1.93	34 884.7	1.18
栗褐土	2 441.4	0.11	14 147.2	0.54	19 385.2	0.66
沼泽土	31 694.6	1.42	43 448.5	1.66	22 056.4	0.75
粗骨土	12 400.6	0.56	17 156.6	0.66	22 835.9	0.77
棕壤	5 905.7	0.27	24 398.7	0.93	26 986.6	0.91
水稻土	21 580.9	0.97	22 522.6	0.86	13 196.7	0.45
红黏土	5 938.4	0.27	15 443.1	0.59	49 019.4	1.66
林灌草甸土	32 324.7	1.45	27 255.7	1.04	19 583.9	0.66
黑毡土	2 207.2	0.10	5 623.9	0.21	16 489.6	0.56
灰棕漠土	12 935.5	0.58	17 881.2	0.68	10 340.4	0.35
红土	12 968.0	0.58	14 770.4	0.56	26 937.0	0.91
其他土类	32 112.5	1.44	39 590.4	1.51	76 650.7	2.59

表 4-5　西北区耕地主要土壤类型质量等级面积与比例（七至十等地）

土类	七等地		八等地		九等地		十等地	
	面积（hm^2）	%	面积（hm^2）	%	面积（hm^2）	%	面积（hm^2）	%
黄绵土	738 299.9	25.90	596 374.6	26.36	314 847.5	22.15	115 276.8	7.12
栗钙土	187 982.1	6.60	216 462.8	9.57	293 436.1	20.64	786 875.7	48.61
潮土	99 156.1	3.48	92 569.2	4.09	36 836.3	2.59	42 325.9	2.61
黑垆土	287 398.0	10.08	263 520.7	11.65	126 184.0	8.88	36 175.8	2.23
褐土	185 237.9	6.50	109 677.2	4.85	30 990.0	2.18	4 202.9	0.26
草甸土	77 161.7	2.71	50 438.1	2.23	29 866.3	2.10	51 308.4	3.17
灰钙土	156 061.1	5.48	163 015.8	7.21	60 716.8	4.27	34 676.3	2.14
灌淤土	98 295.1	3.45	50 910.3	2.25	27 872.4	1.96	14 841.5	0.92
草甸盐土	75 949.3	2.66	40 161.9	1.78	24 251.5	1.71	12 231.4	0.76
风沙土	103 223.5	3.62	104 039.7	4.60	72 473.1	5.10	81 393.2	5.03
灰漠土	32 908.0	1.15	21 045.8	0.93	1 851.4	0.13	1 359.8	0.08
棕钙土	127 810.0	4.48	49 325.0	2.18	36 708.1	2.58	16 035.2	0.99
新积土	72 763.4	2.55	65 656.9	2.90	30 066.2	2.12	26 008.6	1.61
灰褐土	109 535.0	3.84	85 969.9	3.80	50 511.3	3.55	66 427.7	4.10
漠境盐土	62 473.2	2.19	24 776.5	1.10	11 172.5	0.79	8 629.2	0.53
灌漠土	21 591.7	0.76	4 535.2	0.20	522.3	0.04	202.3	0.01
黄棕壤	61 139.7	2.15	49 246.2	2.18	39 881.2	2.81	48 723.4	3.01
黑钙土	55 687.3	1.95	46 899.9	2.07	53 813.6	3.79	70 564.6	4.36
棕漠土	39 520.5	1.39	24 776.2	1.10	9 885.5	0.70	2 402.5	0.15
栗褐土	27 790.1	0.98	42 433.3	1.88	58 787.7	4.14	44 948.3	2.78
沼泽土	10 476.7	0.37	5 960.2	0.26	3 636.7	0.26	9 837.9	0.61
粗骨土	33 140.2	1.16	19 923.6	0.88	14 433.5	1.02	14 373.0	0.89
棕壤	20 729.3	0.73	32 387.1	1.43	20 420.6	1.44	16 677.6	1.03
水稻土	9 579.7	0.34	4 806.9	0.21	851.0	0.06	325.4	0.02
红黏土	36 855.5	1.29	13 944.3	0.62	2 333.2	0.16	3 196.4	0.20
林灌草甸土	8 406.5	0.29	4 849.6	0.21	2 226.7	0.16	334.3	0.02
黑毡土	22 175.1	0.78	16 786.2	0.74	21 367.1	1.50	36 266.6	2.24
灰棕漠土	6 983.2	0.25	2 210.1	0.10	1 585.0	0.11	92.4	0.01
红土	26 894.0	0.94	8 714.3	0.39	2 381.9	0.17	1 265.7	0.08
其他土类	55 014.6	1.93	50 770.9	2.24	41 644.7	2.93	71 715.6	4.43

从表 4-3 至表 4-5 可以反映出，西北区耕地主要的土壤类型依次为黄绵土、栗钙土、潮土、黑垆土、褐土、草甸土、灰钙土、灌淤土、草甸盐土、风沙土、灰漠土、棕钙土等数十种，其中面积最大的是黄绵土，总面积达到 328.66 万 hm^2，占西北区耕地总面积的

16.81%。黄绵土耕地质量以低等地为主，主要分布在七等地、八等地和九等地，分别占该等级耕地总面积的25.90%、26.36%和22.15%，而质量等级较高的一等地、二等地、三等地共计仅占28.65%。

栗钙土总面积201.50万hm^2，占西北区耕地总面积的10.31%。栗钙土的耕地多数分布于低等地，其所占十等地的比例最高，分别占八等地、九等地和十等地总面积的9.57%、20.64%和48.61%，而质量等级较高的一等地、二等地、三等地共计仅占7.53%。

潮土总面积147.89万hm^2，占西北区耕地总面积的7.57%。潮土在高等级、中等级和低等级耕地均有分布，其中高等级耕地分布较多，总计占40.75%，低等地共计占12.77%。

黑垆土总面积121.09万hm^2，占西北区耕地总面积的6.19%。黑垆土在高等级、中等级和低等级耕地均有分布，其中低等级耕地分布较多，分别占七等地、八等地和九等地总面积的10.08%、11.65%和8.88%，而高等地共计仅占12.18%。

褐土总面积132.94万hm^2，占西北区耕地总面积的6.80%。褐土以高等级耕地为主，分别占一等地、二等地、三等地总面积的27.78%、14.35%和8.8%，低等地所占比例很少。

草甸土总面积90.39万hm^2，占西北区耕地总面积的4.62%。草甸土在高等级、中等级和低等级耕地分布较为均匀，其中高等级耕地分布较多。

灰钙土总面积101.49万hm^2，占西北区耕地总面积的5.19%。灰钙土在不同质量等级的耕地分布较为均匀，其中中等耕地分布较多。

灌淤土总面积82.77万hm^2，占西北区耕地总面积的4.23%。灌淤土在不同质量等级的耕地分布较为均匀，其中中等偏高等级耕地分布较多。

草甸盐土总面积5.35万hm^2，占西北区耕地总面积的0.27%。草甸盐土在高等级耕地分布较多，中等耕地次之，低等级耕地相对较少。

风沙土总面积74.76万hm^2，占西北区耕地总面积的3.82%。风沙土在不同质量等级的耕地分布较为均匀，中等耕地分布相对较多。

灰漠土总面积61.85万hm^2，占西北区耕地总面积的3.16%。灰漠土主要分布在高等级耕地，中等耕地也有较多分布，中等耕地较少。

棕钙土总面积61.82万hm^2，占西北区耕地总面积的3.16%。棕钙土在不同等级的耕地均有，中等偏高耕地分布较多。

第二节　耕地质量等级分述

一、一等地

（一）一等地行政区划分布

西北区一等地共计81.24万hm^2，占总耕地面积的4.16%。从省级行政区划来看，西北区一等地中，陕西省最多，占西北区一等地总面积的52.8%，其次是新疆维吾尔自治区，占29.2%，甘肃省占12.4%，是本区域一等地面积第三大的省份，宁夏、内蒙古和青海一等地很少，合计仅占5.7%。

对西北区一等地在各省（自治区）地级市的面积进行统计分析，结果列于表 4-6。

表 4-6　一等地耕地不同省（自治区）耕地面积与比例

省（自治区）名称	省辖市	面积（hm^2）	比例（%）
陕西	宝鸡市	58 900.1	13.28
	汉中市	11 165.1	2.52
	商洛市	46.6	0.01
	铜川市	52.3	0.01
	渭南市	176 471.1	39.79
	西安市	94 733.5	21.36
	咸阳市	94 105.8	21.22
	榆林市	7 979.8	1.80
	合计	443 454.3	100.00
甘肃	白银市	2 178.8	2.09
	定西市	2 927.9	2.81
	甘南藏族自治州	4 283.1	4.11
	金昌市	2 272.5	2.18
	酒泉市	217.9	0.21
	兰州市	210.5	0.20
	临夏州	31 300.8	30.07
	陇南市	40.1	0.04
	平凉市	2 291.0	2.20
	武威市	13 507.3	12.97
	张掖市	44 876.2	43.11
	合计	104 106.1	100.00
新疆	阿克苏地区	33 802.9	13.79
	阿拉尔市	2 650.8	1.08
	巴音郭楞蒙古自治州	700.7	0.29
	博尔塔拉蒙古自治州	10.4	0.00
	昌吉回族自治州	117 707.5	48.02
	哈密地区	26.8	0.01
	喀什地区	10 670.8	4.35
	克拉玛依市	8 113.9	3.31
	克孜勒苏柯尔克孜自治州	284.5	0.12
	石河子市	1.4	0.00
	塔城地区	33 494.8	13.66
	吐鲁番地区	3 988.5	1.63
	乌鲁木齐市	14 235.0	5.81
	五家渠市	4 336.7	1.77
	伊犁哈萨克自治州	15 097.5	6.16
	合计	245 122.3	100.00

（续）

省（自治区）名称	省辖市	面积（hm^2）	比例（%）
宁夏	固原市	167.0	0.60
	石嘴山市	2 988.1	10.77
	银川市	3 854.7	13.89
	中卫市	20 745.3	74.74
	合计	27 755.1	100.00
青海	西宁市	2.3	100.00
	合计	2.3	100.00
内蒙古西部	巴彦淖尔市	8 822.3	44.41
	包头市	34.1	0.17
	鄂尔多斯市	8 139.6	40.97
	呼和浩特市	2 871.1	14.45
	合计	19 867.1	100.00

一等地在陕西省主要集中在位于陕西中部渭河平原地区的渭南、西安、咸阳和宝鸡市，4个市级行政区域内一等地合计占全省一等地总面积的95.65%，其中渭南市最多，占全省一等耕地总面积的39.79%，商洛市和铜川市所占比例最低，仅占全省一等耕地总面积的0.01%。

一等地在甘肃省主要集中在河西走廊地区的张掖市和临夏州两个地区，其中张掖市最多，占全省一等耕地总面积的43.11%，其次是临夏州，占全省一等地总面积的30.07%，武威市位于第三，占全省一等耕地总面积的12.97%，其他市级行政区域内一等耕地很少，仅呈零星点状分布。

一等地在新疆主要集中在昌吉回族自治州、阿克苏地区和塔城地区，其中昌吉回族自治州占全区一等耕地总面积的48.02%，几乎占全区总面积的一半左右，其他市级行政区域内一等耕地很少，仅呈零星点状分布。

一等地在宁夏最主要集中在中卫市，占全区一等地总面积的74.74%，约占全区总面积的2/3左右。其次是银川市和石嘴山市，分别占全区一等地总面积的13.89%和10.77%，其余地区分布很少。

一等地在青海面积很少，全部分布在西宁市。

一等地在内蒙古西部主要集中分布在巴彦淖尔市和鄂尔多斯市，分别占全区一等地总面积的44.41%和40.97%，其次是呼和浩特市，占全区一等耕地总面积的14.45%，其他区域很少有一等地分布。

（二）一等地土壤类型分布

从土壤类型来看，西北区一等地分布面积和比例最大的土壤类型分别是褐土、潮土和黄绵土，分别占一等地总面积的28.73%、12.95%和11.47%，其次是灰漠土、草甸土、新积土、灰棕漠土、灌漠土等，其他土类分布面积较少（表4-7）。

表 4-7 西北区一等地耕地主要土壤类型耕地面积与比例

主要土壤类型	面积（hm²）	比例（%）
褐土	233 417.9	28.73
潮土	105 179.9	12.95
黄绵土	93 187.1	11.47
灰漠土	72 508.5	8.93
草甸土	49 647.4	6.11
新积土	47 208.9	5.81
灰棕漠土	30 807.0	3.79
灌漠土	27 301.0	3.36
灌淤土	24 443.9	3.01
风沙土	16 580.8	2.04
漠境盐土	13 685.0	1.68
栗钙土	10 454.2	1.29
灰钙土	10 423.3	1.28
粗骨土	9 786.9	1.20
水稻土	8 946.8	1.10
黑垆土	5 474.6	0.67
沼泽土	3 257.0	0.40
棕漠土	3 099.6	0.38
红土	1 770.3	0.22
棕壤	1 365.1	0.17
林灌草甸土	1 345.4	0.17
灰褐土	908.8	0.11
草甸盐土	837.7	0.10
黄棕壤	244.7	0.03
棕钙土	94.5	0.01
其他土类	40 412.6	4.97
合计	812 389.3	100.00

（三）一等地的主要属性

1. 地貌类型与海拔 根据西北区地域辽阔、地形复杂多变的特点，将西北区耕地的地貌划分为高原、平原、丘陵和山地 4 种大的类型。表 4-8 列出了一等地在 4 种地貌类型的分布面积及比例。一等地在平原的分布最多，面积达到 61.79 万 hm²，占一等地总面积的 76.06%，占西北区耕地中平原总面积的 6.07%。一等地在高原的分布面积为 18.20 万 hm²，占一等地总面积的 22.40%，占西北区耕地中高原总面积的 3.77%。一等地在丘陵和山地的分布很少，合计仅 1.25 万 hm²，占一等地总面积的 1.53%。

表 4-8 一等地的地貌类型面积与比例

地貌类型	面积（万 hm²）	比例（%）	占相同地貌类型的比例（%）
平原	61.79	76.06	6.07
高原	18.20	22.40	3.77
丘陵	0.67	0.82	0.51
山地	0.58	0.71	0.18

表 4-9 是西北区一等地的海拔高度分布面积及比例。总体来看一等地海拔高度主要分布

在 1 500m 以下，平均海拔 700m。其中海拔高度 500m 以下耕地面积最大，为 44.29 万 hm^2，占一等地面积的 54.52%；海拔高度 500～750m 的耕地面积为 16.83 万 hm^2，占一等地面积的 20.72%；海拔高度 750～1 000m 的耕地面积为 3.76 万 hm^2，占一等地面积的 4.63%；海拔高度 1 000～1 500m 的耕地面积为 10.71 万 hm^2，占一等地面积的 13.18%；海拔高度 1 500～2 000m 的耕地面积为 5.57 万 hm^2，占一等地面积的 6.86%。海拔 2 000m 以上的一等地很少，面积仅 0.07 万 hm^2。

表 4-9 一等地的海拔高度分布面积及比例

海拔高度（m）	面积（万 hm^2）	占一等地面积（%）	占相同海拔高度（%）
<500	44.29	54.52	2.27
500～750	16.83	20.72	0.86
750～1 000	3.76	4.63	0.19
1 000～1 500	10.71	13.18	0.55
1 500～2 000	5.57	6.86	0.28
2 000～2 500	0.07	0.09	0
>2 500	0	0	0

2. 积温 西北区地域广阔、气候多变，一等地的≥10℃积温在 1 902～4 862℃之间。本次评价中将≥10℃积温划分为<2 000℃、2 000～3 000℃、3 000～4 000℃和>4 000℃ 4 个区间。表 4-10 列出了一等地在不同积温范围内的面积、占一等地面积的比例、占同积温范围内耕地面积的比例。西北区基本没有小于 2 000℃的一等地，积温值在 2 000～3 000℃范围内的一等地面积为 7.68 万 hm^2，占一等地面积的比例为 9.45%，积温值在 3 000～4 000℃范围内的一等地面积为 25.97 万 hm^2，占一等地面积的比例为 31.97%，积温>4 000℃的一等地面积为 47.59 万 hm^2，占一等地面积的比例为 58.58%。

表 4-10 一等地的≥10℃积温值分析

积温值（℃）	面积（万 hm^2）	占一等地面积（%）	占同积温耕地面积（%）
<2 000	0.00	0.00	0.00
2 000～3 000	7.68	9.45	1.11
3 000～4 000	25.97	31.97	4.03
>4 000	47.59	58.58	12.63
总计	81.24	100.00	17.77

3. 年降水量与灌溉 年降水量与灌溉能力同为反映耕地水分供应状态的指标，年降水量是自然指标，灌溉能力的高低反映了农田建设的水平。统计结果表明，西北区一等地的年降水量区域内差异非常大。本次评价将降水量划分为<200 mm、200～400mm、400～600mm、600～800mm 和>800mm 五个区段，反映农田灌溉水平的灌溉保证率划分为 0（无灌溉）、0～30%、30%～60%、60%～80%、80%～100%五个档次，西北区不同年降水量与灌溉保证率的一等地面积比例列于表 4-11。

表 4-11　不同年降水量与灌溉保证率的一等地面积比例

灌溉保证率占比（%）		降水量（mm）（占比%）				
		<200	200～400	400～600	600～800	>800
		34.55	9.34	32.71	22.02	1.38
0	0	0	0	0	0	0
0～30	0.05	0	0	0	0.05	0
30～60	7.58	0	0	5.32	1.05	1.21
60～80	33.50	2.75	0.45	11.57	18.72	0.01
80～100	58.87	31.82	8.89	15.81	2.20	0.15

一等地的<200mm 年降水量的面积比例为 34.55%，200～400mm 年降水量的面积比例为 9.34%，400～600mm 年降水量的面积比例为 32.71%，600～800mm 年降水量的面积比例为 22.02%，≥800mm 年降水量的面积比例为 1.38%。总体来看，西北区一等地在不同年降水量区间内均有分布，年降雨量与其面积占比没有明显趋势关系。

一等地中，灌溉保证率在 30%以下的面积占比为 0.05%，灌溉保证率 30%～60%的面积占比为 7.58%，灌溉保证率 60%～80%的面积占比为 33.50%，灌溉保证率 80%～100%的面积占比为 58.87%。同一年降雨量区段内，一等地面积占比随灌溉保证率增加而增加的趋势明显，灌溉保证率 60%及以上的耕地面积占一等地总面积的 92.37%。

4. 质地　本次耕地质量评价将西北区耕层土壤质分为壤土、砂土、黏土和砂壤土四类（表 4-12）。一等地中，耕层质地以壤土为主，面积达到 76.07 万 hm^2，占一等地总面积的 93.64%，其次是黏壤土，面积为 3.99 万 hm^2，占比为 4.91%，砂土和黏土面积和所占比例很低。

表 4-12　一等地与耕层质地

质地	面积（万 hm^2）	比例（%）	一等地占相同质地耕地面积（%）
壤土	76.07	93.64	6.38
黏壤土	3.99	4.91	0.97
黏土	1.14	1.41	0.69
砂土	0.03	0.04	0.02
总计	81.24	100.00	8.06

5. 盐渍化程度　本次评价将盐渍化程度分为无盐渍化、轻度盐渍化、中度盐渍化和重度盐渍化四类，统计结果表明（表 4-13），一等地中，无盐渍化影响的耕地面积达到 69.87 万 hm^2，占一等地总面积的 86.01%，占全部无盐渍化影响的耕地总面积的 4.76%，轻度盐渍化的面积为 5.53 万 hm^2，占一等地总面积的 6.81%，中度盐渍化的面积为 3.92 万 hm^2，占一等地总面积的 4.82%，重度盐渍化的面积最少，为 1.92 万 hm^2，占一等地总面积的 2.36%。

表 4-13　一等地的盐渍化程度

盐渍化程度	面积（万 hm^2）	比例（%）	一等地占相同盐渍化程度耕地面积（%）
无盐渍化	69.87	86.01	4.76
轻度盐渍化	5.53	6.81	1.85
中度盐渍化	3.92	4.82	3.41

（续）

盐渍化程度	面积（万 hm^2）	比例（%）	一等地占相同盐渍化程度耕地面积（%）
重度盐渍化	1.92	2.36	2.63
总计	81.24	100.00	12.65

6. 养分状况 对西北区一等地有机质（g/kg）、有效磷（mg/kg）、速效钾（mg/kg）、有效铁（mg/kg）、有效铜（mg/kg）、有效锌（mg/kg）、有效硫（mg/kg）、有效锰（mg/kg）、有效钼（mg/kg）等耕层养分含量进行统计（表 4-14），结果反映出，一等地的养分含量平均值为：有机质 18.02g/kg、有效磷 22.6mg/kg、速效钾 178mg/kg、有效铁 12.12mg/kg、有效铜 2.27mg/kg、有效锌 2.25mg/kg、有效锰 11.86mg/kg、有效钼 0.47mg/kg。

表 4-14 一等地耕地土壤养分含量

项目	平均值	标准差
有机质（g/kg）	18.02	6.90
有效磷（mg/kg）	22.6	8.0
pH	8.02	0.49
有效铜（mg/kg）	2.27	8.71
有效硼（mg/kg）	1.26	2.19
有效锰（mg/kg）	11.86	7.63
有效硅（mg/kg）	187	109
有效锌（mg/kg）	2.25	3.52
有效铁（mg/kg）	12.12	9.17
缓效钾（mg/kg）	1 022	276
速效钾（mg/kg）	178	40
全氮（g/kg）	1.027	0.302
有效钼（mg/kg）	0.47	0.35

对西北区一等地中各省（自治区）的土壤养分含量平均值进行比较（表 4-15），可以发现，有机质含量青海最高，为 28.89g/kg，陕西最低，为 15.02g/kg，有效磷含量宁夏最高，为 32.5mg/kg，新疆最低，为 16.6mg/kg，速效钾甘肃最高，为 206mg/kg，宁夏最低，为 145mg/kg。微量元素铜、铁、锰、锌、钼的有效含量各有高低，差异不明显。

表 4-15 一等地中各省（自治区）土壤养分含量平均值比较

养分项目	陕西	甘肃	宁夏	青海	新疆	内蒙古西部
有机质（g/kg）	15.02	21.98	24.23	28.89	17.04	17.20
有效磷（mg/kg）	22.1	28.7	32.5	27.5	16.6	21.8
速效钾（mg/kg）	178	206	145	182	194	172
有效铁（mg/kg）	12.38	8.69	24.81	7.35	12.57	12.61
有效铜（mg/kg）	1.47	1.14	2.28	1.32	1.54	1.69
有效锌（mg/kg）	1.58	0.96	1.18	1.69	0.89	1.32
有效锰（mg/kg）	13.92	8.40	6.17	4.23	8.48	10.95
有效钼（mg/kg）	0.37	0.54	0.34	0.40	1.01	0.50
pH	7.93	8.10	8.49	7.62	7.83	8.32

对西北区一等地的有机质、有效磷、速效钾与有效锌含量各级别面积与比例进行统计，结果列于表 4-16。

表 4-16　一等地有机质、有效磷、速效钾与有效锌各级别面积与比例

养分等级	有机质		有效磷		速效钾		有效锌	
	面积（万 hm^2）	%	面积（万 hm^2）	%	面积（万 hm^2）	%	面积（万 hm^2）	%
一级	0.84	1.03	1.44	1.77	24.73	30.45	1.78	2.20
二级	13.59	16.73	23.68	29.15	45.20	55.64	25.74	31.68
三级	30.23	37.21	22.89	28.18	8.58	10.56	24.89	30.63
四级	28.54	35.14	18.02	22.19	2.21	2.72	24.30	29.91
五级	7.44	9.15	14.12	17.38	0.51	0.63	4.46	5.49
六级	0.60	0.74	1.08	1.33	0	0	0.07	0.09

一等地有机质含量为一级（>30g/kg）的面积为 0.84 万 hm^2，占比 1.03%，有机质含量为二级（20～30g/kg）的面积为 13.59 万 hm^2，占比 16.73%，有机质含量为三级（15～20g/kg）的面积 30.23 万 hm^2，占比 37.21%，有机质含量为四级（10～15g/kg）的面积 28.54 万 hm^2，占比 35.14%，有机质含量为五级（6～10g/kg）的面积为 7.44 万 hm^2，占比 9.15%，有机质含量为六级（<6g/kg）的面积为 0.60 万 hm^2，占比 0.74%。表明西北区一等地的有机质含量主要以中等偏上为主。

一等地有效磷含量为一级（>40mg/kg）的面积 1.44 万 hm^2，占比 1.77%，有效磷含量为二级（25～40mg/kg）的面积 23.68 万 hm^2，占比 29.15%，有效磷含量为三级（20～25mg/kg）的面积 22.89 万 hm^2，占比 28.18%，有效磷含量为四级（15～20mg/kg）的面积 18.02 万 hm^2，占比 22.19%，有效磷含量为五级（10～15mg/kg）的面积 14.12 万 hm^2，占比 17.38%，有效磷含量为六级（<10mg/kg）的面积 1.08 万 hm^2，占比 1.33%。表明西北区一等地有效磷含量以中等为主，偏高或偏低的面积和比例较少。

一等地速效钾含量为一级（>200mg/kg）的面积 24.73 万 hm^2，占比 30.45%，速效钾含量为二级（150～200mg/kg）的面积 45.20 万 hm^2，占比 55.64%，速效钾含量为三级（120～150mg/kg）的面积 8.58 万 hm^2，占比 10.56%，速效钾含量为四级（100～120mg/kg）的面积 2.21 万 hm^2，占比 2.72%，速效钾含量为五级（80～100mg/kg）的面积 0.51 万 hm^2，占比 0.63%，没有速效钾含量为六级（<80mg/kg）的一等地。表明西北区一等地速效钾含量以高为主，偏低的面积和比例很少。

一等地有效锌含量为一级（>3mg/kg）的面积 1.78 万 hm^2，占比 2.20%，有效锌含量为二级（1.5～3mg/kg）的面积 25.74 万 hm^2，占比 31.68%，有效锌含量为三级（1～1.5mg/kg）的面积 24.89 万 hm^2，占比 30.63%，有效锌含量为四级（0.5～1mg/kg）的面积 24.30 万 hm^2，占比 29.91%，有效锌含量为五级（0.3～0.5mg/kg）的面积 4.46 万 hm^2，占比 5.49%，有效锌含量为六级（<0.3mg/kg）的面积为 0.07 万 hm^2，占比 0.09%。表明西北区一等地有效锌含量以中等偏高为主，在各个等级分布较为分散。

二、二等地

（一）二等地行政区划分布

西北区二等地共计 116.58 万 hm^2，占总耕地面积的 5.96%。从省级行政区划来看，二等地面积最多的是新疆和陕西，分别占二等地总面积的 34.9%和 32.9%，其次是甘肃，占二等地总面积的 18.2%。内蒙古西部、宁夏和青海所占比例分别为 5.8%、7.7%和 0.5%。

对西北区二等地在各省（自治区）地级市的面积进行统计分析，结果列于表 4-17。

表 4-17　二等地耕地不同省（自治区）耕地面积与比例

省（自治区）名称	省辖市	面积（hm^2）	比例（%）
陕西	安康市	3 215.6	0.81
	宝鸡市	52 324.4	13.17
	汉中市	32 169.0	8.10
	商洛市	56.4	0.01
	铜川市	295.7	0.07
	渭南市	139 625.4	35.14
	西安市	107 478.5	27.05
	咸阳市	42 548.2	10.71
	榆林市	19 603.8	4.93
甘肃	白银市	16 589.8	7.54
	定西市	20 444.8	9.29
	甘南藏族自治州	6 218.0	2.83
	金昌市	14 400.7	6.55
	酒泉市	6 162.1	2.80
	兰州市	9 923.2	4.51
	临夏州	51 366.7	23.35
	陇南市	5 410.0	2.46
	平凉市	9 969.9	4.53
	天水市	5 151.1	2.34
	武威市	24 528.5	11.15
	张掖市	49 835.4	22.65
新疆	阿克苏地区	85 482.4	20.33
	阿拉尔市	2 865.5	0.68
	阿勒泰地区	50.9	0.01
	巴音郭楞蒙古自治州	12 882.1	3.06
	博尔塔拉蒙古自治州	6 185.5	1.47
	昌吉回族自治州	97 133.0	23.10
	哈密地区	2 950.2	0.70
	和田地区	426.5	0.10
	喀什地区	53 908.7	12.82
	克拉玛依市	6 476.2	1.54

（续）

省（自治区）名称	省辖市	面积（hm^2）	比例（%）
新疆	克孜勒苏柯尔克孜自治	8 739.7	2.08
	石河子市	1 839.1	0.44
	塔城地区	72 714.4	17.29
	图木舒克市	5.9	0.00
	吐鲁番地区	6 913.0	1.64
	乌鲁木齐市	5 755.5	1.37
	五家渠市	9 558.6	2.27
	伊犁哈萨克自治州	46 615.2	11.09
	合计	420 502.3	100.00
宁夏	固原市	6 448.4	6.97
	石嘴山市	18 066.9	19.54
	吴忠市	14 449.5	15.63
	银川市	20 410.9	22.07
	中卫市	33 097.5	35.79
	合计	92 473.3	100.00
青海	海东市	1 841.9	28.24
	海西蒙古藏族自治州	3 152.6	48.33
	西宁市	1 528.1	23.43
	合计	6 522.7	100.00
内蒙古西部	巴彦淖尔市	21 834.2	31.46
	包头市	6 244.1	9.00
	鄂尔多斯市	12 612.4	18.17
	呼和浩特市	28 321.0	40.81
	乌海市	193.5	0.28
	锡林郭勒盟	194.7	0.28
	合计	69 399.9	100.00

二等地在陕西省的分布与一等地相类似，主要集中在位于陕西中部渭河平原地区的渭南、西安、咸阳和宝鸡市，四个市级行政区域内二等地合计占全省二等地总面积的86.07%，其中渭南市最多，占全省二等地总面积的35.14%，安康市、商洛市和铜川市所占比例最低，仅占全省二等地总面积的0.89%。

二等地在甘肃省的分布也与一等地趋势一致，主要集中在河西走廊地区的张掖市和临夏州两个地区，其中临夏州最多，占全省二等地总面积的23.35%，其次是张掖市，占全省二等地总面积的22.65%，武威市位于第三，占全省二等地总面积的11.15%，其他市级行政区域内二等地很少，仅呈零星点状分布。

二等地在新疆的分布主要集中在昌吉回族自治州、阿克苏地区、塔城地区和伊犁哈萨克自治州，其中昌吉回族自治州所占比例最高，阿克苏地区、塔城地区和伊犁哈萨克自治州二等地分布占全区总面积的20.33%、17.29%和11.09%，其他市级行政区域内二等地很少，仅呈零星点状分布。

二等地在宁夏分布主要集中在中卫市，占全区二等地总面积的35.79%，其次是银川市、石嘴山市和吴忠市，分别占全区二等地总面积的22.07%、19.54%和15.63%，其余地区分布很少。

二等地在青海主要集中分布在海西蒙古藏族自治州，占比48.33%，其次是海东市，占比28.24%，西宁市占比23.43%。

二等地在内蒙古西部主要集中分布在呼和浩特市，占全区二级耕地总面积的40.81%，其次是巴彦淖尔市和鄂尔多斯市，分别为31.46%和18.17%，其他区域二等地分布面积较少。

（二）二等地土壤类型分布

二等地分布面积和比例最大的土壤类型分别是褐土、潮土和黄绵土，分别占二等地总面积的14.84%、13.89%和10.40%，其次是草甸盐土、草甸土、灰漠土、灌漠土、新积土、灰钙土等，其他土类分布面积较少（表4-18）。

表4-18 西北区二等地耕地主要土壤类型耕地面积与比例

主要土壤类型	面积（hm^2）	比例（%）
褐土	173 041.7	14.84
潮土	161 878.7	13.89
黄绵土	121 261.9	10.40
草甸盐土	96 836.4	8.31
草甸土	89 085.6	7.64
灰漠土	78 190.4	6.71
灌淤土	73 825.3	6.33
新积土	48 549.4	4.16
灰钙土	48 104.3	4.13
灌漠土	41 911.3	3.60
风沙土	28 056.5	2.41
水稻土	25 790.7	2.21
灰棕漠土	24 951.1	2.14
黑垆土	23 882.7	2.05
棕钙土	22 818.9	1.96
栗钙土	15 672.3	1.34
棕漠土	14 431.1	1.24
漠境盐土	11 478.9	0.98

（续）

主要土壤类型	面积（hm^2）	比例（%）
林灌草甸土	10 934.5	0.94
黄棕壤	5 397.4	0.46
红土	5 332.5	0.46
沼泽土	5 315.0	0.46
灰褐土	4 126.8	0.35
棕壤	3 437.1	0.29
粗骨土	2 832.1	0.24
黑钙土	2 761.3	0.24
红黏土	315.7	0.03
其他土类	25 539.3	2.19
合计	1 165 758.9	100.00

（三）二等地的主要属性

1. 地貌类型与海拔 表 4-19 是二等地不同地貌类型的分布面积及比例。西北区二等地主要分布在平原地区，面积达到 89.82 万 hm^2，占二等地总面积的 77.05%，占西北区耕地中平原总面积的 8.82%。二等地在高原的分布面积为 22.47 万 hm^2，占二等地总面积的 19.27%，占西北区耕地中高原总面积的 4.65%。二等地的丘陵和山地合计面积 4.29 万 hm^2，占二等地总面积的 3.67%。

表 4-19 二等地的地貌类型面积与比例

地貌类型	面积（万 hm^2）	比例（%）	占相同地貌类型的比例（%）
平原	89.82	77.05	8.82
高原	22.47	19.27	4.65
山地	2.91	2.49	0.90
丘陵	1.38	1.18	1.07

西北区二等地海拔高度分布范围在－114～2 690m 之间，平均 934m，明显高于一等地。表 4-20 是西北区二等地的海拔高度分布面积及比例。总体来看二等地海拔高度主要分布在 2 000m 以下。其中海拔高度 500m 以下耕地面积最大，为 36.13 万 hm^2，占二等地面积的 30.99%；海拔高度 500～750m 的耕地面积为 19.09 万 hm^2，占二等地面积的 16.38%；海拔高度 750～1 000m 的耕地面积为 11.78 万 hm^2，占二等地面积的 10.10%；海拔高度 1 000～1 500m 的耕地面积为 34.55 万 hm^2，占二等地面积的 29.64%；海拔高度 1 500～2 000m 的耕地面积为 11.28 万 hm^2，占二等地面积的 9.68%；海拔高度 2 000～2 500m的耕地面积为 2.60 万 hm^2，占二等地面积的 2.23%；海拔高度＞2 500m 的耕地面积为 1.14 万 hm^2，占二等地面积的 0.98%。

表 4-20　二等地的海拔高度分布面积及比例

海拔高度（m）	面积（万 hm^2）	占二等地面积（%）	占相同海拔高度（%）
<500	36.13	30.99	19.16
500～750	19.09	16.38	10.72
750～1 000	11.78	10.10	6.54
1 000～1 500	34.55	29.64	4.49
1 500～2 000	11.28	9.68	2.82
2 000～2 500	2.60	2.23	1.71
>2 500	1.14	0.98	1.32

2. 积温　西北区二等地的≥10℃年平均积温 2 952℃。表 4-21 列出了二等地在不同积温范围内的面积、占二等地面积的比例、占同积温范围内耕地面积的比例。西北区<2 000℃的二等地面积为 1.91 万 hm^2，占二等地面积的 1.64%，积温值在 2 000～3 000℃范围内的二等地为 18.49 万 hm^2，占二等地面积的 15.86%，积温值在 3 000～4 000℃范围内的二等地为 44.24 万 hm^2，占二等地面积的 37.95%，积温>4 000℃的二等地为 51.93 万 hm^2，占二等地面积的 44.55%。

表 4-21　二等地的≥10℃积温值分析

积温值（℃）	面积（万 hm^2）	占二等地面积（%）	占同积温耕地面积（%）
<2 000	1.91	1.64	0.80
2 000～3 000	18.49	15.86	2.67
3 000～4 000	44.24	37.95	6.86
>4 000	51.93	44.55	13.79
总计	116.58	100.00	24.02

3. 年降水量与灌溉　统计结果表明，西北区二等地的年降水量在 15～1 118mm 之间，平均降水量 419mm，区域内差异非常大。西北区不同年降水量与灌溉保证率的二等地面积比例列于表 4-22。

表 4-22　不同年降水量与灌溉保证率的二等地面积比例

灌溉保证率占比（%）		降水量（mm）占比（%）				
		<200	200～400	400～600	600～800	>800
		39.44	21.99	21.82	13.73	3.03
0	0.06	0.05	0.01	0	0	0
0～30	1.81	0.02	0	0.22	1.56	0
30～60	13.74	0.16	0	6.73	4.22	2.62
60～80	26.08	5.59	5.25	8.68	6.54	0.03
80～100	58.31	33.63	16.73	6.19	1.40	0.37

小于 200mm 年降水量的二等地面积比例为 39.44%，200～400mm 年降水量的面积比

例为 21.99%，400～600mm 年降水量的面积比例为 21.82%，600～800mm 年降水量的面积比例为 13.73%，≥800mm 年降水量的面积比例为 3.03%。

二等地中，灌溉保证率 0～30%的面积占比为 1.81%，灌溉保证率 30%～60%的面积占比为 13.74%，灌溉保证率 60%～80%的面积占比为 26.08%，灌溉保证率 80%～100%的面积占比为 58.31%。

从表 4-22 可以看出，西北区二等地在不同年降水量和灌溉保证率区间内均有分布，年降雨量与其面积占比没有明显趋势关系，但与灌溉保证率相关性明显。其中<200mm 和 200～400mm 两个区段的耕地面积占二等地面积的比例最高，分别为 39.44%和 21.99%。同一年降雨量区段内，二等地面积占比随灌溉保证率增加而呈增加的趋势明显，灌溉保证率 60%及以上的耕地面积占二等地总面积的 84.39%。

4. 质地 二等地中，耕层质地为壤土的面积为 94.67 万 hm^2，占二等地总面积的 81.21%，耕层质地为黏壤土的面积为 17.51 万 hm^2，占二等地总面积的 15.02%，耕层质地为黏土的面积为 3.97 万 hm^2，占二等地总面积的 3.41%，耕层质地为砂土的面积为 0.43 万 hm^2，占二等地总面积的 0.36%（表 4-23）。

表 4-23 二等地与耕层质地

质地	面积（万 hm^2）	比例（%）	二等地占相同质地耕地面积（%）
壤土	94.67	81.21	7.94
黏壤土	17.51	15.02	4.24
黏土	3.97	3.41	2.41
砂土	0.43	0.36	0.23
总计	116.58	100.00	14.82

5. 盐渍化程度 统计结果表明（表 4-24），二等地中无盐渍化影响的耕地面积达到 82.06 万 hm^2，占二等地总面积的 70.39%，占全部无盐渍化影响的耕地总面积的 5.59%，轻度盐渍化的面积为 18.28 万 hm^2，占二等地总面积的 15.68%，中度盐渍化的面积为 10.02 万 hm^2，占二等地总面积的 8.59%，重度盐渍化的面积为 6.22 万 hm^2，占二等地总面积的 5.34%。

表 4-24 二等地的盐渍化程度

盐渍化程度	面积（万 hm^2）	比例（%）	二等地占相同盐渍化程度耕地面积（%）
无盐渍化	82.06	70.39	5.59
轻度盐渍化	18.28	15.68	6.10
中度盐渍化	10.02	8.59	8.72
重度盐渍化	6.22	5.34	8.55
总计	116.58	100.00	28.96

6. 养分状况 对西北区二等地有机质（g/kg）、有效磷（mg/kg）、速效钾（mg/kg）、

有效铁（mg/kg）、有效铜（mg/kg）、有效锌（mg/kg）、有效硫（mg/kg）、有效锰（mg/kg）、有效钼（mg/kg）等耕层养分含量进行统计（表 4-25），结果反映出，二等地的养分含量平均值为：有机质 16.87g/kg、有效磷 21.2mg/kg、速效钾 167mg/kg、有效铁 15.23mg/kg、有效铜 1.64mg/kg、有效锌 1.34mg/kg、有效锰 12.97mg/kg、有效钼 0.38mg/kg。

表 4-25　二等地耕地土壤养分含量

项目	平均值	标准差
有机质（g/kg）	16.87	6.42
有效磷（mg/kg）	21.2	9.0
pH	8.13	0.59
有效铜（mg/kg）	1.64	0.72
有效硼（mg/kg）	1.31	2.14
有效锰（mg/kg）	12.97	9.82
有效硅（mg/kg）	151.97	87.76
有效锌（mg/kg）	1.34	0.65
有效铁（mg/kg）	15.23	9.55
缓效钾（mg/kg）	892	292
速效钾（mg/kg）	167	40
全氮（g/kg）	0.98	0.28
有效钼（mg/kg）	0.38	0.27

对西北区二等地中各省（自治区）的土壤养分含量平均值进行比较（表 4-26），可以发现，有机质含量青海最高，为 21.58g/kg，陕西最低，为 14.23g/kg，有效磷含量青海最高，为 34.0mg/kg，新疆最低，为 14.0mg/kg，速效钾新疆最高，为 192mg/kg，宁夏最低，为 148mg/kg。微量元素铜、铁、锰、锌、钼的有效含量各有高低，差异不明显。

表 4-26　二等地中各省（自治区）土壤养分含量平均值比较

养分项目	陕西	甘肃	宁夏	青海	新疆	内蒙古西部
有机质（g/kg）	14.23	18.45	20.25	21.58	17.11	17.33
有效磷（mg/kg）	20.1	25.1	28.0	34.0	14.0	17.7
速效钾（mg/kg）	166	183	148	190	193	167
有效铁（mg/kg）	13.08	8.61	20.42	7.96	11.57	19.16
有效铜（mg/kg）	1.65	1.28	1.79	0.91	1.68	1.65
有效锌（mg/kg）	1.49	1.11	1.03	1.39	0.97	1.67
有效锰（mg/kg）	16.01	8.20	6.15	4.83	8.47	19.06
有效钼（mg/kg）	0.35	0.39	0.30	0.36	0.70	0.36
pH	7.78	8.17	8.52	8.06	8.07	8.46

对西北区二等地的有机质、有效磷、速效钾与有效锌含量各级别面积与比例进行统计，

结果列于表 4-27。

表 4-27　二等地有机质、有效磷、速效钾与有效锌各级别面积与比例

养分等级	有机质		有效磷		速效钾		有效锌	
	面积（万 hm^2）	%	面积（万 hm^2）	%	面积（万 hm^2）	%	面积（万 hm^2）	%
一级	1.30	1.12	2.53	2.17	28.39	24.36	0.92	0.79
二级	21.70	18.62	22.59	19.37	61.23	52.51	30.01	25.74
三级	44.96	38.56	20.27	17.39	20.78	17.82	38.14	32.71
四级	33.11	28.41	28.32	24.29	5.45	4.68	43.21	37.07
五级	13.05	11.19	39.83	34.17	0.73	0.63	3.74	3.21
六级	2.45	2.10	3.04	2.61	0	0	0.56	0.48

二等地有机质含量为一级（>30g/kg）的面积为 1.30 万 hm^2，占比 1.12%，有机质含量为二级（20～30g/kg）的面积为 21.70 万 hm^2，占比 18.62%，有机质含量为三级（15～20g/kg）的面积 44.96 万 hm^2，占比 38.56%，有机质含量为四级（10～15g/kg）的面积 33.11 万 hm^2，占比 28.41%，有机质含量为五级（6～10g/kg）的面积为 13.05 万 hm^2，占比 11.19%，有机质含量为六级（<6g/kg）的面积为 2.45 万 hm^2，占比 2.10%。西北区二等地的有机质含量主要以中等为主。

二等地有效磷含量为一级（>40mg/kg）的面积 2.53 万 hm^2，占比 2.17%，有效磷含量为二级（25～40mg/kg）的面积 22.59 万 hm^2，占比 19.37%，有效磷含量为三级（20～25mg/kg）的面积 20.27 万 hm^2，占比 17.39%，有效磷含量为四级（15～20mg/kg）的面积 28.32 万 hm^2，占比 24.29%，有效磷含量为五级（10～15mg/kg）的面积 39.83 万 hm^2，占比 34.17%，有效磷含量为六级（<10mg/kg）的面积 3.04 万 hm^2，占比 2.61%。西北区二等地有效磷含量以中等偏下为主。

二等地速效钾含量为一级（>200mg/kg）的面积 28.39 万 hm^2，占比 24.36%，速效钾含量为二级（150～200mg/kg）的面积 61.23 万 hm^2，占比 52.51%，速效钾含量为三级（120～150mg/kg）的面积 20.78 万 hm^2，占比 17.82%，速效钾含量为四级（100～120mg/kg）的面积 5.45 万 hm^2，占比 4.68%，速效钾含量为五级（80～100mg/kg）的面积 0.73 万 hm^2，占比 0.63%，没有速效钾含量为六级（<80mg/kg）的二等地。西北区二等地速效钾含量以高为主，偏低的面积和比例很少。

二等地有效锌含量为一级（>3mg/kg）的面积 0.92 万 hm^2，占比 0.79%，有效锌含量为二级（1.5～3mg/kg）的面积 30.01 万 hm^2，占比 25.74%，有效锌含量为三级（1～1.5mg/kg）的面积 38.14 万 hm^2，占比 32.71%，有效锌含量为四级（0.5～1mg/kg）的面积 43.21 万 hm^2，占比 37.07%，有效锌含量为五级（0.3～0.5mg/kg）的面积 3.74 万 hm^2，占比 3.21%，有效锌含量为六级（<0.3mg/kg）的面积为 0.56 万 hm^2，占比 0.48%。西北区二等地有效锌含量以中等为主。

三、三等地

（一）三等地行政区划分布

西北区三等地共计 180.20 万 hm^2，占总耕地面积的 9.22%。从行政区划来看，三等地

面积分布最多的是新疆，占西北区三等地总面积的42.2%，其次是陕西，占三等地总面积的21.8%。甘肃、内蒙古西部、宁夏和青海所占比例分别为17.8%、12.0%、5.7%和0.5%。

对西北区三等地按地市级行政区划进行分析，统计结果列于表4-28。三等地在陕西省的分布与一、二等地相类似，主要集中在位于陕西中部渭河平原地区的渭南、西安、咸阳和宝鸡市，4个市级行政区域内三等地合计占全省三等地总面积的85.13%，其中渭南市最多，占全省三等地总面积的25.84%，此外，汉中也有10.12%的三等地分布。在甘肃省的分布较为分散，相对较为集中的分布区主要位于张掖市、临夏州、白银市和酒泉市，其中张掖市最多，占全省三等地总面积的22.72%。在新疆的分布较为分散，其中塔城地区、伊犁哈萨克自治州、阿克苏地区和昌吉回族自治州所占比例较高。在宁夏分布区主要位于银川市、石嘴山市、吴忠市和中卫市，固原地区也有一定分布。青海三等地主要集中分布在西宁市，占全省三级耕地总面积的64.97%，海东市也有面积较多分布，占比31.90%，其他地区分布很少。在内蒙古主要集中在巴彦淖尔市、呼和浩特市、包头市和鄂尔多斯市，其他区域三等地分布面积很少。

表4-28　三等地耕地不同省（自治区）耕地面积与比例

省（自治区）名称	省辖市	面积（hm^2）	比例（%）
陕西	安康市	1 569.9	0.39
	宝鸡市	66 370.9	16.52
	汉中市	40 652.8	10.12
	商洛市	1 874.9	0.47
	铜川市	1 610.2	0.40
	渭南市	103 837.4	25.84
	西安市	79 772.7	19.85
	咸阳市	92 083.8	22.92
	榆林市	14 032.0	3.49
	合计	401 804.5	100.00
甘肃	白银市	44 425.4	13.54
	定西市	18 986.1	5.79
	甘南藏族自治州	4 560.2	1.39
	嘉峪关市	1 565.6	0.48
	金昌市	8 145.6	2.48
	酒泉市	38 887.5	11.85
	兰州市	20 295.6	6.19
	临夏州	51 603.8	15.73
	陇南市	21 437.6	6.53
	平凉市	8 613.2	2.63
	庆阳市	7.1	0.00
	天水市	2 771.5	0.84
	武威市	32 249.1	9.83
	张掖市	74 529.5	22.72
	合计	328 077.8	100.00

（续）

省（自治区）名称	省辖市	面积（hm^2）	比例（%）
新疆	阿克苏地区	135 152.5	17.42
	阿拉尔市	14 871.1	1.92
	阿勒泰地区	4 207.4	0.54
	巴音郭楞蒙古自治州	40 355.1	5.20
	博尔塔拉蒙古自治州	57 194.0	7.37
	昌吉回族自治州	110 055.7	14.19
	哈密地区	13 880.6	1.79
	和田地区	6 625.3	0.85
	喀什地区	45 058.6	5.81
	克拉玛依市	11 513.5	1.48
	克孜勒苏柯尔克孜自治州	238.9	0.03
	石河子市	101.1	0.01
	塔城地区	161 462.6	20.81
	图木舒克市	179.0	0.02
	吐鲁番地区	15 033.1	1.94
	乌鲁木齐市	6 565.7	0.85
	五家渠市	7 287.2	0.94
	伊犁哈萨克自治州	145 992.3	18.82
	合计	775 773.5	100.00
宁夏	固原市	6 454.1	6.19
	石嘴山市	27 493.1	26.39
	吴忠市	20 125.7	19.32
	银川市	33 188.6	31.85
	中卫市	16 930.3	16.25
	合计	104 191.7	100.00
青海	海北藏族自治州	4.8	0.05
	海东市	2 819.3	31.90
	海南藏族自治州	131.6	1.49
	海西蒙古藏族自治州	140.8	1.59
	西宁市	5 742.6	64.97
	合计	8 839.1	100.00
内蒙古西部	阿拉善盟	5 119.7	2.32
	巴彦淖尔市	71 081.8	32.16
	包头市	44 990.6	20.35
	鄂尔多斯市	32 406.8	14.66
	呼和浩特市	64 060.1	28.98
	乌海市	2 876.6	1.30
	乌兰察布市	61.7	0.03
	锡林郭勒盟	451.4	0.20
	合计	221 048.6	100.00

(二) 三等地土壤类型分布

三等地分布面积和比例最大的土壤类型分别是潮土，占三等地总面积的 15.12%，其次是褐土、灰钙土、黄绵土、草甸土、灌淤土等（表 4-29）。

表 4-29　西北区三等地耕地主要土壤类型耕地面积与比例

主要土壤类型	面积（hm^2）	比例（%）
潮土	272 509.0	15.12
褐土	161 868.8	8.98
灰钙土	143 271.6	7.95
黄绵土	131 458.3	7.30
草甸土	129 401.6	7.18
灌淤土	106 735.3	5.92
灰漠土	94 762.2	5.26
棕钙土	83 271.6	4.62
栗钙土	80 984.7	4.49
灌漠土	69 875.5	3.88
灰棕漠土	55 712.6	3.09
风沙土	51 335.6	2.85
新积土	41 024.1	2.28
黑垆土	33 990.5	1.89
水稻土	27 323.5	1.52
棕漠土	23 160.8	1.29
沼泽土	21 129.6	1.17
林灌草甸土	18 830.6	1.04
黄棕壤	13 275.1	0.74
草甸盐土	11 105.9	0.62
漠境盐土	9 745.4	0.54
粗骨土	8 905.3	0.49
红土	7 198.4	0.40
灰褐土	4 279.1	0.24
黑钙土	3 217.6	0.18
红黏土	2 917.3	0.16
棕壤	1 888.2	0.10
栗褐土	108.0	0.01
其他土类	454 227.6	25.21
合计	1 801 978.7	100.00

（三）三等地的主要属性

1. 地貌类型与海拔 三等地在平原的分布最多（表 4-30），面积达到 138.16 万 hm^2，占三等地总面积的 76.67%，占西北区耕地中平原总面积的 13.56%。高原的三等地面积为 31.99 万 hm^2，占三等地总面积的 17.75%，丘陵和山地的三等地面积分别为 4.92 万 hm^2 和 5.12 万 hm^2，所占比例分别为 2.73%和 2.84%。

表 4-30 三等地的地貌类型面积与比例

地貌类型	面积（万 hm^2）	比例（%）	占相同地貌类型的比例（%）
平原	138.16	76.67	13.56
高原	31.99	17.75	6.62
山地	5.12	2.84	1.58
丘陵	4.92	2.73	3.81

西北区三等地海拔高度分布范围在－137～3 236m 之间，平均 987m，明显高于二等地。表 4-31 是西北区三等地的海拔高度分布面积及比例。

表 4-31 三等地的海拔高度分布面积及比例

海拔高度（m）	面积（万 hm^2）	占三等地面积（%）	占相同海拔高度（%）
＜500	36.88	20.47	19.55
500～750	33.30	18.48	18.69
750～1 000	26.70	14.82	14.82
1 000～1 500	59.12	32.81	7.69
1 500～2 000	17.53	9.73	4.38
2 000～2 500	5.57	3.09	3.66
＞2 500	1.10	0.61	1.27

总体来看三等地海拔高度主要分布在 2 000m 以下。其中海拔高度 1 000～1 500m 耕地面积最多，为 59.12 万 hm^2，占三等地面积的 32.81%；海拔高度＜500m 的耕地面积为 36.88 万 hm^2，占三等地面积的 20.47%；海拔高度 500～750m 的耕地面积为 33.30 万 hm^2，占三等地面积的 18.48%；海拔高度 750～1 000m 的耕地面积为 26.70 万 hm^2，占三等地面积的 14.82%；海拔高度 1 500～2 000m 的耕地面积为 17.53 万 hm^2，占三等地面积的 9.73%；海拔高度 2 000～2 500m 的耕地面积为 5.57 万 hm^2，占三等地面积的 3.09%。

2. 积温 西北区三等地的≥10℃年平均积温 3 546℃。表 4-32 列出了三等地在不同积温范围内的面积、占三等地面积的比例、占同积温范围内耕地面积的比例。西北区＜2 000℃的三等地面积为 6.07 万 hm^2，占三等地面积的 3.37%，积温值在 2 000～3 000℃范围内的三等地为 29.51 万 hm^2，占三等地面积的 16.38%，积温值在 3 000～4 000℃范围内的三等地为 87.84 万 hm^2，占三等地面积的 48.74%，积温>4 000℃的三等地为 56.77 万 hm^2，占三等地面积的 31.51%。

表 4-32　三等地的≥10℃积温值分析

积温值（℃）	面积（万 hm^2）	占三等地面积（%）	占同积温耕地面积（%）
<2 000	6.07	3.37	2.53
2 000～3 000	29.51	16.38	4.26
3 000～4 000	87.84	48.74	13.62
>4 000	56.77	31.51	15.07
总计	180.20	100.00	35.48

3. 年降水量与灌溉　西北区三等地的年降水量在 15～1 071mm 间，区域内差异非常大。西北区不同年降水量与灌溉保证率的三等地面积比例列于表 4-33。

表 4-33　不同年降水量与灌溉保证率的三等地面积比例

灌溉保证率占比（%）		降水量（mm）（占比%）				
		<200	200～400	400～600	600～800	>800
		40.25	32.67	16.07	8.71	2.30
0	0.63	0	0.63	0	0	0
0～30	6.30	0.10	0	2.14	3.95	0.11
30～60	9.34	0.47	0.60	4.40	1.77	2.10
60～80	24.06	8.89	8.12	4.52	2.51	0.02
80～100	59.67	30.79	23.33	5.00	0.48	0.07

三等地小于 200mm 年降水量的面积比例为 40.25%，200～400mm 年降水量的面积比例为 32.67%，400～600mm 年降水量的面积比例为 16.07%，600～800mm 年降水量的面积比例为 8.71%，≥800mm 年降水量的面积比例为 2.30%。

三等地中，灌溉保证率 0～30%的面积占比为 6.30%，灌溉保证率 30%～60%的面积占比为 9.34%，灌溉保证率 60%～80%的面积占比为 24.06%，灌溉保证率 80%～100%的面积占比为 59.67%。同一年降雨量区段内，三等地面积占比随灌溉保证率增加而增加的趋势明显。

4. 质地　三等地中，耕层质地为壤土的面积为 128.41 万 hm^2，占三等地总面积的 71.26%，耕层质地为黏壤土的面积为 33.89 万 hm^2，占三等地总面积的 18.81%，耕层质地为黏土的面积为 14.47 万 hm^2，占三等地总面积的 8.03%，耕层质地为砂土的面积为 3.43 万 hm^2，占三等地总面积的 1.90%（表 4-34）。

表 4-34　三等地与耕层质地

质地	面积（万 hm^2）	比例（%）	三等地占相同质地耕地面积（%）
壤土	128.41	71.26	10.76
黏壤土	33.89	18.81	8.20
黏土	14.47	8.03	8.77
砂土	3.43	1.90	1.87
总计	180.20	100.00	29.60

5. 盐渍化程度　统计结果表明（表 4-35），三等地中无盐渍化影响的耕地面积为 115.20 万 hm^2，占三等地总面积的 63.93%，占全部无盐渍化影响的耕地总面积的 7.85%，轻度盐渍化的面积为 32.95 万 hm^2，占三等地总面积的 18.29%，中度盐渍化面积 20.62 万 hm^2，占三等地总面积的 11.44%，重度盐渍化的面积为 11.43 万 hm^2，占三等地总面积的 6.34%。

表 4-35　三等地的盐渍化程度

盐渍化程度	面积（万 hm^2）	比例（%）	三等地占相同盐渍化程度耕地面积（%）
无盐渍化	115.20	63.93	7.85
轻度盐渍化	32.95	18.29	10.99
中度盐渍化	20.62	11.44	17.94
重度盐渍化	11.43	6.34	15.70
总计	180.20	100.00	52.48

6. 养分状况　对西北区三等地有机质（g/kg）、有效磷（mg/kg）、速效钾（mg/kg）、有效铁（mg/kg）、有效铜（mg/kg）、有效锌（mg/kg）、有效硫（mg/kg）、有效锰（mg/kg）、有效钼（mg/kg）等耕层养分含量进行统计（表 4-36），结果反映出，三等地的养分含量平均值为：有机质 15.65g/kg、有效磷 18.8mg/kg、速效钾 161mg/kg、有效铁 14.49mg/kg、有效铜 1.71mg/kg、有效锌 1.31mg/kg、有效锰 14.11mg/kg、有效钼 0.36mg/kg。

表 4-36　三等地耕地土壤养分含量

项目	平均值	标准差
有机质（g/kg）	15.65	5.45
有效磷（mg/kg）	18.8	7.4
pH	7.92	0.78
有效铜（mg/kg）	1.71	0.82
有效硼（mg/kg）	1.35	2.67
有效锰（mg/kg）	14.11	9.11
有效硅（mg/kg）	150.43	81.50
有效锌（mg/kg）	1.31	0.74

（续）

项目	平均值	标准差
有效铁（mg/kg）	14.49	8.29
缓效钾（mg/kg）	869.73	305.32
速效钾（mg/kg）	161	40.00
全氮（g/kg）	1.00	0.30
有效钼（mg/kg）	0.36	0.26

对西北区三等地中各省、自治区的土壤养分含量平均值进行比较（表 4-37），可以发现，有机质含量宁夏最高，为 19.50g/kg，陕西最低，为 14.36g/kg，有效磷含量青海最高，为 37.0mg/kg，新疆最低，为 13.5mg/kg，速效钾含量青海最高，为 200mg/kg，宁夏最低，为 149mg/kg。微量元素铜、铁、锰、锌、钼的有效含量各有高低，差异不明显。

表 4-37　三等地中各省（自治区）土壤养分含量平均值比较

养分项目	陕西	甘肃	宁夏	青海	新疆	内蒙古西部
有机质（g/kg）	14.36	16.96	19.50	19.07	16.40	15.03
有效磷（mg/kg）	19.0	23.0	22.3	37.0	13.5	15.7
速效钾（mg/kg）	154	178	149	200	184	160
有效铁（mg/kg）	14.69	8.41	16.56	8.20	10.57	17.05
有效铜（mg/kg）	1.90	1.28	1.70	0.86	1.67	1.64
有效锌（mg/kg）	1.35	1.17	1.23	1.37	1.03	1.44
有效锰（mg/kg）	17.54	8.06	6.59	5.14	7.74	16.88
有效钼（mg/kg）	0.30	0.42	0.28	0.44	0.66	0.34
pH	7.37	8.16	8.48	8.02	8.12	8.43

对西北区三等地的有机质、有效磷、速效钾与有效锌含量各级别面积与比例进行统计，结果列于表 4-38。

表 4-38　三等地有机质、有效磷、速效钾与有效锌各级别面积与比例

养分等级	有机质		有效磷		速效钾		有效锌	
	面积（万 hm^2）	%	面积（万 hm^2）	%	面积（万 hm^2）	%	面积（万 hm^2）	%
一级	1.73	0.96	1.15	0.64	35.68	19.81	2.16	1.20
二级	25.79	14.31	19.81	10.99	99.73	55.35	39.78	22.07
三级	74.51	41.35	30.28	16.80	33.65	18.67	57.85	32.11
四级	58.00	32.19	45.40	25.19	8.93	4.95	74.59	41.39
五级	17.27	9.58	71.07	39.44	2.06	1.14	5.03	2.79
六级	2.90	1.61	12.50	6.94	0.15	0.08	0.80	0.44

三等地有机质含量为一级（>30g/kg）的面积为 1.73 万 hm^2，占比 0.96%，有机质含量为二级（20～30g/kg）的面积为 25.79 万 hm^2，占比 14.31%，有机质含量为三级（15～20g/kg）的面积 74.51 万 hm^2，占比 41.35%，有机质含量为四级（10～15g/kg）的面积 58.00 万 hm^2，占比 32.19%，有机质含量为五级（6～10g/kg）的面积为 17.27 万 hm^2，占比 9.58%，有机质含量为六级（<6g/kg）的面积为 2.90 万 hm^2，占比 1.61%。表明西北区三等地的有机质含量主要以中等为主。

三等地有效磷含量为一级（>40mg/kg）的面积 1.15 万 hm^2，占比 0.64%，有效磷含量为二级（25～40mg/kg）的面积 19.81 万 hm^2，占比 10.99%，有效磷含量为三级（20～25mg/kg）的面积 30.28 万 hm^2，占比 16.80%，有效磷含量为四级（15～20mg/kg）的面积 45.40 万 hm^2，占比 25.19%，有效磷含量为五级（10～15mg/kg）的面积 71.07 万 hm^2，占比 39.44%，有效磷含量为六级（<10mg/kg）的面积 12.50 万 hm^2，占比 6.94%。表明西北区三等地有效磷含量以中等偏下为主。

三等地速效钾含量为一级（>200mg/kg）的面积 35.68 万 hm^2，占比 19.81%，速效钾含量为二级（150～200mg/kg）的面积 99.73 万 hm^2，占比 55.35%，速效钾含量为三级（120～150mg/kg）的面积 33.65 万 hm^2，占比 18.67%，速效钾含量为四级（100～120mg/kg）的面积 8.93 万 hm^2，占比 4.95%，速效钾含量为五级（80～100mg/kg）的面积 2.06 万 hm^2，占比 1.14%，速效钾含量为六级（<80mg/kg）的面积 0.15 万 hm^2，占比 0.08%。表明西北区三等地速效钾含量以高为主，偏低的面积和比例很少。

三等地有效锌含量为一级（>3mg/kg）的面积 2.16 万 hm^2，占比 1.20%，有效锌含量为二级（1.5～3mg/kg）的面积 39.78 万 hm^2，占比 22.07%，有效锌含量为三级（1～1.5mg/kg）的面积 57.85 万 hm^2，占比 32.11%，有效锌含量为四级（0.5～1mg/kg）的面积 74.59 万 hm^2，占比 41.39%，有效锌含量为五级（0.3～0.5mg/kg）的面积 5.03 万 hm^2，占比 2.79%，有效锌含量为六级（<0.3mg/kg）的面积为 0.80 万 hm^2，占比 0.44%。表明西北区三等地有效锌含量以中等偏高为主，在各个等级分布较为分散。

四、四等地

（一）四等地行政区划分布

西北区四等地共计 218.95 万 hm^2，占总耕地的 11.2%。从省级行政区划来看，四等地面积分布最多的是新疆，占西北区四等地总面积的 42.3%，其次是甘肃，占西北区四等地总面积的 21.5%。陕西、内蒙古西部、宁夏和青海所占比例分别为 17.8%、12.0%、5.7% 和 0.5%。

对西北区四等地按地市级行政区划进行分析，统计结果列于表 4-39。陕西省四等地主要分布在中部渭河平原地区的咸阳市、宝鸡市和渭南市，分别占全省四等地总面积的 25.17%、23.44%和 22.23%，此外，汉中也有 10.84%的四等地分布。甘肃省四等地各个地市均有分布，相对较为集中的分布区主要有白银市、武威市、临夏州、酒泉市、张掖市，均占全省四级耕地总面积的 10%以上。在新疆各个地市均有分布，表明四等地分布较为分散，其中塔城地区和昌吉回族自治州所占比例较高，分别占全区总面积的 19.25%和 16.11%，其次是伊犁哈萨克自治州和阿克苏地区。在宁夏的分布区主要位于银川市、石嘴山市、吴忠市，中卫市和固原市，分别占全区总面积的 35.88%、21.15%、19.30%，12.59%和 11.07%。青海的四等地主要集中分布在海西蒙古藏族自治州和西宁市，分别占全省四等地总面积的 36.88%和 33.0%，海东市也有较多分布，面积占全省 22.45%，其他地区分布较少。四等地在内蒙古分布最多的是巴彦淖尔市，占全区总面积的 41.13%，其次是呼和浩特市，占全区总面积的 24.51%，包头市和鄂尔多斯市分别占全区总面积的 16.07%和 13.97%，其他区域四等地分布面积很少（表 4-39）。

表 4-39　四等地耕地不同省（自治区）耕地面积与比例

省（自治区）名称	省辖市	面积（hm^2）	比例（%）
陕西	安康市	8 161.1	1.99
	宝鸡市	96 147.9	23.44
	汉中市	44 477.1	10.84
	商洛市	9 465.1	2.31
	铜川市	12 037.8	2.94
	渭南市	91 168.5	22.23
	西安市	22 908.9	5.59
	咸阳市	103 244.1	25.17
	延安市	1 174.1	0.29
	榆林市	21 342.4	5.20
	合计	410 126.9	100.00
甘肃	白银市	63 075.3	13.18
	定西市	35 199.3	7.35
	甘南藏族自治州	5 415.7	1.13
	嘉峪关市	4 301.9	0.90
	金昌市	30 502.7	6.37
	酒泉市	55 288.6	11.55
	兰州市	29 480.7	6.16
	临夏州	57 852.1	12.09
	陇南市	37 765.8	7.89
	平凉市	35 644.3	7.45
	庆阳市	3 748.1	0.78
	天水市	12 160.1	2.54
	武威市	60 133.1	12.56
	张掖市	48 028.9	10.04
	合计	478 596.6	100.00

（续）

省（自治区）名称	省辖市	面积（hm^2）	比例（%）
新疆	阿克苏地区	130 324.8	13.83
	阿拉尔市	43 355.6	4.60
	阿勒泰地区	23 382.3	2.48
	巴音郭楞蒙古自治州	64 234.3	6.82
	博尔塔拉蒙古自治州	25 250.6	2.68
	昌吉回族自治州	151 861.4	16.11
	哈密地区	19 179.0	2.04
	和田地区	20 907.6	2.22
	喀什地区	75 584.7	8.02
	克拉玛依市	11 726.4	1.24
	克孜勒苏柯尔克孜自治州	2 149.2	0.23
	石河子市	13 674.0	1.45
	塔城地区	181 390.6	19.25
	图木舒克市	487.1	0.05
	吐鲁番地区	13 131.7	1.39
	乌鲁木齐市	13 666.1	1.45
	五家渠市	1 739.0	0.18
	伊犁哈萨克自治州	150 341.5	15.95
	合计	942 386.0	100.00
宁夏	固原市	8 570.7	11.07
	石嘴山市	16 368.6	21.15
	吴忠市	14 938.6	19.30
	银川市	27 769.3	35.88
	中卫市	9 744.7	12.59
	合计	77 392.0	100.00
青海	海东市	7 416.4	22.45
	海南藏族自治州	2 145.2	6.49
	海西蒙古藏族自治州	12 180.3	36.88
	黄南藏族自治州	386.1	1.17
	西宁市	10 900.5	33.00
	合计	33 028.5	100.00
内蒙古西部	阿拉善盟	5 587.3	1.95
	巴彦淖尔市	117 889.6	41.13
	包头市	46 070.7	16.07
	鄂尔多斯市	40 052.8	13.97
	呼和浩特市	70 234.0	24.51
	乌海市	1 741.0	0.61
	乌兰察布市	2 945.6	1.03
	锡林郭勒盟	2 086.8	0.73
	合计	286 607.7	100.00

（二）四等地土壤类型分布

四等地分布面积和比例最大的土壤类型是潮土，占四等地总面积的12.24%，其次是黄绵土、灰钙土、草甸土、褐土等（表4-40）。

表4-40　西北区四等地耕地主要土壤类型耕地面积与比例

主要土壤类型	面积（hm^2）	比例（%）
潮土	272 324.0	12.44
黄绵土	194 085.5	8.86
灰钙土	176 094.9	8.04
草甸土	160 125.6	7.31
褐土	159 707.2	7.29
灰漠土	141 930.2	6.48
灌淤土	138 884.4	6.34
栗钙土	94 711.4	4.33
棕钙土	89 697.9	4.10
灌漠土	83 786.7	3.83
黑垆土	72 203.7	3.30
风沙土	60 195.4	2.75
棕漠土	55 726.6	2.55
灰棕漠土	49 862.2	2.28
林灌草甸土	32 324.7	1.48
新积土	32 294.3	1.47
沼泽土	31 694.6	1.45
黄棕壤	31 046.5	1.42
水稻土	21 580.8	0.99
灰褐土	12 978.5	0.59
红土	12 968	0.59
粗骨土	12 400.6	0.57
漠境盐土	10 973.8	0.50
草甸盐土	10 759.6	0.49
黑钙土	7 267.1	0.33
棕壤	5 905.7	0.27
红黏土	5 259.3	0.24
栗褐土	2 441.4	0.11
其他土类	210 277.8	9.60
合计	2 189 508.4	100.00

（三）四等地的主要属性

1. 地貌类型与海拔 四等地在平原的分布最多，面积达到156.24万hm^2，占四等地总面积的71.36%，占西北区耕地中平原总面积的15.34%（表4-41）。其次是高原，面积40.91万hm^2，占四等地总面积的18.69%。山地面积为13.29万hm^2，占四等地总面积的6.07%，丘陵面积为8.51万hm^2，占四等地总面积的3.89%。

表4-41 四等地的地貌类型面积与比例

地貌类型	面积（万hm^2）	比例（%）	占相同地貌类型的比例（%）
平原	156.24	71.36	15.34
高原	40.91	18.69	8.47
丘陵	8.51	3.89	6.58
山地	13.29	6.07	4.11

西北区四等地海拔高度分布范围在−135～3 284m之间，平均1 060m，明显高于三等地。表4-42是西北区四等地的海拔高度分布面积及比例。总体来看四等地海拔高度主要分布在2 000m以下。其中海拔高度1 000～1 500m耕地面积最多，为79.15万hm^2，占四等地总面积的27.00%；海拔高度<500m的耕地面积为27.51万hm^2，占四等地面积的16.84%；海拔高度500～750m的耕地面积为33.55万hm^2，占四等地面积的15.21%；海拔高度750～1 000m的耕地面积为37.65万hm^2，占四等地面积的12.19%；海拔高度1 500～2 000m的耕地面积为29.33万hm^2，占四等地面积的8.01%；海拔高度2 000～2 500m的耕地面积为8.04万hm^2，占四等地面积的2.54%。

表4-42 四等地的海拔高度分布面积及比例

海拔高度（m）	面积（万hm^2）	占四等地面积（%）	占相同海拔高度（%）
<500	27.51	16.84	14.59
500～750	33.55	15.21	18.83
750～1 000	37.65	12.19	20.90
1 000～1 500	79.15	27.00	10.29
1 500～2 000	29.33	8.01	7.33
2 000～2 500	8.04	2.54	5.29
>2 500	3.73	0.50	4.31

2. 积温 西北区四等地的≥10℃年平均积温3 521℃。表4-43列出了四等地在不同积温范围内的面积、占四等地面积的比例、占同积温范围内耕地面积的比例。西北区<2 000℃的四等地面积为10.51万hm^2，占四等地面积的4.80%，积温值在2 000～3 000℃范围内的四等地为51.21万hm^2，占四等地面积的23.39%，积温值在3 000～4 000℃范围内的四等地为101.13万hm^2，占四等地面积的46.19%，积温>4 000℃的四等地为56.10万hm^2，占四等地面积的25.62%。

表 4-43　四等地的≥10℃积温值分析

积温值（℃）	面积（万 hm^2）	占四等地面积（%）	占同积温耕地面积（%）
<2 000	10.51	4.80	4.38
2 000～3 000	51.21	23.39	7.39
3 000～4 000	101.13	46.19	15.68
>4 000	56.10	25.62	14.89
总计	218.95	100.00	42.34

3. 年降水量与灌溉　西北区四等地的年降水量在 10～1 270mm 间，区域内差异非常大。西北区不同年降水量与灌溉保证率的四等地面积比例列于表 4-44。四等地的<200mm 年降水量的面积比例为 43.67%，200～400mm 年降水量的面积比例为 29.97%，400～600mm 年降水量的面积比例为 15.11%，600～800mm 年降水量的面积比例为 8.74%，≥800mm 年降水量的面积比例为 2.41%。

四等地中，灌溉保证率 0～30%的面积占比为 15.84%，灌溉保证率 30%～60%的面积占比为 8.84%，灌溉保证率 60%～80%的面积占比为 26.17%，灌溉保证率 80%～100%的面积占比为 48.53%。同一年降雨量区段内，四等地面积占比随灌溉保证率增加而增加的趋势明显。

表 4-44　不同年降水量与灌溉保证率的四等地面积比例

灌溉保证率占比（%）		降水量（mm）（占比%）				
		<200	200～400	400～600	600～800	≥800
		43.76	29.97	15.11	8.74	2.41
0	0.62	0.04	0.57	0.01	0	0
0～30	15.84	0	0.16	7.72	7.44	0.52
30～60	8.84	2.37	1.39	2.64	0.72	1.73
60～80	26.17	12.10	10.45	3.07	0.54	0.01
80～100	48.53	29.23	17.41	1.68	0.04	0.16

4. 质地　四等地中，耕层质地为壤土的面积为 142.72 万 hm^2，占四等地总面积的 65.18%，耕层质地为黏壤土的面积为 44.69 万 hm^2，占四等地总面积的 20.41%，耕层质地为黏土的面积为 23.30 万 hm^2，占四等地总面积的 10.64%，耕层质地为砂土的面积为 8.25 万 hm^2，占四等地总面积的 3.77%（表 4-45）。

表 4-45　四等地与耕层质地

质地	面积（万 hm^2）	比例（%）	四等地占相同质地耕地面积（%）
壤土	142.72	65.18	11.96
黏壤土	44.69	20.41	10.81
黏土	23.30	10.64	14.12
砂土	8.25	3.77	4.49
总计	218.95	100.00	41.38

5. 盐渍化程度 统计结果表明（表 4-46），四等地中无盐渍化影响的耕地面积为 148.63 万 hm^2，占四等地总面积的 67.87%，占全部无盐渍化影响的耕地总面积的 10.13%，轻度盐渍化的面积为 41.83 万 hm^2，占四等地总面积的 19.11%，中度盐渍化的面积为 18.82 万 hm^2，占 8.60%，重度盐渍化的面积为 9.67 万 hm^2，占四等地总面积的 4.42%。

表 4-46 四等地的盐渍化程度

盐渍化程度	面积（万 hm^2）	比例（%）	四等地占相同盐渍化程度耕地面积（%）
无盐渍化	148.63	67.87	10.13
轻度盐渍化	41.83	19.11	13.95
中度盐渍化	18.82	8.60	16.38
重度盐渍化	9.67	4.42	13.28
总计	218.95	100.00	53.74

6. 养分状况 对西北区四等地有机质（g/kg）、有效磷（mg/kg）、速效钾（mg/kg）、有效铁（mg/kg）、有效铜（mg/kg）、有效锌（mg/kg）、有效硫（mg/kg）、有效锰（mg/kg）、有效钼（mg/kg）等耕层养分含量进行统计（表 4-47），结果反映出，四等地的养分含量平均值为：有机质 15.07g/kg、有效磷 18.2mg/kg、速效钾 159mg/kg、有效铁 14.36mg/kg、有效铜 1.76mg/kg、有效锌 1.27mg/kg、有效锰 14.76mg/kg、有效钼 0.33mg/kg。

表 4-47 四等地耕地土壤养分含量

项目	平均值	标准差
有机质（g/kg）	15.07	5.27
有效磷（mg/kg）	18.2	7.15
pH	7.78	0.83
有效铜（mg/kg）	1.76	0.93
有效硼（mg/kg）	1.47	3.44
有效锰（mg/kg）	14.76	8.83
有效硅（mg/kg）	145.87	69.44
有效锌（mg/kg）	1.27	0.75
有效铁（mg/kg）	14.36	7.84
缓效钾（mg/kg）	871	299.80
速效钾（mg/kg）	159	41.36
全氮（g/kg）	0.99	0.25
有效钼（mg/kg）	0.33	0.23

对西北区四等地中各省（自治区）的土壤养分含量平均值进行比较（表4-48），可以发现，有机质含量宁夏最高，为18.77g/kg，陕西最低，为14.17g/kg，有效磷含量青海最高，为31.5mg/kg，新疆最低，为13.0mg/kg，速效钾青海最高，为193mg/kg，宁夏最低，为149mg/kg。微量元素铜、铁、锰、锌、钼的有效含量各有高低，差异不明显。

表4-48　四等地中各省（自治区）土壤养分含量平均值比较

养分项目	陕西	甘肃	宁夏	青海	新疆	内蒙古西部
有机质（g/kg）	14.17	16.50	18.77	16.00	15.77	14.97
有效磷（mg/kg）	18.3	21.6	19.9	31.5	13.0	15.0
速效钾（mg/kg）	152	179	149	193	179	156
有效铁（mg/kg）	15.27	7.99	14.78	8.14	10.96	16.91
有效铜（mg/kg）	2.01	1.23	1.68	0.75	1.67	1.67
有效锌（mg/kg）	1.31	1.08	1.38	1.16	1.07	1.32
有效锰（mg/kg）	18.13	8.11	6.72	5.53	7.70	16.47
有效钼（mg/kg）	0.28	0.42	0.28	0.42	0.65	0.29
pH	7.26	8.13	8.49	8.16	8.10	8.41

对西北区四等地的有机质、有效磷、速效钾与有效锌含量各级别面积与比例进行统计，结果列于表4-49。

表4-49　四等地有机质、有效磷、速效钾与有效锌各级别面积与比例

养分等级	有机质		有效磷		速效钾		有效锌	
	面积（万 hm^2）	%	面积（万 hm^2）	%	面积（万 hm^2）	%	面积（万 hm^2）	%
一级	2.83	1.29	2.00	0.91	50.99	23.29	2.71	1.24
二级	19.34	8.83	25.76	11.76	109.59	50.05	40.76	18.61
三级	86.44	39.49	30.63	13.99	44.15	20.16	85.88	39.23
四级	88.61	40.47	53.25	24.32	11.29	5.16	80.89	36.94
五级	19.73	9.01	93.60	42.76	2.47	1.13	8.25	3.77
六级	2.00	0.91	13.71	6.26	0.46	0.21	0.46	0.21

四等地有机质含量为一级（>30g/kg）的面积为2.83万 hm^2，占比1.29%，有机质含量为二级（20～30g/kg）的面积为19.34万 hm^2，占比8.83%，有机质含量为三级（15～20g/kg）的面积86.44万 hm^2，占比39.49%，有机质含量为四级（10～15g/kg）的面积88.61万 hm^2，占比40.47%，有机质含量为五级（6～10g/kg）的面积为19.73万 hm^2，占比9.01%，有机质含量为六级（<6g/kg）的面积为2.00万 hm^2，占比0.91%。表明西北区四等地的有机质含量主要以中等为主。

四等地有效磷含量为一级（>40mg/kg）的面积2.00万 hm^2，占比0.91%，有效磷含量为二级（25～40mg/kg）的面积25.76万 hm^2，占比11.76%，有效磷含量为三级（20～

25mg/kg）的面积 30.63 万 hm^2，占比 13.99%，有效磷含量为四级（15～20mg/kg）的面积 53.25 万 hm^2，占比 24.32%，有效磷含量为五级（10～15mg/kg）的面积 93.60 万 hm^2，占比 42.76%，有效磷含量为六级（<10mg/kg）的面积 13.71 万 hm^2，占比 6.26%。表明西北区四等地有效磷含量以中等偏下为主。

四等地速效钾含量为一级（>200mg/kg）的面积 50.99 万 hm^2，占比 23.29%，速效钾含量为二级（150～200mg/kg）的面积 109.59 万 hm^2，占比 50.05%，速效钾含量为三级（120～150mg/kg）的面积 44.15 万 hm^2，占比 20.16%，速效钾含量为四级（100～120mg/kg）的面积 11.29 万 hm^2，占比 5.16%，速效钾含量为五级（80～100mg/kg）的面积 2.47 万 hm^2，占比 1.13%，速效钾含量为六级（<80mg/kg）的面积 0.46 万 hm^2，占比 0.21%。表明西北区四等地速效钾含量以高为主，偏低的面积和比例很少。

四等地有效锌含量为一级（>3mg/kg）的面积 2.71 万 hm^2，占比 1.24%，有效锌含量为二级（1.5～3mg/kg）的面积 40.76 万 hm^2，占比 18.61%，有效锌含量为三级（1～1.5mg/kg）的面积 85.88 万 hm^2，占比 39.23%，有效锌含量为四级（0.5～1mg/kg）的面积 80.89 万 hm^2，占比 36.94%，有效锌含量为五级（0.3～0.5mg/kg）的面积 8.25 万 hm^2，占比 3.77%，有效锌含量为六级（<0.3mg/kg）的面积为 0.46 万 hm^2，占比 0.21%。表明西北区四等地有效锌含量以中等及偏高为主，在各个等级分布较为分散。

五、五等地

（一）五等地行政区划分布

西北区五等地总面积 255.63 万 hm^2，占西北区总耕地面积的 13.08%，五等地主要分布在新疆和甘肃，分别占五等地总面积的 36.6%和 29.0%，陕西、内蒙古西部、宁夏和青海所占比例较少。

对西北区五等地按地市级行政区划进行分析，统计结果列于表 4-50。五等地在陕西省分布较为分散，全省十个地市均有一定面积的分布。其中所占比例最高的是榆林市，占全省五等地总面积的 24.41%，其次是宝鸡市、渭南市和咸阳市，分别占全省五等地总面积的 15.12%、14.46%和 14.33%，其余地市所占比例均较低。在甘肃，五等地各个地市均有分布，相对较为集中的分布区主要有天水市、平凉市和临夏州，所占比例分别为 14.86%、12.94%和 11.63%，其余地市所占比例均在 9.99%以下。在新疆，五等地分布较为分散，全区各个地市州均有分布，其中喀什地区分布比例最高，占全区五等地总面积的 14.18%，其次是阿克苏地区、伊犁哈萨克自治州、昌吉回族自治州和巴音郭楞蒙古自治州，均占全区五等地总面积的 13.65%～10.90%之间，其余各地市州占比均在 10%以下。宁夏五等地分布区主要位于中卫市和固原市，分别占全区五等地总面积的 32.72%和 25.77%，其次是银川市和吴忠市，占全区总面积的 16.22%和 16.01%，此外石嘴山市也有一定比例的分布。青海五等地主要集中分布在西宁市和海东市，分别占全省五等地总面积的 38.98%和 30.93%，此外，海西蒙古藏族自治州和海南藏族自治州也有较高比例的分布。内蒙古五等地分布最多的是巴彦淖尔市，占全区五等地总面积的 42.50%，其次是鄂尔多斯市，占全区总面积的 21.01%，包头市和呼和浩特市分别占全区总面积的 15.28%和 12.65%，其他区域五等地分布面积很少。

表 4-50　五等地耕地不同省（自治区）耕地面积与比例

省（自治区）名称	省辖市	面积（hm²）	比例（%）
陕西	安康市	9 683.3	2.11
	宝鸡市	69 417.1	15.12
	汉中市	53 711.5	11.70
	商洛市	18 417.6	4.01
	铜川市	16 714.7	3.64
	渭南市	66 389.0	14.46
	西安市	28 646.8	6.24
	咸阳市	65 768.9	14.33
	延安市	18 313.1	3.99
	榆林市	112 051.4	24.41
	合计	459 113.4	100.00
甘肃	白银市	28 125.7	3.70
	定西市	66 711.0	8.78
	甘南藏族自治州	19 939.0	2.62
	嘉峪关市	280.5	0.04
	金昌市	33 772.2	4.44
	酒泉市	50 524.2	6.65
	兰州市	75 965.2	9.99
	临夏州	88 410.7	11.63
	陇南市	43 440.9	5.72
	平凉市	98 386.7	12.94
	庆阳市	50 726.3	6.67
	天水市	112 975.9	14.86
	武威市	37 618.7	4.95
	张掖市	53 233.3	7.00
	合计	760 110.4	100.00
新疆	阿克苏地区	130 765.7	13.65
	阿拉尔市	23 989.1	2.50
	阿勒泰地区	42 683.5	4.46
	巴音郭楞蒙古自治州	104 461.6	10.90
	博尔塔拉蒙古自治州	37 160.5	3.88
	昌吉回族自治州	105 892.4	11.05
	哈密地区	23 004.6	2.40
	和田地区	43 080.4	4.50
	喀什地区	135 854.4	14.18

（续）

省（自治区）名称	省辖市	面积（hm^2）	比例（%）
新疆	克拉玛依市	13 168.5	1.37
	克孜勒苏柯尔克孜自治州	4 251.2	0.44
	石河子市	5 513.1	0.58
	塔城地区	121 236.5	12.66
	图木舒克市	23 692.8	2.47
	吐鲁番地区	6 638.7	0.69
	乌鲁木齐市	23 904.7	2.50
	伊犁哈萨克自治州	112 673.8	11.76
	合计	957 971.5	100.00
宁夏	固原市	23 167.0	25.77
	石嘴山市	8 343.7	9.28
	吴忠市	14 389.3	16.01
	银川市	14 584.5	16.22
	中卫市	29 411.6	32.72
	合计	89 896.0	100.00
青海	海北藏族自治州	150.4	0.38
	海东市	12 130.5	30.93
	海南藏族自治州	4 094.6	10.44
	海西蒙古藏族自治州	6 703.9	17.10
	黄南藏族自治州	847.9	2.16
	西宁市	15 287.6	38.98
	合计	39 214.9	100.00
内蒙古西部	阿拉善盟	2 677.2	0.86
	巴彦淖尔市	132 109.7	42.50
	包头市	47 507.7	15.28
	鄂尔多斯市	65 308.8	21.01
	呼和浩特市	39 316.6	12.65
	乌海市	3 140.7	1.01
	乌兰察布市	19 211.7	6.18
	锡林郭勒盟	1 567.7	0.50
	合计	310 840.1	100.00

（二）五等地土壤类型分布

五等地分布面积和比例最大的土壤类型是黄绵土，占五等地总面积的 14.09%，其次是潮土，占五等地总面积的 9.64%，草甸土、黑垆土、灌淤土、栗钙土、灰钙土、褐土等分布面积相对也较大（表 4-51）。

表 4-51 西北区五等地耕地主要土壤类型耕地面积与比例

主要土壤类型	面积（hm^2）	比例（%）
黄绵土	360 200.5	14.09
潮土	246 394.9	9.64
草甸土	164 151.5	6.42
黑垆土	158 913.2	6.22
灌淤土	148 012.4	5.79
栗钙土	136 644.1	5.35
灰钙土	135 920.6	5.32
褐土	132 588.3	5.19
灰漠土	96 380.9	3.77
风沙土	91 418.1	3.58
棕钙土	86 205.3	3.37
灌漠土	76 661.1	3.00
新积土	74 215.0	2.90
灰褐土	54 743.6	2.14
棕漠土	50 578.9	1.98
黄棕壤	46 625.5	1.82
沼泽土	43 448.5	1.70
灰棕漠土	32 312.8	1.26
黑钙土	30 779.3	1.20
林灌草甸土	27 255.7	1.07
棕壤	24 368.3	0.95
水稻土	22 522.6	0.88
粗骨土	17 156.6	0.67
红土	14 770.4	0.58
栗褐土	14 147.2	0.55
红黏土	8 507.5	0.33
漠境盐土	7 084.0	0.28
草甸盐土	6 073.1	0.24
其他土类	248 204.5	9.71
合计	2 556 284.4	100.00

（三）五等地的主要属性

1. 地貌类型与海拔 五等地在平原的分布最多，面积达到 160.38 万 hm^2，占五等地总面积的 62.74%，占西北区耕地中平原总面积的 15.74%（表 4-52）。高原面积为 53.10 万 hm^2，占五等地总面积的 20.77%，占西北区耕地中高原总面积的 10.99%。山地面积为 31.81 万 hm^2，占西北区五等地总面积的 12.45%。丘陵所占面积和比例最少，分别为 10.33 万 hm^2 和 4.04%。

表 4-52　五等地的地貌类型面积与比例

地貌类型	面积（万 hm²）	比例（%）	占相同地貌类型的比例（%）
平原	160.38	62.74	15.74
高原	53.10	20.77	10.99
山地	31.81	12.45	9.83
丘陵	10.33	4.04	7.99

西北区五等地海拔高度分布范围在−150～3 832m 之间，平均 1 196m，明显高于四等地。表 4-53 是西北区五等地的海拔高度分布面积及比例。总体来看五等地海拔高度主要分布在 2 000m 以下。其中海拔高度 1 000～1 500m 耕地面积最多，为 111.26 万 hm^2，占五等地总面积的 23.13%；海拔高度＜500m 的耕地面积为 20.12 万 hm^2，占五等地面积的 14.43%；海拔高度 500～750m 的耕地面积为 25.80 万 hm^2，占五等地面积的 13.03%；海拔高度 750～1 000m 的耕地面积为 32.36 万 hm^2，占五等地面积的 10.45%；海拔高度 1 500～2 000m 的耕地面积为 42.65 万 hm^2，占五等地面积的 6.86%；海拔高度2 000～2 500m的耕地面积为 17.83 万 hm^2，占五等地面积的 2.18%；海拔高度大于 2 500m 的耕地面积为 5.62 万 hm^2，占五等地面积的 0.43%。

表 4-53　五等地的海拔高度分布面积及比例

海拔高度（m）	面积（万 hm²）	占五等地面积（%）	占相同海拔高度（%）
＜500	20.12	14.43	10.67
500～750	25.80	13.03	14.48
750～1 000	32.36	10.45	17.96
1 000～1 500	111.26	23.13	14.47
1 500～2 000	42.65	6.86	10.66
2 000～2 500	17.83	2.18	11.72
＞2 500	5.62	0.43	6.48

2. 积温　西北区五等地的≥10℃年平均积温 3 368℃。表 4-54 列出了五等地在不同积温范围内的面积、占五等地面积的比例、占同积温范围内耕地面积的比例。西北区＜2 000℃的五等地面积为 16.26 万 hm^2，占五等地面积的 6.36%，积温值在 2 000～3 000℃范围内的五等地为 79.66 万 hm^2，占五等地面积的 31.16%，积温值在 3 000～4 000℃范围内的五等地为 106.74 万 hm^2，占五等地面积的 41.76%，积温＞4 000℃的五等地为 52.97 万 hm^2，占五等地面积的 20.72%。

表 4-54　五等地的≥10℃积温值分析

积温值（℃）	面积（万 hm²）	占五等地面积（%）	占同积温耕地面积（%）
＜2 000	16.26	6.36	6.77
2 000～3 000	79.66	31.16	11.50
3 000～4 000	106.74	41.76	16.55
＞4 000	52.97	20.72	14.06
总计	255.63	100.00	48.87

3. 年降水量与灌溉　西北区五等地的年降水量在10～1 320mm间，区域内差异非常大。西北区不同年降水量与灌溉保证率的五等地面积比例列于表4-55。

表4-55　不同年降水量与灌溉保证率的五等地面积比例

灌溉保证率占比（%）		降水量（mm）（占比%）				
		<200	200～400	400～600	600～800	>800
		38.48	26.34	23.53	8.70	2.95
0	0.53	0	0.44	0.08	0	0
0～30	30.03	0	1.88	18.43	8.13	1.58
30～60	7.09	1.25	2.53	1.57	0.47	1.28
60～80	27.61	14.39	10.42	2.68	0.08	0.04
80～100	34.74	22.85	11.07	0.76	0.02	0.05

五等地的<200mm年降水量的面积比例为38.48%，200～400mm年降水量的面积比例为26.34%，400～600mm年降水量的面积比例为23.53%，600～800mm年降水量的面积比例为8.70%，≥800mm年降水量的面积比例为2.95%。

五等地中，灌溉保证率0～30%的面积占比为30.03%，灌溉保证率30%～60%的面积占比为7.09%，灌溉保证率60%～80%的面积占比为27.61%，灌溉保证率80%～100%的面积占比为34.74%。年降雨量较少地区，五等地面积占比随灌溉保证率增加而增加的趋势明显，而降雨量较大地区这种趋势不明显。

4. 质地　五等地中，耕层质地为壤土的面积为151.76万hm^2，占五等地总面积的59.37%，耕层质地为黏壤土的面积为58.80万hm^2，占五等地总面积的23.00%，耕层质地为黏土的面积为28.52万hm^2，占五等地总面积的11.16%，耕层质地为砂土的面积为16.55万hm^2，占五等地总面积的6.47%（表4-56）。

表4-56　五等地与耕层质地

质地	面积（万hm^2）	比例（%）	五等地占相同质地耕地面积（%）
壤土	151.76	59.37	12.72
黏壤土	58.80	23.00	14.22
黏土	28.52	11.16	17.29
砂土	16.55	6.47	9.02
总计	255.63	100.00	53.25

5. 盐渍化程度　统计结果表明（表4-57），五等地中无盐渍化影响的耕地面积为177.99万hm^2，占五等地总面积的69.63%，占全部无盐渍化影响的耕地总面积的12.13%，轻度盐渍化的面积为44.12万hm^2，占五等地总面积的17.26%，中度盐渍化的面积为23.21万hm^2，占五等地总面积的20.19%，重度盐渍化的面积为10.31万hm^2，占五等地总面积的4.03%。

表 4-57 五等地的盐渍化程度

盐渍化程度	面积（万 hm^2）	比例（%）	五等地占相同盐渍化程度耕地面积（%）
无盐渍化	177.99	69.63	12.13
轻度盐渍化	44.12	17.26	14.72
中度盐渍化	23.21	9.08	20.19
重度盐渍化	10.31	4.03	14.16
总计	255.63	100.00	61.20

6. 养分状况 对西北区五等地有机质（g/kg）、有效磷（mg/kg）、速效钾（mg/kg）、有效铁（mg/kg）、有效铜（mg/kg）、有效锌（mg/kg）、有效硫（mg/kg）、有效锰（mg/kg）、有效钼（mg/kg）等耕层养分含量进行统计（表 4-58），结果反映出，五等地的养分含量平均值为：有机质 15.30g/kg、有效磷 17.0mg/kg、速效钾 157mg/kg、有效铁 12.97mg/kg、有效铜 1.62mg/kg、有效锌 1.26mg/kg、有效锰 13.76mg/kg、有效钼 0.33mg/kg。

表 4-58 五等地耕地土壤养分含量

项目	平均值	标准差
有机质（g/kg）	15.30	6.14
有效磷（mg/kg）	17.0	7.06
pH	7.83	0.76
有效铜（mg/kg）	1.62	0.97
有效硼（mg/kg）	1.81	4.44
有效锰（mg/kg）	13.76	8.41
有效硅（mg/kg）	142.23	63.42
有效锌（mg/kg）	1.26	0.76
有效铁（mg/kg）	12.97	7.42
缓效钾（mg/kg）	846	275.65
速效钾（mg/kg）	157	40.24
全氮（g/kg）	0.96	0.29
有效钼（mg/kg）	0.33	0.21

对西北区五等地中各省、自治区的土壤养分含量平均值进行比较（表 4-59），可以发现，有机质含量宁夏最高，为 18.18g/kg，内蒙古最低，为 14.49g/kg，有效磷含量青海最高，为 26.6mg/kg，新疆最低，为 12.8mg/kg，速效钾青海最高，为 194mg/kg，陕西最低，为 148mg/kg。微量元素铜、铁、锰、锌、钼的有效含量各有高低，差异不明显。

表 4-59　五等地中各省（自治区）土壤养分含量平均值比较

养分项目	陕西	甘肃	宁夏	青海	新疆	内蒙古西部
有机质（g/kg）	14.73	16.30	18.18	17.53	15.78	14.49
有效磷（mg/kg）	16.6	20.1	17.9	26.6	12.8	14.2
速效钾（mg/kg）	148	174	152	194	181	155
有效铁（mg/kg）	14.35	8.11	12.27	8.00	11.02	14.15
有效铜（mg/kg）	1.86	1.11	1.41	0.87	1.73	1.54
有效锌（mg/kg）	1.36	0.94	1.22	1.32	1.05	1.21
有效锰（mg/kg）	17.39	8.61	7.57	6.15	8.04	13.15
有效钼（mg/kg）	0.30	0.39	0.30	0.39	0.59	0.29
pH	7.43	8.01	8.49	8.19	8.11	8.35

对西北区五等地的有机质、有效磷、速效钾与有效锌含量各级别面积与比例进行统计，结果列于表 4-60。

表 4-60　五等地有机质、有效磷、速效钾与有效锌各级别面积与比例

养分等级	有机质		有效磷		速效钾		有效锌	
	面积（万 hm^2）	%	面积（万 hm^2）	%	面积（万 hm^2）	%	面积（万 hm^2）	%
一级	6.23	2.44	2.29	0.90	56.10	21.95	3.31	1.30
二级	28.01	10.96	26.37	10.32	129.12	50.51	39.99	15.64
三级	97.53	38.15	35.92	14.05	50.04	19.58	86.49	33.83
四级	101.81	39.82	57.59	22.53	17.67	6.91	114.32	44.72
五级	20.42	7.99	107.31	41.97	2.43	0.95	10.96	4.29
六级	1.63	0.64	26.14	10.23	0.26	0.10	0.56	0.22

五等地有机质含量为一级（>30g/kg）的面积为 6.23 万 hm^2，占比 2.44%，有机质含量为二级（20～30g/kg）的面积为 28.01 万 hm^2，占比 10.96%，有机质含量为三级（15～20g/kg）的面积 97.53 万 hm^2，占比 38.15%，有机质含量为四级（10～15g/kg）的面积 101.81 万 hm^2，占比 39.82%，有机质含量为五级（6～10g/kg）的面积为 20.42 万 hm^2，占比 7.99%，有机质含量为六级（<6g/kg）的面积为 1.63 万 hm^2，占比 0.64%。表明西北区五等地的有机质含量主要以中等为主。

五等地有效磷含量为一级（>40mg/kg）的面积 2.29 万 hm^2，占比 0.90%，有效磷含量为二级（25～40mg/kg）的面积 26.37 万 hm^2，占比 10.32%，有效磷含量为三级（20～25mg/kg）的面积 35.92 万 hm^2，占比 14.05%，有效磷含量为四级（15～20mg/kg）的面积 57.59 万 hm^2，占比 22.53%，有效磷含量为五级（10～15mg/kg）的面积 107.31 万 hm^2，占比 41.97%，有效磷含量为六级（<10mg/kg）的面积 26.14 万 hm^2，占比 10.23%。表明西北区五等地有效磷含量以中等偏下为主。

五等地速效钾含量为一级（>200mg/kg）的面积 56.10 万 hm^2，占比 21.95%，速效钾含量为二级（150～200mg/kg）的面积 129.12 万 hm^2，占比 50.51%，速效钾含量为三级（120～150mg/kg）的面积 50.04 万 hm^2，占比 19.58%，速效钾含量为四级（100～120mg/kg）的面积 17.67 万 hm^2，占比 6.91%，速效钾含量为五级（80～100mg/kg）的面积 2.43 万 hm^2，占比 0.95%，速效钾含量为六级（<80mg/kg）的面积 0.26 万 hm^2，占比 0.10%。表明西北区五等地速效钾含量以高为主，偏低的面积和比例很少。

五等地有效锌含量为一级（>3mg/kg）的面积 3.31 万 hm^2，占比 1.30%，有效锌含量为二级（1.5～3mg/kg）的面积 39.99 万 hm^2，占比 15.64%，有效锌含量为三级（1～1.5mg/kg）的面积 86.49 万 hm^2，占比 33.83%，有效锌含量为四级（0.5～1mg/kg）的面积 114.32 万 hm^2，占比 44.72%，有效锌含量为五级（0.3～0.5mg/kg）的面积 10.96 万 hm^2，占比 4.29%，有效锌含量为六级（<0.3mg/kg）的面积为 0.56 万 hm^2，占比 0.22%。表明西北区五等地有效锌含量以中等为主，在各个等级分布较为分散。

六、六等地

（一）六等地行政区划分布

西北区六等地总面积 291.31 万 hm^2，占总耕地面积的 14.90%，六等地中甘肃省所占比例最高，其次是新疆，分别占六等地总面积的 35.3%和 25.2%，陕西占六等地总面积的 21.1%。

对西北区六等地按地市级行政区划进行分析，统计结果列于表 4-61。六等地在陕西省所占比例最高的是榆林市，占全省六等地总面积的 40.40%，其次是延安市，占全省六等地总面积的 15.82%，其他地市均有一定分布，但面积都不大，总体是陕北地区六等地分布面积最大，也最为集中。六等地在甘肃省的总体特征是分布较为分散，各个地市均有分布，相对较为集中的分布区主要有庆阳市、天水市和定西市，所占比例分别为 19.16%、16.00%和 12.42%，其余地市所占比例均较低。新疆六等地分布特征较为分散，全区各个地市州均有分布，其中喀什地区分布比例最高，占全区六等地总面积的 16.77%，其次是塔城地区、昌吉回族自治州和伊犁哈萨克自治州，其余各地市州占较低。宁夏六等地分布区主要位于固原市、吴忠市和中卫市，分别占全区六等地总面积的 34.96%、30.22%和 24.55%，其他地区所占比例较低。青海六等地主要集中分布在西宁市和海东市，分别占全省六级耕地总面积的 41.21%和 29.76%，此外，海西蒙古藏族自治州也有较高比例的分布。内蒙古六等地分布最多的是巴彦淖尔市，占全区六等地总面积的 45.57%，其次是鄂尔多斯市和呼和浩特市，分别占全区总面积的 16.07%和 13.63%，其他区域六等地分布面积很少。

表 4-61　六等地耕地不同省（自治区）耕地面积与比例

省（自治区）名称	省辖市	面积（hm^2）	比例（%）
陕西	安康市	25 897.0	4.14
	宝鸡市	35 440.6	5.66
	汉中市	46 837.0	7.49
	商洛市	33 517.7	5.36
	铜川市	14 894.1	2.38
	渭南市	32 933.7	5.26

（续）

省（自治区）名称	省辖市	面积（hm^2）	比例（%）
陕西	西安市	25 255.6	4.04
	咸阳市	59 163.2	9.46
	延安市	98 993.4	15.82
	榆林市	252 785.5	40.40
	合计	625 717.8	100.00
甘肃	白银市	37 816.5	3.62
	定西市	129 675.5	12.42
	甘南藏族自治州	34 941.3	3.35
	嘉峪关市	378.5	0.04
	金昌市	15 352.9	1.47
	酒泉市	52 733.5	5.05
	兰州市	36 338.2	3.48
	临夏州	103 836.2	9.95
	陇南市	99 455.6	9.53
	平凉市	87 587.4	8.39
	庆阳市	199 979.3	19.16
	天水市	166 951.5	16.00
	武威市	48 946.3	4.69
	张掖市	29 687.9	2.84
	合计	1 043 680.5	100.00
新疆	阿克苏地区	72 112.7	9.69
	阿拉尔市	9 090.5	1.22
	阿勒泰地区	64 276.9	8.63
	巴音郭楞蒙古自治州	42 706.1	5.74
	博尔塔拉蒙古自治州	30 889.4	4.15
	昌吉回族自治州	83 922.7	11.27
	哈密地区	25 651.6	3.45
	和田地区	53 255.1	7.15
	喀什地区	124 892.5	16.77
	克拉玛依市	4 234.5	0.57
	克孜勒苏柯尔克孜自治州	12 293.6	1.65
	塔城地区	98 590.5	13.24
	图木舒克市	14 888.1	2.00
	吐鲁番地区	7 741.9	1.04
	乌鲁木齐市	20 624.4	2.77
	伊犁哈萨克自治州	79 388.2	10.66
	合计	744 558.5	100.00

（续）

省（自治区）名称	省辖市	面积（hm^2）	比例（%）
宁夏	固原市	44 915.0	34.96
	石嘴山市	6 509.9	5.07
	吴忠市	38 835.1	30.22
	银川市	6 682.5	5.20
	中卫市	31 551.0	24.55
	合计	128 493.4	100.00
青海	海北藏族自治州	1 423.1	2.57
	海东市	16 459.6	29.76
	海南藏族自治州	4 795.0	8.67
	海西蒙古藏族自治州	7 382.3	13.35
	黄南藏族自治州	2 447.8	4.43
	西宁市	22 791.5	41.21
	合计	55 299.3	100.00
内蒙古西部	阿拉善盟	14 909.6	4.12
	巴彦淖尔市	164 819.8	45.57
	包头市	34 749.9	9.61
	鄂尔多斯市	58 133.1	16.07
	呼和浩特市	49 286.2	13.63
	乌海市	470.7	0.13
	乌兰察布市	31 729.7	8.77
	锡林郭勒盟	7 552.9	2.09
	合计	361 652.0	100.00

（二）六等地土壤类型分布

六等地分布面积和比例最大的土壤类型是黄绵土，占六等地总面积的 21.56%，其次是黑垆土，占六等地总面积的 8.18%，栗钙土、潮土、灌淤土、风沙土、褐土、草甸土等分布也相对较多（表 4-62）。

表 4-62　西北区六等地耕地主要土壤类型耕地面积与比例

主要土壤类型	面积（hm^2）	比例（%）
黄绵土	627 973.9	21.56
黑垆土	238 259.4	8.18
栗钙土	174 525.6	5.99
潮土	149 754.1	5.14
灌淤土	144 245.1	4.95
风沙土	138 878.3	4.77

（续）

主要土壤类型	面积（hm²）	比例（%）
褐土	138 686.6	4.76
草甸土	130 059.3	4.46
灰褐土	106 711.2	3.66
棕钙土	106 204.7	3.65
新积土	99 910.5	3.43
灰钙土	87 580.1	3.01
灰漠土	75 457.9	2.59
黄棕壤	60 434.6	2.07
黑钙土	55 147.1	1.89
灌漠土	41 843.1	1.44
红黏土	36 159.4	1.24
棕漠土	34 884.7	1.20
棕壤	26 972.2	0.93
红土	26 937.0	0.92
粗骨土	22 835.9	0.78
沼泽土	22 056.4	0.76
林灌草甸土	19 583.9	0.67
栗褐土	19 385.2	0.67
灰棕漠土	18 544.3	0.64
水稻土	13 196.7	0.45
草甸盐土	5 389.3	0.19
漠境盐土	5 142.4	0.18
其他土类	286 316.7	9.83
合计	2 913 075.6	100.00

（三）六等地的主要属性

1. 地貌类型与海拔　六等地在不同地貌类型的分布面积及比例列于表 4-63。六等地在平原的分布最多，面积达到 141.20 万 hm^2，占六等地总面积的 48.47%，占西北区耕地中平原总面积的 13.86%。高原次之，面积达到 78.89 万 hm^2，占六等地总面积的 27.08%，占高原地貌总面积的 16.32%。山地面积达到 56.11 万 hm^2，占六等地总面积的 19.26%。丘陵面积为 15.10 万 hm^2，占六等地总面积的 5.18%。

表 4-63　六等地的地貌类型面积与比例

地貌类型	面积（万 hm²）	比例（%）	占相同地貌类型的比例（%）
平原	141.20	48.47	13.86
高原	78.89	27.08	16.32
山地	56.11	19.26	17.35
丘陵	15.10	5.18	11.68

西北区六等地海拔高度分布范围在−120～3 546m之间，平均1 327m，明显高于五等地。表4-64是西北区六等地的海拔高度分布面积及比例。总体来看六等地主要分布在750m以上2 500m以下海拔高度。其中海拔高度1 000～1 500m耕地面积最多，为144.56万hm^2，占六等地总面积的49.63%；海拔高度<500m的耕地面积为11.90万hm^2，占六等地面积的4.08%；海拔高度500～750m的耕地面积为21.63万hm^2，占六等地面积的7.43%；海拔高度750～1 000m的耕地面积为28.95万hm^2，占六等地面积的9.94%；海拔高度1 500～2 000m的耕地面积为50.73万hm^2，占六等地面积的17.41%；海拔高度2 000～2 500m的耕地面积为20.44万hm^2，占六等地面积的7.02%。同时有13.10万hm^2耕地位于2 500m海拔以上，占六等地面积的4.50%。

表4-64　六等地的海拔高度分布面积及比例

海拔高度（m）	面积（万hm^2）	占六等地面积（%）	占相同海拔高度（%）
<500	11.90	4.08	6.31
500～750	21.63	7.43	12.14
750～1 000	28.95	9.94	16.07
1 000～1 500	144.56	49.63	18.80
1 500～2 000	50.73	17.41	12.68
2 000～2 500	20.44	7.02	13.44
>2 500	13.10	4.50	15.11

2. 积温　西北区六等地的≥10℃年平均积温3 101℃。表4-65列出了六等地在不同积温范围内的面积、占六等地面积的比例、占同积温范围内耕地面积的比例。西北区<2 000℃的六等地面积为26.22万hm^2，占六等地面积的9.00%，积温值在2 000～3 000℃范围内的六等地为111.80万hm^2，占六等地面积的38.38%，积温值在3 000～4 000℃范围内的六等地为108.51万hm^2，占六等地面积的37.25%，积温>4 000℃的六等地为44.78万hm^2，占六等地面积的15.37%。

表4-65　六等地的≥10℃积温值分析

积温值（℃）	面积（万hm^2）	占六等地面积（%）	占同积温耕地面积（%）
<2 000	26.22	9.00	10.92
2 000～3 000	111.80	38.38	16.13
3 000～4 000	108.51	37.25	16.82
>4 000	44.78	15.37	11.89
总计	291.31	100.00	55.76

3. 年降水量与灌溉　西北区六等地的年降水量在10～1 320mm间，区域内差异非常大。西北区不同年降水量与灌溉保证率的六等地面积比例列于表4-66。

表 4-66　不同年降水量与灌溉保证率的六等地面积比例

灌溉保证率占比（%）		降水量（mm）（占比%）				
		<200	200～400	400～600	600～800	>800
		29.54	21.63	37.43	8.52	2.89
0	0.86	0	0.43	0.43	0	0
0～30	47.99	0.01	4.71	33.14	8.13	2.01
30～60	8.11	2.03	3.23	1.79	0.33	0.73
60～80	18.45	8.75	7.84	1.75	0.05	0.05
80～100	24.59	18.75	5.42	0.32	0	0.10

六等地的<200mm 年降水量的面积比例为 29.54%，200～400mm 年降水量的面积比例为 21.63%，400～600mm 年降水量的面积比例为 37.43%，600～800mm 年降水量的面积比例为 8.52%，≥800mm 年降水量的面积比例为 2.89%。总体来看，六等地的面积占比与降雨量的关系趋势不明显。

六等地中，灌溉保证率为 0 的面积占比为 0.86%，灌溉保证率 0～30%的面积占比为 47.99%，灌溉保证率 30%～60%的面积占比为 8.11%，灌溉保证率 60%～80%的面积占比为 18.45%，灌溉保证率 80%～100%的面积占比为 24.59%。同一年降雨量区段内，六等地面积占比随灌溉保证率变化的趋势不明显。

4. 质地　六等地中，耕层质地为壤土的面积为 156.29 万 hm^2，占六等地总面积的 53.65%，耕层质地为黏壤土的面积为 76.68 万 hm^2，占六等地总面积的 26.32%，耕层质地为黏土的面积为 34.98 万 hm^2，占六等地总面积的 12.01%，耕层质地为砂土的面积为 23.36 万 hm^2，占六等地总面积的 8.02%（表 4-67）。

表 4-67　六等地与耕层质地

质地	面积（万 hm^2）	比例（%）	六等地占相同质地耕地面积（%）
壤土	156.29	53.65	13.10
黏壤土	76.68	26.32	18.54
黏土	34.98	12.01	21.21
砂土	23.36	8.02	12.73
总计	291.31	100.00	65.58

5. 盐渍化程度　统计结果表明（表 4-68），六等地中无盐渍化影响的耕地面积为 219.81 万 hm^2，占六等地总面积的 75.46%，占全部无盐渍化影响的耕地总面积的 14.98%，轻度盐渍化的面积为 45.92 万 hm^2，占六等地总面积的 15.76%，中度盐渍化面积 14.04 万 hm^2，占六等地总面积的 4.82%，重度盐渍化的面积为 11.54 万 hm^2，占六等地总面积的 3.96%。

表 4-68 六等地的盐渍化程度

盐渍化程度	面积（万 hm^2）	比例（%）	六等地占相同盐渍化程度耕地面积（%）
无盐渍化	219.81	75.46	14.98
轻度盐渍化	45.92	15.76	15.32
中度盐渍化	14.04	4.82	12.21
重度盐渍化	11.54	3.96	15.85
总计	291.31	100.00	58.36

6. 养分状况 对西北区六等地有机质（g/kg）、有效磷（mg/kg）、速效钾（mg/kg）、有效铁（mg/kg）、有效铜（mg/kg）、有效锌（mg/kg）、有效硫（mg/kg）、有效锰（mg/kg）、有效钼（mg/kg）等耕层养分含量进行统计（表 4-69），结果反映出，六等地的养分含量平均值为：有机质 16.03g/kg、有效磷 16.0mg/kg、速效钾 154mg/kg、有效铁 11.36mg/kg、有效铜 1.35mg/kg、有效锌 1.31mg/kg、有效锰 12.98mg/kg、有效钼 0.32mg/kg。

表 4-69 六等地耕地土壤养分含量

项目	平均值	标准差
有机质（g/kg）	16.03	6.44
有效磷（mg/kg）	16.0	7.55
pH	8.01	0.62
有效铜（mg/kg）	1.35	0.93
有效硼（mg/kg）	2.14	5.38
有效锰（mg/kg）	12.98	9.47
有效硅（mg/kg）	141.55	59.21
有效锌（mg/kg）	1.31	1.02
有效铁（mg/kg）	11.36	7.09
缓效钾（mg/kg）	841.72	266.73
速效钾（mg/kg）	154	39.60
全氮（g/kg）	0.89	0.35
有效钼（mg/kg）	0.32	0.20

对西北区六等地中各省（自治区）的土壤养分含量平均值进行比较（表 4-70），可以发现，有机质含量宁夏最高，为 18.17g/kg，内蒙古最低，为 14.73g/kg，有效磷含量青海最高，为 26.0mg/kg，新疆最低，为 12.4mg/kg，速效钾青海最高，为 184mg/kg，陕西最低，为 140mg/kg。微量元素铜、铁、锰、锌、钼的有效含量各有高低，差异不明显。

表 4-70　六等地中各省（自治区）土壤养分含量平均值比较

养分项目	陕西	甘肃	宁夏	青海	新疆	内蒙古西部
有机质（g/kg）	16.22	16.37	18.17	15.72	15.42	14.73
有效磷（mg/kg）	15.3	18.6	14.9	26.0	12.4	12.4
速效钾（mg/kg）	140	171	154	184	179	159
有效铁（mg/kg）	12.97	8.09	8.79	7.29	10.97	12.78
有效铜（mg/kg）	1.54	1.02	1.08	0.75	1.72	1.43
有效锌（mg/kg）	1.60	0.84	0.89	1.28	1.03	1.17
有效锰（mg/kg）	16.77	8.61	7.84	5.93	8.03	13.15
有效钼（mg/kg）	0.31	0.36	0.28	0.40	0.58	0.26
pH	7.75	8.02	8.56	8.18	8.12	8.31

对西北区六等地的有机质、有效磷、速效钾与有效锌含量各级别面积与比例进行统计，结果列于表 4-71。

表 4-71　六等地有机质、有效磷、速效钾与有效锌各级别面积与比例

养分等级	有机质		有效磷		速效钾		有效锌	
	面积（万 hm^2）	%	面积（万 hm^2）	%	面积（万 hm^2）	%	面积（万 hm^2）	%
一级	11.01	3.78	3.73	1.28	46.13	15.83	6.27	2.15
二级	38.43	13.19	18.81	6.46	144.39	49.56	43.31	14.87
三级	86.91	29.84	31.09	10.67	68.13	23.39	83.75	28.75
四级	124.37	42.69	66.51	22.83	28.72	9.86	143.29	49.18
五级	28.87	9.91	126.91	43.57	3.74	1.29	14.26	4.90
六级	1.72	0.59	44.25	15.19	0.20	0.07	0.43	0.15

六等地有机质含量为一级（>30g/kg）的面积为 11.01 万 hm^2，占比 3.78%，有机质含量为二级（20～30g/kg）的面积为 38.43 万 hm^2，占比 13.19%，有机质含量为三级（15～20g/kg）的面积 86.91 万 hm^2，占比 29.84%，有机质含量为四级（10～15g/kg）的面积 124.37 万 hm^2，占比 42.69%，有机质含量为五级（6～10g/kg）的面积为 28.87 万 hm^2，占比 9.91%，有机质含量为六级（<6g/kg）的面积为 1.72 万 hm^2，占比 0.59%。表明西北区六等地的有机质含量主要以中等偏下为主。

六等地有效磷含量为一级（>40mg/kg）的面积 3.73 万 hm^2，占比 1.28%，有效磷含量为二级（25～40mg/kg）的面积 18.81 万 hm^2，占比 6.46%，有效磷含量为三级（20～25mg/kg）的面积 31.09 万 hm^2，占比 10.67%，有效磷含量为四级（15～20mg/kg）的面积 66.51 万 hm^2，占比 22.83%，有效磷含量为五级（10～15mg/kg）的面积 126.91 万 hm^2，占比 43.57%，有效磷含量为六级（<10mg/kg）的面积 44.25 万 hm^2，占比 15.19%。表明西北区六等地有效磷含量以中等偏下为主。

六等地速效钾含量为一级（>200mg/kg）的面积 46.13 万 hm^2，占比 15.83%，速效钾含量为二级（150～200mg/kg）的面积 144.39 万 hm^2，占比 49.56%，速效钾含量为三级（120～150mg/kg）的面积 68.13 万 hm^2，占比 23.39%，速效钾含量为四级（100～120mg/kg）的面积 28.72 万 hm^2，占比 9.86%，速效钾含量为五级（80～100mg/kg）的面

积 3.74 万 hm^2，占比 1.29%，速效钾含量为六级（<80mg/kg）的面积 0.20 万 hm^2，占比 0.07%。表明西北区六等地速效钾含量以高为主，偏中和偏低的面积和比例均很少。

六等地有效锌含量为一级（>3mg/kg）的面积 6.27 万 hm^2，占比 2.15%，有效锌含量为二级（1.5～3mg/kg）的面积 43.31 万 hm^2，占比 14.87%，有效锌含量为三级（1～1.5mg/kg）的面积 83.75 万 hm^2，占比 28.75%，有效锌含量为四级（0.5～1mg/kg）的面积 143.29 万 hm^2，占比 49.18%，有效锌含量为五级（0.3～0.5mg/kg）的面积 14.26 万 hm^2，占比 4.90%，有效锌含量为六级（<0.3mg/kg）的面积为 0.43 万 hm^2，占比 0.15%。表明西北区六等地有效锌含量以中等偏高为主，在各个等级分布较为分散。

七、七等地

（一）七等地行政区划分布

西北区七等地总面积 281.39 万 hm^2，占全部耕地的 14.39%，七等地甘肃所占比例最高，其次是陕西，分别占七等地总面积的 41.4% 和 19.6%，新疆占六等地总面积的 17.6%。

对西北区七等地按地市级行政区划进行分析，统计结果列于表 4-72。七等地在陕西省所占比例最高的是榆林市，占全省七等地总面积的 42.95%，其次是延安市，占全省七等地总面积的 20.98%，其他地市虽有零星分布，但面积很小，分布特征十分的分散。在甘肃各个地市均有分布，分布特征也是较为分散，面积比例相对较高的区域主要有天水市、定西市和庆阳市，所占比例分别为 16.39%、15.70% 和 15.27%。新疆七等地分布特征较为分散，全区各个地市州均有分布，其中喀什地区分布比例最高，占全区七级耕地总面积的 18.13%，其次是阿勒泰地区和塔城地区，其余各地市州占较低。宁夏七等地分布区主要位于固原市，占全区七等地总面积的 45.03%，其次，吴忠市和中卫市，分别占全区七等地总面积的 24.80% 和 22.91%，其他地区所占比例较低。青海七等地主要集中分布在西宁市和海东市，分别占全省七等地总面积的 39.45% 和 36.42%，其他地区所占比例较低。内蒙古七等地分布最多的是巴彦淖尔市，占全区七等地总面积的 31.27%，其次是呼和浩特市和乌兰察布市，分别占全区总面积的 18.90% 和 16.40%，其他区域七等地分布面积很少。

表 4-72　七等地耕地不同省（自治区）耕地面积与比例

省（自治区）名称	省辖市	面积（hm^2）	比例（%）
陕西	安康市	46 199.2	8.27
	宝鸡市	9 434.4	1.69
	汉中市	30 500.0	5.46
	商洛市	32 547.0	5.82
	铜川市	12 523.1	2.24
	渭南市	14 018.5	2.51
	西安市	18 256.7	3.27
	咸阳市	38 137.6	6.82
	延安市	117 247.5	20.98
	榆林市	240 011.0	42.95
	合计	558 874.9	100.00

（续）

省（自治区）名称	省辖市	面积（hm^2）	比例（%）
甘肃	白银市	147 291.8	12.50
	定西市	185 086.5	15.70
	甘南藏族自治州	30 410.9	2.58
	嘉峪关市	280.0	0.02
	金昌市	1 144.0	0.10
	酒泉市	40 169.2	3.41
	兰州市	40 985.7	3.48
	临夏州	87 665.8	7.44
	陇南市	133 728.7	11.35
	平凉市	73 103.9	6.20
	庆阳市	180 027.0	15.27
	天水市	193 169.8	16.39
	武威市	49 690.9	4.22
	张掖市	15 906.4	1.35
	合计	1 178 660.5	100.00
新疆	阿克苏地区	48 190.0	9.60
	阿拉尔市	2 653.6	0.53
	阿勒泰地区	72 618.7	14.47
	巴音郭楞蒙古自治州	49 101.5	9.78
	博尔塔拉蒙古自治州	12 309.4	2.45
	昌吉回族自治州	41 506.4	8.27
	哈密地区	10 299.6	2.05
	和田地区	33 126.2	6.60
	喀什地区	91 011.9	18.13
	克拉玛依市	6 289.4	1.25
	克孜勒苏柯尔克孜自治州	12 333.0	2.46
	塔城地区	69 840.9	13.91
	图木舒克市	12 201.9	2.43
	吐鲁番地区	2 879.5	0.57
	乌鲁木齐市	7 205.9	1.44
	伊犁哈萨克自治州	30 410.8	6.06
	合计	501 978.7	100.00

（续）

省（自治区）名称	省辖市	面积（hm²）	比例（%）
宁夏	固原市	92 988.0	45.03
	石嘴山市	3 485.9	1.69
	吴忠市	51 218.0	24.80
	银川市	11 510.7	5.57
	中卫市	47 312.5	22.91
	合计	206 515.1	100.00
青海	海北藏族自治州	4 173.3	6.07
	海东市	25 055.5	36.42
	海南藏族自治州	6 961.6	10.12
	海西蒙古藏族自治州	3 352.4	4.87
	黄南藏族自治州	2 112.0	3.07
	西宁市	27 141.1	39.45
	合计	68 795.8	100.00
内蒙古西部	阿拉善盟	9 821.2	2.93
	巴彦淖尔市	104 877.7	31.27
	包头市	39 216.4	11.69
	鄂尔多斯市	48 006.0	14.31
	呼和浩特市	63 390.4	18.90
	乌海市	306.5	0.09
	乌兰察布市	55 004.6	16.40
	锡林郭勒盟	14 790.6	4.41
	合计	335 413.4	100.00

（二）七等地土壤类型分布

七等地分布面积和比例最大的土壤类型是黄绵土，占七等地总面积的 26.17%，其次是黑垆土，占六等地总面积的 9.10%，栗钙土、褐土、灰钙土、棕钙土、灰褐土、风沙土等占有较多的分布面积（表 4-73）。

表 4-73　西北区七等地耕地主要土壤类型耕地面积与比例

主要土壤类型	面积（hm²）	比例（%）
黄绵土	736 420.1	26.17
黑垆土	256 187.2	9.10
栗钙土	192 877.7	6.85
褐土	185 237.9	6.58
灰钙土	155 897.4	5.54
棕钙土	127 810.0	4.54

（续）

主要土壤类型	面积（hm^2）	比例（%）
灰褐土	108 619.6	3.86
风沙土	103 223.5	3.67
潮土	99 158.1	3.52
灌淤土	97 953.9	3.48
新积土	72 573.9	2.58
草甸土	66 608.9	2.37
黄棕壤	61 139.7	2.17
黑钙土	50 260.3	1.79
棕漠土	39 520.5	1.40
红黏土	36 452.9	1.30
粗骨土	33 140.1	1.18
灰漠土	32 908.0	1.17
栗褐土	27 790.1	0.99
红土	26 894.0	0.96
灌漠土	21 591.7	0.77
棕壤	20 721.2	0.74
灰棕漠土	17 536.0	0.62
沼泽土	10 476.7	0.37
水稻土	9 579.7	0.34
林灌草甸土	8 406.5	0.30
草甸盐土	6 095.7	0.22
漠境盐土	1 801.0	0.06
其他土类	207 041.1	7.36
合计	2 813 923.4	100.00

（三）七等地的主要属性

1. 地貌类型与海拔　西北区七等地主要分布在平原和高原（表 4-74），面积分别达到 98.40 万 hm^2 和 96.85 万 hm^2，分别占七等地总面积的 34.97%和 34.42%，占西北区耕地中平原和高原总面积的 9.66%和 20.04%。山地的七等地面积为 71.64 万 hm^2，占七等地总面积的 25.46%，占山地总面积的 22.15%，丘陵面积为 14.50 万 hm^2，占七等地总面积的 5.15%。

表 4-74　七等地的地貌类型面积与比例

地貌类型	面积（万 hm^2）	比例（%）	占相同地貌类型的比例（%）
平原	98.40	34.97	9.66
高原	96.85	34.42	20.04
山地	71.64	25.46	22.15
丘陵	14.50	5.15	11.21

西北区七等地海拔高度分布范围在－140～3 885m之间，平均1 440m，明显高于六等地。表4-75是西北区七等地的海拔高度分布面积及比例。总体来看七等地主要分布在1 000m以上2 500m以下海拔高度。其中海拔高度1 000～1 500m耕地面积最多，为124.04万hm^2，占七等地总面积的44.08%；海拔高度<500m的耕地面积为6.88万hm^2，占七等地面积的2.44%；海拔高度500～750m的耕地面积为14.94万hm^2，占七等地面积的5.31%；海拔高度750～1 000m的耕地面积为19.04万hm^2，占七等地面积的6.77%；海拔高度1 500～2 000m的耕地面积为73.27万hm^2，占七等地面积的26.04%；海拔高度2 000～2 500m的耕地面积为29.44万hm^2，占七等地面积的10.46%。同时有13.78万hm^2耕地位于2 500m海拔以上，占七等地面积的4.90%。

表4-75　七等地的海拔高度分布面积及比例

海拔高度（m）	面积（万hm^2）	占七等地面积（%）	占相同海拔高度（%）
<500	6.88	2.44	3.65
500～750	14.94	5.31	8.38
750～1 000	19.04	6.77	10.57
1 000～1 500	124.04	44.08	16.13
1 500～2 000	73.27	26.04	18.32
2 000～2 500	29.44	10.46	19.35
>2 500	13.78	4.90	15.89

2. 积温　西北区七等地的≥10℃年平均积温2 940℃。表4-76列出了七等地在不同积温范围内的面积、占七等地面积的比例、占同积温范围内耕地面积的比例。西北区<2 000℃的七等地面积为37.87万hm^2，占七等地面积的13.46%，积温值在2 000～3 000℃范围内的七等地为129.12万hm^2，占七等地面积的45.89%，积温值在3 000～4 000℃范围内的七等地为86.49万hm^2，占七等地面积的30.74%，积温>4 000℃的七等地为27.90万hm^2，占七等地面积的9.92%。

表4-76　七等地的≥10℃积温值分析

积温值（℃）	面积（万hm^2）	占七等地面积（%）	占同积温耕地面积（%）
<2 000	37.87	13.46	15.77
2 000～3 000	129.12	45.89	18.63
3 000～4 000	86.49	30.74	13.41
>4 000	27.90	9.92	7.41
总计	281.39	100.00	55.22

3. 年降水量与灌溉　西北区七等地的年降水量在10～1 360mm间，区域内差异非常大。西北区不同年降水量与灌溉保证率的七等地面积比例列于表4-77。

表 4-77　不同年降水量与灌溉保证率的七等地面积比例

灌溉保证率占比（%）		降水量（mm）（占比%）				
		<200	200～400	400～600	600～800	>800
		21.37	27.84	40.47	7.62	2.69
0	2.88	0.01	1.73	1.14	0	0
0～30	59.49	0.01	12.97	37.27	7.34	1.91
30～60	7.66	2.36	3.34	1.07	0.28	0.59
60～80	15.21	7.91	6.44	0.84	0	0.01
80～100	14.76	11.08	3.37	0.15	0	0.18

七等地的<200mm 年降水量的面积比例为 21.37%，200～400mm 年降水量的面积比例为 27.84%，400～600mm 年降水量的面积比例为 40.47%，600～800mm 年降水量的面积比例为 7.62%，≥800mm 年降水量的面积比例为 2.69%。总体来看，七等地的面积占比与降雨量的关系趋势不明显。

七等地中，灌溉保证率为 0 的面积占比为 2.88%，灌溉保证率 0～30%的面积占比为 59.49%，灌溉保证率 30%～60%的面积占比为 7.66%，灌溉保证率 60%～80%的面积占比为 15.21%，灌溉保证率 80%～100%的面积占比为 14.76%。同一年降水量区段内，七等地面积占比随灌溉保证率变化的趋势不明显。

4. 质地　七等地中，耕层质地为壤土的面积为 153.38 万 hm^2，占七等地总面积的 54.51%，耕层质地为黏壤土的面积为 74.04 万 hm^2，占七等地总面积的 26.31%，耕层质地为黏土的面积为 27.04 万 hm^2，占七等地总面积的 9.61%，耕层质地为砂土的面积为 26.93 万 hm^2，占七等地总面积的 9.57%（表 4-78）。

表 4-78　七等地与耕层质地

质地	面积（万 hm^2）	比例（%）	七等地占相同质地耕地面积（%）
壤土	153.38	54.51	12.86
黏壤土	74.04	26.31	17.91
黏土	27.04	9.61	16.39
砂土	26.93	9.57	14.67
总计	281.39	100.00	61.83

5. 盐渍化程度　统计结果表明（表 4-79），七等地中无盐渍化影响的耕地面积为 226.36 万 hm^2，占七等地总面积的 80.43%，占全部无盐渍化影响的耕地总面积的 15.43%，轻度盐渍化的面积为 35.78 万 hm^2，占七等地总面积的 12.72%，中度盐渍化的面积为 10.40 万 hm^2，占七等地总面积的 3.70%，重度盐渍化的面积为 8.85 万 hm^2，占七等地总面积的 3.15%。

表 4-79　七等地的盐渍化程度

盐渍化程度	面积（万 hm^2）	比例（%）	七等地占相同盐渍化程度耕地面积（%）
无盐渍化	226.36	80.43	15.43
轻度盐渍化	35.78	12.72	11.94
中度盐渍化	10.40	3.70	9.05
重度盐渍化	8.85	3.15	12.16
总计	281.39	100.00	48.58

6. 养分状况　对西北区七等地有机质（g/kg）、有效磷（mg/kg）、速效钾（mg/kg）、有效铁（mg/kg）、有效铜（mg/kg）、有效锌（mg/kg）、有效硫（mg/kg）、有效锰（mg/kg）、有效钼（mg/kg）等耕层养分含量进行统计（表 4-80），结果反映出，七等地的养分含量平均值为：有机质 15.31g/kg、有效磷 15.1mg/kg、速效钾 154mg/kg、有效铁 11.18mg/kg、有效铜 1.29mg/kg、有效锌 1.23mg/kg、有效锰 12.53mg/kg、有效钼 0.32mg/kg。

表 4-80　七等地耕地土壤养分含量

项目	平均值	标准差
有机质（g/kg）	15.31	5.85
有效磷（mg/kg）	15.1	7.21
pH	8.08	0.63
有效铜（mg/kg）	1.29	0.96
有效硼（mg/kg）	2.36	5.83
有效锰（mg/kg）	12.53	9.26
有效硅（mg/kg）	135.62	54.37
有效锌（mg/kg）	1.23	0.97
有效铁（mg/kg）	11.18	6.89
缓效钾（mg/kg）	855	263.86
速效钾（mg/kg）	154	39.20
全氮（g/kg）	0.89	0.38
有效钼（mg/kg）	0.32	0.20

对西北区七等地中各省（自治区）的土壤养分含量平均值进行比较（表 4-81），可以发现，有机质含量宁夏最高，为 19.66g/kg，陕西最低，为 14.63g/kg，有效磷含量青海最高，为 24.5mg/kg，内蒙古最低，为 11.5mg/kg，速效钾青海最高，为 185mg/kg，陕西最低，为 135mg/kg。微量元素铜、铁、锰、锌、钼的有效含量各有高低，差异不明显。

表 4-81　七等地中各省（自治区）土壤养分含量平均值比较

养分项目	陕西	甘肃	宁夏	青海	新疆	内蒙古西部
有机质（g/kg）	14.63	15.17	19.66	15.11	15.38	14.66
有效磷（mg/kg）	14.2	16.9	13.4	24.5	12.6	11.5
速效钾（mg/kg）	135	177	161	185	177	153
有效铁（mg/kg）	13.48	7.59	8.17	8.34	11.25	12.26

（续）

养分项目	陕西	甘肃	宁夏	青海	新疆	内蒙古西部
有效铜（mg/kg）	1.57	0.96	1.02	0.76	1.78	1.29
有效锌（mg/kg）	1.56	0.79	0.67	1.29	1.00	1.16
有效锰（mg/kg）	16.58	8.16	8.05	6.03	7.94	13.69
有效钼（mg/kg）	0.31	0.37	0.26	0.40	0.59	0.25
pH	7.83	8.16	8.59	8.16	8.12	8.29

对西北区七等地的有机质、有效磷、速效钾与有效锌含量各级别面积与比例进行统计，结果列于表4-82。

表4-82　七等地有机质、有效磷、速效钾与有效锌各级别面积与比例

养分等级	有机质		有效磷		速效钾		有效锌	
	面积（万 hm^2）	%	面积（万 hm^2）	%	面积（万 hm^2）	%	面积（万 hm^2）	%
一级	6.62	2.35	1.92	0.68	43.37	15.41	4.99	1.77
二级	36.24	12.88	16.21	5.76	138.96	49.38	38.21	13.58
三级	75.88	26.97	25.22	8.96	65.16	23.16	66.83	23.75
四级	131.60	46.76	59.91	21.29	29.29	10.41	148.23	52.68
五级	29.35	10.43	124.50	44.25	4.24	1.51	22.45	7.98
六级	1.71	0.61	53.63	19.06	0.37	0.13	0.69	0.24

七等地有机质含量为一级（>30g/kg）的面积为6.62万 hm^2，占比2.35%，有机质含量为二级（20～30g/kg）的面积为36.24万 hm^2，占比12.88%，有机质含量为三级（15～20g/kg）的面积75.88万 hm^2，占比26.97%，有机质含量为四级（10～15g/kg）的面积131.60万 hm^2，占比46.76%，有机质含量为五级（6～10g/kg）的面积为29.35万 hm^2，占比10.43%，有机质含量为六级（<6g/kg）的面积为1.71万 hm^2，占比0.61%。表明西北区七等地的有机质含量主要以中等为主。

七等地有效磷含量为一级（>40mg/kg）的面积1.92万 hm^2，占比0.68%，有效磷含量为二级（25～40mg/kg）的面积16.21万 hm^2，占比5.76%，有效磷含量为三级（20～25mg/kg）的面积25.22万 hm^2，占比8.96%，有效磷含量为四级（15～20mg/kg）的面积59.91万 hm^2，占比21.29%，有效磷含量为五级（10～15mg/kg）的面积124.50万 hm^2，占比44.25%，有效磷含量为六级（<10mg/kg）的面积53.63万 hm^2，占比19.06%。表明西北区七等地有效磷含量以中等偏下为主。

七等地速效钾含量为一级（>200mg/kg）的面积43.37万 hm^2，占比15.41%，速效钾含量为二级（150～200mg/kg）的面积138.96万 hm^2，占比49.38%，速效钾含量为三级（120～150mg/kg）的面积65.16万 hm^2，占比23.16%，速效钾含量为四级（100～120mg/kg）的面积29.29万 hm^2，占比10.41%，速效钾含量为五级（80～100mg/kg）的面积4.24万 hm^2，占比1.51%，速效钾含量为六级（<80mg/kg）的面积0.37万 hm^2，占比0.13%。表明西北区七等地速效钾含量以高为主，偏低的面积和比例很少。

七等地有效锌含量为一级（>3mg/kg）的面积4.99万 hm^2，占比1.77%，有效锌含量为二级（1.5～3mg/kg）的面积 38.21 万 hm^2，占比 13.58%，有效锌含量为三级（1～1.5mg/kg）的面积 66.83 万 hm^2，占比 23.75%，有效锌含量为四级（0.5～1mg/kg）的面积 148.23 万 hm^2，占比 52.68%，有效锌含量为五级（0.3～0.5mg/kg）的面积 22.45 万 hm^2，占比 7.98%，有效锌含量为六级（<0.3mg/kg）的面积为 0.69 万 hm^2，占比 0.24%。表明西北区七等地有效锌含量以中等偏低为主，在各个等级分布较为分散。

八、八等地

（一）八等地行政区划分布

西北区八等地总面积 225.51 万 hm^2，占总耕地面积的 11.54%，八等地甘肃所占比例最高，占八等地总面积的 41.8%，其余各省均有一定面积分布，但面积较少。

对西北区八等地按地市级行政区划进行分析，统计结果列于表 4-83。八等地在陕西省主要分布于陕北地区的延安市、榆林市和陕南的安康市，分别占全省八等地总面积的 32.98%、28.85%和 14.83%，其他地市虽有零星分布，但面积很小，呈点状分散分布。在甘肃省各个地市均有分布，分布特征也是较为分散，其中定西市分布比例最高，占全省八级耕地总面积的 27.12%，其他分布面积占比较高的地区有陇南市、白银市和庆阳市，所占比例分别为 15.37%、14.90%和 13.09%。在新疆的分布特征也较为分散，全区各个地市州均有分布，其中喀什地区分布比例最高，占全区八级等地总面积的 29.25%，其次是塔城地区，其余各地市州占较低。宁夏八等地分布区主要位于固原市，占全区八等地总面积的 41.09%，其次，吴忠市和中卫市，分别占全区八等地总面积的 28.58%和 24.55%，其他地区所占比例较低。青海八等地主要集中分布在西宁市和海东市，分别占全省八级耕地总面积的 37.17%和 33.96%，其他地区所占比例较低。内蒙古八等地分布最多的是呼和浩特市，占全区八等地总面积的 27.03%，其次是乌兰察布市和巴彦淖尔市，分别占全区总面积的 22.03%和 16.10%，其他区域八等地分布面积很少。

表 4-83　八等地耕地不同省（自治区）耕地面积与比例

省（自治区）名称	省辖市	面积（hm^2）	比例（%）
陕西	安康市	50 626.9	14.83
	宝鸡市	2 044.0	0.60
	汉中市	15 079.7	4.42
	商洛市	30 306.9	8.88
	铜川市	6 509.3	1.91
	渭南市	2 519.7	0.74
	西安市	10 518.3	3.08
	咸阳市	12 718.6	3.73
	延安市	112 610.0	32.98
	榆林市	98 485.2	28.85
	合计	341 418.7	100.00

（续）

省（自治区）名称	省辖市	面积（hm²）	比例（%）
甘肃	白银市	140 978.2	14.90
	定西市	256 626.3	27.12
	甘南藏族自治州	16 307.8	1.72
	金昌市	5 510.8	0.58
	酒泉市	12 250.1	1.29
	兰州市	51 642.1	5.46
	临夏州	43 813.8	4.63
	陇南市	145 462.3	15.37
	平凉市	45 826.5	4.84
	庆阳市	123 850.0	13.09
	天水市	35 777.8	3.78
	武威市	62 466.3	6.60
	张掖市	5 616.5	0.59
	合计	946 128.6	100.00
新疆	阿克苏地区	16 579.8	5.50
	阿拉尔市	7 407.3	2.46
	阿勒泰地区	16 656.4	5.52
	巴音郭楞蒙古自治州	18 596.8	6.17
	博尔塔拉蒙古自治州	12 992.0	4.31
	昌吉回族自治州	22 706.0	7.53
	哈密地区	3 581.0	1.19
	和田地区	27 773.7	9.21
	喀什地区	88 224.3	29.25
	克拉玛依市	875.7	0.29
	克孜勒苏柯尔克孜自治州	4 221.5	1.40
	塔城地区	50 733.8	16.82
	图木舒克市	3 738.5	1.24
	吐鲁番地区	1 571.6	0.52
	乌鲁木齐市	3 230.8	1.07
	伊犁哈萨克自治州	22 707.1	7.53
	合计	301 596.5	100.00

（续）

省（自治区）名称	省辖市	面积（hm²）	比例（%）
宁夏	固原市	116 135.1	41.09
	石嘴山市	733.0	0.26
	吴忠市	80 777.6	28.58
	银川市	15 590.1	5.52
	中卫市	69 369.8	24.55
	合计	282 605.5	100.00
青海	海北藏族自治州	5 041.8	5.43
	海东市	31 533.5	33.96
	海南藏族自治州	15 655.0	16.86
	海西蒙古藏族自治州	3 423.7	3.69
	黄南藏族自治州	2 679.3	2.89
	西宁市	34 509.0	37.17
	合计	92 842.3	100.00
内蒙古西部	阿拉善盟	6 841.6	2.30
	巴彦淖尔市	47 914.2	16.10
	包头市	29 190.1	9.81
	鄂尔多斯市	43 123.5	14.49
	呼和浩特市	80 435.2	27.03
	乌海市	43.7	0.01
	乌兰察布市	65 568.3	22.03
	锡林郭勒盟	24 480.2	8.23
	合计	297 596.8	100.00

（二）八等地土壤类型分布

八等地分布面积和比例最大的土壤类型是黄绵土，占八等地总面积的 26.29%，黑垆土和栗钙土占八等地总面积的比例分别也达到了 11.57%和 9.67%（表 4-84）。

表 4-84　西北区八等地耕地主要土壤类型耕地面积与比例

主要土壤类型	面积（hm²）	比例（%）
黄绵土	592 856.0	26.29
黑垆土	260 930.0	11.57
栗钙土	218 181.5	9.67
灰钙土	162 374.9	7.20
褐土	109 677.2	4.86
风沙土	104 039.7	4.61
潮土	92 569.2	4.10

（续）

主要土壤类型	面积（hm^2）	比例（%）
灰褐土	85 560.9	3.79
新积土	65 406.1	2.90
灌淤土	50 921.2	2.26
棕钙土	49 325.0	2.19
黄棕壤	49 246.2	2.18
草甸土	46 450.3	2.06
黑钙土	45 590.6	2.02
栗褐土	42 433.3	1.88
棕壤	32 382.6	1.44
棕漠土	24 776.2	1.10
灰漠土	21 045.8	0.93
粗骨土	19 923.6	0.88
红黏土	13 882.6	0.62
红土	8 714.3	0.39
灰棕漠土	6 197.9	0.27
沼泽土	5 960.2	0.26
林灌草甸土	4 849.6	0.22
水稻土	4 806.9	0.21
灌漠土	4 535.2	0.20
草甸盐土	4 467.8	0.20
漠境盐土	938.1	0.04
其他土类	127 093.4	5.64
合计	2 255 136.3	100.00

（三）八等地的主要属性

1. 地貌类型与海拔　八等地在高原的分布最多，面积达到 78.39 万 hm^2，占八等地总面积的 34.76%，占西北区耕地中高原总面积的 16.22%（表 4-85）。其次是平原，面积为 68.28 万 hm^2，占八等地总面积的 30.28%。山地面积为 64.76 万 hm^2，占八等地总面积的 28.72%，占本地区同一地貌类型的 20.02%。丘陵面积为 14.08 万 hm^2，占八等地总面积的 6.24%。

表 4-85　八等地的地貌类型面积与比例

地貌类型	面积（万 hm^2）	比例（%）	占相同地貌类型的比例（%）
高原	78.39	34.76	16.22
平原	68.28	30.28	6.70
山地	64.76	28.72	20.02
丘陵	14.08	6.24	10.89

西北区八等地海拔高度分布范围在－146～3 955m之间，平均1 617m，明显高于七等地。表4-86是西北区八等地的海拔高度分布面积及比例。总体来看八等地海拔高度主要分布在1 000～2 500m范围内。其中海拔高度1 000～1 500m耕地面积最多，为83.83万hm^2，占八等地总面积的37.17%；海拔高度<500m的耕地面积为3.56万hm^2，占八等地面积的1.58%；海拔高度500～750m的耕地面积为6.94万hm^2，占八等地面积的3.08%；海拔高度750～1 000m的耕地面积为10.10万hm^2，占八等地面积的4.48%；海拔高度1 500～2 000m的耕地面积为67.11万hm^2，占八等地面积的29.76%；海拔高度2 000～2 500m的耕地面积为39.36万hm^2，占八等地面积的17.45%。同时有14.62万hm^2耕地位于2 500m海拔以上，占八等地面积的6.48%。

表4-86　八等地的海拔高度分布面积及比例

海拔高度（m）	面积（万hm^2）	占八等地面积（%）	占相同海拔高度（%）
<500	3.56	1.58	1.88
500～750	6.94	3.08	3.90
750～1 000	10.10	4.48	5.61
1 000～1 500	83.83	37.17	10.90
1 500～2 000	67.11	29.76	16.78
2 000～2 500	39.36	17.45	25.87
>2 500	14.62	6.48	16.86

2. 积温　西北区八等地的≥10℃年平均积温2 703℃。表4-87列出了八等地在不同积温范围内的面积、占八等地面积的比例、占同积温范围内耕地面积的比例。西北区<2 000℃的八等地面积为49.97万hm^2，占八等地面积的22.16%，积温值在2 000～3 000℃范围内的八等地为110.46万hm^2，占八等地面积的48.98%，积温值在3 000～4 000℃范围内的八等地为46.17万hm^2，占八等地面积的20.48%，积温>4 000℃的八等地为18.91万hm^2，占八等地面积的8.39%。

表4-87　八等地的≥10℃积温值分析

积温值（℃）	面积（万hm^2）	占八等地面积（%）	占同积温耕地面积（%）
<2 000	49.97	22.16	20.80
2 000～3 000	110.46	48.98	15.94
3 000～4 000	46.17	20.48	7.16
>4 000	18.91	8.39	5.02
总计	225.51	100.00	48.92

3. 年降水量与灌溉　西北区八等地的年降水量在10～1 365mm间，区域内差异非常大。西北区不同年降水量与灌溉保证率的八等地面积比例列于表4-88。

表 4-88　不同年降水量与灌溉保证率的八等地面积比例

灌溉保证率占比（%）		降水量（mm）（占比%）				
		<200	200～400	400～600	600～800	>800
		15.62	38.63	38.17	4.89	2.69
0	7.83	0	4.93	2.90	0	0
0～30	63.10	0.14	22.45	33.58	4.67	2.24
30～60	7.30	1.75	3.84	1.06	0.22	0.44
60～80	11.71	6.10	5.02	0.60	0	0
80～100	10.06	7.63	2.39	0.03	0	0.01

八等地的<200mm 年降水量的面积比例为 15.62%，200～400mm 年降水量的面积比例为 38.63%，400～600mm 年降水量的面积比例为 38.17%，600～800mm 年降水量的面积比例为 4.89%，≥800mm 年降水量的面积比例为 2.69%。总体来看，八等地的面积占比与降雨量的关系趋势不明显。

八等地中，灌溉保证率为 0 的面积占比为 7.83%，灌溉保证率 0～30%的面积占比为 63.10%，灌溉保证率 30%～60%的面积占比为 7.30%，灌溉保证率 60%～80%的面积占比为 11.71%，灌溉保证率 80%～100%的面积占比为 10.06%。同一年降水量区段内，八等地面积占比随灌溉保证率变化的趋势不明显。

4. 质地　八等地中，耕层质地为壤土的面积为 122.79 万 hm^2，占八等地总面积的 54.45%，耕层质地为黏壤土的面积为 58.18 万 hm^2，占八等地总面积的 25.80%，耕层质地为砂土的面积为 27.46 万 hm^2，占八等地总面积的 12.17%，耕层质地为黏土的面积为 17.08 万 hm^2，占八等地总面积的 7.58%（表 4-89）。

表 4-89　八等地与耕层质地

质地	面积（万 hm^2）	比例（%）	八等地占相同质地耕地面积（%）
壤土	122.79	54.45	10.29
黏壤土	58.18	25.80	14.07
砂土	27.46	12.17	14.96
黏土	17.08	7.58	10.36
总计	225.51	100.00	49.68

5. 盐渍化程度　统计结果表明（表 4-90），八等地中无盐渍化影响的耕地面积为 180.36 万 hm^2，占八等地总面积的 79.98%，占全部无盐渍化影响的耕地总面积的 12.29%，轻度盐渍化的面积为 32.07 万 hm^2，占八等地总面积的 14.23%，中度盐渍化面积 6.28 万 hm^2，占八等地总面积的 2.78%，重度盐渍化的面积为 6.80 万 hm^2，占八等地总面积的 3.01%。

表 4-90　八等地的盐渍化程度

盐渍化程度	面积（万 hm^2）	比例（%）	八等地占相同盐渍化程度耕地面积（%）
无盐渍化	180.36	79.98	12.29
轻度盐渍化	32.07	14.23	10.70
中度盐渍化	6.28	2.78	5.46
重度盐渍化	6.80	3.01	9.34
总计	225.51	100.00	37.79

6. 养分状况　对西北区八等地有机质（g/kg）、有效磷（mg/kg）、速效钾（mg/kg）、有效铁（mg/kg）、有效铜（mg/kg）、有效锌（mg/kg）、有效硫（mg/kg）、有效锰（mg/kg）、有效钼（mg/kg）等耕层养分含量进行统计（表 4-91），结果反映出，八等地的养分含量平均值为：有机质 14.78g/kg、有效磷 14.8mg/kg、速效钾 152mg/kg、有效铁 10.50mg/kg、有效铜 1.12mg/kg、有效锌 1.04mg/kg、有效锰 11.43mg/kg、有效钼 0.32mg/kg。

表 4-91　八等地耕地土壤养分含量

项目	平均值	标准差
有机质（g/kg）	14.78	5.42
有效磷（mg/kg）	14.8	7.51
pH	8.16	0.60
有效铜（mg/kg）	1.12	0.72
有效硼（mg/kg）	2.41	5.54
有效锰（mg/kg）	11.43	7.82
有效硅（mg/kg）	130.36	48.26
有效锌（mg/kg）	1.04	0.68
有效铁（mg/kg）	10.50	5.95
缓效钾（mg/kg）	851	268.36
速效钾（mg/kg）	152	38.05
全氮（g/kg）	0.91	0.38
有效钼（mg/kg）	0.32	0.19

对西北区四等地中各省（自治区）的土壤养分含量平均值进行比较（表 4-92），可以发现，有机质含量宁夏最高，为 18.41g/kg，陕西最低，为 13.61g/kg，有效磷含量青海最高，为 24.2mg/kg，内蒙古最低，为 11.0mg/kg，速效钾青海最高，为 180mg/kg，陕西最低，为 127mg/kg。微量元素铜、铁、锰、锌、钼的有效含量各有高低，差异不明显。

表 4-92　八等地中各省（自治区）土壤养分含量平均值比较

养分项目	陕西	甘肃	宁夏	青海	新疆	内蒙古西部
有机质（g/kg）	13.61	13.84	18.41	15.60	15.02	14.40
有效磷（mg/kg）	13.7	15.0	12.1	24.2	12.1	11.0
速效钾（mg/kg）	127	175	164	180	179	142
有效铁（mg/kg）	13.84	7.43	6.85	8.69	11.12	10.90
有效铜（mg/kg）	1.41	0.94	0.95	0.78	1.80	1.07
有效锌（mg/kg）	1.23	0.78	0.60	1.31	0.99	1.01
有效锰（mg/kg）	15.86	7.85	7.63	6.25	7.89	13.60
有效钼（mg/kg）	0.31	0.37	0.27	0.40	0.57	0.25
pH	7.80	8.20	8.62	8.16	8.13	8.26
pH	7.37	8.16	8.48	8.02	8.12	8.43

对西北区八等地的有机质、有效磷、速效钾与有效锌含量各级别面积与比例进行统计，结果列于表 4-93。

表 4-93　八等地有机质、有效磷、速效钾与有效锌各级别面积与比例

养分等级	有机质		有效磷		速效钾		有效锌	
	面积（万 hm²）	%	面积（万 hm²）	%	面积（万 hm²）	%	面积（万 hm²）	%
一级	3.53	1.57	0.97	0.43	33.73	14.96	2.28	1.01
二级	26.40	11.71	9.67	4.29	110.64	49.06	24.49	10.86
三级	57.38	25.45	17.55	7.78	52.38	23.23	49.19	21.81
四级	105.33	46.70	46.33	20.55	21.92	9.72	120.15	53.27
五级	31.24	13.85	106.18	47.08	6.25	2.77	28.11	12.47
六级	1.62	0.72	44.81	19.87	0.59	0.26	1.30	0.58

八等地有机质含量为一级（>30g/kg）的面积为 3.53 万 hm^2，占比 1.57%，有机质含量为二级（20～30g/kg）的面积为 26.40 万 hm^2，占比 11.71%，有机质含量为三级（15～20g/kg）的面积 57.38 万 hm^2，占比 25.45%，有机质含量为四级（10～15g/kg）的面积 105.33 万 hm^2，占比 46.70%，有机质含量为五级（6～10g/kg）的面积为 31.24 万 hm^2，占比 13.85%，有机质含量为六级（<6g/kg）的面积为 1.62 万 hm^2，占比 0.72%。表明西北区八等地的有机质含量主要以中等偏下为主。

八等地有效磷含量为一级（>40mg/kg）的面积 0.97 万 hm^2，占比 0.43%，有效磷含量为二级（25～40mg/kg）的面积 9.67 万 hm^2，占比 4.29%，有效磷含量为三级（20～25mg/kg）的面积 17.55 万 hm^2，占比 7.78%，有效磷含量为四级（15～20mg/kg）的面积 46.33 万 hm^2，占比 20.55%，有效磷含量为五级（10～15mg/kg）的面积 106.18 万 hm^2，占比 47.08%，有效磷含量为六级（<10mg/kg）的面积 44.81 万 hm^2，占比 19.87%。表明西北区八等地有效磷含量以偏下为主。

八等地速效钾含量为一级（>200mg/kg）的面积 33.73 万 hm^2，占比 14.96%，速效钾含量为二级（150～200mg/kg）的面积 110.64 万 hm^2，占比 49.06%，速效钾含量为三级（120～150mg/kg）的面积 52.38 万 hm^2，占比 23.23%，速效钾含量为四级（100～120mg/kg）的面积 21.92 万 hm^2，占比 9.72%，速效钾含量为五级（80～100mg/kg）的面积 6.25 万 hm^2，占比 2.77%，速效钾含量为六级（<80mg/kg）的面积 0.59 万 hm^2，占比 0.26%。表明西北区八等地速效钾含量以高和中等为主，偏低的面积和比例很少。

八等地有效锌含量为一级（>3mg/kg）的面积 2.28 万 hm^2，占比 1.01%，有效锌含量为二级（1.5～3mg/kg）的面积 24.49 万 hm^2，占比 10.86%，有效锌含量为三级（1～1.5mg/kg）的面积 49.19 万 hm^2，占比 21.81%，有效锌含量为四级（0.5～1mg/kg）的面积 120.15 万 hm^2，占比 53.27%，有效锌含量为五级（0.3～0.5mg/kg）的面积 28.11 万 hm^2，占比 12.47%，有效锌含量为六级（<0.3mg/kg）的面积为 1.30 万 hm^2，占比 0.58%。表明西北区八等地有效锌含量以中等为主，在各个等级分布较为分散。

九、九等地

（一）九等地行政区划分布

西北区九等地总面积 142.02hm^2，占全区耕地总面积的 7.26%，九等地主要分布在甘肃和内蒙古，分别占九等地总面积的 29.5%和 26.7%，其余各省均有一定面积分布。

对西北区九等地按地市级行政区划进行分析，统计结果列于表 4-94。九等地在陕西省主要分布于陕北地区的延安市、榆林市和陕南的安康市、商洛市，分别占全省九等地总面积的 34.82%、24.77%、23.30%和 12.91%，其他地市虽有零星分布，但面积很小，呈点状分散分布。在甘肃省的各个地市均有分布，呈块状分散分布，其中定西市分布比例最高，占全省九等地总面积的 23.1%，其他分布面积占比较高的地区有庆阳市、武威市和陇南市，所占比例分别为 21.1%、14.9%和 14.3%。在新疆的分布特征较为分散，全区各个地市州均有分布，其中喀什地区分布比例最高，占全区九等地总面积的 35.14%，其次是阿勒泰地区，其余各地市州占较低。宁夏九等地分布区主要位于固原市，占全区九等地总面积的 42.0%，其次，吴忠市和中卫市，分别占全区九等地总面积的 34.8%和 18.6%，其他地区所占比例较低。青海九等地主要集中分布在海东市和西宁市，分别占全省九级耕地总面积的 47.57%和 21.77%，其他地区所占比例很低。内蒙古九等地分布最多的是乌兰察布市，占全区九等地总面积的 32.3%，其次是呼和浩特市和包头市，分别占全区总面积的 24.6%和 18.5%，其他区域九等地分布面积很少。

表 4-94　九等地耕地不同省（自治区）耕地面积与比例

省（自治区）名称	省辖市	面积（hm^2）	比例（%）
陕西	安康市	44 392.3	23.30
	宝鸡市	340.3	0.18
	汉中市	3 965.1	2.08
	商洛市	24 588.6	12.91
	铜川市	2 062.9	1.08

（续）

省（自治区）名称	省辖市	面积（hm^2）	比例（%）
陕西	渭南市	197.5	0.10
	西安市	1 279.1	0.67
	咸阳市	161.1	0.08
	延安市	66 345.4	34.82
	榆林市	47 193.7	24.77
	合计	190 526.1	100.00
甘肃	白银市	22 886.1	5.5
	定西市	96 992.5	23.1
	甘南藏族自治州	10 403.2	2.5
	金昌市	24.1	0.0
	酒泉市	2 103.1	0.5
	兰州市	22 009.4	5.3
	临夏州	20 592.9	4.9
	陇南市	59 736.9	14.3
	平凉市	29 089.1	6.9
	庆阳市	88 246.8	21.1
	天水市	4 651.1	1.1
	武威市	62 332.7	14.9
	张掖市	35.7	0.0
	合计	419 103.7	100.0
新疆	阿克苏地区	5 953.2	3.57
	阿拉尔市	1 121.5	0.67
	阿勒泰地区	23 958.1	14.38
	巴音郭楞蒙古自治州	12 024.5	7.22
	博尔塔拉蒙古自治州	2 657.2	1.59
	昌吉回族自治州	5 743.6	3.45
	哈密地区	823.4	0.49
	和田地区	13 580.0	8.15
	喀什地区	58 556.9	35.14
	克拉玛依市	28.5	0.02
	克孜勒苏柯尔克孜自治州	10 949.8	6.57
	塔城地区	6 762.9	4.06
	图木舒克市	31.0	0.02
	吐鲁番地区	212.5	0.13
	乌鲁木齐市	6 622.0	3.97
	伊犁哈萨克自治州	17 608.5	10.57
	合计	166 633.6	100.00

（续）

省（自治区）名称	省辖市	面积（hm^2）	比例（%）
宁夏	固原市	70 359.2	42.0
	石嘴山市	314.0	0.2
	吴忠市	58 221.2	34.8
	银川市	7 407.4	4.4
	中卫市	31 201.5	18.6
	合计	167 503.4	100.0
青海	海北藏族自治州	11 450.6	11.64
	海东市	46 774.0	47.57
	海南藏族自治州	13 778.0	14.01
	海西蒙古藏族自治州	1 780.7	1.81
	黄南藏族自治州	3 094.5	3.15
	西宁市	21 408.3	21.77
	玉树藏族自治州	47.4	0.05
	合计	98 333.5	100.00
内蒙古西部	阿拉善盟	651.7	0.2
	巴彦淖尔市	20 516.9	5.4
	包头市	70 371.8	18.5
	鄂尔多斯市	53 869.1	14.2
	呼和浩特市	93 281.3	24.6
	乌兰察布市	122 396.5	32.3
	锡林郭勒盟	18 366.5	4.8
	合计	379 453.9	100.0

（二）九等地土壤类型分布

九等地分布面积和比例最大的土壤类型分布是黄绵土和栗钙土，分别占九等地总面积的22.11%和21.06%，黑垆土占九等地总面积的比例为8.80%（表4-95）。

表4-95 西北区九等地耕地主要土壤类型耕地面积与比例

主要土壤类型	面积（hm^2）	比例（%）
黄绵土	313 986.3	22.11
栗钙土	299 115.7	21.06
黑垆土	124 907.2	8.80
风沙土	72 473.1	5.10
灰钙土	60 639.9	4.27
栗褐土	58 787.7	4.14
灰褐土	50 493.6	3.56

（续）

主要土壤类型	面积（hm²）	比例（%）
黑钙土	48 829.6	3.44
黄棕壤	39 881.2	2.81
潮土	36 836.3	2.59
棕钙土	36 708.1	2.58
褐土	30 990.0	2.18
新积土	29 953.4	2.11
草甸土	28 406.6	2.00
灌淤土	27 873.7	1.96
棕壤	20 420.6	1.44
粗骨土	14 433.5	1.02
棕漠土	9 885.5	0.70
沼泽土	3 636.7	0.26
灰棕漠土	3 051.5	0.21
红土	2 381.9	0.17
红黏土	2 330.8	0.16
林灌草甸土	2 226.7	0.16
灰漠土	1 851.4	0.13
草甸盐土	1 145.0	0.08
水稻土	851.0	0.06
漠境盐土	809.7	0.06
灌漠土	522.3	0.04
其他土类	96 741.7	6.81
合计	1 420 170.7	100.00

（三）九等地的主要属性

1. 地貌类型与海拔　九等地在山地的分布最多，面积达到 42.90 万 hm²，占九等地总面积的 30.21%，占西北区耕地中山地总面积的 13.26%（表 4-96）。平原的九等地面积为 41.66 万 hm²，占九等地总面积的 29.33%。高原的九等地面积为 40.89 万 hm²，占九等地总面积的 28.79%。丘陵的九等地面积为 16.57 万 hm²，占九等地总面积的 11.66%。

表 4-96　九等地的地貌类型面积与比例

地貌类型	面积（万 hm²）	比例（%）	占相同地貌类型的比例（%）
山地	42.90	30.21	13.26
平原	41.66	29.33	4.09
高原	40.89	28.79	8.46
丘陵	16.57	11.66	12.81

西北区九等地海拔高度分布范围在－73～3 777m之间，平均1 700m，明显高于八等地。表4-97是西北区九等地的海拔高度分布面积及比例。总体来看九等地海拔高度主要分布在1 000～2 500m范围内。其中海拔高度1 000～1 500m耕地面积最多，为52.99万hm^2，占九等地总面积的37.31%；海拔高度<500m的耕地面积为1.17万hm^2，占九等地面积的0.82%；海拔高度500～750m的耕地面积为4.74万hm^2，占九等地面积的3.34%；海拔高度750～1 000m的耕地面积为4.55万hm^2，占九等地面积的3.20%；海拔高度1 500～2 000m的耕地面积为43.47万hm^2，占九等地面积的30.61%；海拔高度2 000～2 500m的耕地面积为21.72万hm^2，占九等地面积的15.30%。同时有13.37万hm^2耕地位于2 500m海拔以上，占九等地面积的9.42%。

表4-97　九等地的海拔高度分布面积及比例

海拔高度（m）	面积（万hm^2）	占九等地面积（%）	占相同海拔高度（%）
<500	1.17	0.82	0.62
500～750	4.74	3.34	2.66
750～1 000	4.55	3.20	2.53
1 000～1 500	52.99	37.31	6.89
1 500～2 000	43.47	30.61	10.87
2 000～2 500	21.72	15.30	14.28
>2 500	13.37	9.42	15.42

2. 积温　西北区九等地的≥10℃年平均积温2 536℃。表4-98列出了九等地在不同积温范围内的面积、占九等地面积的比例、占同积温范围内耕地面积的比例。西北区<2 000℃的九等地面积为44.36万hm^2，占九等地面积的31.24%，积温值在2 000～3 000℃范围内的九等地为60.76万hm^2，占九等地面积的42.79%，积温值在3 000～4 000℃范围内的九等地为24.32万hm^2，占九等地面积的17.13%，积温>4 000℃的九等地为12.57万hm^2，占九等地面积的8.85%。

表4-98　九等地的≥10℃积温值分析

积温值（℃）	面积（万hm^2）	占九等地面积（%）	占同积温耕地面积（%）
<2 000	44.36	31.24	18.47
2 000～3 000	60.76	42.79	8.77
3 000～4 000	24.32	17.13	3.77
>4 000	12.57	8.85	3.34
总计	142.02	100.00	34.35

3. 年降水量与灌溉　西北区九等地的年降水量在10～1 350mm间，区域内差异非常大。西北区不同年降水量与灌溉保证率的九等地面积比例列于表4-99。

表 4-99 不同年降水量与灌溉保证率的九等地面积比例

灌溉保证率占比（%）		降水量（mm）占比（%）				
		<200	200～400	400～600	600～800	>800
		12.93	49.23	32.12	2.19	3.53
0	23.78	0.04	16.07	7.67	0	0
0～30	50.71	0.56	21.40	23.60	2.07	3.08
30～60	8.26	2.39	4.81	0.49	0.12	0.45
60～80	10.09	4.76	4.97	0.36	0	0
80～100	7.16	5.18	1.98	0	0	0

九等地的<200mm 年降水量的面积比例为 12.93%，200～400mm 年降水量的面积比例为 49.23%，400～600mm 年降水量的面积比例为 32.12%，600～800mm 年降水量的面积比例为 2.19%，≥800mm 年降水量的面积比例为 3.53%。总体来看，九等地的面积占比与降雨量的关系趋势不明显。

九等地中，灌溉保证率为 0 的面积占比为 23.78%，灌溉保证率 0～30%的面积占比为 50.71%，灌溉保证率 30%～60%的面积占比为 8.26%，灌溉保证率 60%～80%的面积占比为 10.09%，灌溉保证率 80%～100%的面积占比为 7.16%。同一年降雨量区段内，九等地面积占比随灌溉保证率变化的趋势不明显。

4. 质地 九等地中，耕层质地为壤土的面积为 78.68 万 hm^2，占九等地总面积的 55.41%，耕层质地为黏壤土的面积为 31.62 万 hm^2，占九等地总面积的 22.26%，耕层质地为砂土的面积为 20.73 万 hm^2，占九等地总面积的 14.60%，耕层质地为黏土的面积为 10.98 万 hm^2，占九等地总面积的 7.73%（表 4-100）。

表 4-100 九等地与耕层质地

质地	面积（万 hm^2）	比例（%）	九等地占相同质地耕地面积（%）
壤土	78.68	55.41	6.60
黏壤土	31.62	22.26	7.65
砂土	20.73	14.60	11.29
黏土	10.98	7.73	6.66
总计	142.02	100.00	32.20

5. 盐渍化程度 统计结果表明（表 4-101），九等地中无盐渍化影响的耕地面积为 115.87 万 hm^2，占九等地总面积的 81.58%，占全部无盐渍化影响的耕地总面积的 7.90%，轻度盐渍化的面积为 21.11 万 hm^2，占九等地总面积的 14.87%，中度盐渍化的面积为 2.96 万 hm^2，占九等地总面积的 2.09%，重度盐渍化的面积为 2.08 万 hm^2，占九等地总面积的 1.46%。

表 4-101　九等地的盐渍化程度

盐渍化程度	面积（万 hm^2）	比例（%）	九等地占相同盐渍化程度耕地面积（%）
无盐渍化	115.87	81.58	7.90
轻度盐渍化	21.11	14.87	7.04
中度盐渍化	2.96	2.09	2.58
重度盐渍化	2.08	1.46	2.85
总计	142.02	100.00	20.37

6. 养分状况　对西北区九等地有机质（g/kg）、有效磷（mg/kg）、速效钾（mg/kg）、有效铁（mg/kg）、有效铜（mg/kg）、有效锌（mg/kg）、有效硫（mg/kg）、有效锰（mg/kg）、有效钼（mg/kg）等耕层养分含量进行统计（表 4-102），结果反映出，九等地的养分含量平均值为：有机质 13.90g/kg、有效磷 14.2mg/kg、速效钾 147mg/kg、有效铁 10.11mg/kg、有效铜 1.06mg/kg、有效锌 1.03mg/kg、有效锰 11.22mg/kg、有效钼 0.32mg/kg。

表 4-102　九等地耕地土壤养分含量

项目	平均值	标准差
有机质（g/kg）	13.90	5.11
有效磷（mg/kg）	14.2	7.41
pH	8.13	0.58
有效铜（mg/kg）	1.06	0.66
有效硼（mg/kg）	2.63	5.70
有效锰（mg/kg）	11.22	7.89
有效硅（mg/kg）	129.78	47.01
有效锌（mg/kg）	1.03	0.62
有效铁（mg/kg）	10.11	5.37
缓效钾（mg/kg）	833	290.33
速效钾（mg/kg）	147	36.38
全氮（g/kg）	0.98	0.43
有效钼（mg/kg）	0.32	0.18

对西北区九等地中各省（自治区）的土壤养分含量平均值进行比较（表 4-103），可以发现，有机质含量宁夏最高，为 15.86g/kg，陕西最低，为 12.08g/kg，有效磷含量青海最高，为 22.2mg/kg，内蒙古最低，为 10.2mg/kg，速效钾新疆最高，为 179mg/kg，陕西最低，为 123mg/kg。微量元素铜、铁、锰、锌、钼的有效含量各有高低，差异不明显。

表 4-103 九等地中各省（自治区）土壤养分含量平均值比较

养分项目	陕西	甘肃	宁夏	青海	新疆	内蒙古西部
有机质（g/kg）	12.08	13.68	15.86	14.66	15.23	14.39
有效磷（mg/kg）	13.8	13.2	11.1	22.2	12.7	10.2
速效钾（mg/kg）	123	167	162	178.8	179.4	132.4
有效铁（mg/kg）	14.06	8.72	6.16	8.69	11.46	9.23
有效铜（mg/kg）	1.40	0.94	0.89	0.82	1.81	0.98
有效锌（mg/kg）	1.25	0.77	0.54	1.17	1.01	1.01
有效锰（mg/kg）	16.12	8.12	7.40	6.20	7.78	12.81
有效钼（mg/kg）	0.32	0.39	0.27	0.41	0.64	0.24
pH	7.74	8.27	8.27	8.18	8.14	8.23

对西北区三等地的有机质、有效磷、速效钾与有效锌含量各级别面积与比例进行统计，结果列于表 4-104。

表 4-104 九等地有机质、有效磷、速效钾与有效锌各级别面积与比例

养分等级	有机质		有效磷		速效钾		有效锌	
	面积（万 hm^2）	%	面积（万 hm^2）	%	面积（万 hm^2）	%	面积（万 hm^2）	%
一级	2.08	1.47	0.53	0.37	14.08	9.91	1.09	0.77
二级	14.58	10.26	4.31	3.04	64.15	45.17	15.69	11.05
三级	41.27	29.06	8.27	5.82	35.81	25.22	31.81	22.40
四级	61.88	43.58	23.36	16.45	21.92	15.44	76.32	53.74
五级	20.61	14.51	60.33	42.48	5.72	4.03	15.03	10.58
六级	1.59	1.12	45.20	31.84	0.33	0.23	2.08	1.46

九等地有机质含量为一级（>30g/kg）的面积为 2.08 万 hm^2，占比 1.47%，有机质含量为二级（20～30g/kg）的面积为 14.58 万 hm^2，占比 10.26%，有机质含量为三级（15～20g/kg）的面积 41.27 万 hm^2，占比 29.06%，有机质含量为四级（10～15g/kg）的面积 61.88 万 hm^2，占比 43.58%，有机质含量为五级（6～10g/kg）的面积为 20.61 万 hm^2，占比 14.51%，有机质含量为六级（<6g/kg）的面积为 1.59 万 hm^2，占比 1.12%。表明西北区九等地的有机质含量主要以中等偏下为主。

九等地有效磷含量为一级（>40mg/kg）的面积 0.53 万 hm^2，占比 0.37%，有效磷含量为二级（25～40mg/kg）的面积 4.31 万 hm^2，占比 3.04%，有效磷含量为三级（20～25mg/kg）的面积 8.27 万 hm^2，占比 5.82%，有效磷含量为四级（15～20mg/kg）的面积 23.36 万 hm^2，占比 16.45%，有效磷含量为五级（10～15mg/kg）的面积 60.33 万 hm^2，占比 42.48%，有效磷含量为六级（<10mg/kg）的面积 45.20 万 hm^2，占比 31.84%。表明西北区九等地有效磷含量以偏下为主。

九等地速效钾含量为一级（>200mg/kg）的面积 14.08 万 hm^2，占比 9.91%，速效钾含量为二级（150～200mg/kg）的面积 64.15 万 hm^2，占比 45.17%，速效钾含量为三级

(120～150mg/kg) 的面积35.81万hm^2，占比25.22%，速效钾含量为四级（100～120mg/kg）的面积21.92万hm^2，占比15.44%，速效钾含量为五级（80～100mg/kg）的面积5.72万hm^2，占比4.03%，速效钾含量为六级（<80mg/kg）的面积0.33万hm^2，占比0.23%。表明西北区九等地速效钾含量以中等偏高为主。

九等地有效锌含量为一级（>3mg/kg）的面积1.09万hm^2，占比0.77%，有效锌含量为二级（1.5～3mg/kg）的面积15.69万hm^2，占比11.05%，有效锌含量为三级（1～1.5mg/kg）的面积31.81万hm^2，占比22.40%，有效锌含量为四级（0.5～1mg/kg）的面积76.32万hm^2，占比53.74%，有效锌含量为五级（0.3～0.5mg/kg）的面积15.03万hm^2，占比10.58%，有效锌含量为六级（<0.3mg/kg）的面积为2.08万hm^2，占比1.46%。表明西北区九等地有效锌含量以中等偏低为主，在各个等级分布较为分散。

十、十等地

（一）十等地行政区划分布

西北区十等地总面积162.04万hm^2，占耕地总面积的8.29%，十等地主要分布在内蒙古，占十等地总面积的57.8%，其余各省均有一定面积分布，但其所占面积比例较低。

对西北区十等地按地市级行政区划进行分析，统计结果列于表4-105。十等地在陕西省分布面积和比例最高的是陕北地区的榆林市和陕南的安康市，分别占全省十等地总面积的40.79%和37.5%，其次是陕南的商洛市，占比为14.78%，其他地市面积很小，呈点状分散分布。十等地在主要分布于武威市和庆阳市，分别占全省十等地总面积的33.32%和31.73%，其他地市较少，呈小块状分散分布。在新疆主要集中分布于伊犁哈萨克自治州、巴音郭楞蒙古自治州和和田地区，所占比例分别为30.01%、26.71%和21.17%，其余各地市州占比较低，呈点状分散分布。宁夏十等地分布区主要位于吴忠市和固原市，分别占全区十等地总面积的46.04%和36.05%，其次，中卫市也有一定分布面积，但其所占比例较低。青海十等地主要集中分布在海东市，占全省十级耕地总面积的45.51%，其次是海南藏族自治州和海北藏族自治州，其他地区所占比例很低。内蒙古十等地分布最多的是乌兰察布市，占全区十等地总面积的65.98%，其他区域十等地分布面积较少。

表4-105　十等地耕地不同省（自治区）耕地面积与比例

省（自治区）名称	省辖市	面积（hm^2）	比例（%）
陕西	安康市	60 141.7	37.50
	汉中市	99.9	0.06
	商洛市	23 696.4	14.78
	铜川市	196.7	0.12
	西安市	253.2	0.16
	延安市	10 576.9	6.59
	榆林市	65 415.9	40.79
	合计	160 380.6	100.00

（续）

省（自治区）名称	省辖市	面积（hm²）	比例（%）
甘肃	白银市	14 708.6	9.75
	定西市	4 740.2	3.14
	甘南藏族自治州	334.4	0.22
	酒泉市	712.5	0.47
	兰州市	1 257.7	0.83
	临夏州	10 627.0	7.04
	陇南市	11 003.7	7.29
	平凉市	9 331.0	6.18
	庆阳市	47 875.8	31.73
	天水市	2.3	0.00
	武威市	50 275.0	33.32
	总计	150 868.4	100.00
新疆	阿克苏地区	308.1	0.39
	阿拉尔市	175.2	0.22
	阿勒泰地区	530.3	0.67
	巴音郭楞蒙古自治州	21 145.9	26.71
	博尔塔拉蒙古自治州	2 025.6	2.56
	昌吉回族自治州	3 472.8	4.39
	和田地区	16 759.8	21.17
	喀什地区	8 412.7	10.63
	克拉玛依市	848.9	1.07
	克孜勒苏柯尔克孜自治州	30.3	0.04
	塔城地区	1 683.7	2.13
	乌鲁木齐市	4.2	0.01
	伊犁哈萨克自治州	23 757.0	30.01
	总计	79 154.4	100.00
宁夏	固原市	40 836.5	36.05
	石嘴山市	36.9	0.03
	吴忠市	52 157.1	46.04
	银川市	3 323.1	2.93
	中卫市	16 923.7	14.94
	总计	113 277.2	100.00

（续）

省（自治区）名称	省辖市	面积（hm^2）	比例（%）
青海	果洛藏族自治州	620.3	0.34
	海北藏族自治州	30 335.3	16.84
	海东市	81 974.5	45.51
	海南藏族自治州	35 681.5	19.81
	海西蒙古藏族自治州	1 605.1	0.89
	黄南藏族自治州	4 554.3	2.53
	西宁市	12 293.6	6.82
	玉树藏族自治州	13 064.1	7.25
	总计	180 128.8	100.00
内蒙古西部	阿拉善盟	156.7	0.02
	巴彦淖尔市	12 478.9	1.33
	包头市	109 311.7	11.69
	鄂尔多斯市	45 428.0	4.86
	呼和浩特市	74 140.0	7.93
	乌海市	7.0	0.001
	乌兰察布市	616 844.4	65.98
	锡林郭勒盟	76 518.1	8.18
	总计	934 884.8	100.00

（二）十等地土壤类型分布

十等地分布面积和比例最大的土壤类型是栗钙土，占十等地总面积的比例达到了48.87%，其次是黄绵土（表4-106）。

表4-106　西北区十等地耕地主要土壤类型耕地面积与比例

主要土壤类型	面积（hm^2）	比例（%）
栗钙土	791 813.9	48.87
黄绵土	115 207.4	7.11
风沙土	81 393.2	5.02
黑钙土	66 621.1	4.11
灰褐土	66 442.9	4.10
草甸土	50 833.0	3.14
黄棕壤	48 723.4	3.01
栗褐土	44 948.3	2.77
潮土	42 325.9	2.61
黑垆土	36 142.9	2.23

（续）

主要土壤类型	面积（hm^2）	比例（%）
灰钙土	34 677.4	2.14
新积土	25 995.8	1.60
棕壤	16 677.6	1.03
棕钙土	16 037.1	0.99
灌淤土	14 844.9	0.92
粗骨土	14 373.0	0.89
沼泽土	9 837.9	0.61
褐土	4 202.8	0.26
红黏土	3 196.4	0.20
棕漠土	2 402.5	0.15
灰漠土	1 359.8	0.08
红土	1 265.7	0.08
灰棕漠土	569.0	0.04
草甸盐土	467.4	0.03
漠境盐土	347.6	0.02
林灌草甸土	334.3	0.02
水稻土	325.4	0.02
灌漠土	202.3	0.01
其他土类	128 823.7	7.95
合计	1 620 392.6	100.00

（三）十等地的主要属性

1. 地貌类型与海拔　十等地在平原的分布最多，面积达到 62.87 万 hm^2，占十等地总面积的 38.80%，占西北区耕地中平原总面积的 6.17%。丘陵的十等地面积为 43.24 万 hm^2，占十等地总面积的 26.68%，占西北区丘陵总面积的 33.44%。山地的十等地面积为 34.35 万 hm^2，占十等地总面积的 21.20%，占西北区山地总面积的 10.62%。十等地在高原的分布最少，面积为 21.58 万 hm^2，占十等地总面积的 13.32%（表 4-107）。

表 4-107　十等地的地貌类型面积与比例

地貌类型	面积（万 hm^2）	比例（%）	占相同地貌类型的比例（%）
丘陵	43.24	26.68	33.44
山地	34.35	21.20	10.62
平原	62.87	38.80	6.17
高原	21.58	13.32	4.47

西北区十等地海拔高度分布范围在267～4 638m之间，平均1 795m，在不同质量等级耕地中最高。表4-108是西北区十等地的海拔高度分布面积及比例。总体来看十等地主要分布在1 000m海拔高度以上。其中海拔高度1 000～1 500m耕地面积最多，为68.89万hm^2，占十等地总面积的42.52%；海拔高度<500m的耕地面积为0.17万hm^2，占十等地面积的0.11%；海拔高度500～750m的耕地面积为1.36万hm^2，占十等地面积的0.84%；海拔高度750～1 000m的耕地面积为5.24万hm^2，占十等地面积的3.23%；海拔高度1 500～2 000m的耕地面积为59.09万hm^2，占十等地面积的36.47%；海拔高度2 000～2 500m的耕地面积为7.04万hm^2，占十等地面积的4.35%。同时有20.24万hm^2耕地位于2 500m海拔以上，占十等地面积的12.49%。

表4-108　十等地的海拔高度分布面积及比例

海拔高度（m）	面积（万hm^2）	占十等地面积（%）	占相同海拔高度（%）
<500	0.17	0.11	0.09
500～750	1.36	0.84	0.76
750～1 000	5.24	3.23	2.91
1 000～1 500	68.89	42.52	8.96
1 500～2 000	59.09	36.47	14.77
2 000～2 500	7.04	4.35	4.63
>2 500	20.24	12.49	23.34

2. 积温　西北区十等地的≥10℃年平均积温2 217℃。表4-109列出了十等地在不同积温范围内的面积、占十等地面积的比例、占同积温范围内耕地面积的比例。西北区<2 000℃的十等地面积为47.01万hm^2，占十等地面积的29.01%，积温值在2 000～3 000℃范围内的十等地为94.08万hm^2，占十等地面积的58.06%，积温值在3 000～4 000℃范围内的十等地为13.77万hm^2，占十等地面积的8.50%，积温>4 000℃的十等地为7.18万hm^2，占十等地面积的4.43%。

表4-109　十等地的≥10℃积温值分析

积温值（℃）	面积（万hm^2）	占十等地面积（%）	占同积温耕地面积（%）
<2 000	47.01	29.01	19.57
2 000～3 000	94.08	58.06	13.58
3 000～4 000	13.77	8.50	2.13
>4 000	7.18	4.43	1.91
总计	162.04	100.00	37.19

3. 年降水量与灌溉　西北区十等地的年降水量在25～1 210mm间，区域内差异非常大。西北区不同年降水量与灌溉保证率的十等地面积比例列于表4-110。

表 4-110　不同年降水量与灌溉保证率的十等地面积比例

灌溉保证率占比（%）		降水量（mm）（占比%）				
		<200	200～400	400～600	600～800	>800
		4.75	74.31	15.74	0.79	4.42
0	60.33	0.03	51.82	8.47	0	0
0～30	23.78	0.29	12.92	5.41	0.76	4.40
30～60	5.79	0.74	4.23	0.77	0.03	0.02
60～80	7.94	2.28	4.57	1.10	0	0
80～100	2.16	1.40	0.76	0	0	0

十等地的<200mm 年降水量的面积比例为 4.75%，200～400mm 年降水量的面积比例为 74.31%，400～600mm 年降水量的面积比例为 15.74%，600～800mm 年降水量的面积比例为 0.79%，≥800mm 年降水量的面积比例为 4.42%。

十等地中，灌溉保证率为 0 的面积占比为 60.33%，灌溉保证率 0～30%的面积占比为 23.78%，灌溉保证率 30%～60%的面积占比为 5.79%，灌溉保证率 60%～80%的面积占比为 7.94%，灌溉保证率 80%～100%的面积占比为 2.16%。总体来看，十等地主要分布在 200～400mm 年降水量区间，且无灌溉条件保障的地区，其面积占比与降雨量的关系趋势不明显。

4. 质地　十等地中，耕层质地为壤土的面积为 88.10 万 hm^2，占十等地总面积的 54.38%，耕层质地为砂土的面积为 56.38 万 hm^2，占十等地总面积的 34.79%，耕层质地为黏壤土的面积为 14.08 万 hm^2，占十等地总面积的 8.69%，耕层质地为黏土的面积为 3.47 万 hm^2，占十等地总面积的 2.14%（表 4-111）。

表 4-111　十等地与耕层质地

质地	面积（万 hm^2）	比例（%）	十等地占相同质地耕地面积（%）
砂土	56.38	34.79	30.72
壤土	88.10	54.38	7.39
黏壤土	14.08	8.69	3.41
黏土	3.47	2.14	2.11
总计	162.04	100.00	43.63

5. 盐渍化程度　统计结果表明（表 4-112），十等地中无盐渍化影响的耕地面积为 131.22 万 hm^2，占十等地总面积的 80.98%，占全部无盐渍化影响的耕地总面积的 8.94%，轻度盐渍化的面积为 22.17 万 hm^2，占十等地总面积的 13.68%，中度盐渍化的面积为 4.66 万 hm^2，占十等地总面积的 2.87%，重度盐渍化的面积为 3.99 万 hm^2，占十等地总面积的 2.46%。

表 4-112　十等地的盐渍化程度

盐渍化程度	面积（万 hm^2）	比例（%）	十等地占相同盐渍化程度耕地面积（%）
无盐渍化	131.22	80.98	8.94
轻度盐渍化	22.17	13.68	7.40
中度盐渍化	4.66	2.87	4.05
重度盐渍化	3.99	2.46	5.48
总计	162.04	100.00	25.87

6. 养分状况　对西北区十等地有机质（g/kg）、有效磷（mg/kg）、速效钾（mg/kg）、有效铁（mg/kg）、有效铜（mg/kg）、有效锌（mg/kg）、有效硫（mg/kg）、有效锰（mg/kg）、有效钼（mg/kg）等耕层养分含量进行统计（表 4-113），结果反映出，十等地的养分含量平均值为：有机质 13.30g/kg、有效磷 12.6mg/kg、速效钾 147mg/kg、有效铁 9.81mg/kg、有效铜 0.90mg/kg、有效锌 1.05mg/kg、有效锰 10.79mg/kg、有效钼 0.27mg/kg。

表 4-113　十等地耕地土壤养分含量

项目	平均值	标准差
有机质（g/kg）	13.30	4.77
有效磷（mg/kg）	12.6	6.19
pH	8.14	0.46
有效铜（mg/kg）	0.90	0.49
有效硼（mg/kg）	2.19	4.77
有效锰（mg/kg）	10.79	6.77
有效硅（mg/kg）	128.93	46.09
有效锌（mg/kg）	1.05	0.64
有效铁（mg/kg）	9.81	6.30
缓效钾（mg/kg）	736	286.63
速效钾（mg/kg）	147	36.35
全氮（g/kg）	1.15	0.59
有效钼（mg/kg）	0.27	0.18

对西北区十等地中各省（自治区）的土壤养分含量平均值进行比较（表 4-114），可以发现，有机质含量甘肃最高，为 14.68g/kg，陕西最低，为 10.03g/kg，有效磷含量青海最高，为 18.6mg/kg，宁夏最低，为 9.3mg/kg，速效钾青海最高，为 180mg/kg，陕西最低，为 122mg/kg。微量元素铜、铁、锰、锌、钼的有效含量各有高低，差异不明显。

表 4-114　十等地中各省（自治区）土壤养分含量平均值比较

养分项目	陕西	甘肃	宁夏	青海	新疆	内蒙古西部
有机质（g/kg）	10.03	14.68	14.34	13.53	12.79	13.92
有效磷（mg/kg）	14.9	12.7	9.3	18.6	12.3	9.5
速效钾（mg/kg）	122	172	153	180	171	137
有效铁（mg/kg）	14.20	9.61	5.16	11.14	11.41	8.64
有效铜（mg/kg）	1.26	0.90	0.81	0.82	1.82	0.85
有效锌（mg/kg）	1.36	0.73	0.52	1.38	0.94	0.90
有效锰（mg/kg）	17.22	7.69	6.91	7.77	7.24	11.23
有效钼（mg/kg）	0.36	0.48	0.22	0.38	0.85	0.19
pH	7.55	8.30	8.66	8.16	8.15	8.20

对西北区十等地的有机质、有效磷、速效钾与有效锌含量各级别面积与比例进行统计，结果列于表 4-115。

表 4-115　十等地有机质、有效磷、速效钾与有效锌各级别面积与比例

养分等级	有机质		有效磷		速效钾		有效锌	
	面积（万 hm^2）	%	面积（万 hm^2）	%	面积（万 hm^2）	%	面积（万 hm^2）	%
一级	2.58	1.59	0.20	0.12	10.82	6.68	1.88	1.16
二级	10.50	6.48	3.04	1.88	54.90	33.88	15.82	9.76
三级	35.88	22.14	8.11	5.00	52.58	32.45	38.32	23.65
四级	85.33	52.66	24.92	15.38	32.93	20.32	87.79	54.18
五级	25.29	15.61	47.01	29.01	9.92	6.12	16.07	9.92
六级	2.46	1.52	78.77	48.61	0.89	0.55	2.16	1.33

十等地有机质含量为一级（>30g/kg）的面积为 2.58 万 hm^2，占比 1.59%，有机质含量为二级（20～30g/kg）的面积为 10.50 万 hm^2，占比 6.48%，有机质含量为三级（15～20g/kg）的面积 35.88 万 hm^2，占比 22.14%，有机质含量为四级（10～15g/kg）的面积 85.33 万 hm^2，占比 52.66%，有机质含量为五级（6～10g/kg）的面积为 25.29 万 hm^2，占比 15.61%，有机质含量为六级（<6g/kg）的面积为 2.46 万 hm^2，占比 1.52%。表明西北区十等地的有机质含量主要以中等偏低为主。

十等地有效磷含量为一级（>40mg/kg）的面积 0.20 万 hm^2，占比 0.12%，有效磷含量为二级（25～40mg/kg）的面积 3.04 万 hm^2，占比 1.88%，有效磷含量为三级（20～25mg/kg）的面积 8.11 万 hm^2，占比 5.00%，有效磷含量为四级（15～20mg/kg）的面积 24.92 万 hm^2，占比 15.38%，有效磷含量为五级（10～15mg/kg）的面积 47.01 万 hm^2，占比 29.01%，有效磷含量为六级（<10mg/kg）的面积 78.77 万 hm^2，占比 48.61%。表明西北区十等地有效磷含量以低下等级为主。

十等地速效钾含量为一级（>200mg/kg）的面积 10.82 万 hm^2，占比 6.68%，速效钾含量为二级（150～200mg/kg）的面积 54.90 万 hm^2，占比 33.88%，速效钾含量为三级

（120～150mg/kg）的面积 52.58 万 hm^2，占比 32.45%，速效钾含量为四级（100～120mg/kg）的面积 32.93 万 hm^2，占比 20.32%，速效钾含量为五级（80～100mg/kg）的面积 9.92 万 hm^2，占比 6.12%，速效钾含量为六级（<80mg/kg）的面积 0.89 万 hm^2，占比 0.55%。表明西北区十等地速效钾含量以中等偏高为主。

十等地有效锌含量为一级（>3mg/kg）的面积 1.88 万 hm^2，占比 1.16%，有效锌含量为二级（1.5～3mg/kg）的面积 15.82 万 hm^2，占比 9.76%，有效锌含量为三级（1～1.5mg/kg）的面积 38.32 万 hm^2，占比 23.65%，有效锌含量为四级（0.5～1mg/kg）的面积 87.79 万 hm^2，占比 54.18%，有效锌含量为五级（0.3～0.5mg/kg）的面积 16.07 万 hm^2，占比 9.92%，有效锌含量为六级（<0.3mg/kg）的面积为 2.16 万 hm^2，占比 1.33%。表明西北区十等地有效锌含量以中等为主，在各个等级分布较为分散。

第三节　耕地质量提升与改良利用

耕地质量评价的目的是依据评价的结果对西北区的耕地质量进行提升，以逐步提高西北区粮食产量，改良中低产田。西北区气候条件差、地形地貌复杂、耕地分布零碎，因此对于本次评价出的不同等级的耕地在耕地质量提升与改良措施上应分别对待，依据各等级及其主要障碍因素，分别采取不同的地力提升与改良措施。本次评价出的一、二、三等地相对而言处于地形部位平坦、气候较为适宜的地方，限制因素相对较少，因此归为高等地，四-六等地所处位置一般为海拔相对较高或地貌稍有起伏的地方，限制因素中等，归为中等级耕地，七-十级耕地所处位置一般为海拔较高、坡度大、肥力退化严重的区域，具有较高的限制因素，因此归为低等级耕地。针对西北区高、中、低不同质量等级的耕地，要因地制宜地确定改良利用方案，科学规划，合理配置，并制定相应的政策法规，以地力培肥、土壤改良、养分平衡、质量修复为主要出发点，做到因土用地，在保证耕地质量不下降的基础上，实现经济、社会、生态环境的同步发展，着力提升耕地内在质量，为粮食和农业生产夯实长远基础。

1. 高等级耕地的地力保持途径　西北区高等级耕地主要分布在具有灌溉条件的平原、塬面及河谷中，土层深厚，质地轻壤，较少障碍因素，耕种时间长，熟化程度高，有机质及养分含量高，土地平整，机械化耕作与收割方便，灌溉有保证，适种范围广，是西北区重要的粮食基地。但由于西北区地力基础较低，与东部和中部相比较地力仍然处于较低水平，因此地力保持途径关键在于以下几点：

一是增施有机肥，以不断培肥地力。通过政府引导、部门示范等途径，逐渐改变农户重化学肥料轻有机肥料的习惯，提高农户秸秆还田、农家肥的施用量，以利于保持和逐步提高地力。

二是完善灌溉配套措施。由于高等级耕地基本都有灌溉途径和渠道，可以充分利用西北区现有的河流、湖泊、水库等水利条件，改造陈旧灌溉沟渠，推进高效、节水灌溉方式的推广。

三是用地养地相结合。西北区的高等级耕地尽管目前而言具有一定程度的优势，但毕竟大部分处于干旱、半干旱地区，易受到多重因素的威胁，因此在利用上除尽可能让高等级耕地发挥作用之外，还应注重耕地的养护。可采取轮作、套种复种绿肥等形式，已达到培肥地力、维持土壤养分平衡的目的。

2. 中等级耕地的地力提升措施 西北区中等质量耕地主要分布在具备一定灌溉条件的平原中高阶、塬面、丘陵山地中上部等地形部位，这些耕地分布范围广、面积较大，所处土层深厚，质地中等，海拔高度高低不等，土壤质量差别较大，普遍耕种时间长，熟化程度高，有机质及养分含量中等，主要障碍因素是水分条件制约较大，灌溉保证率偏低，一些地区灌溉条件无法保障，但生产潜力巨大。应重视以下五个方面的工作：

第一，大力促进秸秆还田及有机肥的施用，以培肥地力。有机质和养分含量较低是西北区中等级耕地质量低下的重要原因之一，而西北区一方面具有畜牧业发展的优势，通过牛、羊、猪等多积农家肥，另一方面改变农村家庭薪碳途径，将作物秸秆制成秸秆肥施入农地，同时还必须保证化学肥料的投入量。

第二，加大农、林、路、渠的配套建设。西北区中等级耕地所处区域一般较为干旱，或者荒漠边缘，生态环境脆弱，易受到干旱、大风等的危害，因此尽快建立健全农、林、路、渠相配套的农田防护林体系的形势紧迫，同时充分利用现有的河流、湖泊、水库等水资源，提高中等级耕地的灌溉水平和能力，努力改善农田环境，增强农业抵抗和防御自然灾害的能力。

第三，合理布局耕地利用方式，实现经济及环境效益最大化。开发坡地建果园，平整川地保粮田，是解决果园争占川、台耕地的根本途径。西北区的中等级耕地除少部分分布在平原或台塬等条件较好的区域外，大部分耕地易受到水土流失、风蚀及盐渍化的威胁，因此在一些难以提升地力的耕地上可以通过减少对耕地的翻耕，发展果树等经济作物，既能发展经济建设，减少水土流失，又能保护基本粮田，解决粮果争占优质耕地的矛盾。

第四，可以实行耕地休耕制度。西北区中等级耕地尽管具有较高的潜力，但也不能过度的利用，可以在一些地方试点耕地轮休制度，通过深翻之后让耕地休息1～2年后，实现用地养地相结合，保护和提升地力，增强粮食和农业发展后劲。

第五，积极推广应用农业新技术，大力推广测土配方施肥技术，在增施农肥的基础上，精细整地，隔年轮翻加深耕等活化土壤。

3. 低等级耕地的培肥改良途径 西北区低等级耕地占到耕地总面积的26.7%，但与我国其他地方有所不同的是因其西北区耕地质量较低的因素复杂多样，部分是由于养分贫瘠限制造成的，其他因素，如海拔过高、坡度较大、盐渍化、荒漠化等均可能是限制耕地质量的因素，因此可以将西北区低等级耕地按照限制因素的不同划分成不同的类型，并针对不同的类型提出相应的改良措施。

(1) *肥力贫瘠型* 肥力贫瘠型耕地主要分布（分布位置，地带）在黄土区，土壤发育微弱，植被覆盖度较低，养分积累困难，有机质及养分含量低，因此在改良上应以增施有机肥和补充作物所需氮磷钾肥为主，同时注重秸秆还田的重要性，使地力逐渐提高。

(2) *水、热限制型* 水、热限制型主要指由于耕地所处海拔较高，水热成为农作物生长的限制因素，此类型的耕地一般位于山区，从土壤本身的肥力来看，其有机质及各种养分含量并不算低，有些耕地有机质能达到20g/kg以上，但由于全年仅有夏季才会有较高的热量，受到积温的限制，不利于作物的生长。对于此类耕地，应通过抢抓农时，充分利用热量最为丰富的夏季，合理规划农作物种植时间，其次也可以通过引进适宜于热量限制区域的农作物品种进行种植。

（3）盐碱障碍型　这种耕地在西北区分布面积较广，宁夏、新疆均有大面积分布，除部分由于土壤本身盐碱含量较高引起的，大部分是由于不合理的灌溉因其的次生盐渍化。对于此类耕地的改良，一方面可以通过建立完善的排灌系统，做到灌、排分开，加强用水管理，严格控制地下水水位，通过灌水冲洗、引洪放淤等，不断淋洗和排除土壤中的盐分。另一方面通过深耕、平整土地、加填客土、盖草、翻淤、盖沙、增施有机肥等改善土壤成分和结构，增强土壤渗透性能，加速盐分淋洗。第三可以种植和翻压绿肥牧草、秸秆还田、施用菌肥、种植耐盐植物、植树造林等，提高土壤肥力，改良土壤结构，并改善农田小气候，减少地表水分蒸发，抑制返盐。

（4）沙化威胁型　这类耕地主要分布在距离沙漠较劲的绿洲、农牧交错区域，由于人为过度放牧或翻耕因此沙化的威胁，土壤表现出过分疏松，漏水漏肥，有机质缺乏，蒸发量大，保温性能低，肥劲短，后期易脱肥等特点。对于这类耕地，一是大量施用有机肥料。这是改良砂质土壤的最有效方法，即把各种厩肥，堆肥在春耕或秋耕时翻入土中，由于有机质的缓冲作用，可以适当多施可溶性化学肥料，尤其是铵态氮肥和磷肥能够保存在封中不至流失。二是施用河泥，塘泥。施用河泥不但可以增加土壤养分的补给，亦可以使过度疏松，漏水，漏肥的现象大有改善。三是在两季作物间隔的空余季节，种植豆类科蔬菜间作，轮作，以增加土壤中的腐殖质和氮素肥料。同时为了阻止土壤的进一步沙化，在受到沙化威胁的耕地周围建立必要的防护林体系。

（5）水肥流失型　这类耕地主要是由于坡度较大，随着耕种的翻耕，土壤易流失，养分也随着养分流失，从而因子地力较差，这类耕地主要分布在山坡、丘陵沟壑地带。对于此类耕地的地力改良，可以从以下几方面进行，第一进行坡面治理工程。按其作用可分为梯田、坡面蓄水工程和截流防冲工程。梯田是治坡工程的有效措施，可拦蓄 90%以上的水土流失量。梯田的形式多种多样，田面水平的为水平梯田，田面外高里低的为反坡梯田，相邻两水平田面之间隔一斜坡地段的为隔坡梯田，田面有一定坡度的为坡式梯田。坡面蓄水工程主要是为了拦蓄坡面的地表径流，解决人畜和灌溉用水，一般有旱井、涝池等。截流防冲工程主要指山坡截水沟，在坡地上从上到下每隔一定距离，横坡修筑的可以拦蓄、输排地表径流的沟道，它的功能是可以改变坡长，拦蓄暴雨，并将其排至蓄水工程中，起到截、缓、蓄、排等调节径流的作用。第二可以实行沟道治理工程。沟道治理主要有沟头防护工程、谷坊、沟道蓄水工程和淤地坝等。沟头防护工程是为防止径流冲刷而引起的沟头前进、沟底下切和沟岸扩张，保护坡面不受侵蚀的水保工程。首先在沟头加强坡面的治理，做到水不下沟。其次是巩固沟头和沟坡，在沟坡两岸修鱼鳞坑、水平沟、水平阶等工程，造林种草，防止冲刷，减少下泻到沟底的地表径流。在沟底从毛沟到支沟至干沟，根据不同条件，分别采取修谷坊、淤地坝、小型水库和塘坝等各类工程，起到拦截洪水泥沙，防止山洪危害的作用。第三可以采取生物工程措施。通过建设塬地护田林、丘陵护坡林、沟头防蚀林、沟坡护坡林、沟底防冲林、河滩护岸林、山地水源林，从而起到涵养水源、保持水土的作用外，还能改良培肥土壤。

（6）水源短缺型　这类耕地主要是由于距离水源地较远，零星分散分布的小块田块，基本属于望天田，常年缺水，作物收成很低。对于这类耕地，短期内改变灌溉短缺状况也不现实，因此主要通过改变耕作方式，加强田间水肥管理，通过覆盖地膜等提高水分利用效率，并通过秸秆覆盖减少地面蒸发，这些途径在一定程度上可以提高作物产量。

第五章　耕地土壤有机质及主要营养元素

土壤有机质与土壤养分是维持土壤肥力的主要因素，土壤营养元素是作物生长发育所必需的物质基础，其含量的高低直接影响作物的生长发育、产量和品质。土壤有机质及主要营养元素状况是土壤肥力的核心内容，是土壤生产力的物质基础，农业生产上通常以耕层土壤养分含量作为衡量土壤质量高低的主要依据。通过对西北区耕地土壤有机质及主要营养元素状况的测定评价，以期为该区域作物科学施肥制度的建立、高产高效、环境安全以及农业可持续发展提供理论依据与技术支撑。

根据西北区土壤有机质及养分含量状况，参照第二次土壤普查时土壤有机质及主要营养元素分级标准，将土壤有机质、全氮、有效磷、速效钾、缓效钾、有效铜、有效锌、有效铁、有效锰、有效硼、有效钼、有效硅等主要营养元素指标分为 6 个级别，见表 5-1。

表 5-1　西北区土壤有机质及主要营养元素分级标准

项目	单位	一级	二级	三级	四级	五级	六级
有机质	g/kg	>30	20～30	15～20	10～15	6～10	<6
全氮	g/kg	>1.5	1.25～1.5	1～1.25	0.75～1	0.5～0.75	<0.5
有效磷	mg/kg	>40	25～40	20～25	15～20	10～15	<10
速效钾	mg/kg	>200	150～200	120～150	100～120	80～100	<80
缓效钾	mg/kg	>1 500	1 200～1 500	900～1 200	750～900	500～750	<500
有效铜	mg/kg	>1.8	1.5～1.8	1.0～1.5	0.5～1.0	0.2～0.5	<0.2
有效锌	mg/kg	>3.0	1.5～3.0	1.0～1.5	0.5～1.0	0.3～0.5	<0.3
有效铁	mg/kg	>20	15～20	10～15	4.5～10	2.5～4.5	<2.5
有效锰	mg/kg	>30	20～30	15～20	10～15	5.0～10	<5.0
有效硼	mg/kg	>2.0	1.5～2	1～1.5	0.5～1	0.2～0.5	<0.2
有效钼	mg/kg	>0.3	0.25～0.3	0.2～0.25	0.15～0.2	0.1～0.15	<0.1
有效硅	mg/kg	>300	200～300	150～200	100～150	50～100	<50

第一节　土壤有机质

土壤有机质是指存在于土壤中的所有含碳的有机化合物，它主要包括土壤中各种动物、植物残体，微生物体及其分解和合成的各种有机化合物，其中经过微生物作用形成的腐殖质，主要为腐殖酸及其盐类物质，是土壤有机质的主体。土壤有机质基本成分是纤维素、木质素、淀粉、糖类、油脂、蛋白质等，土壤有机质的主要元素组成是 C、O、H、N，分别占 52%～58%、9%～34%、3.3%～4.8%和 3.7%～4.1%，其次还有硫、磷、铁、镁等。

土壤有机质是衡量土壤肥力的重要指标之一，它是土壤的重要组成部分，它不仅是植物营养的重要来源，也是微生物生活和活动的能源。土壤有机质不但与土壤的发生演变、肥力水平和诸多属性密切相关，而且对于土壤结构的形成、熟化，改善土壤物理性质，调节水肥气热状况也起着重要作用。土壤有机质不仅含有作物生长所需的各种养分，可以直接或间接地为作物生长提供氮、磷、钾、钙、镁、硫和各种微量元素，而且还能影响和制约土壤结构的形成及通气性、渗透性、缓冲性、交换性和保水保肥性能，是评价耕地质量的重要指标。

一、土壤有机质含量空间差异

（一）西北区各省（自治区）之间土壤有机质含量差异

通过对 32 834 个耕层土壤样品有机质含量测定结果分析，西北区 0～20cm 耕层土壤有机质平均含量为 15.57g/kg，以青海平均含量最高，为 22.86g/kg，其次甘肃 15.52g/kg，新疆 15.25g/kg，内蒙古西部 14.90g/kg，陕西 14.61g/kg，宁夏平均含量最低，为 12.35g/kg。

西北区不同省（自治区）土壤有机质的变异系数平均为 0.47，最高值出现在内蒙古，为 0.54，最低值出现在宁夏，为 0.35，详见表 5-2。

表 5-2　西北区各省（自治区）之间土壤有机质含量差异

省（自治区）名称	点位数	平均值（g/kg）	标准差	变异系数
内蒙古西部	4 436	14.90	7.98	0.54
陕西	7 702	14.61	6.14	0.42
甘肃	7 504	15.52	7.51	0.48
青海	876	22.86	10.54	0.46
宁夏	1 704	12.35	4.38	0.35
新疆	7 243	15.25	6.37	0.42
新疆兵团	3 169	13.49	6.58	0.49

（二）西北区不同地（州、市、盟）之间土壤有机质含量差异

通过对西北区 73 个地（州、市、盟）土壤有机质含量测定平均值看，以青海海北藏族自治州最高，为 40.33g/kg；以兵团第十四师最低，为 3.73g/kg。

西北区的土壤有机质含量，大体可以分为高（大于 20g/kg）、中（10～20g/kg）、低（小于 10g/kg）3 个层次，其中高含量的地（州、市、盟）有甘南藏族自治州、甘农垦、汉中市、锡林郭勒盟、海北藏族自治州、海东市、海南藏族自治州、黄南藏族自治州、西宁市、玉树藏族自治州、第九师、第十师；低含量的地（州、市、盟）有阿拉善盟、鄂尔多斯市、吴忠市、第十四师；其他的地（州、市、盟）有机质平均含量介于 10～20g/kg 之间。

不同地（州、市、盟）土壤有机质变异系数平均 0.55，以新疆克拉玛依市最高，为 0.62；最小的是青海玉树藏族自治州，为 0.09；其余的变异系数在两者之间，详见表 5-3。

表 5-3　西北区不同地（州、市、盟）之间土壤有机质含量差异

省（自治区）名称	地市	点位数	平均值（g/kg）	标准差	变异系数
甘肃	白银市	686	12.98	4.75	0.37
	定西市	1 203	18.38	10.53	0.57
	甘南藏族自治州	100	30.92	11.55	0.37
	甘农垦	47	20.59	8.49	0.41
	金昌市	99	19.82	6.70	0.34
	酒泉市	317	13.31	5.17	0.39
	兰州市	429	14.79	4.28	0.29
	临夏州	356	16.98	6.62	0.39
	陇南市	687	14.78	5.88	0.40
	嘉峪关市	13	14.67	3.24	0.22
	平凉市	781	13.49	3.87	0.29
	庆阳市	1 006	12.28	3.77	0.31
	天水市	829	13.46	4.58	0.34
	武威市	527	19.48	10.50	0.54
	张掖市	424	19.13	7.11	0.37
陕西	安康市	371	19.10	9.40	0.49
	宝鸡市	907	17.61	4.77	0.27
	汉中市	437	21.50	6.29	0.29
	商洛市	503	18.50	4.49	0.24
	铜川市	157	15.66	5.97	0.38
	渭南市	1 186	14.35	4.79	0.33
	西安市	440	18.06	5.04	0.28
	咸阳市	1 310	13.82	3.43	0.25
	延安市	1 313	10.52	4.44	0.42
	榆林市	1 078	10.61	5.71	0.54
新疆	阿勒泰地区	497	13.47	4.18	0.31
	阿克苏地区	1 240	17.20	7.72	0.45
	巴音郭楞蒙古自治州	658	16.50	6.91	0.42
	博尔塔拉蒙古自治州	208	14.02	5.40	0.39
	昌吉回族自治州	903	14.59	5.09	0.35
	哈密地区	165	14.30	5.14	0.36
	和田地区	456	12.50	5.87	0.47
	喀什地区	1 249	16.98	7.51	0.44
	克拉玛依市	31	15.71	9.73	0.62
	克孜勒苏柯尔克孜自治州	142	15.53	5.64	0.36
	塔城地区	780	13.90	4.60	0.33
	吐鲁番地区	160	15.21	5.27	0.35
	乌鲁木齐市	137	13.62	3.89	0.29
	伊犁哈萨克自治州	617	13.62	4.28	0.31

（续）

省（自治区）名称	地市	点位数	平均值（g/kg）	标准差	变异系数
内蒙古西部	阿拉善盟	11	8.38	3.75	0.45
	巴彦淖尔市	1 213	13.39	4.26	0.32
	包头市	481	16.36	8.06	0.49
	鄂尔多斯市	626	9.50	4.79	0.50
	呼和浩特市	795	15.09	8.53	0.57
	乌海市	9	13.83	8.26	0.60
	乌兰察布市	1 082	16.99	8.85	0.52
	锡林郭勒盟	219	24.93	10.18	0.41
宁夏	固原市	530	13.43	3.93	0.29
	宁夏农垦	76	12.61	3.59	0.28
	石嘴山市	263	14.61	2.62	0.18
	吴忠市	360	9.33	4.57	0.49
	银川市	226	12.88	3.88	0.30
	中卫市	249	11.45	4.65	0.41
青海	海北藏族自治州	87	40.33	8.29	0.21
	海东市	328	20.34	8.85	0.44
	海南藏族自治州	130	21.04	10.88	0.52
	海西蒙古族藏族自治州	78	16.25	4.99	0.31
	黄南藏族自治州	24	24.88	7.61	0.31
	西宁市	216	22.86	8.23	0.36
	玉树藏族自治州	13	23.94	2.05	0.09
新疆兵团	第一师	523	10.65	3.26	0.31
	第二师	247	12.71	5.99	0.47
	第三师	42	11.44	2.08	0.18
	第四师	227	14.24	7.05	0.49
	第五师	360	16.37	6.47	0.40
	第六师	560	12.95	4.72	0.36
	第七师	361	10.50	4.85	0.46
	第八师	342	14.09	7.46	0.53
	第九师	200	23.25	5.56	0.24
	第十师	16	22.98	8.18	0.36
	第十二师	102	16.04	6.45	0.40
	第十三师	115	14.13	6.88	0.49
	第十四师	74	3.73	1.97	0.53

二、耕层土壤有机质含量及其影响因素

（一）西北区不同土壤类型土壤有机质含量差异

通过对西北区 38 种主要土类土壤有机质测定值分析，西北区 0～20cm 耕层土壤有机质

平均含量顺序为，亚高山草甸土＞暗棕壤＞黑钙土＞黑土＞黑毡土＞灰褐土＞山地草甸土＞水稻土＞黄棕壤＞黄褐土＞栗钙土＞棕壤＞灌漠土＞粗骨土＞褐土＞草甸土＞潮土＞灌淤土＞漠境盐土＞黑垆土＞红黏土＞灰棕漠土＞棕钙土＞沼泽土＞林灌草甸土＞灰钙土＞灰漠土＞黄绵土＞棕漠土＞风沙土。其中以亚高山草甸土、暗棕壤含量较高，分别为 33.5g/kg 和 28.57g/kg，其次为黑钙土和黑土，分别为，26.49g/kg 和 26.42g/kg，风沙土和龟裂土有机质含量相对较低，分别为 11.81g/kg 和 8.12g/kg。

不同土类土壤有机质变异系数平均 0.40，以风沙土和山地草甸土较高，分别为 0.80 和 0.68，以粗骨土和暗棕壤变异系数较低，分别为 0.08 和 0.05，其余土类介于两者之间。详见表 5-4。

表 5-4　西北区不同土壤类型土壤有机质含量差异

序号	土类	点位数	平均值（g/kg）	标准差	变异系数
1	黄绵土	5 554	12.44	5.22	0.42
2	潮土	4 023	15.72	7.16	0.46
3	栗钙土	2 927	17.48	8.23	0.47
4	黑垆土	2 641	14.80	6.58	0.44
5	褐土	2 311	16.00	5.27	0.33
6	灌淤土	2 245	15.02	5.14	0.34
7	草甸土	1 827	15.73	6.72	0.43
8	灰漠土	1 539	12.68	5.21	0.41
9	棕钙土	1 361	14.01	4.97	0.35
10	灰钙土	1 272	12.98	5.34	0.41
11	新积土	825	13.99	6.01	0.43
12	风沙土	662	11.81	9.45	0.80
13	灌漠土	654	16.69	6.73	0.40
14	棕漠土	600	12.04	4.97	0.41
15	黄棕壤	530	19.44	7.83	0.40
16	灰褐土	460	23.20	11.52	0.50
17	黑钙土	448	26.49	13.39	0.51
18	草甸盐土	387	12.91	5.43	0.42
19	红黏土	351	14.66	5.72	0.39
20	水稻土	287	20.28	7.32	0.36
21	栗褐土	275	10.77	5.71	0.53
22	黄褐土	270	18.14	6.11	0.34
23	盐土	243	11.45	3.30	0.29
24	灰棕漠土	197	14.10	5.90	0.42
25	沼泽土	194	13.99	5.72	0.41
26	棕壤	168	17.34	7.32	0.42
27	林灌草甸土	145	12.99	3.93	0.30
28	黑土	107	24.26	14.31	0.59
29	漠境盐土	36	14.89	4.64	0.31
30	粗骨土	16	16.16	6.67	0.09

（续）

序号	土类	点位数	平均值（g/kg）	标准差	变异系数
31	黑毡土	13	23.94	2.05	0.41
32	石质土	12	15.17	4.92	0.32
33	龟裂土	11	8.12	2.17	0.27
34	山地草甸土	10	22.36	15.16	0.68
35	干旱土	9	26.42	8.74	0.33
36	碱土	8	11.21	2.93	0.26
37	亚高山草甸土	8	33.50	14.90	0.44
38	暗棕壤	4	28.57	1.41	0.05

（二）西北区不同地形、地貌类型土壤有机质含量差异

西北区不同地形、地貌类型土壤有机质含量平均值，由高到低顺序为：山地>高原>平原>盆地>丘陵。以高原下部和山地中部土壤有机质含量较高，分别为 19.20g/kg 和 17.65g/kg，以高原上部和丘陵上部含量较低，分别为 13.40g/kg 和 12.73g/kg。

不同地形、地貌土壤有机质变异系数平均 0.47，最高值出现在山地下部，为 0.57，最低值出现在高原上部，为 0.38。详见表 5-5。

表 5-5 西北区不同地形、地貌类型土壤有机质含量差异

地貌/平均	地形	点位数	平均值（g/kg）	标准差	变异系数
平原（15.15）	上部	1 784	15.82	7.27	0.46
	中部	5 571	15.05	6.08	0.40
	下部	6 027	14.59	6.14	0.42
丘陵（13.95）	上部	570	12.73	5.43	0.43
	中部	3 630	14.51	7.41	0.51
	下部	2 905	14.62	7.32	0.50
山地（17.48）	上部	679	17.40	9.25	0.53
	中部	1 654	17.65	8.67	0.49
	下部	2 272	17.37	9.82	0.57
高原（16.30）	上部	3 994	13.40	5.10	0.38
	下部	323	19.20	7.98	0.42
盆地（14.51）	平均	3 235	14.51	7.00	0.48

（三）西北区不同成土母质土壤有机质含量差异

通过对西北区 8 种主要成土母质土壤有机质测定值分析，不同母质土壤有机质含量略有不同。以坡残积物母质（坡积物和残积物，下同）的土壤有机质平均含量最高，为 17.25g/kg；红土母质（红土母质和红土状物，下同）、洪冲积母质（冲积物和洪积物，下同）含量次之；黄土母质（黄土状物和黄土母质，下同）、沉积物（冰川、湖、河沉积物，下同）和人工淤积物，居于第三位；风积物（风积物和风沙沉积物，下同）和岩石风化物较低。土壤

有机质含量从大到小的排列顺序为：坡残积物＞红土状物＞冲洪积物＞黄土母质＞人工淤积物＞沉积物＞岩石风化物＞风积物。

西北区不同母质土壤有机质含量的变异系数平均 0.42，以风积物最高，为 0.62，人工淤积物最低，为 0.25，详见表 5-6。

表 5-6 西北区不同成土母质土壤有机质含量差异

序号	成土母质	点位数	平均值（g/kg）	标准差	变异系数
1	黄土母质	13 457	14.60	7.15	0.49
2	坡残积物	3 186	17.25	8.02	0.47
3	洪冲积物	13 424	15.17	6.80	0.45
4	风积物	737	10.42	6.51	0.62
5	沉积物	1 370	14.21	5.19	0.37
6	红土状物	380	15.56	6.54	0.42
7	人工淤积物	72	14.29	3.53	0.25
8	岩石风化物	8	12.04	3.26	0.27

（四）西北区不同土壤质地土壤有机质含量差异

通过对西北区不同质地土壤有机质含量测定结果分析，黏壤土有机质平均含量最高，为 15.86g/kg，砂土最低，为 13.81g/kg。土壤有机质含量从高到低的排列顺序为：黏壤土＞壤土＞黏土＞砂土。

不同质地土壤有机质含量的变异系数平均为 0.48，最高值出现在砂土上，为 0.53，最低值出现在黏土上，为 0.43，详见表 5-7。

表 5-7 西北区不同土壤质地土壤有机质含量差异

质地	点位数	平均值（g/kg）	标准差	变异系数
壤土	20 189	14.99	6.96	0.46
砂土	3 027	13.81	7.36	0.53
黏土	3 014	14.41	6.22	0.43
黏壤土	6 404	15.86	7.58	0.48

三、土壤有机质的分级及分布

通过对西北区耕层土壤有机质分级面积统计数据看，西北区耕层土壤有机质主要集中在二、三、四、五级之间，这四级合计占西北区 97.5%。其中青海一至四级面积占全省总耕地面积的 99.98%。按肥力等级分，高肥力（有机质含量大于 20g/kg）占 13.46%，中肥力（有机质含量 10～20g/kg）占 74.92%，低肥力（有机质含量小于 10g/kg）占 11.62%（图 5-1）。

①西北区耕层土壤有机质含量大于 30g/kg 的耕地面积合计 34 万 hm^2，占西北区总耕地面积的 1.74%。主要分布在栗钙土和灰褐土上，分别占西北区该级耕地面积的 16.97%和

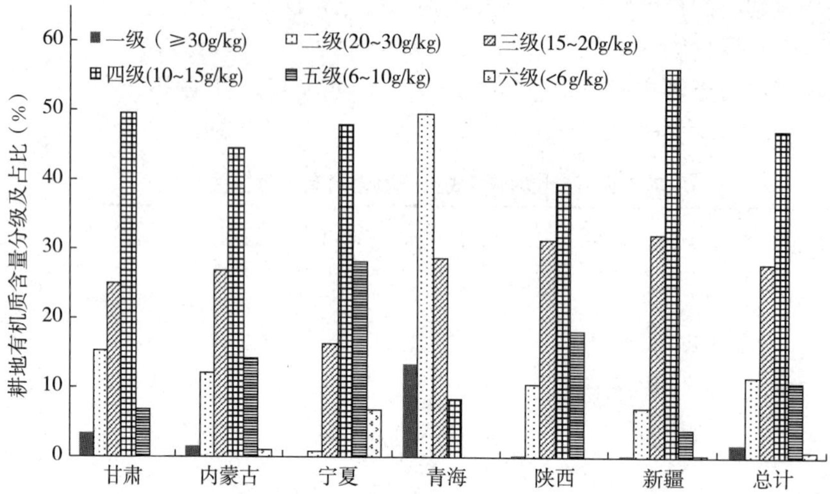

图 5-1 耕层土壤有机质在各省（自治区）的分布

19.61%。甘肃土壤有机质含量＞30g/kg 的耕地面积最大，占西北区该级别耕地面积的 55.4%。青海次之，占 23.15%，详见表 5-8。

②西北区耕层土壤有机质含量在 20～30g/kg 的耕地面积 229.1 万 hm^2，占西北区总耕地面积的 11.72%。主要分布在栗钙土、潮土和黑垆土上，分别占西北区该级耕地面积的 20.04%、9.74 和 8.87%。甘肃有机质含量在 20～30g/kg 面积最大，占西北区该级耕地面积的 35.4%，其次为陕西和内蒙古，分别占 18.50%和 17.11%。详见表 5-8。

③西北区耕层土壤有机质含量在 15～20g/kg 的耕地面积 547.3 万 hm^2，占西北区总耕地面积的 28.00%。主要分布在栗钙土、潮土和褐土上，分别占西北区该级耕地面积的 12.99%、10.50%和 10.31%。陕西、甘肃和新疆含量在 15～20g/kg 的耕地面积较大，分别占西北区该级耕地面积的 22.84%、24.31%和 30.2%，内蒙古占 15.72%；宁夏和青海分别占 3.85%和 3.08%。详见表 5-8。

④西北区耕层土壤有机质含量在 10～15g/kg 的耕地面积 917.4 万 hm^2，占西北区总耕地面积 46.93%。各种土类均有分布，其中黄绵土和黑垆土上分布面积较大，分别占西北区该级耕地面积的 20.62%和 8.04%。新疆、甘肃、陕西和内蒙古有机质含量在 10～15g/kg 的耕地面积较大，分别占西北区该级耕地面积的 31.29%、28.68%、17.17%和 15.58%。宁夏和青海分别占 6.74%和 0.54%。详见表 5-8。

⑤西北区耕层土壤有机质含量在 6～10g/kg 的耕地面积 212.7 万 hm^2，占西北区总耕地面积的 10.88%。各种土类均有分布，主要分布在黄绵土、风沙土和新积土上，分别占西北区该级耕地面积的 40.27%、11.25%和 7.14%。陕西、内蒙古、甘肃和宁夏土壤有机质含量在 6～10g/kg 的耕地面积较大，分别占西北区该级耕地面积的 34.32%、21.30%、17.31%和 17.14%。新疆和青海分别占 9.92%和 0.01%。详见表 5-8。

⑥西北区耕地土壤有机质含量＜6g/kg 的耕地面积 14.4 万 hm^2，占西北区总耕地面积的 0.74%。主要分布在黄绵土、灰钙土、风沙土和新积上，分别占西北区该级耕地面积的 11.55%、21.93%、25.21%和 18.78%。宁夏、内蒙古和新疆土壤有机质含量＜6g/kg 的耕地面积较大，分别占西北区该级耕地面积的 60.98%、23.3%和 15.7%。详见表 5-8。

表 5-8　土壤有机质不同等级在西北区的分布

含量	项目	甘肃	内蒙古	宁夏	青海	陕西	新疆	总计
>30g/kg	面积（万 hm^2）	18.80	4.90	0	7.90	0.90	1.50	34.00
	占比（%）	55.4	14.44	0	23.15	2.72	4.30	1.74
20～30g/kg	面积（万 hm^2）	81.10	39.20	0.90	29.10	42.40	36.40	229.10
	占比（%）	35.4	17.11	0.4	12.71	18.5	15.88	11.72
15～20g/kg	面积（万 hm^2）	133.10	86.00	21.10	16.80	125.00	165.30	547.30
	占比（%）	24.31	15.72	3.85	3.08	22.84	30.20	28.00
10～15g/kg	面积（万 hm^2）	263.10	142.90	61.80	5.00	157.60	287.10	917.40
	占比（%）	28.68	15.58	6.74	0.54	17.17	31.29	46.93
6～10g/kg	面积（万 hm^2）	36.80	45.30	36.50	0	73.00	21.10	212.70
	占比（%）	17.31	21.3	17.14	0.01	34.32	9.92	10.88
<6g/kg	面积（万 hm^2）	0	3.40	8.80	0	0	2.30	14.40
	占比（%）	0	23.32	60.98	0	0.01	15.7	0.74
合计	面积（万 hm^2）	532.90	321.70	129.00	58.80	398.90	513.60	1 954.90
	占比（%）	27.26	16.46	6.6	3.01	20.4	26.27	100

四、土壤有机质调控

土壤有机质在微生物的作用下，不断进行着矿质化过程和腐殖化过程，在增加有机质的前提下，使土壤的腐殖化过程大于矿化过程，土壤有机质含量就会出现增长，满足作物在连续生产中对土壤肥力的需求，实现了农业可持续发展。秸秆还田、种植绿肥、增施有机肥与合理配施养分是西北区土壤有机质提升的有效途径。

（一）大力推广秸秆直接还田

秸秆中含有大量的有机质、氮磷钾和微量元素，将其归还于土壤中，不但可以提高土壤有机质、还可改善土壤的孔隙度和团聚体含量，改善土壤物理性质，达到蓄水保墒、培肥地力，改善农业生态环境，提高农业综合生产能力的目的。由于秸秆的 C/N 大（多在 60～100：1），碳多氮少，因此在实施秸秆还田时，应配施适量的氮、磷肥料。秸秆还田量每亩一般 200～400kg 为宜，同时配合施用秸秆腐熟剂，尽量提高还田秸秆的当年利用率，以提高农民参与秸秆还田的积极性。提倡机械化秸秆直接还田，以提高效率，争抢农时。

（二）因地制宜发展绿肥、掩青肥田

绿肥含有丰富的有机质及氮素，种植绿肥可显著改善土壤理化性状。特别是豆科绿肥（如木樨、苜蓿等）可以固定空气中的氮素，增加土壤氮素的有效供给。非豆科绿肥（如玉米、油菜等）由于生物产量高，柔嫩多汁，翻压到土壤中，能快速腐解，也能快速增加土壤有机物含量。目前绿肥的植模式主要有果园套种绿肥、复播绿肥、小麦套种绿肥等形式。

（三）增施农家肥及商品有机肥

农家肥与商品有机肥有机质含量高，制造原理基本相同，只不过商品有机肥是在工厂发酵，条件可控，发酵彻底。西北区有机肥资源广，但利用不充分，要充分利用各种废弃物制

造有机肥料，提升土壤有机质含量，促进农业资源的循环利用。结合饲养业和沼气业的发展，拓宽有机肥来源。改进有机肥制造方法和技术，提高工效，减少损失，增进肥效。充分利用各种渣肥（糖渣、酒渣、菇渣、酱渣），饼肥（棉饼、豆饼、麻饼）制造有机肥，使有机肥含量高浓度化，形状颗粒化。同时，重视商品有机肥和无机复混肥的施用，让农民在施用有机肥时像施用化肥一样省工、省力，当年见效，以提高农民施用有机肥的积极性。

（四）科学施肥，合理调整养分配比

化肥的大量投入增加了作物产量，但与此同时大量的养分流失与蒸发，破坏了环境，特别是不合理的养分配比破坏了土壤肥力。测土配方施肥是一种科学施肥方法，它是在施用有机肥的基础上，通过土壤测试、植株营养诊断、田间试验提出合理的养分配比，满足作物均衡吸收各种养分，达到有机与无机养分平衡，提高肥料利用率，培肥地力。

第二节　土壤全氮

氮是作物生长发育所必需的营养元素之一，也是农业生产中影响作物产量的最主要的养分限制因子。土壤中的全氮含量代表着土壤氮素的总贮量和供氮潜力。因此，土壤全氮是土壤肥力的主要指标之一。

土壤中的氮元素可分为有机氮和无机氮，两者之和称为全氮。土壤中的氮素绝大部分以有机态的氮存在，无机氮主要是铵态氮、硝态氮和亚硝态氮，它们容易被作物吸收利用。我国耕地土壤氮含量一般都在 0.2～2.0g/kg 之间，高于 2.0g/kg 的很少，大部分低于 1.0g/kg。西北区大部分地区土壤耕层含量不足 1.0g/kg。

耕层土壤氮素的来源主要为生物固氮、降水、灌水及肥料中的氮素。全氮的含量与有机质含量一般呈正相关，土壤的水热条件、质地、微生物种类与数量等都会对土壤氮素含量产生显著影响。另外，土壤中氮素的含量还受耕作、施肥、灌溉及土地利用方式的影响，变异性很大。

一、土壤全氮含量空间差异

（一）西北区各省（自治区）之间土壤全氮含量差异

通过对西北区 32 581 个样品测试值分析，西北区 0～20cm 耕层土壤全氮含量平均为 1.003g/kg，以青海最高，为 1.546g/kg，其次新疆兵团 1.142g/kg，甘肃 0.910g/kg，内蒙古西部 0.892g/kg，陕西 0.885g/kg，宁夏 0.847g/kg，新疆最低，为 0.797g/kg。

西北区各省（自治区）之间土壤全氮含量的变异系数平均为 0.48，最高值出现在新疆兵团，为 0.69，最低值出现在宁夏，为 0.34，详见表 5-9。

表 5-9　西北区各省（自治区）之间土壤全氮含量差异

省（自治区）名称	点位数	平均值（g/kg）	标准差	变异系数
宁夏	1 649	0.847	0.29	0.34

（续）

省（自治区）名称	点位数	平均值（g/kg）	标准差	变异系数
内蒙古西部	4 434	0.892	0.50	0.56
青海	876	1.546	0.69	0.45
甘肃	7 504	0.910	0.44	0.48
新疆	7 243	0.797	0.29	0.36
新疆兵团	3 174	1.142	0.78	0.69
陕西	7 701	0.885	0.41	0.47
合计/平均	32 581	1.003	0.49	0.48

（二）西北区不同地（州、市、盟）之间土壤全氮含量差异

通过对西北区 73 个地（州、市、盟）耕层土壤全氮的测试值分析，以青海海北藏族自治州和玉树藏族自治州平均含量较高，分别为 2.745g/kg 和 2.393g/kg，以内蒙古阿拉善盟和兵团第十四师平均含量较低，分别为 0.426g/kg 和 0.283g/kg。

西北区的土壤全氮含量，大体可以分为高含量（土壤全氮含量大于 1.25g/kg）、中含量（土壤全氮含量 0.75～1.25g/kg）、低含量（土壤全氮含量小于 0.75g/kg）3 个层次。其中大于 1.25g/kg 的地（州、市、盟）有兵团第一师、第二师、第六师、第九师、第十师、安康市、海北藏族自治州、海东市、海南藏族自治州、黄南藏族自治州、西宁市、玉树藏族自治州、甘南藏族自治州、锡林郭勒盟；小于 0.75g/kg 的地（州、市、盟）有兵团第三师、第八师、第十二师、第十四师、阿拉善盟、鄂尔多斯市、乌海市、延安市、榆林市、庆阳市、吴忠市、阿勒泰地区、哈密地区、和田地区、乌鲁木齐市；其他的地（州、市、盟）土壤全氮含量平均值介于 0.75～1.25g/kg 之间。

西北区各地（州、市、盟）之间土壤全氮含量变异系数平均 0.40，以榆林市和乌兰察布市较高，分别为 0.82 和 0.65；兵团第三师和青海玉树藏族自治州较低，分别为 0.04 和 0.06。详见表 5-10。

表 5-10　西北区不同地（州、市、盟）之间土壤全氮含量差异

省（自治区）名称	地市	点位数	平均值（g/kg）	标准差	变异系数
甘肃	白银市	686	0.795	0.33	0.41
	定西市	1 203	1.015	0.54	0.53
	甘南藏族自治州	100	1.730	0.69	0.40
	甘农垦	47	1.056	0.49	0.47
	金昌市	99	1.111	0.33	0.30
	酒泉市	317	0.757	0.28	0.38
	兰州市	429	0.932	0.27	0.29
	临夏州	356	0.974	0.39	0.40
	陇南市	687	0.842	0.48	0.58
	嘉峪关市	13	0.878	0.17	0.19

（续）

省（自治区）名称	地市	点位数	平均值（g/kg）	标准差	变异系数
甘肃	平凉市	781	0.851	0.25	0.29
	庆阳市	1 006	0.709	0.24	0.34
	天水市	829	0.845	0.34	0.40
	武威市	527	1.135	0.61	0.54
	张掖市	424	1.126	0.36	0.32
宁夏	固原市	530	0.948	0.26	0.28
	宁夏农垦	76	0.761	0.22	0.29
	石嘴山市	208	0.830	0.23	0.27
	吴忠市	360	0.712	0.32	0.44
	银川市	226	0.875	0.31	0.35
	中卫市	249	0.840	0.26	0.31
内蒙古西部	阿拉善盟	11	0.426	0.16	0.38
	巴彦淖尔市	1 213	0.815	0.26	0.32
	包头市	481	0.954	0.40	0.42
	鄂尔多斯市	626	0.554	0.25	0.45
	呼和浩特市	795	0.902	0.44	0.48
	乌海市	9	0.696	0.42	0.60
	乌兰察布市	1 080	1.052	0.69	0.65
	锡林郭勒盟	219	1.357	0.55	0.40
青海	海北藏族自治州	87	2.745	0.75	0.27
	海东市	328	1.476	0.50	0.34
	海南藏族自治州	130	1.405	0.73	0.52
	海西蒙古族藏族自治州	78	1.114	0.41	0.37
	黄南藏族自治州	24	1.566	0.41	0.26
	西宁市	216	1.359	0.44	0.33
	玉树藏族自治州	13	2.393	0.14	0.06
陕西	安康市	371	1.329	0.54	0.41
	宝鸡市	907	1.062	0.31	0.29
	汉中市	437	1.202	0.39	0.33
	商洛市	503	1.027	0.30	0.30
	铜川市	157	0.934	0.24	0.26
	渭南市	1 186	0.897	0.32	0.36
	西安市	440	1.091	0.37	0.34
	咸阳市	1 310	0.973	0.31	0.32
	延安市	1 313	0.559	0.15	0.26
	榆林市	1 077	0.573	0.47	0.82

（续）

省（自治区）名称	地市	点位数	平均值（g/kg）	标准差	变异系数
新疆	阿勒泰地区	497	0.707	0.21	0.29
	阿克苏地区	1 240	0.862	0.30	0.34
	巴音郭楞蒙古自治州	658	0.842	0.32	0.38
	博尔塔拉蒙古自治州	208	0.775	0.27	0.35
	昌吉回族自治州	903	0.783	0.27	0.34
	哈密地区	165	0.745	0.20	0.26
	和田地区	456	0.665	0.27	0.41
	喀什地区	1 249	0.845	0.31	0.37
	克拉玛依市	31	0.927	0.50	0.54
	克孜勒苏柯尔克孜自治州	142	0.798	0.30	0.37
	塔城地区	780	0.767	0.26	0.34
	吐鲁番地区	160	0.757	0.21	0.28
	乌鲁木齐市	137	0.710	0.22	0.32
	伊犁哈萨克自治州	617	0.794	0.27	0.35
新疆兵团	第一师	523	1.478	0.89	0.60
	第二师	247	1.555	0.87	0.56
	第三师	42	0.724	0.03	0.04
	第四师	232	1.153	0.70	0.61
	第五师	360	1.071	0.49	0.45
	第六师	560	1.502	0.89	0.59
	第七师	361	0.849	0.52	0.61
	第八师	342	0.447	0.18	0.41
	第九师	200	1.444	0.53	0.36
	第十师	16	1.375	0.84	0.61
	第十二师	102	0.552	0.35	0.64
	第十三师	115	0.819	0.48	0.58
	第十四师	74	0.283	0.17	0.58

二、耕层土壤全氮含量及其影响因素

（一）西北区不同土壤类型土壤全氮含量差异

通过对西北区有代表性的38种土类土壤全氮测试值分析，西北区不同土类土壤全氮含量的高低顺序为，黑毡土＞亚高山草甸土＞暗棕壤＞黑钙土＞灰褐土＞黑土＞水稻土＞山地草甸土＞黄棕壤＞黄褐土＞栗钙土＞褐土＞草甸土＞灌漠土＞沼泽土＞棕壤＞潮土＞黑垆土＞灰漠土＞红黏土＞灌淤土＞灰钙土＞棕钙土＞灰棕漠土＞草甸盐土＞黄绵土＞漠境盐土＞栗褐土＞龟裂土＞风沙土＞棕漠土。其中以黑毡土和亚高山草甸土全氮含量较高，分别为 2.39g/kg 和 1.87g/kg，棕漠土和林灌草甸土最低，均为 0.66g/kg。

不同土类土壤全氮含量的变异系数平均为 0.43，最高值出现在山地草甸土上，为 0.89，最低值出现在黑毡土上，为 0.06，详见表 5-11。

表 5-11　西北区不同土类土壤全氮含量差异

序号	土类	点位数	平均值（g/kg）	标准差	变异系数
1	黄绵土	5 553	0.74	0.34	0.46
2	潮土	4 002	0.92	0.44	0.48
3	栗钙土	2 925	1.08	0.57	0.53
4	黑垆土	2 641	0.90	0.36	0.40
5	褐土	2 311	1.01	0.38	0.38
6	灌淤土	2 216	0.84	0.30	0.36
7	草甸土	1 827	0.96	0.48	0.50
8	灰漠土	1 539	0.89	0.65	0.73
9	棕钙土	1 361	0.83	0.48	0.58
10	灰钙土	1 272	0.83	0.33	0.39
11	新积土	825	0.87	0.40	0.45
12	风沙土	662	0.68	0.51	0.76
13	灌漠土	654	0.95	0.42	0.44
14	棕漠土	600	0.66	0.33	0.49
15	黄棕壤	530	1.17	0.49	0.42
16	灰褐土	460	1.36	0.72	0.53
17	黑钙土	448	1.67	0.91	0.54
18	草甸盐土	387	0.78	0.27	0.35
19	红黏土	351	0.87	0.37	0.43
20	水稻土	287	1.22	0.47	0.38
21	栗褐土	275	0.70	0.30	0.43
22	黄褐土	270	1.08	0.38	0.35
23	盐土	243	1.44	0.87	0.60
24	灰棕漠土	197	0.82	0.33	0.41
25	沼泽土	194	0.95	0.50	0.53
26	棕壤	168	0.95	0.51	0.54
27	林灌草甸土	145	0.66	0.19	0.29

（续）

序号	土类	点位数	平均值（g/kg）	标准差	变异系数
28	黑土	107	1.23	0.85	0.69
29	漠境盐土	36	0.74	0.21	0.28
30	粗骨土	16	1.01	0.39	0.39
31	黑毡土	13	2.39	0.14	0.06
32	石质土	12	1.07	0.35	0.32
33	龟裂土	11	0.68	0.38	0.55
34	山地草甸土	10	1.21	1.08	0.89
35	干旱土	9	1.77	0.87	0.49
36	碱土	8	0.74	0.19	0.26
37	亚高山草甸土	8	1.87	0.81	0.43
38	暗棕壤	4	1.71	0.14	0.08

（二）西北区不同地形、地貌类型土壤全氮含量差异

通过对西北区不同地形、地貌类型土壤全氮含量平均值分析，不同地形地貌土壤全氮含量由高到低的排列顺序为：山地＞高原＞盆地＞平原＞丘陵。其中最高值出现在高原下部，为1.262g/kg，最低值出现在丘陵上部，为0.712g/kg。

西北区不同地形、地貌土壤全氮含量变异系数平均0.50，以盆地和山地下部较高，分别为0.64和0.61，以丘陵上部和平原下部较低，分别为0.36和0.39，详见表5-12。

表5-12 西北区不同地形、地貌土壤全氮含量差异

地貌/平均	部位	点位数	平均值（g/kg）	标准差	变异系数
平原（0.892）	上部	1 784	0.912	0.41	0.45
	中部	5 571	0.943	0.47	0.50
	下部	5 977	0.821	0.32	0.39
丘陵（0.822）	上部	570	0.712	0.26	0.36
	中部	3 629	0.895	0.50	0.56
	下部	2 904	0.858	0.41	0.48
山地（1.050）	上部	669	1.033	0.58	0.56
	中部	1 654	1.074	0.54	0.50
	下部	2 272	1.042	0.63	0.61
高原（1.036）	上部	3 993	0.811	0.38	0.47
	下部	323	1.262	0.55	0.43
盆地（1.029）	平均	3 235	1.029	0.66	0.64

（三）西北区不同成土母质土壤全氮含量差异

通过对西北区有代表性的 8 种成土母质土壤全氮测试值分析，西北区不同成土母质土壤全氮含量按大到小排列顺序为：坡残积母质＞红土母质＞黄土母质＞人工淤积物＞洪冲积母质＞岩石风化物＞沉积母质＞风积物母质。其中最高值出现在坡残积母质上，为 1.016g/kg，最低值出现在风积母质上，为 0.710g/kg。

不同母质土壤全氮含量变异系数平均 0.48，最高值为风积物母质，为 0.78，最低为岩石风化物，为 0.27，详见表 5-13。

表 5-13　西北区不同成土母质土壤全氮含量差异

序号	母质类型	点位数	平均值（g/kg）	标准差	变异系数
1	黄土母质	13 461	0.925	4.280	0.53
2	坡残积物	3 184	1.016	3.811	0.57
3	洪冲积物	13 369	0.891	3.578	0.50
4	风积物	737	0.710	3.000	0.78
5	沉积物	1 370	0.868	3.420	0.41
6	红土状物	380	0.960	3.240	0.45
7	人工淤积物	72	0.899	1.800	0.29
8	岩石风化物	8	0.886	1.180	0.27

（四）西北区不同土壤质地土壤全氮含量差异

通过对西北区不同质地土壤样品全氮测试值分析，西北区不同质地土壤全氮含量按大到小的顺序为：壤土＞黏壤土＞黏土＞砂土，平均含量以壤土最高，为 0.928g/kg，其次为黏壤土，为 0.915g/kg，黏土为 0.867g/kg，砂土全氮含量最低，为 0.853g/kg。

不同质地土壤全氮含量的变异系数平均 0.54，以砂土最高，为 0.66，以黏壤土最低，为 0.48，详见表 5-14。

表 5-14　西北区不同土壤质地土壤全氮含量差异

质地	点位数	平均值（g/kg）	标准差	变异系数
壤土	20 145	0.928	0.49	0.52
砂土	3 018	0.853	0.56	0.66
黏土	3 014	0.867	0.44	0.51
黏壤土	6 404	0.915	0.44	0.48

三、土壤全氮的分级与分布

通过对西北区耕层土壤全氮分级面积统计数据看，西北区全氮含量多数在三级、四级、五级之间，这三级占西北区总耕地面积的 82.56%。其中青海一、二、三级面积占全省总耕地面积的 94.9%。西北区全氮按高中低肥力，高肥力（土壤全氮含量大于 1.25g/kg）占 11.76%，中肥力（全氮含量 0.75～1.25g/kg）占 56.70%，低肥力（全氮含量小于 0.75g/kg）

占 31.55%（图 5-2）。

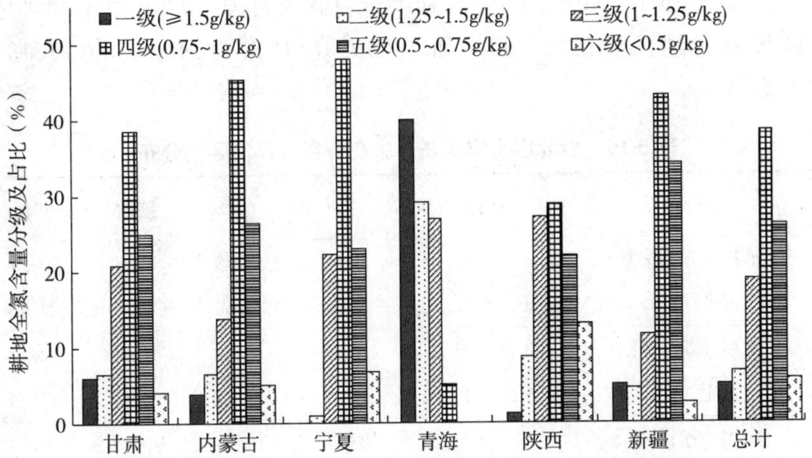

图 5-2　耕层土壤全氮在各省（自治区）的分布

①西北区耕层土壤全氮含量>1.5g/kg 的耕地面积 98.19 万 hm^2，占西北区总耕地面积的 5.02%。主要分布在栗钙土、灰褐土和黑钙土上，分别占西北区该级耕地面积的 20.84%、10.61%和 11.03%。甘肃、青海和新疆全氮含量>1.5g/kg 的耕地面积较大，分别占西北区该级耕地面积 32.66%、23.65%和 25.73%，详见表 5-15。

②西北区耕层土壤全氮含量在 1.25～1.5g/kg 的耕地面积 131.63 万 hm^2，占西北区总耕地面积的 6.73%。主要分布在栗钙土、潮土、褐土和黄棕壤上，分别占西北区该级耕地面积的 16.38%、9.86%、7.11%和 7.57%。甘肃和陕西全氮含量在 1.25～1.5g/kg 的耕地面积较大，分别占西北区该级耕地面积的 26.59%和 25.84%，其次新疆 17.74%、内蒙古 15.96%、青海 12.82%，详见表 5-15。

③西北区耕层土壤全氮含量 1.0～1.25g/kg 的耕地面积 364.36 万 hm^2，占西北区总耕地面积的 18.64%。各种土类均有分布，主要分布在黄绵土、栗钙土和褐土上，分别占西北区该级耕地面积的 10.11%、12.57%和 13.59%。甘肃、陕西和新疆全氮含量在 1.0～1.25g/kg 的耕地面积较大，分别占西北区该级耕地面积的 30.04%、29.30%和 16.37%，其次为内蒙古占 12.15%、宁夏占 7.84%，详见表 5-15。

④西北区耕层土壤全氮含量 0.75～1.0g/kg 的耕地面积 743.99 万 hm^2，占西北区总耕地面积的 38.06%。各种土类均有分布，主要分布在黄绵土和栗钙土上，分别占西北区该级耕地面积的 16.21%和 11.49%。甘肃和新疆全氮含量 0.75～1.0g/kg 的耕地面积较大，分别占西北区该级耕地面积的 27.29%和 29.42%，其次为内蒙古占 19.34%、陕西占 15.33%，详见表 5-15。

⑤西北区耕层土壤全氮含量在 0.5～0.75g/kg 的耕地面积 505.76 万 hm^2，占西北区总耕地面积的 25.87%。各种土类均有少分布，主要分布在黄绵土、潮土和棕钙土上，分别占西北区该级耕地面积的 24.40%、7.38%和 7.71%。新疆和甘肃全氮含量在 0.5～0.75g/kg 的耕地面积较大，分别占西北区该级耕地面积的 34.28%和 26.08%，其次为内蒙古占 16.58%、陕西 17.26%，详见表 5-15。

⑥西北区耕层土壤全氮含量在 0.5g/kg 以下的耕地面积 110.94 万 hm^2，占西北区总耕

地面积的5.67%。各种土类均少有分布，主要分布在风沙土和黄绵土上，分别占西北区该级耕地面积的13.16%和40.03%。陕西和甘肃全氮含量在0.5g/kg以下的耕地面积较大，分别占西北区该级耕地面积的46.63%和19.36%，其次为内蒙古占14.48%、新疆占11.79%，详见表5-15。

表5-15　西北区土壤全氮分级在各省（自治区）分布

含量	项目	甘肃	内蒙古西部	宁夏	青海	陕西	新疆	总计
>1.5g/kg	面积（万 hm^2）	32.07	12.56	0.00	23.22	5.08	25.27	98.19
	占比（%）	32.66	12.79	0.00	23.65	5.17	25.73	5.02
1.25～1.5g/kg	面积（万 hm^2）	35.00	21.01	1.39	16.88	34.01	23.35	131.63
	占比（%）	26.59	15.96	1.05	12.82	25.84	17.74	6.73
1.0～1.25g/kg	面积（万 hm^2）	109.44	44.26	28.57	15.69	106.76	59.64	364.36
	占比（%）	30.04	12.15	7.84	4.31	29.30	16.37	18.64
0.75～1.0g/kg	面积（万 hm^2）	203.03	143.91	61.14	3.01	114.03	218.87	743.99
	占比（%）	27.29	19.34	8.22	0.40	15.33	29.42	38.06
0.5～0.75g/kg	面积（万 hm^2）	131.93	83.88	29.31	0.01	87.28	173.36	505.76
	占比（%）	26.08	16.58	5.80	0.00	17.26	34.28	25.87
<0.5g/kg	面积（万 hm^2）	21.47	16.06	8.60	0.00	51.73	13.08	110.94
	占比（%）	19.36	14.48	7.75	0.00	46.63	11.79	5.67
合计	面积（万 hm^2）	532.93	321.68	129.01	58.80	398.87	513.57	1 954.86
	占比（%）	27.26	16.46	6.60	3.01	20.40	26.27	100

四、土壤氮素调控

土壤全氮反映土壤氮素的总贮量和供氮潜力。土壤氮的有效化过程（包括氨化作用和硝化作用）和无效化过程（包括反硝化作用、化学脱氮作用和矿物晶格固定）是土壤氮素的调控关键。通过合理施肥、耕作、灌溉等措施，控制土壤氮素的矿化速率，既能达到减少氮素的损失，又能达到提高土壤氮素利用率的效果。

（一）调节土壤C/N

土壤全氮含量与施入的氮肥呈正相关，施入的氮肥越高，土壤全氮的含量也会随之增加，可以利用有机物质C/N与土壤有效氮之间的相互关系，来调节土壤氮素状况。当有机物质开始分解时，其C/N>30，矿化作用所释放的有效氮量远少于微生物吸收同化的数量，此时微生物要通过对土壤中吸收一部分原有的氮，转为微生物体中的有机氮，随着有机物的不断分解，其中碳被用作微生物活动的能源所消耗，剩余物质的C/N迅速下降。当C/N达到15～30之间时，矿化释放的氮量和同化的固氮量基本相等，此时土壤中的氮素无亏损，全氮进一步分解，微生物种类更迭。当C/N<15时，氮的矿化量超过了同化量，土壤的有效氮有了盈余，作物的氮营养条件也开始得到改善。

（二）合理施用氮肥

合理施用氮肥的目的在于减少氮素的损失，提高氮肥利用率，充分发挥氮肥的增产效益。合理施用氮肥，必须根据下列因素来考虑氮肥的施用比例：

1. 土壤条件　一般石灰性土或碱性土，可以施酸性或生理酸性的氮肥，如硫铵、氯化铵等，这些肥料除了它们能中和土壤碱性外，在碱性条件下铵态氮比较容易被作物吸收；对于酸性土，可选施碱性或生理碱性氮肥，如硝酸钠、硝酸钙、硝酸铵钙或石灰氮等，它们一方面可降低土壤酸性，另一方面在酸性条件下转化为易作物容易吸收的硝态氮；在盐碱土中，不宜施用含氯的氯化铵，以免增加盐分，影响作物生长。肥沃的土壤，施氮量宜少，保肥能力强的土壤施肥次数可少些；反之，施氮量可适当增加，且需分次施用。

2. 作物营养特性　不同作物、不同时期对氮的需求也不一样，如水稻、玉米、小麦等作物需要较多的氮肥，而豆科作物有根瘤固定空气中的氮素，因而对氮肥需要较少。不同作物对氮肥品种的反应也不同，如水稻施用铵态氮肥，尤以氯化铵、碳铵和尿素效果好，而硫铵虽然也是铵态氮肥，但在水田中常还原生成硫化氢，妨碍水稻根的呼吸；马铃薯也是施用铵态氮肥好，尤其是硫铵，因硫对马铃薯生长有利；忌氯作物如烟草、淀粉类作物、葡萄等应少施或不施氮化铵；烟草施用硝铵较好，它能改善烟叶品质；多数蔬菜施用硝态氮肥效果较好，如萝卜施用铵态氮肥会抑制其生长；甜菜用硝酸钠效果好。作物不同生育期施氮肥的效果也不一样，在作物施肥的关键时期如营养临界期或最高效率期进行施肥，增产作用显著，如玉米在抽穗开花前后需要养分最多，重施穗肥都能获得显著增产。所以，考虑作物不同生育期对养分的要求，掌握适宜的施肥时期和施肥量是经济有效施用氮肥的关键。

3. 氮肥本身的性质　凡是铵态氮肥（特别是碳酸氢铵、氨水）都要深施覆土，防止氮素挥发，由于铵态氮肥都是速效肥料，在土壤中不易流失，可作基肥和追肥，水田和旱地均宜施用；硝态氮肥在土中移动性大，肥效快，适宜作旱地追肥；酰胺态氮肥（如尿素）作为底肥、基肥、追肥都可以。总之，要根据氮肥的特性来考虑它的施用方法。

4. 氮肥与其他肥料配施　在缺乏有效磷和有效钾的土壤上，单施氮肥效果很差，增施氮肥还有可能减产。因为在缺磷、钾的情况下，蛋白质和许多重要含氮化合物很难形成，严重地影响了作物的生长。各地试验已经证明，氮肥与适量磷钾肥配合，增产效果显著。

（三）其他措施

1. 采用氮肥抑制剂　工厂生产肥料时，在肥料表面包一层薄膜，起到缓效之作用，提高氮肥的利用率，如缓释肥料。

2. 控制氮肥的施用量　采取配方施肥技术，确定氮肥用量，以达到发挥氮肥最佳经济效益的效果。

3. 合理施肥与灌水　在石灰性土壤上，施用铵态肥时，应采取深施覆土、随施随灌水、或分次施肥方法。对水稻田来说，将 NH_4^+ 施在还原层，把 NO_3^- 施入氧化层，防止反硝化作用产生所引起氮的损失。总之，应用耕作、灌溉措施，采取合理的施肥方法做到尽量减少氮的损失，达到提高氮肥利用率的目的。

第三节　土壤有效磷

土壤有效磷是土壤中可被植物吸收的磷组分，包括全部水溶性磷、部分吸附态磷及有机态磷，有的土壤中还包括某些沉淀态磷。土壤有效磷是土壤磷素养分供应水平高低的指标，土壤磷素含量高低在一定程度反映了土壤中磷素的贮量和供应能力。土壤中有效磷含量低于3.0mg/kg时，作物往往表现出缺磷症状。土壤中的磷主要是含磷矿物质在长期风化和成土过程中，经过生物的积累作用而逐渐聚积到土壤的表层。土壤开垦后，则主要来源于磷肥的施用。

一、土壤有效磷含量空间差异

（一）西北区各省（自治区）之间土壤有效磷含量差异

通过对西北区32 638个土壤样品有效磷测定含量分析，西北区0～20cm耕层土壤有效磷平均含量为16.88mg/kg，以青海最高，为22.49mg/kg，其次为新疆兵团18.79mg/kg，甘肃18.58mg/kg，陕西17.81mg/kg，宁夏16.79mg/kg，内蒙古12.05mg/kg，新疆最低，为11.63mg/kg。

不同省（自治区）土壤有效磷变异系数平均0.64，以青海最高，为0.87，新疆兵团最低，为0.35，详见表5-16。

表5-16　西北区各省（自治区）之间土壤有效磷含量差异

省（自治区）名称	点位数	平均值（mg/kg）	标准差	变异系数
宁夏	1 703	16.79	12.86	0.77
内蒙古西部	4 450	12.05	10.00	0.83
青海	864	22.49	19.51	0.87
甘肃	7 501	18.58	12.00	0.65
新疆	7 243	11.63	4.79	0.41
新疆兵团	3 174	18.79	6.49	0.35
陕西	7 703	17.81	11.50	0.65
合计/平均	32 638	16.88	11.02	0.64

（二）西北区不同地（州、市、盟）之间土壤有效磷含量差异

通过对西北区73个地（州、市、盟）土壤有效磷测试数据分析，以甘肃金昌市和兰州市土壤有效磷平均含量较高，分别为29.52mg/kg和25.71mg/kg；以内蒙古乌兰察布市和新疆阿勒泰地区平均含量较低，均为9.56mg/kg；其余各地（州、市、盟）介于两者之间。

西北区土壤有效磷含量，大体可以分为高（大于 25mg/kg）、中（15～25g/kg）、低（小于 10mg/kg）3 个层次，其中大于 25mg/kg 的地（州、市、盟）只有兰州市和金昌市；小于 10mg/kg 的地（州、市、盟）只有阿勒泰地区和乌兰察布市；其他的介于 10～25mg/kg 之间。

西北区不同地（州、市、盟）土壤有效磷变异系数平均 0.56，以内蒙古乌海市最高，为 1.19，其次为青海黄南藏族自治州、兵团第十四师和延安市，分别为 1.00、0.97 和 0.93，兵团第三师和第九师变幅较小，分别为 0.16 和 0.13。详见表 5-17。

表 5-17　西北区不同地（州、市、盟）之间土壤有效磷的含量差异

省（自治区）名称	地（市）	点位数	平均值（mg/kg）	标准差	变异系数
甘肃	白银市	686	16.69	11.91	0.71
	定西市	1 203	21.31	13.78	0.65
	甘南藏族自治州	100	23.53	9.20	0.39
	甘农垦	47	18.47	12.15	0.66
	金昌市	99	29.52	13.32	0.45
	酒泉市	314	19.09	8.85	0.46
	兰州市	429	25.71	13.08	0.51
	临夏州	356	18.06	11.70	0.65
	陇南市	687	13.83	6.93	0.50
	嘉峪关市	13	19.07	7.02	0.37
	平凉市	781	17.50	9.59	0.55
	庆阳市	1 006	12.86	6.42	0.50
	天水市	829	16.71	10.69	0.64
	武威市	527	24.07	16.10	0.67
	张掖市	424	23.08	13.21	0.57
陕西	安康市	371	19.78	13.89	0.70
	宝鸡市	907	24.32	12.79	0.53
	汉中市	437	16.00	8.38	0.52
	商洛市	503	20.28	8.20	0.40
	铜川市	157	19.84	10.57	0.53
	渭南市	1 186	16.82	7.82	0.47
	西安市	440	22.98	15.55	0.68
	咸阳市	1 310	22.12	9.22	0.42
	延安市	1 313	13.30	12.42	0.93
	榆林市	1 079	10.21	7.00	0.69

（续）

省（自治区）名称	地（市）	点位数	平均值（mg/kg）	标准差	变异系数
新疆	阿勒泰地区	497	9.56	4.32	0.45
	阿克苏地区	1 240	11.30	4.75	0.42
	巴音郭楞蒙古自治州	658	11.90	4.79	0.40
	博尔塔拉蒙古自治州	208	11.75	4.21	0.36
	昌吉回族自治州	903	12.09	4.85	0.40
	哈密地区	165	13.52	5.30	0.39
	和田地区	456	11.84	4.50	0.38
	喀什地区	1 249	11.93	4.89	0.41
	克拉玛依市	31	10.93	4.22	0.39
	克孜勒苏柯尔克孜自治州	142	11.81	4.99	0.42
	塔城地区	780	11.28	4.79	0.42
	吐鲁番地区	160	11.42	4.45	0.39
	乌鲁木齐市	137	11.72	4.88	0.42
	伊犁哈萨克自治州	617	12.12	4.74	0.39
内蒙古西部	阿拉善盟	11	12.28	6.85	0.56
	巴彦淖尔市	1 213	14.82	11.67	0.79
	包头市	481	12.23	10.52	0.86
	鄂尔多斯市	626	10.70	7.43	0.69
	呼和浩特市	795	12.62	11.11	0.88
	乌海市	9	18.51	22.00	1.19
	乌兰察布市	1 096	9.56	7.14	0.75
	锡林郭勒盟	219	10.38	8.45	0.81
宁夏	固原市	530	12.30	5.98	0.49
	宁夏农垦	76	19.83	11.63	0.59
	石嘴山市	263	17.52	7.77	0.44
	吴忠市	360	14.29	10.18	0.71
	银川市	226	24.18	20.36	0.84
	中卫市	248	21.55	17.35	0.80
青海	海北藏族自治州	87	24.48	13.80	0.56
	海东市	328	20.70	18.59	0.90
	海南藏族自治州	130	23.89	20.59	0.86
	海西蒙古族藏族自治州	78	21.55	19.33	0.90
	黄南藏族自治州	24	16.89	16.82	1.00
	西宁市	216	24.53	22.19	0.90
	玉树藏族自治州	1	21.20		0.00

（续）

省（自治区）名称	地（市）	点位数	平均值（mg/kg）	标准差	变异系数
新疆兵团	第一师	523	20.50	5.61	0.27
	第二师	247	20.28	5.58	0.28
	第三师	42	24.67	3.92	0.16
	第四师	232	18.45	5.90	0.32
	第五师	360	17.76	5.57	0.31
	第六师	560	19.96	5.14	0.26
	第七师	361	18.22	6.34	0.35
	第八师	342	17.90	5.57	0.31
	第九师	200	15.63	2.02	0.13
	第十师	16	18.70	5.58	0.30
	第十二师	102	17.43	14.77	0.85
	第十三师	115	18.21	6.09	0.33
	第十四师	74	13.72	13.32	0.97

二、耕层土壤有效磷含量及其影响因素

（一）西北区不同土壤类型土壤有效磷含量差异

通过对西北区38种主要土壤有效磷含量测试数据分析，西北区0～20cm耕层土壤有效磷由大到小的顺序为，山地草甸土＞黑土＞亚高山草甸土＞棕漠土＞暗棕壤＞黑毡土＞褐土＞黑钙土＞黄棕壤＞水稻土＞灰钙土＞黑垆土＞黄褐土＞灌淤土＞灰漠土＞灰棕漠土＞棕壤＞红黏土＞黄绵土＞沼泽土＞潮土＞灰褐土＞灌漠土＞草甸土＞栗钙土＞风沙土＞棕钙土＞龟钙土＞栗褐土。其中以黑土、山地草甸土和亚高山草甸土较高，分别为23.77mg/kg、24.36mg/kg和23.31mg/kg；栗褐土有效磷含量最低，为7.91mg/kg。

不同土类土壤有效磷含量变异系数平均0.53，以栗钙土、灰钙土、风沙土、栗钙土的变异系数较大，均大于0.75，以暗棕壤和黑毡土变异系数较小，分别为0.03和0.0。详见表5-18。

表5-18 西北区不同土壤类型土壤有效磷的含量差异

序号	土类	点位数	平均值（mg/kg）	标准差	变异系数
1	黄绵土	5 554	15.23	10.34	0.68
2	潮土	4 023	14.83	9.91	0.67
3	栗钙土	2 939	13.71	11.07	0.81
4	黑垆土	2 641	17.83	11.65	0.65
5	褐土	2 311	20.12	11.52	0.57
6	灌淤土	2 244	17.32	12.85	0.74
7	草甸土	1 830	13.96	7.00	0.50

（续）

序号	土类	点位数	平均值（mg/kg）	标准差	变异系数
8	灰漠土	1 539	16.99	8.56	0.50
9	棕钙土	1 361	11.88	6.03	0.51
10	灰钙土	1 277	17.90	13.58	0.76
11	新积土	825	18.22	11.55	0.63
12	风沙土	662	12.42	9.33	0.75
13	棕漠土	651	22.42	14.51	0.65
14	灌漠土	600	14.20	5.64	0.40
15	黄棕壤	530	18.33	10.69	0.58
16	灰褐土	460	14.50	10.15	0.70
17	黑钙土	448	19.45	12.76	0.66
18	草甸盐土	387	13.68	10.39	0.76
19	红黏土	351	15.38	9.24	0.60
20	水稻土	287	18.27	11.03	0.60
21	栗褐土	275	7.91	6.00	0.76
22	黄褐土	270	17.80	9.70	0.54
23	盐土	243	20.17	5.87	0.29
24	灰棕漠土	197	16.92	9.79	0.58
25	沼泽土	194	14.93	6.37	0.43
26	棕壤	168	16.60	8.50	0.51
27	林灌草甸土	145	12.35	5.40	0.44
28	黑土	107	23.77	14.90	0.63
29	漠境盐土	36	11.62	4.75	0.41
30	粗骨土	16	11.73	7.13	0.61
31	石质土	12	15.14	5.47	0.36
32	龟裂土	11	8.65	5.54	0.64
33	山地草甸土	10	24.36	12.02	0.49
34	干旱土	9	17.13	4.78	0.28
35	碱土	8	9.33	6.11	0.65
36	亚高山草甸土	8	23.31	4.61	0.20
37	暗棕壤	4	21.73	0.62	0.03
38	黑毡土	1	21.20	—	0.00

（二）西北区不同地形、地貌类型土壤有效磷含量差异

通过对不同地形、地貌土壤有效磷含量的平均值看，不同地形地貌土壤有效磷从大到小顺序为：高原＞山地＞盆地＞平原＞丘陵。以高原下部和山地上部土壤有效磷含量较高，分别为 21.7mg/kg 和 19.13mg/kg，而丘陵中部和丘陵下部土壤有效磷含量较低，分别为

14.41mg/kg 和 14.05mg/kg，其余的在 14.67～18.74mg/kg 之间。

不同地形、地貌土壤有效磷含量变异系数平均 0.70，以高原下部最高，为 0.91，盆地最低，为 0.50，其余介于两者之间。详见表 5-19。

表 5-19　西北区不同地形、地貌土壤有效磷含量差异

地貌/平均	部位	点位数	平均值（mg/kg）	标准差	变异系数
平原（16.48）	上部	1 784	17.11	10.85	0.63
	中部	5 567	17.66	11.40	0.65
	下部	6 032	14.67	10.38	0.71
丘陵（15.73）	上部	570	18.74	15.52	0.83
	中部	3 629	14.41	9.60	0.67
	下部	2 921	14.05	10.26	0.73
山地（17.32）	上部	669	19.13	12.80	0.67
	中部	1 654	16.76	12.44	0.74
	下部	2 260	16.05	11.57	0.72
高原（18.83）	上部	3 994	15.97	9.36	0.59
	下部	323	21.70	19.76	0.91
盆地（16.89）	平均	3 235	16.43	8.29	0.50

（三）西北区不同成土母质土壤有效磷含量差异

通过对西北区 8 种不同成土母质土壤有效磷测试数据分析，西北区 0～20cm 土壤有效磷含量由大到小的排列顺序为：人工淤积物＞黄土母质＞红土母质＞沉积物＞冲洪积物＞岩石风化物＞坡残积物＞风积物，以人工淤积物有效磷含量最高，为 34.72mg/kg，风积物最小，为 13.32mg/kg。

不同母质土壤有效磷变异系数平均为 0.66，以人工淤积物最高，为 0.91，以岩石风化物最低，为 0.21。详见表 5-20。

表 5-20　西北区不同成土母质土壤有效磷含量差异

序号	母质	样点数	平均值（mg/kg）	标准差	变异系数
1	黄土母质	13 464	17.34	11.39	0.66
2	坡残积物	3 211	14.18	9.30	0.66
3	洪冲积物	13 363	15.14	9.85	0.65
4	风积物	737	13.32	10.15	0.76
5	沉积物	1 370	15.83	12.32	0.78
6	红土状物	380	16.33	10.90	0.67
7	人工淤积物	72	34.72	31.46	0.91
8	岩石风化物	8	14.75	3.03	0.21

（四）西北区不同土壤质地土壤有效磷含量差异

通过对西北区不同质地土壤有效磷含量测试结果分析，不同质地土壤有效磷平均含量由大到小顺序为：壤土＞黏壤土＞砂土＞黏土。其中以壤土有效磷平均含量最高，为16.39mg/kg，黏壤土次之，为15.90mg/kg，砂土第三，为14.99mg/kg，黏土最低，为14.56mg/kg。

不同质地土壤有效磷含量变异系数平均0.66，各种质地间差异不大，在0.62～0.68之间。详见表5-21。

表 5-21 不同质地类型土壤有效磷含量差异

质地	样点数	平均值（mg/kg）	标准差	变异系数
壤土	20 187	16.39	11.09	0.68
砂土	3 033	14.99	10.17	0.68
黏土	3 014	14.56	8.97	0.62
黏壤土	6 404	15.90	10.80	0.68

三、土壤有效磷的分级与分布

通过对西北区耕层土壤有效磷分级面积统计数据看，西北区有效磷含量多数在三、四、五、六级之间，这四级占西北区总耕地面积的89.9%。按高中低肥力，高肥力（有效磷含量大于25mg/kg）占10.12%，中肥力（有效磷含量15～25mg/kg）占33.66%，低肥力（有效磷含量小于15mg/kg）占56.23%（图5-3）。

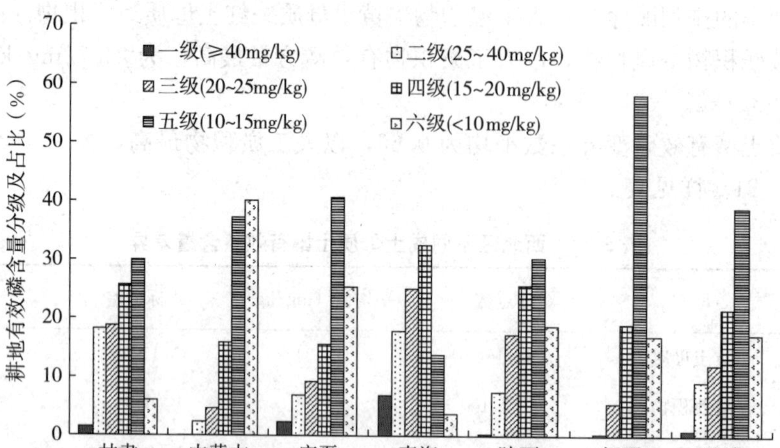

图 5-3 耕层土壤有效磷在各省（自治区）的分布

①西北区耕层土壤有效磷含量大于40mg/kg的耕地面积18.00万hm^2，占西北区总耕地面积的0.92%。各类土壤少有分布，主要分布在栗钙土、黑垆土、灌淤土和灰褐土上，分别占西北区该级耕地面积的8.21%、19.82%、11.07%和8.64%。甘肃和青海有效磷含量大于40mg/kg的耕地面积较大，分别占西北区该级耕地面积44.85%和22.70%。详见表5-22。

②西北区耕层土壤有效磷含量在25～40mg/kg的耕地面积179.80万hm^2，占西北区总耕地面积的9.20%。各类土壤少有分布，主要分布在黄绵土、褐土、黑垆土和灰钙土上，分别占西北区该级耕地面积的11.66%、14.31%、18.33%和9.06%。甘肃和陕西有效磷含量在25～40mg/kg的耕地面积最大，分别占西北区有效磷该级耕地面积的53.77%和31.21%，其次宁夏5.23%、青海5.81%、内蒙古3.13%。详见表5-22。

③西北区耕层土壤有效磷含量在20～25mg/kg的耕地面积234.81万hm^2，占西北区总耕地面积的12.01%。各种土类均有分布，主要分布在黄绵土、黑垆土和褐土上，分别占西北区该级耕地面积的14.18%、18.33%和14.319%。甘肃、陕西和新疆有效磷含量20～25mg/kg的耕地面积较大，分别占西北区有效磷该级耕地面积的42.57%、29.15%和12.08%，其次为青海6.29%、宁夏5.43%、内蒙古4.49%。详见表5-22。

④西北区耕层土壤有效磷含量15～20mg/kg的耕地面积423.10万hm^2，占西北区总耕地面积的21.64%。各种土类均有分布，主要分布在黄绵土、潮土和褐土上，分别占西北区该级耕地面积的15.59%、7.28%和10.10%。甘肃、陕西和新疆有效磷含量在15～20mg/kg的耕地地面积较大，分别占西北区有效磷该级耕地面积的32.34%、24.07%和21.89%，其次为内蒙古占11.90%、宁夏5.36%、青海4.53%。详见表5-22。

⑤西北区耕层土壤有效磷含量10～15mg/kg的耕地面积761.03万hm^2，占西北区总耕地面积的38.93%。各种土类均有大量分布，主要集中在黄绵土、栗钙土和潮土上，分别占西北区该级耕地面积的17.38%、9.65%、9.77%。新疆和甘肃有效磷含量10～15mg/kg的耕地面积较大，分别占西北区有效磷该级耕地面积的41.68%和21.07%，其次为内蒙古16.22%、陕西13.09%。详见表5-22。

⑥西北区耕层土壤有效磷含量小于10mg/kg的耕地面积338.11万hm^2，占西北区总耕地面积的17.30%。各种土类均少有分布，主要分布在黄绵土和栗钙土上，分别占西北区该级耕地面积的15.59%和9.65%。内蒙古、陕西和新疆土壤有效磷含量小于10mg/kg的耕地面积较大，分别占西北区有效磷该级耕地面积的38.14%、76.84%和37.81%。详见表5-22。

表5-22　土壤有效磷在西北区的分布

含量	项目	甘肃	内蒙古西部	宁夏	青海	陕西	新疆	总计
>40mg/kg	面积（万hm^2）	8.07	0.03	3.16	4.09	2.65	0.00	18.00
	占比（%）	44.85	0.15	17.55	22.70	14.74	0.00	0.92
25～40mg/kg	面积（万hm^2）	96.67	5.80	9.40	10.44	56.11	1.37	179.80
	占比（%）	53.77	3.23	5.23	5.81	31.21	0.76	9.20
20～25mg/kg	面积（万hm^2）	99.95	10.55	12.74	14.76	68.44	28.35	234.81
	占比（%）	42.57	4.49	5.43	6.29	29.15	12.08	12.01
15～20mg/kg	面积（万hm^2）	136.40	50.36	22.70	19.18	101.85	92.62	423.10
	占比（%）	32.24	11.90	5.36	4.53	24.07	21.89	21.64
10～15mg/kg	面积（万hm^2）	160.36	123.47	52.22	8.14	99.62	317.22	761.03
	占比（%）	21.07	16.22	6.86	1.07	13.09	41.68	38.93

（续）

含量	项目	甘肃	内蒙古西部	宁夏	青海	陕西	新疆	总计
<10mg/kg	面积（万 hm^2）	31.48	131.47	28.79	2.18	70.20	74.00	338.11
	占比（%）	9.31	38.88	8.51	0.64	20.76	21.89	17.30
合计	面积（万 hm^2）	532.93	321.68	129.01	58.80	398.87	513.57	1 954.86
	占比（%）	27.26	16.46	6.60	3.01	20.40	26.27	100

四、土壤有效磷调控

磷肥的后效作用较强，提高土壤中磷的有效性，一般要通过对以下 3 种方式：一是采取增施速效态磷肥来增加土壤中有效磷的含量，以保证供给当季作物对磷的吸收利用；二是调节土壤环境条件，如在酸性上施石灰，在碱性土壤上施石膏，尽量减弱土壤中的固磷机制；三是要促使土壤中难溶态磷的溶解，提高磷的活性，使难溶性磷逐渐转化为有效态磷。

根据土壤条件和固磷机制的不同，一般采取以下几种农业措施：

（一）调节土壤 pH

西北区多数土壤为石灰性土壤，因此在施肥中应多施用酸性肥料，用于中和土壤中的碱性，如有机肥、过磷酸钙等，由于土壤酸度适中，有利于微生物的活动，进而增强了磷的活化过程。

（二）因土、因作物施磷肥

施用磷肥时要考虑不同的土壤条件和不同作物种类选择适宜的磷肥品种。如在碱性土壤上施用过磷酸钙，有利于提高磷肥的有效性。磷矿粉适合在豆科作物和油菜作物上施用，因为这种作物吸收利用磷的能力比一般作物强得多。

（三）磷肥与有机肥混施

磷肥与有机肥混合堆沤后一起施用，效果较好。因为有机肥在分解过程中所产生的中间产物（有机酸类），对铁、铝、钙能够起一定的络合作用，因而降低了 Fe^{3+}、Al^{3+}、Ca^{2+} 的离子浓度，可减弱磷的化学固定作用。另外，形成的腐殖质还可在土壤固体表面形成胶膜，可减弱磷的表面固定作用。在石灰性土壤上结合施用大量的有机肥（道理同上）也可降低磷的固定作用，进而提高磷的有效性。

（四）集中施磷肥

采取集中施用磷肥的方法，尽量减少或避免与土壤的接触面，把磷肥施在根系附近效果较好。因为磷的活动性很小，穴施、条施或把磷肥制成颗粒肥、或采取叶面喷肥等，均可提高磷肥的有效性。在碱性土壤上施用酸性磷肥，如磷矿粉、钙镁磷肥、过磷酸钙等，撒施效果较好。

第四节 土壤速效钾

钾是作物生长发育过程中所必需的营养元素之一，与作物的生理代谢、抗逆及品质的改善密切相关，被认为是品质元素。钾还可以提高肥料的利用率，改善环境质量。钾是土壤中含量最高的矿质营养元素。土壤中的钾素基本呈无机形态存在，根据钾的存在形态和作物吸收能力，可把土壤中的钾素分为 4 个部分：土壤矿物态钾（难溶性钾）、非交换态钾（缓效钾）、吸附性钾（交换性钾）、水溶性钾，后两种合称为速效性钾（速效钾），一般占全钾的 1%～2%，可以被当季作物吸收利用，是反映土壤肥力高低的标志之一。

一、土壤速效钾含量空间差异

（一）西北区各省（自治区）之间土壤速效钾含量差异

通过对西北区耕层 32 636 个样品土壤速效钾测定结果分析，西北区 0～20cm 土壤速效钾平均含量为 168mg/kg。总体看来，各省（自治区）土壤速效钾平均含量差异不大，以新疆最高，为 184mg/kg，内蒙古最低，为 151mg/kg，其余各省在两者之间。

不同省（自治区）土壤速效钾变异系数平均 0.39，以内蒙古西部最高，为 0.46，新疆兵团最低，为 0.32。详见表 5-23。

表 5-23 西北区各省（自治区）之间土壤速效钾含量差异

省（自治区）名称	样点数	平均值（mg/kg）	标准差	变异系数
宁夏	1 704	157	52.18	0.33
内蒙古西部	4 433	151	69.53	0.46
青海	876	179	77.65	0.43
甘肃	7 504	176	65.81	0.37
新疆	7 243	184	74.82	0.41
新疆兵团	3 174	175	55.71	0.32
陕西	7 702	156	61.47	0.39
合计/平均	32 636	168	65.31	0.39

（二）西北区不同地（州、市、盟）之间土壤速效钾含量差异

通过对西北区 73 个地（州、市、盟）土壤速效钾测定结果平均值分析，兵团第四师和第十二师较高，分别为 235mg/kg 和 285mg/kg；甘肃嘉峪关市和陕西汉中市含量较低，分别为 109mg/kg 和 117mg/kg；其余各地（州、市、盟）在 121～224mg/kg 之间。

西北区土壤速效钾的含量可以分为高中低 3 个层次，一是大于 200mg/kg 的高含量，主要有金昌市、张掖市、玉树藏族自治州、阿克苏地区、巴音郭楞蒙古自治州、第四师、第十二

师；二是小于150mg/kg的低含量，主要有酒泉市、嘉峪关市、宁夏农垦石嘴山市、吴忠市、银川市、包头市、鄂尔多斯市、呼和浩特市、乌兰察布市、锡林郭勒市、海北藏族自治州、安康市、汉中市、商洛市、延安市、榆林市；其余介于150～200mg/kg的为中含量。

西北区不同地（州、市、盟）土壤速效钾含量变异系数平均0.35，以青海黄南藏族自治州最高，为0.62，兵团第二师最小，为0.18。其他各地（州、市、盟）介于两者之间，详见表5-24。

表5-24 西北区不同地（州、市、盟）之间土壤速效钾含量差异

省（自治区）名称	地、市	样点数	平均值（mg/kg）	标准差	变异系数
甘肃	白银市	686	196.77	72.01	0.37
	定西市	1 203	166.31	64.15	0.39
	甘南藏族自治州	100	193.86	86.41	0.45
	甘农垦	47	159.87	52.67	0.33
	金昌市	99	224.83	79.78	0.35
	酒泉市	317	130.10	48.07	0.37
	兰州市	429	180.23	73.28	0.41
	临夏州	356	174.07	69.44	0.40
	陇南市	687	159.25	54.55	0.34
	嘉峪关市	13	109.15	33.27	0.30
	平凉市	781	179.82	64.70	0.36
	庆阳市	1 006	172.01	54.91	0.32
	天水市	829	175.49	60.68	0.35
	武威市	527	183.65	65.51	0.36
	张掖市	424	206.19	69.55	0.34
宁夏	固原市	530	179.49	53.32	0.30
	宁夏农垦	76	144.34	57.97	0.40
	石嘴山市	263	141.95	43.59	0.31
	吴忠市	360	134.97	39.89	0.30
	银川市	226	146.18	50.32	0.34
	中卫市	249	170.08	51.53	0.30
内蒙古西部	阿拉善盟	11	169.82	60.57	0.36
	巴彦淖尔市	1 213	191.65	74.74	0.39
	包头市	481	143.62	65.04	0.45
	鄂尔多斯市	626	134.97	58.48	0.43
	呼和浩特市	795	135.04	58.96	0.44
	乌海市	9	169.11	47.40	0.28
	乌兰察布市	1 079	133.76	61.70	0.46
	锡林郭勒盟	219	134.24	60.12	0.45

（续）

省（自治区）名称	地、市	样点数	平均值（mg/kg）	标准差	变异系数
青海	海北藏族自治州	87	149.66	55.99	0.37
	海东市	328	196.03	74.53	0.38
	海南藏族自治州	130	160.98	75.45	0.47
	海西蒙古族藏族自治州	78	153.92	57.71	0.37
	黄南藏族自治州	24	199.79	124.78	0.62
	西宁市	216	182.63	84.00	0.46
	玉树藏族自治州	13	205.08	58.55	0.29
陕西	安康市	371	124.89	49.91	0.40
	宝鸡市	907	195.20	55.83	0.29
	汉中市	437	116.81	34.14	0.29
	商洛市	503	124.77	34.88	0.28
	铜川市	157	183.76	63.86	0.35
	渭南市	1 186	188.22	60.64	0.32
	西安市	440	168.41	65.73	0.39
	咸阳市	1 310	173.79	60.02	0.35
	延安市	1 313	138.73	59.41	0.43
	榆林市	1 078	121.23	37.95	0.31
新疆	阿勒泰地区	497	177.47	68.65	0.39
	阿克苏地区	1 240	211.84	84.08	0.40
	巴音郭楞蒙古自治州	658	205.83	87.07	0.42
	博尔塔拉蒙古自治州	208	197.03	78.43	0.40
	昌吉回族自治州	903	177.29	68.62	0.39
	哈密地区	165	168.24	55.57	0.33
	和田地区	456	151.05	56.61	0.37
	喀什地区	1 249	191.30	72.59	0.38
	克拉玛依市	31	151.58	59.90	0.40
	克孜勒苏柯尔克孜自治州	142	150.30	56.90	0.38
	塔城地区	780	166.71	65.07	0.39
	吐鲁番地区	160	196.97	63.32	0.32
	乌鲁木齐市	137	150.86	53.27	0.35
	伊犁哈萨克自治州	617	169.37	67.52	0.40

（续）

省（自治区）名称	地、市	样点数	平均值（mg/kg）	标准差	变异系数
新疆兵团	第一师	523	157.41	37.60	0.24
	第二师	247	156.27	28.89	0.18
	第三师	42	179.45	48.27	0.27
	第四师	232	234.96	103.22	0.44
	第五师	360	177.13	41.22	0.23
	第六师	560	168.37	35.18	0.21
	第七师	361	177.20	45.77	0.26
	第八师	342	160.46	29.82	0.19
	第九师	200	157.18	29.11	0.19
	第十师	16	189.13	51.95	0.27
	第十二师	102	285.01	96.69	0.34
	第十三师	115	176.40	41.43	0.23
	第十四师	74	151.69	39.74	0.26

二、耕层土壤速效钾含量及其影响因素

（一）西北区不同土壤类型土壤速效钾含量差异

通过对西北区38个主要土类土壤速效钾测试数据分析，不同土类土壤速效钾含量按由大到小的排列顺序为，草甸土＞黑毡土＞灌漠土＞亚高山草甸土＞潮土＞龟裂土＞草甸盐土＞黑垆土＞红黏土＞褐土＞黑钙土＞灰褐土＞灰钙土＞黑土＞黑钙土＞灌淤土＞灰漠土＞灰棕漠土＞黄绵土＞石质土＞棕壤＞栗钙土＞棕钙土＞林灌草甸土＞棕漠土＞风沙土＞漠境盐土＞山地草甸土＞沼泽土＞栗褐土＞水稻土＞暗棕壤＞黄棕壤＞黄褐土＞粗骨土。以草甸土和黑毡土速效钾平均含量较高，分别为214mg/kg和205mg/kg，黄棕壤和黄褐土平均含量较低，分别为124mg/kg和123mg/kg。

不同土类土壤速效钾变异系数差异不大，平均0.34，最高值石质土0.53，最小值粗骨土0.22，其余各土类在两者之间。详见表5-25。

表5-25　西北区不同土壤类型土壤速效钾含量差异

序号	土类	点位数	平均值（mg/kg）	标准差	变异系数
1	黄绵土	5 554	161	63.32	0.39
2	潮土	4 023	187	78.59	0.42
3	栗钙土	2 924	154	70.45	0.46
4	黑垆土	2 641	178	61.60	0.35
5	褐土	2 311	176	60.50	0.34
6	灌淤土	2 245	165	62.64	0.38
7	草甸土	1 827	214	85.71	0.40

（续）

序号	土类	点位数	平均值（mg/kg）	标准差	变异系数
8	灰漠土	1 539	165	49.00	0.30
9	棕钙土	1 361	152	43.31	0.28
10	灰钙土	1 277	169	69.60	0.41
11	新积土	825	160	55.80	0.35
12	风沙土	662	150	64.24	0.43
13	棕漠土	654	151	65.01	0.43
14	灌漠土	654	188	63.18	0.34
15	黄棕壤	530	124	41.54	0.34
16	灰褐土	460	169	74.24	0.44
17	黑钙土	448	174	70.18	0.40
18	草甸盐土	387	184	71.63	0.39
19	红黏土	351	177	63.28	0.36
20	水稻土	287	127	47.10	0.37
21	栗褐土	275	133	53.41	0.40
22	黄褐土	270	123	42.51	0.35
23	灰棕漠土	197	163	63.43	0.39
24	沼泽土	194	135	38.12	0.28
25	棕壤	168	156	56.99	0.37
26	黑土	107	165	53.47	0.32
27	漠境盐土	36	147	33.22	0.23
28	盐土	243	163	41.96	0.26
29	林灌草甸土	145	151	36.55	0.24
30	粗骨土	16	104	23.17	0.22
31	黑毡土	13	205	58.55	0.29
32	石质土	12	158	83.09	0.53
33	龟裂土	11	185	75.65	0.41
34	山地草甸土	10	146	36.55	0.25
35	干旱土	9	201	47.73	0.24
36	碱土	8	210	62.10	0.30
37	亚高山草甸土	8	188	57.80	0.31
38	暗棕壤	4	127	40.85	0.32

（二）西北区不同地形、地貌类型土壤速效钾含量差异

通过对西北区不同地形、地貌土壤速效钾含量测试值分析，不同地貌类型土壤耕层速效

钾含量差异不显著。以高原土壤速效钾平均含量最高，山地土壤速效钾平均含量最低。表现出高原＞平原＞盆地＞丘陵＞山地的趋势。以高原下部最高，为 203mg/kg，山地下部最低，为 148mg/kg。

不同地貌类型间土壤速效钾含量变异系数平均 0.40，以山地上部变异系数最高，为 0.44，盆地最小，为 0.34。详见表 5-26。

表 5-26　西北区不同地形、地貌类型土壤速效钾含量差异

地貌/平均	部位	点位数	平均值（mg/kg）	标准差	变异系数
平原（180）	上部	1 784	177	66.27	0.37
	中部	5 571	183	69.23	0.38
	下部	6 032	179	75.33	0.42
丘陵（161）	上部	570	165	64.99	0.39
	中部	3 629	160	64.69	0.40
	下部	2 903	159	66.63	0.42
山地（152）	上部	669	155	67.58	0.44
	中部	1 654	154	64.31	0.42
	下部	2 305	148	62.22	0.42
高原（185）	上部	3 994	167	59.40	0.36
	下部	323	203	80.34	0.40
盆地（170）	平均	3 235	165	55.73	0.34

（三）西北区不同成土母质土壤速效钾含量差异

通过对西北区 8 种成土母质土壤速效钾含量测试数据分析，不同母质的土壤速效钾含量有所不同。不同母质土壤速效钾含量由高到低顺序为：沉积母质＞红土母质＞洪冲积母质＞岩石风化物＞黄土母质＞人工淤积物＞坡残积母质＞风积物母质。以沉积物母质土壤速效钾含量最高，平均为 180mg/kg，以风积物母质土壤速效钾含量较低，为 137mg/kg。

不同母质土壤速效钾含量变异系数平均 0.36，最高值坡残积物 0.45，最小值岩石风化物 0.26。见表 5-27。

表 5-27　西北区不同成土母质土壤速效钾含量差异

序号	母质	点位数	平均值（mg/kg）	标准差	变异系数
1	黄土母质	13 462	168.60	63.86	0.38
2	坡残积母质	3 185	151.54	68.24	0.45
3	洪冲积母质	13 422	173.43	70.20	0.40
4	风积母质	737	136.55	52.93	0.39
5	沉积母质	1 370	180.34	68.94	0.38
6	红土母质	380	178.18	65.85	0.37
7	人工淤积物	72	159.04	45.07	0.28
8	岩石风化物	8	172.75	44.98	0.26

(四) 西北区不同土壤质地土壤速效钾含量差异

通过对不同质地样品土壤速效钾测试结果分析，可以看出土壤中速效钾含量与土壤质地关系不大，不同质地土壤速效钾含量由大到小排列顺序为，黏土>黏壤土>壤土>砂土。以黏土速效钾含量较高，平均为178mg/kg，以砂土速效钾含量较低，为151mg/kg。

不同质地土壤速效钾变异系数平均0.40，不同质地间变化不大。详见表5-28。

表5-28　西北区不同土壤质地土壤速效钾含量差异

质地	点位数	平均值（mg/kg）	标准差	变异系数
壤土	20 189	167.6	66.64	0.40
砂土	3 029	150.7	65.74	0.44
黏土	3 014	178.3	68.22	0.38
黏壤土	6 404	176.5	68.49	0.39

三、土壤速效钾的分级与分布

通过对西北区耕层土壤速效钾分级面积统计数据看，西北区速效钾含量多数在一、二、三级之间，这三级占西北区总耕地面积的88.43%。按高、中、低肥力划分，高肥力（速效钾含量大于150mg/kg）占65.2%，中肥力（速效钾含量100～150mg/kg）占32.6%，低肥力（速效钾含量小于100mg/kg）占2.2%（图5-4）。

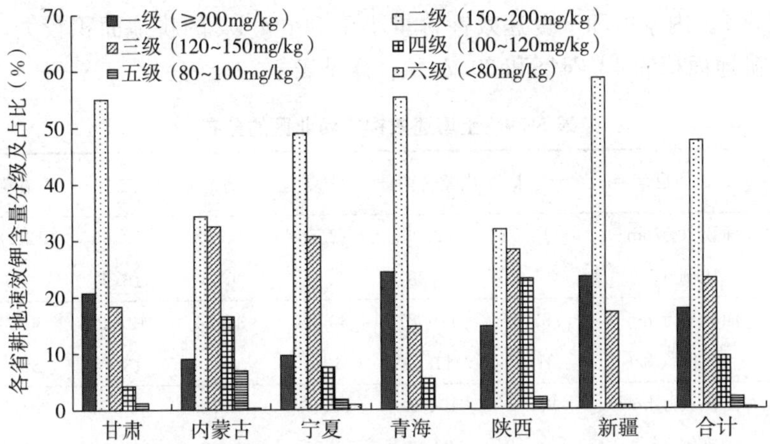

图5-4　耕层土壤速效钾在各省（自治区）的分布

①西北区耕层土壤速效钾含量大于200mg/kg的耕地面积346.10万hm^2，占西北区总耕地面积的17.70%。此类土壤各种土类均有大量分布，主要分布在黄绵土、潮土和褐土上，分别占西北区该级耕地面积的14.44%、10.57%和8.55%。其中新疆和甘肃速效钾大于200mg/kg的耕地面积较大，分别占西北区速效钾该级耕地面积的34.91%和31.99%。详见表5-29。

②西北区速效钾含量150～200mg/kg的耕地面积929.29万hm^2，占西北区总耕地面积的47.54%。此级耕地各类土壤均有大量分布，主要分布在黄绵土、褐土和黑垆土上，分别占西北区该级耕地面积的17.11%、8.71%和8.76%。其中甘肃和新疆速效钾含量150～

200mg/kg 的耕地面积面积较大，分别占西北区速效钾该级耕地面积的 31.59%和 32.47%，详见表 5-29。

③西北区速效钾含量 120～150mg/kg 的耕地面积 451.59 万 hm^2，占西北区总耕地面积的 23.10%。此类地各种土类均有分布，主要分布在黄绵土、栗钙土和潮土上，分别占西北区该级耕地面积的 15.49%、14.02%和 8.02%。其中内蒙古、甘肃和陕西速效钾含量120～150mg/kg 的耕地面积较大，分别占西北区速效钾该级耕地面积的 23.23%、21.82%和 24.89%。详见表 5-29。

④西北区速效钾含量 100～120mg/kg 的耕地面积 184.82 万 hm^2，占西北区总耕地面积的 9.45%。此级耕地各种土类少有分布，主要分布在黄绵土、栗钙土和黄棕壤上，分别占西北区该级耕地面积的 25.40%、16.88%和 8.29%。其中陕西和内蒙古速效钾含量 100～120mg/kg 的耕地面积较大，分别占西北区速效钾该级耕地面积的 50.08%和 28.78%。详见表 5-29。

⑤西北区速效钾含量 80～100mg/kg 的耕地面积 39.77 万 hm^2，占西北区总耕地面积的 2.03%。此级地各种土类极少有分布，主要分布在黄绵土、栗钙土、风沙土和栗褐土上，分别占西北区该级耕地面积的 11.49%、31.50%、10.95%和 7.64%。其中内蒙古速效钾含量 80～100mg/kg 的耕地面积较大，占西北区该级耕地面积的 56.03%。详见表 5-29。

⑥西北区速效钾含量小于 80mg/kg 的耕地面积 3.28 万 hm^2，占西北区总耕地面积的 0.17%。此级地各类土壤极少有分布，其中栗钙土、草甸土、灰钙土、风沙土、新积土和栗褐土所占比例较大，分别占西北区该级耕地面积的 18.02%、12.98%、16.88%、14.06%、9.38%和 10.85%。内蒙古和宁夏速效钾含量小于 80mg/kg 的耕地面积较大，分别占西北区速效钾该级耕地面积的 43.21%和 39.76%。详见表 5-29。

表 5-29 土壤速效钾在西北区的分布

含量	项目	甘肃	内蒙古西部	宁夏	青海	陕西	新疆	合计
>200mg/kg	面积（万 hm^2）	110.71	28.99	12.58	14.33	58.65	120.84	346.10
	比例（%）	31.99	8.38	3.64	4.14	16.94	34.91	17.70
150～200mg/kg	面积（万 hm^2）	293.56	110.87	63.28	32.54	127.34	301.71	929.29
	比例（%）	31.59	11.93	6.81	3.50	13.70	32.47	47.54
120～150mg/kg	面积（万 hm^2）	98.53	104.92	39.54	8.70	112.39	87.51	451.59
	比例（%）	21.82	23.23	8.75	1.93	24.89	19.38	23.10
100～120Mg/kg	面积（万 hm^2）	22.52	53.18	9.83	3.23	92.54	3.52	184.82
	比例（%）	12.18	28.78	5.32	1.75	50.08	1.90	9.45
80～100mg/kg	面积（万 hm^2）	7.07	22.30	2.49	0.00	7.92	0.00	39.77
	比例（%）	17.77	56.03	6.25	0.00	19.89	0.00	2.03
<80mg/kg	面积（万 hm^2）	0.54	1.41	1.30	0.00	0.03	0.00	3.28
	比例（%）	16.40	43.21	39.76	0.00	1.01	0.00	0.17
合计	面积（万 hm^2）	532.93	321.68	129.01	58.80	398.87	513.57	1 954.86
	占比（%）	27.26	16.46	6.60	3.01	20.40	26.27	100

四、土壤速效钾调控

提高土壤中钾的有效性，一般要通过对以下三种方式：一是采取增施速效态钾肥来增加土壤中钾的含量，以保证供给当季作物对钾的吸收利用；二是调节土壤环境条件，加快土壤中的缓效钾转化为速效钾的过程；三是要促使土壤中难溶态钾的溶解，提高钾的活性，使难溶性钾逐渐转化为速效钾。

根据土壤条件和作物对钾的吸收，一般可采取以下农业措施：

1. 调节土壤 pH　在酸性土壤上施用碱性肥料，降低土壤的酸性，以减少土壤中速效性钾的淋溶，增强土壤对钾的固定。在碱性土壤上使用酸性肥料，减少土壤对钾的固定，提高钾的活性。

2. 因土、因作物施钾肥　在施用钾肥时要考虑不同的土壤条件和作物种类，选择适宜的钾肥品种。由于钾肥多数水溶性较强，作物后期对钾的吸收较强，提倡钾肥后移，提高钾肥的利用率。

3. 施用有机肥料　在缺钾的土壤上，增施有机肥能起到一定的补钾作用。因为有机肥的钾含量较高，有机肥在腐熟后，能将有机态的钾肥转化为无机钾，供植物吸收利用。

4. 集中施钾肥　采取集中施用钾肥的方法，尽量减少或避免与土壤的接触面，把钾肥施在根系附近效果较好，或采取叶面喷施磷酸二氢钾等，均可提高钾肥的有效性，达到迅速补充钾肥的目的。

第五节　土壤缓效钾

缓效钾主要指 2∶1 型层状硅酸盐矿物层间和颗粒边缘的一部分钾，通常占全钾量的 1%～10%。缓效钾是速效钾的贮备库，当速效钾因作物吸收和淋失，浓度降低时，部分缓效钾可以释放出来转化为交换性钾，成为速效钾。因此，判断土壤供钾能力应综合考虑土壤速效钾和土壤缓效钾两项指标。如果土壤速效钾含量低，而缓效钾含量较高时，土壤的供钾能力并不一定很低，施用钾肥往往效果不明显，只有土壤速效钾和缓效钾含量都低的情况下，施用钾肥的效果才十分显著。

一、土壤缓效钾含量空间差异

（一）西北区各省（自治区）之间土壤缓效钾含量差异

通过对西北区 30 881 个样品土壤缓效钾含量测试值分析，西北区各省（自治区）土壤缓效钾平均含量 972mg/kg。不同省、区之间差异较大，以新疆兵团最高，为 1 207mg/kg，内蒙古最低，为 609mg/kg。

各省（自治区）之间土壤缓效钾含量变异系数相差不大，平均 0.34，内蒙古西部最高，为 0.45；宁夏最低，为 0.17；其余省（自治区）介于二者之间。详见表 5-30。

表 5-30　西北区各省（自治区）之间土壤缓效钾含量差异

省（自治区）名称	点位数	平均值（mg/kg）	标准差	变异系数
宁夏	134	1 009	173.47	0.17

（续）

省（自治区）名称	点位数	平均值（mg/kg）	标准差	变异系数
内蒙古西部	4 310	609	276.21	0.45
青海	876	963	404.63	0.42
甘肃	7 504	938	283.54	0.30
新疆	7 191	1 108	387.51	0.35
新疆兵团	3 172	1 207	318.08	0.26
陕西	7 694	974	394.73	0.41
合计/平均	30 881	972	319.74	0.34

（二）西北区不同地（州、市、盟）之间土壤缓效钾含量差异

通过对西北区 69 个地（州、市、盟）土壤缓效钾含量测试数据分析，西北区耕层土壤缓效钾平均含量，以陕西宝鸡市和咸阳市平均含量较高，分别为 1 295mg/kg 和1 315 mg/kg，以青海海南藏族自治州和内蒙古区鄂尔多斯市平均含量最低，分别为 448mg/kg 和 456mg/kg。

西北区土壤缓效钾的含量可以分为高中低 3 个层次，一是小于 750mg/kg 的低含量，主要有阿拉善盟、巴彦淖尔市、包头市、鄂尔多斯市、呼和浩特市、乌海市、乌兰察布市、锡林郭勒市、海南藏族自治州、海北藏族自治州、汉中市、榆林市、甘农垦、金昌市、酒泉市、嘉峪关市、张掖市；二是大于 1 200mg/kg 的高含量，主要有宝鸡市、咸阳市、第一师、第二师、第三师、第四师、第六师、第九师、第十师；其余介于 500～1 200mg/kg 之间。

西北区不同地（州、市、盟）土壤缓效钾变异系平均 0.30，最高值为 0.68，出现在青海海北藏族自治州，最低值为 0.08，出现在青海玉树藏族自治州。其余的变幅在两者之间。详见表 5-31。

表 5-31　西北区不同地（州、市、盟）之间土壤缓效钾含量差异

省（自治区）名称	地（市）	点位数	平均值（mg/kg）	标准差	变异系数
陕西	安康市	371	813	412.03	0.51
	宝鸡市	907	1 295	363.85	0.28
	汉中市	437	605	287.83	0.48
	商洛市	503	1 076	473.71	0.44
	铜川市	157	1 027	210.68	0.21
	渭南市	1 186	963	232.28	0.24
	西安市	440	1 044	206.67	0.20
	咸阳市	1 310	1 315	318.83	0.24
	延安市	1 313	815	277.93	0.34
	榆林市	1 070	617	217.82	0.35

（续）

省（自治区）名称	地（市）	点位数	平均值（mg/kg）	标准差	变异系数
甘肃	白银市	686	991	273.28	0.28
	定西市	1 203	937	205.63	0.22
	甘南藏族自治州	100	1 046	283.60	0.27
	甘农垦	47	554	170.54	0.31
	金昌市	99	596	233.98	0.39
	酒泉市	317	667	154.35	0.23
	兰州市	429	932	277.23	0.30
	临夏州	356	996	225.61	0.23
	陇南市	687	837	280.53	0.34
	嘉峪关市	13	544	80.06	0.15
	平凉市	781	986	213.01	0.22
	庆阳市	1 006	1 009	175.99	0.17
	天水市	829	1 036	332.76	0.32
	武威市	527	1 087	391.91	0.36
	张掖市	424	649	206.62	0.32
内蒙古西部	阿拉善盟	11	633	81.53	0.13
	巴彦淖尔市	1 144	633	274.63	0.43
	包头市	473	677	275.08	0.41
	鄂尔多斯市	626	456	228.01	0.50
	呼和浩特市	795	603	329.27	0.55
	乌海市	9	582	173.52	0.30
	乌兰察布市	1 048	656	240.36	0.37
	锡林郭勒盟	204	574	189.11	0.33
宁夏	固原市	86	1 086	153.30	0.14
	吴忠市	48	869	108.82	0.13
青海	海北藏族自治州	87	584	397.13	0.68
	海东市	328	1 160	314.08	0.27
	海南藏族自治州	130	448	276.95	0.62
	海西蒙古族藏族自治州	78	892	218.77	0.25
	黄南藏族自治州	24	1 125	160.65	0.14
	西宁市	216	1 146	261.25	0.23
	玉树藏族自治州	13	750	58.63	0.08

（续）

省（自治区）名称	地（市）	点位数	平均值（mg/kg）	标准差	变异系数
新疆兵团	第一师	523	1 260	314.72	0.25
	第二师	247	1 216	287.11	0.24
	第三师	42	1 260	289.32	0.23
	第四师	232	1 229	290.88	0.24
	第五师	360	1 188	438.93	0.37
	第六师	560	1 209	284.60	0.24
	第七师	359	1 156	309.25	0.27
	第八师	342	1 188	298.07	0.25
	第九师	200	1 207	295.92	0.25
	第十师	16	1 246	316.19	0.25
	第十二师	102	1 150	291.92	0.25
	第十三师	115	1 186	292.37	0.25
	第十四师	74	1 199	292.66	0.24
新疆	阿勒泰地区	497	1 103	327.81	0.30
	阿克苏地区	1 236	1 165	482.22	0.41
	巴音郭楞蒙古自治州	658	1 148	383.23	0.33
	博尔塔拉蒙古自治州	208	1 099	287.85	0.26
	昌吉回族自治州	903	1 126	395.52	0.35
	哈密地区	165	1 030	349.48	0.34
	和田地区	456	1 041	339.24	0.33
	喀什地区	1 201	992	344.82	0.35
	克拉玛依市	31	932	268.72	0.29
	克孜勒苏柯尔克孜自治州	142	997	380.88	0.38
	塔城地区	780	1 170	341.40	0.29
	吐鲁番地区	160	1 048	308.40	0.29
	乌鲁木齐市	137	1 178	361.58	0.31
	伊犁哈萨克自治州	617	1 184	377.92	0.32

二、耕层土壤缓效钾含量及其影响因素

（一）西北区不同土壤类型土壤缓效钾含量差异

通过对西北区 38 种主要土类样品测试结果分析，西北区主要土类土壤缓效钾平均含量，以干旱土最高 1 318mg/kg，碱土最低 370mg/kg，其余土类介于二者之间。土壤缓效钾含量由高到低的排列顺序为，沼泽土>亚高山草甸土>棕钙土>灰漠土>草甸土>褐土>黑垆土>黑土>黑钙土>灰棕漠土>龟裂土>漠境盐土>棕漠土>灌淤土>灰钙土>黄绵土>棕壤>山地草甸土>潮土>红黏土>灰褐土>黄棕壤>灌漠土>暗棕壤>林灌草甸土>栗钙土

>黑毡土>水稻土>黄褐土>风沙土>石质土>粗骨土>草甸盐土>栗褐土。

不同土类土壤缓效钾变异系数之间相差不大，平均0.35，其中以风沙土最高，为0.54，黑毡土最小，为0.08，其余土类介于二者之间，详见表5-32。

表5-32　西北区不同土壤类型土壤速效钾含量差异

序号	土类	点位数	平均值（mg/kg）	标准差	变异系数
1	黄绵土	5 144	944	314.36	0.33
2	潮土	3 810	912	450.33	0.49
3	栗钙土	2 876	815	418.41	0.51
4	黑垆土	2 469	1 052	242.19	0.23
5	褐土	2 311	1 103	346.12	0.31
6	灌淤土	1 759	971	303.40	0.31
7	草甸土	1 822	1 111	392.91	0.35
8	灰漠土	1 539	1 163	340.91	0.29
9	棕钙土	1 361	1 176	344.08	0.29
10	灰钙土	1 145	970	357.36	0.37
11	新积土	681	1 000	431.66	0.43
12	风沙土	610	732	395.78	0.54
13	棕漠土	548	982	320.14	0.36
14	灌漠土	654	879	315.73	0.33
15	黄棕壤	530	887	457.88	0.52
16	灰褐土	440	889	287.39	0.32
17	黑钙土	444	1 023	436.16	0.43
18	草甸盐土	370	569	272.14	0.48
19	红黏土	351	897	280.93	0.31
20	水稻土	287	745	368.93	0.50
21	栗褐土	275	448	237.82	0.53
22	黄褐土	270	742	390.97	0.53
23	灰棕漠土	197	1 011	453.12	0.45
24	沼泽土	194	1 287	478.09	0.37
25	棕壤	168	937	333.88	0.36
26	黑土	107	1 028	261.57	0.25
27	漠境盐土	36	982	214.14	0.22
28	盐土	243	1 267	290.18	0.23

（续）

序号	土类	点位数	平均值（mg/kg）	标准差	变异系数
29	林灌草甸土	145	834	183.67	0.22
30	粗骨土	16	609	263.76	0.43
31	黑毡土	13	750	58.63	0.08
32	石质土	12	711	256.69	0.36
33	龟裂土	11	989	306.26	0.31
34	山地草甸土	10	930	287.26	0.31
35	干旱土	9	1 318	272.69	0.21
36	碱土	8	370	119.19	0.32
37	亚高山草甸土	8	1 187	143.99	0.12
38	暗棕壤	4	847	141.50	0.17

（二）西北区不同地形、地貌类型土壤缓效钾含量差异

西北区不同地貌类型土壤耕层缓效钾平均含量，以盆地最高，为 1 131mg/kg，丘陵最低，为 882mg/kg，其余则在二者之间。速效钾从大到小排列顺序为：盆地>高原>平原>山地>丘陵。

不同地貌类型间土壤缓效钾含量的变异系数平均 0.37，以山地下部变异系数最高，为 0.48，丘陵上部最低，为 0.21，其余在二者之间。详见表 5-33。

表 5-33　西北区不同地形、地貌类型土壤缓效钾含量差异

地貌/平均	部位	点位数	平均值（mg/kg）	标准差	变异系数
平原（1 009）	上部	1 695	1 038	393.91	0.38
	中部	5 212	1 101	368.99	0.34
	下部	5 504	887	407.51	0.46
丘陵（893）	上部	534	921	197.68	0.21
	中部	3 282	901	326.39	0.36
	下部	2 801	857	325.96	0.38
山地（876）	上部	662	915	365.49	0.40
	中部	1 616	852	350.76	0.41
	下部	2 197	861	414.97	0.48
高原（1 023）	上部	3 848	1 003	360.49	0.36
	下部	321	1 043	378.62	0.36
盆地（1 131）	平均	3 209	1 131	382.36	0.34

（三）西北区不同成土母质土壤缓效钾含量差异

通过对西北区 6 种成土母质土壤缓效钾样品测试结果分析，西北区 0～20cm 土壤缓效

钾含量存在一定差异。最高值出现在黄土母质，为 1 016mg/kg，最低值出现在沉积母质，为 665mg/kg，按土壤缓效钾含量大小的排列顺序为：黄土母质＞冲洪积母质＞红土母质＞坡残积母质＞风积母质＞沉积母质。

不同母质土壤缓效钾变异系数平均 0.44，最高值出现在风积物，为 0.60，最低值出现在红土状母质，为 0.33。详见表 5-34。

表 5-34　西北区不同母质土壤耕层缓效钾含量差异

序号	成土母质	点位数	平均值（mg/kg）	标准差	变异系数
1	黄土母质	12 993	1 016	345.18	0.34
2	坡残积物	3 138	831	375.65	0.45
3	洪冲积物	12 376	1 003	402.75	0.40
4	风积物	691	728	435.86	0.60
5	沉积母质	1 304	665	321.10	0.48
6	红土状物	379	893	296.93	0.33

（四）西北区不同土壤质地土壤缓效钾含量差异

西北区不同质地的土壤缓效钾含量差异不大，以黏土缓效钾含量最高，为 1 019mg/kg，砂土缓效钾含量最低，为 847mg/kg，土壤缓效钾通过对高到低的排列顺序为：黏土＞壤土＞黏壤土＞砂土。

不同质地土壤缓效钾变异系数平均 0.4。以砂土最高，为 0.49，黏壤土最低，为 0.33。详表 5-35。

表 5-35　西北区不同土壤质地土壤缓效钾含量差异

质地	点位数	平均值（mg/kg）	标准差	变异系数
壤土	18 809	977	390.02	0.40
砂土	2 719	847	413.41	0.49
黏土	2 977	1 019	416.02	0.41
黏壤土	6 376	976	324.72	0.33

三、土壤缓效钾的分级与分布

通过对西北区耕层土壤缓效钾分级面积统计数据看，西北区缓效钾含量多数在二、三、四、五级之间，这四级占西北区总耕地面积的 91.21%。按高、中、低肥力划分，高肥力（土壤缓效钾含量大于 1 200mg/kg）的占 16.41%，中肥力（缓效钾含量 750～1 200mg/kg）的占 57.36%，低肥力（缓效钾含量小于 750mg/kg）占 26.22%（图 5-5）。

①西北区耕层土壤缓效钾含量大于 1 500mg/kg 的耕地面积 34.85 万 hm^2，占西北区总耕地面积的 1.78%。该级地各类土壤少有分布，主要分布在黄绵土、潮土、褐土、草甸盐土和棕钙土上，分别占西北区该级地面积的 13.17%、15.93%、11.67%、9.98% 和

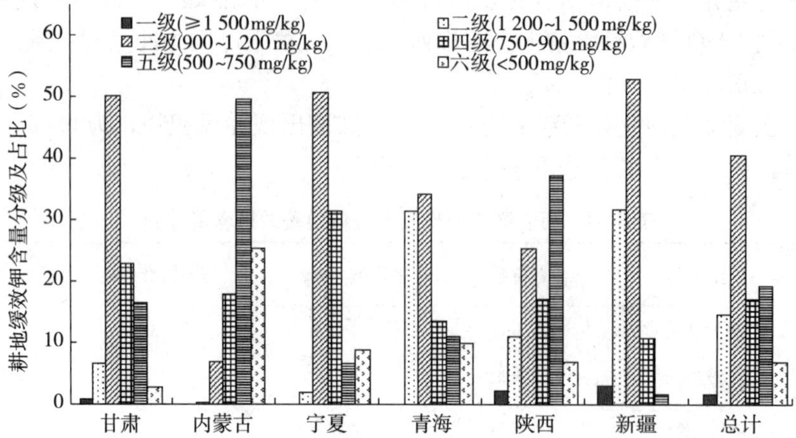

图 5-5 耕层土壤缓效钾在各省(自治区)的分布

9.47%。其中新疆和陕西土壤缓效钾含量大于 1 500mg/kg 的耕地面积较大，分别占西北区该级耕地面积的 51.2%和 36.4%。详见表 5-36。

②西北区耕层土壤缓效钾含量 1 200～1 500mg/kg 的耕地面积 285.98 万 hm^2，占西北区总耕地面积的 14.63%。该级地各类土壤均有分布，主要分布在黄绵土、褐土和棕钙土上，分别占西北区该级耕地地面积的 10.25%、12.17%和 8.55%。新疆和陕西土壤缓效钾含量 1 200～1 500mg/kg 的耕地面积较大，分别占西北区缓效钾该级耕地面积的 53.5%和 25.9%。详见表 5-36。

③西北区耕层土壤缓效钾含量 900～1 200mg/kg 的耕地面积 788.99 万 hm^2，占西北区总耕地面积的 40.36%。此级地各种土类均有大量分布，主要分布在黄绵土、褐土和黑垆土上，分别占西北区该级地面积的 22.80%、7.83%和 12.88%。甘肃和新疆土壤缓效钾含量 900～1 200mg/kg 的耕地面积较大，分别占西北区缓效钾该级耕地面积的 33.8%和 36.4%。详见表 5-36。

④西北区耕层土壤缓效钾含量 750～900mg/kg 的耕地面积 322.40 万 hm^2，占西北区总耕地面积的 17.00%。该级地各种土类均有分布，主要分布在黄绵土、潮土和灰钙土上，分别占西北区该级耕地面积的 16.21%、8.31%和 8.57%。甘肃、陕西和内蒙古土壤缓效钾含量 750～900mg/kg 的耕地面积较大，分别占西北区缓效钾该级耕地面积的 36.6%、18.90%和 15.40%。详见表 5-36。

⑤西北区土壤缓效钾含量 500～750mg/kg 的耕地面积 375.74 万 hm^2，占西北区总耕地面积的 19.22%。该级地各种土类均有分布，主要分布在黄绵土、栗钙土和风沙土上，分别占西北区该级地面积的 14.74%、23.94%和 7.04%。甘肃、内蒙古和陕西土壤缓效钾含量 500～750mg/kg 的耕地面积较大，分别占西北区缓效钾该级耕地面积的 23.4%、44.5%和 26.5%。详见表 5-36。

⑥西北区土壤缓效钾含量小于 500mg/kg 的耕地面积 136.90 万 hm^2，占西北区总耕地面积的 7.00%。该级地各种土类少有分布，主要分布在栗钙土、潮土、灌淤土和风沙土上，分别占西北区该级耕地面积的 22.96%、8.49%、8.75%和 11.89%。内蒙古、陕西和甘肃土壤缓效钾含量小于 500mg/kg 的耕地面积较大，分别占西北区缓效钾该级耕地面积的 62.1%、15.6%和 11.4%。详见表 5-36。

表 5-36　西北区耕层土壤缓效钾含量分级在各省（自治区）的分布

含量	项目	甘肃	内蒙古西部	宁夏	青海	陕西	新疆	总计
>1 500mg/kg	面积（万 hm^2）	4.31	0.00	0.00	0.00	12.68	17.86	34.85
	占比（%）	12.4	0.0	0.0	0.0	36.4	51.2	1.78
1 200～1 500mg/kg	面积（万 hm^2）	36.39	1.23	2.81	18.46	73.99	153.10	285.98
	占比（%）	12.7	0.4	1.0	6.5	25.9	53.5	14.63
900～1 200mg/kg	面积（万 hm^2）	266.89	17.20	69.00	20.06	128.54	287.30	788.99
	占比（%）	33.8	2.2	8.7	2.5	16.3	36.4	40.36
750～900mg/kg	面积（万 hm^2）	121.71	51.12	41.72	7.88	62.82	47.15	332.40
	占比（%）	36.6	15.4	12.6	2.4	18.9	14.2	17.00
500～750mg/kg	面积（万 hm^2）	88.06	167.16	6.38	6.52	99.46	8.16	375.74
	占比（%）	23.4	44.5	1.7	1.7	26.5	2.2	19.22
<500mg/kg	面积（万 hm^2）	15.58	84.96	9.09	5.88	21.38	0.00	136.90
	占比（%）	11.4	62.1	6.6	4.3	15.6	0.0	7.00
合计	面积（万 hm^2）	532.93	321.68	129.01	58.80	398.87	513.57	1 954.86
	占比（%）	27.26	16.46	6.60	3.01	20.40	26.27	100

四、土壤缓效钾调控

（一）土壤缓效钾含量变化的影响因素

土壤钾素含量变化的影响因素很多，主要是施肥和种植制度。已有部分地区出现土壤钾素亏缺状况，但西北区一般土壤不缺乏钾素，施用钾肥可起到一定增产效果，究其原因大概有以下几方面：

1. 有机肥投入不足　西北区虽然土壤速效钾、缓效钾含量不低，但容易被土壤固定，不如施入的钾肥水溶性高，容易被作物吸收。有机肥不仅富含作物生长发育的多种营养元素，还含有丰富的钾素，不但能改良培肥土壤，还可提高土壤钾素供应能力，对土壤钾素的循环十分重要，但有机肥料肥效缓慢，周期长、见效慢，不如化肥养分含量高，施用方便，见效快，因此投入相对不足。

2. 土壤钾素含量出现下滑　人们对钾肥的认识不足，生产上一直存在着“重氮磷肥，轻钾肥”的施肥现象。北方地区土壤速效钾的含量出现了急剧下降，化学钾肥水溶性好，因而能够被作物迅速吸收，进而达到增产目的。

3. 作物产量和复种指数提高　随着农业的迅猛发展，高产品种的引进和科学栽培技术的应用，复种指数和产量不断提高，导致土壤中带走的钾越来越多，加剧了土壤钾素的消耗，一些地区土壤钾素亏缺严重。

（二）土壤钾素调控

合理施用钾肥应当以土壤钾素丰缺状况为主要依据。在土壤缺钾的情况下，钾肥的增产效果极为显着，一般可增产 10%～25%。当土壤速效钾含量达到高或极高时，一般就没有必要施钾肥了，因为土壤中的钾已能满足作物的需要。总的来说，西北大部分地区的缺钾现象并不十分严重，但某些地区也存在着钾肥施用不合理、钾肥利用率低的现象，造成了钾素资源的大量浪费。因此，科学合理的评价土壤供钾特性、充分发挥土壤的供钾潜力，有效施用和分配钾肥显得尤为重要。针对土壤钾素状况，可以通过以下几种途径进行调控：

1. 提高对钾肥投入的认识 利用一切形式广泛深入地宣传增施钾肥的重要性，以增强农户的施用钾肥意识，增加钾肥投入的自觉性。另外，还应当认识到：①钾肥的肥效一定要在满足作物对氮、磷营养的基础上才能显现出来；②土壤速效钾的丰缺标准会随着作物产量的提高和氮、磷化肥用量的增加而变化，例如，原来不缺钾的土壤，这几年施钾也有效果了；③我国钾肥资源紧缺，多年来依靠进口，因此有限的钾肥应优先分配在缺钾土壤和喜钾作物上。

2. 深翻晒垡 这一措施可改良土壤结构，协调土壤水、肥、气、热状况，有利于土壤钾素释放。

3. 增施有机肥 一般每亩施用优质有机肥 1 500～2 000kg 为宜。作物秸秆还田对增加土壤钾素尤为明显，秸秆可通过过腹、堆沤和直接覆盖 3 种形式还田。另外，发展绿肥生产也是提高土壤钾素含量的有效途径，可利用秋收后剩余光热资源、种植一季绿肥进行肥田。

4. 施用生物钾肥 土壤中钾素含量比较丰富，但 90%～98%是一般作物难以吸收的形态。施用生物钾肥可将难溶性钾转变为有效钾，挖掘土壤钾素潜力，进而增加土壤有效钾含量，达到补钾目的。

5. 优化配方施肥，增施化学钾肥 改变多氮、磷肥，少钾肥的施肥现状，充分利用各地地力监测和试验示范结果，因土壤因作物制定施肥方案，协调氮、磷、钾，有机肥与无机肥之间的比例。根据不同土壤及作物，在增施有机肥的基础上，适量增加钾肥用量，逐步扭转钾素亏缺局面。

第六节　土壤有效铁

铁（Fe）是地壳中较丰富的元素，在土壤中广泛存在。土壤中铁的含量主要与土壤 pH 值、氧化还原条件、土壤全氮、碳酸钙含量和成土母质等有关。容易发生缺铁的土壤一般有：盐碱土、施用大量磷肥土壤、风沙土和砂土等。由于铁的有效性差，植物容易出现缺铁症状，但土壤本身可能不缺铁。在酸性和淹水还原条件下，铁以亚铁形式出现，易导致植物亚铁中毒。

土壤铁的有效性受到很多因素的影响，如土壤 pH、$CaCO_3$ 含量、水分、孔隙度等。铁的有效性与 pH 值呈负相关，pH 值高的土壤易生成难溶的氢氧化铁，降低土壤有效性。长期处于还原条件下的酸性土壤，铁被还原成溶解度大的亚铁，铁的有效性增加。干旱少雨地区土壤中氧化环境占优势，降低了铁的溶解度。碱性土壤中，铁能与碳酸根，生成难溶的碳酸盐，降低铁的有效性，而在酸性土壤中很难观察到缺铁现象。成土母质也影响铁含量，土壤母质含铁高，土壤表层含铁量也高。

在北方石灰性土壤和碱性土壤上，缺铁的现象较为普遍。北方土壤缺铁程度普遍高于南方土壤，北方和南方的土壤有效铁含量低于临界值的平均百分数分别为 36.2%和 4.5%。西北区普遍缺铁但程度不高。

铁作为含量相对较大的微量元素，其在植物生长过程中具有重要的生理意义。因此，明确土壤有效铁含量变化及其分布，对于合理调控土壤肥力，促进作物高产具有重要意义。

一、土壤有效铁含量空间差异

(一) 西北区各省 (自治区) 之间土壤有效铁含量差异

通过对西北区 32 266 个样品土壤有效铁测试数据分析，西北区 0～20cm 土壤有效铁含量平均 10.69mg/kg，以内蒙古西部平均含量最高，为 12.36mg/kg，陕西次之，甘肃含量最低，为 8.00mg/kg。

不同省（自治区）土壤有效铁含量的变异系数平均 0.76，以宁夏变异系数最高，为 1.13，甘肃最低，为 0.39。详见表 5-37。

表 5-37　西北区各省 (自治区) 之间土壤有效铁含量差异

省（自治区）名称	点位数	平均值（mg/kg）	标准差	变异系数
宁夏	1 433	11.56	13.04	1.13
内蒙古西部	4 344	12.36	9.26	0.75
青海	876	9.40	7.62	0.81
甘肃	7 504	8.00	3.15	0.39
新疆	7 243	11.24	6.92	0.62
新疆兵团	3 172	10.10	8.25	0.82
陕西	7 694	12.16	10.13	0.83
平均/合计	32 266	10.69	8.34	0.76

(二) 西北区不同地 (州、市、盟) 之间土壤有效铁含量差异

通过对西北区 73 个地区（州、市、盟）有效铁含量测试数据分析，西北区有效铁含量，以青海海北藏族自治州有效铁含量最高，为 40.33mg/kg，以兵团第九师含量最低，为 3.67mg/kg。

西北区的土壤有效铁含量，大体可以分为高（大于 20mg/kg）、中（10～20mg/kg）、低（小于 10mg/kg）3 个层次，其中小于 10mg/kg 的地（州、市、盟）有渭南市、咸阳市、白银市、定西市、甘南藏族自治州、甘农垦、金昌市、酒泉市、兰州市、临夏市、陇南市、嘉峪关市、平凉市、庆阳市、天水市、武威市、张掖市、阿拉善盟、乌海市、乌兰察布市、固原市、第三师、第四师、第五师、第七师、第九师博尔塔拉蒙古自治州；大于 20mg/kg 的地（州、市、盟）有安康市、汉中市、宁夏农垦、海北藏族自治州、海东市、海南藏族自治州、西宁市、玉树藏族自治州、第十师；其他的介于 10～20mg/kg 之间。

不同地区土壤有效铁变异系数平均 0.55，以陕西榆林市、宁夏中卫市和兵团第四师较高，分别为 1.14、1.18 和 1.23，青海玉树藏族自治州变异系数最小，为 0.09。详见表 5-38。

表 5-38 西北区不同地（州、市、盟）之间土壤有效铁含量差异

省（自治区）名称	地（州市盟）	点位数	平均值（mg/kg）	标准差	变异系数
陕西	安康市	371	22.64	16.08	0.71
	宝鸡市	907	11.25	8.11	0.72
	汉中市	437	23.05	12.30	0.53
	商洛市	503	13.63	3.61	0.27
	铜川市	157	13.64	8.06	0.59
	渭南市	1 186	9.89	5.35	0.54
	西安市	440	19.78	15.11	0.76
	咸阳市	1 310	7.62	7.62	1.00
	延安市	1 313	10.95	4.96	0.45
	榆林市	1 070	10.37	11.86	1.14
甘肃	白银市	686	7.08	2.78	0.39
	定西市	1 203	7.83	2.94	0.37
	甘南藏族自治州	100	7.16	2.84	0.40
	甘农垦	47	6.76	3.34	0.49
	金昌市	99	4.73	2.66	0.56
	酒泉市	317	9.51	3.55	0.37
	兰州市	429	8.41	2.92	0.35
	临夏州	356	8.09	2.77	0.34
	陇南市	687	7.33	3.09	0.42
	嘉峪关市	13	7.90	1.11	0.14
	平凉市	781	7.41	2.18	0.29
	庆阳市	1 006	8.56	4.15	0.48
	天水市	829	8.07	2.78	0.34
	武威市	527	8.34	2.59	0.31
	张掖市	424	9.69	3.08	0.32
内蒙古西部	阿拉善盟	11	5.74	2.69	0.47
	巴彦淖尔市	1 157	17.05	8.96	0.53
	包头市	476	12.54	7.59	0.60
	鄂尔多斯市	623	10.89	8.64	0.79
	呼和浩特市	795	13.58	12.14	0.89
	乌海市	9	8.87	5.87	0.66
	乌兰察布市	1 068	7.60	5.14	0.68
	锡林郭勒盟	205	10.50	5.86	0.56

（续）

省（自治区）名称	地（州市盟）	点位数	平均值（mg/kg）	标准差	变异系数
宁夏	固原市	530	6.69	2.62	0.39
	宁夏农垦	32	23.44	19.65	0.84
	石嘴山市	50	13.15	4.30	0.33
	吴忠市	360	12.01	11.99	1.00
	银川市	212	12.32	10.19	0.83
	中卫市	249	18.79	22.27	1.18
青海	海北藏族自治州	87	40.33	8.29	0.21
	海东市	328	20.34	8.85	0.44
	海南藏族自治州	130	21.04	10.88	0.52
	海西蒙古族藏族自治州	78	16.25	4.99	0.31
	黄南藏族自治州	24	24.88	7.61	0.31
	西宁市	216	22.86	8.23	0.36
	玉树藏族自治州	13	23.94	2.05	0.09
新疆兵团	第一师	523	11.40	10.17	0.89
	第二师	247	13.01	7.58	0.58
	第三师	42	9.86	2.04	0.21
	第四师	232	9.77	11.98	1.23
	第五师	360	5.85	5.72	0.98
	第六师	560	12.14	8.92	0.73
	第七师	359	8.47	4.64	0.55
	第八师	342	10.06	6.49	0.65
	第九师	200	3.67	1.39	0.38
	第十师	16	21.61	4.92	0.23
	第十二师	102	13.68	6.53	0.48
	第十三师	115	11.01	4.29	0.39
	第十四师	74	14.33	6.41	0.45
新疆	阿勒泰地区	497	11.10	3.76	0.34
	阿克苏地区	1 240	10.63	8.32	0.78
	巴音郭楞蒙古自治州	658	13.43	8.61	0.64
	博尔塔拉蒙古自治州	208	8.40	4.51	0.54
	昌吉回族自治州	903	11.56	5.69	0.49
	哈密地区	165	11.00	5.09	0.46
	和田地区	456	12.68	6.02	0.48
	喀什地区	1 249	10.66	7.64	0.72
	克拉玛依市	31	11.41	6.67	0.58
	克孜勒苏柯尔克孜自治州	142	13.33	8.06	0.60
	塔城地区	780	11.44	5.29	0.46
	吐鲁番地区	160	11.28	6.03	0.53
	乌鲁木齐市	137	11.42	5.77	0.50
	伊犁哈萨克自治州	617	10.07	6.71	0.67

二、耕层土壤有效铁含量及其影响因素

（一）西北区不同土壤类型土壤有效铁含量差异

通过对西北区有代表性的38种土类土壤有效铁测试结果分析，西北区各类土壤有效铁平均含量以黑毡土最高，为37.80mg/kg，以暗棕壤含量最低，为6.16mg/kg。土壤有效铁含量由大到小的排列顺序为，黑毡土>水稻土>黄棕壤>草甸盐土>粗骨土>黄褐土>潮土>林灌草甸土>灌淤土>风沙土>灰漠土>灰褐土>龟裂土>棕壤>褐土>棕漠土>漠境盐土>沼泽土>黑钙土>棕钙土>亚高山草甸土>灰棕漠土>石质土>新积土>栗钙土>黑土>黄绵土>灌漠土>红黏土>栗褐土>山地草甸土>黑垆土>灰钙土>暗棕壤。

不同土类土壤有效铁的含量的变异系数平均0.57，以灌淤土变异系数最高，为0.88，以亚高山草甸土变异系数最小，为0.13。详见表5-39。

表5-39 西北区不同土壤类型土壤有效铁含量差异

序号	土类	点位数	平均值（mg/kg）	标准差	变异系数
1	黄绵土	5 554	9.07	6.53	0.72
2	潮土	3 888	14.36	9.98	0.70
3	栗钙土	2 898	9.18	6.54	0.71
4	黑垆土	2 641	7.70	4.15	0.54
5	褐土	2 311	11.05	9.07	0.82
6	灌淤土	2 087	12.12	10.62	0.88
7	草甸土	1 825	8.21	6.46	0.79
8	灰漠土	1 539	11.51	7.68	0.67
9	棕钙土	1 360	10.24	4.45	0.43
10	灰钙土	1 262	7.58	5.48	0.72
11	新积土	820	9.23	7.04	0.76
12	风沙土	657	11.87	10.21	0.86
13	灌漠土	654	8.58	3.57	0.42
14	棕漠土	600	10.81	5.65	0.52
15	黄棕壤	530	20.84	12.93	0.62
16	灰褐土	454	11.31	6.32	0.56
17	黑钙土	446	10.40	6.93	0.67
18	草甸盐土	372	18.45	9.91	0.54
19	红黏土	351	8.35	4.36	0.52
20	水稻土	287	22.42	14.71	0.66
21	栗褐土	275	8.21	7.18	0.87
22	黄褐土	270	16.17	10.06	0.62

（续）

序号	土类	点位数	平均值（mg/kg）	标准差	变异系数
23	盐土	243	14.05	7.40	0.53
24	灰棕漠土	197	9.95	5.35	0.54
25	沼泽土	194	10.44	6.34	0.61
26	棕壤	168	11.08	7.77	0.70
27	林灌草甸土	145	13.72	2.80	0.20
28	黑土	107	9.15	3.06	0.33
29	漠境盐土	36	10.56	3.31	0.31
30	粗骨土	16	16.26	12.07	0.74
31	黑毡土	13	37.80	13.16	0.35
32	石质土	12	9.89	5.01	0.51
33	龟裂土	11	11.08	7.07	0.64
34	山地草甸土	10	7.89	4.62	0.59
35	干旱土	9	23.23	4.16	0.18
36	碱土	8	16.75	3.84	0.23
37	亚高山草甸土	8	10.19	1.28	0.13
38	暗棕壤	4	6.16	3.55	0.58

（二）西北区不同地形、地貌类型土壤有效铁含量差异

西北区不同地貌类型土壤有效铁含量最高值出现在平原上，为 11.75mg/kg，最低值出现在高原上，为 8.89mg/kg，土壤有效铁含量由大到小趋势为：平原＞山地＞盆地＞丘陵＞高原。

不同地貌土壤有效铁变异系数平均 0.70，以盆地最高，为 0.83，以丘陵上部最低，为 0.51。详见表 5-40。

表 5-40　西北区不同地形、地貌类型土壤有效铁含量差异

地貌/平均	部位	点位数	平均值（mg/kg）	标准差	变异系数
平原（11.747）	上部	1 777	10.292	7.92	0.77
	中部	5 532	11.592	9.49	0.82
	下部	5 740	13.358	9.06	0.68
丘陵（9.147）	上部	570	11.062	5.65	0.51
	中部	3 618	8.008	4.59	0.57
	下部	2 890	8.371	5.02	0.60
山地（11.152）	上部	669	11.190	7.84	0.70
	中部	1 650	10.180	7.72	0.76
	下部	2 268	12.085	9.13	0.76

（续）

地貌/平均	部位	点位数	平均值（mg/kg）	标准差	变异系数
高原（8.885）	上部	3 994	9.254	7.57	0.82
	下部	323	8.516	5.45	0.64
盆地（10.982）	平均	3 235	10.982	9.07	0.83

（三）西北区不同成土母质土壤有效铁含量差异

通过对西北区 8 种成土母质土壤有效铁测试结果分析，以人工淤积物含量最高，为 32.21mg/kg，岩石风化物含量最低，为 7.90mg/kg。不同母质土壤有效铁含量由大到小的顺序为：人工淤积物＞沉积物＞风积物＞冲洪积物＞坡残积物＞黄土母质＞红土母质＞岩石风化物。

不同母质土壤有效铁变异系数平均 0.68，以风积物最高，为 0.85，岩石风化物最低，为 0.51。详见表 5-41。

表 5-41　西北区不同母质耕层土壤有效铁含量差异

序号	母质	点位数	平均值（mg/kg）	标准差	变异系数
1	黄土母质	13 453	9.48	7.14	0.75
2	洪冲积物	13 164	11.38	8.70	0.76
3	坡残积物	3 172	10.70	8.12	0.76
4	沉积物	1 311	16.00	8.91	0.56
5	风积物	733	11.50	9.77	0.85
6	红土状物	380	8.81	5.72	0.65
7	人工淤积物	45	32.21	19.80	0.61
8	岩石风化物	8	7.90	4.03	0.51

（四）西北区不同土壤质地土壤有效铁含量差异

西北区不同土壤质地土壤有效铁含量有所不同，最高值出现在黏土上，为 12.112mg/kg，最低值出现在黏壤土上，为 9.443mg/kg，不同质地有效铁含量高低顺序为：黏土＞砂土＞壤土＞黏壤土。

不同质地土壤有效铁含量变异系数差异不大，平均 0.73，其中砂土最高，为 0.83，壤土次之 0.80、黏土 0.70、黏壤土最低，为 0.59。详见表 5-42。

表 5-42　西北区不同土壤质地土壤有效铁含量差异

耕层质地	点位数	平均值（mg/kg）	标准差	变异系数
壤土	19 932	10.707	8.54	0.80
黏壤土	6 388	9.443	5.55	0.59
砂土	2 952	12.026	10.00	0.83
黏土	2 994	12.112	8.50	0.70

三、土壤有效铁的分级与分布

通过对西北区耕层土壤有效铁分级面积统计数据看，西北区的土壤有效铁含量多数在三级和四级，这两级面积占西北区总耕地面积的 81.22%，按高中低肥力等级划分，高肥力（土壤有效铁含量＞15mg/kg）占 13.85%，中肥力（土壤有效铁含量 4.5～10mg/kg)占 81.22%，低肥力（土壤有效铁含量＜1.5～10mg/kg）占 4.94%。详见图 5-6 和表 5-43。

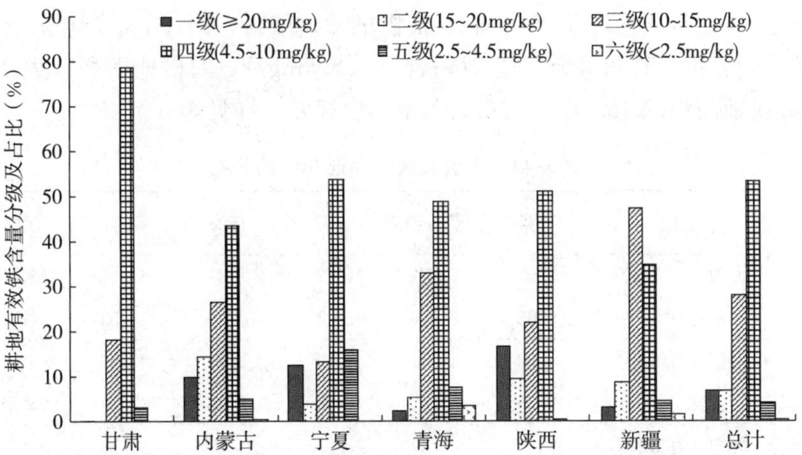

图 5-6　耕层土壤有效铁在各省（自治区）的分布

①西北区耕层土壤有效铁含量＞20mg/kg 的耕地面积 133.14 万 hm^2，占西北区总耕地面积的 6.81%。此级地各类土壤少有分布，主要分布在潮土、粗骨土、褐土和灰棕漠土上，分别占西北区该级耕地面积的 16.17%、8.74%、11.89%和 14.31%。其中内蒙古和陕西有效铁含量＞20mg/kg 的耕地面积较大，分别占西北区有效铁该级耕地面积的 24.20%和 50.53%。详见表 5-43。

②西北区耕层土壤有效铁含量 15～20mg/kg 的耕地面积 137.54 万 hm^2，占西北区总耕地面积的 7.04%。此级地各类土壤少有分布，主要分布在潮土、灌漠土、褐土和灰钙土上，分别占西北区该级耕地面积的 18.36%、7.34%、9.29%和 9.71%。内蒙古、陕西和新疆有效铁含量 15～20mg/kg 的耕地面积较大，分别占西北区有效铁该级耕地面积的 33.42%、27.21%和 32.33%。详见表 5-43。

③西北区耕层土壤有效铁含量 10～15mg/kg 的耕地面积 549.30 万 hm^2，占西北区总耕地面积的 28.10%。此级地各类土壤均有分布，主要分布在草甸土、草甸盐土和潮土上，分别占西北区该级耕地面积的 11.64%、9.32%和 9.35%。其中甘肃、内蒙古、陕西和新疆有效铁含量 10～15mg/kg 的耕地面积较大，分别占西北区有效铁该级耕地面积的 17.54%、15.56%、16.07%和 44.19%。详见表 5-43。

④西北区耕层土壤有效铁含量 4.5～10mg/kg 的耕地面积 1 038.36 万 hm^2，占西北区总耕地面积的 53.12%。该级地各类土壤均有分布，主要分布在草甸土、草甸盐土和风沙土上，分别占西北区该级耕地面积的 23.01%、11.86%和 11.32%。其中甘肃、内蒙古、陕西和新疆有效铁含量 4.5～10mg/kg 的耕地面积较大，分别占西北区有效铁该级耕地面积的

40.34%、13.43%、19.57%和17.26%。详见表5-43。

⑤西北区耕层土壤有效铁含量2.5～4.5mg/kg的耕地面积84.01万hm^2，占西北区总耕地面积的4.30%。该级耕地各类土壤少有分布，主要分布在草甸土、草甸盐土、灌漠土和灌淤土上，分别占西北区该级耕地面积的12.99%、16.43%、9.13%和9.51%。其中甘肃、内蒙古、宁夏和新疆有效铁含量2.5～4.5mg/kg的耕地面积较大，分别占西北区有效铁该级耕地面积的19.47%、19.68%、24.78%和27.48%。详见表5-43。

⑥西北区耕层土壤有效铁含量＜2.5mg/kg的耕地面积12.51万hm^2，占西北区总耕地面积的0.64%。该级地各类土壤极少有分布，主要分布在草甸盐土、灌漠土、灌淤土、褐土和灰钙土上，分别占西北区该级耕地面积的24.12%、14.85%、10.79%、7.80%和12.01%。其中内蒙古、青海和新疆有效铁含量＜2.5mg/kg的耕地面积较大，分别占西北区有效铁该级耕地面积的16.16%、16.09%和64.37%。详见表5-43。

表5-43　土壤有效铁在西北区的分布

含量	项目	甘肃	内蒙古西部	宁夏	青海	陕西	新疆	总计
＞20mg/kg	面积（万hm^2）	0.06	32.22	16.29	1.31	67.28	15.98	133.14
	占比（%）	0.05	24.20	12.23	0.98	50.53	12.00	6.81
15～20mg/kg	面积（万hm^2）	1.33	45.97	5.25	3.10	37.43	44.47	137.54
	占比（%）	0.96	33.42	3.82	2.25	27.21	32.33	7.04
10～15mg/kg	面积（万hm^2）	96.35	85.47	17.19	19.28	88.29	242.73	549.30
	占比（%）	17.54	15.56	3.13	3.51	16.07	44.19	28.10
4.5～10mg/kg	面积（万hm^2）	418.84	139.46	69.04	28.57	203.20	179.24	1 038.36
	占比（%）	40.34	13.43	6.65	2.75	19.57	17.26	53.12
2.5～4.5mg/kg	面积（万hm^2）	16.36	16.53	20.82	4.54	2.68	23.09	84.01
	占比（%）	19.47	19.68	24.78	5.40	3.19	27.48	4.30
＜2.5mg/kg	面积（万hm^2）	0.00	2.02	0.42	2.01	0.00	8.05	12.51
	占比（%）	0.00	16.16	3.38	16.09	0.00	64.37	0.64
合计	面积（万hm^2）	532.93	321.68	129.01	58.80	398.87	513.57	1 954.86
	占比（%）	27.26	16.46	6.60	3.01	20.40	26.27	100

四、土壤有效铁调控

一般认为，土壤缺铁的临界值为4.5mg/kg，当有效铁含量低于4.5mg/kg时，植株即表现出缺铁症状；低于2.5mg/kg时，则出现严重缺铁症状。通过对西北区样点进行统计，小于2.5mg/kg的面积占0.64%。

（一）作物缺铁状况

由于作物产量大幅提高、微肥投入不足、北方石灰性土壤自身碱性反应及氧化作用，使铁形成难溶性化合物而降低其有效性，致使植物缺铁现象连年发生，涉及的植物品种较为广泛。缺铁病害不但影响作物的生长发育、产量及品质，更重要的是影响人体健康，如缺铁营养病、缺铁性贫血病等，而合理施用铁肥有助于提高植物性产品的铁含量，改善人类的铁营养。另外高位泥炭土、砂质土、通气性不良的土壤、富含磷或大量施用磷肥的土壤、全氮含量低的酸性土壤、过酸的土壤上也易发生缺铁，通过合理施用铁肥调控改善土壤缺铁状况。

作物缺铁常出现在游离碳酸钙含量高的碱性土壤上，一些落叶果树（桃、苹果、山楂等）在高温多雨季节叶片缺铁失绿现象十分明显。对缺铁敏感的作物有花生、大豆、草莓、苹果、梨、桃和柑橘等。单子叶植物如玉米、小麦等很少缺铁，其原因是由于它们的根可分泌一种能螯合铁的有机物—麦根酸，活化土壤中的铁，增加对铁的吸收利用。由于铁在植物体内很难移动，又是叶绿素形成的必需元素，所以缺铁常见的症状是幼叶失绿，开始时叶色变淡，进而叶脉间失绿黄化，叶脉仍保持绿色，缺铁严重时整个叶片变白，并出现坏死斑点。

（二）铁肥类型及合理施用技术

1. 铁肥类型　铁肥可分为无机铁肥、有机铁肥两大类。硫酸亚铁和硫酸铁是常用的无机铁肥。有机铁肥包括络合、螯合、复合有机铁肥，如乙二胺四乙酸（EDTA）、二乙酰三胺五醋酸铁（DTPA）、羟乙基乙二胺三乙酸铁（HEEDTA）等，这类铁肥可适用的土壤pH、土壤类型范围广，肥效高，可混性强，但其成本昂贵、售价极高，多用作叶面喷施。柠檬酸铁和葡萄糖酸铁施用效果较好，柠檬酸铁的施用可提高土壤铁的溶解吸收，提高铁的有效性，促进土壤钙、磷、锰、锌的释放。

2. 铁肥施用方法及注意问题

①铁肥在土壤中易转化为无效铁、后效弱。每年都应向缺铁土壤施用铁肥，土施铁肥施用应以无机铁肥为主，即七水硫酸亚铁，价格低廉，约 2 元/kg，施用量一般为 22.5～45kg/hm^2。

②根外施铁以有机铁肥为主，用量小，效果好。螯合铁肥、柠檬酸铁类有机铁肥价格昂贵，约 12 元/kg 以上。土壤施用成本非常高，主要用于根外施肥，即叶面喷施或茎秆钻孔施用。果树类可采用叶片喷施，吊针输液，树干钉铁钉或钻孔置药法施用。

③叶面喷施是最常用的校正植物缺铁黄化病的高效方法。采用均匀喷雾的方法将含铁营养液喷到叶面上，可与酸性农药混合喷施。叶面喷施铁肥的时间一般选在晴朗无风的下午 4 点以后，喷施后遇雨应在天晴后补喷 1 次。无机铁肥随喷随配，肥液不宜久置，以防止氧化失效。叶面喷施铁肥的浓度一般为 5～30g/kg。单喷铁肥时，可在肥液中加入尿素或表面活性剂（非离子型洗衣粉），以促进肥液在叶面的附着及铁素的吸收。由于叶面喷施肥料持效期短，因此，果树或长生育期作物缺铁矫正时，一般每半月左右喷施 1 次，连喷 2～3 次，可起到良好的效果。

吊针输液与人体输液一样，向树皮输含铁营养液。树干钉铁钉是将铁钉直接钉入树干，缓慢释放供铁，效果较差。钻孔置药法是在茎秆较为粗大的果树茎秆上钻孔置入颗粒状或片状有机铁肥。

④铁肥与生理酸性肥料混合施用能起到较好的效果。硫酸亚铁和硫酸钾造粒合施的肥效明显高于各自单独施用的肥效之和。

⑤浸种和种子包衣。对于易缺铁作物种子或缺铁土壤上播种，用铁肥浸种或包衣可矫正

缺铁症。浸种溶液浓度为 1g/kg 硫酸亚铁，包衣剂铁含量为 100g/kg 铁。

⑥肥灌铁肥。对于具有喷灌或滴灌设备的农田缺铁防治或矫正，可将铁肥加入到灌溉水中，效果良好。

第七节　土壤有效锰

锰（Mn）在地壳中是一个分布很广的元素，特别是铁镁物质中找到微量锰的存在。土壤中全锰含量比较丰富，一般在 100～5 000mg/kg 之间。我国土壤中全锰含量在 42～3 000mg/kg之间，平均含量为 710mg/kg。土壤中锰的含量因母质的种类、质地、成土过程以及土壤的酸度、全氮的积累程度等不同而不同，其中母质的影响尤为明显。锰在植株中的正常浓度一般是 20～500mg/kg。土壤中的有效锰主要包括水溶态锰、交换态锰和一部分易还原态锰。北方地区土壤有效锰含量一般在 1～20mg/kg，土壤 pH 值愈低，锰有效性愈高，在碱性或石灰性土壤中锰易形成 MnO 沉淀，有效性降低。大多数中性或碱性土壤有可能缺锰。石灰性土壤，尤其是排水不良和全氮含量高的土壤易缺锰。

对锰较敏感的作物有麦类、水稻、玉米、马铃薯、甘薯、甜菜、豆类、花生、棉花、烟草、油菜和果树等。作物施用锰肥对种子发芽、苗期生长及生殖器官的形成，促进根、茎的发育等都有良好作用。

一、土壤有效锰含量空间差异

（一）西北区各省（自治区）之间土壤有效锰含量差异

通过对西北区 32 265 个样点土壤有效锰测试结果分析，0～20cm 耕层土壤有效锰含量平均为 9.79mg/kg，以陕西含量最高，平均 16.68mg/kg，新疆兵团含量最低，为 5.80mg/kg。

不同省（自治区）土壤有效锰变异系数平均 0.65，以青海最高，为 0.87，甘肃最小，为 0.34。详见表 5-44。

表 5-44　西北区各省（自治区）之间土壤有效锰含量差异

省（自治区）名称	点位数	平均值（mg/kg）	标准差	变异系数
宁夏	1 433	7.61	3.05	0.40
内蒙古西部	4 343	14.02	11.38	0.81
青海	876	7.23	6.30	0.87
甘肃	7 504	8.09	2.73	0.34
新疆	7 243	9.14	5.59	0.61
新疆兵团	3 172	5.80	4.25	0.73
陕西	7 694	16.68	13.34	0.80
合计/平均	32 265	9.79	6.66	0.65

(二)西北区不同地(州、市、盟)之间土壤有效锰含量差异

通过对西北区73个地(州、市、盟)土壤有效锰含量分析，西北区土壤有效锰含量较高的市为陕西安康市、铜川市和内蒙古的呼和浩特市，分别为38.82mg/kg、25.11mg/kg和25.16mg/kg，最低值出现在兵团第九师，为2.57mg/kg。

西北区土壤有效锰的含量可分为高中低3个层次，高含量(土壤有效锰含量>20mg/kg)的有安康市、宝鸡市、汉中市、商洛市、铜川市、呼和浩特市；低含量(土壤有效锰含量<10mg/kg)的有白银市、定西市、甘南藏族自治州、甘农垦、金昌市、酒泉市、兰州市、临夏市、陇南市、嘉峪关市、平凉市、庆阳市、天水市、武威市、张掖市、阿拉善盟、乌海市、乌兰察布市、固原市、宁夏农垦、石嘴山市、吴忠市、银川市、中卫市、海北藏族自治州、海东市、海西蒙古族藏族自治州、黄南藏族自治州、西宁市、第一师、第二师、第三师、第四师、第五师、第六师、第七师、第九师、第十三师、第十四师、阿勒泰地区、博尔塔拉蒙古自治州、昌吉回族自治州、哈密地区、和田地区、喀什地区、克拉玛依市、克孜勒苏州、塔城地区、乌鲁木齐市、伊犁哈萨克自治州。其余为中含量(有效锰10～20mg/kg)。

不同地(州、市、盟)土壤有效锰变异系数平均0.50，以陕西榆林市、青海海北藏族自治州、海南藏族自治州和新疆哈密地区较高，分别为1.11、1.12、1.04和1.00，以甘肃嘉峪关市、兵团第三师较低，分为0.19和0.18。详见表5-45。

表5-45 西北区不同地(州、市、盟)之间土壤有效锰含量差异

省(自治区)名称	地区	点位数	平均值(mg/kg)	标准差	变异系数
陕西	安康市	371	38.824	26.73	0.69
	宝鸡市	907	23.080	16.15	0.70
	汉中市	437	23.552	16.20	0.69
	商洛市	503	20.887	8.99	0.43
	铜川市	157	25.114	13.77	0.55
	渭南市	1 186	12.521	4.40	0.35
	西安市	440	16.225	5.22	0.32
	咸阳市	1 310	14.762	7.48	0.51
	延安市	1 313	10.923	5.40	0.49
	榆林市	1 070	11.759	13.05	1.11
甘肃	白银市	686	7.102	2.55	0.36
	定西市	1 203	8.605	2.46	0.29
	甘南藏族自治州	100	8.489	2.80	0.33
	甘农垦	47	7.646	2.24	0.29
	金昌市	99	7.182	2.41	0.34
	酒泉市	317	6.411	2.88	0.45
	兰州市	429	8.034	2.26	0.28

（续）

省（自治区）名称	地区	点位数	平均值（mg/kg）	标准差	变异系数
甘肃	临夏州	356	8.162	2.74	0.34
	陇南市	687	7.291	2.33	0.32
	嘉峪关市	13	7.389	1.40	0.19
	平凉市	781	9.461	2.29	0.24
	庆阳市	1 006	7.934	2.37	0.30
	天水市	829	8.723	3.27	0.37
	武威市	527	7.421	2.95	0.40
	张掖市	424	8.438	2.95	0.35
内蒙古西部	阿拉善盟	11	8.327	3.67	0.44
	巴彦淖尔市	1 158	13.632	7.09	0.52
	包头市	476	13.283	6.42	0.48
	鄂尔多斯市	622	10.276	6.49	0.63
	呼和浩特市	795	25.159	18.91	0.75
	乌海市	9	8.633	4.98	0.58
	乌兰察布市	1 067	9.483	5.73	0.60
	锡林郭勒盟	205	10.201	5.44	0.53
宁夏	固原市	530	8.292	2.93	0.35
	宁夏农垦	32	7.125	2.27	0.32
	石嘴山市	50	8.280	2.42	0.29
	吴忠市	360	6.911	2.21	0.32
	银川市	212	5.180	2.78	0.54
	中卫市	249	9.138	3.29	0.36
青海	海北藏族自治州	87	6.309	7.10	1.12
	海东市	328	7.600	4.50	0.59
	海南藏族自治州	130	10.551	10.94	1.04
	海西蒙古族藏族自治州	78	4.862	2.74	0.56
	黄南藏族自治州	24	4.406	2.81	0.64
	西宁市	216	6.020	4.69	0.78
	玉树藏族自治州	13	10.016	4.91	0.49
新疆兵团	第一师	523	2.692	1.41	0.53
	第二师	247	4.647	1.86	0.40
	第三师	42	4.222	0.78	0.18
	第四师	232	5.232	4.39	0.84
	第五师	360	5.356	3.13	0.58
	第六师	560	5.962	3.84	0.64

（续）

省（自治区）名称	地区	点位数	平均值（mg/kg）	标准差	变异系数
新疆兵团	第七师	359	6.116	4.25	0.70
	第八师	342	10.822	3.90	0.36
	第九师	200	2.568	0.73	0.28
	第十师	16	9.050	3.57	0.39
	第十二师	102	10.946	5.29	0.48
	第十三师	115	6.769	3.68	0.54
	第十四师	74	9.959	5.32	0.53
新疆	阿勒泰地区	497	7.853	2.25	0.29
	阿克苏地区	1 240	12.344	8.41	0.68
	巴音郭楞蒙古自治州	658	11.013	7.01	0.64
	博尔塔拉蒙古自治州	208	6.938	2.74	0.40
	昌吉回族自治州	903	9.024	3.63	0.40
	哈密地区	165	8.173	8.19	1.00
	和田地区	456	7.489	5.02	0.67
	喀什地区	1 249	8.760	3.79	0.43
	克拉玛依市	31	6.558	2.96	0.45
	克孜勒苏柯尔克孜自治州	142	9.082	5.98	0.66
	塔城地区	780	7.325	2.90	0.40
	吐鲁番地区	160	10.092	6.05	0.60
	乌鲁木齐市	137	9.153	3.88	0.42
	伊犁哈萨克自治州	617	7.099	3.22	0.45

二、耕层土壤有效锰含量及其影响因素

（一）西北区不同土壤类型土壤有效锰含量差异

通过对西北区38个主要土壤类型有效锰含量分析，平均含量最高出现在黄棕壤上，为27.78mg/kg，最低出现在盐土上，为3.32mg/kg。其余变幅在两者之间。土壤有效锰含量由大到小顺序为，黄棕壤>黄褐土>水稻土>栗褐土>石质土>粗骨土>草甸盐土>褐土>新积土>潮土>灰褐土>棕壤>黄绵土>风沙土>栗钙土>黑毡土>黑垆土>红黏土>山地草甸土>漠境盐土>亚高山草甸土>黑钙土>草甸土>灌漠土>灰漠土>灌淤土>灰棕漠土>棕钙土>暗棕壤>黑土>灰钙土>林灌草甸土>棕漠土>沼泽土>龟裂土>盐土。

不同土类土壤有效锰变异系数平均0.60，以石质土最高，为1.05，以林灌草甸土最小，为0.19，其他在两者之间，详见表5-46。

表 5-46　西北区不同土壤类型土壤有效锰含量差异

序号	土类	点位数	平均值（mg/kg）	标准差	变异系数
1	黄绵土	5 554	11.20	8.35	0.75
2	潮土	3 888	12.92	10.77	0.83
3	栗钙土	2 895	10.10	8.13	0.80
4	黑垆土	2 641	9.81	5.55	0.57
5	褐土	2 311	14.67	10.06	0.69
6	灌淤土	2 087	7.77	3.31	0.43
7	草甸土	1 826	8.18	6.00	0.73
8	灰漠土	1 539	7.83	4.01	0.51
9	棕钙土	1 360	7.16	3.40	0.48
10	灰钙土	1 262	6.88	2.96	0.43
11	新积土	820	14.04	10.04	0.72
12	风沙土	657	10.40	10.05	0.97
13	灌漠土	654	7.94	2.69	0.34
14	棕漠土	600	6.39	3.56	0.56
15	黄棕壤	530	27.78	19.78	0.71
16	灰褐土	454	12.87	7.22	0.56
17	黑钙土	446	8.29	6.95	0.84
18	草甸盐土	373	14.77	11.30	0.76
19	红黏土	351	9.66	5.30	0.55
20	水稻土	287	24.35	20.19	0.83
21	栗褐土	275	18.86	14.58	0.77
22	黄褐土	270	27.53	23.85	0.87
23	盐土	243	3.32	1.49	0.45
24	灰棕漠土	197	7.53	2.88	0.38
25	沼泽土	194	5.78	4.08	0.70
26	棕壤	168	11.99	8.44	0.70
27	林灌草甸土	145	6.67	1.28	0.19
28	黑土	107	7.08	2.67	0.38
29	漠境盐土	36	8.64	2.63	0.30
30	粗骨土	16	15.56	9.93	0.64
31	黑毡土	13	10.02	4.91	0.49
32	石质土	12	17.69	18.50	1.05
33	龟裂土	11	4.79	1.87	0.39
34	山地草甸土	10	9.25	4.73	0.51
35	干旱土	9	9.53	3.18	0.33
36	碱土	8	9.18	6.47	0.70
37	亚高山草甸土	8	8.64	2.12	0.25
38	暗棕壤	4	7.12	4.54	0.64

(二) 西北区不同地形、地貌类型土壤有效锰含量差异

通过对西北区不同地貌土壤有效锰含量测试数据分析，西北区耕层土壤有效锰含量最高值出现在山地，为13.249mg/kg，最低值出现在盆地，为7.903mg/kg，通过对不同地貌土壤有效锰含量的平均值看，呈现出山地>平原>高原>丘陵>盆地的趋势。通过对不同地形部位看，以山地下部最高，平均为14.18mg/kg，高原下部含量最低，平均为6.75mg/kg。其余介于两者之间。

不同地形、地貌土壤有效锰变异系数平均0.80，以盆地最高，为1.11，丘陵上部最低，为0.55。详见表5-47。

表5-47　西北区不同地形、地貌土壤有效锰含量差异

地貌	部位	点位数	平均值 (mg/kg)	标准差	变异系数
平原 (10.175)	上部	1 777	9.210	6.46	0.70
	中部	5 532	10.393	7.42	0.71
	下部	5 741	10.923	8.87	0.81
丘陵 (10.630)	上部	570	12.304	6.75	0.55
	中部	3 617	10.211	7.97	0.78
	下部	2 890	9.376	6.64	0.71
山地 (13.249)	上部	669	12.365	10.87	0.88
	中部	1 650	13.204	13.20	1.00
	下部	2 267	14.177	13.61	0.96
高原 (10.159)	上部	3 994	13.574	10.49	0.77
	下部	323	6.745	4.35	0.64
盆地 (7.903)	平均	3 235	7.903	8.81	1.11

(三) 西北区不同成土母质土壤有效锰含量差异

通过对西北区8种成土母质有效锰测试数据分析，不同成土母质土壤有效锰的含量以坡残积物最高，为13.29mg/kg，以人工淤积物最低，为7.17mg/kg。按大到小的排列顺序为：坡残积物>沉积母质>黄土母质>岩石风化物>风积物>洪冲积物>红土母质>人工淤积物。

不同母质土壤有效锰变异系数平均0.69，最高值为风积物1.03，最低为岩石风化物0.26，其他在两者之间。详见表5-48。

表5-48　西北区不同成土母质土壤有效锰含量差异

序号	母质	点位数	平均值 (mg/kg)	标准差	变异系数
1	黄土母质	13 452	11.38	9.53	0.84
2	洪冲积物	13 165	9.77	8.40	0.86
3	坡残积物	3 170	13.29	12.00	0.90
4	沉积物	1 312	12.73	6.92	0.54

（续）

序号	母质	点位数	平均值（mg/kg）	标准差	变异系数
5	风积物	733	9.94	10.23	1.03
6	红土状物	380	9.55	6.86	0.72
7	人工淤积物	45	7.17	2.49	0.35
8	岩石风化物	8	11.26	2.98	0.26

（四）西北区不同土壤质地土壤有效锰含量差异

通过对西北区不同质地土壤有效锰含量测试数据分析，西北区不同质地土壤有效锰含量以砂土有效锰平均值最高，为 12.48mg/kg，黏壤土最低，为 8.66mg/kg。表现出砂土＞壤土＞黏土＞黏壤土的顺序。

不同质地土壤有效锰含量变异系数平均 0.84，以砂土最高，为 1.06，黏壤土最低，为 0.58。详见表 5-49。

表 5-49　西北区不同土壤质地土壤有效锰含量差异

质地	点位数	最高值	平均值（mg/kg）	标准差	变异系数
壤土	19 931	110.8	11.35	9.47	0.83
砂土	2 952	107.0	12.48	13.17	1.06
黏土	2 994	112.86	11.13	10.02	0.90
黏壤土	6 388	98.5	8.66	5.06	0.58

三、土壤有效锰的分级与分布

通过对西北区耕层土壤有效锰分级面积统计数据看，西北区土壤有效锰的含量多数在四、五、六级之间，这三级占西北区总耕地面积的 85.70%。按高、中、低肥力划分，高肥力占 6.70%，中肥力占 26.52%，低肥力占 66.77%（图 5-7）。

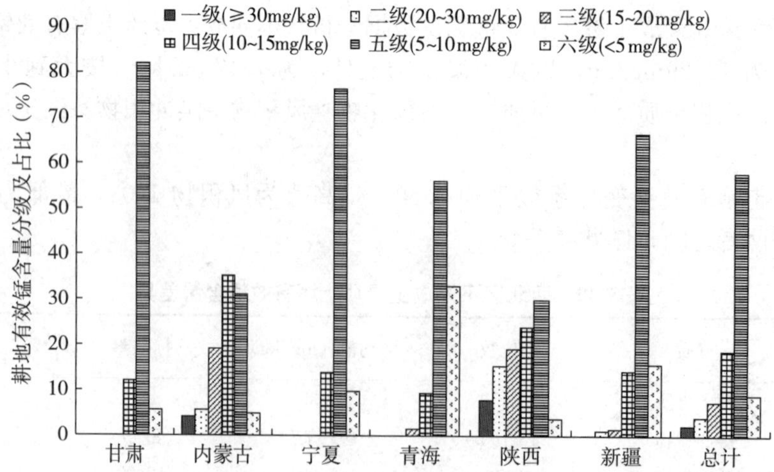

图 5-7　耕层土壤有效锰在各省（自治区）的分布

①西北区耕层土壤有效锰含量大于 30mg/kg 的耕地面积 45.25 万 hm^2，占西北区总耕地面积的 2.31%。此级地各类土壤少有分布，主要分布在黄绵土、栗钙土、潮土和黄棕壤上，分别占西北区该级耕地面积的 15.42%、9.41%、12.02%和 23.42%。其中内蒙古和陕西有效锰含量大于 30mg/kg 的耕地面积较大，分别占西北区有效锰该级耕地面积的 29.17%和 68.69%。详见表 5-50。

②西北区耕层土壤有效锰含量 20～30mg/kg 的耕地面积 85.82 万 hm^2，占西北区总耕地面积的 4.39%。此级耕地各类土壤少有分布，主要分布在黄绵土、栗钙土、潮土、褐土和黄棕壤上，分别占西北区该级耕地面积的 12.14%、10.15%、8.70%、20.12%和 12.68%。陕西和内蒙古有效锰含量 20～30mg/kg 的耕地面积较大，分别占西北区有效锰该级耕地面积的 71.96%和 21.30%。详见表 5-50。

③西北区耕层土壤有效锰含量 15～20mg/kg 的耕地面积 148.52 万 hm^2，占西北区总耕地面积的 7.60%。该级地各种土类均有分布，主要分布在黄绵土、栗钙土、潮土、褐土和漠境盐土上，分别占西北区该级耕地面积的 14.64%、9.82%、13.69%、13.58%和 10.92%。陕西和内蒙古有效锰含量 15～20mg/kg 的耕地面积较大，分别占西北区有效锰该级耕地面积的 51.34%和 41.69%。详见表 5-50。

④西北区耕层土壤有效锰含量 10～15mg/kg 的耕地面积 369.98 万 hm^2，占西北区总耕地面积的 18.93%。该级耕地各种土类均有大量分布，分布面积较大的有黄绵土、栗钙土、潮土和褐土，分别占西北区该级耕地面积的 21.39%、15.55%、10.58%、8.24%和 18.93%。陕西和内蒙古有效锰含量 10～15mg/kg 的耕地面积较大，分别占西北区有效锰该级耕地面积的 25.71%和 30.41%。详见表 5-50。

⑤西北区耕层土壤有效锰含量 5～10mg/kg 的耕地面积 1 130.26 万 hm^2，占西北区总耕地面积的 57.82%。该级耕地各种土类均有大量分布，主要分布在黄绵土、栗钙土、黑垆土和灰钙土上，分别占西北区该级耕地面积的 17.61%、8.31%、10.58%和 7.92%。甘肃和新疆有效锰含量 5～10mg/kg 的耕地面积较大，分别占西北区有效锰该级耕地面积的 38.66%和 30.31%。详见表 5-50。

⑥西北区耕层土壤有效锰含量＜5mg/kg 的耕地地面积 175.03 万 hm^2，占西北区总耕地面积的 8.95%。该级耕地各种土类少有分布，主要分布在栗钙土、草甸土和草甸盐土上，分别占西北区该级耕地面积的 12.13%、13.99%、10.22%和 8.95%。新疆和甘肃有效锰含量＜5mg/kg 的耕地面积较大，分别占西北区有效锰该级耕地面积的 46.78%和 17.20%。详见表 5-50。

表 5-50　土壤有效锰在西北区的分布

含量	项目	甘肃	内蒙古西部	宁夏	青海	陕西	新疆	总计
＞30mg/kg	面积（万 hm^2）	0.00	13.20	0.00	0.00	31.08	0.96	45.25
	占比（%）	0.00	29.17	0.00	0.00	68.69	2.13	2.31
20～30mg/kg	面积（万 hm^2）	0.02	18.28	0.00	0.00	61.76	5.76	85.82
	占比（%）	0.03	21.30	0.00	0.00	71.96	6.71	4.39
15～20mg/kg	面积（万 hm^2）	0.90	61.92	0.00	0.87	76.26	8.58	148.52
	占比（%）	0.61	41.69	0.00	0.59	51.34	5.78	7.60

（续）

含量	项目	甘肃	内蒙古西部	宁夏	青海	陕西	新疆	总计
10～15mg/kg	面积（万 hm^2）	64.95	112.50	17.98	5.57	95.12	73.86	369.98
	占比（%）	17.55	30.41	4.86	1.51	25.71	19.96	18.93
5～10mg/kg	面积（万 hm^2）	436.95	99.60	98.31	32.91	119.96	342.53	1 130.26
	占比（%）	38.66	8.81	8.70	2.91	10.61	30.31	57.82
＜5mg/kg	面积（万 hm^2）	30.11	16.18	12.71	19.45	14.70	81.88	175.03
	占比（%）	17.20	9.24	7.26	11.11	8.40	46.78	8.95
合计	面积（万 hm^2）	532.93	321.68	129.01	58.80	398.87	513.57	1 954.86
	占比（%）	27.26	16.46	6.60	3.01	20.40	26.27	100

四、土壤有效锰调控

土壤中锰的有效性与土壤 pH、通气性和碳酸盐含量有一定关系，在 pH 4～9 的范围内，随着土壤 pH 的提高，锰的有效性降低，在酸性土壤中，全锰和交换性锰（有效锰）含量都较高。一般来说，有些土壤锰的全量比较高，但它的有效态含量却很低，生长在这种土壤中的农作物，依然会出现缺锰症状。另外，随着作物产量的增加和复种指数的提高，从土壤中带走的锰也越来越多，而且氮磷化肥的施用量越来越大，有机肥料施用不足，导致锰大面积缺乏，有的地块已明显表现出缺锰症状。

西北区，大部分为中性或碱性土壤，较易出现缺锰现象，尤其是排水不良和石灰性含量高的土壤极易缺锰。针对土壤缺锰状况，一般是通过施用含锰的肥料（锰肥）的方式进行补充。常用的锰肥有硫酸锰、氯化锰、碳酸锰、氧化锰等。在实际施用锰肥时，应注意以下原则：

（一）根据土壤锰丰缺状况和作物种类确定施用

一般情况下，在土壤锰有效含量低时易产生缺锰症状，所以应采取缺多少补多少的原则，才能达到理想的效果。不同的作物种类，对锰肥的敏感程度不同，其需要量也不一样，对锰敏感的作物有豆科作物、小麦、马铃薯、洋葱、菠菜、苹果、草莓等，对锰的需求量较大；其次是大麦、甜菜、三叶草、芹菜、萝卜、番茄、棉花等，对锰的需求量一般；对锰不敏感的作物有玉米、黑麦、牧草等，对锰的需求量较小。

（二）注意施用量及浓度

只有在土壤严重缺乏锰元素时，才向土壤施用锰肥，因为一般作物对微量元素的需要量都很少，而且从适量到过量的范围很窄，因此要防止锰肥用量过大。土壤施用时必须施得均匀，否则会引起植物中毒，污染土壤与环境。锰肥可用作基肥和种肥，在播种前结合整地施入土中，或者与氮、磷、钾等化肥混合在一起均匀施入，施用量要根据作物和锰肥种类而定，一般不宜过大。土壤施用锰肥有后效，一般可每隔 3～4 年施用 1 次。

（三）注意改善土壤环境条件

微量元素锰的缺乏，往往不是因为土壤中锰含量低，而是其有效性低，通过调节土壤条件，如土壤酸碱度、土壤质地、全氮含量、土壤含水量等，可以有效改善土壤锰的营养条件。

(四) 注意与大量元素肥料配合施用

注意与大量元素肥料配合施用。微量元素和氮、磷、钾等营养元素都是同等重要、不可代替的，只有在满足了植物对大量元素需要的前提下，施用微量元素肥料才能充分发挥肥效，表现出明显的增产效果。

第八节　土壤有效硼

硼（B）是作物生长必需的营养元素之一，虽然作物对其需求总量不高，但硼所起的作用不可忽视。我国土壤中全硼含量范围 0～500mg/kg，平均为 64mg/kg。土壤中的硼大部分存在于土壤矿物中，小部分存在于有机物中。受成土母质、土壤质地、土壤 pH、土壤类型、气候条件等因素的影响，土壤全硼含量由北向南逐渐降低，盐土全硼含量通常高于其他土壤。北方干旱地区土壤中全硼含量一般在 30mg/kg 以上；南方湿润地区含量较低，有的甚至低于 10mg/kg。海水中硼含量平均 4.6mg/kg，受海水的影响，滨海地区土壤要比内陆地区的全硼含量高。

土壤中的硼通常分为酸不溶态、酸溶态和水溶态 3 种形式，其中水溶性硼对作物是有效的，属有效硼。土壤水溶性硼占全硼的 0.1%～10%，一般只有 0.05～5.0mg/kg。土壤有效硼含量与盐渍化程度密切相关，盐化土壤和盐土有效硼含量高，盐渍化程度越高，有效硼含量也越高，碱土和碱化土则低。影响土壤硼有效性的因素有气候条件、土壤全氮含量、土壤质地、pH 等。此外，降水量也是影响有效硼含量的重要因素，硼是一种比较容易淋失的元素，降水量大，有效硼淋失多；在降水量小的情况下，全氮的分解受到影响，硼的供应减少；同时，由于土壤干旱，增加硼的固定，硼的有效性也会降低；所以，降水过多或过少都会降低硼的有效性。有效硼含量与全氮含量呈正相关，一般土壤中的硼含量随全氮含量的增加有增加的趋势，土壤全氮含量高，有效硼含量也高，这是因为土壤全氮与硼结合，防止了硼的淋失，在全氮被矿化后，其中的硼即被释放出来。由于种植结构、施肥习惯的不同，各地土壤硼含量差异很大。我国主要农业土壤含硼量是偏低的，硼的缺乏通常发生在湿润地区或在质地较砂、pH 较高的土壤上；硼中毒一般在干旱、半干旱地区较为常见，滨海地区盐碱地也容易出现硼中毒现象。

一、土壤有效硼含量空间差异

(一) 西北区各省（自治区）之间土壤有效硼含量差异

通过对西北区 32 087 个耕层土壤样品的有效硼测定分析，西北区 0～20cm 土壤有效硼含量平均含量为 1.06mg/kg，以新疆兵团平均含量最高，为 2.21mg/kg，以陕西平均含量最低，为 0.64mg/kg。

不同省（自治区）土壤有效硼含量变异系数平均 0.69，以陕西最高，为 1.09，新疆兵团最小，为 0.44，其余各省（自治区）在两者之间。详见表 5-51。

表 5-51 西北区不同省（自治区）之间土壤有效硼含量差异

省（自治区）名称	点位数	平均值（mg/kg）	标准差	变异系数
宁夏	1 387	0.90	0.56	0.62
内蒙古西部	4 209	1.06	0.90	0.85
青海	872	0.87	0.49	0.56
甘肃	7 504	0.69	0.36	0.52
新疆	7 243	1.02	0.76	0.75
新疆兵团	3 174	2.21	0.98	0.44
陕西	7 698	0.64	0.70	1.09
合计/平均	32 087	1.06	0.68	0.69

（二）西北区不同地（州、市、盟）之间土壤有效硼含量差异

通过对西北区 72 个地（州、市、盟）有效硼含量统计，西北区耕层土壤有效硼含量以兵团第十二师和十四师含量较高，分别为 2.98mg/kg 和 3.00mg/kg，陕西铜川市及渭南市较低，分别为 0.466mg/kg 和 0.327mg/kg，其余各地在两者之间。

西北区土壤有效硼的含量可分为高中低三个层次，高含量（土壤有效硼含量>1.5mg/kg）的有嘉峪关市、巴彦淖尔市、石嘴山市、兵团第一师、第二师、第三师、第四师、第五师、第六师、第七师、第八师、第九师、第十师、第十二师、第十三师、第十四师；低含量（土壤有效锰含量<0.5mg/kg）的有汉中市、铜川市、渭南市。其余为中含量（有效锰 0.5～1.5mg/kg）。

不同地（州、市、盟）土壤有效硼含量变异系数平均值 0.59，以陕西安康市、汉中市、商洛市、延安市、榆林市、鄂尔多斯市较高，均在 1.00 以上；以甘肃嘉峪关市较低，为 0；其余各地（州、市、盟）在两者之间。详见表 5-52。

表 5-52 西北区不同地（州、市、盟）之间土壤有效硼含量差异

省（自治区）名称	地区	点位数	平均值（mg/kg）	标准差	变异系数
陕西	安康市	371	0.693	0.85	1.23
	宝鸡市	907	0.800	0.65	0.81
	汉中市	437	0.495	0.50	1.00
	商洛市	503	0.557	0.61	1.10
	铜川市	157	0.446	0.20	0.45
	渭南市	1 186	0.327	0.23	0.70
	西安市	440	0.789	0.50	0.63
	咸阳市	1 310	0.684	0.61	0.89
	延安市	1 313	0.697	0.90	1.30
	榆林市	1 074	0.792	0.90	1.14

（续）

省（自治区）名称	地区	点位数	平均值（mg/kg）	标准差	变异系数
甘肃	白银市	686	0.818	0.37	0.45
	定西市	1 203	0.725	0.38	0.52
	甘南藏族自治州	100	0.653	0.29	0.45
	甘农垦	47	0.815	0.52	0.64
	金昌市	99	1.369	0.43	0.31
	酒泉市	317	1.150	0.50	0.44
	兰州市	429	0.629	0.28	0.45
	临夏州	356	0.738	0.23	0.31
	陇南市	687	0.560	0.32	0.56
	嘉峪关市	13	1.671	0.00	0.00
	平凉市	781	0.576	0.23	0.40
	庆阳市	1 006	0.664	0.28	0.42
	天水市	829	0.569	0.22	0.38
	武威市	527	0.636	0.37	0.58
	张掖市	424	0.702	0.41	0.58
内蒙古西部	阿拉善盟	11	1.378	0.31	0.22
	巴彦淖尔市	1 174	1.843	0.85	0.46
	包头市	479	0.895	0.69	0.78
	鄂尔多斯市	556	0.936	1.22	1.30
	呼和浩特市	710	0.899	0.64	0.72
	乌海市	9	1.062	0.70	0.66
	乌兰察布市	1 066	0.558	0.32	0.58
	锡林郭勒盟	204	0.539	0.21	0.39
宁夏	固原市	530	0.741	0.44	0.60
	石嘴山市	50	2.386	0.80	0.34
	吴忠市	360	0.803	0.40	0.49
	银川市	199	1.030	0.49	0.48
	中卫市	248	0.971	0.49	0.50
青海	海北藏族自治州	87	0.709	0.43	0.61
	海东市	328	0.798	0.39	0.49
	海南藏族自治州	126	0.807	0.51	0.63
	海西蒙古族藏族自治州	78	1.126	0.52	0.46
	黄南藏族自治州	24	0.696	0.37	0.53
	西宁市	216	1.016	0.56	0.55
	玉树藏族自治州	13	0.688	0.27	0.40

（续）

省（自治区）名称	地区	点位数	平均值（mg/kg）	标准差	变异系数
新疆兵团	第一师	523	2.180	0.92	0.42
	第二师	247	1.872	0.86	0.46
	第三师	67	2.432	0.99	0.41
	第四师	234	2.134	1.12	0.52
	第五师	360	2.409	1.10	0.46
	第六师	561	2.170	0.81	0.37
	第七师	332	2.206	0.79	0.36
	第八师	342	1.929	0.96	0.50
	第九师	201	2.343	1.06	0.45
	第十师	16	1.963	0.68	0.35
	第十二师	102	2.978	1.12	0.38
	第十三师	115	2.099	0.93	0.44
	第十四师	74	2.997	1.04	0.35
新疆	阿勒泰地区	497	1.099	0.65	0.60
	阿克苏地区	1 240	0.945	0.60	0.64
	巴音郭楞蒙古自治州	658	1.336	0.87	0.65
	博尔塔拉蒙古自治州	208	1.249	0.84	0.67
	昌吉回族自治州	902	0.839	0.74	0.88
	哈密地区	165	0.903	0.79	0.88
	和田地区	456	1.078	0.97	0.90
	喀什地区	1 250	1.187	0.78	0.66
	克拉玛依市	31	0.756	0.37	0.48
	克孜勒苏柯尔克孜自治州	142	0.877	0.80	0.91
	塔城地区	780	1.015	0.69	0.68
	吐鲁番地区	160	0.630	0.37	0.59
	乌鲁木齐市	137	0.558	0.42	0.74
	伊犁哈萨克自治州	617	0.848	0.79	0.94

二、耕层土壤有效硼含量及其影响因素

（一）西北区不同土壤类型土壤有效硼含量差异

通过对西北区38种主要土壤类型有效硼含量统计，以碱土有效硼含量最高，为2.74mg/kg，以漠境盐土含量最低，为0.313mg/kg，其余在两者之间。土壤有效硼含量的顺序为，碱土>草甸盐土>棕漠土>灰漠土>草甸土>棕钙土>潮土>林灌草甸土>风沙土>灰钙土>灌淤土>灌漠土>灰棕漠土>栗钙土>棕壤>新积土>灰褐土>暗棕壤>亚高山草甸土>黑钙土>沼泽土>黑毡土>石质土>黑垆土>黄绵土>黄棕壤>褐土>山地草甸

土＞粗骨土＞龟裂土＞水稻土＞漠境盐土。

不同土类土壤有效硼含量变异系数平均0.70，黄棕壤、水稻土、沼泽土、粗骨土变异系数较大，均大于1.00，龟裂土和亚高山草甸土变异系数较小，分别为0.14和0.24，其余的在两者之间。详见表5-53。

表5-53　西北区不同土壤类型土壤有效硼含量差异

序号	土类	点位数	平均值（mg/kg）	标准差	变异系数
1	黄绵土	5 554	0.655	0.61	0.93
2	潮土	3 800	1.358	0.96	0.71
3	栗钙土	2 894	0.786	0.63	0.80
4	黑垆土	2 641	0.665	0.42	0.63
5	褐土	2 311	0.597	0.49	0.82
6	灌淤土	2 081	0.892	0.56	0.63
7	草甸土	1 825	1.469	0.94	0.64
8	灰漠土	1 539	1.571	1.03	0.65
9	棕钙土	1 360	1.448	1.00	0.69
10	灰钙土	1 236	0.932	0.81	0.87
11	新积土	818	0.769	0.70	0.91
12	风沙土	619	1.251	1.10	0.88
13	灌漠土	654	0.868	0.54	0.62
14	棕漠土	600	1.756	1.12	0.64
15	黄棕壤	530	0.653	0.75	1.14
16	灰褐土	455	0.754	0.55	0.73
17	黑钙土	446	0.698	0.39	0.56
18	草甸盐土	365	1.864	1.00	0.54
19	红黏土	351	0.637	0.39	0.61
20	水稻土	287	0.430	0.50	1.17
21	栗褐土	269	0.572	0.31	0.54
22	黄褐土	270	0.602	0.60	1.00
23	盐土	243	2.201	0.96	0.44
24	灰棕漠土	197	0.833	0.76	0.91
25	沼泽土	191	0.694	0.81	1.16
26	棕壤	168	0.781	0.76	0.98
27	林灌草甸土	145	1.342	0.74	0.55
28	黑土	107	1.050	0.74	0.70
29	漠境盐土	36	0.313	0.18	0.58
30	粗骨土	16	0.578	0.69	1.19
31	黑毡土	13	0.688	0.27	0.40

（续）

序号	土类	点位数	平均值（mg/kg）	标准差	变异系数
32	石质土	12	0.685	0.27	0.39
33	龟裂土	11	0.449	0.06	0.14
34	山地草甸土	10	0.578	0.38	0.66
35	干旱土	9	1.964	0.64	0.33
36	碱土	8	2.744	1.26	0.46
37	亚高山草甸土	8	0.725	0.17	0.24
38	暗棕壤	4	0.738	0.48	0.66

（二）西北区不同地形、地貌类型土壤有效硼含量差异

西北区不同地貌类型上的土壤硼含量不同。最高值出现在盆地，为 1.66mg/kg，最低值出现在丘陵，为 0.69mg/kg。不同地貌土壤有效硼含量由大到的顺序为：盆地＞平原＞高原＞山地＞丘陵。

不同地形、地貌土壤有效硼含量变异系数平均 0.80，以丘陵上部最高，为 1.08，以丘陵中部最小，为 0.56，其余地貌类型介于两者之间。详见表 5-54。

表 5-54　西北区不同地形、地貌类型土壤有效硼含量差异

地貌/平均	部位	点位数	平均值（mg/kg）	标准差	变异系数
平原（1.09）	上部	1 768	0.92	0.77	0.83
	中部	5 508	1.14	0.88	0.77
	下部	5 645	1.21	0.91	0.75
丘陵（0.69 ）	上部	570	0.74	0.80	1.08
	中部	3 616	0.66	0.37	0.56
	下部	2 855	0.68	0.44	0.65
山地（0.73 ）	上部	669	0.71	0.67	0.95
	中部	1 650	0.65	0.55	0.84
	下部	2 254	0.84	0.78	0.93
高原（0.75 ）	上部	3 994	0.61	0.62	1.02
	下部	323	0.89	0.57	0.64
盆地（1.66）	平均	3 235	1.66	1.09	0.66

（三）西北区不同成土母质土壤有效硼含量差异

母质是影响土壤硼含量的重要因素，决定有效硼的基础含量，不同母质上发育的土壤有效硼含量不同。通过对西北区 8 种成土母质土壤有效硼含量分析，不同母质土壤有效硼含量平均值最高值出现在风积物上，为 1.68mg/kg，最低值出现在红土母质上，为 0.68mg/kg。不同母质土壤有效硼含量的排列顺序为：风积物＞人工淤积物＞坡残积母质＞沉积母质＞岩石风化物＞黄土母质＞洪冲积物＞红土母质。

不同母质土壤有效硼含量变异系数平均 0.66，最高值出现在风积物上，为 0.98，最小值出现在岩石风化物，为 0.25，其余在两者之间。详见表 5-55。

表 5-55　西北区不同成土母质土壤有效硼含量差异

序号	母质	点位数	平均值（mg/kg）	标准差	变异系数
1	黄土母质	13 447	0.78	0.71	0.90
2	坡残积物	13 016	1.15	0.91	0.80
3	洪冲积物	3 169	0.71	0.57	0.81
4	风积物	1 333	1.68	0.90	0.53
5	沉积物	695	1.11	1.09	0.98
6	红土状物	380	0.68	0.43	0.63
7	人工淤积物	39	1.41	0.56	0.40
8	岩石风化物	8	0.97	0.24	0.25

（四）西北区不同土壤质地土壤有效硼含量差异

通过对西北区不同质地土壤有效硼含量测试数据分析，可以看出不同质地的土壤有效硼平均含量以黏土最高，为 1.31mg/kg，黏壤土最低，为 0.79mg/kg。不同质地土壤有效硼平均含量表现为，黏土＞砂土＞壤土＞黏壤土。

不同质地土壤有效硼含量变异系数变化范围较小，平均 0.85，其中壤土变异系数最高，为 0.99，黏土变异系数最低，为 0.75。详见表 5-56。

表 5-56　西北区不同质地土壤有效硼的含量差异

质地	点位数	平均值（mg/kg）	标准差	变异系数
壤土	19 828	0.95	0.84	0.99
黏壤土	6 385	0.79	0.62	0.87
黏土	2 996	1.31	0.95	0.75
砂土	2 878	1.08	0.95	0.80

三、土壤有效硼的分级与分布

根据西北区土壤有效硼分级统计，西北区耕层土壤有效硼多数分布在三、四、五级，这三级占西北区总耕地面积的 89.0%，按高中低肥力，高肥力（土壤有效硼含量＞1.5mg/kg）占 10.68%，中肥力（土壤有效硼含量 0.5～1.5mg/kg）占 71.56%，低肥力（土壤有效硼含量＜0.5mg/kg）占 17.76%。不同省区土壤有效硼的分级与分布见图 5-8 和表 5-57。

①西北区耕层土壤有效硼含量大于 2.0mg/kg 的耕地面积 74.93 万 hm^2，占西北区总耕地面积的 3.83%。该级地各类土壤少有分布，主要分布在潮土、草甸土、灌淤土、黄绵土和漠境盐土上，分别占西北区该级耕地面积的 10.25%、12.50%、21.47%、11.76% 和 14.04%。其中内蒙古和新疆有效硼含量大于 2.0mg/kg 的耕地面积较大，分别占西北区有

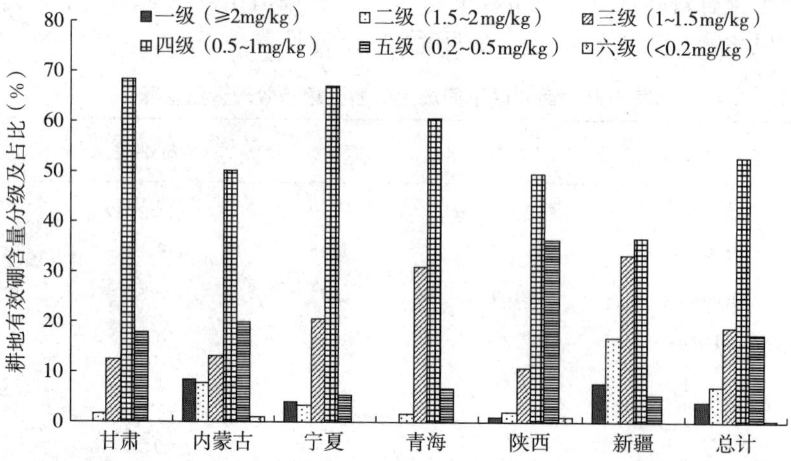

图 5-8　耕层土壤有效硼在各省（自治区）的分布

效硼该级耕地面积的 36.06%和 53.30%。详见表 5-57。

②西北区土壤有效硼含量 1.5～2.0mg/kg 的耕地面积 133.85 万 hm^2，占西北区总耕地面积的 6.85%。该级地各类土壤少有分布，主要分布在潮土、草甸土、灌淤土、棕钙土和漠境盐土上，分别占西北区该级耕地面积的 14.76%、12.29%、9.49%、9.00%和 10.08%。其中内蒙古和新疆有效硼含量 1.5～2.0mg/kg 的耕地面积较大，分别占西北区有效硼该级耕地面积的 18.53%和 65.05%。详见表 5-57。

③西北区土壤有效硼含量 1～1.5mg/kg 的耕地面积 365.61 万 hm^2，占西北区总耕地面积的 18.70%。该级耕地各种土类均有一定分布，主要分布在黄绵土、潮土和草甸土上，分别占西北区该级耕地面积的 9.43%、10.60%和 10.26%。其中新疆和甘肃有效硼含量1～1.5mg/kg 的耕地面积较大，分别占西北区有效硼该级耕地面积的 46.60%和 17.98%。详见表 5-57。

④西北区土壤有效硼含量 0.5～1.0mg/kg 的耕地面积 1 033.28 万 hm^2，占西北区总耕地面积的 52.86%。该级耕地各种土类均有大量分布，分布面积较大的有黄绵土、栗钙土、黑垆土和灰钙土上，分别占西北区该级耕地面积的 20.71%、11.65%、10.80%和 6.38%。其中甘肃、陕西和新疆土壤有效硼含量 0.5～1.0mg/kg 的耕地面积较大，分别占西北区有效硼该级耕地面积的 35.32%、19.08%和 18.82%。详见表 5-57。

⑤西北区土壤土壤有效硼含量 0.2～0.5mg/kg 的耕地面积 341.21 万 hm^2，占西北区总耕地面积的 17.45%。该级耕地各种土类均有大量分布，主要分布在黄绵土、栗钙土、褐土和黑垆土上，分别占西北区该级耕地面积的 21.23%、12.21%、14.40%和 6.64%。其中甘肃、陕西和内蒙古土壤有效硼含量 0.2～0.5mg/kg 的耕地面积较大，分别占西北区有效硼该级耕地面积的 27.58%、42.34%和 18.71%。详见表 5-57。

⑥西北区土壤土壤有效硼含量＜0.2mg/kg 的耕地面积 5.98 万 hm^2，占西北区总耕地面积的 0.31%。该级耕地各种土类少有分布，主要分布在栗钙土、褐土、黄棕壤和水稻土上，分别占西北区该级耕地面积的 46.22%、10.27%、7.81%和 17.75%。其中内蒙古和陕西土壤有效硼含量＜0.2mg/kg 的耕地面积较大，分别占西北区有效硼该级耕地面积的 48.09%和 51.91%。详见表 5-57。

表 5-57　耕层土壤有效硼在西北区的分布

含量	项目	甘肃	内蒙古	宁夏	青海	陕西	新疆	合计
>2.0mg/kg	面积（万 hm^2）	0.00	27.02	4.94	0.00	3.03	39.94	74.93
	占比（%）	0.00	36.06	6.60	0.00	4.04	53.30	3.83
1.5～2.0mg/kg	面积（万 hm^2）	8.18	24.80	4.35	1.00	8.46	87.07	133.85
	占比（%）	6.11	18.53	3.25	0.74	6.32	65.05	6.85
1.0～1.5mg/kg	面积（万 hm^2）	65.72	42.27	26.29	18.25	42.71	170.37	365.61
	占比（%）	17.98	11.56	7.19	4.99	11.68	46.60	18.70
0.5～1.0mg/kg	面积（万 hm^2）	364.93	160.86	86.48	35.66	197.11	188.24	1 033.28
	占比（%）	35.32	15.57	8.37	3.45	19.08	18.22	52.86
0.2～0.5mg/kg	面积（万 hm^2）	94.11	63.85	6.95	3.90	144.45	27.95	341.21
	占比（%）	27.58	18.71	2.04	1.14	42.34	8.19	17.45
<0.2mg/kg	面积（万 hm^2）	0.00	2.88	0.00	0.00	3.11	0.00	5.98
	占比（%）	0.00	48.09	0.00	0.00	51.91	0.00	0.31
总计	面积（万 hm^2）	532.93	321.68	129.01	58.80	398.87	513.57	1 954.86
	占比（%）	27.26	16.46	6.60	3.01	20.40	26.27	100

四、土壤有效硼调控

一般认为，土壤缺硼的临界含量为0.5mg/kg，水溶性硼低于0.5mg/kg时，属于缺硼；低于0.25mg/kg时，属于严重缺硼。针对土壤缺硼的情况，一般通过施用硼肥进行调控。在硼含量较高的地区，可以采取适当施用石灰的方法，防止硼的毒害。硼肥在棉花、苹果、花生、蔬菜等作物上已经得到大面积的推广应用，当水溶性硼含量低于0.5mg/kg时，在油菜、小麦、棉花、花生、大豆、甘薯上施用增产效果明显。硼肥对于防止苹果、梨、山楂、桃等果树的落花落果、花而不实，效果显著，还能增加产量，改善果品品质。

（一）针对土壤和作物情况施用硼肥

土壤缺硼时，施硼肥能明显增产。不同土壤和作物，临界指标也有所差别。一般来说，双子叶植物的需硼量比单子叶植物高，多年生植物需硼量比一年生植物高，谷类作物一般需硼较少。甜菜是敏感性最强的作物之一；各种十字花科作物，如萝卜、油菜、甘蓝、花椰菜等需硼量高，对缺硼敏感；果树中的苹果对缺硼也特别敏感。作物体内硼的浓度一般在2～100mg/kg之间，小于10mg/kg时，作物就可能缺硼；如果大于200mg/kg，则有可能出现中毒现象。因此硼肥的施用要因土壤、因作物而异，根据土壤硼含量和作物种类确定是否施用硼肥和硼肥的施用量。

（二）因硼肥种类选择适宜的施肥方式

硼肥主要有硼酸（含硼17%）、硼砂（含硼11%）、硼泥（碱性，含硼量较低，是硼砂、硼酸工业的废渣），其中硼酸易溶于水，硼砂易溶于热水，而硼泥则部分溶于水。因此，硼酸适宜根外追肥；硼砂可以作为根外追肥，也可以作为基肥；硼泥适宜作基肥。

(三) 因土壤酸碱性施用硼肥

硼在石灰性土壤或碱性土壤上有效性较低，在酸性土壤中有效性较高，但易淋失。因此，为了提高肥料的有效性，在石灰性土壤或碱性土壤上，硼肥适宜作为根外追肥进行沾根、喷施（不适宜拌种）；而酸性土壤上，则可以作为基肥直接施入土壤中，同时注意尽量避免淋溶损失。

(四) 控制用量，均匀施用

总体来说，作物对硼的需求总量还是相对较少的；硼的供应过多，可能会对作物产生毒害，因此在硼肥的施用上，要严格控制用量，避免过量。由于硼肥用量较少，作为基肥施用时，要力求达到均匀施用，可与氮肥和磷肥混合施用，也可单独施用，单独施用时必须均匀，最好与干土混匀后施入土壤。

在土壤缺硼的情况下，施用硼肥效果较好。一般每亩基肥硼砂 0.5kg 左右，施用一次一般可持续 3～5 年。根外追肥喷施浓度为 0.1%～0.25%之间，每亩用量 0.75kg 左右。

由于作物对硼肥的适宜量和过量之间的差距较小，因此对硼肥的用量和施用技术应特别注意，以免施用过量造成中毒。在缓冲性较小的沙质土壤上，用量宜适当减小。如果引起作物毒害，可适当施用石灰以减轻毒害。

(五) 合理使用不同硼含量等级的灌溉水

灌溉水的硼含量，会影响土壤的硼含量，也会影响作物的生长发育。例如，柠檬以含硼 1g/L 的水灌溉时，产生不良影响；但苜蓿在含硼 1～2g/L 时生长最旺盛。因此对于不同的作物，在灌溉时要考虑灌溉水中的硼含量对作物生长发育的影响。灌溉水硼含量等级见表 5-58。

表 5-58 灌溉水硼含量等级

灌溉水含硼等级	硼敏感的作物（g/kg）	半敏感作物（g/kg）	耐硼作物（g/kg）
1	<0.33	<0.67	<1.00
2	0.33～0.67	0.67～1.33	1.00～2.00
3	0.67～1.00	1.33～2.00	2.00～3.00
4	1.00～1.25	2.00～2.50	3.00～3.75
5	>1.25	>2.50	>3.75

第九节 土壤有效铜

地壳中铜（Cu）的平均含量约为 70mg/kg，全球土壤中铜的含量范围一般在 2～100mg/kg 之间，平均含量为 20mg/kg。我国土壤中铜的含量在 3～300mg/kg 之间，平均含量为 22mg/kg。土壤铜含量常常与其母质来源和抗风化能力有关，与土壤质地间接相关。土壤中的铜大部分来自含铜矿物（孔雀石、黄铜矿及含铜砂岩等）。一般情况下，基性岩发育的土壤，其含铜量多于酸性岩发育的土壤，沉积岩中以砂岩含铜最低。我国土壤表层或耕层中铜含量的背景值范围为 7.3～55.1mg/kg。

一、土壤有效铜含量空间差异

（一）西北区各省（自治区）之间土壤有效铜含量差异

通过对西北区 32 232 个土壤有效铜样品测试数据分析。西北区土壤 0～20cm 耕层有效铜平均含量为 1.338mg/kg，各省（自治区）之间有效铜含量差异不大。以新疆最高，平均 1.741mg/kg，青海最低，平均 0.855mg/kg。

不同省（自治区）土壤有效铜变异系数平均 0.69，以内蒙古最高，为 0.83，以甘肃最低，为 0.44。其余各省在两者之间，详见表 5-59。

表 5-59　西北区不同省（自治区）之间土壤有效铜含量差异

省（自治区）名称	点位数	平均值（mg/kg）	标准差	变异系数
宁夏	1 402	1.347	0.91	0.68
内蒙古西部	4 341	1.373	1.13	0.83
青海	876	0.855	0.63	0.74
甘肃	7 504	1.060	0.47	0.44
新疆	7 243	1.741	1.05	0.60
新疆兵团	3 172	1.574	1.16	0.74
陕西	7 694	1.413	1.12	0.79
合计/平均	32 232	1.338	0.93	0.69

（二）西北区不同地（州、市、盟）之间土壤有效铜含量差异

通过对西北区 73 个地区(州、市、盟)土壤有效铜样品测试数据分析，西北区 0～20cm 土壤有效铜平均含量以陕西汉中市最高，为 2.81mg/kg，以青海黄南藏族自治州含量最低，为 0.44mg/kg。

西北区土壤有效铜含量可分为高中低三个层次，高含量（土壤有效铜含量＞1.5mg/kg）的有安康市、宝鸡市、汉中市、西安市、酒泉市、巴彦淖尔市、宁夏农垦、银川市、中卫市、第一师、第二师、第五师、第七师、第十师、第十二师、第十四师、阿勒泰地区、昌吉回族自治州、哈密地区、喀什地区、克拉玛依市、克孜勒苏州、塔城地区、吐鲁番地区、乌鲁木齐市、伊犁哈萨克自治州；低含量（土壤有效铜含量＜0.5mg/kg）的有商洛市、铜川市、渭南市、咸阳市、延安市、榆林市、白银市、定西市、甘南藏族自治州、甘农垦、金昌市、兰州市、临夏市、陇南市、嘉峪关市、平凉市、庆阳市、天水市、武威市、张掖市、阿拉善盟、包头市、鄂尔多斯市、呼和浩特市、乌海市、乌兰察布市、锡林郭勒市、固原市、石嘴山市、吴忠市、海北藏族自治州、海东市、海西市、黄南藏族自治州、西宁市、玉树藏族自治州、第三师、第四师、第六师、第八师、第九师、阿克苏地区、巴音郭楞州、博尔塔拉蒙古自治州；其余则为中含量。可以看出，西北区缺铜现象较为普遍。

不同地（州、市、盟）土壤有效铜变异系数平均 0.52，以陕西榆林市，内蒙古鄂尔多斯市、呼和浩特市，青海海南藏族自治州，兵团第五师较高，均大于 1.00，以甘肃嘉峪关市，青海玉树藏族自治州有效铜变异系数较低，分别为 0.10 和 0.13，其余地（州、市、盟）变异系数介于两者之间。详见表 5-60。

表 5-60 西北区不同地（州、市、盟）之间土壤有效铜含量差异

省（自治区）名称	地（市）	点位数	平均值（mg/kg）	标准差	变异系数
陕西	安康市	371	2.63	1.66	0.63
	宝鸡市	907	1.58	0.61	0.38
	汉中市	437	2.81	1.69	0.60
	商洛市	503	1.03	0.67	0.65
	铜川市	157	1.39	0.58	0.42
	渭南市	1 186	1.02	0.29	0.28
	西安市	440	1.92	1.03	0.54
	咸阳市	1 310	1.45	0.91	0.63
	延安市	1 313	0.87	0.37	0.43
	榆林市	1 070	1.32	1.61	1.22
甘肃	白银市	686	0.86	0.36	0.42
	定西市	1 203	0.96	0.32	0.33
	甘南藏族自治州	100	0.90	0.33	0.36
	甘农垦	47	1.36	0.41	0.30
	金昌市	99	0.98	0.44	0.45
	酒泉市	317	1.53	0.72	0.47
	兰州市	429	1.22	0.45	0.37
	临夏州	356	1.11	0.57	0.51
	陇南市	687	0.93	0.41	0.43
	嘉峪关市	13	1.06	0.11	0.10
	平凉市	781	1.10	0.28	0.25
	庆阳市	1 006	0.93	0.33	0.36
	天水市	829	1.09	0.47	0.44
	武威市	527	1.18	0.59	0.50
	张掖市	424	1.41	0.59	0.42
内蒙古西部	阿拉善盟	11	1.15	0.62	0.54
	巴彦淖尔市	1 154	2.09	0.88	0.42
	包头市	476	1.22	0.73	0.60
	鄂尔多斯市	624	1.33	1.34	1.01
	呼和浩特市	795	1.39	1.55	1.12
	乌海市	9	1.08	0.75	0.69
	乌兰察布市	1 067	0.85	0.56	0.66
	锡林郭勒盟	205	0.50	0.20	0.40
宁夏	固原市	530	1.03	0.28	0.27
	宁夏农垦	32	1.65	0.99	0.60
	石嘴山市	50	1.42	0.38	0.27
	吴忠市	360	1.38	1.10	0.79
	银川市	181	1.61	1.05	0.66
	中卫市	249	1.74	1.19	0.68

（续）

省（自治区）名称	地（市）	点位数	平均值（mg/kg）	标准差	变异系数
青海	海北藏族自治州	87	0.93	0.64	0.69
	海东市	328	0.83	0.45	0.54
	海南藏族自治州	130	0.80	1.11	1.38
	海西蒙古族藏族自治州	78	1.24	0.57	0.46
	黄南藏族自治州	24	0.44	0.23	0.53
	西宁市	216	0.78	0.46	0.59
	玉树藏族自治州	13	1.26	0.16	0.13
新疆兵团	第一师	523	1.91	0.73	0.38
	第二师	247	1.72	1.03	0.60
	第三师	42	0.79	0.19	0.24
	第四师	232	0.61	0.42	0.69
	第五师	360	2.36	2.63	1.11
	第六师	560	1.24	0.40	0.32
	第七师	359	1.85	0.60	0.32
	第八师	342	1.28	0.34	0.26
	第九师	200	1.01	0.55	0.55
	第十师	16	1.77	0.54	0.30
	第十二师	102	2.07	0.60	0.29
	第十三师	115	1.41	0.87	0.62
	第十四师	74	1.91	0.59	0.31
新疆	阿勒泰地区	497	1.67	0.89	0.53
	阿克苏地区	1 240	1.47	0.90	0.61
	巴音郭楞蒙古自治州	658	1.43	0.91	0.64
	博尔塔拉蒙古自治州	208	1.48	0.81	0.55
	昌吉回族自治州	903	1.64	0.67	0.41
	哈密地区	165	1.63	0.92	0.56
	和田地区	456	2.35	1.76	0.75
	喀什地区	1 249	1.98	1.23	0.62
	克拉玛依市	31	2.14	0.62	0.29
	克孜勒苏柯尔克孜自治州	142	2.22	1.35	0.61
	塔城地区	780	1.68	0.78	0.47
	吐鲁番地区	160	2.27	1.31	0.58
	乌鲁木齐市	137	2.01	0.74	0.37
	伊犁哈萨克自治州	617	1.74	0.80	0.46

二、耕层土壤有效铜含量及其影响因素

（一）西北区不同土壤类型土壤有效铜含量差异

通过对西北区 38 种主要土壤类型有效铜含量测试数据分析，西北区 0～20cm 土壤有效铜平均含量以水稻土和林灌草甸土平均含量较高，分别为 3.059mg/kg 和 3.599mg/kg，以

山地草甸土和暗棕壤有效铜平均含量较低，分别为0.565mg/kg和0.675mg/kg。土壤有效铜含量从大到小的顺序为，林灌草甸土＞水稻土＞漠境盐土＞沼泽土＞碱土＞粗骨土＞草甸盐土＞黄棕壤＞龟裂土＞潮土＞灰棕漠土＞草甸土＞棕钙土灰漠土＞灌漠土＞风沙土新积土＞棕漠土＞褐土＞亚高山草甸土＞黑毡土＞黑土＞棕壤＞黑垆土＞灰褐土＞黄绵土＞灰钙土＞黑钙土＞栗钙土＞红黏土＞栗褐土＞石质土＞暗棕壤＞山地草甸土。

不同土类土壤有效铜变异系数平均0.53。风沙土、黑钙土和草甸土变异系数较大，分别为0.91、0.86、0.86，最小值出现在黑毡土上，为0.13。详见表5-61。

表5-61　西北区不同土壤类型土壤有效铜含量差异

序号	土类	点位数	平均值（mg/kg）	标准差	变异系数
1	黄绵土	5 554	1.061	0.76	0.72
2	潮土	3 877	1.697	1.11	0.66
3	栗钙土	2 898	1.042	0.75	0.72
4	黑垆土	2 641	1.077	0.41	0.38
5	褐土	2 311	1.314	0.74	0.56
6	灌淤土	2 066	1.934	1.31	0.68
7	草甸土	1 825	1.580	1.36	0.86
8	灰漠土	1 539	1.526	0.51	0.33
9	棕钙土	1 360	1.576	0.95	0.60
10	灰钙土	1 260	1.058	0.58	0.54
11	新积土	820	1.377	1.01	0.73
12	风沙土	657	1.398	1.28	0.91
13	灌漠土	654	1.452	0.70	0.48
14	棕漠土	600	1.338	0.95	0.71
15	黄棕壤	530	2.023	1.60	0.79
16	灰褐土	453	1.075	0.56	0.52
17	黑钙土	446	1.056	0.91	0.86
18	草甸盐土	373	2.212	1.07	0.48
19	红黏土	351	0.984	0.42	0.42
20	水稻土	287	3.059	1.67	0.55
21	栗褐土	275	0.948	0.74	0.78
22	黄褐土	270	1.923	1.46	0.76
23	盐土	243	1.839	0.74	0.40
24	灰棕漠土	197	1.634	0.63	0.39
25	沼泽土	194	2.485	0.93	0.37
26	棕壤	168	1.144	0.64	0.56
27	黑土	107	1.174	0.51	0.44
28	漠境盐土	36	2.990	1.32	0.44

（续）

序号	土类	点位数	平均值（mg/kg）	标准差	变异系数
29	林灌草甸土	19	3.599	0.81	0.23
30	粗骨土	16	2.314	1.82	0.79
31	黑毡土	13	1.264	0.16	0.13
32	石质土	12	0.813	0.20	0.24
33	龟裂土	11	1.893	0.66	0.35
34	山地草甸土	10	0.565	0.22	0.40
35	干旱土	9	1.470	0.49	0.33
36	碱土	8	2.453	0.55	0.23
37	亚高山草甸土	8	1.310	0.36	0.27
38	暗棕壤	4	0.675	0.36	0.53

（二）西北区不同地形、地貌类型土壤有效铜含量差异

通过对西北区不同地貌类型土壤有效铜测试数据分析，西北区耕层土壤有效铜平均含量以盆地最高，为1.786mg/kg，丘陵最低，为0.996mg/kg。由大到小顺序为：盆地＞平原＞山地＞高原＞丘陵。通过对不同地形部位分析，最高值出现在平原下部，为1.790mg/kg，最低值出现在高原下部，为0.942mg/kg。

不同地貌土壤有效铜变异系数平均0.66，最高值出现在山地下部，为0.82，最低值出现在丘陵上部，为0.34。详见表5-62。

表5-62　西北区不同地形、地貌类型土壤有效铜含量差异

地貌（平均）	部位	点位数	平均值（mg/kg）	标准差	变异系数
平原（1.626）	上部	1 777	1.442	0.91	0.63
	中部	5 532	1.649	1.00	0.60
	下部	5 707	1.790	1.13	0.63
丘陵（0.996）	上部	570	1.029	0.35	0.34
	中部	3 618	0.975	0.54	0.55
	下部	2 889	0.985	0.61	0.62
山地（1.144）	上部	669	1.122	0.82	0.73
	中部	1 650	1.098	0.77	0.70
	下部	2 268	1.211	0.99	0.82
高原（1.071）	上部	3 994	1.200	0.90	0.75
	下部	323	0.942	0.74	0.78
盆地（1.786）	平均	3 235	1.786	1.33	0.75

（三）西北区不同成土母质土壤有效铜含量差异

通过对西北区8种成土母质土壤有效铜测试数据分析，西北区0～20cm有效铜平均含

量以人工淤积物最高，平均为 2.43mg/kg，以岩石风化物最低，为 0.97mg/kg。不同母质土壤有效铜含量由高到低排列顺序依次为：人工淤积物＞沉积物＞冲洪积物＞风积物＞黄土母质＞坡残积物＞红土母质＞岩石风化物。

不同成土母质土壤有效铜变异系数平均 0.59，以风积物物最高，为 0.91，以岩石风化物最低，为 0.22，其余母质类型变异系数在两者之间。详见表 5-63。

表 5-63　西北区不同成土母质土壤耕层有效铜含量差异

序号	母质	点位数	平均值（mg/kg）	标准差	变异系数
1	黄土母质	13 453	1.18	0.78	0.66
2	洪冲积物	13 133	1.64	1.16	0.71
3	坡残积物	3 171	1.13	0.86	0.76
4	沉积物	1 308	1.91	0.90	0.47
5	风积物	734	1.38	1.25	0.91
6	红土状物	380	1.05	0.63	0.60
7	人工淤积物	45	2.43	0.98	0.40
8	岩石风化物	8	0.97	0.22	0.22

（四）西北区不同土壤质地土壤有效铜含量差异

通过对西北区不同质地耕层土壤有效铜测试数据分析，不同质地土壤有效铜平均含量以黏土最高，为 1.69mg/kg，以黏壤土最低，平均为 1.34mg/kg。不同质地土壤有效铜含量从高到低的顺序为：黏土＞砂土＞壤土＞黏壤土。

不同质地土壤有效铜含量变异系数平均 0.71，以砂土最高，为 0.85，黏土最低，为 0.57。详见表 5-64。

表 5-64　西北区不同土壤质地土壤有效铜含量差异

质地	点位数	平均值（mg/kg）	标准差	变异系数
壤土	19 910	1.37	1.01	0.74
黏壤土	6 385	1.34	0.90	0.67
黏土	2 992	1.69	0.97	0.57
砂土	2 945	1.42	1.20	0.85

三、土壤有效铜的分级与分布

西北区土壤有效铜多数分布在一至四级，其中三、四级占西北区总耕地面积的 65.41%。按高、中、低含量划分，高含量占 32.2%，中含量占 65.4%，低含量占 2.4%。不同省（自治区）土壤有效铜的分级与分布见图 5-9 和表 5-65。

①西北区耕层土壤有效铜含量＞1.8mg/kg 的耕地面积 387.76 万 hm^2，占西北区总耕地面积的 19.84%。该级地各种土类都有大量分布，主要分布在潮土、草甸土和灌淤土上，分别占西北区该级耕地面积的 11.87%、8.34%和 12.78%。其中内蒙古、陕西和新疆有效

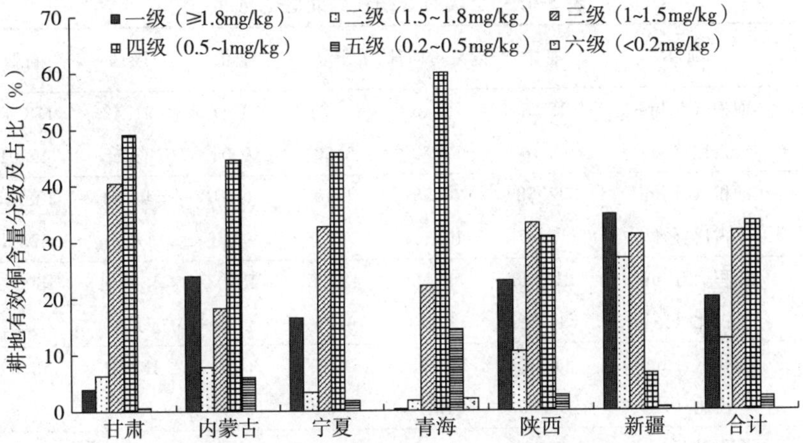

图 5-9　耕层土壤有效铜在各省（自治区）的分布

铜含量>1.8mg/kg 的耕地面积较大，分别占西北区有效铜该级耕地面积的 19.72%、23.58%和 46.01%。详见表 5-65。

②西北区耕层土壤有效铜含量 1.5～1.8mg/kg 的耕地面积 241.92 万 hm^2，占西北区总耕地面积的 12.38%。该级地各类土壤均有分布，主要分布在潮土、草甸土和草甸盐土上，分别占西北区该级耕地面积的 14.35%、9.88%和 8.63%。其中新疆、陕西和甘肃土壤有效铜含量 1.5～1.8mg/kg 的耕地面积较大，分别占西北区有效铜该级耕地面积的 57.11%、13.47%和 17.21%。详见表 5-65。

③西北区耕层土壤有效铜有效铜含量 1.0～1.5mg/kg 的耕地面积 621.50 万 hm^2，占西北区总耕地面积的 31.79%。该级地各种土类均大量分布，主要分布在黄绵土、褐土和黑垆土上，分别占西北区该级耕地面积的 21.69%、8.88%和 11.95%。其中甘肃、陕西和新疆土壤有效铜含量 1.0～1.5mg/kg 的耕地面积较大，分别占西北区有效铜该级耕地面积的 34.59%、21.37%和 25.82%。详见表 5-65。

④西北区耕层土壤有效铜含量 0.5～1.0mg/kg 的耕地面积 657.22 万 hm^2，占西北区总耕地面积的 33.62%。该级地各种土类均有大量分布，分布面积较大的有黄绵土和栗钙土，分别占西北区该级耕地面积的 2.51%和 1.88%。其中甘肃、内蒙古和陕西有效铜含量0.5～1.0mg/kg 的耕地面积较大，分别占西北区有效铜该级耕地面积的 39.89%、21.90%和 18.76%。详见表 5-65。

⑤西北区耕层土壤有效铜含量 0.2～0.5mg/kg 的耕地面积 45.33 万 hm^2，占西北区总耕地面积的 2.32%。该级地各种土类有少量分布，主要分布在黄绵土、栗钙土和风沙土上，分别占西北区该级耕地面积的 10.71%、33.46%和 10.45%。其中内蒙古、陕西和青海有效铜含量 0.2～0.5mg/kg 的耕地面积较大，分别占西北区有效铜该级耕地面积的 41.14%、21.46%和 18.43%。详见表 5-65。

⑥西北区耕层土壤有效铜含量<0.2mg/kg 的耕地面积 1.13 万 hm^2，占西北区总耕地面积的 0.06%。该级地各种土类极少有分布，主要分布在栗钙土、灰钙土、灰褐土和黑毡土上，分别占西北区该级耕地面积的 53.64%、7.70%、21.87%和 14.37%。其中青海有效铜含量<0.2mg/kg 的耕地面积最大，占西北区六级地面积的 99.67%。详见表 5-65。

表 5-65　土壤有效铜在西北区的分布

含量	项目	甘肃	内蒙古西部	宁夏	青海	陕西	新疆	合计
>1.8mg/kg	面积（万 hm^2）	19.99	76.45	21.31	0.17	91.42	178.41	387.76
	占比（%）	5.16	19.72	5.50	0.04	23.58	46.01	19.84
1.5～1.8mg/kg	面积（万 hm^2）	32.58	24.55	4.10	0.91	41.63	138.15	241.92
	占比（%）	13.47	10.15	1.7	0.38	17.21	57.11	12.38
1.0～1.5mg/kg	面积（万 hm^2）	214.98	58.07	42.12	13.03	132.84	160.47	621.50
	占比（%）	34.59	9.34	6.78	2.10	21.37	25.82	31.79
0.5～1.0mg/kg	面积（万 hm^2）	262.15	143.95	59.26	35.21	123.26	33.39	657.22
	占比（%）	39.89	21.90	9.02	5.36	18.75	5.08	33.62
0.2～0.5mg/kg	面积（万 hm^2）	3.23	18.65	2.23	8.35	9.73	3.15	45.33
	占比（%）	7.12	41.14	4.91	18.43	21.46	6.95	2.32
<0.2mg/kg	面积（万 hm^2）	0.00	0.00	0.00	1.13	0.00	0.00	1.13
	占比（%）	0.00	0.00	0.00	100.03	0.00	0.00	0.06
合计	面积（万 hm^2）	532.93	321.68	129.01	58.80	398.87	513.57	1 954.86
	占比（%）	27.26	16.46	6.60	3.01	20.40	26.27	100

四、土壤有效铜调控

一般认为，土壤缺铜的临界值为0.5mg/kg，土壤有效铜低于0.5mg/kg时，属于缺铜；低于0.2mg/kg时，属于严重缺铜。针对土壤缺铜的情况，一般通过施用铜肥进行调控。

（一）铜的生理作用

铜参与植物的光合作用，以 Cu^{2+} 的形式被植物吸收，它可以畅通无阻地催化植物的氧化还原反应，通过促进碳水化合物和蛋白质的代谢与合成，使植物抗寒、抗旱能力大为增强；铜还参与植物的呼吸作用，影响到作物对铁的利用。在叶绿体中含有较多的铜，因此铜与叶绿素形成有关。铜具有提高叶绿素稳定性的能力，避免叶绿素过早遭受破坏，这有利于叶片更好地进行光合作用。缺铜时，叶绿素减少，叶片出现失绿现象，幼叶的叶尖因缺绿黄化并干枯，最后叶片脱落。此外，缺铜还会使繁殖器官的发育受到破坏。植物需铜量很少，一般不会缺铜。

（二）土壤铜的变化特性

不同作物种植区土壤铜含量变化不一。土壤中铜的形态包括水溶态铜、有机态铜、离子态铜。水溶态铜在土壤全铜中所占比例较低，土壤中水溶性铜占全铜的比例仅为1.2%～2.8%，离子态铜占全铜及水溶态铜的比例分别为0.000 3%～0.018%和0.01%～1.4%。施用有机肥会降低活性态铜含量，增加有机结合态铜含量，在铜缺乏土壤上应该避免过量施用有机肥。

（三）铜肥类型及合理施用技术

铜肥的主要品种有硫酸铜、氧化铜、氧化亚铜、碱式硫酸铜、铜矿渣等。

1. 硫酸铜　分子式为 $CuSO_4 \cdot 5H_2O$，含铜量为 25.5%，或失水成为 $CuSO_4 \cdot H_2O$，含铜量为 35%，能溶于水、醇、甘油及氨液，水溶液呈酸性。适用于各种施肥方法，但要注意在磷肥施用量较大的土壤上，最好采用种子处理或叶面喷施，以防止磷与铜结合成难溶的盐，降低铜的有效性。基施和拌种可促进玉米对铜的吸收，能够增产 6%～15%。

2. 氧化铜　分子式为 CuO，含铜量 78.3%，不溶于水和醇，但可在氨溶液中缓慢溶解。只能用作基肥，一般施入酸性土壤为好，每亩施用量为 0.4～0.6kg，每隔 3～5 年施用 1 次。

3. 氧化亚铜　分子式为 Cu_2O，含铜量为 84.4%。不溶于水、醇，溶于盐酸、浓氨水、浓碱。在干燥空气中稳定，在湿润空气中逐渐氧化成黑色氧化铜，由于难溶于水，只能作基肥，每亩施 0.3～0.5kg，每隔 3～5 年施 1 次。

4. 碱式硫酸铜　分子式为 $CuSO_4 \cdot 3Cu(OH)_2 \cdot H_2O$，含铜量为 13%～53%，只溶于无机酸，不溶于水，只适用于基肥，用于酸性土壤，每亩施 0.5～1kg。

5. 铜矿渣　含铜（Cu）、铁（Fe）、氧化硅（SiO_2）、氧化镁（MgO）等，含铜量为 0.3%～1.0%，该产品为矿山生产副产品，难溶于水，也可作铜肥使用，亩施 30～40kg，于秋耕或春耕时施入。对改良泥炭土和腐殖质湿土效果显著。但若含有大量镉、铅、汞等元素，应先加工处理，去掉镉、铅、汞有害物质后再进行施用。

第十节　土壤有效锌

锌（Zn）是一种浅灰色的过渡金属，是第四种"常见"的金属，仅次于铁、铝及铜。我国土壤全锌含量为 3～790mg/kg，平均含量为 100mg/kg。土壤锌含量因土壤类型而异，并受成土母质影响。锌是一些酶的重要组成成分，这些酶在缺锌的情况下活性大大降低。绿色植物的光合作用必须要有含锌的碳酸酐酶参与，它主要存在于植株的叶绿体中，催化二氧化碳的水合作用，提高光合强度，促进碳水化合物的转化。锌能促进氮素代谢，缺锌植株体内的氮素代谢会发生紊乱，造成氨的大量累积，抑制了蛋白质的合成。植株的失绿现象在很大程度上与蛋白质的合成受阻有关。施锌促进植株生长发育的效果显著，并能增强抗病、抗寒能力，可防治水稻的赤枯Ⅱ型病（即缺锌坐兜症），玉米花叶白苗病、柑橘小叶病，减轻小麦条锈病、大麦和冬黑麦的坚黑穗病、冬黑麦的秆黑粉病、向日葵的白腐和灰腐病，增强玉米植株的耐寒性。

锌作为作物生长必需的微量元素，其在土壤中的含量及变化状况直接影响作物产量和产品品质，影响农业的高产高效生产，因此进行微量元素锌的调查分析具有重要意义。

一、土壤有效锌含量空间差异

（一）西北区各省（自治区）之间土壤有效锌含量差异

通过对西北区 32 278 个土样测试数据分析，西北区 0～20cm 耕层土壤有效锌平均含量为 1.07mg/kg，西北区因地域不同，不同省（自治区）之间土壤有效锌含量差异较大。以陕西土壤有效锌含量最高，为 1.37mg/kg，宁夏最低，为 0.88mg/kg。

不同省（自治区）土壤有效锌含量变异系数平均 0.95，最高值出现在新疆兵团，为

1.48，最低值出现在甘肃，为0.54。详见表5-66。

表5-66 西北区各省（自治区）之间土壤有效锌含量差异

省（自治区）名称	点位数	平均值（mg/kg）	标准差	变异系数
宁夏	1 433	0.88	1.30	1.47
内蒙古西部	4 352	1.09	0.94	0.86
青海	876	1.26	0.97	0.77
甘肃	7 504	0.90	0.48	0.54
新疆	7 243	1.03	0.63	0.62
新疆兵团	3 172	0.96	1.42	1.48
陕西	7 698	1.37	1.24	0.90
合计/平均	32 278	1.07	1.00	0.95

（二）西北区不同地（州、市、盟）之间土壤有效锌含量差异

通过对西北区73个地（州、市、盟）土壤有效锌含量分析，西北区耕层土壤有效锌平均含量，以青海玉树藏族自治州最高，为3.47mg/kg，以新疆兵团第九师土壤有效锌含量最低，平均0.33mg/kg。

西北区土壤有效锌含量可分为高中低三个层次。高含量（土壤有效锌含量＞1.5mg/kg）的有安康市、宝鸡市、西安市、榆林市、银川市、西宁市、玉树藏族自治州；低含量（土壤有效锌含量＜0.5mg/kg）的有嘉峪关市、阿拉善盟、第三师、第四师、第九师；其余土壤有效锌含量在0.5～1.0mg/kg。

不同地（州、市、盟）之间有效锌含量变异系数平均0.66，陕西榆林市，宁夏银川市，兵团第二师、第七师、第八师变异系数较大，均大于1.00，最低值出现在甘肃嘉峪关市，为0.22。其余各地详见表5-67。

表5-67 西北区不同地（州、市、盟）之间耕层土壤有效锌含量差异

省（自治区）名称	地区	点位数	平均值（mg/kg）	标准差	变异系数
陕西	安康市	371	1.73	1.33	0.77
	宝鸡市	907	1.64	1.03	0.63
	汉中市	437	1.42	1.05	0.74
	商洛市	503	1.09	0.46	0.43
	铜川市	157	1.11	0.60	0.53
	渭南市	1 186	1.11	0.58	0.52
	西安市	440	1.93	1.21	0.63
	咸阳市	1 310	1.44	1.21	0.84
	延安市	1 313	0.70	0.66	0.95
	榆林市	1 074	2.00	2.07	1.03

（续）

省（自治区）名称	地区	点位数	平均值（mg/kg）	标准差	变异系数
甘肃	白银市	686	0.81	0.56	0.69
	定西市	1 203	0.89	0.42	0.47
	甘南藏族自治州	100	1.03	0.36	0.35
	甘农垦	47	0.85	0.52	0.61
	金昌市	99	1.23	0.47	0.38
	酒泉市	317	1.35	0.49	0.36
	兰州市	429	1.33	0.51	0.38
	临夏州	356	0.93	0.47	0.50
	陇南市	687	0.75	0.40	0.54
	嘉峪关市	13	0.47	0.10	0.22
	平凉市	781	0.74	0.30	0.41
	庆阳市	1 006	0.66	0.28	0.43
	天水市	829	0.87	0.46	0.53
	武威市	527	1.09	0.54	0.49
	张掖市	424	1.06	0.53	0.50
内蒙古西部	阿拉善盟	11	0.49	0.30	0.61
	巴彦淖尔市	1 173	1.40	1.16	0.83
	包头市	476	1.06	0.76	0.72
	鄂尔多斯市	623	0.94	0.81	0.86
	呼和浩特市	795	1.14	1.06	0.93
	乌海市	9	1.36	1.13	0.83
	乌兰察布市	1 060	0.92	0.65	0.71
	锡林郭勒盟	205	0.59	0.39	0.66
宁夏	固原市	530	0.60	0.49	0.81
	宁夏农垦	32	0.92	0.34	0.37
	石嘴山市	50	0.71	0.29	0.41
	吴忠市	360	0.64	0.57	0.88
	银川市	212	2.04	2.85	1.40
	中卫市	249	0.86	0.61	0.72
青海	海北藏族自治州	87	1.27	1.14	0.90
	海东市	328	1.08	0.67	0.62
	海南藏族自治州	130	1.10	1.00	0.91
	海西蒙古族藏族自治州	78	0.89	0.83	0.93
	黄南藏族自治州	24	1.13	0.44	0.39
	西宁市	216	1.63	1.07	0.66
	玉树藏族自治州	13	3.47	1.04	0.30

（续）

省（自治区）名称	地区	点位数	平均值（mg/kg）	标准差	变异系数
新疆兵团	第一师	523	1.07	0.53	0.49
	第二师	247	1.07	1.73	1.62
	第三师	42	0.36	0.10	0.28
	第四师	232	0.43	0.39	0.92
	第五师	360	0.68	0.60	0.88
	第六师	560	0.81	0.56	0.69
	第七师	359	1.47	3.03	2.07
	第八师	342	1.43	2.02	1.41
	第九师	200	0.33	0.13	0.40
	第十师	16	1.13	0.41	0.37
	第十二师	102	1.09	0.54	0.50
	第十三师	115	0.90	0.78	0.86
	第十四师	74	1.16	0.52	0.45
新疆	阿勒泰地区	497	0.83	0.45	0.54
	阿克苏地区	1 240	1.05	0.67	0.64
	巴音郭楞蒙古自治州	658	1.05	0.71	0.68
	博尔塔拉蒙古自治州	208	0.88	0.54	0.61
	昌吉回族自治州	903	1.16	0.76	0.66
	哈密地区	165	0.97	0.51	0.53
	和田地区	456	1.13	0.55	0.49
	喀什地区	1 249	1.03	0.67	0.64
	克拉玛依市	31	0.74	0.45	0.61
	克孜勒苏柯尔克孜自治州	142	0.93	0.50	0.53
	塔城地区	780	0.98	0.53	0.54
	吐鲁番地区	160	1.00	0.57	0.57
	乌鲁木齐市	137	1.08	0.62	0.57
	伊犁哈萨克自治州	617	0.98	0.54	0.55

二、耕层土壤有效锌含量及其影响因素

（一）西北区不同土壤类型土壤有效锌含量差异

通过对西北区 38 个主要土类有效锌含量分析，0～20cm 土壤有效锌平均含量以黑毡土最高，为 3.47mg/kg，暗棕壤最低，为 0.61mg/kg。表现出黑毡土＞黄棕壤＞黄褐土＞褐土＞水稻土＞草甸盐土＞新积土＞潮土＞灰漠土＞风沙土＞沼泽土＞漠境盐土＞灌漠土＞灰

褐土>黑钙土>黑土>龟裂土>灰棕漠土>亚高山草甸土>红黏土>灌淤土>棕漠土>黄绵土>栗钙土>栗褐土>草甸土>灰钙土>黑垆土>棕壤>棕钙土>林灌草甸土>粗骨土>石质土>山地草甸土>暗棕壤。

不同土类有效锌含量变异系数平均 0.57，黄绵土、灰漠土、风沙土变异系数较大，均大于 1.00，最低值出现在石质土上，为 0.30。其余详见表 5-68。

表 5-68　西北区不同土壤类型土壤有效锌含量差异

序号	土类	点位数	平均值（mg/kg）	标准差	变异系数
1	黄绵土	5 554	1.01	1.10	1.09
2	潮土	3 905	1.24	1.13	0.91
3	栗钙土	2 894	1.00	0.75	0.75
4	黑垆土	2 641	0.87	0.53	0.61
5	褐土	2 311	1.39	0.99	0.71
6	灌淤土	2 087	1.02	0.95	0.93
7	草甸土	1 825	0.96	0.99	1.03
8	灰漠土	1 539	1.20	1.50	1.24
9	棕钙土	1 360	0.79	0.51	0.64
10	灰钙土	1 262	0.96	0.68	0.71
11	新积土	820	1.25	1.19	0.96
12	风沙土	657	1.16	1.19	1.03
13	灌漠土	654	1.13	0.51	0.45
14	棕漠土	600	1.02	0.62	0.61
15	黄棕壤	530	1.49	1.07	0.72
16	灰褐土	452	1.13	0.70	0.62
17	黑钙土	444	1.12	0.85	0.76
18	草甸盐土	375	1.26	1.13	0.90
19	红黏土	351	1.03	0.84	0.82
20	水稻土	287	1.33	1.19	0.89
21	栗褐土	275	0.98	0.90	0.92
22	黄褐土	270	1.45	1.00	0.69
23	盐土	243	1.12	0.59	0.53
24	灰棕漠土	197	1.05	0.53	0.50
25	沼泽土	194	1.15	0.66	0.57
26	棕壤	168	0.85	0.57	0.68
27	林灌草甸土	145	0.79	0.29	0.36

（续）

序号	土类	点位数	平均值（mg/kg）	标准差	变异系数
28	黑土	107	1.11	0.48	0.43
29	漠境盐土	36	1.13	0.58	0.51
30	粗骨土	16	0.77	0.31	0.40
31	黑毡土	13	3.47	1.04	0.30
32	石质土	12	0.76	0.23	0.30
33	龟裂土	11	1.08	0.33	0.30
34	山地草甸土	10	0.68	0.30	0.44
35	干旱土	9	1.13	0.38	0.34
36	碱土	8	0.96	0.84	0.87
37	亚高山草甸土	8	1.04	0.34	0.33
38	暗棕壤	4	0.61	0.28	0.47

（二）西北区不同地形、地貌类型土壤有效锌含量差异

西北区不同地貌土壤有效锌平均含量，最高值出现在高原，为 1.19mg/kg，最低值出现在丘陵，为 0.82mg/kg。土壤有效锌含量的排列顺序为：高原＞平原＞盆地＞山地＞丘陵。

不同地形、地貌土壤有效锌含量变异系数平均 0.79，最高值出现在高原上部和盆地，均为 1.01，最低值出现在丘陵上部，为 0.65。详见表 5-69。

表 5-69　西北区不同地形、地貌类型土壤有效锌含量差异

地貌（平均）	部位	点位数	平均值（mg/kg）	标准差	变异系数
平原（1.16）	上部	1 777	1.14	0.77	0.68
	中部	5 532	1.19	1.13	0.95
	下部	5 760	1.16	1.01	0.87
丘陵（0.82）	上部	570	0.79	0.51	0.65
	中部	3 614	0.81	0.54	0.67
	下部	2 887	0.86	0.58	0.67
山地（1.06）	上部	669	1.12	0.76	0.68
	中部	1 649	0.99	0.78	0.79
	下部	2 268	1.08	0.92	0.85
高原（1.19）	上部	3 994	1.32	1.33	1.01
	下部	323	1.07	0.77	0.72
盆地（1.03）	平均	3 235	1.03	1.04	1.01

（三）西北区不同成土母质土壤有效锌含量差异

通过对西北区 8 种成土母质土壤有效锌含量分析，不同母质土壤有效锌平均含量以风积

物最高，为1.26mg/kg，以岩石风化物最低，为0.55mg/kg，其余在1.01～1.22mg/kg。由大到小顺序为，风积物>沉积物>淤积物>黄土母质>冲洪积物>红土母质>坡残积物>岩石风化物。

不同母质土壤有效锌变异系数平均0.78，最高值出现在黄土母质，为0.95，最小值出现在人工淤积物和岩石风化物，为0.51。详见表5-70。

表5-70 西北区不同成土母质土壤有效锌含量差异

序号	母质	点位数	平均值（mg/kg）	标准差	变异系数
1	黄土母质	13 452	1.08	1.03	0.95
2	洪冲积物	13 164	1.08	0.96	0.88
3	坡残积物	3 165	1.00	0.79	0.79
4	湖河冰川沉积物	1 331	1.20	1.03	0.86
5	风积物	733	1.26	1.18	0.94
6	红土状物	380	1.04	0.80	0.77
7	人工淤积物	45	1.18	0.61	0.51
8	岩石风化物	8	0.55	0.28	0.51

（四）西北区不同土壤质地土壤有效锌含量差异

通过对西北区不同质地类型土壤有效锌测试数据分析，0～20cm土壤有效锌平均含量以黏壤土最低，为0.96mg/kg，其他质地土壤有效锌含量一致，均为1.11mg/kg。

不同质地土壤有效锌变异系数平均0.87，最高值黏土0.95，最低值黏壤土0.65。详见表5-71。

表5-71 西北区不同土壤质地土壤有效锌含量差异

质地	点位数	平均值（mg/kg）	标准差	变异系数
壤土	19 932	1.11	1.05	0.94
砂土	2 952	1.11	1.02	0.93
黏土	3 001	1.11	1.06	0.95
黏壤土	6 393	0.96	0.62	0.65

三、土壤有效锌的分级与分布

通过对土壤有效锌的分级与分布情况看，西北区的土壤有效锌含量多数在二、三、四级，其中二、三、四级面积占西北区总耕地面积的91.2%，按高中低含量等级划分，高含量（土壤有效锌含量>1.5mg/kg）占17.38%，中含量（土壤有效锌含量0.5～1.5mg/kg）占75.43%，低含量（土壤有效锌含量<1.5mg/kg）占7.2%。详见图5-10和表5-72。

①西北区耕层土壤有效锌含量>3.0mg/kg的耕地面积31.15万hm^2，占西北区总耕地面积的1.59%。该级地各类土壤少有分布，主要分布在黄绵土、潮土、风沙土和灰漠土上，分别占西北区该级耕地面积的30.01%、11.41%、8.95%和9.30%。其中内蒙古、宁夏、陕西和新疆土壤有效锌含量>3.0mg/kg的耕地面积较大，分别占西北区有效锌该级耕地面

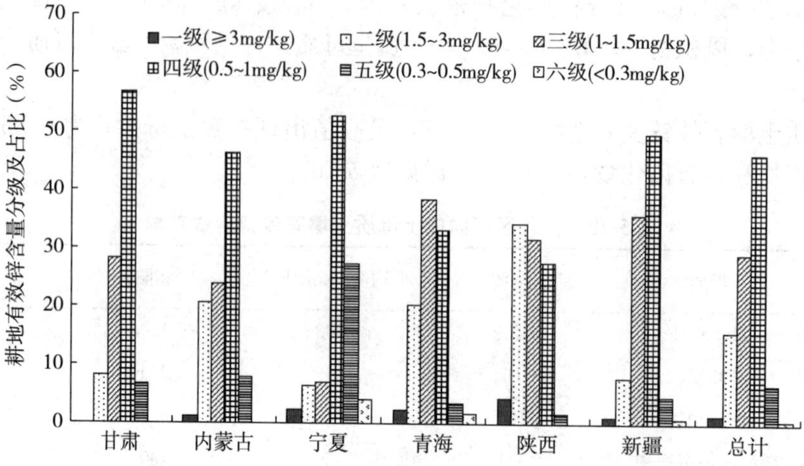

图 5-10　耕层土壤有效锌在各省（自治区）的分布

积的 11.4%、10.31%、55.69%和 18.10%。详见表 5-72。

②西北区耕层土壤有效锌含量 1.5～3.0mg/kg 的耕地面积 308.53 万 hm^2，占西北区总耕地面积的 15.78%。该级地各类土壤少有分布，主要分布在黄绵土、潮土和褐土上，分别占西北区该级耕地面积的 13.88%、8.85%和 11.61%。其中甘肃、内蒙古、陕西和新疆土壤有效锌含量 1.5～3.0mg/kg 的耕地面积较大，分别占西北区有效锌该级耕地面积的 14.31%、21.59%、44.51%和 13.07%。详见表 5-72。

③西北区耕层土壤有效锌含量 1.0～1.5mg/kg 的耕地面积 569.22 万 hm^2，占西北区总耕地面积的 29.12%。该级地各类土壤均有分布，主要分布在黄绵土、潮土和黑垆土上，分别占西北区该级耕地面积的 10.79%、10.22%和 8.87%。其中甘肃、内蒙古、陕西和新疆土壤有效锌含量 1.0～1.5mg/kg 的耕地面积较大，分别占西北区有效锌该级耕地面积的 26.53%、13.45%、22.21%和 32.23%。详见表 5-72。

④西北区耕层土壤有效锌含量 0.5～1.0mg/kg 的耕地面积 905.24 万 hm^2，占西北区总耕地面积的 46.31%。该级地各类土壤均有大量分布，主要分布在黄绵土、栗钙土和黑垆土上，分别占西北区该级耕地面积的 19.43%、12.40%和 8.04%。其中甘肃、内蒙古、陕西和新疆土壤有效锌含量 0.5～1.0mg/kg 的耕地面积较大，分别占西北区有效锌该级耕地面积的 33.40%、16.47%、12.19%和 28.29%。详见表 5-72。

⑤西北区耕层土壤有效锌含量 0.3～0.5mg/kg 的耕地面积 129.05 万 hm^2，占西北区总耕地面积的 6.60%。该级地各类土壤少有分布，主要分布在黄绵土、栗钙土、黑垆土和灰钙土上，分别占西北区该级耕地面积的 28.65%、14.65%、10.16%和 7.46%。其中甘肃、内蒙古、宁夏和新疆土壤有效锌含量 0.2～0.5mg/kg 的耕地面积较大，分别占西北区有效锌该级耕地面积的 27.43%、19.59%、27.38%和 18.42%。详见表 5-72。

⑥西北区耕层土壤有效锌含量<0.3mg/kg 的耕地面积 11.68 万 hm^2，占西北区总耕地面积的 0.60%。该级地各类土壤少有分布，主要分布在黄绵土、栗钙土、灰钙土和棕钙土上，分别占西北区该级耕地面积的 34.50%、11.79%、11.81%和 11.16%。其中宁夏、青海和新疆土壤有效锌含量<0.2mg/kg 的耕地面积较大，分别占西北区有效锌该级耕地面积的 46.84%、9.59%和 36.40%。详见表 5-72。

表 5-72　土壤有效锌在西北区的分布

含量	项目	甘肃	内蒙古西部	宁夏	青海	陕西	新疆	总计
>3.0mg/kg	面积（万 hm^2）	0.00	3.55	3.21	1.40	17.35	5.64	31.15
	占比（%）	0.00	11.40	10.31	4.49	55.69	18.10	1.59
1.5～3.0mg/kg	面积（万 hm^2）	44.14	66.60	8.15	11.98	137.33	40.33	308.53
	占比（%）	14.31	21.59	2.64	3.88	44.51	13.07	15.78
1.0～1.5mg/kg	面积（万 hm^2）	151.02	76.55	9.09	22.66	126.43	183.48	569.22
	占比（%）	26.53	13.45	1.60	3.98	22.21	32.23	29.12
0.5～1.0mg/kg	面积（万 hm^2）	302.38	149.11	67.76	19.57	110.33	256.10	905.24
	占比（%）	33.40	16.47	7.48	2.16	12.19	28.29	46.31
0.3～0.5mg/kg	面积（万 hm^2）	35.40	25.28	35.33	2.07	7.20	23.77	129.05
	占比（%）	27.43	19.59	27.38	1.60	5.58	18.42	6.60
<0.3mg/kg	面积（万 hm^2）	0.00	0.59	5.47	1.12	0.25	4.25	11.68
	占比（%）	0.00	5.03	46.84	9.59	2.14	36.40	0.60
合计	面积（万 hm^2）	532.93	321.68	129.01	58.80	398.87	513.57	1 954.86
	占比（%）	27.26	16.46	6.60	3.01	20.40	26.27	100

四、土壤有效锌调控

一般认为，土壤缺锌的临界值为0.5mg/kg，有效锌含量低于0.5mg/kg时，属于缺锌；低于0.3mg/kg时，属于严重缺锌。针对土壤缺锌的情况，一般通过施用锌肥进行调控。

（一）锌肥类型

常见的锌肥包括硫酸锌、氯化锌、氧化锌等。硫酸锌（$ZnSO_4 \cdot 7H_2O$），含 Zn 量为23%～24%，白色或橘红色结晶，易溶于水。氯化锌（$ZnCl_2$），含 Zn 量为 40%～48%，白色结晶，易溶于水。氧化锌（ZnO），含 Zn 量为 70%～80%，白色的粉末，难溶于水。

（二）施用方法

锌肥可以基施、追施、浸种、拌种、喷施，一般以叶面肥喷施效果最好。

（三）锌肥施用注意事项：

①锌肥施用在对锌较敏感作物上。玉米、水稻、花生、大豆、甜菜、菜豆、果树、番茄等施用锌肥效果较好。

②施在缺锌的土壤上。在缺锌的土壤上施用锌肥效果较好，如果植株早期表现出缺锌症状，可能是早春气温低，微生物活动弱，肥料没有完全溶解，秧苗根系活动弱，吸收能力差等；磷-锌的拮抗作用，土壤环境影响也可能缺锌，但到后期气温升高，此症状就会消失。

③做基肥隔年施用。锌肥做基肥用硫酸锌 20～25kg/hm^2 左右，要均匀施用，同时要隔年施用，因为锌肥在土壤中的残效期较长，不必每年施用。

④不要与农药一起拌种。拌种用硫酸锌 2g/kg 左右，以少量水溶解，喷于种子上或浸

种，待种子干后，再进行农药处理，否则影响效果。

⑤不要与磷肥混用。因为锌—磷有拮抗作用，锌肥要与干细土或酸性肥料混合施用，撒于地表，随耕地翻入土中，否则将影响锌肥的效果。

⑥不要表施，要埋入土中。追施硫酸锌时，每亩施硫酸锌 1.0kg 左右，开沟施用后覆土，表施效果较差。

⑦浸秧根不要时间过长，浓度不宜过大，以 1%的浓度为宜，浸半分钟即可，时间过长会发生药害。

⑧叶面喷施效果好。用浓度为 0.1%～0.2%硫酸锌、锌宝溶液进行叶面喷雾，每隔6～7 天喷 1 次，每次喷 2～3 次，但注意不要把溶液灌进心叶，以免灼伤植株。

第十一节　土壤有效钼

土壤中钼（Mo）的含量主要与成土母质、土壤质地、土壤类型、气候条件及全氮含量等有关。钼主要存在地壳中，自然界中钼的主要来源是含钼矿藏。钼对动植物的营养及代谢具有重要作用，于 1953 年被公认为生物体必需的微量元素。土壤中的钼来自含钼矿物（主要是辉钼矿）。含钼矿物经过风化后，钼则以钼酸离子（MoO_4^{2-}或 $HMoO_4^-$）的形态进入溶液。

土壤中的钼可分为四类：①水溶态钼，包括可溶态的钼酸盐；②代换态钼，MoO_4^{2-}离子被黏土矿物或铁锰的氧化物所吸附；③难溶态钼，包括原生矿物、次生矿物、铁锰结核中所包被的钼；④有机结合态的钼。其中，前两种钼的形态称为有效态钼，是植物能够吸收的。

我国缺钼土壤主要有两大区域。一是北方黄土和黄河冲积物发育的土壤，缺钼的原因是母质含钼量低；二是南方的砖红壤、赤红壤和红壤地区，土壤全钼含量高，但因土壤酸性，有效钼含量也很低。因此需注意探明土壤有效钼含量高低，为合理施肥、促进作物高产奠定基础。同时，也要防止钼过量带来的危害。

一、土壤有效钼含量空间差异

（一）西北区各省（自治区）之间土壤有效钼含量差异

通过对西北区 28 826 个土壤有效钼样本测定数据分析。西北区土壤 0～20cm 耕层平均有效钼含量为 0.25mg/kg。最高值出现在新疆兵团，为 0.40mg/kg，最低值出现在内蒙古，为 0.17mg/kg。

不同省（自治区）土壤有效钼含量变异系数平均 0.88。其中最高值出现在甘肃，为 1.30，最低出现在青海，为 0.37。详见表 5-73。

表 5-73　西北区各省（自治区）之间土壤有效钼含量差异

省（自治区）名称	点位数	平均值（mg/kg）	标准差	变异系数
宁夏	295	0.21	0.22	1.08
内蒙古西部	2 099	0.17	0.17	1.02
青海	869	0.20	0.07	0.37

（续）

省（自治区）名称	点位数	平均值（mg/kg）	标准差	变异系数
甘肃	7 504	0.27	0.34	1.30
新疆	7 243	0.30	0.23	0.77
新疆兵团	3 174	0.40	0.41	1.02
陕西	7 642	0.20	0.13	0.63
合计/平均	28 826	0.25	0.23	0.88

（二）西北区不同地（州、市、盟）之间土壤有效钼含量差异

通过对西北区 71 个地（州、市、盟）土壤有效钼平均含量分析，以兵团第三师最高，平均为 2.575mg/kg，以内蒙古乌海市最低，为 0.073mg/kg，其余各地（州、市、盟）介于两者之间。

西北区土壤有效钼的含量可分为高中低 3 个层次，高含量（土壤有效钼含量>0.25mg/kg）的有渭南市、甘南藏族自治州、金昌市、酒泉市、兰州市、临夏市、嘉峪关市、平凉市、武威市、张掖市、鄂尔多斯市、第一师、第二师、第三师、第四师、第六师、第七师、第十师、第十二师、第十三师、第十四师、巴音郭楞州、博尔塔拉蒙古自治州、昌吉回族自治州、和田地区、喀什地区、克孜勒苏州、吐鲁番地区、乌鲁木齐市、伊犁哈萨克自治州；低含量（土壤有效钼含量<0.15mg/kg）的有铜川市、甘农垦、天水市、阿拉善盟、巴彦淖尔市、包头市、乌海市、乌兰察布市、锡林郭勒市、银川市、海西蒙古族藏族自治州、玉树藏族自治州；其余为中含量（土壤有效钼含量0.15～0.25mg/kg）。

西北区土壤有效钼变异系数平均值 0.64，甘肃定西市、甘南藏族自治州、酒泉市、兰州市、临夏州、陇南市、平凉市、武威市，内蒙古的乌兰察布市，宁夏的固原市、中卫市变异系数较高，均大于 1.00，甘肃嘉峪关市最小，为 0.10。详见表 5-74。

表 5-74　西北区不同地（州、市、盟）之间土壤有效钼含量差异

省（自治区）名称	地区	点位数	平均值（mg/kg）	标准差	变异系数
陕西	安康市	371	0.392	0.10	0.27
	宝鸡市	907	0.180	0.12	0.65
	汉中市	437	0.163	0.11	0.69
	商洛市	503	0.167	0.10	0.59
	铜川市	157	0.141	0.08	0.58
	渭南市	1 186	0.279	0.09	0.32
	西安市	440	0.195	0.13	0.69
	咸阳市	1 310	0.168	0.12	0.69
	延安市	1 313	0.165	0.11	0.68
	榆林市	1 018	0.180	0.12	0.66

（续）

省（自治区）名称	地区	点位数	平均值（mg/kg）	标准差	变异系数
甘肃	白银市	686	0.204	0.16	0.79
	定西市	1 203	0.183	0.19	1.06
	甘南藏族自治州	100	0.440	0.46	1.04
	甘农垦	47	0.130	0.04	0.34
	金昌市	99	0.386	0.12	0.31
	酒泉市	317	0.426	0.47	1.10
	兰州市	429	0.496	0.61	1.23
	临夏州	356	0.345	0.35	1.01
	陇南市	687	0.196	0.25	1.27
	嘉峪关市	13	0.837	0.08	0.10
	平凉市	781	0.425	0.59	1.39
	庆阳市	1 006	0.226	0.19	0.82
	天水市	829	0.125	0.06	0.48
	武威市	527	0.304	0.39	1.30
	张掖市	424	0.259	0.14	0.56
内蒙古西部	阿拉善盟	3	0.133	0.06	0.43
	巴彦淖尔市	452	0.107	0.03	0.28
	包头市	322	0.119	0.03	0.25
	鄂尔多斯市	316	0.405	0.20	0.50
	呼和浩特市	299	0.209	0.21	0.99
	乌海市	8	0.073	0.02	0.30
	乌兰察布市	677	0.096	0.11	1.19
	锡林郭勒盟	22	0.149	0.05	0.31
宁夏	固原市	8	0.20	0.25	1.27
	吴忠市	137	0.21	0.20	0.96
	银川市	13	0.14	0.10	0.73
	中卫市	137	0.21	0.25	1.20
青海	海北藏族自治州	87	0.238	0.06	0.27
	海东市	328	0.230	0.07	0.31
	海南藏族自治州	123	0.159	0.07	0.44
	海西蒙古族藏族自治州	78	0.104	0.03	0.27
	黄南藏族自治州	24	0.185	0.05	0.26
	西宁市	216	0.222	0.05	0.23
	玉树藏族自治州	13	0.100	0.02	0.22

（续）

省（自治区）名称	地区	点位数	平均值（mg/kg）	标准差	变异系数
新疆兵团	第一师	523	0.355	0.26	0.75
	第二师	247	0.252	0.24	0.96
	第三师	67	2.575	0.42	0.16
	第四师	234	0.328	0.10	0.30
	第五师	360	0.163	0.04	0.22
	第六师	561	0.388	0.23	0.58
	第七师	332	0.629	0.28	0.45
	第八师	342	0.345	0.26	0.77
	第九师	201	0.218	0.07	0.31
	第十师	16	0.285	0.19	0.67
	第十二师	102	0.567	0.26	0.46
	第十三师	115	0.325	0.24	0.75
	第十四师	74	0.516	0.26	0.51
新疆	阿勒泰地区	497	0.223	0.20	0.89
	阿克苏地区	1 240	0.237	0.21	0.88
	巴音郭楞蒙古自治州	658	0.300	0.23	0.76
	博尔塔拉蒙古自治州	208	0.343	0.25	0.72
	昌吉回族自治州	902	0.333	0.20	0.61
	哈密地区	165	0.202	0.17	0.83
	和田地区	456	0.451	0.31	0.70
	喀什地区	1 250	0.326	0.26	0.80
	克拉玛依市	31	0.226	0.09	0.38
	克孜勒苏柯尔克孜自治州	142	0.265	0.14	0.53
	塔城地区	780	0.228	0.16	0.72
	吐鲁番地区	160	0.303	0.22	0.72
	乌鲁木齐市	137	0.264	0.16	0.59
	伊犁哈萨克自治州	617	0.337	0.20	0.58

二、耕层土壤有效钼含量及其影响因素

(一) 西北区不同土壤类型土壤有效钼含量差异

通过对西北区 38 个主要土类耕层土壤有效钼含量分析。主要土类中以亚高山草甸土有效钼平均含量最高，为 0.694mg/kg，以暗棕壤平均含量最低，为 0.060mg/kg。其含量从大到小的顺序为；亚高山草甸土＞龟裂土＞黑土＞灌淤土＞棕漠土＞黑钙土＞灰漠土＞灰褐土＞灰棕漠土＞石质土＞草甸土＞潮土＞风沙土＞黄棕壤＞灰钙土＞栗钙土＞粗骨土＞灌漠土＞红黏土＞黄褐土＞黄绵土＞新积土＞黑垆土＞水稻土＞褐土＞棕钙土＞山地草甸土＞棕

壤>沼泽土>草甸盐土>漠境盐土>林灌草甸土>黑毡土>碱土>栗褐土>暗棕壤。

不同土类土壤有效钼的变异系数平均0.83，其中黄绵土、栗钙土、黑垆土、棕钙土、新积土、棕漠土、灰褐土、红黏土、林灌草甸土、山地草甸土的变异系数均达到1.00以上，碱土的变异系数最低，为0.19，其余为0.19～1。详见表5-75。

表5-75 西北区不同土壤类型土壤有效钼含量差异

序号	土类	点位数	平均值（mg/kg）	标准差	变异系数
1	黄绵土	5 200	0.208	0.21	1.01
2	潮土	2 982	0.292	0.24	0.82
3	栗钙土	2 215	0.253	0.32	1.27
4	黑垆土	2 471	0.204	0.26	1.28
5	褐土	2 311	0.198	0.14	0.71
6	灌淤土	1 778	0.440	0.34	0.78
7	草甸土	1 772	0.295	0.24	0.80
8	灰漠土	1 524	0.350	0.23	0.65
9	棕钙土	1 320	0.193	0.19	1.00
10	灰钙土	1 184	0.266	0.23	0.87
11	新积土	691	0.207	0.22	1.08
12	风沙土	517	0.281	0.21	0.73
13	棕漠土	600	0.413	0.73	1.76
14	灌漠土	654	0.246	0.20	0.83
15	黄棕壤	530	0.266	0.16	0.59
16	灰褐土	275	0.332	0.48	1.43
17	黑钙土	427	0.389	0.33	0.86
18	草甸盐土	197	0.146	0.13	0.90
19	红黏土	351	0.225	0.33	1.47
20	水稻土	287	0.199	0.14	0.69
21	栗褐土	102	0.064	0.06	0.98
22	黄褐土	270	0.216	0.14	0.65
23	盐土	243	0.361	0.30	0.82
24	灰棕漠土	193	0.319	0.26	0.82
25	沼泽土	187	0.173	0.14	0.81
26	棕壤	168	0.187	0.16	0.86
27	林灌草甸土	145	0.122	0.14	1.13
28	黑土	107	0.461	0.31	0.67
29	漠境盐土	36	0.135	0.09	0.66
30	粗骨土	13	0.248	0.10	0.41

（续）

序号	土类	点位数	平均值（mg/kg）	标准差	变异系数
31	黑毡土	13	0.100	0.02	0.22
32	石质土	11	0.315	0.18	0.57
33	龟裂土	11	0.491	0.10	0.21
34	山地草甸土	10	0.191	0.22	1.15
35	干旱土	9	0.384	0.29	0.77
36	碱土	7	0.081	0.02	0.19
37	亚高山草甸土	8	0.694	0.68	0.98
38	暗棕壤	4	0.060	0.02	0.27

（二）西北区不同地形、地貌类型土壤有效钼含量差异

通过对西北区不同地貌、地形类型土壤有效钼含量分析，西北区不同地貌土壤有效钼平均含量最高值出现在盆地，为 0.328mg/kg，最低值出现在高原，为 0.198mg/kg。由大到小顺序为：盆地＞平原＞山地＞丘陵＞高原。

不同地形、地貌土壤有效钼变异系数平均 1.02，以山地上部最高，为 1.36，以高原下部最小，为 0.43，其余地貌类型有效钼变异系数介于两者之间。详见表 5-76。

表 5-76　西北区不同地形、地貌类型土壤有效钼含量差异

地貌/平均	部位	点位数	平均值（mg/kg）	标准差	变异系数
平原（0.298）	上部	1 702	0.308	0.33	1.06
	中部	5 251	0.297	0.23	0.76
	下部	4 317	0.289	0.28	0.96
丘陵（0.222 ）	上部	541	0.264	0.30	1.14
	中部	2 977	0.195	0.20	1.05
	下部	2 486	0.208	0.24	1.13
山地（0.258 ）	上部	662	0.312	0.42	1.36
	中部	1 569	0.207	0.22	1.06
	下部	2011	0.254	0.28	1.09
高原（0.198 ）	上部	3 780	0.210	0.22	1.04
	下部	321	0.186	0.08	0.43
盆地（0.328）	平均	3 209	0.328	0.37	1.13

（三）西北区不同成土母质土壤有效钼含量差异

通过对西北区 7 种成土母质土壤有效钼测试数据分析，西北区不同母质土壤有效钼含量平均值以冲洪积母质最高，为 0.299mg/kg，以岩石风化物最低，为 0.135mg/kg，由大到小顺序为，洪冲积物＞风积物＞黄土母质＞坡残积物＞红土母质＞沉积母质＞岩石风化物。

西北区不同母质土壤有效钼变异系数平均 1.07，最高值出现在坡残积物上，为 1.54，最小值出现在岩石风化物上，为 0.54，其他在两者之间。详见表 5-77。

表 5-77　西北区不同成土母质土壤有效钼含量差异

序号	母质	样点数	平均值（mg/kg）	标准差	变异系数
1	黄土母质	12 856	0.239	0.24	1.03
2	洪冲积物	11 578	0.299	0.28	0.93
3	坡残积物	2 715	0.231	0.36	1.54
4	沉积物	693	0.188	0.25	1.31
5	风积物	596	0.254	0.19	0.73
6	红土状物	380	0.226	0.32	1.41
7	岩石风化物	8	0.135	0.07	0.54

（四）西北区不同土壤质地土壤有效钼含量差异

通过对西北区不同质地土壤有效钼测试数据分析，西北区 0～20cm 耕层土壤有效钼含量平均值以砂土有效钼平均含量最高，为 0.300mg/kg，以黏土有效钼平均含量最低，为 0.260mg/kg。有效钼含量由高到低顺序为：砂土＞黏壤土＞黏土＞壤土。

不同质地土壤有效钼变异系数平均值为 0.98，最高值出现在黏壤土上，为 1.11，最低值出现在黏土上，为 0.82。详见表 5-78。

表 5-78　西北区不同土壤质地土壤有效钼含量差异

质地	点位数	平均值（mg/kg）	标准差	变异系数
壤土	17 620	0.248	0.26	1.06
砂土	2 260	0.300	0.28	0.92
黏土	2 814	0.260	0.21	0.82
黏壤土	6 132	0.284	0.32	1.11

三、土壤有效钼的分级与分布

通过对西北区有效钼的分级分布看，西北区的有效钼多数集中在一、二、三、四级，这四级合计占西北区面积的 93.3%，说明西北区一般不缺钼。高含量（土壤有效钼含量＞0.25mg/kg）占 67.87%、中含量（土壤有效钼含量 0.15～0.25mg/kg）占 25.41%、低含量（土壤有效钼含量＜0.15mg/kg）占 6.72%。详见图 5-11 及表 5-79。

①西北区耕层土壤有效钼含量＞0.30mg/kg 的耕地面积 1 084.52 万 hm^2，占西北区总耕地面积的 55.48%。该级地各种土类都有大量分布，主要分布在黄绵土、栗钙土、潮土和草甸土上，分别占西北区该级耕地面积的 12.93%、7.14%、8.48%和 8.26%。其中甘肃、陕西和新疆有效钼含量＞0.3mg/kg 的耕地面积较大，分别占西北区有效钼该级耕地面积的

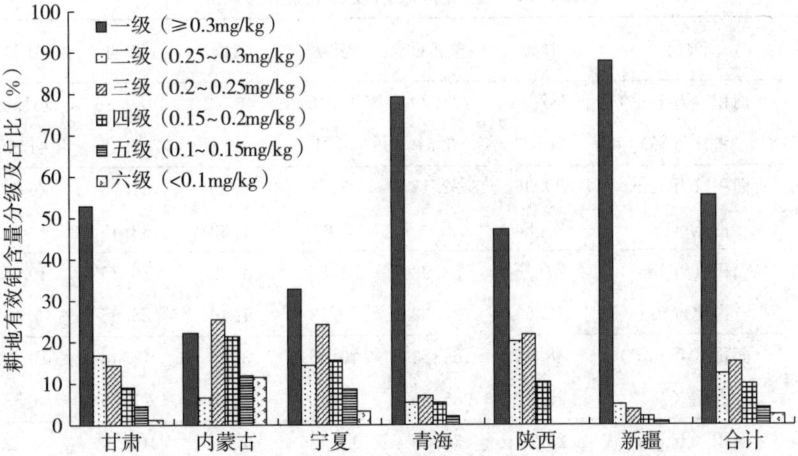

图 5-11　耕层土壤有效铜在各省（自治区）的分布

26.07%、17.46%和 41.68%。详见表 5-79。

②西北区土壤有效钼含量 0.25～0.30mg/kg 的耕地面积 242.31 万 hm^2，占西北区总耕地面积的 12.39%。该级地各类土壤均有分布，主要分布在黄绵土、褐土和黑垆土上，分别占西北区该级耕地面积的 25.15%、10.87%和 6.39%。其中甘肃和陕西有效钼含量0.25～0.30mg/kg 的耕地面积较大，分别占西北区有效钼该级耕地面积的 37.54%和 33.45%。详见表 5-79。

③西北区土壤有效钼含量 0.2～0.25mg/kg 的耕地面积 302.83 万 hm^2，占西北区总耕地面积的 15.49%。该级地各种土类均有少量分布，主要分布在黄绵土、栗钙土和褐土上，分别占西北区该级耕地面积的 21.54%、13.10%和 10.87%。其中甘肃、内蒙古和陕西有效钼含量 0.2～0.25mg/kg 的耕地面积较大，分别占西北区有效钼该级耕地面积的 25.68%、27.39%和 28.65%。详见表 5-79。

④西北区土壤有效钼含量 0.15～0.2mg/kg 的耕地面积 193.93 万 hm^2，占西北区总耕地面积的 9.92%。该级地各种土类均有少量分布，主要分布在黄绵土、栗钙土、灌淤土和漠境盐土上，分别占西北区该级耕地面积的 23.68%、11.51%、9.94%和 8.53%。其中甘肃、内蒙古和陕西有效钼含量 0.15～0.2mg/kg 的耕地面积较大，分别占西北区有效钼该级耕地面积的 25.12%、35.69%和 21.39%。详见表 5-79。

⑤西北区土壤有效钼含量 0.1～0.15mg/kg 的耕地面积 81.71 万 hm^2，占西北区总耕地面积的 4.18%。该级地各种土类有少量分布，主要分布在黄绵土、栗钙土、黑垆土和灰褐土上，分别占西北区该级耕地面积的 16.05%、26.26%、8.40%和 7.84%。其中甘肃和内蒙古有效钼含量 0.1～0.15mg/kg 的耕地面积较大，分别占西北区有效钼该级耕地面积的 31.21%和 47.21%。详见表 5-79。

⑥西北区土壤有效钼含量＜0.1mg/kg 的耕地面积 49.56 万 hm^2，占西北区总耕地面积的 2.54%。该级地各种土类极少有分布，主要分布在黄绵土、栗钙土和栗褐土上，分别占西北区该级耕地面积的 10.08%、46.97%和 19.85%。其中内蒙古、甘肃和宁夏有效钼含量＜0.1mg/kg 的耕地面积较大，分别占西北区有效钼该级耕地面积的 75.73%、14.61%和 9.13%。详见表 5-79。

表 5-79 土壤有效钼在西北区的分布

含量	项目	甘肃	内蒙古西部	宁夏	青海	陕西	新疆	合计
>0.3mg/kg	面积（万 hm^2）	282.74	71.29	42.42	46.72	189.35	451.99	1 084.52
	占比（%）	26.07	6.57	3.91	4.31	17.46	41.68	55.48
0.25～0.30mg/kg	面积（万 hm^2）	90.96	22.15	18.57	3.20	81.06	26.36	242.31
	占比（%）	37.54	9.14	7.66	1.32	33.45	10.88	12.39
0.2～0.25mg/kg	面积（万 hm^2）	77.76	82.93	31.57	4.25	86.75	19.57	302.83
	占比（%）	25.68	27.39	10.43	1.40	28.65	6.46	15.49
0.15～0.2mg/kg	面积（万 hm^2）	48.72	69.22	20.46	3.33	41.48	10.73	193.93
	占比（%）	25.12	35.69	10.55	1.72	21.39	5.53	9.92
0.1～0.15mg/kg	面积（万 hm^2）	25.51	38.59	11.47	1.29	0.23	4.62	81.71
	占比（%）	31.21	47.21	14.03	1.58	0.28	5.65	4.18
<0.1mg/kg	面积（万 hm^2）	7.24	37.51	4.52	0.00	0.00	0.29	49.56
	占比（%）	14.61	75.73	9.13	0.00	0.00	0.59	2.54
合计	面积（万 hm^2）	532.93	321.68	129.01	58.80	398.87	513.57	1 954.86
	占比（%）	27.26	16.46	6.60	3.01	20.40	26.27	100

四、土壤有效钼调控

我国缺钼的土壤面积较大。缺钼与作物种类密切相关，豆科作物对缺钼较为敏感，如紫云英、苕子、苜蓿、大豆、花生等。高含量钼对植物有不良影响。针对土壤缺钼的不同类型，可通过合理施用钼肥进行调控。

（一）根据作物种类

各种作物需钼的情况不一样，对钼肥也有不同的反应。在各种作物中，豆科和十字花科作物对钼肥的反应最好。由于钼与固氮作用有密切关系，豆科作物对钼肥有特殊的需要，所以钼肥应当首先集中施用在豆科作物上。

1. 大豆 大豆施用钼肥使苗壮早发，根系发达，根瘤多而大，色泽鲜艳，株高、叶宽、总节数、分枝数、荚数、三粒荚数、蛋白质含量等都增加，因而能提高产量。

2. 花生 施用钼肥能使花生的单株荚果数、百果重和百仁重提高，空秕率降低，产量提高。

3. 其他 玉米施用钼肥拌种，平均增产 8.7%。小麦施用钼肥，平均增产 13%～16%。谷子施用钼肥，平均增产 4.5%～18%。

（二）根据肥料种类

钼肥主要包括钼酸铵、钼酸钠、三氧化钼和含钼矿渣，可作基肥、种肥和追肥施用。

1. 基肥 含钼矿渣难溶解，作基肥施用较好。钼肥可以单独施用，也可和其他常用化肥或有机肥混合施用。如单独施用，用量少，不易施匀，可与干细土搅拌均匀后施用。施用时可以撒施后犁入土中或耙入耕层内。钼肥的价格高，为节约用肥，可采取沟施、穴施的办法。基施工业含钼废渣，每公顷3.75kg左右，钼酸铵、钼酸钠每公顷0.75～1.5kg。

2. 种肥　种肥是一种常用的施肥方法，既省工，又省肥，操作方便，效果很好。①浸种，用0.05%～0.1%的钼酸铵溶液浸种12小时左右，肥液用量要淹没种子。用浸种方法，要考虑当时的土壤墒情，如果墒情不好，浸种处理过的种子中的水分反被土壤吸走，造成芽干不能出苗。②拌种，每公斤种子用钼酸铵2克，先用少量的热水溶解，再兑水配成2%～3%的溶液，用喷雾器在种子上薄薄地喷一层肥液，边喷边搅拌，溶液不要用得过多，以免种皮起皱，造成烂种。拌好后，将种子阴干即可播种。如果种子还要进行农药处理，一定要等种子阴干后进行。浸过或拌过钼肥的种子，人畜不能食用，以免引起钼中毒。

3. 追肥　多采用根外追肥的办法。叶面喷施要求肥液溶解彻底，不可有残渣。钼酸铵要先用热水溶解完全，再用凉水兑至所需的浓度。一般喷雾用0.02%～0.05%的钼酸铵溶液，每次每公顷用溶液750～1 125kg。一般连续喷施2次效果较好。大豆需钼量多，拌种时可用3%的钼酸铵溶液，均匀地喷在豆种上，阴干即可播种。浸种用的肥料浓度需严格控制，一般在0.05%～0.1%。大豆开花结荚是需钼的临界期，此时叶面喷钼会取得很好的效果，可在开花始期喷第一次，以后每隔7～10d喷1次，连续2～3次，每次每公顷用0.02%～0.05%的肥液900～1 125kg。

钼与磷有相互促进的作用，磷能增强钼肥的效果。可将钼肥与磷肥配合施用，也可再配合氮肥。每公顷磷酸钙加水1 125kg，搅拌溶解放置过夜，第二天将沉淀的渣滓滤去，加入钼肥及尿素即可进行喷雾。另外，硫能抑制作物对钼的吸收，含硫多的土壤或施用硫肥过量都会降低钼肥作用。

总体来说，作物对钼的需求总量还是相对较少的；有效钼的供应过多，可能会对作物产生毒害，因此在钼肥的施用上，要严格控制用量，避免过量。由于钼肥用量较少，作为基肥施用时，要力求达到均匀施用，可与土或其他肥料充分混合后施用；根外追肥也要浓度适宜，不可随意增加用量或浓度，避免局部浓度过高。

4. 施用钼肥应注意的问题

①拌种或浸种及配制药液时，不能使用铁、铝等金属容器。

②应选择无风天气进行叶面喷施，以增强喷施效果。

③钼肥与磷酸二氢钾混喷效果极佳，一般50kg的药液需100～200g磷酸二氢钾。

④钼酸铵有一定的毒性。经钼酸铵处理的种子人畜不能食用，最好用多少拌多少，以免造成浪费。

第十二节　土壤有效硅

一般作物不会缺硅（Si），但个别作物却对硅敏感。如水稻、果树等，硅主要存在地壳中，自然界中的硅主要来源于含硅矿物。土壤中的硅主要是以硅酸盐的形式存在，土壤中的有效硅一般在几十至几百毫克每千克。

施用硅肥后，可使植物表皮细胞硅质化，茎秆挺立，增强叶片的光合作用。硅化细胞还可增加细胞壁的厚度，形成一个坚固的保护壳，病菌难以入侵，病虫害一旦危害即遭抵制。作物吸收硅肥后，导管刚性加强，有防止倒伏和促进根系生长的作用，是维持植物正常生命的一个重要组成部分。

此外，硅还有其他作用。缺硅会使瓜果畸形，色泽灰暗，糖度减少，口感变差，影响商品性，增施硅肥则能大大改善这些性状。如有些市场供应的甜黄瓜就是应用了硅肥。在植物生理学上的解释是：植物在硅肥的调节下，能抑制作物对氮肥的过量吸收，相应地促进了同化产物向多糖物质转化，所以，农业中既要保证高产，又要保证优质，就需要施用硅肥。但由于硅的性质稳定，在土壤中以化合物的形态被固定，移动性差，所以植物所需的硅就要以硅肥的方法来补充，这在肥料应用日益减少的现在显得更为重要。

施用硅肥后一般具有较明显的增产效果。据资料介绍，硅肥不仅对禾本科作物的增产作用明显，而且对茭白、番茄、黄瓜、西瓜、南瓜、青椒等蔬菜都有较好的增产效果，增产幅度可达 22.6%～63.1%。

一、土壤有效硅含量空间差异

（一）西北区各省（自治区）之间土壤有效硅含量差异

通过对西北区 28 148 个土壤有效硅样本测定数据分析。西北区 0～20cm 土壤有效硅平均含量为 170.4mg/kg，以陕西最高，平均为 211.98mg/kg，以青海含量最低，平均为 128.6mg/kg。

西北区土壤有效硅含量变异系数平均 0.42，其中新疆最高，为 0.62，新疆兵团最低，为 0.23。详见表 5-80。

表 5-80　西北区各省（自治区）耕层土壤有效硅含量差异

省（自治区）名称	点位数	平均值（mg/kg）	标准差	变异系数
内蒙古西部	1 711	152.85	77.58	0.51
青海	871	128.60	32.78	0.25
甘肃	7 504	155.12	69.13	0.45
新疆	7 243	188.20	117.32	0.62
新疆兵团	3 174	185.89	42.04	0.23
陕西	7 650	211.98	97.81	0.46
合计/平均	28 153	170.4	72.78	0.42

（二）西北区不同地（州、市、盟）之间土壤有效硅含量差异

通过对西北区 67 个地（州、市、盟）土壤有效硅含量分析，西北区土壤有效硅平均含量以甘肃农垦、金昌市和陕西渭南市较高，分别为 333.9mg/kg、286.4mg/kg 和 287.9mg/kg，以内蒙古乌海市和锡林郭勒盟含量较低，分别为 93.5mg/kg 和 100.9mg/kg，其余各地（州、市、盟）介于两者之间。

西北区土壤有效硅的含量大体可分为高中低 3 个层次，高含量（土壤有效硅含量＞200mg/kg）有宝鸡市、铜川市、渭南市、咸阳市、甘农垦、金昌市、呼和浩特市、第三师、第九师、和田地区、喀什地区、克拉玛依市、吐鲁番地区、伊犁哈萨克自治州；低含量（土壤有效硅含量＜100mg/kg）只有乌海市；其余地（州、市、盟）属于中含量（土壤有效硅含量 100～200mg/kg）。

不同地区土壤有效硅变异系数平均 0.39，内蒙古锡林郭勒盟和新疆阿勒泰地区变异系数较高，分别为 0.90 和 0.82，青海玉树藏族自治州和兵团第三师、第五师变异系数较低，分别为 0.06、0.02 和 0.09。详见表 5-81。

表 5-81　西北区不同地（州、市、盟）之间土壤有效硅含量差异

省（自治区）名称	地区	点位数	平均值（mg/kg）	标准差	变异系数
陕西	安康市	371	168.7	90.99	0.54
	宝鸡市	907	256.6	73.56	0.29
	汉中市	437	132.7	68.41	0.52
	商洛市	503	163.5	79.90	0.49
	铜川市	157	242.9	43.42	0.18
	渭南市	1 186	287.9	84.92	0.29
	西安市	440	163.6	58.44	0.36
	咸阳市	1 309	238.7	99.97	0.42
	延安市	1 313	196.6	92.61	0.47
	榆林市	1 027	159.6	81.42	0.51
甘肃	白银市	686	158.7	31.73	0.20
	定西市	1 203	175.3	52.71	0.30
	甘南藏族自治州	100	130.3	75.03	0.58
	甘农垦	47	333.9	208.55	0.62
	金昌市	99	286.4	67.81	0.24
	酒泉市	317	183.7	74.33	0.40
	兰州市	429	129.2	52.48	0.41
	临夏州	356	127.2	43.97	0.35
	陇南市	687	107.7	37.95	0.35
	嘉峪关市	13	113.3	36.29	0.32
	平凉市	781	155.1	57.75	0.37
	庆阳市	1 006	187.9	77.06	0.41
	天水市	829	135.0	56.02	0.42
	武威市	527	136.5	84.11	0.62
	张掖市	424	138.6	58.13	0.42
内蒙古西部	阿拉善盟	7	126.6	29.90	0.24
	巴彦淖尔市	411	149.8	35.82	0.24
	包头市	266	137.6	43.37	0.32
	鄂尔多斯市	160	136.3	105.84	0.78
	呼和浩特市	304	226.5	86.52	0.38
	乌海市	6	93.5	50.30	0.54
	乌兰察布市	538	128.3	74.06	0.58
	锡林郭勒盟	14	100.9	91.17	0.90

（续）

省（自治区）名称	地区	点位数	平均值（mg/kg）	标准差	变异系数
青海	海北藏族自治州	87	160.6	28.13	0.18
	海东市	328	131.4	33.26	0.25
	海南藏族自治州	125	121.6	29.09	0.24
	海西蒙古族藏族自治州	78	120.2	13.36	0.11
	黄南藏族自治州	24	127.6	50.28	0.39
	西宁市	216	118.4	30.59	0.26
	玉树藏族自治州	13	132.9	8.15	0.06
新疆兵团	第一师	523	195.3	34.00	0.17
	第二师	247	152.9	63.97	0.42
	第三师	67	207.3	3.44	0.02
	第四师	234	191.9	35.60	0.19
	第五师	360	152.5	13.14	0.09
	第六师	561	195.8	33.82	0.17
	第七师	332	194.0	34.43	0.18
	第八师	342	195.2	34.33	0.18
	第九师	201	216.1	49.74	0.23
	第十师	16	192.8	33.91	0.18
	第十二师	102	147.4	37.33	0.25
	第十三师	115	197.6	34.34	0.17
	第十四师	74	150.2	38.81	0.26
新疆	阿勒泰地区	497	124.0	101.49	0.82
	阿克苏地区	1 240	165.3	98.56	0.60
	巴音郭楞蒙古自治州	658	144.1	86.66	0.60
	博尔塔拉蒙古自治州	208	199.1	95.65	0.48
	昌吉回族自治州	903	197.7	107.78	0.55
	哈密地区	165	136.7	105.88	0.77
	和田地区	456	259.0	178.53	0.69
	喀什地区	1 249	215.5	108.69	0.50
	克拉玛依市	31	221.1	134.81	0.61
	克孜勒苏柯尔克孜自治州	142	173.0	99.36	0.57
	塔城地区	780	171.4	120.49	0.70
	吐鲁番地区	160	216.0	97.56	0.45
	乌鲁木齐市	137	160.2	91.38	0.57
	伊犁哈萨克自治州	617	243.5	114.64	0.47

二、耕层土壤有效硅含量及其影响因素

（一）西北区不同土壤类型土壤有效硅含量差异

通过对西北区38个主要土类有效硅含量进行分析，西北区土壤有效硅平均含量以龟裂土最高，为537mg/kg，漠境盐土最低，为63mg/kg，其余土类有效硅含量在两者之间。按各类土壤有效硅平均含量从大到小顺序为，龟裂土＞灌淤土＞新积土＞褐土＞黑钙土＞潮土＞灰漠土＞黑土＞黄绵土＞灰棕漠土＞草甸土＞风沙土＞石质土＞灰钙土＞黑垆土＞栗褐土＞栗钙土＞黄褐土＞黄棕壤＞灰褐土＞红黏土＞草甸盐土＞碱土＞水稻土＞山地草甸土＞粗骨土＞灌漠土＞黑毡土＞棕壤＞暗棕壤＞沼泽土＞亚高山草甸土＞棕钙土＞棕漠土＞林灌草甸土＞漠境盐土。

不同土类土壤有效硅含量变异系数平均0.39，以棕漠土最高，为0.62，黑毡土最小，为0.06；其余土类变异系数在两者之间。详见表5-82。

表5-82　西北区不同土壤类型土壤有效硅含量差异

序号	土类	点位数	平均值（mg/kg）	标准差	变异系数
1	黄绵土	5 071	190	88.96	0.47
2	潮土	2 850	204	106.73	0.52
3	栗钙土	2 071	163	89.27	0.55
4	黑垆土	2 443	171	71.19	0.42
5	褐土	2 311	216	103.47	0.48
6	灌淤土	1 719	230	108.93	0.47
7	草甸土	1 733	185	63.20	0.34
8	灰漠土	1 522	201	80.14	0.40
9	棕钙土	1 316	107	56.18	0.52
10	灰钙土	1 143	174	73.80	0.43
11	新积土	669	221	98.36	0.45
12	风沙土	464	179	96.10	0.54
13	棕漠土	600	100	61.88	0.62
14	灌漠土	654	134	79.65	0.60
15	黄棕壤	530	156	87.61	0.56
16	黑钙土	417	216	108.36	0.50
17	红黏土	351	147	62.61	0.42
18	水稻土	287	137	81.36	0.60
19	灰褐土	275	148	68.42	0.46
20	黄褐土	270	159	72.22	0.45
21	盐土	243	189	35.92	0.19
22	栗褐土	129	165	54.07	0.33
23	灰棕漠土	195	186	101.60	0.55
24	沼泽土	187	117	63.29	0.54

（续）

序号	土类	点位数	平均值（mg/kg）	标准差	变异系数
25	棕壤	168	129	64.38	0.50
26	草甸盐土	156	146	41.38	0.28
27	林灌草甸土	145	95	36.40	0.38
28	黑土	107	196	63.80	0.32
29	漠境盐土	36	63	26.00	0.41
30	粗骨土	13	134	78.52	0.59
31	黑毡土	13	133	8.15	0.06
32	石质土	11	177	98.74	0.56
33	龟裂土	11	537	97.47	0.18
34	山地草甸土	10	135	60.90	0.45
35	干旱土	9	177	40.73	0.23
36	碱土	8	137	15.39	0.11
37	亚高山草甸土	8	112	25.85	0.23
38	暗棕壤	4	120	23.09	0.19

（二）西北区不同地形、地貌类型土壤有效硅含量差异

通过对西北区不同地形、地貌土壤有效硅含量测试值分析，西北区耕层土壤有效硅平均含量以高原最高，为211mg/kg，山地最低，为163.0mg/kg。由大到小顺序为高原＞平原＞盆地＞丘陵＞山地。

不同地貌土壤有效硅变异系数平均0.49，最高值出现在平原下部，为0.59，最低值出现在丘陵下部，为0.43，其余地形、地貌类型有效硅变异系数在两者之间。详见表5-83。

表5-83　西北区不同地形、地貌类型土壤有效硅含量差异

地貌（平均）	部位	点位数	平均值（mg/kg）	标准差	变异系数
平原（192）	上部	1 697	194	106.40	0.55
	中部	5 175	205	102.44	0.50
	下部	4 102	178	104.46	0.59
丘陵（168）	上部	531	187	89.87	0.48
	中部	2 752	157	69.43	0.44
	下部	2 369	160	69.44	0.43
山地（163）	上部	662	168	80.36	0.48
	中部	1 566	148	75.07	0.51
	下部	2 015	173	89.13	0.52
高原（211）	上部	3 754	215	94.25	0.44
	下部	4 075	207	94.94	0.46
盆地（170）	平均	3 209	170	74.88	0.44

（三）西北区不同成土母质土壤有效硅含量差异

通过对西北区 6 种成土母质土壤样本有效硅含量数据分析，西北区不同母质土壤有效硅平均值以风积物有效硅平均含量最高，为 193.2mg/kg，以红土状物母质有效硅含量最低，为 137.9mg/kg。有效硅含量由大到小顺序为：风积物＞黄土母质＞沉积物＞冲洪积物＞坡残积物＞红土母质。

不同成土母质有效硅含量变异系数平均 0.47，最高值出现在坡残积物上，为 0.54，最低值出现在红土母质上，为 0.39。详见表 5-84。

表 5-84　西北区不同成土母质土壤有效硅含量差异

序号	母质	点位数	平均值（mg/kg）	标准差	变异系数
1	黄土母质	12 708	190.3	88.04	0.46
2	坡残积物	2 613	151.7	81.52	0.54
3	洪冲积物	1 876	153.7	80.31	0.52
4	风积物	535	193.2	98.38	0.51
5	沉积物	646	164.9	63.38	0.38
6	红土状物	379	137.9	53.96	0.39

（四）西北区不同土壤质地土壤有效硅含量差异

通过对西北区不同质地土壤有效硅测试数据分析，不同质地土壤有效硅平均含量，以壤土最高，为 185.49mg/kg，以黏土最低，为 168.05g/kg。有效硅含量由高到低顺序为：壤土＞砂土＞黏壤土＞黏土。

不同质地土壤有效硅的变异系数平均 0.52，最高值出现在黏土上，为 0.55，最低值出现在壤土，为 0.49。详见表 5-85。

表 5-85　西北区耕层土壤质地土壤有效硅含量差异

质地	点位数	平均值（mg/kg）	标准差	变异系数
壤土	17 215	185.49	91.32	0.49
砂土	2 109	185.48	94.84	0.51
黏土	2 757	168.05	92.88	0.55
黏壤土	6 072	175.34	94.97	0.54

三、土壤有效硅的分级与分布

通过对土壤有效硅的分级与分布情况看，西北区土壤有效硅含量多数在二、三、四、五级，这四级面积占西北区总耕地面积的 92.3％，按高中低含量等级划分，高含量（土壤有效硅含量＞200mg/kg）占 22.07％，中含量（土壤有效硅含量 100～200mg/kg）占 61.80％，低含量（土壤有效硅含量＜50mg/kg）占 16.13％。详见图 5-12 和表 5-86。

①西北区耕层土壤有效硅含量＞300mg/kg 的耕地面积 83.98 万 hm^2，占西北区总耕地面积的 4.30％。该级地各类土壤少有分布，主要分布在黄绵土、潮土、褐土和灌淤土上，

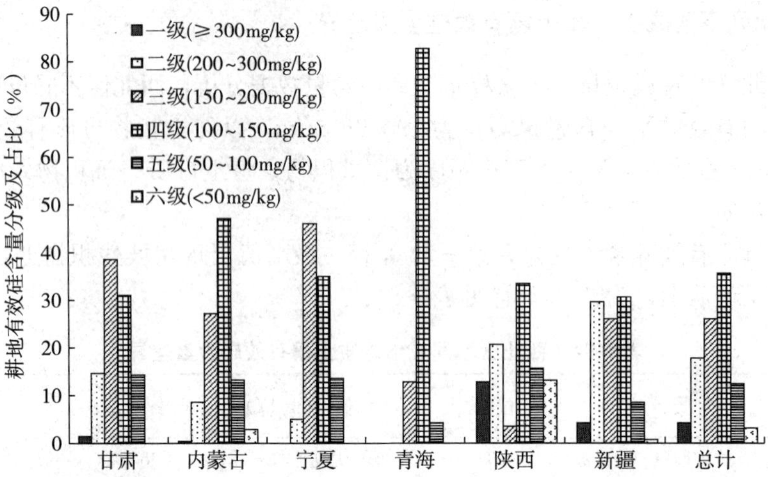

图 5-12　耕层土壤有效硅在各省（自治区）的分布

分别占西北区该级耕地面积的 20.24%、6.04%、34.03%和 6.84%。其中陕西和新疆有效硅含量>300mg/kg 的耕地面积较大，分别占西北区有效硅该级耕地面积的 62.16%和 25.93%。详见表 5-86。

②西北区耕层土壤有效硅含量 200～300mg/kg 的耕地面积 347.53 万 hm^2，占西北区总耕地面积的 17.78%。该级地各类土壤均有分布，主要分布在黄绵土、栗钙土、潮土和褐土上，分别占西北区该级耕地面积的 14.89%、9.77%、9.76%和 9.66%。其中甘肃、陕西和新疆有效硅含量在 200～300mg/kg 的耕地面积较大，分别占西北区有效硅该级耕地面积的 22.69%、23.61%和 43.68%。详见表 5-86。

③西北区耕层有效硅含量 150～200mg/kg 的耕地面积 507.38 万 hm^2，占西北区总耕地面积的 25.95%。该级地各类土壤均有分布，主要分布在黄绵土、栗钙土和黑垆土上，分别占西北区该级耕地面积的 18.61%、9.60%和 14.22%。其中甘肃、内蒙古、宁夏和新疆土壤有效硅含量 150～200mg/kg 的耕地面积较大，分别占西北区有效硅该级耕地面积的 42.82%、18.38%、12.46%和 27.94%。详见表 5-86。

④西北区耕层土壤有效硅含量 100～150mg/kg 的耕地面积 700.65 万 hm^2，占西北区总耕地面积的 35.84%。该级地各类土壤均有大量分布，主要分布在黄绵土、栗钙土和潮土上，分别占西北区该级耕地面积的 18.64%、12.19%和 7.03%。其中甘肃、内蒙古、陕西和新疆土壤有效硅含量 100～150mg/kg 的耕地面积较大，分别占西北区有效硅该级耕地面积的 23.54%、21.55%、19.11%和 22.40%。详见表 5-86。

⑤西北区耕层土壤有效硅含量 50～100mg/kg 的耕地面积 247.03 万 hm^2，占西北区总耕地面积的 12.64%。该级地各类土壤少有分布，主要分布在黄绵土、栗钙土、风沙土和棕钙土上，分别占西北区该级耕地面积的 12.60%、8.15%、8.35%和 10.18%。其中甘肃、内蒙古、陕西和新疆土壤有效硅含量在 50～100mg/kg 的耕地面积较大，分别占西北区有效硅该级耕地面积的 31.05%、17.27%、25.26%和 18.21%。详见表 5-86。

⑥西北区耕层土壤有效硅含量<50mg/kg 的耕地面积 68.29 万 hm^2，占西北区总耕地面积的 3.49%。该级地各类土壤少有分布，主要分布在黄绵土、栗钙土、潮土、褐土和黄棕壤上，分别占西北区该级耕地面积的 8.50%、11.86%、9.23%、23.39%和 19.76%。其

中内蒙古、陕西和新疆土壤有效硅含量<50mg/kg 的耕地面积较大，分别占西北区该级耕地面积的 14.73%、78.47%和 6.80%。详见表 5-86。

表 5-86　土壤有效硅在西北区的分布

含量	项目	甘肃	内蒙古西部	宁夏	青海	陕西	新疆	总计
>300mg/kg	面积（万 hm^2）	8.04	1.96	0.00	0.00	52.20	21.78	83.98
	占比（%）	9.57	2.33	0.00	0.00	62.16	25.93	4.30
200～300mg/kg	面积（万 hm^2）	78.85	28.28	6.56	0.00	82.03	151.81	347.53
	占比（%）	22.69	8.14	1.89	0.00	23.61	43.68	17.78
150～200mg/kg	面积（万 hm^2）	204.41	87.75	59.47	7.61	14.74	133.40	507.38
	占比（%）	42.82	18.38	12.46	1.59	3.09	27.94	25.95
100～150mg/kg	面积（万 hm^2）	164.93	150.98	45.30	48.58	133.91	156.95	700.65
	占比（%）	23.54	21.55	6.47	6.93	19.11	22.40	35.84
50～100mg/kg	面积（万 hm^2）	76.71	42.65	17.68	2.61	62.40	44.99	247.03
	占比（%）	31.05	17.27	7.16	1.06	25.26	18.21	12.64
<50mg/kg	面积（万 hm^2）	0.00	10.06	0.00	0.00	53.59	4.64	68.29
	占比（%）	0.00	14.73	0.00	0.00	78.47	6.80	3.49
合计	面积（万 hm^2）	532.93	321.68	129.01	58.80	398.87	513.57	1 954.86
	占比（%）	27.26	16.46	6.60	3.01	20.40	26.27	100

四、土壤有效硅调控

我国缺硅的土壤面积占耕地总面积 50%～80%。缺硅与作物种类密切有关，以水稻最为敏感，果树、蔬菜也较为敏感。作物施用硅肥可以有效提高作物的抗病虫害能力，特别是稻瘟病、纹枯病、白叶枯病、茎腐病、烂秧病、叶斑病、黑穗病、菌核病、锈病、白粉病、黑斑病、霜霉病、灰霉病、青枯病、枯萎病、根腐病及螟虫、稻飞虱、蚜虫、棉铃虫、钻心虫、白粉虱、根线虫等病虫害。针对土壤缺硅的不同类型，及作物对硅肥的需求不同，通过合理施用硅肥进行调控。

（一）根据作物种类

各种作物需硅的情况不一样，对硅肥也有不同的反应。在各种作物中，水稻对硅肥的反应最好，其次为水果和蔬菜。

（二）根据肥料种类

2004 年，农业部颁布了硅肥行业标准《硅肥》（NY/T 797—2004），标志着经过多年的研究试验和推广，硅肥已成为 21 世纪中国的一种新型肥料。硅肥主要有硅酸铵、硅酸钠、三氧化硅和含硅矿渣，可作基肥、种肥和追肥施用。

目前，硅肥的品种主要有枸溶性硅肥、水溶性硅肥两大类，枸溶性硅肥是指不溶于水而溶于酸后可以被植物吸收的硅肥，常见的多为炼钢厂的废钢渣、粉煤灰、矿石经高温煅烧工艺等加工而成的，这类肥料一般施用量较大，每亩 25～50kg，适合做土壤基施，市场售价较低，每吨几百元到上千元不等；水溶性硅肥是指溶于水可以被植物直接吸收的硅肥，农作物对其吸收利用率较高，为高温化学合成，生产工艺较复杂，成本较高，但施用量较少，一般常用作叶面喷施、冲施和滴灌，也可基施和追施，具体用量可根据作物品种喜硅情况，当地土壤的缺硅情况以及硅肥的具体含量而定。

（三）根据土壤情况

土壤对枸溶性硅肥吸收较为缓慢，对水溶性硅肥吸收较快。硅是第四大矿物元素，是一种理想的土壤调理剂。硅肥缓释长效，保证作物对硅元素的吸收达到最优水平，可根据其原料，生产养分全面、含量高、活性强、吸收利用率高的硅肥产品，用于改良土壤的可用枸溶性硅肥，用于提质增效的可施用水溶性硅肥（表 5-87）。

表 5-87 西北区不同土类面积

序号	土类	面积（hm^2）	比例（%）
1	黄绵土	3 092 664.8	15.82
2	栗钙土	1 997 398.2	10.22
3	黑垆土	1 455 355.4	7.44
4	潮土	1 388 582.7	7.10
5	褐土	1 332 962.0	6.82
6	草甸土	1 033 530.5	5.29
7	灰钙土	1 013 932.4	5.19
8	灌淤土	832 668.3	4.26
9	草甸盐土	795 201.3	4.07
10	风沙土	748 239.8	3.83
11	灰漠土	619 897.0	3.17
12	棕钙土	618 707.6	3.16
13	新积土	545 916.0	2.79
14	灰褐土	492 155.4	2.52
15	漠境盐土	461 986.9	2.36
16	灌漠土	369 549.6	1.89
17	黄棕壤	351 831.2	1.80
18	黑钙土	332 693.7	1.70
19	棕漠土	257 305.7	1.32
20	红黏土	236 983.6	1.21
21	栗褐土	206 785.9	1.06
22	粗骨土	187 746.0	0.96
23	沼泽土	157 538.9	0.81
24	棕壤	149 329.2	0.76

（续）

序号	土类	面积（hm^2）	比例（%）
25	水稻土	138 030.9	0.71
26	林灌草甸土	125 992.1	0.64
27	黑毡土	122 940.3	0.63
28	灰棕漠土	115 566.9	0.59
29	草毡土	90 291.3	0.46
30	黄褐土	46 192.0	0.24
31	石质土	44 859.8	0.23
32	山地草甸土	38 174.5	0.20
33	暗棕壤	35 123.3	0.18
34	石灰（岩）土	28 023.2	0.14
35	黑土	25 312.6	0.13
36	龟裂土	19 939.5	0.10
37	寒钙土	17 125.5	0.09
38	紫色土	15 007.5	0.08
39	碱土	3 447.8	0.02
40	灰色森林土	1 108.7	0.01
41	冷钙土	1 038.5	0.01
42	寒漠土	825.1	0.00
43	泥炭土	352.4	0.00
44	亚高山草甸土	304.1	0.00
	总计	19 548 618.3	100.00

第六章　其他耕地指标

第一节　土壤 pH

土壤 pH 指土壤酸碱度，土壤 pH 主要取决于土壤溶液中氢离子的浓度，以 pH 值表示，是影响土壤养分有效性的重要因素之一。

一、土壤 pH 分布情况

西北区耕层土壤（0～20cm）pH 的平均值为 8.1，变化范围 5.0～9.4，标准差为 0.49。大部分地区耕地土壤呈弱碱性或碱性，陕西省和甘肃省部分土壤呈弱酸性。

（一）不同省（自治区）土壤 pH

从各省（自治区）的耕层土壤（0～20cm）pH 看，宁夏回族自治区的耕地土壤 pH 均值最大，为 8.5，变动范围 7.6～9.0，标准差为 0.26。其余依次为内蒙古自治区西部，均值为 8.3，变动范围 7.0～9.3，标准差为 0.36；甘肃省和青海省均值都为 8.2，变动范围分别为 6.1～9.3 和 7.0～9.1，标准差分别为 0.36 和 0.28；新疆维吾尔自治区均值为 8.1，变动范围 7.0～8.9，标准差 0.30；陕西省和新疆生产兵团平均值最低，均值为 7.9，变动范围分别为 5.0～9.4 和 7.0～9.1，标准差分别为 0.72 和 0.40。各省（自治区）土壤 pH 见表 6-1。

表 6-1　西北区各省（自治区）土壤 pH

省（自治区）名称	pH	最大值	最小值	标准差
甘肃	8.2	9.3	6.1	0.36
内蒙古西部	8.3	9.3	7.0	0.36
宁夏	8.5	9.0	7.6	0.26
青海	8.2	9.1	7.0	0.28
陕西	7.9	9.4	5.0	0.72
新疆	8.1	8.9	7.0	0.30
新疆生产建设兵团	7.9	9.1	7.0	0.40
合计	8.1	9.4	5.0	0.49

（二）不同土壤类型 pH

土壤都是在其特定的自然环境条件下形成的，不同类型的土壤成土条件不同，土壤 pH 有较大差异。由于西北区涉及土类众多，部分土类面积较小、样点较少，因而重点对面积最大的 20 个土类进行分析，这 20 个土类面积占西北区总耕地面积的 91.95%（见表 6-2）。从耕地主要土壤类型看，草甸盐土（8.4）＞黄绵土（8.3）、灌漠土（8.3）、棕漠土（8.3）＞栗钙土（8.2）、黑垆土（8.2）、灰钙土（8.2）、潮土（8.2）、灌淤土（8.2）、风沙土（8.2）、红黏土（8.2）＞棕钙土（8.1）、新积土（8.1）、黑钙土（8.1）、灰褐土（8.1）＞草甸土（8.0）、漠境盐土（8.0）＞褐土（7.9）、灰漠土（7.9）＞黄棕壤（6.8）。除黄棕壤以外，其余土壤 pH 平均值均在 7.5 以上，整体呈碱性（表 6-2）。

表 6-2　西北区主要土类 pH 均值

土类	甘肃	内蒙古西部	宁夏	青海	陕西	新疆	新疆生产建设兵团	总计
黄绵土	8.2		8.6		8.3			8.3
栗钙土	8.2	8.2		8.1	8.1	8.2	8.2	8.2
潮土	8.2	8.4	8.4	8.2	7.8	8.1	8.1	8.2
黑垆土	8.2	8.6	8.6		8.1			8.2
褐土	8.0				7.9			7.9
草甸土	8.4	8.3			8.4	8.0	7.9	8.0
灰钙土	8.3		8.7	8.2		8.1	7.9	8.2
灌淤土	8.3		8.4	8.3		8.1		8.2
草甸盐土		8.4		8.7	8.4		9.0	8.4
风沙土	8.2	8.3	8.7	8.1	8.3	8.0	8.0	8.2
灰漠土	8.1	8.2		8.4		8.1	7.8	7.9
棕钙土	8.1	8.3		8.4		8.1	7.9	8.1
新积土	8.1	8.6	8.6		7.9	8.1		8.1
灰褐土	7.9	8.1	8.4	8.1	8.2		7.9	8.1
漠境盐土						8.0		8.0
灌漠土	8.4					7.9		8.3
黄棕壤					6.8			6.8
黑钙土	8.1	8.2		8.1		8.3	7.9	8.1
棕漠土						8.4	8.3	8.3
红黏土	8.2				8.0			8.2

二、土壤 pH 分级情况

根据西北区区域 pH 状况，参照第二次土壤普查时的分级标准，将 pH 划分为 5 级。大于 8.5、7.5～8.5、6.5～7.5、5.5～6.5 和小于等于 5.5。

西北区 pH 主要集中在 7.5～8.5 范围内，耕地面积为 1 627.2 万 hm^2，占西北区总耕地面积的 83.24%，其次分别为 pH 大于 8.5，耕地面积为 196.89 万 hm^2，占 10.07%；pH 6.5～7.5 的耕地面积为 102.69 万 hm^2，占 5.25%；pH 5.5～6.5 耕地面积为 27.54

万 hm²，占 1.41%；pH 小于等于 5.5 的面积最小，仅为 0.54 万 hm²，仅占 0.03%（图 6-1）。

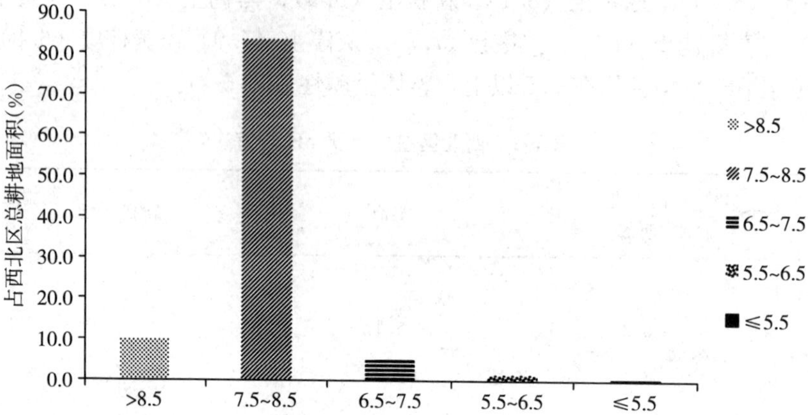

图 6-1 西北区不同 pH 等级分布

（一）不同省（自治区）土壤 pH 分级情况

pH 大于 8.5 的耕地面积共 196.89 万 hm²，占西北区耕地总面积的 10.07%。其中甘肃省 33.24 万 hm²，占甘肃省耕地面积的 6.24%，占西北区该等级的面积的 16.88%；内蒙古西部区 44.33 万 hm²，占本区耕地面积 13.78%，占西北区该等级面积的 22.52%；宁夏回族自治区 75.2 万 hm²，占本区耕地面积 58.29%，占西北区该等级面积的 38.19%；青海省 0.93 万 hm²，占本省耕地面积的 1.58%，占西北区该等级面积的 0.47%；陕西省 41.43 万 hm²，占本省耕地面积的 10.39%，占西北区该等级面积的 21.04%；新疆维吾尔自治区 1.77 万 hm²，占本区耕地面积的 0.34%，占西北区该等级面积的 0.90%（表 6-3）。

pH7.5 到 8.5 的面积共 1 627.19 万 hm²，占西北区耕地总面积的 83.24%。其中甘肃省 480.73 万 hm²，占甘肃省耕地面积的 90.20%，占西北区该等级的面积的 29.54%；内蒙古西部区 275.12 万 hm²，占本区耕地面积 85.53%，占西北区该等级面积的 16.91%；宁夏回族自治区 53.77 万 hm²，占本区耕地面积 41.68%，占西北区该等级面积的 3.25%；青海省 57.16 万 hm²，占本省耕地面积的 98.04%，占西北区该等级面积的 3.30%；陕西省 264.65 万 hm²，占本省耕地面积的 66.35%，占西北区该等级面积的 16.26%；新疆维吾尔自治区 495.27 万 hm²，占本区耕地面积的 96.44%，占西北区该等级面积的 29.90%。

表 6-3 西北区各省（自治区）不同 pH 级别下的面积分布

省（自治区）名称		pH 分级					汇总
		≤5.5	5.5～6.5	6.5～7.5	7.5～8.5	>8.5	
甘肃	耕地面积（万 hm²）	—	0.04	18.92	480.73	33.24	532.93
	占全省耕地（%）	—	0.01	3.55	90.20	6.24	100.00
	占西北区耕地（%）	—	0.00	0.97	24.59	1.7	27.26
	占该级别耕地（%）	—	0.15	18.42	29.54	16.88	27.27

（续）

省（自治区）名称		pH 分级					汇总
		≤5.5	5.5～6.5	6.5～7.5	7.5～8.5	>8.5	
内蒙古西部	耕地面积（万 hm^2）	—	—	2.23	275.12	44.33	321.68
	占全省耕地（%）	—	—	0.69	85.53	13.78	100.00
	占西北区耕地（%）	—	—	0.11	14.07	2.27	16.46
	占该级别耕地（%）	—	—	2.17	16.91	22.52	16.70
宁夏	耕地面积（万 hm^2）	—	—	0.04	53.77	75.2	129.01
	占全省耕地（%）	—	—	0.03	41.68	58.29	100.00
	占西北区耕地（%）	—	—	0.00	2.75	3.85	6.70
	占该级别耕地（%）	—	—	0.04	3.30	38.19	6.60
青海	耕地面积（万 hm^2）	—	—	0.22	57.65	0.93	58.8
	占全省耕地（%）	—	—	0.37	98.04	1.58	100.00
	占西北区耕地（%）	—	—	0.01	2.95	0.05	3.01
	占该级别耕地（%）	—	—	0.21	3.54	0.47	3.05
陕西	耕地面积（万 hm^2）	0.54	27.5	64.75	264.65	41.43	398.87
	占全省耕地（%）	0.14	6.89	16.23	66.35	10.39	100.00
	占西北区耕地（%）	0.03	1.41	3.31	13.54	2.12	20.40
	占该级别耕地（%）	100.00	99.85	63.05	16.26	21.04	20.40
新疆（含兵团）	耕地面积（万 hm^2）	—	—	16.53	495.27	1.77	513.57
	占全省耕地（%）	—	—	3.22	96.44	0.34	100.00
	占西北区耕地（%）	—	—	0.16	4.86	0.02	26.27
	占该级别耕地（%）	—	—	16.1	29.90	0.90	26.65
合计		0.54	27.54	102.69	1 627.19	196.90	1 954.86

pH6.5 到 7.5 的面积共 102.69 万 hm^2，占西北区耕地总面积的 5.25%。其中甘肃省 18.92 万 hm^2，占甘肃省耕地面积的 3.55%，占西北区该等级的面积的 18.42%；内蒙古西部区 2.23 万 hm^2，占本区耕地面积 0.69%，占西北区该等级面积的 2.17%；宁夏回族自治区 0.04 万 hm^2，占本区耕地面积 0.03%，占西北区该等级面积的 0.04%；青海省 0.22 万 hm^2，占本省耕地面积的 0.01%，占西北区该等级面积的 0.21%；陕西省 64.75 万 hm^2，占本省耕地面积的 16.23%，占西北区该等级面积的 63.05%；新疆维吾尔自治区 16.53 万 hm^2，占本区耕地面积的 3.22%，占西北区该等级面积的 16.10%。

pH5.5 到 6.5 的面积共 27.54 万 hm^2，占西北区耕地总面积的 1.41%。其中甘肃省 0.04 万 hm^2，占甘肃省耕地面积的 0.01%，占西北区该等级的面积的 0.15%；陕西省 27.50 万 hm^2，占本省耕地面积的 6.89%，占西北区该等级面积的 99.85%。

pH 小于等于 5.5 的面积为 0.54 万 hm^2，占西北区耕地总面积的 0.03%。全部在陕西省境内分布。占本省耕地面积的 0.14%，占西北区该等级面积的 100.0%。

（二）耕地主要土壤类型 pH 分级情况

从西北区来看，黄绵土的 pH 在 7.5～8.5 等级的面积最大，其面积为 247.02 万

hm^2，占该土类面积的 75.16%；其次是 pH 在大于 8.5 等级，其面积为 72.62 万 hm^2，占该土类面积的 22.10%；第三为 pH 在 6.5～7.5 等级，面积为 8.53 万 hm^2，占该土类面积的 2.60%；pH 在 5.5～6.5 等级的面积较小，面积为 0.49 万 hm^2，占该土类面积的 0.15%。

栗钙土的 pH 主要在 7.5～8.5 等级分布，其面积为 191.95 万 hm^2，占该土类面积的 96.28%；其次是 pH 大于 8.5 等级，面积为 5.72 万 hm^2，占该土类面积的 2.87%；pH 在 6.5～7.5 等级的面积最小，面积为 1.69 万 hm^2，占该土类面积的 0.85%。

潮土的 pH 在 7.5～8.5 等级的面积最大，面积为 128.23 万 hm^2，占该土类面积的 86.70%；其次是 pH 大于 8.5 等级，面积为 15.53 万 hm^2，占该土类面积的 10.50%；其余等级上分布面积均较小，pH 在 6.5～7.5 等级的面积为 3.31 万 hm^2，占该土类面积的 2.24%；pH 在 5.5～6.5 等级的面积为 0.76 万 hm^2，占该土类面积的 0.51%；pH 小于等于 5.5 等级的面积为 0.07 万 hm^2，占该土类面积的 0.05%。

黑垆土的 pH 在 7.5～8.5 等级的面积最大，面积为 104.14 万 hm^2，占该土类面积的 86.00%；其次是 pH 大于 8.5 等级，面积为 15.44 万 hm^2，占该土类面积的 12.75%；其余等级上分布的面积均极少。

褐土的 pH 在 7.5～8.5 等级的面积最大，面积为 112.67 万 hm^2，占该土类面积的 84.75%；其次是 pH 在 6.5～7.5 等级，面积为 16.09 万 hm^2，占该土类面积的 12.10%；第三是 pH 大于 8.5 等级，面积为 3.26 万 hm^2，占该土类面积的 2.45%；其余等级上分布面积均极少。

草甸土的 pH 主要在 7.5～8.5 等级分布，其面积为 95.12 万 hm^2，占该土类面积的 92.57%；其次是 pH 在 6.5～7.5 等级，面积为 4.13 万 hm^2，占该土类面积的 4.02%；pH 大于 8.5 等级面积最小，面积为 3.05 万 hm^2，占该土类面积的 3.41%。

灰钙土的 pH 在 7.5～8.5 等级的面积最大，面积为 88.95 万 hm^2，占该土类面积的 87.65%；其次是 pH 大于 8.5 等级，面积为 12.30 万 hm^2，占该土类面积的 12.12%；pH 在 6.5～7.5 等级的面积最小，面积为 0.23 万 hm^2，占该土类面积的 0.23%。

灌淤土的 pH 在 7.5～8.5 等级的面积最大，面积为 71.67 万 hm^2，占该土类面积的 86.59%；其次是 pH 大于 8.5 等级，面积为 11.00 万 hm^2，占该土类面积的 13.29%；pH 在 6.5～7.5 等级的面积最小，面积为 0.10 万 hm^2，占该土类面积的 0.12%。

草甸盐土的 pH 在 7.5～8.5 等级的面积最大，面积为 71.51 万 hm^2，占该土类面积的 89.87%；其次是 pH 大于 8.5 等级，面积为 4.41 万 hm^2，占该土类面积的 5.20%；pH 在 6.5～7.5 等级的面积最小，面积为 3.92 万 hm^2，占该土类面积的 4.93%。

风沙土的 pH 在 7.5～8.5 等级的面积最大，面积为 60.30 万 hm^2，占该土类面积的 80.67%；其次是 pH 大于 8.5 等级，面积为 13.75 万 hm^2，占该土类面积的 18.39%；pH 在 6.5～7.5 等级的面积最小，面积为 0.70 万 hm^2，占该土类面积的 0.94%。

灰漠土的 pH 主要在 7.5～8.5 等级分布，其面积为 56.46 万 hm^2，占该土类面积的 91.30%；其次是 pH 在 6.5～7.5 等级，面积为 5.33 万 hm^2，占该土类面积的 8.62%；pH 大于 8.5 等级的面积仅为 0.05 万 hm^2，占该土类面积的 0.08%。

棕钙土的 pH 主要在 7.5～8.5 等级分布，其面积为 59.89 万 hm^2，占该土类面积的 96.88%；其次是 pH 大于 8.5 等级，面积为 1.58 万 hm^2，占该土类面积的 2.56%；pH 在

6.5～7.5 等级面积最小，面积为 0.35 万 hm^2，占该土类面积的 0.57%。

新积土的 pH 在 7.5～8.5 等级的面积最大，其面积为 37.56 万 hm^2，占该土类面积的 69.92%；其次是 pH 在大于 8.5 等级，其面积为 11.51 万 hm^2，占该土类面积的 21.43%；第三为 pH 在 6.5～7.5 等级，面积为 4.01 万 hm^2，占该土类面积的 7.46%；pH 在 5.5～6.5 等级的面积较小，面积为 0.64 万 hm^2，占该土类面积的 1.19%。

灰褐土的 pH 在 7.5～8.5 等级的面积最大，其面积为 41.16 万 hm^2，占该土类面积的 83.17%；其次是 pH 在 6.5～7.5 等级，面积为 4.83 万 hm^2，占该土类面积的 9.76%；第三为 pH 大于 8.5 等级，其面积为 3.49 万 hm^2，占该土类面积的 7.05%；pH 在 5.5～6.5 等级的面积较小，面积为 0.01 万 hm^2，占该土类面积的 0.02%。

漠境盐土的 pH 主要在 7.5～8.5 等级分布，其面积为 34.14 万 hm^2，占该土类面积的 93.35%；其次是 pH 大于 8.5 等级面积为 2.33 万 hm^2，占该土类面积的 6.33%；pH 在 6.5～7.5 等级的面积最小，为 0.12 万 hm^2，占该土类面积的 0.33%。

灌漠土的 pH 主要在 7.5～8.5 等级分布，其面积为 34.37 万 hm^2，占该土类面积的 74.04%；其次是 pH 大于 8.5 等级面积为 10.82 万 hm^2，占该土类面积的 23.47%；pH 在 6.5～7.5 等级的面积最小，为 1.15 万 hm^2，占该土类面积的 2.49%。

黄棕壤的 pH 在 6.5～7.5 等级的面积最大，面积为 20.15 万 hm^2，占该土类面积的 56.60%；其次是 pH 在 5.5～6.5 等级面积，为 14.44 万 hm^2，占该土类面积的 40.56%；其余等级上分布面积均较小，pH 在 7.5～8.5 等级的面积为 0.67 万 hm^2，占该土类面积的 1.88%；pH 在 5.5～6.5 等级的面积为 0.34 万 hm^2，占该土类面积的 0.96%。

黑钙土的 pH 主要在 7.5～8.5 等级分布，其面积为 33.07 万 hm^2，占该土类面积的 99.67%；其余等级上分布面积均较小，pH 在 6.5～7.5 等级面积为 0.10 万 hm^2，占该土类面积的 0.30%；pH 大于 8.5 等级的面积为 0.01 万 hm^2，占该土类面积的 0.03%。

红黏土的 pH 主要在 7.5～8.5 等级分布，其面积为 18.04 万 hm^2，占该土类面积的 83.02%；其余等级上分布面积均较小，pH 在 6.5～7.5 等级面积为 1.37 万 hm^2，占该土类面积的 6.31%；pH 大于 8.5 等级的面积为 2.10 万 hm^2，占该土类面积的 9.66%；pH 在 5.5～6.5 等级面积为 0.22 万 hm^2，占该土类面积的 1.01%（表 6-4）。

表 6-4 西北区主要土壤类型上不同 pH 分级面积

土壤类型		pH					汇总
		≤5.5	5.5～6.5	6.5～7.5	7.5～8.5	>8.5	
黄绵土	耕地面积（万 hm^2）	—	0.49	8.53	247.02	72.62	328.66
	占该土类面积（%）	—	0.15	2.60	75.16	22.10	100.00
栗钙土	耕地面积（万 hm^2）	—	—	1.69	191.95	5.72	199.36
	占该土类面积（%）	—	—	0.85	96.28	2.87	100.00
潮土	耕地面积（万 hm^2）	0.07	0.76	3.31	128.23	15.53	147.90
	占该土类面积（%）	0.05	0.51	2.24	86.70	10.50	100.00
黑垆土	耕地面积（万 hm^2）	—	0.30	1.21	104.14	15.44	121.09
	占该土类面积（%）	—	0.25	1.00	86.00	12.75	100.00

（续）

土壤类型		pH					汇总
		≤5.5	5.5～6.5	6.5～7.5	7.5～8.5	>8.5	
褐土	耕地面积（万 hm^2）	0.004	0.92	16.09	112.67	3.26	132.94
	占该土类面积（%）	0.14	0.69	12.10	84.75	2.45	100.00
草甸土	耕地面积（万 hm^2）	—	—	4.13	95.12	3.50	102.75
	占该土类面积（%）	—	—	4.02	92.57	3.41	100.00
灰钙土	耕地面积（万 hm^2）	—	—	0.23	88.95	12.30	101.48
	占该土类面积（%）	—	—	0.23	87.65	12.12	100.00
灌淤土	耕地面积（万 hm^2）	—	—	0.10	71.67	11.00	82.77
	占该土类面积（%）	—	—	0.12	86.59	13.29	100.00
草甸盐土	耕地面积（万 hm^2）	—	—	3.92	71.51	4.14	79.56
	占该土类面积（%）	—	—	4.93	89.87	5.20	100.00
风沙土	耕地面积（万 hm^2）	—	—	0.70	60.30	13.75	74.75
	占该土类面积（%）	—	—	0.94	80.67	18.39	100.00
灰漠土	耕地面积（万 hm^2）	—	—	5.33	56.46	0.05	61.84
	占该土类面积（%）	—	—	8.62	91.30	0.08	100.00
棕钙土	耕地面积（万 hm^2）	—	—	0.35	59.89	1.58	61.82
	占该土类面积（%）	—	—	0.57	96.88	2.56	100.00
新积土	耕地面积（万 hm^2）	—	0.64	4.01	37.56	11.51	53.72
	占该土类面积（%）	—	1.19	7.46	69.92	21.43	100.00
灰褐土	耕地面积（万 hm^2）	—	0.01	4.83	41.16	3.49	49.49
	占该土类面积（%）	—	0.02	9.76	83.17	7.05	100.00
漠境盐土	耕地面积（万 hm^2）	—	—	1.15	34.14	10.82	46.11
	占该土类面积（%）	—	—	2.49	74.04	23.47	100.00
灌漠土	耕地面积（万 hm^2）	—	—	0.12	34.37	2.33	36.82
	占该土类面积（%）	—	—	0.33	93.35	6.33	100.00
黄棕壤	耕地面积（万 hm^2）	0.34	14.44	20.15	0.67	—	35.60
	占该土类面积（%）	0.96	40.56	56.60	1.88	—	77.21
黑钙土	耕地面积（万 hm^2）	—	—	0.10	33.07	0.01	33.18
	占该土类面积（%）	—	—	0.30	99.67	0.03	100.00
棕漠土	耕地面积（万 hm^2）	—	—	0.13	24.02	1.70	25.85
	占该土类面积（%）	—	—	0.50	92.92	6.58	100.00
红黏土	耕地面积（万 hm^2）	—	0.22	1.37	18.04	2.10	21.73
	占该土类面积（%）	—	1.01	6.31	83.02	9.66	100.00
合计		0.41	17.78	77.45	1 510.93	190.85	1 797.42

三、土壤 pH 与土壤有机质及耕地质量等级

（一）土壤 pH 与土壤有机质

动植物、微生物残体和施入的有机肥料是土壤有机质的主要来源。土壤有机质含量与土壤 pH 密切相关。

pH>8.5 等级的耕地有机质含量一般在 10～15g/kg、15～20g/kg 和 20～30g/kg 之间，分别占该等级的 39.51%、28.51%和 19.44%；pH 在 7.5～8.5 等级之间的耕地有机质含量大多数在 10～15g/kg 和 15～20g/kg 之间，分别占该等级的 42.64%和 33.18%；pH 在 6.5～7.5 等级之间的耕地有机质含量绝大多数在 6～10g/kg、10～15g/kg 和 15～20g/kg 之间，分别占该等级的 32.33%、38.44%和 26.86%；pH 在 5.5～6.5 等级之间的耕地的有机质含量大部分集中在 10～15g/kg、6～10g/kg 和 15～20g/kg 之间，分别占该等级的 52.09%、46.44%和 37.13%；pH 在≤5.5 等级之间的耕地的有机质含量较分散，有机质含量在 6～10g/kg、10～15g/kg、15～20g/kg 和 20～30g/kg 之间的占比分别为 18.52%、16.67%、42.59%和 22.22%（表 6-5）。

表 6-5　西北区 pH 在有机质不同等级下的分布情况（万 hm^2）

pH			>8.5	7.5～8.5	6.5～7.5	5.5～6.5	≤5.5	总计
有机质(g/kg)	一级	>30	2.24	35.52	0.92	0.05	0	38.73
		占 pH 本级（%）	1.14	2.18	0.94	0.26	0	1.95
	二级	20～30	38.26	189.7	4.8	1.3	0.12	234.18
		占 pH 本级（%）	19.44	11.66	4.89	6.8	22.22	11.8
	三级	15～20	56.12	539.96	26.38	7.1	0.23	629.79
		占 pH 本级（%）	28.51	33.18	26.86	37.13	42.59	31.74
	四级	10～15	77.78	693.85	37.75	9.96	0.09	819.43
		占 pH 本级（%）	39.51	42.64	38.44	52.09	16.67	41.29
	五级	6～10	18.94	154.09	31.75	8.88	0.1	213.76
		占 pH 本级（%）	9.62	9.47	32.33	46.44	18.52	10.77
	六级	≤6	3.56	14.07	1.09	0.25	0	18.97
		占 pH 本级（%）	1.81	0.86	1.11	1.31	0	0.96
合计			196.9	1 627.19	102.69	27.54	0.54	1 954.86

（二）土壤 pH 与耕地质量等级

西北区耕地质量共分为十个等级。各耕地质量等级的 pH 均值差异不明显，均在 7.8～8.2 之间。在 pH 分级中，pH 为 7.5～8.5 的各耕地质量等级的面积最高，一到十等地面积分别为 66.78 万 hm^2、97.31 万 hm^2、157.10 万 hm^2、189.84 万 hm^2、219.68 万 hm^2、243.25 万 hm^2、227.47 万 hm^2、176.92 万 hm^2、114.18 万 hm^2 和 134.66 万 hm^2，分别占各等地总面积的 82.20%、83.48%、87.18%、86.70%、85.94%、83.50%、80.84%、78.45%、80.40%、83.10%和 83.24%（表 6-6）。

表 6-6　西北区 pH 在不同质量等级下的面积

质量等级	>8.5		7.5～8.5		6.5～7.5		5.5～6.5		≤5.5		合计（万 hm^2）
	耕地面积（万 hm^2）	占耕地质量等级（%）	耕地面积（万 hm^2）	占耕地质量等级（%）	耕地面积（万 hm^2）	占耕地质量等级（%）	耕地面积（万 hm^2）	占耕地质量等级（%）	耕地面积（万 hm^2）	占耕地质量等级（%）	
一等地	2.11	2.60	66.78	82.20	11.45	14.09	0.86	1.06	0.04	0.05	81.24
二等地	9.82	8.42	97.31	83.48	7.24	6.21	2.12	1.82	0.09	0.08	116.58
三等地	12.43	6.90	157.10	87.18	7.92	4.40	2.72	1.51	0.02	0.01	180.19
四等地	15.93	7.28	189.84	86.70	10.74	4.91	2.28	1.04	0.16	0.07	218.95
五等地	18.25	7.14	219.68	85.94	14.84	5.81	2.73	1.07	0.13	0.05	255.63
六等地	26.81	9.20	243.25	83.50	17.87	6.13	3.33	1.14	0.05	0.02	291.31
七等地	38.02	13.51	227.47	80.84	12.02	4.27	3.87	1.38	0.01	0.00	281.39
八等地	36.62	16.24	176.92	78.45	9.14	4.05	2.83	1.25	0.00	0.00	225.51
九等地	19.78	13.93	114.18	80.39	4.97	3.50	3.05	2.15	0.04	0.03	142.02
十等地	17.13	10.57	134.66	83.10	6.50	4.01	3.75	2.31	0.00	0.00	162.04
汇总	196.90	10.07	1 627.19	83.24	102.69	5.25	27.54	1.41	0.54	0.03	1 954.86

四、盐碱土改良

盐碱土形成的根本原因是地势低洼、排水不畅、蒸发强烈，水盐运行活动频繁，伴有“旱、涝、盐、碱、瘦”等障碍因素。盐碱地改良应在井渠配套排灌结合等工程措施的基础上，因地制宜地与农机、农艺、生物、化学等措施结合，进行综合改良利用，具体改良措施如下：

水利措施：①灌溉洗盐。通过浇水，把土壤表层的盐分冲洗到土壤下层或地下水中，使其不致产生危害。为提高洗盐效果并节约用水，除采用畦灌或沟灌方式外，还应考虑洗盐季节和盐碱土的类型。②引灌淤地。引用洪水淤地，也叫放淤，是用黄河水灌溉来改良土壤的经验。黄河水含泥沙较多，通过放淤既可以形成新的淡土层，又冲洗了表层土壤中的盐分。时间一般在 7～9 月为好，淤泥厚度以 3～7cm 为宜。③及时排水。及时排除内涝，调节地下水位，使土壤不致返盐。又能排除土壤和地下水中由于降水、灌溉和洗盐淋下的盐分。

农艺措施：①深翻深松、平整土地。地面不平是形成盐斑的重要原因。平整土地有利于消灭盐碱斑，还能打破犁底层，利于灌溉洗盐下渗，提高洗盐的效果。②增施有机肥。牛、羊、骡、马、猪粪及作物秸秆等堆沤制成的有机肥进行深施，或作物秸秆还田，培肥土壤。③选用耐盐的作物种类和品种。如向日葵、甜菜、碱谷子等。④覆膜种植。在轻度和中度盐碱地进行覆膜种植，有保温、保墒、防草、防病虫作用，并防止土壤水分蒸发，起到降盐碱作用。⑤合理灌溉。农民有“头水迟，二水赶，三水洗个脸”的经验。另可以依托滴灌技术，井黄双灌治理，实现节水控盐。

生物措施：种植绿肥。可采用向日葵套种绿肥、混种绿肥、麦后复种绿肥等措施，提高土壤肥力，改善土壤结构和理化性状。适合河套灌区的绿肥有紫花苜蓿、毛叶苕子、箭舌豌豆等。

化学措施。碱化土化学改良，可用烟气脱硫和磷肥生产企业的废弃石膏为原料进行治碱，也可用抗盐碱的土壤调理剂，并选用钙质化肥和酸性肥料，如过磷酸钙、硫酸铵等。

第二节 灌溉排水能力

耕地灌排能力是衡量耕地灌溉、排水能力的重要指标，用灌溉保证率和排水能力衡量。其中灌溉保证率是指预期灌溉用水量在多年灌溉中能够得到充分满足年数的出现频率，以百分率（%）表示，是直接反应农业生产灌溉状况的一项重要指标。对于降水量有限的西北区，灌溉保证率尤为重要，灌溉保证率与水源条件、灌溉方式有关。排水能力是排除农田多余的地表水和地下水的能力，排水能力是控制地表径流以消除内涝，控制地下水以防治渍害和土壤沼泽化、盐碱化，排水能力在西北区黄河灌溉区较重要，排水能力的强弱在黄灌区影响着土壤盐渍化程度。排水能力分为不满足、基本满足、满足、充分满足四个等级，受自然条件、农田基础设施等条件影响。

一、灌排能力分布情况

（一）西北区灌排能力分布情况

根据西北区灌溉情况，将灌溉保证率划分为等于0%、大于等于30%小于50%、大于等于50%小于70%、大于等于70%的4个等级，各级所对应的分别为不满足、基本满足、满足、充分满足灌溉条件。不满足和基本满足在西北区大多属于旱作区。从全西北区来看，各灌溉保证率面积分布中，充分满足灌溉的面积最大，共946.93万hm^2，占西北区总耕地面积的48.44%；其次为基本满足，面积为696.23万hm^2，占西北区总耕地面积的35.62%；第三是不满足，耕地面积共163.69万hm^2，占西北区总耕地面积的8.37%；所占比例最小的是满足灌溉，面积共148.01万hm^2，占西北区总耕地面积的7.57%（图6-2）。

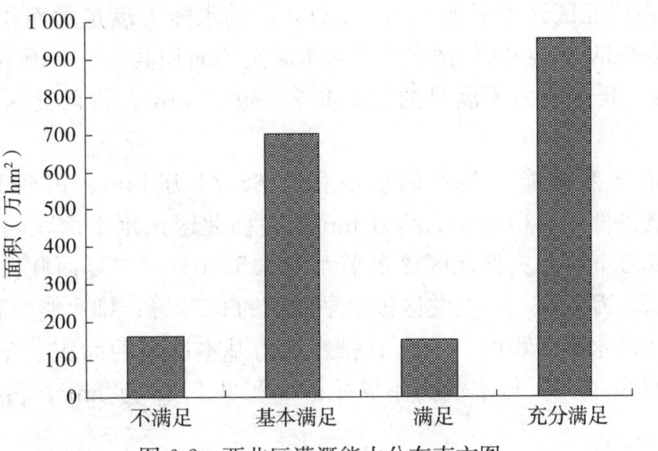

图6-2 西北区灌溉能力分布直方图

西北区耕地排水能力主要集中在充分满足、满足，面积分别为754.57万hm^2、757.90万hm^2，分别占西北区总耕地面积的38.60%、38.77%，可见西北区耕地排水能力以满足和充分满足为主；排水能力基本满足的面积共323.79万hm^2，占总面积的16.56%；不满足的面积共118.60万hm^2，仅占西北区总耕地面积的6.07%（图6-3）。

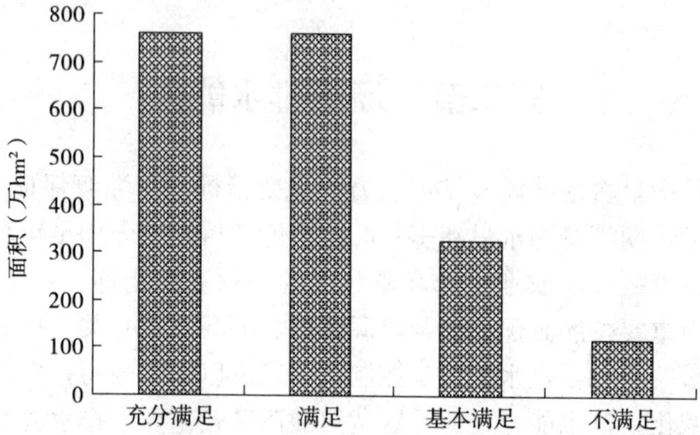

图6-3 西北区排水能力分布直方图

（二）各省灌排能力分布情况

甘肃省灌溉能力没有不满足的面积。基本满足面积共375.45万hm^2，占西北区该水平面积的53.93%。满足灌溉面积共15.77万hm^2，占西北区该水平面积的10.66%。充分满足灌溉面积共141.71万hm^2，占西北区该水平面积的14.97%。全省排水能力充分满足的面积共156.25万hm^2，占西北区该水平面积的20.71%。排水能力满足的面积共161.16万hm^2，占西北区该水平面积的21.26%。排水能力基本满足的面积共140.63万hm^2，占西北区该水平面积的43.43%。排水能力不满足的面积共74.90万hm^2，占西北区该水平面积比例最大，为63.16%。

内蒙古自治区西部灌溉能力不满足的面积共117.94万hm^2，占西北区该水平面积的72.05%；基本满足面积共6.04万hm^2，占西北区该水平面积的0.87%；满足灌溉条件的面积共18.17万hm^2，占西北区该水平面积的18.28%；充分满足灌溉面积共179.52万hm^2，占西北区该水平面积的18.96%。内蒙古自治区西部排水能力充分满足的面积共107.99万hm^2，占西北区该水平面积的14.31%；排水能力满足的面积共134.12万hm^2，占西北区该水平面积的17.70%；排水能力基本满足的面积共55.18万hm^2，占西北区该水平面积的17.04%；排水能力不满足的面积共24.39万hm^2，占西北区该水平面积比例最大，为20.56%。

宁夏回族自治区灌溉能力基本满足面积共66.78万hm^2，占西北区该水平面积的9.59%；满足灌溉条件的面积共11.07万hm^2，占西北区该水平面积的7.48%；充分满足灌溉面积共51.16万hm^2，占西北区该水平面积的5.40%。宁夏回族自治区排水能力充分满足的面积共73.33万hm^2，占西北区该水平面积的9.72%；排水能力满足的面积共40.79万hm^2，占西北区该水平面积的5.38%；排水能力基本满足的面积共12.51万hm^2，占西北区该水平面积的3.86%；排水能力不满足的面积共2.38万hm^2，占西北区该水平面积的2.00%。

青海省灌溉能力不满足的面积共 34.02 万 hm^2，占西北区该水平面积的 24.78%；基本满足面积共 2.90 万 hm^2，占西北区该水平面积的 0.42%；满足灌溉条件的面积共 7.75 万 hm^2，占西北区该水平面积的 5.24%；充分满足灌溉面积共 14.13 万 hm^2，占西北区该水平面积的 1.49%。全省排水能力充分满足的面积共 38.58 万 hm^2，占西北区该水平面积的 5.11%；排水能力满足的面积共 16.76 万 hm^2，占西北区该水平面积的 2.21%；排水能力基本满足的面积共 3.47 万 hm^2，占西北区该水平面积的 1.07%。

陕西省灌溉能力基本满足面积共 240.71 万 hm^2，占西北区该水平面积的 34.57%；满足灌溉条件的面积共 63.79 万 hm^2，占西北区该水平面积的 43.10%；充分满足灌溉面积共 94.38 万 hm^2，占西北区该水平面积的 9.97%。全省排水能力充分满足的面积共 142.83 万 hm^2，占西北区该水平面积的 18.93%；排水能力满足的面积共 183.11 万 hm^2，占西北区该水平面积的 24.16%；排水能力基本满足的面积共 56.00 万 hm^2，占西北区该水平面积的 17.29%；排水能力不满足的面积共 16.93 万 hm^2，占西北区该水平面积的 14.28%。

新疆维吾尔自治区（含兵团）灌溉能力不满足的面积共 11.73 万 hm^2，占西北区该水平面积的 7.17%；基本满足面积共 4.36 万 hm^2，占西北区该水平面积的 0.63%；满足灌溉条件的面积共 31.46 万 hm^2，占西北区该水平面积的 21.25%；充分满足灌溉面积共 466.03 万 hm^2，占西北区该水平比例最大，为 49.21%。全省排水能力充分满足的面积共 235.59 万 hm^2，占西北区该水平面积的 31.22%；排水能力满足的面积共 221.96 万 hm^2，占西北区该水平面积的 29.29%；排水能力基本满足的面积共 56.01 万 hm^2，占西北区该水平面积的 17.30%（表 6-7、表 6-8）。

表 6-7　西北区各省（自治区）不同灌溉保证率面积统计

省（自治区）名称	项目	灌溉保证率（%）			
		0	30～50	50～70	≥70
甘肃	面积（万 hm^2）		375.45	15.77	141.71
	比例（%）		53.93	10.66	14.97
内蒙古西部	面积（万 hm^2）	117.94	6.04	18.17	179.52
	比例（%）	72.05	0.87	12.28	18.96
宁夏	面积（万 hm^2）		66.78	11.07	51.16
	比例（%）		9.59	7.48	5.40
青海	面积（万 hm^2）	34.02	2.90	7.75	14.13
	比例（%）	20.78	0.42	5.24	1.49
陕西	面积（万 hm^2）	0.00	240.71	63.79	94.38
	比例（%）	0.00	34.57	43.10	9.97
新疆（含兵团）	面积（万 hm^2）	11.73	4.36	31.46	466.03
	比例（%）	7.17	0.63	21.25	49.21
总计	面积（万 hm^2）	163.69	696.23	148.01	946.93
	比例（%）	100.00	100.00	100.00	100.00

表 6-8　西北区各省（自治区）排水能力面积统计

省（自治区）名称	排水能力统计分析（万 hm²、%）							
	充分满足	比例	满足	比例	基本满足	比例	不满足	比例
甘肃	156.25	20.71	161.16	21.26	140.63	43.43	74.90	63.16
内蒙古西部	107.99	14.31	134.12	17.70	55.18	17.04	24.39	20.56
宁夏	73.33	9.72	40.79	5.38	12.51	3.86	2.38	2.00
青海	38.58	5.11	16.76	2.21	3.47	1.07	0.00	0.00
陕西	142.83	18.93	183.11	24.16	56.00	17.29	16.93	14.28
新疆（含兵团）	235.59	31.22	221.96	29.29	56.01	17.30	0.00	0.00
总计	754.57	100.00	757.90	100.00	323.79	100.00	118.60	100.00

二、灌排能力与地貌类型

（一）西北区不同地貌类型的灌排能力的分布情况

西北区不同地貌类型灌溉保证率分布不同，各地貌类型在各灌溉保证率水平均有面积分布，只是分布面积比例不同。各主要地貌类型中，高原以基本满足和满足灌溉条件为主，面积分别为 324.28 万 hm^2、33.85 万 hm^2，分别占西北区该级面积的 46.58%、22.87%；平原以满足和充分满足为主，面积分别为 85.94 万 hm^2、763.05 万 hm^2，分别占西北区各级面积的 58.07%、80.58%；丘陵以不满足为主，面积共 46.41 万 hm^2，占西北区该级面积的 28.35%；山地以不满足和满足为主，面积分别为 28.40 万 hm^2、254.28 万 hm^2，分别占西北区该级面积的 17.35%、36.52%（表 6-9）。

表 6-9　西北区各省（自治区）不同地貌类型灌溉能力统计

地貌类型		项目	灌溉保证率（%）			
			0	30～50	50～70	≥70
高原	低台地	面积（万 hm²）	3.74	3.05	2.38	23.80
		比例（%）	2.28	0.44	1.61	2.51
	高台地	面积（万 hm²）	6.80	1.69	1.32	21.11
		比例（%）	4.15	0.24	0.89	2.23
	黄土墹	面积（万 hm²）		2.77		0.40
		比例（%）		0.40		0.04
	黄土峁梁	面积（万 hm²）	4.00	198.77	10.00	18.01
		比例（%）	2.45	28.55	6.76	1.90
	黄土坪	面积（万 hm²）	0.48	7.48	0.89	2.42
		比例（%）	0.29	1.07	0.60	0.26
	黄土塬	面积（万 hm²）	2.19	110.52	19.26	42.20
		比例（%）	1.34	15.87	13.01	4.46
	小计	面积（万 hm²）	17.21	324.28	33.85	107.94
		比例（%）	10.51	46.58	22.87	11.40

（续）

地貌类型		项目	灌溉保证率（%）			
			0	30～50	50～70	≥70
平原	冲积平原	面积（万 hm^2）	12.61	14.90	27.71	363.56
		比例（%）	7.70	2.14	18.72	38.39
	低阶地	面积（万 hm^2）	1.38	4.21	8.92	59.20
		比例（%）	0.84	0.60	6.03	6.25
	风蚀地	面积（万 hm^2）			0.00	0.44
		比例（%）	0.00	0.00	0.00	0.05
	高阶地	面积（万 hm^2）	0.80	4.92	8.58	14.16
		比例（%）	0.49	0.71	5.80	1.50
	高平原	面积（万 hm^2）	32.96	41.45	6.47	34.77
		比例（%）	20.13	5.95	4.37	3.67
	河谷	面积（万 hm^2）		0.32	0.06	
		比例（%）	0.00	0.05	0.04	0.00
	河漫滩	面积（万 hm^2）	0.44	2.94	4.25	39.82
		比例（%）	0.27	0.42	2.87	4.20
	洪积平原	面积（万 hm^2）	22.98	17.40	26.76	247.26
		比例（%）	14.04	2.50	18.08	26.11
	其他平原	面积（万 hm^2）	0.50	12.02	3.19	3.84
		比例（%）	0.31	1.73	2.16	0.41
	小计	面积（万 hm^2）	71.67	98.16	85.94	763.05
		比例（%）	43.78	14.10	58.07	80.58
丘陵	半固定沙地	面积（万 hm^2）	0.45	1.38	0.79	16.50
		比例（%）	0.27	0.20	0.54	1.74
	低丘陵	面积（万 hm^2）	30.14	5.63	3.03	10.87
		比例（%）	18.41	0.81	2.04	1.15
	高丘陵	面积（万 hm^2）	14.86	9.99	2.41	7.26
		比例（%）	9.08	1.43	1.63	0.77
	固定沙地	面积（万 hm^2）	0.95	2.11	2.35	17.35
		比例（%）	0.58	0.30	1.59	1.83
	流动沙地	面积（万 hm^2）	0.00	0.40	0.37	2.44
		比例（%）	0.00	0.06	0.25	0.26
	小计	面积（万 hm^2）	46.41	19.52	8.95	54.41
		比例（%）	28.35	2.80	6.05	5.75

（续）

地貌类型		项目	灌溉保证率（%）			
			0	30～50	50～70	≥70
山地	低山	面积（万 hm²）		7.00	2.42	0.55
		比例（%）	0.00	1.01	1.63	0.06
	高山	面积（万 hm²）	2.09	0.36	0.15	0.20
		比例（%）	1.27	0.05	0.10	0.02
	极高山	面积（万 hm²）	0.03			
		比例（%）	0.02	0.00	0.00	0.00
	中山	面积（万 hm²）	26.29	246.92	16.70	20.77
		比例（%）	16.06	35.46	11.28	2.19
	小计	面积（万 hm²）	28.40	254.28	19.26	21.53
		比例（%）	17.35	36.52	13.02	2.27
合计		面积（万 hm²）	163.69	696.23	148.01	946.93
		比例（%）	100.00	100.00	100.00	100.00

各地貌类型在不同排水能力水平分布的面积不同，高原排水能力在各水平分布均占西北区一定的比例，其中排水能力充分满足的面积共 209.44 万 hm²，占西北区该水平面积的 27.76%；排水能力满足的面积共 164.45 万 hm²，占西北区该水平面积的 21.70%；排水能力基本满足的面积共 63.35 万 hm²，占西北区该水平面积的 19.57%；排水能力不满足的面积共 46.04 万 hm²，占西北区该水平面积的 38.82%。平原排水能力各水平在西北区占有比例较大，其中排水能力充分满足的面积共 386.82 万 hm²，占西北区该水平面积的 51.26%；排水能力满足的面积共 435.95 万 hm²，占西北区该水平面积的 57.52%；排水能力基本满足的面积共 155.19 万 hm²，占西北区该水平面积的 47.93%；排水能力不满足的面积共 40.85 万 hm²，占西北区该水平面积的 34.44%。丘陵排水能力充分满足的面积共 46.04 万 hm²，占西北区该水平面积的 6.10%；排水能力满足的面积共 50.82 万 hm²，占西北区该水平面积的 6.71%；排水能力基本满足的面积共 22.28 万 hm²，占西北区该水平面积的 6.88%；排水能力不满足的面积共 10.15 万 hm²，占西北区该水平面积的 8.56%。山地排水能力以基本满足所占比例较大，共 82.97 万 hm²，占西北区该级面积的 25.62%（表 6-10）。

表 6-10　西北区各省（自治区）不同地貌类型排水能力统计

地貌类型		不同排水能力面积及比例（万 hm²、%）							
		充分满足	比例	满足	比例	基本满足	比例	不满足	比例
高原	低台地	15.58	2.06	13.20	1.74	3.15	0.97	1.04	0.88
	高台地	10.94	1.45	9.14	1.21	7.78	2.40	3.06	2.58
	黄土墹	2.14	0.28	0.48	0.06	0.55	0.17		
	黄土峁梁	106.00	14.05	59.93	7.91	33.76	10.43	31.10	26.22
	黄土坪	4.63	0.61	4.33	0.57	1.56	0.48	0.75	0.63
	黄土塬	70.15	9.30	77.37	10.21	16.55	5.11	10.09	8.51
	小计	209.44	27.76	164.45	21.70	63.35	19.57	46.04	38.82

（续）

地貌类型		不同排水能力面积及比例（万 hm^2、%）							
		充分满足	比例	满足	比例	基本满足	比例	不满足	比例
平原	冲积平原	161.13	21.35	181.78	23.98	59.81	18.47	16.07	13.55
	低阶地	22.44	2.97	33.93	4.48	15.14	4.68	2.19	1.85
	风蚀地	0.04	0.00	0.31	0.04	0.10	0.03		
	高阶地	11.90	1.58	10.79	1.42	4.37	1.35	1.39	1.17
	高平原	51.17	6.78	32.05	4.23	22.43	6.93	9.99	8.42
	河谷	0.04	0.01	0.25	0.03	0.10	0.03		
	河漫滩	15.69	2.08	22.45	2.96	8.51	2.63	0.79	0.67
	洪积平原	116.66	15.46	146.15	19.28	41.97	12.96	9.63	8.12
	其他平原	7.76	1.03	8.24	1.09	2.77	0.85	0.79	0.67
	小计	386.82	51.26	435.95	57.52	155.19	47.93	40.85	34.44
丘陵	半固定沙地	6.89	0.91	7.63	1.01	3.51	1.08	1.08	0.91
	低丘陵	19.86	2.63	19.04	2.51	6.98	2.16	3.78	3.19
	高丘陵	11.72	1.55	12.38	1.63	6.56	2.03	3.87	3.26
	固定沙地	6.44	0.85	10.44	1.38	4.67	1.44	1.21	1.02
	流动沙地	1.12	0.15	1.33	0.18	0.57	0.17	0.20	0.17
	小计	46.04	6.10	50.82	6.71	22.28	6.88	10.15	8.56
山地	低山	3.79	0.50	5.11	0.67	1.05	0.33	0.03	0.02
	高山	1.75	0.23	0.89	0.12	0.13	0.04	0.02	0.02
	极高山	0.03	0.004 1						
	中山	106.69	14.14	100.68	13.28	81.79	25.26	21.51	18.13
	小计	112.27	14.88	106.68	14.08	82.97	25.62	21.56	18.18
合计		754.57	100.00	757.90	100.00	323.79	100.00	118.60	100.00

（二）各省（自治区）不同地貌类型下的灌排能力的水平分布情况

西北区各省（自治区）不同地貌类型灌溉保证率面积分布不同，见表 6-11。

甘肃省各地貌类型在灌溉保证率为 30%～90%，各级均有面积分布，所占比例为 0.004 4%～13.69%。其中丘陵、平原在灌溉条件充分满足和满足所占比例较大，而山地和高原则主要分布在灌溉条件基本满足水平。甘肃省不同地貌类型中排水能力为基本满足、不满足的分布面积较大，黄土峁梁和中山地貌类型在基本满足和不满足水平分布面积分别为 42.25 万 hm^2、86.47 万 hm^2，分别占西北区该级面积的 26.29%、36.19%。

内蒙古自治区西部各地貌类型分布在灌溉保证率为 0～90%之间，各级均有面积分布，所占比例为 0.000 4%～19.09%。其中地貌类型为低丘陵、高丘陵、高山、中山的在不满足、基本满足水平分布面积相对较大；而冲积平原、洪积平原在充分满足灌溉条件分布面积相对较大。内蒙古西部各地貌类型在不同排水能力水平均有面积分布，其中低丘陵、高平原、洪积平原在各级所占比例相对较。

宁夏回族自治区各地貌类型主要分布在灌溉保证率为30%～90%之间，各地貌类型面积在西北区各灌溉保证率分布面积比例为0.000 3%～4.20%，其中黄土峁梁在基本满足水平分布面积较大，占西北区本级面积的4.20%。宁夏各地貌类型耕地在各排水能力水平均有分布，各地貌类型在西北区排水能力各级所占面积比例均较小。

青海省各地貌类型主要分布在灌溉保证率为30%～90%之间，各地貌类型面积在西北区各灌溉保证率分布面积比例为0.000 2%～10.92%，其中地貌类型中山在不满足的分布面积最大，占西北区本级面积的10.92%。青海省不同地貌类型耕地排水能力全部分布在充分满足、满足、基本满足，各地貌类型在排水能力充分满足的水平分布面积相对较大。

陕西省各地貌类型主要分布在灌溉保证率为30%～90%之间，各地貌类型面积在西北区各灌溉保证率分布面积比例为0.000 1%～10.63%，其中高阶地、黄土峁梁、黄土塬、低山在不满足和基本满足的分布面积较大。陕西省不同地貌类型在充分满足、满足、基本满足、不满足各排水能力水平均有分布，其中地貌类型黄土塬在各排水能力水平分布面积相对较大。

新疆维吾尔自治区（含兵团）各地貌类型主要分布在灌溉保证率为0～100.0%之间，各地貌类型面积在西北区各灌溉保证率分布面积比例为0.000 1%～26.42%。其中各地貌类型在充分满足灌溉条件的面积比例较大，冲积平原在充分满足灌溉条件的面积共250.17万hm^2，占西北区本级面积的26.42%；洪积平原在充分满足灌溉条件的分布面积为124.23万hm^2，占西北区本级面积的13.12%。新疆不同地貌类型全部分布在排水能力为充分满足、满足、基本满足。

表6-11　西北区各省（自治区）不同地貌类型灌溉保证率面积统计

省（自治区）名称	地貌类型		项目	灌溉保证率（%）			
				0	30～50	50～70	≥70
甘肃	高原	低台地	面积（万hm^2）		1.16	0.55	2.67
			比例（%）		0.17	0.37	0.28
		高台地	面积（万hm^2）		1.29	0.11	3.38
			比例（%）		0.18	0.07	0.36
		黄土墹	面积（万hm^2）		0.37		0.21
			比例（%）		0.05		0.02
		黄土峁梁	面积（万hm^2）		95.33	0.76	8.26
			比例（%）		13.69	0.52	0.87
		黄土坪	面积（万hm^2）		1.42	0.01	0.15
			比例（%）		0.20	0.01	0.02
		黄土塬	面积（万hm^2）		36.70	0.21	2.91
			比例（%）		5.27	0.14	0.31

（续）

省（自治区）名称	地貌类型		项目	灌溉保证率（%）			
				0	30～50	50～70	≥70
甘肃	平原	冲积平原	面积（万 hm^2）		4.92	1.93	34.29
			比例（%）		0.71	1.30	3.62
		低阶地	面积（万 hm^2）		2.19	1.11	12.21
			比例（%）		0.32	0.75	1.29
		高阶地	面积（万 hm^2）		0.63	0.63	2.39
			比例（%）		0.09	0.43	0.25
		高平原	面积（万 hm^2）		29.33	0.91	7.24
			比例（%）		4.21	0.62	0.76
		风蚀地	面积（万 hm^2）				0.04
			比例（%）				0.004 4
		河漫滩	面积（万 hm^2）		0.86	0.19	3.37
			比例（%）		0.12	0.13	0.36
		洪积平原	面积（万 hm^2）		4.45	5.94	45.36
			比例（%）		0.64	4.01	4.79
		其他平原	面积（万 hm^2）		1.89	0.05	
			比例（%）		0.27	0.03	
	丘陵	半固定沙地	面积（万 hm^2）		0.18	0.02	1.34
			比例（%）		0.03	0.01	0.14
		低丘陵	面积（万 hm^2）		3.02	0.26	1.22
			比例（%）		0.43	0.17	0.13
		高丘陵	面积（万 hm^2）		3.40	0.05	2.75
			比例（%）		0.49	0.03	0.29
		固定沙地	面积（万 hm^2）		0.14	0.02	1.34
			比例（%）		0.02	0.01	0.14
		流动沙地	面积（万 hm^2）		0.29	0.04	0.48
			比例（%）		0.04	0.03	0.05
	山地	高山	面积（万 hm^2）		0.24	0.07	0.02
			比例（%）		0.04	0.05	0.00
		中山	面积（万 hm^2）		187.67	2.93	12.07
			比例（%）		26.96	1.98	1.27
	小计		面积（万 hm^2）		375.45	15.77	141.71
			比例（%）		53.93	10.66	14.97

（续）

省（自治区）名称	地貌类型		项目	灌溉保证率（%）			
				0	30～50	50～70	≥70
内蒙古西部	高原	低台地	面积（万 hm^2）	2.46	0.14	0.34	1.70
			比例（%）	1.50	0.02	0.23	0.18
		高台地	面积（万 hm^2）	5.56	0.02	0.14	3.09
			比例（%）	3.40	0.002 5	0.10	0.33
		黄土峁梁	面积（万 hm^2）	2.15	0.04	1.12	2.25
			比例（%）	1.31	0.01	0.76	0.24
		黄土坪	面积（万 hm^2）	0.05		0.07	0.003 7
			比例（%）	0.03		0.05	0.000 4
		黄土塬	面积（万 hm^2）	1.98		1.52	2.37
			比例（%）	1.21		1.03	0.25
	平原	冲积平原	面积（万 hm^2）	6.97	1.28	1.37	51.79
			比例（%）	4.26	0.18	0.93	5.47
		低阶地	面积（万 hm^2）	0.55	0.08	0.16	13.87
			比例（%）	0.34	0.01	0.11	1.46
		高阶地	面积（万 hm^2）	0.03	0.02		0.97
			比例（%）	0.02	0.002 9		0.10
		高平原	面积（万 hm^2）	31.25	2.19	2.24	19.70
			比例（%）	19.09	0.32	1.51	2.08
		河漫滩	面积（万 hm^2）	0.30	0.06	0.71	12.13
			比例（%）	0.18	0.01	0.48	1.28
		洪积平原	面积（万 hm^2）	17.77	1.22	7.43	46.77
			比例（%）	10.86	0.18	5.02	4.94
		其他平原	面积（万 hm^2）	0.16			0.05
			比例（%）	0.10			0.01
	丘陵	半固定沙地	面积（万 hm^2）	0.45	0.01	0.15	4.82
			比例（%）	0.27	0.001 9	0.10	0.51
		低丘陵	面积（万 hm^2）	26.46	0.40	1.46	6.46
			比例（%）	16.16	0.06	0.98	0.68
		高丘陵	面积（万 hm^2）	14.19	0.27	0.50	3.11
			比例（%）	8.67	0.04	0.34	0.33
		固定沙地	面积（万 hm^2）	0.95	0.002 6	0.40	8.40
			比例（%）	0.58	0.000 4	0.27	0.89
		流动沙地	面积（万 hm^2）	0.003 2	0.002 4	0.01	0.42
			比例（%）	0.002 0	0.000 3	0.005 0	0.04
	山地	中山	面积（万 hm^2）	6.67	0.29	0.54	1.62
			比例（%）	4.08	0.04	0.36	0.17
	小计		面积（万 hm^2）	117.94	6.04	18.17	179.52
			比例（%）	72.05	0.87	12.28	18.96

（续）

省（自治区）名称	地貌类型		项目	灌溉保证率（%）			
				0	30～50	50～70	≥70
宁夏	高原	低台地	面积（万 hm^2）		0.004 2	0.01	1.73
			比例（%）		0.000 6	0.01	0.18
		高台地	面积（万 hm^2）			0.02	0.48
			比例（%）			0.01	0.05
		黄土墹	面积（万 hm^2）		0.83		
			比例（%）		0.12		
		黄土峁梁	面积（万 hm^2）		29.22	3.44	1.85
			比例（%）		4.20	2.32	0.20
		黄土坪	面积（万 hm^2）		0.82	0.64	0.01
			比例（%）		0.12	0.43	0.00
		黄土塬	面积（万 hm^2）		9.68	0.53	0.58
			比例（%）		1.39	0.36	0.06
	平原	冲积平原	面积（万 hm^2）		4.52	2.33	21.29
			比例（%）		0.65	1.58	2.25
		低阶地	面积（万 hm^2）			0.01	8.32
			比例（%）			0.01	0.88
		高阶地	面积（万 hm^2）		0.22	0.01	0.02
			比例（%）		0.03	0.01	0.00
		高平原	面积（万 hm^2）		2.63	1.40	0.83
			比例（%）		0.38	0.95	0.09
		河漫滩	面积（万 hm^2）			0.000 4	0.09
			比例（%）			0.000 3	0.01
		洪积平原	面积（万 hm^2）		6.48	0.83	12.74
			比例（%）		0.93	0.56	1.35
	丘陵	半固定沙地	面积（万 hm^2）		0.29	0.08	0.74
			比例（%）		0.04	0.06	0.08
		低丘陵	面积（万 hm^2）		0.19	0.01	0.65
			比例（%）		0.03	0.004 1	0.07
		高丘陵	面积（万 hm^2）		2.55	0.05	0.67
			比例（%）		0.37	0.03	0.07
		固定沙地	面积（万 hm^2）		0.52	1.30	0.53
			比例（%）		0.07	0.88	0.06
		流动沙地	面积（万 hm^2）		0.01	0.05	0.57
			比例（%）		0.000 9	0.04	0.06
	山地	中山	面积（万 hm^2）		8.82	0.36	0.09
			比例（%）		1.27	0.25	0.01
	小计		面积（万 hm^2）		66.78	11.07	51.16
			比例（%）		9.59	7.48	5.40

（续）

省（自治区）名称	地貌类型		项目	灌溉保证率（%）			
				0	30～50	50～70	≥70
青海	高原	低台地	面积（万 hm^2）	1.22	0.08	0.48	0.63
			比例（%）	0.74	0.01	0.33	0.07
		高台地	面积（万 hm^2）	1.24	0.19	0.08	0.83
			比例（%）	0.76	0.03	0.06	0.09
		黄土峁梁	面积（万 hm^2）	0.87		0.54	0.24
			比例（%）	0.53		0.36	0.03
		黄土塬	面积（万 hm^2）	0.01			0.03
			比例（%）	0.01			0.002 8
	平原	冲积平原	面积（万 hm^2）	2.50	0.66	1.44	4.51
			比例（%）	1.53	0.09	0.97	0.48
		低阶地	面积（万 hm^2）	0.40	0.07	0.00	0.78
			比例（%）	0.25	0.01	0.00	0.08
		高阶地	面积（万 hm^2）	0.11	0.16	0.22	0.79
			比例（%）	0.07	0.02	0.15	0.08
		高平原	面积（万 hm^2）	1.70	0.06	0.56	0.80
			比例（%）	1.04	0.01	0.38	0.08
		河漫滩	面积（万 hm^2）	0.05	0.05	0.04	0.15
			比例（%）	0.03	0.01	0.03	0.02
		洪积平原	面积（万 hm^2）	3.53	1.16	0.25	1.12
			比例（%）	2.16	0.17	0.17	0.12
		其他平原	面积（万 hm^2）	0.34		0.01	
			比例（%）	0.21		0.01	
	丘陵	半固定沙地	面积（万 hm^2）	0.002 5	0.001 3	0.001 6	0.05
			比例（%）	0.001 5	0.000 2	0.001 1	0.004 8
		低丘陵	面积（万 hm^2）	1.52	0.02	0.15	0.28
			比例（%）	0.93	0.002 8	0.10	0.03
		高丘陵	面积（万 hm^2）	0.54	0.001 3	0.10	0.07
			比例（%）	0.33	0.000 2	0.07	0.01
		固定沙地	面积（万 hm^2）			0.002 3	0.01
			比例（%）			0.001 6	0.000 8
		流动沙地	面积（万 hm^2）	0.000 3	0.01		0.000 1
			比例（%）	0.000 2	0.001 4		0.000 01
	山地	高山	面积（万 hm^2）	2.09	0.12	0.08	0.18
			比例（%）	1.27	0.02	0.05	0.02
		极高山	面积（万 hm^2）	0.03			
			比例（%）	0.02			
		中山	面积（万 hm^2）	17.87	0.33	3.81	3.67
			比例（%）	10.92	0.05	2.58	0.39
	小计		面积（万 hm^2）	34.02	2.90	7.75	14.13
			比例（%）	20.78	0.42	5.24	1.49

（续）

省（自治区）名称	地貌类型		项目	灌溉保证率（%）			
				0	30～50	50～70	≥70
陕西	高原	低台地	面积（万 hm^2）		1.31	0.43	1.60
			比例（%）		0.19	0.29	0.17
		高台地	面积（万 hm^2）		0.000 4	0.28	0.69
			比例（%）		0.000 1	0.19	0.07
		黄土墹	面积（万 hm^2）		1.57		0.20
			比例（%）		0.23		0.02
		黄土峁梁	面积（万 hm^2）		74.04	3.62	2.96
			比例（%）		10.63	2.45	0.31
		黄土坪	面积（万 hm^2）		5.24	0.17	1.51
			比例（%）		0.75	0.12	0.16
		黄土塬	面积（万 hm^2）		64.08	15.73	29.89
			比例（%）		9.20	10.62	3.16
	平原	冲积平原	面积（万 hm^2）		2.38	4.99	1.51
			比例（%）		0.34	3.37	0.16
		低阶地	面积（万 hm^2）		1.86	7.04	13.41
			比例（%）		0.27	4.76	1.42
		高阶地	面积（万 hm^2）		3.89	7.32	7.17
			比例（%）		0.56	4.94	0.76
		高平原	面积（万 hm^2）		7.19	1.26	2.12
			比例（%）		1.03	0.85	0.22
		河谷	面积（万 hm^2）		0.32	0.06	
			比例（%）		0.05	0.04	
		河漫滩	面积（万 hm^2）		1.97	2.41	7.71
			比例（%）		0.28	1.63	0.81
		洪积平原	面积（万 hm^2）		2.07	2.53	17.04
			比例（%）		0.30	1.71	1.80
		其他平原	面积（万 hm^2）		10.10	3.11	1.30
			比例（%）		1.45	2.10	0.14
	丘陵	半固定沙地	面积（万 hm^2）		0.89	0.36	1.04
			比例（%）		0.13	0.25	0.11
		低丘陵	面积（万 hm^2）		1.73	0.99	0.38
			比例（%）		0.25	0.67	0.04
		高丘陵	面积（万 hm^2）		3.77	1.66	0.31
			比例（%）		0.54	1.12	0.03
		固定沙地	面积（万 hm^2）		1.45	0.49	2.36
			比例（%）		0.21	0.33	0.25
		流动沙地	面积（万 hm^2）		0.10	0.11	0.09
			比例（%）		0.01	0.07	0.01
	山地	低山	面积（万 hm^2）		7.00	2.42	0.54
			比例（%）		1.01	1.63	0.06
		中山	面积（万 hm^2）	0.000 1	49.72	8.83	2.55
			比例（%）	0.000 1	7.14	5.96	0.27
	小计		面积（万 hm^2）	0.000 1	240.71	63.79	94.38
			比例（%）	0.000 1	34.57	43.10	9.97

（续）

省（自治区）名称	地貌类型		项目	灌溉保证率（%）			
				0	30～50	50～70	≥70
新疆（含兵团）	高原	低台地	面积（万 hm^2）	0.07	0.37	0.57	15.47
			比例（%）	0.04	0.05	0.38	1.63
		高台地	面积（万 hm^2）		0.19	0.68	12.64
			比例（%）		0.03	0.46	1.33
		黄土峁梁	面积（万 hm^2）	0.99	0.14	0.51	2.44
			比例（%）	0.60	0.02	0.35	0.26
		黄土坪	面积（万 hm^2）	0.43		0.002 1	0.75
			比例（%）	0.26		0.001 4	0.08
		黄土塬	面积（万 hm^2）	0.19	0.05	1.28	6.44
			比例（%）	0.12	0.01	0.86	0.68
	平原	冲积平原	面积（万 hm^2）	3.14	1.15	15.65	250.17
			比例（%）	1.92	0.16	10.58	26.42
		低阶地	面积（万 hm^2）	0.42		0.60	10.61
			比例（%）	0.26		0.41	1.12
		风蚀地	面积（万 hm^2）			0.000 5	0.40
			比例（%）			0.000 3	0.04
		高阶地	面积（万 hm^2）	0.66		0.40	2.83
			比例（%）	0.41		0.27	0.30
		高平原	面积（万 hm^2）	0.01	0.04	0.09	4.07
			比例（%）	0.01	0.01	0.06	0.43
		河漫滩	面积（万 hm^2）	0.09	0.01	0.90	16.38
			比例（%）	0.05	0.00	0.61	1.73
		洪积平原	面积（万 hm^2）	1.68	2.02	9.78	124.23
			比例（%）	1.03	0.29	6.61	13.12
		其他平原	面积（万 hm^2）	0.01	0.03	0.04	2.48
			比例（%）	0.004 7	0.004 1	0.02	0.26
	丘陵	半固定沙地	面积（万 hm^2）			0.18	8.52
			比例（%）			0.12	0.90
		低丘陵	面积（万 hm^2）	2.16	0.27	0.17	1.88
			比例（%）	1.32	0.04	0.11	0.20
		高丘陵	面积（万 hm^2）	0.13		0.05	0.36
			比例（%）	0.08		0.04	0.04
		固定沙地	面积（万 hm^2）		0.000 5	0.14	4.71
			比例（%）		0.000 1	0.10	0.50
		流动沙地	面积（万 hm^2）			0.16	0.88
			比例（%）			0.11	0.09
	山地	低山	面积（万 hm^2）				0.01
			比例（%）				0.001 2
		中山	面积（万 hm^2）	1.75	0.08	0.23	0.76
			比例（%）	1.07	0.01	0.16	0.08
	小计		面积（万 hm^2）	11.73	4.36	31.46	466.03
			比例（%）	6.14	0.52	19.20	45.23
合计			面积（万 hm^2）	163.69	696.23	148.01	946.93
			比例（%）	98.97	99.89	97.95	96.02

西北区各省（自治区）不同地貌类型排水能力面积统计见表 6-12。

表 6-12　西北区各省（自治区）不同地貌类型排水能力面积统计

省（自治区）名称	地貌类型		排水能力统计分析（万 hm^2、%）							
			充分满足	比例	满足	比例	基本满足	比例	不满足	比例
甘肃	高原	低台地	1.30	0.17	2.36	0.31	0.58	0.18	0.14	0.12
		高台地	0.57	0.07	1.26	0.17	2.62	0.81	0.33	0.28
		黄土墹	0.58	0.08						
		黄土峁梁	37.88	5.02	24.21	3.19	17.47	5.39	24.78	20.90
		黄土坪	0.41	0.05	0.13	0.02	0.29	0.09	0.74	0.63
		黄土塬	19.76	2.62	12.35	1.63	2.68	0.83	5.03	4.24
	平原	冲积平原	7.91	1.05	9.58	1.26	9.78	3.02	13.88	11.70
		低阶地	3.08	0.41	4.25	0.56	6.39	1.97	1.79	1.51
		风蚀地	0.03	0.004 6	0.01	0.001 0				
		高阶地	0.37	0.05	1.72	0.23	1.39	0.43	0.16	0.13
		高平原	9.27	1.23	13.09	1.73	10.97	3.39	4.15	3.50
		河漫滩	0.87	0.12	1.46	0.19	1.70	0.53	0.38	0.32
		洪积平原	19.93	2.64	18.88	2.49	13.13	4.05	3.81	3.21
		其他平原	0.88	0.12	0.50	0.07	0.42	0.13	0.13	0.11
	丘陵	半固定沙地	0.25	0.03	0.49	0.06	0.29	0.09	0.51	0.43
		低丘陵	1.52	0.20	1.91	0.25	1.07	0.33		
		高丘陵	0.91	0.12	2.17	0.29	2.69	0.83	0.43	0.36
		固定沙地	0.18	0.02	0.32	0.04	0.29	0.09	0.70	0.59
		流动沙地	0.04	0.01	0.47	0.06	0.15	0.05	0.15	0.13
	山地	高山	0.05	0.01	0.25	0.03	0.004 9	0.001 5	0.02	0.02
		中山	50.46	6.69	65.74	8.67	68.71	21.22	17.76	14.97
	小计		156.25	20.71	161.16	21.26	140.63	43.43	74.90	63.16
内蒙古西部	高原	低台地	1.40	0.19	1.77	0.23	1.03	0.32	0.44	0.37
		高台地	2.51	0.33	1.13	0.15	2.46	0.76	2.71	2.28
		黄土峁梁	2.56	0.34	2.36	0.31	0.64	0.20	0.01	0.01
		黄土坪			0.12	0.02				
		黄土塬	1.02	0.13	3.64	0.48	1.14	0.35	0.06	0.05
	平原	冲积平原	20.32	2.69	29.96	3.95	9.22	2.85	1.91	1.61
		低阶地	3.72	0.49	6.66	0.88	4.29	1.33		
		高阶地	0.04	0.01	0.90	0.12	0.06	0.02	0.02	0.02
		高平原	27.72	3.67	13.60	1.79	8.64	2.67	5.42	4.57
		河漫滩	4.59	0.61	5.55	0.73	3.05	0.94	0.00	0.00
		洪积平原	16.73	2.22	36.96	4.88	13.86	4.28	5.65	4.77
		其他平原	0.08	0.01	0.01	0.001 3	0.01	0.004 4	0.11	0.09

（续）

省（自治区）名称	地貌类型		排水能力统计分析（万 hm^2、%）							
			充分满足	比例	满足	比例	基本满足	比例	不满足	比例
内蒙古西部	丘陵	半固定沙地	1.48	0.20	2.40	0.32	1.21	0.37	0.34	0.29
		低丘陵	13.05	1.73	13.81	1.82	4.14	1.28	3.78	3.19
		高丘陵	5.00	0.66	7.35	0.97	2.84	0.88	2.89	2.44
		固定沙地	1.57	0.21	6.08	0.80	1.83	0.57	0.27	0.23
		流动沙地	0.15	0.02	0.21	0.03	0.07	0.02	0.003 7	0.003 1
	山地	中山	6.06	0.80	1.61	0.21	0.69	0.21	0.77	0.65
	小计		107.99	14.31	134.12	17.70	55.18	17.04	24.39	20.56
宁夏	高原	低台地	1.37	0.18	0.38	0.05				
		高台地	0.42	0.06	0.01	0.001 7	0.06	0.02		
		黄土墹	0.68	0.09	0.16	0.02				
		黄土峁梁	24.60	3.26	6.34	0.84	3.01	0.93	0.56	0.47
		黄土坪	1.15	0.15	0.22	0.03	0.09	0.03		
		黄土塬	6.38	0.85	3.58	0.47	0.79	0.24	0.04	0.03
	平原	冲积平原	9.65	1.28	15.74	2.08	2.48	0.77	0.27	0.23
		低阶地	2.41	0.32	5.81	0.77	0.11	0.03		
		高阶地			0.01	0.000 8	0.12	0.04	0.13	0.11
		高平原	3.86	0.51	0.26	0.03	0.68	0.21	0.05	0.05
		河漫滩	0.01	0.001 0	0.08	0.01				
		洪积平原	9.78	1.30	6.74	0.89	3.52	1.09		
	丘陵	半固定沙地	0.48	0.06	0.20	0.03	0.43	0.13		
		低丘陵	0.40	0.05	0.13	0.02	0.32	0.10		
		高丘陵	2.67	0.35	0.16	0.02	0.22	0.07	0.22	0.18
		固定沙地	1.95	0.26	0.06	0.01	0.34	0.11		
		流动沙地	0.43	0.06	0.20	0.03				
	山地	中山	7.08	0.94	0.74	0.10	0.34	0.10	1.11	0.94
	小计		73.33	9.72	40.79	5.38	12.51	3.86	2.38	2.00
青海	高原	低台地	1.40	0.19	0.62	0.08	0.38	0.12	0.46	0.39
		高台地	1.20	0.16	0.99	0.13	0.16	0.05	0.02	0.02
		黄土峁梁	0.89	0.12	0.76	0.10			5.75	4.85
		黄土坪							0.01	0.01
		黄土塬	0.03	0.004 1	0.003 2	0.000 4	0.01	0.002 0	4.97	4.19
	平原	冲积平原	3.96	0.52	4.34	0.57	0.81	0.25	0.01	0.01
		低阶地	0.20	0.03	0.13	0.02	0.91	0.28	0.40	0.34
		高阶地	0.45	0.06	0.80	0.11	0.03	0.01	1.08	0.91
		高平原	1.89	0.25	1.13	0.15	0.10	0.03	0.36	0.30
		河漫滩	0.09	0.01	0.09	0.01	0.10	0.03	0.41	0.34
		洪积平原	3.47	0.46	2.40	0.32	0.19	0.06	0.17	0.14
		其他平原	0.31	0.04	0.04	0.004 7			0.55	0.46

（续）

省（自治区）名称	地貌类型		排水能力统计分析（万 hm²、%）							
			充分满足	比例	满足	比例	基本满足	比例	不满足	比例
青海	丘陵	半固定沙地	0.003 4	0.000 5	0.04	0.01	0.003 7	0.001 1	0.23	0.20
		低丘陵	1.47	0.20	0.43	0.06	0.06	0.02		
		高丘陵	0.57	0.08	0.14	0.02	0.01	0.003 0	0.34	0.28
		固定沙地					0.01	0.003 1	0.24	0.20
		流动沙地	0.000 1	0.000 01	0.01	0.001 3	0.000 2	0.000 1	0.04	0.04
	山地	高山	1.70	0.23	0.64	0.08	0.12	0.04		0.00
		极高山	0.03	0.004 1					0.03	0.02
		中山	20.92	2.77	4.20	0.55	0.57	0.18	1.87	1.57
	小计		38.58	5.11	16.76	2.21	3.47	1.07	16.93	14.28
陕西	高原	低台地	1.51	0.20	1.12	0.15	0.26	0.08		
		高台地	0.53	0.07	0.37	0.05	0.06	0.02		
		黄土墹	0.89	0.12	0.33	0.04	0.55	0.17		
		黄土峁梁	37.74	5.00	25.33	3.34	11.80	3.65		
		黄土坪	2.34	0.31	3.40	0.45	1.18	0.36		
		黄土塬	38.08	5.05	55.09	7.27	11.56	3.57		
	平原	冲积平原	1.53	0.20	5.04	0.67	2.30	0.71		
		低阶地	6.99	0.93	12.18	1.61	2.74	0.85		
		高阶地	8.20	1.09	6.31	0.83	2.78	0.86		
		高平原	5.23	0.69	2.94	0.39	2.04	0.63		
		河谷	0.04	0.01	0.25	0.03	0.10	0.03		
		河漫滩	2.48	0.33	7.04	0.93	2.16	0.67		
		洪积平原	4.86	0.64	16.03	2.12	0.57	0.18		
		其他平原	5.03	0.67	6.63	0.88	2.30	0.71		
	丘陵	半固定沙地	0.18	0.02	1.33	0.18	0.55	0.17		
		低丘陵	0.56	0.07	1.63	0.22	0.90	0.28		
		高丘陵	2.26	0.30	2.35	0.31	0.79	0.24		
		固定沙地	0.24	0.03	2.34	0.31	1.47	0.45		
		流动沙地	0.04	0.01	0.05	0.01	0.16	0.05		
	山地	低山	3.79	0.50	5.10	0.67	1.05	0.33		
		中山	20.31	2.69	28.25	3.73	10.68	3.30		
	小计		142.83	18.93	183.11	24.16	56.00	17.29		
新疆（含兵团）	高原	低台地	8.61	1.14	6.96	0.92	0.90	0.28		
		高台地	5.71	0.76	5.38	0.71	2.42	0.75		
		黄土峁梁	2.32	0.31	0.93	0.12	0.83	0.26		
		黄土坪	0.72	0.10	0.46	0.06				
		黄土塬	4.88	0.65	2.70	0.36	0.38	0.12		

（续）

省（自治区）名称	地貌类型		排水能力统计分析（万 hm^2、%）							
			充分满足	比例	满足	比例	基本满足	比例	不满足	比例
新疆（含兵团）	平原	冲积平原	117.77	15.61	117.12	15.45	35.22	10.88		
		低阶地	6.04	0.80	4.90	0.65	0.70	0.22		
		风蚀地	0.002 9	0.000 4	0.30	0.04	0.10	0.03		
		高阶地	2.84	0.38	1.06	0.14				
		高平原	3.19	0.42	1.03	0.14	0.000 1	0.000 03		
		河漫滩	7.65	1.01	8.23	1.09	1.49	0.46		
		洪积平原	61.89	8.20	65.14	8.59	10.70	3.30		
		其他平原	1.46	0.19	1.06	0.14	0.04	0.01		
	丘陵	半固定沙地	4.50	0.60	3.18	0.42	1.02	0.32		
		低丘陵	2.85	0.38	1.13	0.15	0.50	0.15		
		高丘陵	0.32	0.04	0.21	0.03	0.01	0.002 2		
		固定沙地	2.50	0.33	1.64	0.22	0.72	0.22		
		流动沙地	0.46	0.06	0.40	0.05	0.19	0.06		
	山地	低山	0.001 3	0.000 2	0.01	0.001 3	0.000 2	0.000 1		
		中山	1.87	0.25	0.15	0.02	0.81	0.25		
	小计		235.59	31.22	221.96	29.29	56.01	17.30		
合计			754.57	100.00	757.90	100.00	323.79	100.00	118.60	100.00

三、不同降水量区间灌排能力分布情况

（一）西北区不同降水量区间灌排能力分布情况

西北区降水量为8.7～1 365mm，不同区域降水量差异明显，灌溉保证率分布也不同。将降水量划分为小于200mm、大于等于200mm且小于400mm、大于等于400mm且小于600mm、大于等于600mm等4个水平。其中降水量小于200mm的耕地，灌溉保证率主要集中满足和充分满足灌溉条件两个水平，该水平分布面积大；降水量200～400mm的耕地，灌溉保证率集中在不满足和充分满足灌溉两个水平，面积分别为127.56万hm^2、307.27万

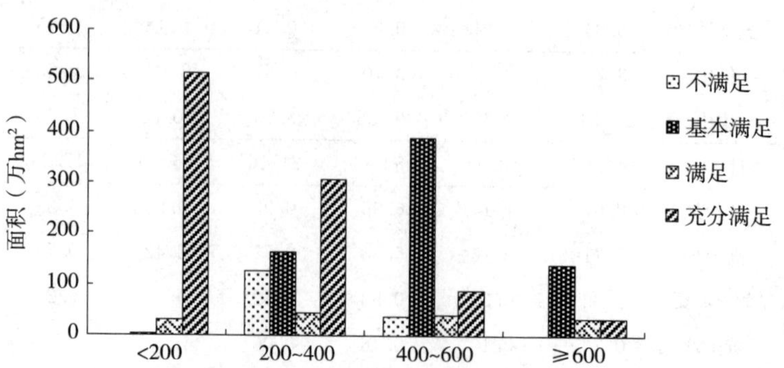

图6-4 西北区不同灌溉能力下的降水量分布

hm²，分别占西北区该水平面积的 77.93%、32.45%；降水量 400～600mm 的耕地，灌溉保证率主要集中在满足和满足水平（图 6-4、图 6-5）。

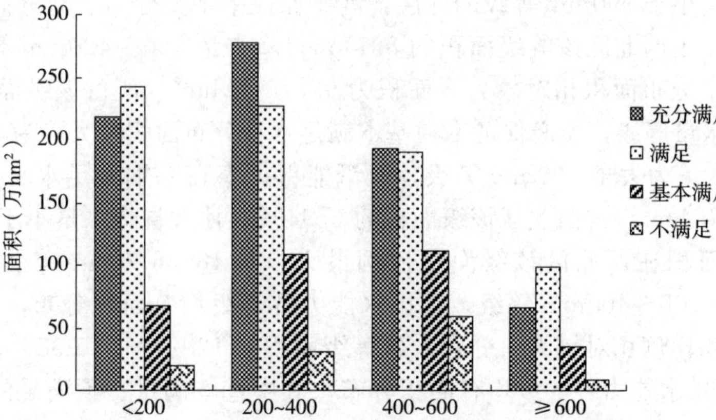

图 6-5　西北区不同排水能力下的降水量分布

排水能力随降水量发生变化，总体趋势看，随着降水量的减少，耕地排水能力中充分满足、满足的面积占较大比例；而随着降水量的增加，耕地排水能力基本满足和不满足的面积呈现增加的趋势（表 6-13、表 6-14）。

表 6-13　西北区不同降水量灌溉保证率面积统计

降水量（mm）	项目	灌溉保证率（%）			
		0	30～50	50～70	≥70
<200	面积（万 hm²）	0.31	1.82	30.53	515.52
	比例（%）	0.19	0.26	20.63	54.44
200～400	面积（万 hm²）	127.56	164.80	44.25	307.27
	比例（%）	77.93	23.67	29.90	32.45
400～600	面积（万 hm²）	35.83	389.67	40.33	88.46
	比例（%）	21.89	55.97	27.25	9.34
>600	面积（万 hm²）	0.00	139.94	32.90	35.68
	比例（%）	0.00	20.10	22.23	3.77
合计	面积（万 hm²）	163.69	696.23	148.01	946.93
	比例（%）	100.00	100.00	100.00	100.00

表 6-14　西北区不同降水量排水能力面积统计

降水量（mm）	排水能力统计分析（万 hm²、%）							
	充分满足	比例	满足	比例	基本满足	比例	不满足	比例
<200	217.99	28.89	242.24	31.96	68.19	21.06	19.75	16.65
200～400	277.09	36.72	226.42	29.87	108.84	33.61	31.54	26.59
400～600	192.78	25.55	190.56	25.14	111.92	34.57	59.03	49.78
≥600	66.71	8.84	98.69	13.02	34.84	10.76	8.28	6.98
合计	754.57	100.00	757.90	100.00	323.79	100.00	118.60	100.00

（二）各省（自治区）不同降水量区间灌排能力的水平分布情况

甘肃省降水量小于 200mm 等级的地区，灌溉保证率主要分布在充分满足水平，面积共 77.06 万 hm^2，占西北区该等级面积的 8.14%；降水量 200～400mm 等级，灌溉保证率在基本满足水平分布面积相对较大，面积为 92.75 万 hm^2，所占该级面积的 13.32%；400～600mm 降水量等级，灌溉保证率在基本满足水平分布面积最大，为 233.07 万 hm^2，占 33.48%；降水量为大于 600mm 等级，灌溉能保证率在基本满足水平分布面积最大，其面积为 48.34 万 hm^2，占西北区该级面积的 6.94%。甘肃省降水量小于 200mm，排水能力为不满足的面积在西北区该级面积比例最大，共 18.66 万 hm^2，占该等级面积的 15.73%；降水量 200～400mm 等级，在排水能力各等级均有面积分布，其中基本满足、不满足的分布面积比例相对较大，分别占各等级面积的 12.21%、7.98%；降水量 400～600mm 等级，在排水能力各等级均有面积分布，其中基本满足、不满足的分布面积比例相对较大，分别占各等级面积的 21.41%、36.52%；大于 600mm 等级中，各灌溉保证率的面积均较小，所占比例小。

内蒙古西部降水量小于 200mm 等级的地区，灌溉保证率在满足和充分满足水平分布面积较大；降水量 200～400mm 等级，灌溉保证率在基本满足分布面积较大，为 107.99 万 hm^2，占该级面积的 65.97%；400～600mm 降水量等级，灌溉保证率在不满足的等级分布面积最大，为 9.91 万 hm^2，占 6.05%。内蒙古不同降水量等级，排水能力分布面积不同，其中小于 200mm 等级，排水能力充分满足、满足的面积比例较大，分别占各等级面积的 3.04%、6.43%；200～400mm 降水量等级，各排水能力水平均有面积分布，差异不是很大；400～600mm 降水量等级，各排水能力水平面积分布相对较小。

宁夏回族自治区降水量小于 200mm 等级的地区，灌溉保证率主要分布满足和充分满足水平，但是所占比例较小；降水量 200～400mm 等级，灌溉保证率在基本满足和满足水平分步的面积较大，分别为 43.86 万 hm^2、8.98 万 hm^2，所占该级面积的 6.30%、6.06%；400～600mm 降水量等级，灌溉保证率在各级分布面积相对较小。宁夏回族自治区在降水量为小于 200mm、400～600mm 水平，各排水能力所占比例均较小；在 200～400mm 降水量等级，排水能力充分满足的分布面积较大，为 50.24 万 hm^2，占该等级面积的 6.66%。

青海省降水量小于 200mm 等级的地区，灌溉保证率在各级分布的面积均较小，所占比例小；降水量 200～400mm 等级，灌溉保证率为不满足的面积较大，分别为 13.43 万 hm^2，所占比例为 8.21%；400～600mm 降水量等级，灌溉保证率在不满足的等级分布面积最大，为 20.32 万 hm^2，占 12.41%。青海省在降水量小于 200mm、200～400mm 等级，各排水能力水平分布的面积均较小，400～600mm 等级，排水能力充分满足、满足水平分布面积比例相对较大，占各等级面积的比例为 2.76%、1.08%。

陕西省降水量在 200～400mm 等级的地区，灌溉保证率在基本满足水平分布面积较大，共 16.22 万 hm^2，占 2.33%；400～600mm 降水量等级，灌溉保证率在基本满足和满足水平分布面积较大，分别为 132.89 万 hm^2、30.80 万 hm^2，占 19.09%、20.81%；降水量大于 600mm 等级，在各等级灌溉能保证率水平基本满足和满足分布面积相对较大均，分别占该等级面积的 13.16%、22.16%。陕西省各降水量区间内排水能力在各等级均有分布，各水平中排水能力为满足、基本满足、不满足的面积所占比例较大。

新疆维吾尔自治区（含兵团）降水量为小于200mm等级的地区，灌溉保证率在满足和充分满足水平分布面积比例较大，所占比例分别为12.13%、36.15%；降水量200～400mm等级，灌溉保证率也是在满足和充分满足水平分布较大，所占比例分别为8.44%、12.43%。新疆各降水量等级，排水能力在充分满足、满足、基本满足水平分布，排水能力为不满足的面积为0。可见新疆耕地整体排水能力较强（表6-15、表6-16）。

表6-15　西北区各省（自治区）不同降水量的灌溉保证率面积统计

省（自治区）名称	降水量（mm）	项目	灌溉保证率（%）			
			0	30～50	50～70	≥70
甘肃	<200	面积（万 hm^2）		1.29	6.12	77.06
		比例（%）		0.19	4.14	8.14
	200～400	面积（万 hm^2）		92.75	7.02	48.34
		比例（%）		13.32	4.75	5.11
	400～600	面积（万 hm^2）		233.07	2.53	15.27
		比例（%）		33.48	1.71	1.61
	≥600	面积（万 hm^2）		48.34	0.10	1.03
		比例（%）		6.94	0.07	0.11
	小计	面积（万 hm^2）		375.45	15.77	141.71
		比例（%）		53.93	10.66	14.97
内蒙古西部	<200	面积（万 hm^2）	0.04	0.23	5.74	68.24
		比例（%）	0.02	0.03	3.88	7.21
	200～400	面积（万 hm^2）	107.99	5.78	12.10	106.83
		比例（%）	65.97	0.83	8.18	11.28
	400～600	面积（万 hm^2）	9.91	0.04	0.33	4.45
		比例（%）	6.05	0.01	0.22	0.47
	≥600	面积（万 hm^2）				
		比例（%）				
	小计	面积（万 hm^2）	117.94	6.04	18.17	179.52
		比例（%）	72.05	0.87	12.28	18.96
宁夏	<200	面积（万 hm^2）			0.08	26.23
		比例（%）			0.05	2.77
	200～400	面积（万 hm^2）		43.86	8.98	22.86
		比例（%）		6.30	6.06	2.41
	400～600	面积（万 hm^2）		22.92	2.02	2.07
		比例（%）		3.29	1.36	0.22
	≥600	面积（万 hm^2）				
		比例（%）				
	小计	面积（万 hm^2）		66.78	11.07	51.16
		比例（%）		9.59	7.48	5.40

（续）

省（自治区）名称	降水量（mm）	项目	灌溉保证率（%）			
			0	30～50	50～70	≥70
青海	<200	面积（万 hm²）	0.27		0.64	1.67
		比例（%）	0.16		0.43	0.18
	200～400	面积（万 hm²）	13.43	2.14	3.47	7.17
		比例（%）	8.21	0.31	2.35	0.76
	400～600	面积（万 hm²）	20.32	0.76	3.64	5.29
		比例（%）	12.41	0.11	2.46	0.56
	≥600	面积（万 hm²）				
		比例（%）				
	小计	面积（万 hm²）	34.02	2.90	7.75	14.13
		比例（%）	20.78	0.42	5.24	1.49
陕西	<200	面积（万 hm²）				
		比例（%）				
	200～400	面积（万 hm²）		16.22	0.19	4.40
		比例（%）		2.33	0.13	0.46
	400～600	面积（万 hm²）		132.89	30.80	55.34
		比例（%）		19.09	20.81	5.84
	≥600	面积（万 hm²）	0.000 1	91.59	32.80	34.64
		比例（%）	0.000 1	13.16	22.16	3.66
	小计	面积（万 hm²）	0.000 1	240.71	63.79	94.38
		比例（%）	0.000 1	34.57	43.10	9.97
新疆（含兵团）	<200	面积（万 hm²）		0.30	17.95	342.31
		比例（%）		0.04	12.13	36.15
	200～400	面积（万 hm²）	6.13	4.06	12.49	117.68
		比例（%）	3.75	0.58	8.44	12.43
	400～600	面积（万 hm²）	5.60		1.02	6.04
		比例（%）	3.42		0.69	0.64
	≥600	面积（万 hm²）				
		比例（%）				
	小计	面积（万 hm²）	11.73	4.36	31.46	466.03
		比例（%）	7.17	0.63	21.25	49.21
总计		面积（万 hm²）	163.69	696.23	148.01	946.93
		比例（%）	100.00	100.00	100.00	100.00

表 6-16　西北区各省（自治区）不同降水量的排水能力面积统计

省（自治区）名称	降水量（mm）	不同降水量的各灌溉保证率面积及比例（万 hm^2、%）							
		充分满足	比例	满足	比例	基本满足	比例	不满足	比例
甘肃	<200	23.83	3.16	24.86	3.28	17.12	5.29	18.66	15.73
	200～400	56.59	7.50	42.52	5.61	39.54	12.21	9.47	7.98
	400～600	60.32	7.99	77.91	10.28	69.33	21.41	43.31	36.52
	≥600	15.51	2.06	15.87	2.09	14.64	4.52	3.46	2.92
	小计	156.25	20.71	161.16	21.26	140.63	43.43	74.90	63.16
内蒙古西部	<200	22.97	3.04	48.72	6.43	1.47	0.46	1.09	0.92
	200～400	77.00	10.20	84.47	11.15	49.18	15.19	22.06	18.60
	400～600	8.02	1.06	0.93	0.12	4.53	1.40	1.24	1.05
	≥600								
	小计	107.99	14.31	134.12	17.70	55.18	17.04	24.39	20.56
宁夏	<200	6.29	0.83	18.99	2.51	1.03	0.32		
	200～400	50.24	6.66	16.72	2.21	8.74	2.70		
	400～600	16.81	2.23	5.09	0.67	2.73	0.84	2.38	2.00
	≥600								
	小计	73.33	9.72	40.79	5.38	12.51	3.86	2.38	2.00
青海	<200	0.01	0.001 6	0.62	0.08	1.95	0.60		
	200～400	17.77	2.36	7.92	1.04	0.52	0.16		
	400～600	20.80	2.76	8.21	1.08	1.00	0.31		
	≥600								
	小计	38.58	5.11	16.76	2.21	3.47	1.07		
陕西	<200								
	200～400	5.85	0.78	12.95	1.71	2.00	0.62	0.01	0.01
	400～600	85.78	11.37	87.34	11.52	33.80	10.44	12.10	10.21
	≥600	51.20	6.78	82.82	10.93	20.20	6.24	4.82	4.06
	小计	142.83	18.93	183.11	24.16	56.00	17.29	16.93	14.28
新疆（含兵团）	<200	164.89	21.85	149.05	19.67	46.62	14.40		
	200～400	69.64	9.23	61.84	8.16	8.87	2.74		
	400～600	1.05	0.14	11.07	1.46	0.53	0.16		
	≥600								
	小计	235.59	31.22	221.96	29.29	56.01	17.30		
合计		754.57	100.00	757.90	100.00	323.79	100.00	118.60	100.00

第三节 有效土层厚度

有效土层厚度指能提供植物根系正常生长发育的实际土层厚度。一般厚度为 15～200cm，大于耕层厚度，是起到保水保肥作用和为作物生长后期供应水肥的重要层次。

一、土壤有效土层厚度分布情况

西北区平均有效土层厚度为 97.8cm，最厚处 200cm，最薄为 17cm，数值差异较大。

从不同省（自治区）看，陕西省有效土层最厚，平均达到 136cm，变动范围 17～200cm；甘肃省次之，平均有效土层厚度为 125.2cm，变动范围 40～200cm；青海省平均有效土层厚度为 98cm，排在第三，变动范围 32～150cm；宁夏回族自治区平均有效土层厚度为 82.5cm，排在第四，变动范围 30～200cm；新疆维吾尔自治区平均有效土层厚度为 73.3cm，排在第五，变动范围 25～180cm；内蒙古西部平均土层厚度最小，为 50.3cm，变动范围 25～131cm（图 6-6）。

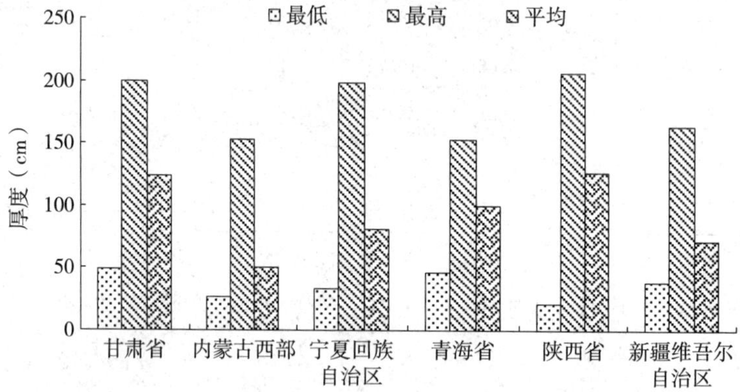

图 6-6 西北区各省（自治区）有效土层厚度

二、土壤有效土层厚度分级

根据西北区有效土层厚度状况，有效土层厚度分为 5 级。全区有效土层厚度分级面积见表 6-17。

表 6-17 西北区不同省（自治区）有效土层厚度统计

省（自治区）名称	分级	均值（cm）	最大值（cm）	最小值（cm）	面积（万 hm^2）	比例（%）
甘肃	<30cm	0	0	0	0	0
	30～60cm	56.6	59.9	49.8	1.80	0.3
	60～100cm	89	100	60	68.41	12.8
	100～150cm	123.5	150	100	392.31	73.6
	>150cm	162.8	199.3	150	70.41	13.3
甘肃省汇总		123.9	199.3	49.8	532.93	27.3

（续）

省（自治区）名称	分级	均值（cm）	最大值（cm）	最小值（cm）	面积（万 hm^2）	比例（%）
内蒙古西部	＜30cm	28.9	29.9	26	12.20	3.79
	30～60cm	45	60	30	256.04	79.58
	60～100cm	72.7	100	60.1	50.37	15.67
	100～150cm	104.2	138.6	100.1	3.06	0.96
	＞150cm	151.9	153.4	150.4	0.003	0
内蒙古西部汇总		50	153.4	26	321.68	16.5
宁夏	＜30cm	0	0	0	0	0
	30～60cm	51	60	33.1	31.73	24.57
	60～100cm	72.4	100	60.1	60.66	47.05
	100～150cm	121.6	150	100.1	32.40	25.12
	＞150cm	170.5	198.8	150.1	4.22	3.26
宁夏回族自治区汇总		80.8	198.8	33.1	129.01	6.6
青海	＜30cm	0	0	0	0	0
	30～60cm	57.2	60	46.6	2.21	3.7
	60～100cm	80.8	100	60.1	26.98	46.3
	100～150cm	120.2	150	100.1	29.10	50
	＞150cm	151.5	152.5	150.1	0.003	0.005
青海省汇总		99.3	152.5	46.6	58.80	3
陕西	＜30cm	27.2	29.9	21	4.41	1.10
	30～60cm	46.9	60	30	61.09	15.32
	60～100cm	78.1	100	60.1	84.91	21.28
	100～150cm	122.5	150	100.1	97.50	24.44
	＞150cm	189.9	206.3	150.1	150.96	37.85
陕西省汇总		125.8	206.3	21	398.87	20.4
新疆（含兵团）	＜30cm	0	0	0	0	0
	30～60cm	54.6	60	39.1	77.35	15.07
	60～100cm	75.3	99.8	60.1	433.73	84.44
	100～150cm	120.9	149.1	100.1	2.39	0.47
	＞150cm	158.6	163.1	152.5	0.10	0.02
新疆维吾尔自治区汇总		72.4	163.1	39.1	513.57	26.2
总计		97.2	206.3	21	1 954.86	

全区有效土层厚度为 30cm 以下的面积共 16.61 万 hm^2，全部分布在内蒙古（73.49%）和陕西（26.51%）境内。

有效土层厚度为 30～60cm 的面积全区共 430.22 万 hm^2，主要分布在内蒙古西部(59.51%)、新疆维吾尔自治区（17.99%)、陕西省（14.2%)。甘肃省有效土层厚度为30～60cm 的面积 1.8 万 hm^2，占该省耕地的 0.3%；内蒙古西部有效土层厚度为 30～60cm 的面积 256.04 万 hm^2，占该地区耕地的 79.58%；宁夏回族自治区有效土层厚度为 30～60cm 的面积 31.73 万 hm^2，占该地区耕地的 24.57%；青海省有效土层厚度为 30～60cm 的面积 2.21 万 hm^2，占该省耕地的 3.7%；陕西省有效土层厚度为 30～60cm 的面积 61.09 万 hm^2，占该省耕地的 15.32%；新疆维吾尔自治区有效土层厚度为 30～60cm 的面积 77.35 万 hm^2，占该地区耕地的 15.07%。

有效土层厚度为 60～100cm 的面积全区共 725.06 万 hm^2，主要分布在新疆维吾尔自治区（59.8%)、陕西省（11.7%)、甘肃省（9.4%)。甘肃省有效土层厚度为 60～100cm 的面积 68.41 万 hm^2，占该省耕地的 12.8%；内蒙古西部有效土层厚度为 60～100cm 的面积 50.37 万 hm^2，占该地区耕地的 15.67%；宁夏回族自治区有效土层厚度为 60～100cm 的面积 60.66 万 hm^2，占该地区耕地的 47.05%；青海省有效土层厚度为 60～100cm 的面积 26.98 万 hm^2，占该省耕地的 46.3%；陕西省有效土层厚度为 60～100cm 的面积 84.91 万 hm^2，占该省耕地的 21.28%；新疆维吾尔自治区有效土层厚度为 60～100cm 的面积 433.73 万 hm^2，占该地区耕地的 84.44%。

有效土层厚度为 100～150cm 的面积全区共 556.76 万 hm^2，主要分布在甘肃省(70.5%)、陕西省（17.5%)、宁夏回族自治区（5.8%)。甘肃省有效土层厚度为 100～150cm 的面积 392.31 万 hm^2，占该省耕地的 73.6%；内蒙古西部有效土层厚度为 100～150cm 的面积 3.06 万 hm^2，占该地区耕地的 0.96%；宁夏回族自治区有效土层厚度为 100～150cm 的面积 32.40 万 hm^2，占该地区耕地的 25.12%；青海省有效土层厚度为 100～150cm 的面积 29.1 万 hm^2，占该省耕地的 50%；陕西省有效土层厚度为 100～150cm 的面积 97.50 万 hm^2，占该省耕地的 24.44%；新疆维吾尔自治区有效土层厚度为 100～150cm 的面积 2.39 万 hm^2，占该地区耕地的 0.47%。

有效土层厚度＞150cm 的面积全区共 226.21 万 hm^2，主要分布在陕西省（67%)、甘肃省（31.2%)。甘肃省有效土层厚度为＞150cm 的面积 70.41 万 hm^2，占该省耕地的 12.51%；内蒙古西部有效土层厚度为＞150cm 的面积 0.003 万 hm^2，占该地区耕地的比例可以忽略不计；宁夏回族自治区有效土层厚度为＞150cm 的面积 4.22 万 hm^2，占该地区耕地的 3.26%；青海省有效土层厚度为＞150cm 的面积 0.003 万 hm^2，占该省耕地的 0.01%；陕西省有效土层厚度为＞150cm 的面积 150.96 万 hm^2，占该省耕地的 37.85%；新疆维吾尔自治区有效土层厚度为＞150cm 的面积 0.1 万 hm^2，占该地区耕地的 0.02%(表 6-18)。

表 6-18　西北区土壤有效土层厚度分级与面积

省（自治区）名称		有效土层厚度分级				
		＜30cm	30～60cm	60～100cm	100～150cm	＞150cm
甘肃	耕地面积（万 hm^2）	0	1.80	68.41	392.31	70.41
	占全省耕地（%）	0	0.3	12.8	73.6	13.3
	占全区该级耕地（%）	0	0.42	9.43	70.46	31.22

（续）

省（自治区）名称		有效土层厚度分级				
		＜30cm	30～60cm	60～100cm	100～150cm	＞150cm
内蒙古西部	耕地面积（万 hm^2）	12.20	256.04	50.37	3.06	0.003
	占全省耕地（%）	3.79	79.58	15.67	0.96	0
	占全区该级耕地（%）	73.49	59.51	6.95	0.56	0
宁夏	耕地面积（万 hm^2）	0	31.73	60.66	32.40	4.22
	占全省耕地（%）	0	24.57	47.05	25.12	3.26
	占全区该级耕地（%）	0	7.37	8.36	5.82	1.86
青海	耕地面积（万 hm^2）	0	2.21	26.98	29.10	0.003
	占全省耕地（%）	0	3.7	46.3	50	0.005
	占全区该级耕地（%）	0	0.51	3.75	5.28	0
陕西	耕地面积（万 hm^2）	4.41	61.09	84.91	97.50	150.96
	占全省耕地（%）	1.1	15.32	21.28	24.44	37.85
	占全区该级耕地（%）	26.51	14.20	11.70	17.51	66.96
新疆（含兵团）	耕地面积（万 hm^2）	0	77.35	433.73	2.39	0.10
	占全省耕地（%）	0	15.07	84.44	0.47	0.02
	占全区该级耕地（%）	0	17.99	59.76	0.43	0.04
西北区		16.61	430.22	725.06	556.76	226.21

三、耕地主要土壤类型有效土层厚度

（一）西北区不同土类的有效土层厚度

由于西北区涉及土类众多，部分土类面积较小、样点较少，因而重点对面积最大的 20 个土类进行分析，面积占西北区总耕地面积的 91.95%。从下表可以看出，西北区主要土壤类型有效土层厚度水平顺序为：红黏土＞黄绵土＞黑垆土＞新积土＞褐土＞灰钙土＞灌漠土＞黑钙土＞灰漠土＞灰褐土＞棕漠土＞草甸盐土＞风沙土＞黄棕壤＞潮土＞灌淤土＞草甸土＞棕钙土＞栗钙土＞漠境盐土。

不同土类以红黏土有效土层厚度最高，均值为 158.5cm，面积为 21.73 万 hm^2，占西北区面积的 1.11%；其次是黄绵土，有效土层厚度均值为 152.4cm，面积为 328.66 万 hm^2，占西北区面积的 16.81%；再次是黑垆土，有效土层厚度平均 128.2cm，面积为 121.09 万 hm^2，占西北区面积的 6.19%；新积土有效土层厚度平均 116.7cm，面积为 53.71 万 hm^2，占西北区面积的 2.75%；褐土有效土层厚度平均 110.1cm，面积为 132.94 万 hm^2，占西北区面积的 6.8%；灰钙土有效土层厚度平均 107cm，面积为 101.49 万 hm^2，占西北区面积的 5.19%；灌漠土有效土层厚度平均 104.9cm，面积为 36.82 万 hm^2，占西北区面积的 1.88%；黑钙土有效土层厚度平均 100.7cm，面积为 33.18 万 hm^2，占西北区面积的 1.70%；灰漠土有效土层厚度平均 85.7cm，面积为 61.85 万 hm^2，占西北区面积的 3.16%；灰褐土有效土层厚度平均 82.5cm，面积为

49.49 万 hm^2，占西北区面积的 2.53%；棕漠土有效土层厚度平均 77.6cm，面积为 25.85 万 hm^2，占西北区面积的 1.32%；草甸盐土有效土层厚度平均 76.8cm，面积为 79.56 万 hm^2，占西北区面积的 4.07%；风沙土有效土层厚度平均 73.7cm，面积为 74.76 万 hm^2，占西北区面积的 3.82%；黄棕壤有效土层厚度平均 71.6cm，面积为 35.6 万 hm^2，占西北区面积的 1.82%；潮土有效土层厚度平均 69.1cm，面积为 147.89 万 hm^2，占西北区面积的 7.57%；灌淤土有效土层厚度平均 65.6cm，面积为 82.76 万 hm^2，占西北区面积的 4.23%；草甸土有效土层厚度平均 65.6cm，面积为 102.75 万 hm^2，占西北区面积的 5.26%；棕钙土有效土层厚度平均 64.6cm，面积为 61.82 万 hm^2，占西北区面积的 3.16%；栗钙土有效土层厚度平均 63.4cm，面积为 199.36 万 hm^2，占西北区面积的 10.2%；漠境盐土有效土层厚度平均 53.5cm，面积为 46.11 万 hm^2，占西北区面积的 2.36%（表 6-19）。

表 6-19　西北区主要土类土壤有效土层厚度

土壤类型	有效土层厚度分级	平均值（cm）	面积（万 hm^2）	比例（%）
黄绵土	＜30cm	29.1	0.004	0
	30～60cm	50.6	11.29	3.44
	60～100cm	72.8	40.29	12.26
	100～150cm	126.6	163.19	49.65
	＞150cm	190.4	113.89	34.65
黄绵土汇总		152.4	328.66	16.81
栗钙土	＜30cm	29	11.19	5.61
	30～60cm	40.4	125.79	63.10
	60～100cm	78.5	33.89	17.00
	100～150cm	121.5	27.89	13.99
	＞150cm	168.8	0.6	0.30
栗钙土汇总		63.4	199.36	10.20
潮土	＜30cm	27.1	0.3	0.20
	30～60cm	52.3	43.9	29.68
	60～100cm	73.9	89.69	60.65
	100～150cm	115.8	12.9	8.72
	＞150cm	181.3	1.1	0.74
潮土汇总		69.1	147.89	7.57
褐土	＜30cm	29.5	0.06	0.05
	30～60cm	49.8	14.31	10.76
	60～100cm	80.6	32.41	24.38
	100～150cm	121.6	73.75	55.49
	＞150cm	180	12.41	9.33
褐土汇总		110.1	132.94	6.80

（续）

土壤类型	有效土层厚度分级	平均值（cm）	面积（万 hm²）	比例（%）
黑垆土	<30cm	0	0	0
	30～60cm	51.1	1.3	0.90
	60～100cm	72	10.5	7.24
	100～150cm	123.2	80.49	72.02
	>150cm	184.1	28.8	19.85
黑垆土汇总		128.2	121.09	6.19
草甸土	<30cm	0	0	0
	30～60cm	42	20	19.47
	60～100cm	75.8	70.13	68.26
	100～150cm	114.3	12.62	12.27
	>150cm	158	0.02	0.02
草甸土汇总		65.6	102.75	5.26
灰钙土	<30cm	0	0	0
	30～60cm	51.1	7.9	7.78
	60～100cm	77.2	24.76	24.41
	100～150cm	127.4	28.66	28.25
	>150cm	163.4	40.17	39.57
灰钙土汇总		107	101.49	5.19
灌淤土	<30cm	0	0	0
	30～60cm	49.1	37.38	45.11
	60～100cm	73.3	38.26	46.20
	100～150cm	127.2	4.86	5.91
	>150cm	181.5	2.26	2.77
灌淤土汇总		65.6	82.76	4.23
草甸盐土	<30cm	26.8	0.003	0.00
	30～60cm	51.3	8.1	10.18
	60～100cm	76.9	66.46	83.54
	100～150cm	122.1	4.8	6.03
	>150cm	187.9	0.2	0.25
草甸盐土汇总		76.8	79.56	4.07
风沙土	<30cm	26.7	0.9	1.20
	30～60cm	49.2	18.1	24.20
	60～100cm	78.4	47.16	63.10
	100～150cm	118.4	7	9.36
	>150cm	175.3	1.6	2.14
风沙土汇总		73.7	74.76	3.82

（续）

土壤类型	有效土层厚度分级	平均值（cm）	面积（万 hm^2）	比例（%）
灰漠土	<30cm	0	0	0
	30～60cm	50	6.54	10.57
	60～100cm	79.3	49.19	79.53
	100～150cm	118.4	6.1	9.86
	>150cm	152.9	0.02	0.03
灰漠土汇总		85.7	61.85	3.16
棕钙土	<30cm	0	0	0
	30～60cm	49	17.77	28.74
	60～100cm	73.1	44	71.17
	100～150cm	113.8	0.05	0.08
	>150cm	0	0	0
棕钙土汇总		64.6	61.82	3.16
新积土	<30cm	26.9	0.11	0.20
	30～60cm	49	10.25	19.08
	60～100cm	77.5	14.46	26.92
	100～150cm	124.4	20.2	37.61
	>150cm	189.7	8.7	16.20
新积土汇总		116.7	53.71	2.75
灰褐土	<30cm	28.9	0.56	1.13
	30～60cm	48.6	5.4	10.91
	60～100cm	78.2	18.76	37.91
	100～150cm	116.4	24.25	49.00
	>150cm	161.4	0.52	1.05
灰褐土汇总		82.5	49.49	2.53
漠境盐土	<30cm	0	0	0
	30～60cm	47.3	35.31	76.58
	60～100cm	77.1	10.61	23.01
	100～150cm	126.9	0.12	0.26
	>150cm	161.3	0.08	0.17
漠境盐土汇总		53.5	46.11	2.36
灌漠土	<30cm	0	0	0
	30～60cm	57.5	0.38	1.03
	60～100cm	81.4	15.97	43.37
	100～150cm	121.6	20.44	55.51
	>150cm	154.6	0.04	0.11
灌漠土汇总		104.9	36.82	1.88

（续）

土壤类型	有效土层厚度分级	平均值（cm）	面积（万 hm^2）	比例（%）
黄棕壤	<30cm	27.3	1.3	3.65
	30～60cm	47.7	18.57	52.16
	60～100cm	77.1	10.93	30.70
	100～150cm	115.1	4.17	11.71
	>150cm	163.9	0.63	1.77
黄棕壤汇总		71.6	35.6	1.82
黑钙土	<30cm	0	0	0
	30～60cm	48.4	0.97	2.92
	60～100cm	80.1	14.81	44.64
	100～150cm	119.3	17.32	52.20
	>150cm	153.6	0.08	0.24
黑钙土汇总		100.7	33.18	1.70
棕漠土	<30cm	0	0	0
	30～60cm	54.2	3.42	13.23
	60～100cm	77.9	20.11	77.79
	100～150cm	113.7	2.32	8.97
	>150cm	0	0	0
棕漠土汇总		77.6	25.85	1.32
红黏土	<30cm	29.9	0.003	0.01
	30～60cm	47.3	0.5	2.30
	60～100cm	78.9	2	9.20
	100～150cm	121.5	11.2	51.54
	>150cm	189.9	8.03	36.95
红黏土汇总		158.5	21.73	1.11

（二）各省（自治区）不同土类的土壤有效土层厚度

甘肃省有效土层厚度最大土壤类型是粗骨土，其有效土层平均厚度为175cm；其次是沼泽土（150cm）。内蒙古有效土层厚度最大土壤类型是碱土，其有效土层平均厚度为77.5cm；其次是灰漠土（68.6cm）。在宁夏，有效土层厚度最大土壤类型是潮土，其平均厚度为94.8cm；其次是灌淤土（89.8cm）。青海省内，有效土层厚度最大土壤类型是灌淤土，其平均厚度为111cm；其次是栗钙土（106.3cm）。陕西省有效土层厚度最大土壤类型分别是黑垆土、红黏土、黄褐土、黄绵土，其平均厚度均为200cm；其次是褐土（80.7cm）。在新疆，有效土层厚度最大土壤类型是水稻土，厚度为83.9cm；其次是灰棕漠土（83.7cm）（表6-20）。

表 6-20　西北区省（自治区）不同土类有效土层厚度统计

土壤类型	西北区（cm）					
	甘肃	内蒙古西部	宁夏	青海	陕西	新疆（含兵团）
暗棕壤	96.9				85.4	
草甸土	107.7	38.8				71.2
草甸盐土	100.9	54.5	83.2	96.6	81.9	73.9
草毡土	108.3			86.3		
潮土	116.4	62.2	80.0		96.5	74.1
粗骨土	97.0	49.5	103.1		96.4	
风沙土	84.6	68.2	67.4	110.9	85.5	72.6
灌漠土	114.8					77.6
灌淤土	149.9	48.8	88.8	74.5		70.1
龟裂土	78.6					68.7
寒钙土				83.2		
寒漠土	99.8			109.3		
褐土	119.0	54.5			109.1	
黑钙土	117.6	37.2		100.7		69.6
黑垆土	130.5		85.9		176.0	
黑土	103.3					
黑毡土	115.4			98.2		87.1
红土					168.8	
红黏土	115.9		62.9			
黄褐土					63.1	
黄绵土	129.6	54.9	79.8		176.7	
黄棕壤	109.3				71.5	
灰钙土	150.5	44.1	79.2	113.9	98.4	67.1
灰褐土	107.1	53.3	74.3	106.0		61.8
灰漠土	117.7	93.0				77.5
灰色森林土		42.2				68.4
灰棕漠土	111.6	65.9		105.1		71.4
碱土			87.4			79.5
冷钙土	121.8					
栗钙土	122.0	40.0		102.3	94.4	69.5
栗褐土		50.5				
林灌草甸土	105.4	49.5				73.1
漠境盐土		49.8	111.9	87.9		79.3
泥炭土			64.4			

（续）

土壤类型	西北区（cm）					
	甘肃	内蒙古西部	宁夏	青海	陕西	新疆（含兵团）
山地草甸土	94.7				97.4	
石灰岩					70.5	
石质土	101.8	29.3	135.3		130.3	69.3
水稻土	111.4				68.5	71.5
新积土	127.2	57.1	76.4		140.9	63.1
亚高山草甸土					55.7	
沼泽土	106.4		56.3	74.4	46.6	74.7
紫色土					71.5	
棕钙土	111.4	58.8		71.1		68.1
棕漠土	105.0					73.8
棕壤	105.6				77.3	

四、土壤有效土层厚度与地貌类型

（一）西北区不同地貌类型与土壤有效土层厚度

西北区土壤有效土层厚度最大的地貌类型是黄土塬（3.17 万 hm^2），其土壤有效土层厚度均值为 155.6cm；其次是黄土峁梁（230.78 万 hm^2），其土壤有效土层厚度均值为 149.4cm；第三是黄土塬（174.16 万 hm^2），其土壤有效土层厚度均值为 135.9cm；第四是黄土坪（11.27 万 hm^2），其土壤有效土层厚度为 132.3cm；第五是其他平原（19.56 万 hm^2），其土壤有效土层厚度为 109cm；第六是中山（310.67 万 hm^2），其土壤有效土层厚度为 98.9cm；有效土层厚度最小的是低丘陵（49.67 万 hm^2），其土壤有效土层厚度为 52.6cm（表 6-21）。

表 6-21　西北区不同地貌类型耕层土壤有效土层厚度统计

地貌类型	平均值（cm）	最大值（cm）	最小值（cm）	面积（万 hm^2）	比例（%）
半固定沙地	63.8	184.4	25.1	19.12	0.98
冲积平原	71.1	202.4	23.0	418.78	21.42
低阶地	91.3	201.9	21.0	73.71	3.77
低丘陵	52.6	198.2	21.2	49.67	2.54
低山	86.9	204.4	21.6	9.97	0.51
低台地	74.7	184.7	26.1	32.97	1.69
风蚀地	80.8	117.7	59.4	0.44	0.02
高阶地	96.5	201.5	21.2	28.45	1.46

（续）

地貌类型	平均值（cm）	最大值（cm）	最小值（cm）	面积（万 hm^2）	比例（%）
高平原	84.0	205.7	25.1	115.64	5.92
高丘陵	74.2	202.3	21.6	34.53	1.77
高山	91.9	141.5	53.9	2.80	0.14
高台地	67.9	177.7	26.0	30.92	1.58
固定沙地	58.0	185.2	25.2	22.76	1.16
河谷	88.2	165.9	32.4	0.38	0.02
河漫滩	76.0	202.1	21.0	47.44	2.43
洪积平原	63.4	201.4	26.1	314.40	16.08
黄土墹	155.6	204.0	42.0	3.17	0.16
黄土峁梁	149.4	206.3	31.0	230.78	11.81
黄土坪	132.3	203.5	36.2	11.27	0.58
黄土塬	135.9	205.3	34.8	174.16	8.91
极高山	80.3	87.2	63.4	0.03	0.002
流动沙地	68.3	195.2	25.1	3.22	0.16
其他平原	109.0	205.8	23.2	19.56	1.00
中山	98.9	205.9	21.5	310.67	15.89
总计	97.2	206.3	21	1 954.86	

（二）不同地貌类型的土壤有效土层厚度省域差异

甘肃省涉及的地貌类型有 21 个。其中以黄土塬土壤有效土层厚度最大，为 142.7cm，面积为 39.82 万 hm^2，占该省耕地的 7.47%；其次是黄土墹，为 139.2cm，面积为 0.58 万 hm^2，占该省耕地的 0.11%；最小的为流动沙地，厚度为 80.8cm，面积为 0.81 万 hm^2，占该省耕地的 0.15%。

内蒙古西部涉及的地貌类型有 18 个。其中以低阶地土壤有效土层厚度最大，为 75.7cm，面积为 14.67 万 hm^2，占该地区耕地的 4.56%；其次是流动沙地，为 63.9cm，面积为 0.43 万 hm^2，占该地区耕地的 0.13%；最小的为低丘陵，厚度为 39.2cm，面积为 34.78 万 hm^2，占该地区耕地的 10.81%。

宁夏回族自治区涉及的地貌类型有 18 个。其中以低阶地土壤有效土层厚度最大，为 120.6cm，面积为 8.33 万 hm^2，占该地区耕地的 6.46%；其次是河漫滩，为 105.9cm，面积为 0.09 万 hm^2，占该地区耕地的 0.07%；最小的为固定沙地，厚度为 54.6cm，面积为 2.35 万 hm^2，占该地区耕地的 1.82%。

青海省涉及的地貌类型有 19 个。其中以黄土峁梁土壤有效土层厚度最大，为 120.3cm，面积为 1.65 万 hm^2，占该省耕地的 2.8%；其次是高丘陵，为 116.2cm，面积为 0.72 万 hm^2，占该省耕地的 1.22%；最小的为流动沙地，厚度为 78.3cm，面积为 0.01 万 hm^2，占该省耕地的 0.02%。

陕西省涉及的地貌类型有 21 个。其中以黄土墹土壤有效土层厚度最大，为 190.1cm，面积为1.76万hm^2，占该省耕地的0.44%；其次是黄土峁梁，为178.9cm，面积为80.63万hm^2，占该省耕地的20.21%；最小的为高台地，厚度为48.4cm，面积0.98万hm^2，占该省耕地的0.24%。

新疆维吾尔自治区涉及的地貌类型有20个。其中以黄土坪土壤有效土层厚度最大，为81.4cm，面积为1.18万hm^2，占该地区耕地的0.23%；其次是风蚀地，为77.7cm，面积为0.4万hm^2，占该地区耕地的0.08%；最小的为中山，厚度为66.9cm，面积为2.83万hm^2，占该地区耕地的0.55%（表6-22）。

表6-22 不同地貌类型耕层在不同省（自治区）土壤有效土层厚度统计

省（自治区）名称	地貌类型	平均值（cm）	面积（万hm^2）	比例（%）
甘肃	半固定沙地	88.4	1.54	0.29
	冲积平原	115.7	41.14	7.72
	低阶地	115.0	15.51	2.91
	低丘陵	120.3	4.50	0.84
	低台地	120.5	4.38	0.82
	风蚀地	87.3	0.04	0.01
	高阶地	123.8	3.64	0.68
	高平原	122.8	37.49	7.03
	高丘陵	128.5	6.20	1.16
	高山	106.8	0.34	0.06
	高台地	118.1	4.78	0.90
	固定沙地	87.8	1.50	0.28
	河漫滩	121.0	4.42	0.83
	洪积平原	110.8	55.74	10.46
	黄土壋	139.2	0.58	0.11
	黄土峁梁	133.6	104.35	19.58
	黄土坪	130.1	1.58	0.30
	黄土塬	142.7	39.82	7.47
	流动沙地	80.8	0.81	0.15
	其他平原	117.9	1.93	0.36
	中山	119.2	202.67	38.03
甘肃省汇总		123.9	532.93	
内蒙古西部	半固定沙地	62.0	5.43	1.69
	冲积平原	50.1	61.41	19.09
	低阶地	75.7	14.67	4.56
	低丘陵	39.2	34.78	10.81
	低台地	43.7	4.64	1.44
	高阶地	60.7	1.02	0.32
	高平原	45.8	55.38	17.22

（续）

西北各省（自治区）	地貌类型	平均值（cm）	面积（万 hm^2）	比例（%）
内蒙古西部	高丘陵	42.8	18.08	5.62
	高台地	41.4	8.81	2.74
	固定沙地	59.3	9.75	3.03
	河漫滩	61.5	13.20	4.10
	洪积平原	50.1	73.20	22.75
	黄土峁梁	51.2	5.57	1.73
	黄土坪	49.7	0.12	0.04
	黄土塬	55.6	5.87	1.82
	流动沙地	63.9	0.43	0.13
	其他平原	47.8	0.21	0.07
	中山	48.5	9.12	2.84
内蒙古自治区西部汇总		50	321.68	
宁夏	半固定沙地	64.5	1.11	0.86
	冲积平原	75.0	28.14	21.81
	低阶地	120.6	8.33	6.46
	低丘陵	94.0	0.85	0.66
	低台地	102.2	1.74	1.35
	高阶地	63.3	0.25	0.20
	高平原	68.8	4.86	3.76
	高丘陵	97.7	3.27	2.53
	高台地	103.4	0.50	0.38
	固定沙地	54.6	2.35	1.82
	河漫滩	105.9	0.09	0.07
	洪积平原	79.9	20.04	15.54
	黄土墹	75.3	0.83	0.65
	黄土峁梁	85.8	34.51	26.75
	黄土坪	64.4	1.46	1.13
	黄土塬	71.3	10.78	8.36
	流动沙地	71.3	0.63	0.49
	中山	75.3	9.27	7.19
宁夏回族自治区汇总		80.8	129.01	
青海	半固定沙地	86.9	0.05	0.09
	冲积平原	101.0	9.11	15.49
	低阶地	78.4	1.25	2.12
	低丘陵	100.9	1.97	3.34
	低台地	91.6	2.40	4.08

（续）

西北各省（自治区）	地貌类型	平均值（cm）	面积（万 hm^2）	比例（%）
青海	高阶地	87.2	1.27	2.16
	高平原	97.4	3.12	5.31
	高丘陵	116.2	0.72	1.22
	高山	91.5	2.46	4.18
	高台地	87.2	2.35	3.99
	固定沙地	82.7	0.01	0.02
	河漫滩	80.5	0.28	0.48
	洪积平原	82.2	6.06	10.31
	黄土峁梁	120.3	1.65	2.80
	黄土塬	110.2	0.04	0.07
	极高山	80.3	0.03	0.05
	流动沙地	78.3	0.01	0.02
	其他平原	83.6	0.34	0.59
	中山	102.2	25.68	43.68
青海省汇总		99.3	58.80	
陕西	半固定沙地	57.0	2.29	0.57
	冲积平原	111.7	8.88	2.23
	低阶地	99.3	22.32	5.59
	低丘陵	64.1	3.09	0.78
	低山	86.9	9.96	2.50
	低台地	110.4	3.35	0.84
	高阶地	110.5	18.37	4.61
	高平原	146.2	10.57	2.65
	高丘陵	108.7	5.73	1.44
	高台地	48.4	0.98	0.24
	固定沙地	51.4	4.30	1.08
	河谷	88.2	0.38	0.10
	河漫滩	91.5	12.09	3.03
	洪积平原	93.0	21.63	5.42
	黄土墹	190.1	1.76	0.44
	黄土峁梁	178.9	80.63	20.21
	黄土坪	160.6	6.93	1.74
	黄土塬	153.9	109.70	27.50
	流动沙地	64.9	0.30	0.07
	其他平原	111.0	14.51	3.64
	中山	96.0	61.10	15.32
陕西省汇总		125.8	398.87	

（续）

省（自治区）名称	地貌类型	平均值（cm）	面积（万 hm^2）	比例（%）
新疆（含兵团）	半固定沙地	71.5	8.70	1.69
	冲积平原	73.3	270.10	52.59
	低阶地	70.1	11.64	2.27
	低丘陵	73.6	4.48	0.87
	低山	67.1	0.01	0.002
	低台地	72.2	16.47	3.21
	风蚀地	77.7	0.40	0.08
	高阶地	68.2	3.90	0.76
	高平原	74.5	4.22	0.82
	高丘陵	69.8	0.54	0.10
	高台地	76.3	13.51	2.63
	固定沙地	69.1	4.86	0.95
	河漫滩	73.0	17.37	3.38
	洪积平原	72.2	137.72	26.82
	黄土峁梁	71.1	4.08	0.79
	黄土坪	81.4	1.18	0.23
	黄土塬	67.1	7.96	1.55
	流动沙地	71.4	1.04	0.20
	其他平原	67.5	2.56	0.50
	中山	66.9	2.83	0.55
新疆维吾尔自治区汇总		72.4	513.57	

五、土壤有效土层厚度与质量等级

（一）西北区不同质量等级的土壤有效土层厚度

按照耕地质量等级分段，其中，一、二、三等地土壤有效土层厚度均值为 97.3cm，四、五、六、七等地土壤有效土层厚度均值为 108.7cm，低等地为 83.1cm，可看出高等地和中等地有效土层厚度均值相差不大。八、九、十等地有效土层厚度均值远小于前两者，有效土层厚度相差较大时，厚度较低的质量等级相对较差。

西北区不同质量等级中有效土层厚度最大的是六等地（291.31 万 hm^2），其土壤有效土层厚度均值为 114.4cm；其次是七等地（281.39 万 hm^2），其土壤有效土层厚度均值为 113.8cm；第三是一等地（81.24 万 hm^2），其土壤有效土层厚度均值为 110.1cm；第四是五等地（255.63 万 hm^2），其土壤有效土层厚度为 105cm；第五是八等地（225.51 万 hm^2），其土壤有效土层厚度为 103.1cm；第六是二等地（116.58 万 hm^2），其土壤有效土层厚度为 102.7cm；第七是四等地（218.95 万 hm^2），其土壤有效土层厚度为 95.3cm；第八是三等地（180.2 万 hm^2），其土壤有效土层厚度为 91.8cm；第九是九等地（142.02 万 hm^2），其土壤有效土层厚度为 87.9cm；最小的是十等地（162.04 万 hm^2），其土壤有效土层厚度为 58.4cm。由下表可看出，质量等级最低的十等地有效土层厚度远小于其他等级，由此推断，有效土层厚度与质量等级水平可能有一定相关性，有效土层厚度远小于其他样点的耕地，其质量等级较低（表 6-23）。

表 6-23　西北区不同质量等级耕层土壤有效土层厚度统计

质量等级	平均值（cm）	最大值（cm）	最小值（cm）	面积（万 hm^2）	比例（%）
一等地	110.1	202.5	42.7	81.24	4.16
二等地	102.7	202.5	21.5	116.58	5.96
三等地	91.8	203.3	21.0	180.20	9.22
四等地	95.3	205.0	21.8	218.95	11.20
五等地	105.0	206.1	22.6	255.63	13.08
六等地	114.4	206.2	21.2	291.31	14.90
七等地	113.8	206.1	21.2	281.39	14.39
八等地	103.1	206.3	21.6	225.51	11.54
九等地	87.9	206.3	25.0	142.02	7.26
十等地	58.4	204.9	24.8	162.04	8.29
总计	97.2	206.3	21	1 954.86	

（二）不同质量等级的土壤有效土层厚度省域差异

甘肃省三等地土壤有效土层厚度最大，为 129.6cm，面积为 29.03 万 hm^2，占该省耕地的 5.45%；其次是五等地，为 126.2cm，面积为 69.9 万 hm^2，占该省耕地的 13.12%；最小的为十等地，厚度为 111.5cm，面积为 15.08 万 hm^2，占该省耕地的 2.83%。

内蒙古西部一等地土壤有效土层厚度最大，为 84.1cm，面积为 1.99 万 hm^2，占该地区耕地的 0.62%；其次是二等地，为 66.4cm，面积为 6.94 万 hm^2，占该地区耕地的 2.16%；最小的为十等地，厚度为 40.5cm，面积为 93.49 万 hm^2，占该地区耕地的 29.06%。

宁夏回族自治区二等地土壤有效土层厚度最大，为 115.8cm，面积为 9.25 万 hm^2，占该地区耕地的 7.17%；其次是一等地，为 104.8cm，面积为 2.78 万 hm^2，占该地区耕地的 2.15%；最小的为十等地，厚度为 57.8cm，面积为 11.33 万 hm^2，占该地区耕地的 8.78%。

青海省一等地土壤有效土层厚度最大，为 128.3cm，面积仅为 0.000 2 万 hm^2，仅占该省耕地的 0.000 4%；其次是三等地，为 121.3cm，面积为 0.88 万 hm^2，占该省耕地的 1.52%；最小的为十等地，厚度为 86.3cm，面积为 18.01 万 hm^2，占该省耕地的 30.9%。

陕西省六等地土壤有效土层厚度最大，为 144.4cm，面积为 62.57 万 hm^2，占该省耕地的 15.69%；其次是七等地，为 142.8cm，面积为 55.89 万 hm^2，占该省耕地的 14.01%；最小的为十等地，厚度为 62.5cm，面积为 16.04 万 hm^2，占该省耕地的 4.02%。

新疆维吾尔自治区一等地土壤有效土层厚度最大，为 80.8cm，面积为 24.51 万 hm^2，占该地区耕地的 4.77%；其次是二等地，为 78.5cm，面积为 42.05 万 hm^2，占该地区耕地的 8.19%；最小的为九等地，厚度为 65.9cm，面积为 16.66 万 hm^2，占该地区耕地的 3.24%。

从各省情况来看，除陕西省外，其余省（自治区）土壤有效土层厚度最高的都为高质量等级耕地，所有省（自治区）有效土层厚度最低的均为九等或十等地，由此推断，有效土层厚度与质量等级大体呈正相关，即质量等级高的耕地有效土层厚度较大，质量等级低的耕地有效土层厚度较小（表 6-24）。

表 6-24　不同质量等级耕层在不同省（自治区）土壤有效土层厚度统计

省（自治区）名称	质量等级	平均值（cm）	面积（万 hm^2）	比例（%）
甘肃	一等地	114.2	7.62	1.43
	二等地	124.7	17.95	3.37
	三等地	129.6	29.03	5.45
	四等地	125.9	43.98	8.25
	五等地	126.2	69.90	13.12
	六等地	124.2	99.70	18.71
	七等地	126.0	114.18	21.42
	八等地	121.7	93.84	17.61
	九等地	121.8	41.67	7.82
	十等地	111.5	15.08	2.83
甘肃省汇总		123.9	532.93	
内蒙古西部	一等地	84.1	1.99	0.62
	二等地	66.4	6.94	2.16
	三等地	61.2	22.10	6.87
	四等地	56.0	28.66	8.91
	五等地	56.4	31.08	9.66
	六等地	55.7	36.17	11.24
	七等地	52.6	33.54	10.43
	八等地	49.4	29.76	9.25
	九等地	46.7	37.95	11.80
	十等地	40.5	93.49	29.06
内蒙古自治区西部汇总		50	321.68	
宁夏	一等地	104.8	2.78	2.15
	二等地	115.8	9.25	7.17
	三等地	94.3	10.42	8.08
	四等地	78.2	7.74	6.00
	五等地	90.0	8.99	6.97
	六等地	88.3	12.85	9.96
	七等地	88.4	20.65	16.01
	八等地	75.5	28.26	21.91
	九等地	69.0	16.75	12.98
	十等地	57.8	11.33	8.78
宁夏回族自治区汇总		80.8	129.01	

（续）

省（自治区）名称	质量等级	平均值（cm）	面积（万 hm²）	比例（%）
青海	一等地	128.3	0.000 2	0.000 4
	二等地	110.1	0.66	1.12
	三等地	121.3	0.89	1.52
	四等地	116.9	3.32	5.67
	五等地	108.2	3.95	6.73
	六等地	108.2	5.57	9.49
	七等地	106.0	6.94	11.80
	八等地	101.4	9.35	15.92
	九等地	99.4	9.94	16.87
	十等地	86.3	18.19	30.90
青海省汇总		99.3	58.80	
陕西	一等地	121.1	44.35	11.12
	二等地	116.1	39.73	9.96
	三等地	104.9	40.18	10.07
	四等地	111.7	41.01	10.28
	五等地	125.8	45.91	11.51
	六等地	144.4	62.57	15.69
	七等地	142.8	55.89	14.01
	八等地	135.2	34.14	8.56
	九等地	116.8	19.05	4.78
	十等地	62.5	16.04	4.02
陕西省汇总		125.8	398.87	
新疆（含兵团）	一等地	80.8	24.51	4.77
	二等地	78.5	42.05	8.19
	三等地	76.1	77.58	15.11
	四等地	74.5	94.24	18.35
	五等地	71.6	95.80	18.65
	六等地	69.6	74.46	14.50
	七等地	68.2	50.20	9.77
	八等地	67.1	30.16	5.87
	九等地	65.9	16.66	3.24
	十等地	67.4	7.92	1.54
新疆维吾尔自治区汇总		72.4	513.57	

第四节　耕层厚度

耕层是经耕种熟化的表土层，一般厚 15～20cm，养分含量比较丰富，作物根系最为密集，呈粒状、团粒状或碎块状结构。耕作层常受农事活动干扰和外界自然因素的影响，其物理性状和速效养分含量的季节性变化较大。要获得作物高产，必须注重保护与培肥耕作层。

一、土壤耕层厚度分布情况

西北区平均耕层厚度为 23.8cm，耕层最厚达到 50cm，最薄仅 10cm。

从不同省（自治区）看，新疆维吾尔自治区耕层最厚，平均 28.5cm，变动范围 15～50cm；青海省次之，25.6cm，在 15～35cm 之间变动；宁夏回族自治区和内蒙古西部耕层平均厚度分别为 23.5cm、24.1cm，变幅分别为 15～50cm、20～40cm；陕西省耕层厚度平均为 21.8cm，变动范围 10～40cm；甘肃省耕层厚度最低，平均 19.2cm，变动范围 13～28cm（图 6-7）。

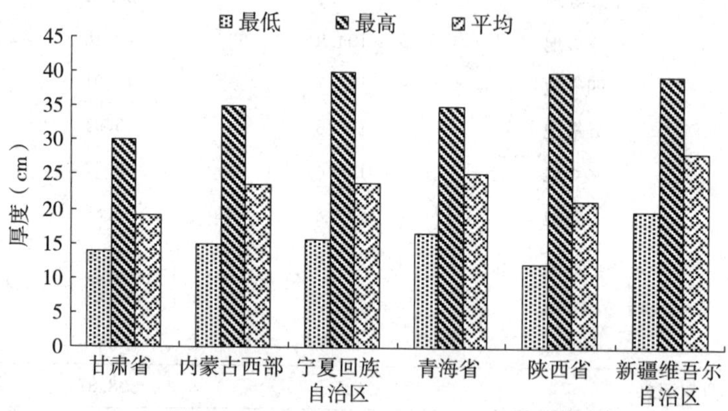

图 6-7　西北区各省（自治区）耕层土壤耕层厚度

二、土壤耕层厚度分级

根据西北区域耕层厚度状况，将耕层厚度分为 5 级。全区耕地耕层厚度分级面积见表 6-25。

表 6-25　西北区各省（自治区）耕层土壤耕层厚度统计

省（自治区）名称	分级（cm）	均值（cm）	最大值（cm）	最小值（cm）	面积（万 hm^2）	比例（%）
甘肃	5～10	0	0	0	0	0
	10～15	14.8	15.0	13.9	2.20	0.41
	15～20	18.1	20.0	15.0	339.82	63.76
	20～25	21.4	25.0	20.0	166.31	31.20
	＞25	26.5	30	25	24.60	4.62
甘肃省汇总		19.2	30	13.9	532.93	27.3

（续）

省（自治区）名称	分级（cm）	均值（cm）	最大值（cm）	最小值（cm）	面积（万 hm²）	比例（%）
内蒙古西部	5～10	0	0	0	0	0
	10～15	15.0	15.0	15.0	0.004	0.001
	15～20	19.9	20.0	15.1	75.95	23.61
	20～25	22.9	25.0	20.0	147.61	45.89
	>25	28.3	35	25	98.11	30.50
内蒙古自治区西部汇总		23.6	35	15	321.68	16.5
宁夏	5～10	0	0	0	0	0
	10～15	0	0	0	0	0
	15～20	19.6	20.0	15.6	37.54	29.10
	20～25	22.7	25.0	20.0	56.12	43.50
	>25	29.6	40	25	35.35	27.40
宁夏回族自治区汇总		23.8	40	15.6	129.01	6.6
青海	5～10	0	0	0	0	0
	10～15	0	0	0	0	0
	15～20	19.8	20.0	16.6	13.2	22.45
	20～25	22.4	25.0	20.0	10.5	17.86
	>25	28.5	35	25	35.1	59.69
青海省汇总		25.5	35	16.6	58.80	3
陕西	5～10	0	0	0	0	0
	10～15	14.2	15.0	12.1	8.62	2.16
	15～20	18.5	20.0	15.0	194.15	48.68
	20～25	22.6	25.0	20.0	141.97	35.59
	>25	29.5	40	25	54.13	13.57
陕西省汇总		21.4	40	12.1	398.87	20.4
新疆（含兵团）	5～10	0	0	0	0	0
	10～15	0	0	0	0	0
	15～20	20.0	20.0	20.0	5.15	1.00
	20～25	23.4	25.0	20.0	61.88	12.05
	>25	29.2	39.6	25	446.54	86.95
新疆维吾尔自治区汇总		28.3	39.6	20	513.57	26.2
总计		22.7	40	12.1	1 954.86	

耕层厚度为10～15cm的耕地面积全区共10.82万hm^2，主要分布在陕西省（79.48%）和甘肃省（20.33%）。甘肃省耕层厚度为10～15cm的面积2.2万hm^2，占该省耕地的0.41%；内蒙古西部耕层厚度为10～15cm的面积0.004万hm^2，占该地区耕地比例不足0.01%；陕西省耕层厚度为10～15cm的面积8.62万hm^2，占该省耕地2.16%。

耕层厚度为15～20cm的耕地面积全区共665.81万hm^2，其中51.04%分布在甘肃省、29.17%分布在陕西省、11.41%分布在内蒙古西部。甘肃省耕层厚度为15～20cm的面积339.82万hm^2，占该省耕地63.76%；内蒙古西部耕层厚度为15～20cm的面积75.95万hm^2，占该地区耕地23.61%；宁夏回族自治区耕层厚度为15～20cm的面积37.54万hm^2，占该地区耕地29.1%；青海省耕层厚度为15～20cm的面积13.20万hm^2，占该省耕地22.45%；陕西省耕层厚度为15～20cm的面积194.15万hm^2，占该省耕地48.68%；新疆维吾尔自治区耕层厚度为15～20cm的面积5.15万hm^2，占该地区耕地1%。

耕层厚度为20～25cm的耕地面积全区共584.39万hm^2，甘肃省占28.46%、内蒙古西部占25.26%、陕西省占24.3%。甘肃省耕层厚度为20～25cm的面积166.31万hm^2，占该地区耕地31.2%；内蒙古西部耕层厚度为20～25cm的面积147.61万hm^2，占该地区耕地45.89%；宁夏回族自治区耕层厚度为20～25cm的面积56.12万hm^2，占该地区耕地43.5%；青海省耕层厚度为20～25cm的面积10.50万hm^2，占该地区耕地17.86%；陕西省耕层厚度为20～25cm的面积141.97万hm^2，占该地区耕地35.59%；新疆维吾尔自治区耕层厚度为20～25cm的面积61.88万hm^2，占该地区耕地12.05%。

耕层厚度为>25cm的耕地面积全区共693.83万hm^2，主要分布在新疆维吾尔自治区（64.35%）和内蒙古西部（14.14%）。甘肃省耕层厚度为>25cm的面积24.60万hm^2，占该地区耕地4.62%；内蒙古西部耕层厚度为>25cm的面积98.11万hm^2，占该地区耕地30.5%；宁夏回族自治区耕层厚度为>25cm的面积35.35万hm^2，占该地区耕地27.4%；青海省耕层厚度为>25cm的面积35.10万hm^2，占该地区耕地59.69%；陕西省耕层厚度为>25cm的面积54.13万hm^2，占该地区耕地13.57%；新疆维吾尔自治区耕层厚度为>25cm的面积446.54万hm^2，占该地区耕地86.95%（表6-26）。

表6-26 西北区各省（自治区）土壤耕层厚度分级与面积

省（自治区）名称		耕层厚度分级				
		5～10cm	10～15cm	15～20cm	20～25cm	>25cm
甘肃	耕地面积（万hm^2）	0	2.20	339.82	166.31	24.60
	占全省耕地（%）	0	0.41	63.76	31.20	4.62
	占全区该级耕地（%）	0	20.37	51.04	28.46	3.55
内蒙古西部	耕地面积（万hm^2）	0	0.004	75.95	147.61	98.11
	占全省耕地（%）	0	0.001	23.61	45.89	30.50
	占全区该级耕地（%）	0	0.04	11.41	25.26	14.14
宁夏	耕地面积（万hm^2）	0	0	37.54	56.12	35.35
	占全省耕地（%）	0	0	29.10	43.50	27.40
	占全区该级耕地（%）	0	0	5.64	9.60	5.09

（续）

省（自治区）名称		耕层厚度分级				
		5～10cm	10～15cm	15～20cm	20～25cm	＞25cm
青海	耕地面积（万 hm^2）	0	0	13.20	10.50	35.10
	占全省耕地（%）	0	0	22.45	17.86	59.69
	占全区该级耕地（%）	0	0	1.98	1.80	5.06
陕西	耕地面积（万 hm^2）	0	8.62	194.15	141.97	54.13
	占全省耕地（%）	0	2.16	48.68	35.59	13.57
	占全区该级耕地（%）	0	79.81	29.16	24.29	7.80
新疆（含兵团）	耕地面积（万 hm^2）	0	0	5.15	61.88	446.54
	占全省耕地（%）	0	0	1.00	12.05	86.95
	占全区该级耕地（%）	0	0	0.77	10.59	64.35
西北区总计		0	10.82	665.81	584.39	693.83

三、耕地主要土壤类型耕层厚度

（一）西北区不同土类的土壤耕层厚度

西北区共涉及 44 个土类。由于西北区涉及土类众多，部分土类面积较小、样点较少，代表性不强，因而重点对面积最大的 20 个土类进行分析。从表 6-27 可以看出，西北区主要土壤类型耕层厚度水平顺序为：漠境盐土＞灌淤土＞灰漠土＞棕漠土＞草甸盐土＞棕钙土＞草甸土＞灰钙土＞黑钙土＞栗钙土＞潮土＞风沙土＞红黏土＞灌漠土＞新积土＞黑垆土＞灰褐土＞黄绵土＞黄棕壤＞褐土。

不同土类以漠境盐土耕层厚度最大，均值为 28.4cm，面积为 46.11 万 hm^2，占西北区面积的 2.36%；其次是灌淤土，其耕层厚度均值为 27.6cm，面积为 82.76 万 hm^2，占西北区面积的 4.23%；再次是灰漠土，其耕层厚度为 26.9cm，面积为 61.85 万 hm^2，占西北区面积的 3.16%；棕漠土耕层厚度为 26.6cm，面积为 25.85 万 hm^2，占西北区面积的 1.32%；草甸盐土耕层厚度为 26cm，面积为 79.56 万 hm^2，占西北区面积的 4.07%；棕钙土耕层厚度为 25.9cm，面积为 61.82 万 hm^2，占西北区面积的 3.16%；草甸土耕层厚度为 25.7cm，面积为 102.75 万 hm^2，占西北区面积的 5.26%；灰钙土耕层厚度为 25.4cm，面积为 101.49 万 hm^2，占西北区面积的 5.19%；黑钙土耕层厚度为 24.4cm，面积为 33.18 万 hm^2，占西北区面积的 1.70%；栗钙土耕层厚度为 24.1cm，面积为 199.36 万 hm^2，占西北区面积的 10.20%；潮土耕层厚度为 24cm，面积为 147.89 万 hm^2，占西北区面积的 7.57%；风沙土的耕层厚度为 22.5cm，面积为 74.76 万 hm^2，占西北区面积的 3.82%；红黏土耕层厚度为 22.5cm，面积为 21.73 万 hm^2，占西北区面积的 1.11%；灌漠土耕层厚度为 22.5cm，面积为 36.82 万 hm^2，占西北区面积的 1.88%；新积土耕层厚度为 22.4cm，面积为 53.71 万 hm^2，占西北区面积的 2.75%；黑垆土的耕层厚度为 21.4cm，面积为 121.09 万 hm^2，占西北区面积的 6.19%；灰褐土耕层厚度为 21.4cm，面积为 49.49 万 hm^2，占西北区面积的 2.53%；黄绵土的耕层厚度为 21.3cm，面积为 328.66 万 hm^2，占西北区面积的 16.81%；黄棕壤耕层厚度为 20.8cm，面积为 35.6 万 hm^2，占西北区面积的 1.82%；耕层厚度最小的是褐土，其耕层厚度为 20.7cm，面积为 132.94 万 hm^2，占西北区面积的 6.80%。

表 6-27 西北区主要土类耕层土壤耕层厚度

土壤类型	有效土层厚度分级（cm）	平均值（cm）	面积（万 hm^2）	比例（%）
黄绵土	5～10	0	0	0
	10～15	14.9	0.6	0.18
	15～20	18.7	221.4	67.36
	20～25	22.2	76.2	23.18
	>25	30.5	30.5	9.28
黄绵土汇总		21.4	328.66	16.81
栗钙土	5～10	0	0	0
	10～15	0	0	0
	15～20	19.9	36.7	18.41
	20～25	23.0	105.6	52.96
	>25	28.3	57.1	28.64
栗钙土汇总		24.1	199.36	10.20
潮土	5～10	0	0	0
	10～15	14.4	0.07	0.05
	15～20	19.4	23.0	15.55
	20～25	23.3	47.8	32.32
	>25	28.0	77.0	52.06
潮土汇总		24.0	147.89	7.57
褐土	5～10	0	0	0
	10～15	14.2	2.9	2.18
	15～20	18.5	54.4	40.93
	20～25	21.7	66.1	49.74
	>25	27.8	9.5	7.15
褐土汇总		20.7	132.94	6.80
黑垆土	5～10	0	0	0
	10～15	15.0	0.02	0.02
	15～20	18.9	83.5	68.95
	20～25	21.7	31.1	25.68
	>25	32.0	6.43	5.31
黑垆土汇总		21.4	121.09	6.19
草甸土	5～10	0	0	0
	10～15	15.0	0.01	0.01
	15～20	19.2	11.3	11.00
	20～25	23.9	17.8	17.33
	>25	28.6	73.6	71.67
草甸土汇总		25.7	102.75	5.26

（续）

土壤类型	有效土层厚度分级（cm）	平均值（cm）	面积（万 hm²）	比例（%）
灰钙土	5～10	0	0	0
	10～15	0	0	0
	15～20	19.2	8.0	7.88
	20～25	22.9	50.4	49.66
	＞25	29.7	43.1	42.46
灰钙土汇总		25.4	101.49	5.19
灌淤土	5～10	0	0	0
	10～15	0	0	0
	15～20	19.8	4.5	5.43
	20～25	23.4	15.9	19.20
	＞25	29.0	62.4	75.36
灌淤土汇总		27.6	82.76	4.23
草甸盐土	5～10	0	0	0
	10～15	0	0.000 6	0.001
	15～20	19.5	5.3	6.66
	20～25	23.2	12.9	16.21
	＞25	29.1	61.4	77.14
草甸盐土汇总		26.0	79.56	4.07
风沙土	5～10	0	0	0
	10～15	15.0	0.6	0.80
	15～20	18.8	32.6	43.58
	20～25	22.7	20.3	27.14
	＞25	29.0	21.3	28.48
风沙土汇总		22.5	74.76	3.82
灰漠土	5～10	0	0	0
	10～15	0	0	0
	15～20	19.7	3.95	6.39
	20～25	22.5	3.56	5.76
	＞25	29.5	54.34	87.86
灰漠土汇总		26.9	61.85	3.16
棕钙土	5～10	0	0	0
	10～15	0	0	0
	15～20	20.0	2.29	3.70
	20～25	23.2	8.93	14.45
	＞25	27.8	50.60	81.85
棕钙土汇总		25.9	61.82	3.16

（续）

土壤类型	有效土层厚度分级（cm）	平均值（cm）	面积（万 hm^2）	比例（%）
新积土	5～10	0	0	0
	10～15	14.4	0.48	0.89
	15～20	18.6	23.76	44.24
	20～25	22.5	17.38	32.36
	>25	30.4	12.09	22.51
新积土汇总		22.4	53.71	2.75
灰褐土	5～10	0	0	0
	10～15	14.5	0.33	0.67
	15～20	19.3	32.31	65.29
	20～25	22.0	14.81	29.93
	>25	26.9	2.04	4.12
灰褐土汇总		21.4	49.49	2.53
漠境盐土	5～10	0	0	0
	10～15	0	0	0
	15～20	20.0	3.01	6.53
	20～25	23.3	1.90	4.12
	>25	29.3	41.20	89.35
漠境盐土汇总		28.4	46.11	2.36
灌漠土	5～10	0	0	0
	10～15	15.0	0.03	0.08
	15～20	18.9	12.12	32.92
	20～25	21.5	13.13	35.66
	>25	29.3	11.55	31.37
灌漠土汇总		22.5	36.82	1.88
黄棕壤	5～10	0	0	0
	10～15	14.0	1.74	4.89
	15～20	17.7	20.69	58.12
	20～25	22.8	11.18	31.40
	>25	26.3	2.00	5.62
黄棕壤汇总		20.8	35.6	1.82
黑钙土	5～10	0	0	0
	10～15	0	0	0
	15～20	19.7	9.23	27.82
	20～25	22.6	6.85	20.64
	>25	29.0	17.10	51.54
黑钙土汇总		24.4	33.18	1.70

（续）

土壤类型	有效土层厚度分级（cm）	平均值（cm）	面积（万 hm^2）	比例（%）
棕漠土	5～10	0	0	0
	10～15	0	0	0
	15～20	19.1	2.19	8.47
	20～25	23.0	8.46	32.73
	>25	29.0	15.19	58.76
棕漠土汇总		26.6	25.85	1.32
红黏土	5～10	0	0	0
	10～15	14.5	0.14	0.64
	15～20	19.0	9.22	42.43
	20～25	21.7	9.24	42.52
	>25	29.2	3.13	14.40
红黏土汇总		22.5	21.73	1.11

（二）各省（自治区）不同土类的土壤耕层厚度

甘肃省耕层厚度最大土壤类型是寒漠土，厚度为 24.6cm，其次是灰钙土，厚度为 22.9cm，最小的是黄绵土，其厚度为 17.2cm；内蒙古耕层厚度最大土壤类型是灌淤土，厚度为 29.2cm，其次是漠境盐土，厚度为 28.3cm，最小的是栗褐土，厚度为 20.6cm；在宁夏，耕层厚度最大土壤类型是石质土，其厚度为 32.1m，其次是漠境盐土，厚度为 28.4cm，最小的是灰褐土，厚度为 20.6cm；青海省内，耕层厚度最大土壤类型是草甸盐土，其厚度为 32.6cm，其次是风沙土，厚度为 31.2cm，最小的是草毡土，厚度为 23cm；陕西省耕层厚度最大土壤类型是黑垆土，其厚度为 25.6cm，其次是暗棕壤，厚度为 25.4cm，最小的是紫色土，厚度为 18.5cm；在新疆，耕层厚度最大土壤类型是漠境盐土，厚度为 30.3cm，其次是黑毡土，厚度为 30.0m，最小的是棕钙土，厚度为 26.8cm（表 6-28）。

表 6-28　西北区各省（自治区）不同土类耕层土壤厚度统计

土壤类型	西北区（cm）					
	甘肃	内蒙古西部	宁夏	青海	陕西	新疆（含兵团）
暗棕壤	19.4				25.4	
草甸土	19.8	24.7				28.4
草甸盐土	20.9	23.6	24.2	32.6	21.3	28.5
草毡土	19.1			23.0		
潮土	20.4	24.0	25.1		20.7	28.5
粗骨土	19.4	23.3	26.5		20.5	
风沙土	18.6	23.0	26.4	31.2	19.1	28.4
灌漠土	20.1					28.9
灌淤土	22.7	29.2	25.2	25.9		27.7

（续）

土壤类型	西北区（cm）					
	甘肃	内蒙古西部	宁夏	青海	陕西	新疆（含兵团）
龟裂土	18.1					29.2
寒钙土				26.7		
寒漠土	24.6			25.6		
褐土	20.2	23.4			20.7	
黑钙土	21.1	25.2		24.4		29.4
黑垆土	19.0		21.1		25.6	
黑土	20.1					
黑毡土	18.7			24.0		30.0
红土					22.9	
红黏土	19.9		21.9			
黄褐土					19.5	
黄绵土	17.2	21.1	22.0		22.1	
黄棕壤	20.0				20.8	
灰钙土	22.9	23.1	27.2	24.8	19.0	29.0
灰褐土	19.3	22.0	20.6	26.8		28.0
灰漠土	20.2	22.1				29.3
灰色森林土		25.1				28.8
灰棕漠土	20.0	25.3		29.6		27.3
碱土			25.3			29.7
冷钙土	19.2					
栗钙土	21.6	22.7		26.8	19.2	28.0
栗褐土		20.6				
林灌草甸土	21.3	26.6				29.6
漠境盐土		28.3	28.4	31.2		30.3
泥炭土			22.9			
山地草甸土	18.4				20.9	
石灰岩					19.8	
石质土	20.5	23.3	32.1		21.2	28.4
水稻土	20.7				22.1	27.4
新积土	18.0	21.2	26.0		21.6	28.9
亚高山草甸土					19.5	
沼泽土	18.9		25.0	29.7	18.7	28.2
紫色土					18.5	
棕钙土	21.0	24.3		28.3		26.8
棕漠土	24.0					27.0
棕壤	20.1				18.7	

四、土壤耕层厚度与地貌类型

（一）西北区不同地貌类型与耕层厚度

西北区耕层厚度最大的地貌类型是风蚀地（0.44 万 hm^2），其土壤耕层厚度均值为 26.5cm；其次是河谷（0.38 万 hm^2），其土壤耕层厚度均值为 25.7cm；第三是冲积平原（418.78 万 hm^2），其土壤耕层厚度均值为 25.6cm；第四是高山（2.8 万 hm^2），其土壤耕层厚度为 25.1cm；第五是洪积平原（314.4 万 hm^2），其土壤耕层厚度为 25cm；第六是高台地（30.92 万 hm^2），其土壤耕层厚度为 24.9cm；耕层厚度最小的是极高山（0.03 万 hm^2），其土壤耕层厚度为 20cm（表 6-29）。

表 6-29　西北区不同地貌类型耕层土壤耕层厚度统计

地貌类型	平均值（cm）	最大值（cm）	最小值（cm）	面积（万 hm^2）	比例（%）
半固定沙地	23.2	40.0	15.0	19.12	0.98
冲积平原	25.6	36.7	12.7	418.78	21.42
低阶地	23.2	37.4	14.0	73.71	3.77
低丘陵	23.1	40.0	13.3	49.67	2.54
低山	21.7	40.0	12.7	9.97	0.51
低台地	24.5	35.1	15.2	32.97	1.69
风蚀地	26.5	32.0	17.5	0.44	0.02
高阶地	23.7	39.1	15.3	28.45	1.46
高平原	22.6	40.0	13.9	115.64	5.92
高丘陵	23.4	40.0	14.3	34.53	1.77
高山	25.1	35.0	13.9	2.80	0.14
高台地	24.9	35.0	14.3	30.92	1.58
固定沙地	22.3	40.0	14.8	22.76	1.16
河谷	25.7	29.2	18.3	0.38	0.02
河漫滩	23.9	36.6	14.0	47.44	2.43
洪积平原	25.0	40.0	14.8	314.40	16.08
黄土垌	21.6	35.0	15.8	3.17	0.16
黄土峁梁	21.0	40.0	14.6	230.78	11.81
黄土坪	23.1	32.6	15.2	11.27	0.58
黄土塬	23.3	40.0	14.0	174.16	8.91
极高山	20.0	20.0	20.0	0.03	0.002
流动沙地	22.8	32.3	14.7	3.22	0.16
其他平原	21.2	40.0	12.1	19.56	1.00
中山	21.4	40.0	12.1	310.67	15.89
总计	22.7	40.0	12.1	1 954.86	

（二）不同地貌类型的土壤耕层厚度省域差异

甘肃省涉及的地貌类型有 21 个。其中以高丘陵土壤耕层厚度最大，为 21.6cm，面积为 6.2 万 hm^2，占该省耕地的 1.16%；其次是低台地，为 21.5cm，面积为 4.38 万 hm^2，占该省耕地的 0.82%；最小的为黄土峁梁，厚度为 18.2cm，面积为 104.35 万 hm^2，占该省耕地的 19.58%。

内蒙古西部涉及的地貌类型有 18 个。其中以冲积平原土壤耕层厚度最大，为 26cm，面积为 61.41 万 hm^2，占该地区耕地的 19.09%；其次是洪积平原，为 24.9cm，面积为 73.2 万 hm^2，占该地区耕地的 22.76%；最小的为黄土坪，厚度为 20.2cm，面积为 0.12 万 hm^2，占该地区耕地的 0.04%。

宁夏回族自治区涉及的地貌类型有 18 个。其中以低丘陵土壤耕层厚度最大，为 30cm，面积为 0.85 万 hm^2，占该地区耕地的 0.66%；其次是高台地，为 29.5cm，面积为 0.5 万 hm^2，占该地区耕地的 0.38%；最小的为高阶地，厚度为 19.9cm，面积为 0.25 万 hm^2，占该地区耕地的 0.2%。

青海省涉及的地貌类型有 19 个。其中以半固定沙地土壤耕层厚度最大，为 30.7cm，面积为 0.05 万 hm^2，占该省耕地的 0.09%；其次是黄土峁梁，为 29.7cm，面积为 1.65 万 hm^2，占该省耕地的 2.8%；最小的为极高山，厚度为 20cm，面积为 0.03 万 hm^2，占该省耕地的 0.05%。

陕西省涉及的地貌类型有 21 个。其中以河谷土壤耕层厚度最大，为 25.7cm，面积为 0.38 万 hm^2，占该省耕地的 0.1%；其次是黄土塬，为 24.1cm，面积为 109.7 万 hm^2，占该省耕地的 27.5%；最小的为流动沙地，厚度为 17.9cm，面积为 0.3 万 hm^2，占该省耕地的 0.07%。

新疆维吾尔自治区涉及的地貌类型有 20 个。其中以低山土壤耕层厚度最大，为 30.1cm，面积为 0.01 万 hm^2，占该地区耕地的 0.002%；其次是黄土坪，为 30cm，面积为 1.18 万 hm^2，占该地区耕地的 0.23%；最小的为中山，厚度为 27.5cm，面积为 2.83 万 hm^2，占该地区耕地的 0.55%（表 6-30）。

表 6-30 不同地貌类型在不同省（自治区）土壤耕层厚度统计

省（自治区）名称	地貌类型	平均值（cm）	面积（万 hm^2）	比例（%）
甘肃	半固定沙地	18.8	1.54	0.29
	冲积平原	19.2	41.14	7.72
	低阶地	19.6	15.51	2.91
	低丘陵	20.7	4.50	0.84
	低台地	21.5	4.38	0.82
	风蚀地	19.3	0.04	0.01
	高阶地	19.9	3.64	0.68
	高平原	19.1	37.49	7.03
	高丘陵	21.6	6.20	1.16
	高山	19.2	0.34	0.06

（续）

省（自治区）名称	有效土层分级（cm）	均值（cm）	最大值（cm）	最小值（cm）	面积（万 hm^2）	比例（%）
内蒙古西部	＜30	22.3	25.4	17.1	12.2	3.79
	30～60	24.0	35.0	15.5	256.04	79.59
	60～100	22.8	30.0	15.0	50.37	15.66
	100～150	20.3	30.0	17.7	3.06	0.95
	＞150	19.3	20.6	18.1	0.003	0.001
内蒙古自治区西部汇总		23.6	35	15	321.68	16.5
宁夏	＜30	0	0	0	0	0
	30～60	25.7	34.8	19.4	31.73	24.59
	60～100	22.3	40.0	17.0	60.66	47.02
	100～150	23.7	40.0	15.6	32.40	25.11
	＞150	27.5	34.3	19.1	4.22	3.27
宁夏回族自治区汇总		23.8	40	15.6	129.01	6.6
青海	＜30	0	0	0	0	0
	30～60	24.1	31.5	16.6	2.20	3.7
	60～100	23.7	33.7	16.6	27.20	46.3
	100～150	27.4	35.0	16.7	29.40	50.0
	＞150	23.4	25.4	22.8	0.003	0.005
青海省汇总		25.5	35	16.6	58.8	3.0
陕西	＜30	16.1	21.0	12.6	4.4	1.10
	30～60	18.3	30.0	12.1	61.09	15.32
	60～100	21.2	33.3	12.3	84.91	21.29
	100～150	21.5	36.6	14.0	97.50	24.44
	＞150	22.8	40.0	14.7	150.96	37.85
陕西省汇总		21.4	40	12.1	398.87	20.4
新疆（含兵团）	＜30	0	0	0	0	0
	30～60	28.5	39.6	20.0	77.35	15.06
	60～100	28.2	38.6	20.0	433.72	84.45
	100～150	30.3	32.8	27.6	2.39	0.47
	＞150	30.0	30.0	30.0	0.1	0.02
新疆维吾尔自治区汇总		28.3	39.6	20	513.57	26.2
总计		22.7	40.0	12.1	1 954.86	

六、土壤耕层厚度与质量等级

（一）西北区不同质量等级的土壤耕层厚度

按照耕地质量等级分段，将一、二、三等地划分为高等地，将四、五、六、七等地划分为中等地，将八、九、十等地划分为低等地。其中高等地土壤耕层厚度均值为23.9cm，中等地为 23.2cm，低等地为 22.0cm。

由表 6-32 可见，在西北区，耕层厚度与质量等地之间具有正相关关系，即质量等级越高，耕层厚度越大。

表 6-32　西北区不同质量等级耕层土壤耕层厚度统计

质量等级	平均值（cm）	最大值（cm）	最小值（cm）	面积（万 hm^2）	比例（%）
高等地	23.9	40	13.2	378.02	19.34
中等地	23.2	40	12.1	1 047.27	53.57
低等地	22.0	40	12.1	529.57	27.09
总计	22.7	40	12.1	1 954.86	100

（二）不同质量等级的土壤有效土层厚度省域差异

甘肃省高等地土壤耕层厚度最大，为 20.7cm，面积为 54.6 万 hm^2，占该省耕地的 10.25%；其次是中等地，为 19.5cm，面积为 327.8 万 hm^2，占该省耕地的 61.50%；最小的是低等地，厚度为 18.8cm，面积分别为 150.6 万 hm^2，占该省耕地的 28.25%。

内蒙古西部高等地和中等地土壤耕层厚度差异不显著，分别为 24.8cm 和 24.8cm，面积分别为 31.0 万 hm^2 和 129.5 万 hm^2，分别占该地区耕地的 9.65%和 40.24%；低等地厚度最小，为 22.7cm，面积为 161.2 万 hm^2，占该地区耕地的 50.11%。

宁夏回族自治区高等地土壤耕层厚度最大，为 26.5cm，面积为 22.5 万 hm^2，占该地区耕地的 17.40%；其次是中等地，为 24.3cm，面积为 50.2 万 hm^2，占该地区耕地的 38.94%；最小的为低等地，厚度为 23.2cm，面积 56.3 万 hm^2，占该地区耕地的 43.66%。

青海省高等地土壤耕层厚度最大，为 28.0cm，面积为 1.6 万 hm^2，占该省耕地的 2.63%；其次是中等地，为 27.0cm，面积为 19.7 万 hm^2，占该省耕地的 33.62%；厚度最小的为低等地，厚度为 25.0cm，面积为 37.5 万 hm^2，占该省耕地的 63.75%。

陕西省高等地和中等地土壤耕层厚度差异不显著，分别为 22.0cm 和 22.1cm，面积分别为 124.3 万 hm^2 和 205.4 万 hm^2，分别占该地区耕地的 31.15%和 51.49%；低等地耕层厚度最小，为 19.0cm，面积为 69.2 万 hm^2，占该地区耕地的 17.36%。

新疆维吾尔自治区高等地土壤耕层厚度最大，为 28.8cm，面积为 144.1 万 hm^2，占该地区耕地的 28.0%；中等地和地等地耕层厚度差异不显著，分别为 28.1cm 和 28.3cm，面积分别为 314.7 万 hm^2 和 54.7 万 hm^2，占该地区耕地的 61.28%和 10.65%（表 6-33）。

表 6-33　不同质量等级耕层在不同省（自治区）土壤有效土层厚度统计

省（自治区）名称	质量等级	平均值（cm）	面积（万 hm^2）	比例（%）
甘肃	高等地	20.7	54.6	10.25
	中等地	19.5	327.8	61.50
	低等地	18.8	150.6	28.25
甘肃省汇总		19.2	532.9	

（续）

省（自治区）名称	质量等级	平均值（cm）	面积（万 hm^2）	比例（%）
内蒙古西部	高等地	24.4	31.0	9.65
	中等地	24.8	129.5	40.24
	低等地	22.7	161.2	50.11
内蒙古自治区西部汇总		23.6	321.7	
宁夏	高等地	26.5	22.5	17.40
	中等地	24.3	50.2	38.94
	低等地	23.2	56.3	43.66
宁夏回族自治区汇总		23.8	129.0	
青海	高等地	28.0	1.6	2.63
	中等地	27.0	19.7	33.62
	低等地	25.0	37.5	63.75
青海省汇总		25.5	58.8	
陕西	高等地	22.0	124.3	31.15
	中等地	22.1	205.4	51.49
	低等地	19.0	69.2	17.36
陕西省汇总		21.4	398.9	
新疆（含兵团）	高等地	28.8	144.1	28.07
	中等地	28.1	314.7	61.28
	低等地	28.3	54.7	10.65
新疆维吾尔自治区（含兵团）汇总		28.3	513.57	

第五节　质地构型

质地构型是指各土壤发生层有规律的组合、有序的排列状况，也称为土壤剖面构型，是土壤剖面最重要特征。

一、剖面质地构型分布情况

西北区耕地土壤质地构型有薄层型、海绵型、夹层型、紧实型、上紧下松型、上松下紧型和松散型。其中面积最大的是海绵型，面积为 802.50 万 hm^2，占总耕地面积的 41.1%；其次是上松下紧型，面积为 346.54 万 hm^2，占 17.7%；第三是紧实型，为 188.49 万 hm^2，占 9.6%；第四是夹层型，为 173.54 万 hm^2，占 8.9%；第五是薄层型，为 165.67 万 hm^2，占 8.5%；第六是松散型，为 158.88 万 hm^2，占 8.1%；最小的是上紧下松型，为 119.25 万 hm^2，占 6.1%。

不同省（自治区）土壤质地构型分布情况如下：

甘肃省土壤质地构型以海绵型和上松下紧型为主，面积分别为 155.43 万 hm^2 和 139.61 万 hm^2，分别占该省耕地面积的 26.2%和 29.2%；其余依次为紧实型、夹层型、薄层型、松散型和上紧下松型，分别占 13.9%、10.9%、8.2%、7.5%和 3.8%。

内蒙古西部土壤质地构型以海绵型为主，面积为 203.01 万 hm^2，占该地区耕地面积的 63.1%；其次为薄层型和松散型，均占 11.1%；紧实型、夹层型、上紧下松型和上松下紧型面积均较小，分别占 7.79%、3.16%、2.17%和 1.1%。

宁夏回族自治区土壤质地构型主要以海绵型为主，面积为 93.03 万 hm^2，占该地区耕地的 72.1%；其次是松散型，为 16.95 万 hm^2，占 13.1%；上紧下松型、夹层型、上松下紧型、紧实型和薄层型面积均较小，分别占 6.4%、4.49%、3.22%、0.59%和 0.078%。

青海省土壤质地构型面积主要以上松下紧型和海绵型为主，分别为 18.38 万 hm^2 和 11.90 万 hm^2，占该省耕地面积的 31.26%和 20.2%；其余依次为松散型、紧实型、夹层型、薄层型和上紧下松型，分别占 18.14%、10.61%、9.13%、5.41%和 5.20%。

陕西省土壤质地构型主要以海绵型和上松下紧型为主，面积分别为 128.14 万 hm^2 和 101.59 万 hm^2，占该省耕地的 32.13%和 25.47%；其余依次为薄层型、紧实型、夹层型、上紧下松型和松散型，分别占 15.98%、10.95%、7.15%、4.32%和 3.99%。

新疆维吾尔自治区（含兵团）土壤质地构型主要以海绵型为主，面积为 211.00 万 hm^2，占该区耕地的 41.08%；其余依次为上松下紧型、夹层型、下紧上松型、紧实型、松散型和薄层型，分别占 15.4%、12.67%、11.9%、7.46%、7.69%和 3.7%（表 6-34）。

表 6-34　西北区不同省（自治区）土壤质地构型分布情况

质地构型	西北各省（自治区）（万 hm^2）						总计（万 hm^2）
	甘肃省	内蒙古西部	宁夏回族自治区	青海省	陕西省	新疆维吾尔自治区（含兵团）	
薄层型	44.17	35.56	0.10	3.18	63.74	18.93	165.68
海绵型	155.43	203.01	93.03	11.90	128.14	211.00	802.51
夹层型	58.51	10.19	5.80	5.37	28.55	65.12	173.54
紧实型	74.40	25.06	0.76	6.24	43.69	38.33	188.48
上紧下松型	20.52	8.72	8.22	3.06	17.24	61.48	119.24
上松下紧型	139.61	3.59	4.15	18.38	101.59	79.22	346.54
松散型	40.29	35.55	16.95	10.67	15.92	39.49	158.87

二、耕地主要土壤类型质地构型

土壤类型是由于人和自然影响的不同导致不同地区的土壤类型差异，是土壤基本分类单元，是在成土条件，成土过程与属性类同的一组土壤。由于西北区涉及土类众多，部分土类面积较小、样点较少，代表性不强，因而重点对面积最大的 20 个土类进行分析，面积占西北区总耕地面积的 91.95%，见表 6-35。

表 6-35　西北区不同土类质地构型情况

土　类	质地构型（万 hm^2）							总计（万 hm^2）
	薄层型	海绵型	夹层型	紧实型	上紧下松型	上松下紧型	松散型	
黄绵土	34.30	160.28	12.19	32.38	5.25	63.77	20.49	328.66
栗钙土	23.70	112.48	8.86	7.43	8.36	16.31	22.22	199.36

（续）

土　类	质地构型（万 hm²）							总计（万 hm²）
	薄层型	海绵型	夹层型	紧实型	上紧下松型	上松下紧型	松散型	
潮土	5.01	76.65	17.44	13.07	9.36	16.67	9.69	147.89
褐土	10.91	26.66	17.19	21.95	3.08	49.25	3.90	132.94
黑垆土	3.60	59.40	7.68	12.60	5.26	29.84	2.70	121.09
草甸土	4.44	36.26	13.16	13.87	13.20	14.41	7.40	102.75
灰钙土	4.94	46.16	7.80	7.25	3.75	20.01	11.59	101.49
灌淤土	0.90	35.10	7.49	10.35	7.55	12.20	9.18	82.76
草甸盐土	2.55	31.04	11.84	10.46	7.39	9.37	6.91	79.56
风沙土	8.54	21.02	9.59	7.36	5.68	8.40	14.16	74.76
灰漠土	9.43	24.12	7.46	5.31	7.65	6.34	1.53	61.85
棕钙土	1.85	23.37	5.84	0.43	8.95	9.15	12.23	61.82
新积土	3.90	18.82	4.33	2.92	3.54	13.68	6.52	53.71
灰褐土	11.24	15.70	3.60	2.75	0.73	11.82	3.65	49.49
漠境盐土	1.70	24.12	2.86	8.96	3.20	1.76	3.51	46.11
灌漠土	1.79	11.85	2.51	4.36	3.08	12.69	0.53	36.82
黄棕壤	14.11	0.22	3.85	6.31	4.50	5.22	1.40	35.60
黑钙土	3.18	12.84	3.11	2.09	2.84	6.87	2.26	33.18
棕漠土	0.03	6.89	2.81	1.84	3.88	6.51	3.88	25.85
红黏土	2.67	8.11	2.33	2.51	0.97	4.60	0.53	21.73
栗褐土	1.10	17.99	0.32	0.00	1.01	0.14	0.44	21.00
粗骨土	3.45	6.31	2.61	1.41	1.10	3.07	0.94	18.89
棕壤	4.97	0.87	4.21	1.20	0.39	2.70	1.07	15.41
沼泽土	0.06	7.47	2.40	0.74	1.44	2.01	1.56	15.68
水稻土	0.87	1.24	1.77	4.05	2.61	2.58	0.38	13.49
林灌草甸土	0.56	4.41	4.07	0.93	0.69	1.42	0.53	12.61
黑毡土	1.00	1.81	0.47	0.80	0.22	3.38	4.63	12.32
灰棕漠土	0.12	5.56	1.49	0.34	0.92	2.33	0.84	11.59
草毡土	0.62	1.66	0.48	1.53	0.62	2.28	1.88	9.07
石质土	0.39	1.31	0.45	0.24	0.38	1.15	0.61	4.53
黄褐土	1.32	0.02	0.69	1.84	0.28	0.33	0.04	4.52
山地草甸土	0.66	1.34	0.46	0.22	0.06	0.95	0.09	3.79
暗棕壤	0.25	0.52	0.29	0.13	0.00	2.04	0.24	3.47
石灰（岩）土	0.89	0.07	0.46	0.34	0.19	0.77	0.06	2.79
黑土	0.00	0.09	0.91	0.23	0.00	1.17	0.00	2.39
龟裂土	0.00	0.34	0.03	0.00	0.46	0.60	0.56	1.98
寒钙土	0.37	0.13	0.11	0.05	0.40	0.27	0.40	1.73
紫色土	0.18	0.03	0.31	0.20	0.17	0.29	0.27	1.45
碱土	0.00	0.16	0.03	0.03	0.08	0.03	0.02	0.36
灰色森林土	0.04	0.06	0.00	0.00	0.00	0.00	0.02	0.11
冷钙土	0.00	0.00	0.00	0.00	0.00	0.10	0.00	0.10
寒漠土	0.00	0.00	0.03	0.00	0.00	0.06	0.00	0.08
泥炭土	0.00	0.01	0.00	0.00	0.00	0.00	0.02	0.04
亚高山草甸土	0.00	0.00	0.00	0.01	0.00	0.02	0.00	0.03

黄绵土质地构型以海绵型为主，面积为 160.28 万 hm^2，占该土类的 48.77%；其次为上松下紧型，面积为 63.77 万 hm^2，占 19.40%；第三是薄层型，面积为 34.30 万 hm^2，占 10.44%；其余类型面积均较小，依次为紧实型、松散型、夹层型和上紧下松型，分别占 9.85%、6.23%、3.7%和 1.59%。

栗钙土质地构型以海绵型为主，面积为 112.48 万 hm^2，占该土类的 56.58%；其余依次为薄层型、松散型、上松下紧型、夹层型、上紧下松型，面积分别为 23.70 万 hm^2、22.22 万 hm^2、16.31 万 hm^2、8.86 万 hm^2 和 8.36 万 hm^2，分别占 11.89%、11.14%、8.18%、4.44%和 4.19%。

潮土剖面质地构型以海绵型为主，面积为 76.65 万 hm^2，占该土类的 51.83%；其余依次为夹层型、上松下紧型、紧实型、松散型、上紧下松型、薄层型，面积分别为 17.44hm^2、16.31 万 hm^2、13.07 万 hm^2、9.69 万 hm^2、9.36hm^2、5.01 万 hm^2，分别占 11.8%、11.3%、7.3%、6.6%、6.33%和 3.38%。

褐土质地构型以上松下紧型和海绵型为主，面积分别为 49.25 万 hm^2 和 26.66 万 hm^2，占该土类的 37.04%和 20.1%；其余依次为紧实型、夹层型、薄层型、松散型和上紧下松型，面积分别为 21.95 万 hm^2、17.19 万 hm^2、10.91 万 hm^2、3.90 万 hm^2 和 3.9 万 hm^2，分别占 16.5%、12.9%、8.2%、6.3%、2.9%和 2.3%。

黑垆土质地构型以海绵型和上松下紧型为主，面积分别为 59.40 万 hm^2 和 29.84 万 hm^2，占该土类的 49.05%和 24.64%；其余依次为紧实型、夹层型、松散型，面积分别为 12.60 万 hm^2、7.68 万 hm^2、2.7 万 hm^2，分别占 9.1%、5.3%、2.22%。

草甸土质地构型以海绵型为主，面积为 36.26 万 hm^2，占该土类的 35.3%，其余依次为上松下紧型、紧实型、夹层型、松散型、薄层型，面积分别为 14.41 万 hm^2、13.87 万 hm^2、13.07 万 hm^2、7.40 万 hm^2、4.44 万 hm^2，分别占 14.0%、13.1%、12.9%、12.8%、7.2%、4.3%。

灰钙土质地构型面积以海绵型为主，面积为 46.16 万 hm^2，占该土类的 45.5%，其次为上松下紧型，面积为 20.01 万 hm^2，占 19.7%；其余依次为松散型、夹层型、紧实型、薄层型、上紧下松型，面积分别为 11.59 万 hm^2、7.80 万 hm^2、7.25 万 hm^2、4.94 万 hm^2、3.75 万 hm^2，分别占 11.4%、7.7%、5.5%、4.9%、3.7%。

灌淤土质地构型以海绵型为主，面积为 35.10 万 hm^2，占该土类的 42.5%；其余依次为上松下紧型、紧实型、松散型、上紧下松型、夹层型、薄层型，面积分别为 12.20 万 hm^2、10.35 万 hm^2、9.18 万 hm^2、7.55 万 hm^2、7.49 万 hm^2、0.90 万 hm^2，分别占 14.7%、12.5%、11.1%、9.1%、9.0%、1.1%。

草甸盐土质地构型以海绵型为主，面积为 31.04 万 hm^2，占该土类的 39.0%；其余依次为夹层型、紧实型、上松下紧型、上紧下松型、松散型、薄层型，面积分别为 11.84 万 hm^2、10.46 万 hm^2、9.37 万 hm^2、7.39 万 hm^2、6.91 万 hm^2、2.55 万 hm^2，分别占 16.9%、14.9%、11.8%、9.3%、8.7%、3.2%。

风沙土质地构型以海绵型和松散型为主，面积分别为 21.02 万 hm^2 和 14.16hm^2，分别占该土类的 28.1%和 18.9%，其余依次为夹层型、薄层型、上松下紧型、紧实型、上紧下松型，面积分别为 9.59 万 hm^2、8.54 万 hm^2、8.40 万 hm^2、7.39 万 hm^2、5.68 万 hm^2，分别占 12.8%、11.4%、11.2%、9.9%、7.6%。

灰漠土质地构型以海绵型和薄层型为主，面积分别为 24.12 万 hm^2 和 9.43 万 hm^2，分别占该土类的 38.99%和 15.25%；其余依次为上紧下松型、夹层型、上松下紧型、松散型，分别占 12.37%、12.07%、10.25%、2.4%。

棕钙土质地构型以海绵型为主，面积为 23.37 万 hm^2，占该土类的 37.81%；其次为松散型，面积为 12.23 万 hm^2，占 19.78%；其余依次为上松下紧型、上紧下松型、夹层型、薄层型，分别占 14.8%、14.47%、9.44%、2.99%。

新积土质地构型以海绵型和上松下紧型为主，面积分别为 18.82 万 hm^2 和 13.68 万 hm^2，分别占该土类 35.03%和 25.46%；其余依次为松散型、夹层型、上紧下松型、紧实型，分别占 12.13%、8.06%、6.59%、5.44%。

灰褐土质地构型面积以海绵型和上松下紧型为主，面积分别为 15.70 万 hm^2 和 11.82 万 hm^2，分别占 31.73%和 23.87%，其余依次为薄层型、松散型、夹层型和上紧下松型，分别占 22.71%、7.37%、7.26%、1.4%。

漠境盐土质地构型以海绵型为主，面积为 24.12 万 hm^2，占该土类的 52.3%；其次为紧实型，面积为 8.96 万 hm^2，占 19.43%；其余类型面积均较小，依次为松散型、上紧下松型、夹层型、薄层型，分别占 7.6%、6.9%、6.19%、3.69%。

灌漠土质地构型以上松下紧型和海绵型为主，面积分别为 12.69 万 hm^2 和 11.85 万 hm^2，分别占该土类的 34.47%和 32.18%，其余依次为紧实型、上紧下松型、夹层型、松散型，分别占 11.85%、8.36%、6.82%、1.4%。

黑钙土质地构型以海绵型和上松下紧型为主，面积分别为 12.84 万 hm^2 和 6.87 万 hm^2，分别占该土类的 38.69%和 20.69%；其余依次为薄层型、夹层型、上紧下松型，分别占 9.58%、9.35%、8.57%和 6.29%。

黄棕壤质地构型以薄层型为主，面积为 14.11 万 hm^2，占该土类的 39.6%；其余依次为紧实型、上松下紧、上紧下松型、海绵型，面积分别为 6.31 万 hm^2、5.22 万 hm^2、4.50 万 hm^2，分别占 17.71%、14.65%、12.64%、的 0.61%。

棕漠土质地构型以海绵型和上松下紧型为主，面积分别为 6.89 万 hm^2 和 6.51 万 hm^2，分别占 26.63%和 25.17%，其余依次为松散型、上紧下松型、夹层型、薄层型，分别占 15.02%、15.02%和 10.88%、0.12%。

红黏土质地构型以海绵型和上松下紧型为主，面积分别为 8.11 万 hm^2 和 4.60 万 hm^2，分别占该土类的 37.33%和 21.18%，其余依次为薄层型、紧实型、夹层型、上紧下松型，分别占 12.28%、11.54%、10.73%、4.44%。

三、不同质量等级上的质地构型分布

西北区不同耕地质量等级上的质地构型分布情况见表 6-36。

一等地的土壤质地构型以上松下紧型和海绵型为主，面积分别为 31.88hm^2 和 25.09hm^2，分别占该等地的 37.94%和 33.18%；其余依次为紧实型、上紧下松型、夹层型、松散型、薄层型，分别占 14.7%、11.0%、2.8%、0.28%、0.01%。

二等地的土壤质地构型以海绵型和上松下紧型为主，面积分别为 55.81 万 hm^2 和 37.6 万 hm^2，分别占该等地的 47.12%和 31.2%；其余类型面积均较小，依次为紧实型、夹层型、上紧下松型、松散型和薄层型，分别占 8.51%，5.8%、5.3%、1.7%和 0.41%。

三等地的土壤质地构型以海绵型和上松下紧为主，面积分别为 82.76 万 hm^2 和 35.50 万 hm^2，分别占该等地的 45.3%和 21.3%；其余依次为夹层型、紧实型、上紧下松型、松散型、薄层型，分别占 12.9%、10.55%、6.3%、2.8%、1.14%。

四等地的土壤质地构型以海绵型和上松下紧型为主，面积分别为 92.37 万 hm^2 和 53.42 万 hm^2，占该等级的 41.53%和 25.6%；其余依次为紧实型、夹层型、上紧下松型、松散型、薄层型，分别占 11.32%、9.6%、6.3%、7.2%、1.94%。

五等地的土壤质地构型以海绵型为主，面积为 114.13 万 hm^2，占该等地的 44.64.%；其次为上松下紧型，面积为 49.02 万 hm^2，占 19.17%；第三是夹层型，面积为 28.28 万 hm^2，占 10.8%；其余面积均较小，依次为紧实型、上紧下松型、薄层型、松散型，分别占 8.66%、7.00%、4.97%、4.48%。

六等地的土壤质地构型以海绵型为主，面积为 116.93 万 hm^2，占六等地的 40.14%；其次为上松下紧型，面积为 49.42 万 hm^2，占 16.96%；第三是紧实型，面积为 33.89 万 hm^2，占 11.63%；其余依次为夹层型、薄层型、上紧下松型、松散型，分别占 10.52%、8.19%、6.66%、5.89%。

七等地的土壤质地构型以海绵型为主，面积为 113.4 万 hm^2，占该等地的 39.80%；其余依次为上松下紧型、紧实型、薄层型、夹层型、松散型和上紧下松，面积分别为 47.3 万 hm^2、29.85 万 hm^2、28.72 万 hm^2、25.8 万 hm^2、23.5 万 hm^2 和 16.2 万 hm^2，分别占 16.6%、10.5%、10.07%、9.1%、8.2%和 5.7%。

八等地的土壤质地构型以海绵型、薄层型和上松下紧型为主，面积分别为 87.00 万 hm^2、30.79 万 hm^2 和 29.03 万 hm^2，分别占八级地的 38.57%、13.65%、13.87%；其余依次为松散型、夹层型、紧实型、上紧下松型，面积分别为、23.23 万 hm^2、22.56 万 hm^2、22.51 万 hm^2、10.38 万 hm^2，分别占 10.29%、10.00%、9.98%、4.61%。

九等地的土壤质地构型以海绵型、薄层型和松散型为主，面积分别为 56.49 万 hm^2、25.69 万 hm^2 和 24.31 万 hm^2，分别占该等地的 39.73%、18.06%和 17.1%；其余面积均较小，依次为上松下紧型、夹层型、上紧下松型、紧实型，分别占 8.6%、6.1%、5.3%、5.08%。

十等地的土壤质地构型以海绵型、松散型和薄层型为主，面积分别为 58.74 万 hm^2、45.42 万 hm^2 和 37.01 万 hm^2，分别占该等级的 36.27%、28.0%和 22.86%；其余类型面积均较小，依次为上松下紧型、紧实型、上紧下松型、夹层型，分别占 4.6%、3.51%、2.8%、1.9%。

表 6-36 西北区耕地质量等级上质地构型分布情况

质量等级	质地构型（万 hm^2）							总计（万 hm^2）
	薄层型	海绵型	夹层型	紧实型	上紧下松型	上松下紧型	松散型	
一等地	0.01	25.09	2.37	12.36	9.3	31.88	0.23	81.24
二等地	0.49	55.81	6.99	10.26	6.36	34.65	2.01	116.57
三等地	2.07	82.76	23.79	19.33	11.52	35.5	5.22	180.19
四等地	4.33	92.37	21.3	25.22	15.98	53.41	6.33	218.94

（续）

质量等级	质地构型（万 hm²）							总计（万 hm²）
	薄层型	海绵型	夹层型	紧实型	上紧下松型	上松下紧型	松散型	
五等地	12.71	114.13	28.28	22.15	17.89	49.02	11.46	255.64
六等地	23.86	116.93	30.66	33.89	19.39	49.42	17.17	291.32
七等地	28.72	113.19	25.87	29.85	16.24	44.04	23.5	281.41
八等地	30.79	87	22.56	22.51	10.38	29.03	23.22	225.49
九等地	25.69	56.49	8.61	7.22	7.56	12.14	24.31	142.02
十等地	37.01	58.74	3.11	5.69	4.62	7.45	45.42	162.04

第六节　耕层质地

肥沃的土壤不仅要求耕层的质地良好，还要求有良好的质地剖面。虽然土壤耕层质地主要决定于成土母质类型，有相对的稳定性，但耕作层的质地仍可通过耕作、施肥等活动进行调节。

一、耕层质地分布情况

（一）西北区的土壤耕层质地分布情况

西北区耕层土壤质地有壤土、黏土、黏壤土、砂土。其中壤土的面积最大，为 1 192.87 万 hm²，占西北区耕地的面积的 60.11%；其次是黏壤土和砂土分别为 413.48 万 hm² 和 183.55 万 hm²，占西北区耕地面积的 20.84%和 9.25%；最后是黏土，面积为 164.96 万 hm²，占西北区耕地的面积的 8.31%。西北区耕层质地分类面积见图 6-8。

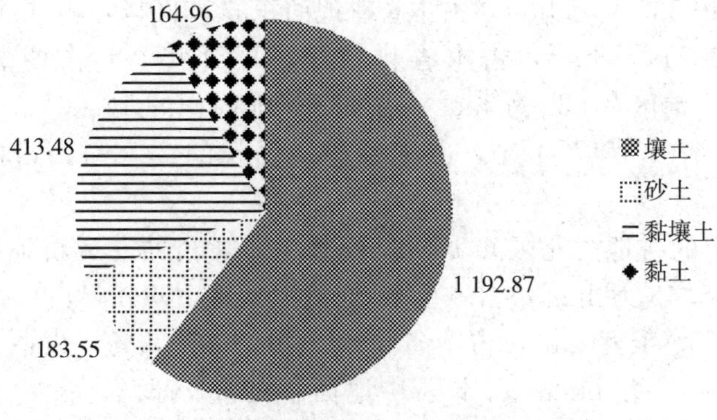

图 6-8　西北区耕层质地分类面积（万 hm²）

不同省份区域，土壤耕层质地分布也不同。其中，壤土在陕西省、甘肃省、新疆维吾尔自治区、内蒙古自治区、宁夏回族自治区和青海省六省（自治区）中所占面积最大，分别为 335.43 万 hm²、255.91 万 hm²、249.79 万 hm²、207.21 万 hm²、106.86 万 hm² 和 37.68 万 hm²，分别占西北区该质地土壤面积的 28.12%、21.45%、20.94%、17.37%、8.96% 和 3.16%（表 6-37）。

表 6-37 西北区各省（自治区）土壤耕层质地分级统计

省（自治区）名称	耕层质地	砂土	壤土	黏壤土	黏土
甘肃	耕地面积（万 hm^2）	21.71	255.91	247.59	7.73
	占本省耕地（%）	4.07	48.02	46.46	1.45
	占西北区该级别耕地（%）	11.83	21.45	59.88	4.68
内蒙古西部	耕地面积（万 hm^2）	61.27	207.21	27.03	26.16
	占本区耕地（%）	19.05	64.42	8.40	8.13
	占西北区该级别耕地（%）	33.38	17.37	6.54	15.86
宁夏	耕地面积（万 hm^2）	21.20	106.86	0.92	0.03
	占本区耕地（%）	16.43	82.83	0.71	0.03
	占西北区该级别耕地（%）	11.55	8.96	0.22	0.02
青海	耕地面积（万 hm^2）	1.77	37.68	18.11	1.25
	占本省耕地（%）	3.01	64.08	30.79	2.12
	占全区该级别耕地（%）	0.96	3.16	4.38	0.75
陕西	耕地面积（万 hm^2）	33.06	335.43	0.00	30.39
	占本省耕地（%）	8.29	84.09	0.00	7.62
	占西北区该级别耕地（%）	18.01	28.12	0.00	18.42
新疆	耕地面积（万 hm^2）	44.55	249.79	119.83	99.40
	占本区耕地（%）	8.67	48.64	23.33	19.36
	占西北区该级别耕地（%）	24.27	20.94	28.98	60.26

耕层质地为砂土的耕地西北区共 183.55 万 hm^2，占西北区耕地面积的 9.25%。其中内蒙古自治区 61.27 万 hm^2，占本区耕地面积的 19.05%，占西北区该等级面积的 33.38%；新疆维吾尔自治区 44.55 万 hm^2，占本区耕地面积的 8.67%，占西北区该等级面积的 24.27%；陕西省面积 33.06 万 hm^2，占本省耕地面积的 8.29%，占西北区该等级的面积的 18.01%；甘肃省 21.71 万 hm^2，占本省耕地面积的 4.07%，占西北区该等级面积的 11.83%；宁夏回族自治区 21.20 万 hm^2，占本区耕地面积的 16.43%，占西北区该等级面积的 11.55%；青海省 1.77 万 hm^2，占本省耕地面积的 3.01%，占西北区该等级面积的 0.96%。

耕层质地为壤土的耕地西北区共 1 192.87 万 hm^2，占西北区耕地的面积的 60.11%。其中陕西省面积 335.43 万 hm^2，占本省耕地面积的 84.09%，占西北区该等级面积的 28.12%；甘肃省 255.91 万 hm^2，占本省耕地面积的 48.02%，占西北区该等级面积的 21.45%；青海省 37.68 万 hm^2，占本区耕地面积的 64.08%，占西北区该等级面积的 3.16%；宁夏回族自治区 106.86 万 hm^2，占本区耕地面积 82.83%，占西北区该等级面积的 8.96%；新疆维吾尔自治区 249.79 万 hm^2，占本区耕地面积 48.64%，占西北区该等级面积的 20.94%；内蒙古自治区 207.21 万 hm^2，占本区耕地面积 64.42%，占西北区该等级面积的 17.37%。

耕层质地为黏壤土的耕地西北区共 413.48 万 hm^2，占西北区耕地的面积的 20.84%。其中甘肃省 247.59 万 hm^2，占本省耕地面积的 46.46%，占西北区该等级面积的

59.88%；青海省 18.11 万 hm^2，占本省耕地面积的 30.79%，占西北区该等级面积的 4.38%；宁夏回族自治区 0.92 万 hm^2，占本区耕地面积的 0.71%，占西北区该等级面积的 0.22%；新疆维吾尔自治区 119.83 万 hm^2，占本区耕地面积的 23.33%，占西北区该等级面积的 28.98%；内蒙古自治区 27.03 万 hm^2，占本区耕地面积的 8.40%，占西北区该等级面积的 6.54%。

耕层质地为黏土的耕地西北区共 164.96 万 hm^2，占西北区耕地的面积的 8.31%。其中陕西省面积 30.39 万 hm^2，占本省耕地面积的 7.62%，占西北区该等级的面积的 18.42%；甘肃省 7.73 万 hm^2，占本省耕地面积的 1.45%，占西北区该等级面积的 4.68%；青海省 1.25 万 hm^2，占本区耕地面积的 2.12%，占西北区该等级面积的 0.75%；宁夏回族自治区 0.03 万 hm^2，占本区耕地面积的 0.03%，占西北区该等级面积的 0.02%；新疆维吾尔自治区 99.40 万 hm^2，占本区耕地面积的 19.36%，占西北区该等级面积的 60.26%；内蒙古自治区 26.16 万 hm^2，占本区耕地面积的 8.13%，占西北区该等级面积的 15.86%。

（二）不同市（盟、州）的耕层质地分布情况

西北区各市、州的耕层质地分布相差很大。

壤土面积最大的在陕西省的榆林市和内蒙古自治区的乌兰察布市，面积分别为 75.79 万 hm^2 和 74.88 万 hm^2，分别占本省（自治区）壤土面积的 22.6%和 36.14%；其次为陕西省的渭南市，面积为 59.91 万 hm^2，占本省壤土面积的 17.86%；青海省的果洛藏族自治州，壤土面积最小，仅为 0.06 万 hm^2，占青海省壤土面积的 0.16%。

甘肃省的陇南和定西市黏壤土面积较大，分别为 50.95 万 hm^2 和 40.62 万 hm^2，分别占甘肃省壤土面积的 20.58%和 16.41%；其次是甘肃省的庆阳市、天水市和新疆维吾尔自治区的伊犁哈萨克自治州，面积分别为 36.92 万 hm^2、36.52 万 hm^2 和 32.96 万 hm^2，分别占本省（自治区）黏壤土面积的 14.91%、14.75%和 27.5%；甘肃省的嘉峪关市、内蒙古自治区西部的阿拉善盟、青海省的果洛藏族自治州和玉树藏族自治州以及新疆维吾尔自治区的图木舒克市和五家渠市等黏壤土的面积都比较小，均小于 0.001 万 hm^2；陕西省几乎没有黏壤土。

砂土在内蒙古自治区的鄂尔多斯市、乌兰察布市，陕西省的安康市、榆林市和甘肃省的武威市都有较大面积的分布，面积分别为 14.37 万 hm^2、13.62 万 hm^2 和 12.60 万 hm^2、11.72 万 hm^2 和 11.31 万 hm^2，分别占本省（自治区）黏壤土面积的 23.46%、22.23%、38.11%、35.45%和 52.11%；其次是内蒙古自治区的巴彦淖尔市、宁夏回族自治区的吴忠市、新疆维吾尔自治区的塔城地区，面积分别为 9.70 万 hm^2、9.61 万 hm^2 和 8.40 万 hm^2，分别占本省（自治区）黏壤土面积的 15.83%、45.35%和 18.86%；其他各州市面积都较小，在 0.05 万～7.58 万 hm^2 之间。

黏土在内蒙古自治区的巴彦淖尔市、新疆维吾尔自治区的阿克苏地区、塔城地区、喀什地区面积较大，分别为 18.77 万 hm^2、16.91 万 hm^2、16.24 万 hm^2 和 13.98 万 hm^2，分别占本省（自治区）黏壤土面积的 71.76%、17.01%、16.34%和 14.07%；其次是新疆维吾尔自治区的昌吉回族自治州、陕西省咸阳市和新疆维吾尔自治区巴音郭楞蒙古自治州，面积分别为 9.78 万 hm^2、9.04 万 hm^2 和 7.66 万 hm^2，分别占本省（自治区）黏土面积的 9.84%、29.73%和 7.71%；其他市区面黏土积都较小（表 6-38）。

表 6-38　西北区各省（自治区）辖市（地）耕层质地分布情况统计

省（自治区）名称	省辖市	耕层质地								总计
		砂土（万 hm^2）	比例（%）	壤土（万 hm^2）	比例（%）	黏壤土（万 hm^2）	比例（%）	黏土（万 hm^2）	比例（%）	
甘肃	白银市	1.59	7.33	38.43	15.02	11.79	4.76	—	—	51.81
	定西市	—	—	37.79	14.77	40.62	16.41	1.13	14.67	79.54
	甘南藏族自治州	—	—	8.36	3.27	2.47	1.00	2.45	31.73	13.28
	嘉峪关市	0.06	0.27	0.62	0.24	—	—	—	—	0.68
	金昌市	1.84	8.50	8.30	3.24	0.97	0.39	—	—	11.11
	酒泉市	2.59	11.95	21.04	8.22	2.27	0.92	—	—	25.90
	兰州市	0.05	0.21	19.45	7.60	8.86	3.58	—	—	28.36
	临夏州	—	—	5.13	2.00	22.22	8.98	—	—	27.35
	陇南市	0.62	2.87	3.93	1.54	50.95	20.58	0.24	3.13	55.75
	平凉市	—	—	20.08	7.85	19.87	8.02	0.04	0.45	39.98
	庆阳市	—	—	32.28	12.61	36.92	14.91	0.25	3.25	69.45
	天水市	—	—	13.23	5.17	36.52	14.75	3.61	46.76	53.36
	武威市	11.31	52.11	23.85	9.32	9.02	3.64	—	—	44.17
	张掖市	3.64	16.78	23.42	9.15	5.11	2.07	—	—	32.17
甘肃省汇总		21.71	100.00	255.91	100.00	247.59	100.00	7.73	100.00	532.93
内蒙古西部	阿拉善盟	2.26	3.69	1.85	0.90	—	—	0.46	1.76	4.58
	巴彦淖尔市	9.70	15.83	34.57	16.68	7.19	26.61	18.77	71.76	70.23
	包头市	5.10	8.32	27.01	13.03	6.51	24.09	4.15	15.87	42.77
	鄂尔多斯市	14.37	23.46	20.35	9.82	4.47	16.52	1.51	5.79	40.71
	呼和浩特市	8.38	13.68	41.92	20.23	5.35	19.78	0.89	3.39	56.53
	乌海市	0.27	0.44	0.49	0.24	0.12	0.44	—	—	0.88
	乌兰察布市	13.62	22.23	74.88	36.14	2.88	10.64	—	—	91.38
	锡林郭勒盟	7.58	12.36	6.13	2.96	0.52	1.92	0.37	1.42	14.60
内蒙古自治区西部汇总		61.27	100.00	207.21	100.00	27.03	100.00	26.16	100.00	321.68
宁夏	固原市	0.23	1.08	40.27	37.69	0.50	54.54	—	—	41.00
	石嘴山市	1.27	5.99	7.12	6.66	0.05	5.01	—	—	8.43
	吴忠市	9.61	45.35	24.71	23.12	0.19	20.83	—	—	34.51
	银川市	4.18	19.70	10.10	9.46	0.12	12.81	0.03	100.02	14.43
	中卫市	5.91	27.89	24.65	23.07	0.06	6.82	—	—	30.63
宁夏回族自治区汇总		21.20	100.00	106.86	100.00	0.92	100.00	0.03	100.02	129.01
青海	果洛藏族自治州	—	—	0.06	0.16	—	—	—	—	0.06
	海北藏族自治州	—	—	2.90	7.70	2.36	13.02	—	—	5.26
	海东市	—	—	17.44	46.27	5.56	30.72	0.10	8.08	23.10
	海南藏族自治州	1.36	76.68	6.30	16.71	0.42	2.34	0.25	19.85	8.32
	海西蒙古藏族自治州	0.32	18.06	2.61	6.93	0.89	4.91	0.15	12.37	3.97

（续）

省(自治区)名称	省辖市	耕层质地								总计
		砂土（万 hm^2）	比例（%）	壤土（万 hm^2）	比例（%）	黏壤土（万 hm^2）	比例（%）	黏土（万 hm^2）	比例（%）	
青海	黄南藏族自治州	—	—	0.75	1.99	0.54	2.96	0.33	26.17	1.61
	西宁市	0.09	5.27	6.31	16.76	8.34	46.04	0.42	33.52	15.16
	玉树藏族自治州	—	—	1.31	3.48	—	—	—	—	1.31
青海省汇总		1.77	100.00	37.68	100.00	18.11	100.00	1.24	100.00	58.80
陕西	安康市	12.60	38.11	8.38	2.50	—	—	4.01	13.21	24.99
	宝鸡市	1.61	4.87	34.52	10.29	—	—	2.91	9.59	39.04
	汉中市	1.28	3.87	20.22	6.03	—	—	6.37	20.95	27.87
	商洛市	3.06	9.26	11.62	3.46	—	—	2.77	9.12	17.45
	铜川市	—	—	6.27	1.87	—	—	0.42	1.37	6.69
	渭南市	1.52	4.59	59.91	17.86	—	—	1.29	4.23	62.72
	西安市	1.21	3.65	34.50	10.28	—	—	3.21	10.56	38.91
	咸阳市	0.07	0.21	41.69	12.43	—	—	9.04	29.73	50.79
	延安市	—	—	42.53	12.68	—	—	—	—	42.53
	榆林市	11.72	35.45	75.79	22.60	—	—	0.38	1.24	87.89
陕西省汇总		33.06	100.00	335.43	100.00	—	—	30.39	100.00	398.87
新疆	阿克苏地区	1.84	4.13	35.32	14.14	11.81	9.85	16.91	17.01	65.87
	阿拉尔市	0.13	0.28	8.59	3.44	0.72	0.60	1.38	1.39	10.82
	阿勒泰地区	0.69	1.55	12.61	5.05	3.31	2.76	8.23	8.28	24.84
	巴音郭楞蒙古自治州	5.80	13.02	19.34	7.74	3.82	3.19	7.66	7.71	36.62
	博尔塔拉蒙古自治州	1.42	3.19	7.52	3.01	2.23	1.86	7.50	7.54	18.67
	昌吉回族自治州	6.57	14.75	41.18	16.49	16.47	13.74	9.78	9.84	74.00
	哈密地区	0.46	1.04	6.76	2.71	0.92	0.77	1.80	1.81	9.94
	和田地区	2.88	6.47	6.00	2.40	8.80	7.35	3.87	3.89	21.55
	喀什地区	7.16	16.08	28.25	11.31	19.83	16.54	13.98	14.07	69.22
	克拉玛依市	—	—	5.24	2.10	0.56	0.47	0.53	0.53	6.33
	克孜勒苏柯尔克孜自治州	0.52	1.16	2.23	0.89	1.41	1.17	1.39	1.40	5.55
	石河子市	—	—	1.02	0.41	0.60	0.50	0.49	0.50	2.11
	塔城地区	8.40	18.86	41.12	16.46	14.03	11.71	16.24	16.34	79.79
	图木舒克市	0.30	0.67	4.16	1.66	—	—	1.06	1.07	5.52
	吐鲁番地区	0.36	0.81	2.80	1.12	0.19	0.16	2.46	2.48	5.81
	乌鲁木齐市	1.10	2.48	6.33	2.53	2.19	1.83	0.56	0.56	10.18
	五家渠市	—	—	2.29	0.92	—	—	—	—	2.29
	伊犁哈萨克自治州	6.91	15.51	19.03	7.62	32.96	27.50	5.56	5.59	64.46
新疆维吾尔自治区汇总		44.55	100.00	249.79	100.00	119.83	100.00	99.40	100.00	513.57
总计		183.55		1 192.87		413.48		164.96		1 954.86

（三）不同土壤类型的耕层质地分布情况

1. 西北区不同土类的耕层质地水平分布情况 从表 6-39 可以看出，壤土在黄绵土和栗钙土中分布面积广，分别为 278.85 万 hm^2 和 132.05 万 hm^2，分别占西北区壤土面积的 23.21%和 11.07%；其次在褐土、潮土、灰钙土和盐土的面积也较大，分别为 77.90 万 hm^2、76.37 万 hm^2、71.87 万 hm^2 和 63.58 万 hm^2，分别占西北区壤土面积的 6.53%、6.40%、6.03%和 5.33%；草甸土、灌淤土、黑垆土、棕钙土、灰漠土、新积土和风沙土中分布也较广，面积分别为 45.62 万 hm^2、43.96 万 hm^2、39.27 万 hm^2、36.05hm^2、35.98 万 hm^2、35.76 万 hm^2 和 31.32 万 hm^2，分别占西北区壤土面积的 3.83%、3.69%、3.29%、3.02%、3.02%、3.00%和 2.63%；在半固定、草甸栗等土类中有少量分布。

砂土主要分布在风沙土和栗钙土中，分别为 32.45 万 hm^2 和 31.83 万 hm^2，分别占西北区砂土面积的 17.68%和 17.34%；其次分布在潮土、灰钙土、黄棕壤、盐土中，面积分别为 16.97 万 hm^2、11.01 万 hm^2、10.81 万 hm^2 和 10.71 万 hm^2，分别占西北区砂土面积的 9.25%、6.00%、5.89%和 5.83%；在其他土类中都分布较小。

黏壤土在黑垆土、褐土和黄绵土中分布较大，面积分别为 77.13 万 hm^2、43.50 万 hm^2 和 40.26 万 hm^2，分别占西北区黏壤土面积的 18.65%、10.52%和 9.74%；其次分布于潮土、栗钙土、灰褐土和草甸土中，面积分别为 34.80 万 hm^2、33.86 万 hm^2、27.61 万 hm^2 和 20.56 万 hm^2，分别占西北区黏壤土面积的 8.42%、8.19%、6.68%和 4.97%；草原土及钙质灰等土类中分布较小。

黏土主要分布在盐土中，面积为 21.35 万 hm^2，占西北区黏土面积的 12.94%；潮土、灌淤土、草甸土和棕钙土也有较大的面积分布，面积分别为 19.75 万 hm^2、16.62 万 hm^2、14.73 万 hm^2 和 13.58 万 hm^2，分别占西北区黏土面积的 11.97%、10.08%、8.93%和 8.24%；其他土类中分布较小。

表 6-39 西北区不同土类耕层质地面积统计

土类	耕层质地（万 hm^2）				总计（万 hm^2）
	砂土	壤土	黏壤土	黏土	
草甸土	9.91	57.36	20.74	14.73	102.75
潮土	16.97	76.37	34.80	19.75	147.89
粗骨土	2.40	10.80	0.24	2.14	15.58
风沙土	32.45	31.32	6.08	4.91	74.76
灌漠土	1.34	29.34	2.42	3.73	36.82
灌淤土	8.66	43.87	13.66	16.58	82.77
褐土	1.77	77.90	43.50	9.76	132.94
黑钙土	1.44	15.58	15.58	0.57	33.16
黑垆土	0.44	39.27	77.13	4.25	121.09
红黏土	0.30	10.93	9.51	0.97	21.73
黄绵土	6.93	276.85	40.26	4.61	328.66
黄棕壤	10.81	17.71	0.69	6.39	35.60

（续）

土类	耕层质地（万 hm²）				总计（万 hm²）
	砂土	壤土	黏壤土	黏土	
灰钙土	11.01	71.87	18.17	0.43	101.49
灰褐土	1.79	19.17	27.61	0.92	49.49
灰漠土	5.94	35.98	8.32	11.61	61.85
灰棕漠土	0.36	9.08	1.43	0.72	11.59
栗钙土	31.81	131.56	32.26	3.76	199.39
栗褐土	1.00	19.24	0.77	0.00	21.00
林灌草甸土	0.69	6.90	3.01	2.01	12.61
水稻土	0.92	9.25	0.75	2.57	13.49
新积土	7.55	35.76	8.43	1.97	53.71
漠境盐土	6.03	24.90	5.06	10.18	46.18
黑毡土	0.14	9.62	2.42	0.14	12.32
草甸盐土	6.19	45.71	14.50	13.04	79.44
沼泽土	1.85	8.51	3.34	1.99	15.68
棕钙土	6.99	36.06	5.19	13.58	61.82
棕漠土	1.31	13.16	2.57	8.80	25.85
棕壤	1.79	3.73	8.24	1.66	15.41
其他土类	4.76	25.05	6.79	3.17	39.76
合计	183.55	1 192.86	413.48	164.96	1 954.84

2. 西北区各省（自治区）不同土类耕层质地分布情况　各省（自治区）耕层质地在土壤类型的分布情况也不同，由表 6-40 可以看出，壤土在陕西省的黄绵土中分布最多，面积为 143.23 万 hm²，占陕西省壤土面积的 42.70%，占西北区壤土面积的 12.01%；砂土在内蒙古区自治区西部的栗钙土中分布最多，为 27.45 万 hm²，占内蒙古区自治区西部砂土面积的 44.81%，占西北区砂土面积的 14.96%；黏土在新疆维吾尔自治区的草甸土中分布最多，面积为 14.73 万 hm²，占新疆维吾尔自治区黏土面积的 14.82%，占西北区黏土面积的 8.93%；黏壤土在甘肃省的黑垆土中分布最多，为 76.99 万 hm²，占甘肃省黏壤土面积的 31.10%，占西北区黏壤土面积的 18.62%。

表 6-40　西北区各省（自治区）不同土类耕层质地面积统计

省（自治区）名称	土类	耕层质地（万 hm²）				总计（万 hm²）
		砂土	壤土	黏壤土	黏土	
甘肃	草甸土	0.86	14.68	0.31	0.00	15.84
	潮土	0.08	0.92	4.51	0.00	5.51
	粗骨土	0.33	0.01	0.10	0.00	0.43
	风沙土	14.80	4.96	0.44	0.00	20.19
	灌漠土	0.82	22.96	0.72	0.00	24.50
	灌淤土	0.05	1.72	0.04	0.00	1.81

（续）

省（自治区）名称	土类	耕层质地（万 hm^2）				总计（万 hm^2）
		砂土	壤土	黏壤土	黏土	
甘肃	褐土	0.06	1.71	43.50	0.94	46.22
	黑钙土	0.02	4.88	2.80	0.01	7.71
	黑垆土	0.00	11.56	76.99	2.97	91.52
	红黏土	0.00	1.00	9.51	0.04	10.55
	黄绵土	0.00	84.88	39.96	0.71	125.55
	黄棕壤	0.00	0.00	0.69	0.00	0.69
	灰钙土	0.92	59.78	3.68	0.00	64.37
	灰褐土	0.09	8.91	26.84	0.67	36.51
	灰漠土	0.20	2.99	1.95	0.00	5.15
	灰棕漠土	0.23	6.09	0.09	0.00	6.41
	栗钙土	0.13	4.04	13.01	0.00	17.17
	林灌草甸土	0.00	0.05	0.64	0.00	0.69
	水稻土	0.00	0.44	0.14	0.00	0.58
	新积土	0.02	2.92	7.82	0.22	10.97
	黑毡土	0.05	5.62	0.49	0.03	6.19
	草甸盐土	0.25	4.24	0.92	0.00	5.40
	沼泽土	0.03	0.03	0.06	0.00	0.11
	棕钙土	0.05	0.04	0.00	0.00	0.09
	棕漠土	0.11	3.36	0.04	0.00	3.51
	棕壤	0.15	0.40	8.24	1.01	9.80
	其他土类	2.39	7.83	4.07	1.16	15.45
内蒙古西部	草甸土	1.92	4.30	0.20	0.00	6.42
	草甸盐土	0.29	0.78	0.14	0.71	1.91
	潮土	7.28	25.30	9.22	4.66	46.46
	粗骨土	0.01	1.14	0.14	0.38	1.68
	风沙土	8.35	10.86	3.55	2.02	24.77
	灌淤土	2.95	10.72	2.15	8.59	24.41
	褐土	0.38	0.41	0.00	0.00	0.79
	黑钙土	0.00	0.08	0.00	0.00	0.08
	黄绵土	1.72	0.60	0.00	0.00	2.32
	灰钙土	0.03	0.38	0.00	0.00	0.40
	灰褐土	1.41	5.87	0.42	0.02	7.72
	灰漠土	0.32	0.84	0.00	0.00	1.16
	灰棕漠土	0.00	0.47	0.00	0.00	0.47
	栗钙土	27.45	98.89	6.39	0.78	133.51

（续）

省（自治区）名称	土类	耕层质地（万 hm^2）				总计（万 hm^2）
		砂土	壤土	黏壤土	黏土	
内蒙古西部	栗褐土	1.00	19.24	0.77	0.00	21.00
	林灌草甸土	0.00	0.08	0.00	0.00	0.08
	新积土	0.30	2.20	0.14	0.00	2.64
	漠境盐土	5.39	21.02	3.80	8.99	39.20
	棕钙土	2.40	3.26	0.12	0.00	5.78
	其他土类	0.06	0.80	0.00	0.00	0.86
宁夏	草甸盐土	0.66	2.76	0.02	0.00	3.44
	潮土	1.45	3.04	0.09	0.00	4.57
	粗骨土	0.28	0.08	0.00	0.00	0.36
	风沙土	3.83	1.49	0.01	0.00	5.34
	灌淤土	1.23	17.53	0.22	0.03	19.01
	黑垆土	0.12	14.99	0.13	0.00	15.25
	红黏土	0.00	0.35	0.00	0.00	0.35
	黄绵土	0.52	48.14	0.30	0.00	48.97
	灰钙土	7.47	7.26	0.00	0.00	14.73
	灰褐土	0.28	3.40	0.11	0.00	3.79
	漠境盐土	0.32	0.15	0.00	0.00	0.47
	新积土	4.95	7.25	0.01	0.00	12.21
	沼泽土	0.02	0.08	0.00	0.00	0.10
	其他土类	0.05	0.34	0.03	0.00	0.41
青海	风沙土	0.00	0.15	0.00	0.05	0.21
	灌淤土	0.09	0.00	0.04	0.00	0.13
	黑钙土	0.07	9.86	6.12	0.05	16.09
	灰钙土	0.00	0.33	0.61	0.05	0.99
	灰褐土	0.00	0.92	0.22	0.20	1.34
	灰棕漠	0.00	0.84	0.03	0.00	0.87
	栗钙土	1.26	11.82	6.21	0.56	19.85
	黑毡土	0.07	4.00	1.93	0.11	6.12
	漠境盐土	0.08	0.35	0.32	0.03	0.77
	草甸盐土	0.07	0.32	0.27	0.02	0.68
	沼泽土	0.10	0.31	0.00	0.00	0.41
	棕钙土	0.00	1.19	0.05	0.00	1.25
	其他土类	0.11	7.47	2.33	0.14	10.06
陕西	潮土	1.72	13.91	0.00	0.71	16.34
	粗骨土	1.77	9.58	0.00	1.75	13.11

（续）

省（自治区）名称	土类	耕层质地（万 hm^2）				总计（万 hm^2）
		砂土	壤土	黏壤土	黏土	
陕西	风沙土	4.02	8.03	0.00	0.03	12.09
	褐土	1.33	75.78	0.00	8.82	85.93
	黑垆土	0.31	12.72	0.00	1.29	14.32
	红黏土	0.30	9.58	0.00	0.94	10.82
	黄绵土	4.69	143.23	0.00	3.91	151.83
	黄棕壤	10.81	17.71	0.00	6.39	34.91
	灰钙土	0.14	0.74	0.00	0.00	0.88
	栗钙土	0.48	0.55	0.00	0.00	1.04
	水稻土	0.80	7.53	0.00	2.50	10.82
	新积土	2.28	22.85	0.00	1.59	26.71
	草甸盐土	0.07	1.15	0.00	0.00	1.22
	沼泽土	0.57	0.52	0.00	0.01	1.10
	棕壤	1.65	3.32	0.00	0.64	5.61
	其他土类	2.11	8.20	0.00	1.82	12.13
新疆	草甸土	7.14	38.39	20.22	14.73	80.48
	潮土	6.44	33.21	20.98	14.37	75.01
	风沙土	1.45	5.82	2.09	2.81	12.16
	灌漠土	0.51	6.38	1.70	3.73	12.32
	灌淤土	4.34	13.89	11.21	7.96	37.40
	黑钙土	1.35	0.77	6.65	0.51	9.28
	黑毡土	0.01	0.00	0.00	0.00	0.01
	灰钙土	2.46	3.38	13.88	0.39	20.12
	灰褐土	0.00	0.07	0.02	0.03	0.12
	灰漠土	5.42	32.14	6.37	11.61	55.54
	灰棕漠土	0.13	1.69	1.30	0.72	3.84
	栗钙土	2.49	16.26	6.65	2.41	27.82
	林灌草甸土	0.69	6.78	2.36	2.01	11.84
	漠境盐土	0.24	3.38	0.95	1.16	5.73
	水稻土	0.13	1.28	0.62	0.07	2.09
	新积土	0.00	0.54	0.47	0.16	1.18
	草甸盐土	4.85	36.47	13.16	12.31	66.78
	沼泽土	1.13	7.57	3.28	1.98	13.96
	棕钙土	4.53	31.56	5.02	13.58	54.70
	棕漠土	1.20	9.80	2.53	8.80	22.34
	其他土类	0.03	0.41	0.36	0.05	0.85
总计		183.55	1 192.86	413.48	164.96	1 954.84

（四）不同地貌类型耕层质地

1. 西北区不同地貌类型的耕层质地 壤土在冲积平原、洪积平原、黄土峁梁、中山和黄土塬中分布最多，面积分别为 228.08 万 hm^2、196.45 万 hm^2、175.84 万 hm^2、138.48 万 hm^2 和 135.91 万 hm^2，分别占西北区壤土面积的 19.12%、16.47%、14.74%、11.61% 和 11.39%，风蚀地和极高山中壤土面积最小，分别为 0.16 万 hm^2 和 0.03 万 hm^2，分别占西北区壤土面积的 0.01%和 0.003%砂土在冲积平原和洪积平原中分布面积也较大，分别为 44.36 万 hm^2 和 37.81 万 hm^2，分别占西北区砂土面积的 24.17%和 20.60%，其次在中山和高平原中分布也较广，面积分别为 15.60 万 hm^2 和 14.99 万 hm^2，分别占西北区砂土面积的 8.50%和 8.17%，在黄土墹和风蚀地中分布面积最小。中山中黏壤土最多，面积为 140.97 万 hm^2，分别占西北区黏壤土面积的 34.09%，其次冲积平原和黄土峁梁中分布也较广，面积分别为 84.06 万 hm^2 和 47.82 万 hm^2，分别占西北区黏壤土面积的 20.33%和 11.57%，河谷和低山中分布最小。黏土也在冲积平原和洪积平原分布面积大，为 62.28 万 hm^2 和 39.70 万 hm^2，分别占西北区黏土面积的 37.75%和 24.06%，分布面积最小的是黄土墹和极高山（表 6-41）。

表 6-41 西北区不同地貌类型耕层质地统计

地貌类型	耕层质地（万 hm^2）				合计（万 hm^2）
	砂土	壤土	黏壤土	黏土	
半固定沙地	6.40	7.90	2.15	2.67	19.12
冲积平原	44.36	228.08	84.06	62.28	418.78
低阶地	10.78	45.19	12.23	5.51	73.71
低丘陵	8.73	33.57	6.75	0.63	49.67
低山	2.44	6.40	—	1.14	9.97
低台地	4.80	20.17	3.74	4.27	32.97
风蚀地	—	0.16	0.05	0.23	0.44
高阶地	0.86	20.67	4.75	2.18	28.45
高平原	14.99	74.86	23.55	2.25	115.64
高丘陵	5.85	24.69	3.09	0.89	34.53
高山	0.01	1.97	0.66	0.15	2.80
高台地	3.73	19.22	5.01	2.96	30.92
固定沙地	9.85	9.79	1.93	1.19	22.76
河谷	0.06	0.28	—	0.04	0.38
河漫滩	3.89	26.54	10.33	6.69	47.44
洪积平原	37.81	196.45	40.45	39.70	314.40
黄土墹	—	3.06	0.11	—	3.17
黄土峁梁	5.15	175.84	47.82	1.97	230.78
黄土坪	0.63	9.49	1.09	0.06	11.27

（续）

地貌类型	耕层质地（万 hm^2）				合计（万 hm^2）
	砂土	壤土	黏壤土	黏土	
黄土塬	4.57	135.91	22.03	11.65	174.16
极高山	—	0.03	—	—	0.03
流动沙地	1.61	1.16	0.36	0.09	3.22
其他平原	1.46	12.96	2.35	2.79	19.56
中山	15.60	138.48	140.97	15.63	310.67
总计	183.55	1 192.87	413.48	164.96	1 954.86

2. 不同地貌类型耕层质地区域差异 从各省（自治区）的耕层质地分布情况看，新疆维吾尔自治区的冲积平原和洪积平原地貌类型中，四种土壤质地的面积都较大。其中壤土面积为 138.36 万 hm^2 和 62.78 万 hm^2，分别占新疆维吾尔自治区壤土面积的 55.39%和 25.13%；砂土面积都为 22.51 万 hm^2，占新疆维吾尔自治区砂土面积的 50.54%；黏壤土为 62.07 万 hm^2 和 29.24 万 hm^2，分别占新疆维吾尔自治区黏壤土面积的 51.80%和 24.40%；黏土为 47.16 万 hm^2 和 33.06 万 hm^2，分别占新疆维吾尔自治区黏土面积的 47.45%和 33.25%。

甘肃省的中山和黄土峁梁中壤土和黏壤土面积较大。其中，壤土有 65.22 万 hm^2 和 58.25 万 hm^2，分别占甘肃省壤土面积的 25.46%和 22.74%；黏壤土为 130.71 万 hm^2 和 45.43 万 hm^2，分别占甘肃省黏壤土面积的 52.79%和 18.35%。砂土在冲积平原中分布最大为 8.67 万 hm^2，占甘肃省砂土面积的 40.54%；其次分布于洪积平原 4.53 万 hm^2，占甘肃省砂土面积的 21.17%。黏土在中山中分布最大为 6.01 万 hm^2，占甘肃省砂土面积的 77.65%。

内蒙古自治区西部的壤土在洪积平原中分布最大，面积为 51.07 万 hm^2，占内蒙古自治区西部壤土面积的 24.65%；其次是高平原中面积为 42.65 万 hm^2，占内蒙古自治区西部壤土面积的 20.58%。砂土在洪积平原和高平原中分布较大，面积分别为 11.82 万 hm^2 和 10.65 万 hm^2，占内蒙古自治区西部砂土面积的 19.29%和 17.39%。黏壤土在冲积平原中分布最大，面积为 10.63 万 hm^2，占内蒙古自治区西部黏壤土面积的 39.31%。黏土在冲积平原中分布最大，面积为 13.81 万 hm^2，占内蒙古自治区西部黏土面积的 52.79%；其次是洪积平原面积为 6.01 万 hm^2，占内蒙古自治区西部黏土面积的 22.99%。

宁夏回族自治区的壤土在黄土峁梁和冲积平原中分布最多，面积分别为 33.35 万 hm^2 和 24.48 万 hm^2，分别占宁夏回族自治区壤土面积的 31.21%和 22.90%。砂土在洪积平原分布面积最大为都有 7.50 万 hm^2，占宁夏回族自治区砂土面积的 35.40%。黏壤土在黄土峁梁中分布最大为 0.32 万 hm^2，占宁夏回族自治区黏壤土面积的 34.33%；其次在冲积平原中面积为 0.24 万 hm^2，占宁夏回族自治区黏壤土面积的 25.51%。

青海省的壤土在中山中分布最大为 15.91 万 hm^2，占青海省壤土面积的 42.56%；其次在冲积平原中分布面积为 5.99 万 hm^2，占青海省壤土面积的，16.02%。砂土在高台地中分布面积最大为都有 0.51 万 hm^2，占青海省砂土面积的 24.27%；其次在洪积平原中分布面积为 0.46 万 hm^2，占青海省砂土面积的 22.03%。黏壤土在中山中分布最大为 9.20 万

hm²，占青海省黏壤土面积的 50.84%。黏土在中山中分布最大为 0.50 万 hm²，占青海省黏土面积的 40.36%。

陕西省的壤土在黄土塬和黄土峁梁中分布最大，面积分别为 96.26 万 hm² 和 76.56 万 hm²，分别占陕西省壤土面积的 28.70%和 22.82%；砂土在中山中分布最大，面积分别为 13.23 万 hm²，占陕西省砂土面积的 40.04；黏土在黄土塬和中山中分布较大，面积分别为 11.41 万 hm² 和 8.81 万 hm²，分别占陕西省黏土面积的 37.54%和 29.00%（表 6-42）。

表 6-42　西北区各省（自治区）不同地貌类型耕层质地统计

省（自治区）名称	地貌类型	耕层质地（万 hm²）								合计（万 hm²）
		砂土	比例	壤土	比例	黏壤土	比例	黏土	比例	
甘肃	半固定沙地	0.72	3.35	0.65	0.25	0.17	0.07	—	—	1.54
	冲积平原	8.67	40.54	23.69	9.25	8.64	3.49	0.14	1.78	41.14
	低阶地	2.76	12.89	7.56	2.95	5.10	2.06	0.09	1.17	15.51
	低丘陵	0.20	0.96	1.64	0.64	2.66	1.08	—	—	4.50
	低台地	0.96	4.48	2.88	1.12	0.54	0.22	—	—	4.38
	风蚀地	—	—	0.04	0.02	—	—	—	—	0.04
	高阶地	—	—	1.06	0.42	2.58	1.04	—	—	3.64
	高平原	0.17	0.80	16.19	6.32	20.30	8.20	0.82	10.61	37.49
	高丘陵	0.15	0.71	4.04	1.58	2.00	0.81	0.01	0.11	6.20
	高山	—	—	0.25	0.10	0.03	0.01	0.06	0.80	0.34
	高台地	0.18	0.86	3.53	1.38	1.06	0.43	—	—	4.78
	固定沙地	1.22	5.72	0.26	0.10	0.01	—	—	—	1.50
	河漫滩	0.31	1.45	2.31	0.90	1.75	0.71	0.04	0.53	4.42
	洪积平原	4.53	21.17	45.53	17.77	5.68	2.30	—	—	55.74
	黄土墹	—	—	0.47	0.18	0.11	0.04	—	—	0.58
	黄土峁梁	0.18	0.85	58.25	22.74	45.43	18.35	0.48	6.22	104.35
	黄土坪	—	—	0.99	0.38	0.59	0.24	—	—	1.58
	黄土塬	—	—	21.25	8.29	18.48	7.46	0.08	1.09	39.82
	流动沙地	0.61	2.87	0.18	0.07	0.02	0.01	—	—	0.81
	其他平原	—	—	0.21	0.08	1.72	0.70	—	—	1.93
	中山	0.72	3.37	65.22	25.46	130.71	52.79	6.01	77.68	202.65
内蒙古西部	半固定沙地	2.47	4.03	2.24	1.08	0.54	1.98	0.19	0.71	5.43
	冲积平原	8.85	14.44	28.12	13.57	10.63	39.31	13.81	52.79	61.41
	低阶地	3.91	6.37	6.49	3.13	2.39	8.84	1.88	7.19	14.67
	低丘陵	7.47	12.19	24.91	12.02	2.38	8.80	0.02	0.08	34.78
	低台地	1.58	2.59	2.81	1.36	0.04	0.17	0.20	0.77	4.64
	高阶地	0.19	0.30	0.74	0.36	0.03	0.09	0.06	0.24	1.02
	高平原	10.65	17.39	42.65	20.58	1.82	6.73	0.26	1.00	55.38

（续）

省（自治区）名称	地貌类型	耕层质地（万 hm^2）								合计（万 hm^2）
		砂土	比例	壤土	比例	黏壤土	比例	黏土	比例	
内蒙古西部	高丘陵	4.66	7.61	12.80	6.18	0.31	1.14	0.30	1.16	18.08
	高台地	1.80	2.94	6.13	2.96	0.50	1.84	0.39	1.47	8.81
	固定沙地	4.29	6.99	4.37	2.11	0.90	3.33	0.20	0.75	9.75
	河漫滩	1.43	2.34	6.36	3.07	2.61	9.65	2.79	10.66	13.20
	洪积平原	11.82	19.29	51.07	24.65	4.30	15.90	6.01	22.99	73.20
	黄土峁梁	0.65	1.06	4.90	2.36	0.02	0.07	—	—	5.57
	黄土坪	—	—	0.12	0.06	—	—	—	—	0.12
	黄土塬	0.47	0.77	5.08	2.45	0.31	1.16	—	—	5.87
	流动沙地	0.16	0.26	0.17	0.08	0.07	0.27	0.03	0.12	0.43
	其他平原	0.01	0.01	0.20	0.10	—	—	—	—	0.21
	中山	0.87	1.41	8.04	3.88	0.20	0.73	0.02	0.07	9.12
宁夏	半固定沙地	0.88	4.14	0.23	0.22	—	—	—	—	1.11
	冲积平原	3.40	16.03	24.48	22.90	0.24	25.50	0.03	100.00	28.14
	低阶地	1.19	5.59	7.00	6.55	0.15	15.80	—	—	8.33
	低丘陵	0.41	1.93	0.44	0.41	—	—	—	—	0.85
	低台地	0.89	4.20	0.85	0.80	—	—	—	—	1.74
	高阶地	—	—	0.25	0.24	—	—	—	—	0.25
	高平原	2.03	9.60	2.82	2.64	—	—	—	—	4.86
	高丘陵	0.59	2.76	2.53	2.37	0.15	16.76	—	—	3.27
	高台地	0.24	1.14	0.25	0.24	—	—	—	—	0.50
	固定沙地	1.97	9.28	0.38	0.36	—	—	—	—	2.35
	河漫滩	0.01	0.07	0.07	0.07	—	—	—	—	0.09
	洪积平原	7.50	35.40	12.51	11.70	0.03	3.23	—	—	20.04
	黄土墹	—	—	0.83	0.78	—	—	—	—	0.83
	黄土峁梁	0.84	3.98	33.35	31.21	0.32	34.32	—	—	34.51
	黄土坪	0.03	0.13	1.43	1.34	—	—	—	—	1.46
	黄土塬	0.70	3.29	10.08	9.44	—	—	—	—	10.78
	流动沙地	0.47	2.20	0.16	0.15	—	—	—	—	0.63
	中山	0.06	0.26	9.17	8.59	0.04	4.38	—	—	9.27
青海	半固定沙地	0.04	1.79	0.01	0.02	0.01	0.04	—	0.01	0.05
	冲积平原	0.32	15.11	5.99	16.02	2.49	13.75	0.32	25.71	9.11
	低阶地	0.01	0.66	0.58	1.54	0.58	3.21	0.08	6.10	1.25
	低丘陵	—	0.08	1.12	3.01	0.84	4.63	—	0.09	1.97
	低台地	0.34	16.07	1.84	4.93	0.21	1.17	0.01	1.05	2.40
	高阶地	—	—	0.79	2.11	0.46	2.57	0.02	1.43	1.27

（续）

省（自治区）名称	地貌类型	耕层质地（万 hm²）								合计（万 hm²）
		砂土	比例	壤土	比例	黏壤土	比例	黏土	比例	
青海	高平原	0.02	0.79	2.18	5.82	0.86	4.73	0.07	5.95	3.12
	高丘陵	—	0.24	0.26	0.69	0.46	2.52	—	—	0.72
	高山	0.01	0.32	1.73	4.62	0.63	3.50	0.09	7.46	2.46
	高台地	0.51	24.27	1.52	4.08	0.20	1.13	0.11	8.87	2.35
	固定沙地	—	—	0.01	0.03	—	—	—	—	0.01
	河漫滩	—	—	0.17	0.45	0.10	0.54	0.02	1.41	0.28
	洪积平原	0.46	22.03	4.39	11.73	1.20	6.62	0.02	1.32	6.06
	黄土峁梁	—	—	0.81	2.17	0.83	4.61	—	0.25	1.65
	黄土塬	—	—	0.02	0.07	0.02	0.09	—	—	0.04
	极高山	—	—	0.03	0.08	—	—	—	—	0.03
	流动沙地	—	—	0.01	0.03	—	—	—	—	0.01
	其他平原	0.32	15.20	0.02	0.05	0.01	0.04	—	—	0.34
	中山	0.07	3.44	15.91	42.56	9.20	50.84	0.50	40.36	25.68
陕西	半固定沙地	0.98	2.96	1.31	0.39	—	—	—	—	2.29
	冲积平原	0.61	1.85	7.45	2.22	—	—	0.82	2.69	8.88
	低阶地	2.28	6.89	19.01	5.67	—	—	1.03	3.38	22.32
	低丘陵	0.28	0.84	2.41	0.72	—	—	0.41	1.33	3.09
	低山	2.44	7.39	6.39	1.90	—	—	1.14	3.73	9.96
	低台地	0.06	0.17	3.03	0.90	—	—	0.26	0.85	3.35
	高阶地	0.31	0.93	16.36	4.88	—	—	1.71	5.61	18.37
	高平原	1.48	4.48	8.77	2.61	—	—	0.32	1.06	10.57
	高丘陵	0.40	1.22	4.86	1.45	—	—	0.47	1.55	5.73
	高台地	0.15	0.44	0.48	0.14	—	—	0.35	1.14	0.98
	固定沙地	1.97	5.97	2.32	0.69	—	—	0.00	—	4.30
	河谷	0.06	0.18	0.28	0.08	—	—	0.04	0.14	0.38
	河漫滩	0.84	2.55	10.64	3.17	—	—	0.60	1.97	12.09
	洪积平原	0.85	2.58	20.17	6.01	—	—	0.61	2.00	21.63
	黄土墹	—	—	1.76	0.53	—	—	—	—	1.76
	黄土峁梁	3.24	9.81	76.56	22.82	—	—	0.83	2.73	80.63
	黄土坪	0.43	1.31	6.50	1.94	—	—	—	—	6.93
	黄土塬	2.03	6.14	96.26	28.70	—	—	11.41	37.54	109.70
	流动沙地	0.11	0.33	0.19	0.06	—	—	—	—	0.30
	其他平原	1.30	3.93	11.61	3.46	—	—	1.60	5.27	14.51
	中山	13.23	40.04	39.06	11.64	—	—	8.81	29.00	61.10

（续）

省（自治区）名称	地貌类型	耕层质地（万 hm^2）								合计（万 hm^2）
		砂土	比例	壤土	比例	黏壤土	比例	黏土	比例	
	半固定沙地	1.32	2.96	3.46	1.38	1.43	1.19	2.49	2.50	8.70
	冲积平原	22.51	50.54	138.36	55.39	62.07	51.80	47.16	47.45	270.10
	低阶地	0.64	1.43	4.55	1.82	4.01	3.35	2.44	2.45	11.64
	低丘陵	0.37	0.82	3.05	1.22	0.86	0.72	0.20	0.20	4.48
	低山	—	—	0.01	—	—	—	—	—	0.01
	低台地	0.97	2.18	8.75	3.50	2.95	2.46	3.80	3.82	16.47
	风蚀地	—	—	0.12	0.05	0.05	0.05	0.23	0.23	0.40
	高阶地	0.36	0.82	1.46	0.59	1.68	1.40	0.39	0.39	3.90
	高平原	0.63	1.42	2.25	0.90	0.57	0.48	0.77	0.77	4.22
	高丘陵	0.04	0.10	0.21	0.09	0.17	0.15	0.10	0.10	0.54
新疆	高台地	0.85	1.91	7.30	2.92	3.24	2.71	2.12	2.13	13.51
	固定沙地	0.40	0.90	2.44	0.98	1.01	0.85	1.00	1.00	4.86
	河漫滩	1.29	2.89	6.98	2.79	5.87	4.89	3.24	3.26	17.37
	洪积平原	12.65	28.39	62.78	25.13	29.24	24.40	33.06	33.25	137.72
	黄土峁梁	0.23	0.52	1.97	0.79	1.22	1.02	0.66	0.66	4.08
	黄土坪	0.17	0.38	0.45	0.18	0.50	0.42	0.06	0.06	1.18
	黄土塬	1.38	3.09	3.21	1.29	3.22	2.69	0.16	0.16	7.96
	流动沙地	0.26	0.58	0.45	0.18	0.27	0.23	0.06	0.06	1.04
	其他平原	0.15	0.34	0.62	0.25	0.61	0.51	1.18	1.18	2.56
	中山	0.33	0.73	1.37	0.55	0.83	0.70	0.30	0.30	2.83
总计		183.54		1 192.86		413.48		164.96		1 954.84

二、耕层质地与土壤主要养分

不同耕层质地的土壤有机质的变动范围是 13.80～15.16g/kg，全氮的变动范围是 0.92～1.05g/kg，碱解氮的变动范围是 0.92～1.05mg/kg，有效磷的变动范围是 14.46～17.69mg/kg，缓效钾的变动范围是 685.71～949.58mg/kg，速效钾的变动范围是 136.37～169.87mg/kg（表 6-43）。

表 6-43　西北区土壤耕层质地养分统计

耕层质地	养分					
	有机质（g/kg）	全氮（g/kg）	碱解氮（mg/kg）	有效磷（mg/kg）	缓效钾（mg/kg）	速效钾（mg/kg）
砂土	14.41	0.92	0.92	14.46	685.71	136.37

（续）

耕层质地	养分					
	有机质（g/kg）	全氮（g/kg）	碱解氮（mg/kg）	有效磷（mg/kg）	缓效钾（mg/kg）	速效钾（mg/kg）
壤土	15.09	0.96	0.96	15.34	837.41	152.61
黏壤土	15.16	1.05	1.05	17.69	949.58	169.87
黏土	13.80	1.01	1.01	17.60	886.70	164.81

（一）耕层质地与有机质

通过西北区土壤样品分析，西北区土壤质地有机质平均含量为 14.94g/kg，含量变化范围在 2.37～48.22g/kg，以黏壤土含量最高，平均 15.16g/kg，变动范围 4.08～48.22g/kg；其次分别为壤土 15.09g/kg、砂土 14.41g/kg；黏土含量最低，为 13.80g/kg。

西北区土壤质地有机质的变异系数平均为 38.34%，壤土中最高值为 38.98%，黏土为最低值 35.17%，详见表 6-44。

表 6-44　西北区不同质地土壤有机质含量统计

耕层质地	面积（万 hm^2）	计数（个）	最大值（g/kg）	最小值（g/kg）	平均值（g/kg）	标准偏差（%）	变异系数（%）
砂土	183.55	72 329	47.14	2.37	14.41	5.57	38.67
壤土	1 192.87	438 430	48.22	4.08	15.09	5.88	38.98
黏壤土	413.48	79 325	48.22	4.08	15.16	5.33	35.17
黏土	164.96	38 381	45.13	3.08	13.80	4.77	34.54

（二）耕层质地与全氮

西北区土壤质地全氮平均含量为 0.97g/kg，含量变化范围在 0.14～3.91g/kg，以黏壤土含量最高，平均 1.05g/kg，变动范围 0.29～3.91g/kg；其次分别为黏土 1.01g/kg、壤土 0.96g/kg；砂土含量最低，为 0.92g/kg。

西北区土壤质地全氮的变异系数平均为 41.83%，砂土中最高值为 53.47%，黏土为最低值 26.74%，如表 6-45 所示。

表 6-45　西北区不同质地土壤全氮含量统计

耕层质地	面积（万 hm^2）	计数（个）	最大值（g/kg）	最小值（g/kg）	平均值（g/kg）	标准偏差（%）	变异系数（%）
砂土	183.55	72 329	3.50	0.14	0.92	0.49	53.47
壤土	1 192.87	438 430	3.90	0.24	0.96	0.39	41.04
黏壤土	413.48	79 325	3.91	0.29	1.05	0.42	40.42
黏土	164.96	38 381	3.16	0.15	1.01	0.27	26.74

（三）耕层质地与碱解氮

西北区土壤质地碱解氮平均含量为77.26mg/kg，含量变化范围在16.94～274.37mg/kg，以黏土含量最高，平均84.98mg/kg，变动范围29.50～274.37mg/kg；其次分别为黏壤土78.79mg/kg、壤土77.23mg/kg；砂土含量最低为71.67mg/kg。

西北区土壤质地碱解氮的变异系数平均为37.17%，壤土最高值为37.93%，黏土为最低值30.99%，见表6-46。

表6-46　西北区不同质地土壤碱解氮含量统计

耕层质地	面积（万 hm^2）	计数（个）	最大值（mg/kg）	最小值（mg/kg）	平均值（mg/kg）	标准偏差（%）	变异系数（%）
砂土	183.55	72 329	174.08	18.53	71.67	28.80	40.19
壤土	1 192.87	438 430	274.37	16.94	77.23	29.29	37.93
黏壤土	413.48	79 325	274.37	26.09	78.79	25.33	32.15
黏土	164.96	38 381	274.37	29.50	84.98	26.33	30.99

（四）耕层质地与有效磷

西北区土壤质地有效磷平均含量为15.67g/kg，含量变化范围在3.66～63.34mg/kg，以黏壤土含量最高，平均17.69mg/kg，变动范围4.85～63.34mg/kg；其次分别为黏土17.60mg/kg、壤土15.34mg/kg；砂土含量最低为14.46mg/kg。

西北区土壤质地有效磷的变异系数平均为48.18%，黏壤土最高值为50.28%，黏土最低值39.19%，见表6-47。

表6-47　西北区不同质地土壤有效磷含量统计

耕层质地	面积（万 hm^2）	计数（个）	最大值（mg/kg）	最小值（mg/kg）	平均值（mg/kg）	标准偏差（%）	变异系数（%）
砂土	183.55	72 329	54.54	4.28	14.46	6.96	48.13
壤土	1 192.87	438 430	62.03	3.68	15.34	7.34	47.85
黏壤土	413.48	79 325	63.34	4.85	17.69	8.89	50.28
黏土	164.96	38 381	57.55	3.66	17.60	6.90	39.19

（五）耕层质地与速效钾

西北区土壤质地速效钾平均含量为153.66mg/kg，含量变化范围在52.79～387.47mg/kg，以黏壤土含量最高，平均169.87mg/kg，变动范围71.19～321.30mg/kg；其次分别为黏土164.81mg/kg、壤土152.61mg/kg；砂土含量最低为136.37mg/kg。

西北区土壤质地速效钾的变异系数平均为25.48%，黏土最高值为27.18%，黏壤土最低值20.17%（表6-48）。

表 6-48 西北区不同质地土壤速效钾含量统计

耕层质地	面积（万 hm^2）	计数（个）	最大值（mg/kg）	最小值（mg/kg）	平均值（mg/kg）	标准偏差（%）	变异系数（%）
砂土	183.55	72 329	373.04	53.43	136.37	30.96	22.70
壤土	1 192.87	438 430	387.47	52.79	152.61	39.27	25.73
黏壤土	413.48	79 325	321.30	71.19	169.87	34.27	20.17
黏土	164.96	38 381	344.30	90.91	164.81	44.79	27.18

（六）耕层质地与缓效钾

西北区土壤质地缓效钾平均含量为837.12mg/kg，含量变化范围在173.83～2 297.19mg/kg，以黏壤土含量最高，平均 949.58mg/kg，变动范围 212.31～2 073.60mg/kg；其次分别为黏土 886.70mg/kg、壤土 837.41mg/kg；砂土含量最低 685.71mg/kg。

西北区土壤质地缓效钾的变异系数平均为 33.83%，砂土最高值为 38.41%，黏壤土最低值 25.61%（表 6-49）。

表 6-49 西北区不同质地土壤缓效钾含量统计

耕层质地	面积（万 hm^2）	计数（个）	最大值（mg/kg）	最小值（mg/kg）	平均值（mg/kg）	标准偏差（%）	变异系数（%）
砂土	183.55	72 329	1 770.38	173.83	685.71	263.38	38.41
壤土	1 192.87	438 430	2 278.73	176.12	837.41	280.88	33.54
黏壤土	413.48	79 325	2 073.60	212.31	949.58	243.22	25.61
黏土	164.96	38 381	2 297.19	242.43	886.70	295.52	33.33

三、耕层质地调控

（一）砂土质地调控

砂土抗旱能力弱，易漏水漏肥，因此土壤养分少，土温变化较快，加之缺少黏粒和有机质，故保肥性能弱，速效肥料易随雨水和灌溉水流失，而且施用速效肥料的肥效猛而不长效。但砂土的通气透水性较好，易于耕种。因此，在利用管理上，要注意选择耐旱作物品种，保证水源，及时灌溉，注意保墒；施肥时，砂土上要强调增施有机肥，适时追肥，并掌握勤浇薄施的原则。

（二）黏土质地调控

黏土含土壤养分丰富，而且有机质含量较高，因此，大多土壤养分不易被雨水和灌溉水淋失，保肥性能好。但由于遇雨或灌溉时，水分在土体中难以下渗而导致排水困难，影响农作物根系的生长，阻碍了根系对土壤养分的吸收。对此类土壤，在生产上要注意开沟排水，降低地下水位，以避免或减轻涝害，并选择在适宜的土壤含水条件下精耕细作，以改善土壤结构性和耕性，以促进土壤养分的释放。

（三）壤土质地调控

壤土兼有砂土和黏土的优点，以粗粉粒占优势，缺乏有机质，汀板性强，不利于幼苗扎根和发育。但上层土壤质地稍轻，有利于通气，而下层质地稍重（黏），有利于持水。壤土是一种较理想的土壤，其耕性优良，适种的农作物种类多。

（四）黏壤土质地调控

黏壤土是黏性较重的土壤，土性较黏重，保水、保肥性能较强，但不易耕作，生产上采取秋翻和短期免耕土壤来达到土壤活性。

第七节　林网化程度

农田林网具有涵养水源、保持水土、防风固沙、调节气候的功能，是农区生态建设的一项重要组成部分。降雨量在50～650mm之间的西北区早在20世纪60年代农村“五好”建设期，就在城乡主干道、水渠旁、村旁营造了大面积的防护林。尤其自1978年起，国家启动“三北”地区防护林体系建设，针对农田林网结构单一，综合效益不高的实际，围绕建设高产、优质、高效林业的目标，以培育林果资源为基础，积极调整林种和树种结构，建设生态经济型复合农田防护林，提高了农田防护林的整体效益。到1990年，农村基本实现农田林网达标，是农田林网化建设的鼎盛时期。近年来，由于农村电网、道路、防渗渠的改造建设施工，致使一部分林带消失；一些林带因管护措施跟不上，导致死亡、滥伐以及正常采伐后更新不及时，造成农田防护林面积减少；一些新开发的土地大部分属于边缘乡场、荒漠地带，水土条件差，林网大部分都未配套；林业工作重点放在营造绿洲外围大型基干林和经济林上，对农田防护林建设和管理有所放松等等原因，使农田林网化程度趋于下降。如新疆自1988年就基本实现了农田林网化，全疆7 000多万亩耕地中的95%受到林网庇护，45个县(市)在基本实现农田林网化的基础上实现了平原绿化达标，一个以农田防护林、大型防风固沙基干林带和天然荒漠林为主体，多林种、多带式、乔灌草、网片带相结合的绿洲综合防护林体系已初步形成。但是，进入新世纪以来，特别是“十一五”期间，西北区农田防护林建设没有得到应有的重视，一些地方新开垦的耕地林网配套没有及时跟上，老林带更新改造工作没有全面开展。造成了林网化程度减低，气候、土壤、植被及微生物的修复逐渐变差，因此，建立完善的农田防护林，进而建设高标准农田势在必行。

一、西北区农田防护林现状

（一）西北区各省（自治区）农田防护林防护效果面积

本次西北区耕地地力汇总评价农田防护林防护效果分为好、一般、差、无。其中防护效果好的面积为398.27万hm^2，占西北区耕地面积的20.37%；防护效果一般的面积为538.73万hm^2，占西北区耕地面积的27.56%；防护效果差的面积为139.01万hm^2，占西北区耕地面积的7.11%；防护效果无的面积为878.85万hm^2，占西北区耕地面积的44.96%。

甘肃省农田防护林防护效果好的面积为69.85万hm^2，占甘肃省耕地面积的13.11%；防护效果一般的面积为118.39万hm^2，占甘肃省耕地面积的22.21%；防护效果差的面积为 34.82 万 hm^2，占甘肃省耕地面积的 6.53%；防护效果无的面积为 309.88 万 hm^2，占甘肃省耕地面积的 58.15%。

宁夏回族自治区农田防护林防护效果好的面积为 4.45 万 hm^2，占宁夏回族自治区耕地面积的 3.45%；防护效果一般的面积为 64.97 万 hm^2，占宁夏回族自治区耕地面积的 50.36%；防护效果无的面积为 59.59 万 hm^2，占宁夏回族自治区耕地面积的 46.19%。

青海省农田防护林防护效果好的面积为 6.51 万 hm^2，占青海省耕地面积的 10.08%；防护效果一般的面积为 18.44 万 hm^2，占青海省耕地面积的 31.36%；防护效果差的面积为 3.43 万 hm^2，占青海省耕地面积的 5.83%；防护效果无的面积为 30.42 万 hm^2，占青海省耕地面积的 51.73%。

陕西省农田防护林防护效果好的面积为 35.75 万 hm^2，占陕西省耕地面积的 8.96%；防护效果一般的面积为 66.20 万 hm^2，占陕西省耕地面积的 16.60%；防护效果无的面积为 296.93 万 hm^2，占陕西省耕地面积的 74.44%。

新疆维吾尔自治区农田防护林防护效果好的面积为 216.76 万 hm^2，占新疆维吾尔自治区耕地面积的 42.21%；防护效果一般的面积为 197.21 万 hm^2，占新疆维吾尔自治区耕地面积的 38.40%；防护效果差的面积为 75.23 万 hm^2，占新疆维吾尔自治区耕地面积的 14.65%；没有防护效果的面积为 24.38 万 hm^2，占新疆维吾尔自治区耕地面积的 4.75%

内蒙古自治区西部农田防护林防护效果好的面积为 64.95 万 hm^2，占内蒙古自治区西部耕地面积的 20.19%；防护效果一般的面积为 73.53 万 hm^2，占内蒙古自治区西部耕地面积的 22.86%；防护效果差的面积为 25.53 万 hm^2，占内蒙古自治区西部耕地面积的 7.94%；防护效果无的面积为 157.67 万 hm^2，占内蒙古自治区西部耕地面积的 49.01%（表 6-50）。

表 6-50 西北区各省（自治区）农田防护林建设情况统计

省（自治区）名称	防护效果（万 hm^2）								合计（万 hm^2）
	好	比例（%）	一般	比例（%）	差	比例（%）	无	比例（%）	
甘肃	69.85	13.11	118.39	22.21	34.82	6.53	309.88	58.15	532.93
内蒙古西部	64.95	20.19	73.53	22.86	25.53	7.94	157.67	49.01	321.68
宁夏	4.45	3.45	64.97	50.36	0.00	0.00	59.59	46.19	129.01
青海	6.51	11.08	18.44	31.36	3.43	5.83	30.42	51.73	58.80
陕西	35.75	8.96	66.20	16.60	0.00	0.00	296.93	74.44	398.87
新疆	216.76	42.21	197.21	38.40	75.23	14.65	24.38	4.75	513.57
总计	398.27	20.37	538.73	27.56	139.01	7.11	878.85	44.96	1 954.86

（二）西北区各市州农田防护林防护效果

通过对西北区各市州农田防护林防护效果分析，甘肃省防护效果好的是武威市和张掖市，面积分别为 16.87 万 hm^2 和 12.22 万 hm^2，分别占甘肃省防护林防护效果好的面积的 24.16%和 17.50%；防护效果差的是庆阳市和定西市。

内蒙古自治区防护效果好的是巴彦淖尔市的乌拉特前旗、锡林郭勒盟的太仆寺旗和乌兰察布市的化德县，防护面积分别为 16.17 万 hm^2、9.45 万 hm^2 和 7.2 万 hm^2，分别占内蒙古自治区防护林防护效果好的面积的 24.89%、14.55%和 11.09%；防护效果差的是乌海市和阿拉善盟。

宁夏回族自治区防护效果好的是中卫市中宁县和银川市的兴庆区，防护面积分别为 1.66 万 hm^2 和 1.23 万 hm^2，分别占宁夏回族自治区防护林防护效果好的面积的 37.38%和

27.68%；防护效果差的是固原市的五县区。

青海省防护效果好的西宁市的湟中县、海西蒙古藏族自治州的德令哈市和海南藏族自治州的贵南县，防护面积分别为2.76万 hm^2、1.01万 hm^2 和0.78万 hm^2，分别占青海省防护林防护效果好的面积的43.54%、15.95%和12.28%；防护效果差的是玉树藏族自治州和果洛藏族自治州。

陕西省防护效果好的是榆林市的定边县、子洲县和靖边县，防护面积分别为18.35万 hm^2、6.28万 hm^2 和6.24万 hm^2，分别占陕西省防护林防护效果好的面积的51.34%、17.56%和17.45%；防护效果差的是安康市、汉中市和延安市。

新疆维吾尔自治区防护效果好的是昌吉回族自治州的呼图壁县、阿勒泰地区的福海县和伊犁哈萨克自治州的霍城县，防护面积分别为9.87万 hm^2、8.93万 hm^2 和7.41万 hm^2，分别占新疆维吾尔自治区防护林防护效果好的面积分别为4.55%、4.12%和3.42%；防护效果差的是图木舒克市和塔城地区的和布克赛尔（表6-51）。

表6-51 西北区各省（自治区）所辖县（市、区）防护林现状统计

省（自治区）名称	市州	辖区县	防护林防护效果				合计
			无	差	一般	好	
甘肃	白银市	白银区	0.43	0.85	—	—	1.28
		会宁县	22.98	0.02	3.18	—	26.18
		景泰县	6.35	0.24	—	0.29	6.88
		靖远县	0.15	13.17	0.21	—	13.54
		平川区	0.19	2.90	0.83	—	3.92
	定西市	安定区	14.09	0.02	1.69	—	15.80
		兰州市	0.44	—	—	—	0.44
		临洮县	11.68	—	0.10	—	11.78
		陇西县	12.14	—	0.91	—	13.05
		岷县	7.71	—	0.71	0.06	8.49
		通渭县	15.10	—	0.04	—	15.14
		渭源县	8.40	—	0.07	—	8.47
		漳县	0.14	—	6.24	—	6.38
	甘南藏族自治州	迭部县	—	—	1.10	0.06	1.16
		合作市	—	—	1.48	—	1.48
		临潭县	1.39	—	2.38	—	3.78
		碌曲县	—	—	0.30	—	0.30
		夏河县	—	—	1.54	—	1.54
		舟曲县	—	—	0.32	2.27	2.59
		卓尼县	1.95	0.49	—	—	2.44
	嘉峪关市	嘉峪关市	—	—	0.68	—	0.68
	金昌市	金川区	—	0.51	1.66	0.39	2.56
		永昌县	6.30	2.15	0.10	—	8.55

（续）

省（自治区）名称	市州	辖区县	防护林防护效果 无	差	一般	好	合计
甘肃	酒泉市	阿克塞县	—	—	0.03	0.00	0.03
		敦煌市	—	—	—	2.52	2.52
		瓜州县	—	0.29	0.25	4.79	5.33
		金塔县	—	—	4.92	—	4.92
		肃北县	—	—	0.12	—	0.12
		肃州区	—	—	7.15	—	7.15
		玉门市	—	—	3.61	2.23	5.84
	兰州市	安宁区	—	—	0.02	—	0.02
		城关区	—	—	0.15	—	0.15
		皋兰县	—	0.81	1.98	1.04	3.83
		红古区	0.34	—	0.33	—	0.67
		七里河区	—	—	1.39	—	1.39
		西固区	—	—	0.46	—	0.46
		永登县	11.02	—	—	—	11.02
		榆中县	0.09	10.77	0.39	0.03	11.28
	临夏州	东乡县	5.20	—	—	—	5.20
		广河县	2.29	—	0.32	—	2.61
		和政县	2.89	—	—	—	2.89
		积石山县	3.45	—	0.01	0.01	3.47
		康乐县	4.17	—	0.10	—	4.28
		临夏	—	—	0.03	—	0.03
		临夏市县	—	0.36	—	—	0.37
		临夏县	4.27	—	—	—	4.27
		永靖县	0.33	—	0.03	3.88	4.24
	陇南市	成县	3.97	—	—	—	3.97
		宕昌县	3.38	—	—	0.63	4.01
		徽县	1.19	—	—	—	1.19
		康县	8.33	—	—	—	8.33
		礼县	0.10	—	13.53	0.02	13.65
		两当县	0.21	—	—	4.32	4.53
		文县	0.54	—	2.60	1.26	4.40
		武都区	9.54	—	—	—	9.54
		西和县	0.18	—	5.94	—	6.13

（续）

省（自治区）名称	市州	防护林防护效果					合计
		辖区县	无	差	一般	好	
甘肃	平凉市	崇信县	1.04	—	0.99	—	2.03
		华亭县	3.47	—	—	—	3.47
		泾川县	—	0.28	0.97	2.83	4.08
		静宁县	0.13	—	9.77	—	9.90
		崆峒区	—	—	7.40	—	7.40
		灵台县	0.10	—	5.09	—	5.20
		庄浪县	0.04	—	0.01	7.86	7.90
	庆阳市	合水县	2.57	—	—	—	2.57
		华池县	6.97	—	—	—	6.97
		环县	23.95	—	—	—	23.95
		宁县	6.94	—	—	—	6.94
		庆城县	7.18	—	—	—	7.18
		西峰区	3.34	—	—	—	3.34
		镇原县	15.27	—	—	—	15.27
		正宁县	3.23	—	—	—	3.23
	天水市	甘谷县	—	0.50	2.15	5.75	8.40
		麦积区	5.97	—	—	0.01	5.98
		秦安县	8.31	—	0.05	—	8.36
		秦州区	9.04	—	—	—	9.04
		清水县	8.67	—	—	—	8.67
		武山县	6.46	—	0.94	—	7.41
		张家川县	5.02	—	—	0.49	5.51
	武威市	古浪县	6.13	0.45	1.72	4.61	12.90
		凉州区	0.39	—	2.56	11.87	14.82
		民勤县	—	—	10.32	0.39	10.72
		天祝县	5.74	—	—	—	5.74
	张掖市	甘州区	—	0.54	2.80	5.80	9.15
		高台县	—	—	3.88	0.06	3.94
		临泽县	—	—	—	3.49	3.49
		民乐县	8.61	—	—	—	8.61
		山丹马场	—	0.53	0.78	—	1.31
		山丹县	0.41	0.41	1.97	1.65	4.44
		肃南县	—	—	0.02	1.22	1.25
	小计		309.88	34.82	118.39	69.85	532.93

（续）

省（自治区）名称	市州	防护林防护效果					合计
		辖区县	无	差	一般	好	
内蒙古西部	阿拉善盟	阿拉善右旗	—	0.24	—	—	0.24
		阿拉善左旗	0.82	0.63	2.35	—	3.80
		额济纳旗	—	0.54	—	—	0.54
	巴彦淖尔市	磴口县	5.10	—	—	—	5.10
		杭锦后旗	—	—	2.43	6.65	9.08
		临河区	14.47	—	—	—	14.47
		乌拉特后旗	1.23	—	—	—	1.23
		乌拉特前旗	—	—	—	16.17	16.17
		乌拉特中旗	8.92	—	—	—	8.92
		五原县	15.28	—	—	—	15.28
	包头市	达尔罕茂明安联合旗	7.69	—	—	—	7.69
		东河区	0.10	—	—	—	0.10
		固阳县	18.94	—	—	—	18.94
		九原区	1.63	—	2.82	—	4.44
		昆都仑区	0.02	—	0.07	—	0.09
		石拐区	0.34	—	—	—	0.34
		土默特右旗	—	—	11.17	—	11.17
	鄂尔多斯市	达拉特旗	—	—	14.90	—	14.90
		东胜区	—	—	2.20	—	2.20
		鄂托克旗	—	—	1.44	—	1.44
		鄂托克前旗	—	—	2.08	—	2.08
		杭锦旗	—	—	5.91	—	5.91
		乌审旗	—	—	3.21	—	3.21
		伊金霍洛旗	0.18	—	3.19	—	3.36
		准格尔旗	—	—	7.61	—	7.61
	呼和浩特市	和林格尔县	—	—	9.43	1.55	10.98
		回民区	—	—	0.11	—	0.11
		清水河县	—	—	—	6.28	6.28
		赛罕区	—	—	—	4.48	4.48
		土默特左旗	—	—	—	—	11.65
		托克托县	—	—	—	6.70	6.70
		武川县	14.49	—	—	—	14.49
		新城区	—	—	0.98	—	0.98
		玉泉区	—	—	0.86	—	0.86

（续）

省（自治区）名称	市州	辖区县	防护林防护效果 无	差	一般	好	合计
内蒙古西部	乌海市	海勃湾区	0.08	—	0.19	—	0.27
		海南区	0.37	—	—	—	0.37
		乌达区	0.24	—	—	—	0.24
	乌兰察布市	察哈尔右翼	18.79	1.41	0.96	0.87	22.04
		丰镇市	—	6.95	—	—	6.95
		化德县	—	—	—	7.20	7.20
		集宁区	—	—	0.93	—	0.93
		凉城县	1.82	—	—	5.60	7.42
		商都县	—	15.77	—	—	15.77
		四子王旗	13.39	—	—	—	13.39
		兴和县	12.18	—	—	—	12.18
		卓资县	4.81	—	0.69	—	5.50
	锡林郭勒盟	多伦县	5.15	—	—	—	5.15
		太仆寺旗	—	—	—	9.45	9.45
	小计		157.67	25.53	73.53	64.95	321.68
宁夏	固原市	泾源县	1.77	—	—	—	1.77
		隆德县	2.70	—	1.37	—	4.06
		彭阳县	6.42	—	1.90	—	8.33
		西吉县	14.27	—	2.04	—	16.31
		原州区	7.75	—	2.78	—	10.53
	石嘴山市	大武口区	—	—	0.55	—	0.55
		惠农区	—	—	1.98	—	1.98
		平罗县	—	—	5.90	—	5.90
	吴忠市	红寺堡区	—	—	3.69	—	3.69
		利通区	—	—	3.10	—	3.10
		青铜峡市	—	—	3.81	—	3.81
		同心县	9.89	—	4.04	—	13.93
		盐池县	5.28	—	4.51	—	9.98
	银川市	贺兰县	—	—	4.38	—	4.38
		金凤区	—	—	1.03	—	1.03
		灵武市	—	—	2.37	—	2.37
		西夏区	—	—	1.28	0.50	1.78
		兴庆区	—	—	0.22	1.23	1.45
		永宁县	—	—	3.42	—	3.42
	中卫市	海原县	11.50	—	5.29	—	16.79
		沙坡头区	—	—	6.27	0.86	7.13
		中宁县	—	—	5.04	1.66	6.71
	小计		59.59	—	64.97	4.45	129.01

（续）

省（自治区）名称	市州	辖区县	防护林防护效果 无	差	一般	好	合计
青海	果洛藏族自治州	班玛县	—	—	0.06	—	0.06
		玛沁县	—	—	—	—	—
	海北藏族自治州	刚察县	0.40	—	—	—	0.40
		海晏县	0.36	—	—	—	0.36
		门源回族自治县	2.32	0.14	1.05	0.65	4.16
		祁连县	0.33	—	—	—	0.33
	海东市	互助土族自治州	4.45	0.20	2.37	0.23	7.26
		化隆回族自治州	4.16	0.23	0.56	—	4.96
		乐都区	2.58	0.30	0.73	—	3.61
		民和回族土族自治州	4.81	—	—	—	4.81
		平安区	0.60	—	0.69	—	1.29
		循化撒拉族自治州	1.17	—	—	—	1.17
	海南藏族自治州	共和县	0.60	0.15	1.21	0.29	2.26
		贵德县	0.69	0.28	0.21	0.34	1.51
		贵南县	1.25	—	0.27	0.78	2.29
		同德县	—	—	1.15	—	1.15
		兴海县	1.10	—	0.00	—	1.10
	海西蒙古藏族自治州	大柴旦	—	—	0.11	—	0.11
		德令哈市	—	—	—	1.01	1.01
		都兰县	—	—	1.87	—	1.87
		格尔木市	—	—	0.60	—	0.60
		乌兰县	—	0.23	0.11	0.03	0.38
	黄南藏族自治州	尖扎县	0.07	0.08	0.51	—	0.66
		同仁县	—	—	0.95	—	0.95
	西宁市	城北区	—	0.10	0.17	—	0.27
		城东区	0.03	0.02	0.05	0.03	0.13
		城西区	—	—	0.01	0.02	0.02
		城中区	—	—	—	—	—
		大通回族土族自治州	3.64	—	1.84	0.06	5.55
		湟源县	0.53	—	1.44	0.15	2.12
		湟中县	—	1.78	2.53	2.76	7.08
	玉树藏族自治州	称多县	0.21	—	—	—	0.21
		囊谦县	0.80	—	—	—	0.80
		玉树县	0.31	—	—	—	0.31
	小计		30.35	3.42	18.01	7.02	58.80

（续）

省（自治区）名称	市州	防护林防护效果					合计
		辖区县	无	差	一般	好	
陕西	安康市	白河县	1.37	—	—	—	1.37
		汉滨区	4.25	—	—	—	4.25
		汉阴县	2.12	—	—	—	2.12
		岚皋县	1.55	—	—	—	1.55
		宁陕县	1.91	—	—	—	1.91
		平利县	2.77	—	—	—	2.77
		石泉县	1.26	—	—	—	1.26
		旬阳县	3.51	—	—	—	3.51
		镇坪县	0.84	—	—	—	0.84
		紫阳县	5.41	—	—	—	5.41
	宝鸡市	陈仓区	6.13	—	—	—	6.13
		凤县	—	—	2.34	—	2.34
		凤翔县	6.53	—	—	—	6.53
		扶风县	3.83	—	—	—	3.83
		金台区	1.13	—	—	—	1.13
		麟游县	3.14	—	—	—	3.14
		陇县	3.62	—	—	—	3.62
		眉县	3.83	—	—	—	3.83
		岐山县	3.51	—	—	—	3.51
		千阳县	3.15	—	—	—	3.15
		太白县	—	—	0.97	—	0.97
		渭滨区	0.85	—	—	—	0.85
	汉中市	城固县	3.02	—	—	—	3.02
		佛坪县	0.20	—	—	—	0.20
		汉台区	2.22	—	—	—	2.22
		留坝县	0.30	—	—	—	0.30
		略阳县	2.68	—	—	—	2.68
		勉县	3.41	—	—	—	3.41
		南郑县	5.24	—	—	—	5.24
		宁强县	2.05	—	—	—	2.05
		西乡县	2.17	—	—	—	2.17
		洋县	4.33	—	—	—	4.33
		镇巴县	2.25	—	—	—	2.25

（续）

省（自治区）名称	市州	辖区县	防护林防护效果 无	差	一般	好	合计
陕西	商洛市	丹凤县	2.34	—	—	—	2.34
		洛南县	4.07	—	—	—	4.07
		山阳县	3.07	—	—	—	3.07
		商南县	1.66	—	—	—	1.66
		商州区	2.41	—	0.19	—	2.59
		镇安县	2.67	—	—	—	2.67
		柞水县	1.04	—	—	—	1.04
	铜川市	王益区	0.01	—	0.37	—	0.37
		耀州区	0.09	—	2.98	—	3.07
		宜君县	0.04	—	1.49	—	1.53
		印台区	—	—	1.72	—	1.72
	渭南市	白水县	4.17	—	—	—	4.17
		澄城县	1.19	—	7.14	—	8.33
		大荔县	7.25	—	0.07	—	7.32
		富平县	7.79	—	0.07	—	7.87
		韩城市	4.12	—	—	—	4.12
		合阳县	5.83	—	—	—	5.83
		华县	2.39	—	0.01	—	2.40
		华阴县	2.26	—	1.23	—	3.48
		临渭区	0.20	—	6.78	—	6.98
		蒲城县	10.19	—	0.23	—	10.42
		潼关县	1.80	—	—	—	1.80
	西安市	灞桥区	1.53	—	—	—	1.53
		长安区	6.86	—	—	—	6.86
		高陵县	3.48	—	—	—	3.48
		户县	5.81	—	0.07	—	5.88
		蓝田县	5.09	—	0.13	—	5.22
		临潼区	5.61	—	0.20	—	5.81
		未央区	0.53	—	—	—	0.53
		阎良区	1.62	—	—	—	1.62
		雁塔区	0.25	—	—	—	0.25
		周至县	7.67	—	0.06	—	7.72

（续）

省（自治区）名称	市州	辖区县	防护林防护效果 无	差	一般	好	合计
陕西	咸阳市	彬县	—	—	2.95	—	2.95
		长武县	2.14	—	—	—	2.14
		淳化县	—	—	3.62	—	3.62
		泾阳县	0.14	—	4.39	—	4.53
		礼泉县	7.76	—	0.31	—	8.07
		乾县	—	—	6.40	—	6.40
		秦都区	1.33	—	—	—	1.33
		三原县	3.97	—	0.02	—	3.99
		渭城区	2.39	—	—	—	2.39
		武功县	—	—	3.42	—	3.42
		兴平市	—	—	3.48	—	3.48
		旬邑县	—	—	3.04	—	3.04
		杨凌区	—	—	0.43	—	0.43
		永寿县	—	—	5.00	—	5.00
	延安市	安塞县	4.80	—	—	—	4.80
		宝塔区	3.37	—	—	—	3.37
		富县	6.62	—	—	—	6.62
		甘泉县	1.31	—	—	—	1.31
		黄陵县	1.62	—	—	—	1.62
		黄龙县	1.74	—	—	—	1.74
		洛川县	2.52	—	—	—	2.52
		吴起县	2.01	—	—	—	2.01
		延长县	2.93	—	—	—	2.93
		延川县	4.46	—	—	—	4.46
		宜川县	4.40	—	—	—	4.40
		志丹县	3.67	—	—	—	3.67
		子长县	3.07	—	—	—	3.07
	榆林市	定边县	0.86	—	—	18.35	19.21
		府谷县	6.55	—	—	—	6.55
		横山县	3.66	—	2.47	1.88	8.02
		佳县	4.41	—	0.66	—	5.07
		靖边县	4.10	—	—	6.24	10.34
		米脂县	3.26	—	—	—	3.26
		清涧县	3.99	—	0.02	—	4.02
		神木县	11.10	—	0.29	—	11.39
		绥德县	0.96	—	3.33	—	4.29
		吴堡县	1.52	—	—	—	1.52
		榆阳区	1.77	—	0.33	3.00	5.10
		子洲县	2.85	—	—	6.28	9.13
	小计		296.93	—	66.20	35.75	398.87

（续）

省（自治区）名称	市州	防护林防护效果					合计
		辖区县	无	差	一般	好	
新疆	阿克苏地区	阿克苏市	0.13	1.78	2.47	5.85	10.22
		阿瓦提县	1.18	2.99	2.91	2.43	9.51
		拜城县	—	0.58	4.00	3.73	8.31
		柯坪县	—	0.05	0.09	0.78	0.92
		库车县	1.36	1.77	4.45	1.99	9.57
		沙雅县	0.28	1.55	2.82	3.57	8.22
		温宿县	0.53	0.38	1.49	6.99	9.40
		乌什县	0.27	2.19	0.55	2.21	5.22
		新和县	0.11	0.46	1.30	2.62	4.49
	阿拉尔市	阿拉尔市	—	0.69	5.43	4.69	10.82
	阿勒泰地区	阿勒泰市	—	0.14	1.44	3.27	4.85
		布尔津县	—	—	0.31	2.04	2.36
		福海县	—	0.09	0.31	8.93	9.33
		富蕴县	0.06	0.18	1.36	0.85	2.45
		哈巴河县	—	0.15	0.42	3.17	3.74
		吉木乃县	—	0.24	0.03	0.96	1.23
		青河县	—	0.09	0.20	0.60	0.89
	巴音郭楞蒙古自治州	博湖县	0.36	0.31	0.31	1.21	2.20
		和静县	0.25	0.57	0.98	3.34	5.14
		和硕县	0.33	0.74	0.64	2.10	3.81
		库尔勒市	1.09	2.51	2.48	1.25	7.33
		轮台县	1.82	0.53	0.74	0.37	3.46
		且末县	0.06	0.12	0.98	0.49	1.65
		若羌县	—	—	0.64	0.08	0.72
		尉犁县	0.63	1.19	3.13	3.42	8.36
		焉耆回族自	0.45	0.74	1.35	1.42	3.95
	博尔塔拉蒙古自治州	博乐市	1.57	1.82	4.35	0.52	8.27
		精河县	0.36	0.82	3.01	2.20	6.39
		温泉县	0.67	0.74	2.50	0.09	4.01
	昌吉回族自治州	昌吉市	—	2.23	3.12	4.53	9.88
		阜康市	0.11	1.55	2.15	1.71	5.53
		呼图壁县	—	0.57	4.30	9.87	14.73
		吉木萨尔县	0.52	1.46	3.01	1.56	6.55
		玛纳斯县	0.34	2.64	6.64	6.45	16.07
		木垒哈萨克	0.16	0.76	2.43	1.90	5.25
		奇台县	0.06	4.54	5.96	5.43	15.99

（续）

省（自治区）名称	市州	防护林防护效果					合计
		辖区县	无	差	一般	好	
新疆	哈密地区	巴里坤哈萨	0.06	0.68	1.30	1.14	3.18
新疆	哈密地区	哈密市	0.14	0.02	3.90	1.93	5.99
新疆	哈密地区	伊吾县	—	0.02	0.39	0.35	0.77
新疆	和田地区	策勒县	—	0.33	0.39	1.58	2.30
新疆	和田地区	和田市	—	0.01	0.82	0.41	1.25
新疆	和田地区	和田县	0.16	0.47	1.61	0.80	3.04
新疆	和田地区	洛浦县	—	0.09	2.06	0.64	2.79
新疆	和田地区	民丰县	—	0.06	0.33	0.28	0.67
新疆	和田地区	墨玉县	—	0.35	2.12	2.35	4.82
新疆	和田地区	皮山县	0.10	0.97	0.89	1.40	3.36
新疆	和田地区	于田县	0.03	1.24	0.27	1.80	3.34
新疆	喀什地区	巴楚县	—	3.37	1.34	3.54	8.25
新疆	喀什地区	伽师县	0.04	1.44	2.82	4.04	8.34
新疆	喀什地区	喀什市	—	0.45	0.41	0.86	1.72
新疆	喀什地区	麦盖提县	0.15	3.64	1.42	2.70	7.90
新疆	喀什地区	莎车县	—	3.43	5.61	3.34	12.38
新疆	喀什地区	疏附县	1.33	1.23	1.57	1.58	5.71
新疆	喀什地区	疏勒县	1.04	0.86	0.60	3.75	6.24
新疆	喀什地区	塔什库尔干	—	0.27	0.15	0.01	0.43
新疆	喀什地区	叶城县	0.12	1.17	0.43	5.85	7.57
新疆	喀什地区	英吉沙县	0.40	0.74	0.69	1.18	3.01
新疆	喀什地区	岳普湖县	0.29	0.10	1.94	1.12	3.46
新疆	喀什地区	泽普县	—	1.21	2.40	0.60	4.21
新疆	克拉玛依市	白碱滩区	—	—	—	0.08	0.08
新疆	克拉玛依市	克拉玛依区	—	0.32	2.51	3.05	5.88
新疆	克拉玛依市	乌尔禾区	—	—	—	0.36	0.36
新疆	克孜勒苏柯尔克孜自治	阿合奇县	0.03	0.11	0.03	0.37	0.54
新疆	克孜勒苏柯尔克孜自治	阿克陶县	—	0.68	0.60	1.80	3.08
新疆	克孜勒苏柯尔克孜自治	阿图什市	—	0.18	1.13	0.42	1.74
新疆	克孜勒苏柯尔克孜自治	乌恰县	—	—	—	0.19	0.19
新疆	石河子市	石河子市	—	0.32	1.36	0.44	2.11
新疆	塔城地区	额敏县	3.04	0.77	8.39	2.71	14.90
新疆	塔城地区	和布克赛尔	—	—	2.74	—	2.74
新疆	塔城地区	沙湾县	0.36	1.18	16.61	7.36	25.51
新疆	塔城地区	塔城市	0.13	0.07	7.58	4.60	12.38
新疆	塔城地区	托里县	—	0.32	0.86	1.85	3.03
新疆	塔城地区	乌苏市	0.53	0.79	8.31	6.28	15.91
新疆	塔城地区	裕民县	—	0.30	3.10	1.93	5.33

（续）

省（自治区）名称	市州	辖区县	防护林防护效果				合计
			无	差	一般	好	
新疆	图木舒克市	图木舒克市	—	—	5.52	—	5.52
	吐鲁番地区	鄯善县	0.31	0.12	0.40	0.77	1.61
		吐鲁番市	0.08	0.33	1.22	0.19	1.81
		托克逊县	0.54	0.02	0.69	1.14	2.39
	乌鲁木齐市	米东区	0.13	0.71	0.60	0.72	2.16
		乌鲁木齐市	0.13	0.34	1.67	3.06	5.20
		乌鲁木齐县	0.04	0.08	1.24	1.46	2.82
	五家渠市	五家渠市	—	—	—	2.29	2.29
	伊犁哈萨克自治州	察布查尔锡	1.16	1.23	2.25	5.09	9.73
		巩留县	0.08	1.45	0.97	2.68	5.19
		霍城县	0.29	0.34	1.64	7.41	9.68
		奎屯市	—	0.01	2.12	0.97	3.10
		尼勒克县	0.18	1.06	1.77	1.89	4.91
		特克斯县	0.28	0.22	0.71	1.86	3.06
		新源县	0.48	0.47	2.52	4.37	7.83
		伊宁市	0.01	0.64	0.77	0.54	1.96
		伊宁县	—	0.06	6.59	2.24	8.89
		昭苏县	—	3.79	1.58	4.75	10.11
	小计		24.38	75.23	197.21	216.76	513.57
合计			878.85	139.01	538.73	398.27	1 954.86

二、农田林网化存在的问题

（一）农田防护林面积配套不达标

西北区个各地农田林网发展不平衡，乡与乡、村与村之间差距大，有的村林网程度可达50%以上，而有的只有1%不到，尤其边远乡镇及新开发的土地，林网配套建设迟缓。

（二）防护林树种单一，结构简单

西北区现有的农田防护林结构简单，各类优化配置模式少，林分多为纯林，混交林比例低（90%以上都是杨树，其他树种特别少），抗逆性差，结构不稳定，抵御病虫害能力下降；有些林网结构不尽合理，大部分是乔木型，乔灌混合型特别少，有的林带树木大小高矮参差不齐，而且林带缺株断带现象严重，抗自然灾害能力弱，综合防护效益较低，严重影响防护林作用的发挥。

（三）管理措施不到位

近几年，国家不断加强防护林建设力度，虽然营造了一部分防护林，但是由于自然条件差，人为管理措施不到位，当年成活率太低，或者是过两三年之后，保留下来的所剩无几。其次，由于集体林经营体制不活，特别是集体的防护林采伐后，更新不及时，或是不更新，造成了防护林缺株断带，甚至造成了林地的流失。再次，由于修水渠、架高压线等原因，对部分林地进行了采伐，也造成了林带的破坏和林业资源的流失。同时，由于采伐管护不严格，致使部分采伐不符合实际情况，也使防护林遭到一定程度的破坏。

（四）土地承包使得林网化工作难以开展

农村绝大部分耕地都是农民承包，大部分耕地的承包期限都在 30 年左右。经营、投资体制不活，防护林的采伐制度过死，林带的“胁地”作用，也影响了群众造林的积极性。由于受个人利益驱动，在进行农田林网化的过程中，对于集中连片的耕地，农民不愿意在自己的耕地中间种植防护林，使得农田林网化工作难以开展。

（五）林网化缺乏科学合理的规划设计

前些年，林带的配套缺乏科学的规划设计，随意性强，影响到防护林的发挥。一是以往的防护林基本上都没有进行规划设计，农田林网网格过大，有的甚至不能成网；二是造林单位随心所欲，林带宽度、密度没有科学合理的设计；三是有的林带树木稀疏，防护效果差；四是有的地段株行距又过密，不仅造成水分、养分失衡，增加了造林成本，还造成树木生长纤细，致使整个林带的经济价值降低。

（六）对防护林作用的认识不足

部分地区领导干部及群众对农田防护林在经济发展中的重要性认识不足，对农田防护林建设积极性不高，资金投入不足，缺少扶持林网化建设的优惠政策。在林网化建设中，当生态和经济发生冲突时，大部分都选择经济利益，从而使得防护林定植、管护、采伐措施难以到位，抑制了防护林工作的顺利进行。

三、有关建议

（一）加大对农田林网化的资金扶持力度

近几年，国家加大了生态建设的力度，实施了不少林业项目，但是项目资金全是国家投入，地方政府配套资金难以到位，对项目的实施造成一定的影响。各级政府应将林业生态建设项目纳入财政预算，确保林业生态建设项目的资金落实到位，保证林业各个项目的顺利实施。同时，要通过制定一定的林业优惠政策，在贷款、水和电的利用等方面给予一定优惠，以调动广大农民以及企业、集体等社会力量参与农田林网化建设，形成良好的投资氛围。

（二）多部门统筹合作做好林网化的规划设计

西北区农田林网主要是为了降低水分蒸发，减少水土流失，预防干旱、风害、冻害三种主要自然灾害。林业部门要对当地的防护林基本情况做一个详细调查，并结合农田林网化建设的新要求新特点，进一步完善修订农田防护林建设规划，使规划与农村道路、防沙治沙工程、农业综合开发、低产田改造和土地整理项目相结合，与新农村建设村庄绿化工程规划、铁路公路绿色通道建设工程规划和城市绿化建设工程等林业生态建设规划相结合，做到因地制宜、统筹兼顾，运用新技术，采取新措施，建立更高水平的农田生态系统，逐渐形成相对完善的农区内部农田防护林体系和农区周边外围生态防护林体系，确保农田防护林体系的生态功能不断增强、林地生产力得到最大限度发挥。

尤其在建设农田林网、农林间作形成高标准农田的建设中，应建立以植树造林为主的生态防护林，针对不同的生态区域采用远距离种植乔木、近距离种植灌木的种植方式，采取疏透型结构推进农田林网化，农田林网设计规划本着适地适树，统一安排、因害设防、综合利用的原则，充分发挥林网的作用，做到农林兼顾，协调发展。

一是结合现有的农林间作等情况，在实施农业示范园区建设中，尽可能利用区域光热资源丰富，植物生长周期长，昼夜温差大的特点种植经济林木和本土林木，特别是本土树种如松树、杨树、柳树、榆属树种等。也可选择不同的生态类型、不同土壤类型、不同土壤质地发展经济林及果树种植面积，积极培育和加大特色农业种植力度，改善土壤环境和种植方式，提高土地附加值，间接的改变土地增产农业增效的目的。如内蒙古自治区大力发展沙生灌木林造纸、生物质能源、生物制药等生物产业。甘肃河西走廊坚持发展日光温室、葡萄、中药材等特色种植业。新疆和田的肉苁蓉，宁夏和青海的沙棘产业发展势头强劲。

二是对于风沙危害大的地区，采用要强调主副林带配置，尽可能要求主林带与当地主风向垂直，条件许可时要求多行林带混交，一方面增加啊气流与树冠的摩擦力，另一方面增强气流分离。

三是采用农林间作的种植方式，建设农田林网、农林间作的高标准农田，可以产生深远的社会、经济和生态效益。如正常年份农田林网、农林间作增产效益可提高小麦产量10%～30%，水稻产量 6%，玉米产量 10%～20%，

（三）做好防护林建设的宣传工作

通过广播、电视等媒介对林业相关的政策、法律法规进行深入广泛的宣传，提高广大人民群众对防护林重要性的认识，使他们认识到没有防护林就没有良好的生活环境，就没有农牧业的稳产丰收。西北区由于深居大陆腹地，降水量均值在 50～650mm 之间，而蒸发量在700～2 400mm。其中甘肃省年降水量为 100～300mm，而年蒸发量则达 1 800～3 400mm；新疆维吾尔自治区北疆平原区年蒸发量可达 700～1 200mm，是年降水量的 3～6 倍，南疆的年平均蒸发量为 1 000～2 000mm，是年降水量的 7～20 倍；内蒙古自治区西部年降雨量130～220mm，年平均蒸发量 2 000～2 400mm；宁夏年平均降水量 292mm，水面蒸发量1 296mm；陕西省关中地区年降水量 650mm，蒸发量 1 261mm，陕北地区年降水量400mm，蒸发量 2 189mm；青海省年降水量 450～600mm，而年蒸发量则达 800～2 000mm。是全球同纬度地区降水量最少，蒸发量最大，最为干旱的地带。另外气候增暖，大范围气候持续干旱，给西北区各种水资源（冰川、湖泊、河流等）带来严重的影响，使冰川退缩、河流水量减少或断流、湖泊萎缩或干涸，地下水位下降，加剧了西北区的气候和土壤的干旱化，使得该区的植被盖度降低，土壤结构变得更加松散，耕地质量差。通过加强农田防护林的建设，营造了草肥水美、粮食增收的良好发展态势。如内蒙古自治区西部鄂尔多斯市的乌审旗，过去荒山秃岭。沙丘连绵，植被稀疏，风沙干旱等自然灾害频繁，人均收入 300 元左右，人均粮食 330kg，通过农田林网化治理，农业生产条件得到改善，治理区人均收入增加到 1 900 元，人均粮食达到 1 300kg，土壤侵蚀减少 80%以上，脱贫达到 90%以上。

（四）加强技术服务工作

在防护林的建设过程中，要严格按照植树造林的相关技术要求进行操作，确保植树造林的质量。林业技术人员要做好技术指导工作，防止未提前整地即造林，甚至不进行整地就盲目造林、盐碱地不改良就直接进行造林等问题。同时做好苗木的检疫工作，防止带疫苗木或不合格苗木入地定植，影响建设质量。技术人员也要督促广大造林户做好后期灌水、除草、病虫害防治等工作，防止重栽轻管的现象发生，确保造林质量。

（五）进一步完善防护林的经营体制

要借集体权制度改革的机会，加快林权制度改革的步伐，完善林权制度，使集体林业资源的产权、经营权、收益权和处置权进一步明确。对于个人的防护林，在检查验收合格后，要及时发放林权证，放活经营权，提高林农经营的积极性。在采伐更新过程中，对于林农申请采伐成熟的林木，要及时办理采伐手续。同时，要与林农签订相应的采伐合同，确保林业资源的安全合理利用，防止管得过死、过严，挫伤群众造林积极性，从而使林业资源流失。

（六）加大新建耕地的林网化程度

严格按照《防沙治沙若干规定》中新垦农田防护林带面积不小于耕地面积的12%。对于以前耕地已经完成林网化的，要加大补植补造和更新的力度，完善防护林体系，提高防护效益。对新开垦的耕地要有林业、土管、农业及水利等部门统一规划，做到开发与造林同步进行，在确保农田林网化工作的顺利完成的同时，改善了当地生产和生活条件，促进经济的发展。

第八节　盐渍化程度

据联合国教科文组织和粮农组织不完全统计，全世界盐碱地的面积为9.543 8亿hm^2，其中我国为9 913万hm^2。在我国西北干旱、半干旱地区存在的盐渍化土壤面积大，分布广，种类多，面积达331.51万hm^2。土壤盐碱地不仅涉及农业、土地、水资源问题，还涉及典型的生态环境问题。但同时盐碱地也是一种重要的土地资源，对发展产业化农业和综合性农业具有较大的潜力，其治理和改良意义重大，并且已经成为一个世界性的难题，引起了关注。

一、西北区盐渍化的现状及特点

土地盐碱化的原因是土壤和地下水盐分过高，在强烈的地表蒸发情况下，土壤盐分通过毛细管作用上升并集聚于土壤表层，使农作物生长发育受到抑制。其形成的实质是各种易溶性盐类在土壤剖面水平方向与垂直方向的重新分配。研究表明，当土壤含盐量达到干土重的0.3%～1%时，即相当于弱盐渍土或中等盐渍土时，农作物的产量仅为正常产量的1/30～1/10。

（一）西北区盐渍土的类型及分级

1. 西北区盐渍土的类型　按自然地理条件、形成过程和盐分组成，西北区归于我国盐渍土的三个类型。

①极端干旱荒漠盐渍区：新疆维吾尔自治区塔里木盆地、吐鲁番盆地和青海省的柴达木盆地。

②干旱荒漠和荒漠草原盐渍土区：一是黄河中上游半干旱半荒漠盐渍区，包括陕西省、甘肃省、青海省、内蒙古自治区西部的部分地区和宁夏回族自治区的大部分地区，区内除现代积盐的硫酸盐-氯化物或氯化物盐硫酸盐盐渍土外，还有部分残余盐渍土。二是甘、蒙、新干旱荒漠盐渍区，包括甘肃省河西走廊、内蒙古自治区西部高原和新疆维吾尔自治区天山以北地区分布土壤含盐量很高的内陆盐渍土。

③半湿润季风气候盐渍—苏打碱化区：陕西省的泾、渭流域。

2. 西北区盐渍土的分级　按照土壤全盐量及作物产量因盐渍化而降低的程度，将西北区土壤盐渍化分为非盐渍化、轻度盐渍化、中度盐渍化、重度盐渍化和盐土（表6-52）。

表 6-52　西北区土壤盐渍化分级指标

土壤含盐量（%）				
非盐渍化土	轻度盐渍化土	中度盐渍化土	重度盐渍化土	盐土
<0.3	0.3～0.5	0.5～1.0	1.0～2.0	>2.0

（二）西北区盐渍化分布及面积

土壤盐化是西北农业生产中的一项主要限制因子，主要表现形式为地表出现盐霜或盐斑，耕地地下水位高，作物出苗困难。截至目前西北区盐渍化面积 331.51 万 hm^2，占西北区耕地面积的 16.96%，轻度盐渍化、中度盐渍化、重度盐渍化和盐土面积分别为 9 599万 hm^2、129.71 万 hm^2、84.99 万 hm^2 和 20.82 万 hm^2。其中新疆维吾尔自治区 209.68 万 hm^2，占西北区盐渍化面积的 63.25%，新疆除伊犁河谷、阿勒泰地区和塔城部分地区土壤含盐较少外，其余地区均有不同程度的盐渍化；内蒙古自治区西部 56.10 万 hm^2，占西北区盐渍化面积的 16.92%，盐渍化土地主要分布在西部河套灌区的巴彦淖尔市、呼和浩特市、包头市、鄂尔多斯市等地；甘肃省 32.56 万 hm^2，占西北区盐渍化面积的 9.82%，主要分布在河西走廊灌区（5 市 20 个县）和沿黄灌区（兰州、白银两市的 9 县区）以及省农垦集团公司农场、张掖市直农场、白银市景泰农场、白银市监狱农场、山丹马场；宁夏回族自治区 17.76 万 hm^2，占西北区盐渍化面积的 5.36%，主要分布在宁夏引黄灌区的平罗县、惠农区和贺兰县及银川市辖区、灵武市、利通区、中宁县及固原市原州区和红寺堡区扬黄扩灌区；陕西省 8.32 万 hm^2，占西北区盐渍化面积的 2.51%，盐碱地主要分布于陕北榆林地区（定边、靖边、横山、榆林、神木等县的下湿滩地及无定河中游的川道地区）和渭南地区（三门峡库区人民引洛灌区、东方红电力抽灌区及交口抽渭灌区卤泊滩地等），米脂、绥德等县的一些沟坝也有零星分布，在咸阳的泾惠灌区和周至县的渭河滩地亦有轻度盐渍化土零星分布；青海省 7.09 万 hm^2，占西北区盐渍化面积的 2.14%，主要分布于柴达木盆地、茶卡盆地、青海湖盆地、共和盆地的湖滩和河滩地上（表 6-53）。

表 6-53　西北区各省（自治区）土壤盐渍化分级统计

省（自治区） \ 分级	含盐量分级（万 hm²） 非盐渍化土 <0.3	轻度盐渍化土 0.3～0.5	中度盐渍化土 0.5～1.0	重度盐渍化土 1.0～2.0	盐土 >2.0	合计（万 hm²）	盐渍化面积（万 hm²）	占盐渍化比例（%）
甘肃	500.37	13.81	10.6	8.09	0.06	532.93	32.56	9.82
内蒙古西部	265.58	27.19	18.21	10.02	0.68	321.68	56.1	16.92
宁夏	111.25	8.15	5.42	3.73	0.46	129.01	17.76	5.36
青海	51.71	3.47	2.65	0.91	0.06	58.8	7.09	2.14
陕西	390.55	3.2	4.03	1.09	0	398.87	8.32	2.51
新疆	303.89	40.18	88.79	61.15	19.56	513.57	209.68	63.25
合计	1 623.36	95.99	129.71	84.99	20.82	1 954.86	331.51	100.00

（三）西北区不同市区之间土壤有含盐量差异

从西北区 63 个城市土壤含盐量平均值来看，以新疆维吾尔自治区喀什地区土壤含盐量最高，平均 2.54%；其次是新疆维吾尔自治区阿克苏地区，为 1.97%；土壤含盐量最低的是内蒙古自治区的锡林郭勒盟，平均含量 0.04%，其次甘肃省的天水市，平均含量 0.06%。其余则介于 0.11%～1.96%之间。

从土壤含盐量统计数据看，土壤含盐量最高的是新疆维吾尔自治区和田地区和喀什地区，分别达到了 10.53%和 8.14%；土壤含盐量最低的是新疆维吾尔自治区伊犁哈萨克自治州、甘肃省的天水市、张掖市、青海省的海东及西宁市，分别为 0.01%、0.02%和 0.03%。

土壤含盐量在 63 个地区变异系数以内蒙古自治区的巴彦淖尔市、锡林郭勒盟最高，分别为 88.33%和 87.66%。变幅最小的是青海的玉树藏族自治州和果洛藏族自治州，分别为 2.2%和 4.8%；其余的变动范围为 7.05%～87.04%，详见表 6-54。

表 6-54　西北区各省（自治区）地市州土壤含盐量统计（%）

省（自治区）名称	市州	样本数	最大值	最小值	平均值	标准差	变异系数
甘肃	白银市	6 789	0.61	0.14	0.19	0.08	42.89
	定西市	10 977	0.28	0.03	0.12	0.06	46.72
	甘南藏族自治州	2 043	1.31	0.13	0.24	0.13	54.96
	嘉峪关市	77	0.66	0.11	0.32	0.21	64.08
	金昌市	893	0.62	0.18	0.37	0.10	27.33
	酒泉市	1 890	1.67	0.14	0.49	0.30	61.35
	兰州市	2 630	0.38	0.07	0.16	0.07	44.54
	临夏州	3 338	0.23	0.13	0.17	0.06	33.25
	陇南市	10 969	0.64	0.04	0.11	0.04	40.87
	平凉市	5 492	1.20	0.23	0.29	0.21	71.73
	庆阳市	10 721	0.86	0.13	0.21	0.13	60.22
	天水市	6 417	0.76	0.02	0.06	0.03	59.45
	武威市	2 306	0.93	0.12	0.22	0.17	75.82
	张掖市	2 823	0.94	0.02	0.19	0.14	70.41
	小计	67 365	1.67	0.02	0.24	0.12	51.83

（续）

省（自治区）名称	市州	样本数	最大值	最小值	平均值	标准差	变异系数
内蒙古西部	阿拉善盟	1 630	2.44	0.10	0.53	0.45	84.88
	巴彦淖尔市	27 317	4.59	0.15	0.51	0.45	88.33
	包头市	11 146	1.26	0.04	0.18	0.14	78.24
	鄂尔多斯市	22 678	2.16	0.07	0.32	0.21	64.92
	呼和浩特市	30 855	1.80	0.07	0.49	0.41	85.07
	乌海市	1 096	0.65	0.15	0.27	0.14	50.97
	乌兰察布市	51 220	1.42	0.10	0.52	0.16	31.37
	锡林郭勒盟	8 420	0.18	0.02	0.04	0.04	87.66
	小计	154 362	4.59	0.32	0.43	0.22	50.52
宁夏	固原市	17 973	0.63	0.05	0.32	0.09	29.33
	石嘴山市	4 465	2.66	0.21	1.35	0.64	47.51
	吴忠市	17 837	1.73	0.13	0.38	0.24	61.85
	银川市	6 175	2.21	0.14	0.75	0.42	55.89
	中卫市	16 463	0.95	0.06	0.30	0.17	56.46
	小计	62 913	2.66	0.03	0.46	0.40	88.57
青海	果洛藏族自治州	127	0.22	0.19	0.21	0.01	4.80
	海北藏族自治州	5 885	2.21	0.05	0.32	0.23	70.80
	海东市	36 525	2.26	0.03	0.26	0.22	83.06
	海南藏族自治州	8 980	2.26	0.04	0.39	0.26	68.49
	海西蒙古藏族自治州	1 443	2.26	0.16	0.92	0.80	87.04
	黄南藏族自治州	2 658	0.69	0.22	0.33	0.06	17.03
	西宁市	20 667	0.42	0.03	0.12	0.06	52.42
	玉树藏族自治州	2 057	0.29	0.27	0.28	0.01	2.20
	小计	78 342	2.26	0.03	0.26	0.25	97.80
陕西	安康市	10 180	1.01	0.47	0.83	0.10	12.39
	宝鸡市	24 648	1.22	0.03	0.67	0.28	41.15
	汉中市	49 064	0.77	0.08	0.47	0.15	32.47
	商洛市	28 572	1.01	0.32	0.58	0.28	48.57
	铜川市	6 549	0.89	0.33	0.79	0.06	7.05
	渭南市	12 018	1.05	0.32	0.43	0.18	43.30
	西安市	5 778	1.01	0.33	0.72	0.22	30.74
	咸阳市	18 747	1.35	0.06	0.71	0.23	32.34
	延安市	39 616	1.09	0.03	0.65	0.41	63.03
	榆林市	46 934	1.08	0.03	0.59	0.31	52.65
	小计	242 106	1.35	0.03	0.60	0.29	48.56

（续）

省（自治区）名称	市州	样本数	最大值	最小值	平均值	标准差	变异系数
新疆	阿克苏地区	3 248	7.11	0.11	1.97	1.15	58.76
	阿拉尔市	336	3.82	0.31	0.97	0.65	66.94
	阿勒泰地区	1 404	3.43	0.40	1.48	0.60	40.47
	巴音郭楞蒙古自治州	1 796	3.16	0.14	1.29	0.79	60.79
	博尔塔拉蒙古自治州	724	3.48	0.12	1.18	0.76	64.75
	昌吉回族自治州	3 426	5.71	0.12	1.12	0.89	79.54
	哈密地区	434	7.44	0.19	1.90	1.57	82.33
	和田地区	1 573	10.53	0.13	1.85	1.38	74.72
	喀什地区	3 184	8.14	0.14	2.54	2.04	80.27
	克拉玛依市	111	2.05	0.35	1.22	0.53	43.14
	克孜勒苏柯尔克孜自治	293	3.80	0.34	1.32	0.66	49.83
	石河子市	58	4.56	0.54	1.27	0.88	69.48
	塔城地区	2 589	7.61	0.10	1.59	1.18	73.76
	图木舒克市	243	4.01	0.49	1.10	0.77	70.13
	吐鲁番地区	406	4.77	0.23	1.77	1.20	67.71
	乌鲁木齐市	623	4.44	0.07	1.64	1.05	64.29
	五家渠市	176	1.31	0.07	0.59	0.43	72.33
	伊犁哈萨克自治州	2 753	5.97	0.01	1.96	1.33	67.90
	小计	23 377	8.14	0.01	1.66	1.56	94.11

（四）西北区不同地形部位含盐量差异

从西北区地形部位土壤含盐量平均值来看，平原低阶土壤含盐量最高，平均 1.21%；其次是盆地中阶，为 0.83%；土壤含盐量最低的地形部位是塬，平均含量 0.26%，其次河谷，平均含量 0.27%。其余则介于 0.33%～0.70%。

从土壤含盐量统计数据看，土壤含盐量最高的是平原低阶和平原中阶，分别达到了 10.53%和 9.78%；土壤含盐量最低的是河谷和丘陵中下部，分别为 0.01%和 0.02%。

土壤含盐量在 16 个地形部位变异系数以内蒙古自治区的平原中阶、山地坡中最高，分别为 97.33%和 88.97%。变幅最小的是盆地中阶和平原低阶，分别为 11.95%和 18.71%；其余的变动范围为 52.12%～88.47%，详见表 6-55。

表 6-55　西北区不同地形部位含盐量统计

地形部位	最大值（%）	最小值（%）	平均值（%）	标准差（%）	变异系数（%）
河谷	3.19	0.03	0.27	0.25	93.94
塬	1.35	0.03	0.61	0.32	52.12
盆地中阶	0.95	0.68	0.83	0.1	11.95
平原低阶	10.53	0.02	0.65	0.56	86.81

（续）

地形部位	最大值（%）	最小值（%）	平均值（%）	标准差（%）	变异系数（%）
平原高阶	9.33	0.02	0.62	0.54	88.47
平原低阶	1.74	0.79	1.21	0.23	18.71
平原中阶	9.78	0.02	0.7	0.68	97.33
丘陵上部	4.14	0.03	0.7	0.39	56.39
丘陵下部	4.92	0.02	0.38	0.32	82.38
丘陵中部	5.3	0.02	0.38	0.31	81.03
山地坡上	5.45	0.03	0.4	0.32	78.41
山地坡下	3.48	0.03	0.48	0.31	64.95
山地坡中	4.04	0.02	0.33	0.29	88.97
山间盆地	7.61	0.12	0.77	0.61	78.94
总计	16.14	0.01	0.49	0.52	106.64

（五）西北区土壤盐化类型

西北区主要盐化类型为硫酸盐、硫酸盐氯化物、氯化物硫酸盐、碳酸盐、氯化物、钠质碱化、氯化物碳酸盐、碳酸盐氯化物。硫酸盐和氯化物属于中性盐，碳酸盐为碱性盐（表 6-56）。

表 6-56 西北区各省（自治区）耕地盐化类型

省（自治区）名称	省辖市	硫酸盐	硫酸盐氯化物	氯化物硫酸盐	氯化物	碳酸盐	钠质碱化	氯化物碳酸盐	碳酸盐氯化物
甘肃	白银市	√	√	√	√	√			
	定西市		√			√			
	嘉峪关市	√							
	金昌市	√			√	√			
	酒泉市	√			√	√			
	兰州市	√				√			
	临夏州		√			√			
	平凉市					√			
	庆阳市					√			
	武威市	√			√	√			
	张掖市	√	√	√	√	√			
内蒙古西部	阿拉善盟	√	√		√	√			
	巴彦淖尔市	√	√		√	√	√		
	包头市	√	√	√	√	√		√	√
	鄂尔多斯市	√	√	√	√	√		√	√
	呼和浩特市	√	√	√	√	√		√	√
	乌海市	√			√	√			
	乌兰察布市			√					
	锡林郭勒盟				√	√			

（续）

省（自治区）名称	省辖市	硫酸盐	硫酸盐氯化物	氯化物硫酸盐	氯化物	碳酸盐	钠质碱化	氯化物碳酸盐	碳酸盐氯化物
宁夏	固原市	√				√			
	石嘴山市	√			√	√			
	吴忠市	√			√	√			
	银川市	√				√			
	中卫市	√	√		√	√			
青海	果洛藏族自治州				√	√			
	海北藏族自治州				√	√			
	海东市				√	√			
	海南藏族自治州				√	√			
	海西蒙古藏族自治州				√	√			
	黄南藏族自治州					√			
	西宁市					√			
	玉树藏族自治州					√			
陕西	宝鸡市					√			
	汉中市					√			
	铜川市					√			
	渭南市			√		√			
	西安市	√							
	咸阳市	√				√			
	延安市				√	√			
	榆林市				√				
新疆	阿克苏地区	√	√	√	√	√			
	阿拉尔市	√			√	√			
	阿勒泰地区	√	√	√	√	√			
	巴音郭楞蒙古自治州	√	√	√	√	√		√	
	博尔塔拉蒙古自治州	√	√	√	√				
	昌吉回族自治州	√	√	√	√	√			
	哈密地区	√	√	√	√	√			
	和田地区	√	√	√	√				
	喀什地区	√	√	√	√	√			
	克拉玛依市	√	√	√	√				
	克孜勒苏柯尔克孜自治州	√	√	√	√				
	石河子市	√	√	√	√				
	塔城地区	√	√	√	√				
	图木舒克市	√	√		√				
	吐鲁番地区	√	√	√	√				
	乌鲁木齐市	√		√	√				
	五家渠市	√		√	√				
	伊犁哈萨克自治州	√	√	√	√	√			

甘肃省的盐化类型有硫酸盐、硫酸盐氯化物、氯化物硫酸盐、氯化物和碳酸盐五种。其中白银市和张掖市的盐化类型为硫酸盐、硫酸盐氯化物、氯化物硫酸盐、氯化物和碳酸，定西市的盐化类型为硫酸盐氯化物和碳酸盐，嘉峪关市的盐化类型为硫酸盐，金昌市和酒泉市的盐化类型为硫酸盐、氯化物和碳酸盐，兰州市的盐化类型为硫酸盐和碳酸盐，临夏州的盐化类型为硫酸盐氯化物和碳酸盐，平凉市和庆阳市的盐化类型只有碳酸盐，武威市的盐化类型为硫酸盐、氯化物和碳酸盐。

内蒙古自治区西部的盐化类型有硫酸盐、硫酸盐氯化物、氯化物硫酸盐、碳酸盐、氯化物、钠质碱化、氯化物碳酸盐和碳酸盐氯化物八种。其中阿拉善盟的盐化类型为硫酸盐、硫酸盐氯化物、碳酸盐和氯化物，巴彦淖尔市的盐化类型为硫酸盐、硫酸盐氯化物、碳酸盐、氯化物和钠质碱化类盐，包头市、鄂尔多斯市和呼和浩特市的盐化类型皆为硫酸盐、硫酸盐氯化物、氯化物硫酸盐、碳酸盐、氯化物、氯化物碳酸盐和碳酸盐氯化物，乌海市的盐化类型为硫酸盐、碳酸盐和氯化物，锡林郭勒盟的盐化类型为碳酸盐和氯化物，乌兰察布市的盐化类型只有氯化物硫酸盐。

宁夏回族自治区的盐化类型有硫酸盐、硫酸盐氯化物、碳酸盐、氯化物四种。其中固原市和银川市盐化类型为硫酸盐和碳酸盐，石嘴山市的盐化类型为硫酸盐、碳酸盐和氯化物，吴忠市的盐化类型皆为硫酸盐、氯化物和碳酸盐，中卫市的盐化类型为硫酸盐、硫酸盐氯化物、氯化物和碳酸盐。

青海省的盐化类型有碳酸盐和氯化物两种。其中果洛藏族自治州、海北藏族自治州、海东市、海南藏族自治州和海西蒙古藏族自治州盐化类型为碳酸盐和氯化物，黄南藏族自治州、玉树藏族自治州和西宁市的盐化类型只有碳酸盐。

陕西省的盐化类型有硫酸盐、氯化物硫酸盐、碳酸盐和氯化物四种。其中宝鸡市、宝鸡市和铜川市三市只有碳酸盐，渭南市的盐化类型为氯化物硫酸盐和碳酸盐，西安市的盐化类型有硫酸盐，咸阳市的盐化类型为硫酸盐和碳酸盐，延安市的盐化类型为碳酸盐和氯化物，榆林市的盐化类型只有氯化物。

新疆维吾尔自治区的盐化类型有硫酸盐、硫酸盐氯化物、碳酸盐、氯化物、氯化物硫酸盐、氯化物碳酸盐六种。其中阿克苏地区、阿勒泰地区、昌吉回族自治州、哈密地区、喀什地区和伊犁哈萨克自治州的盐化类型为硫酸盐、硫酸盐氯化物、碳酸盐、氯化物和氯化物硫酸盐，阿拉尔市的盐化类型为硫酸盐、碳酸盐和氯化物，巴音郭楞蒙古自治州的盐化类型为硫酸盐、碳酸盐、氯化物、硫酸盐氯化物硫酸盐和氯化物碳酸盐，博尔塔拉蒙古自治州、石河子市的盐化类型为硫酸盐、氯化物、氯化物硫酸盐和硫酸盐氯化物，和田地区的盐化类型为硫酸盐、硫酸盐氯化物、氯化物和氯化物硫酸盐，克拉玛依市的盐化类型有硫酸盐、硫酸盐氯化物、氯化物和氯化物硫酸盐，克孜勒苏柯尔克孜自治州的盐化类型有硫酸盐、硫酸盐氯化物、氯化物和氯化物硫酸盐，塔城地区的盐化类型有硫酸盐、硫酸盐氯化物、氯化物和氯化物硫酸盐，图木舒克市的盐化类型有硫酸盐、硫酸盐氯化物和氯化物，吐鲁番地区的盐化类型有硫酸盐、硫酸盐氯化物、氯化物和氯化物硫酸盐，乌鲁木齐市和五家渠市的盐化类型有硫酸盐、氯化物和氯化物硫酸盐。

二、土壤盐渍化的改良和利用

土壤盐渍化的防治和改良，是西北区改造中低产田、保证粮食安全、改善生态环境、建立和谐社会的重要措施之一。土壤盐碱化防治途径不外乎是排除土壤中过多的盐分，调节盐分在土壤剖面中的分布，防止盐分在土壤中的重新累积。目前，治理盐碱地的措施主要有物理、生物、和化学三大技术措施。物理措施包括水利改良、平整土地、客土改良、压沙改良、种稻改良等。生物措施主要有培肥土壤，增施有机肥，施行秸秆还田和种植耐盐碱植物或绿肥等。化学改良主要是施用石膏（磷石膏、亚硫酸钙等）等改良剂。施用化学改良剂、客土压碱等方法治理盐碱地，投入大，推广困难。农业及耕作措施如培肥土壤、生耕深松、地面覆盖减少土壤水分蒸发等，大面积的推广还存在一定的困难。排除土壤中过多盐分最有效的方法仍然是排水、洗盐、压盐。洗盐通常在排水的条件下进行，若排水系统不健全，洗盐不但起不到应有的效果，反而会加重盐碱化程度。压盐是一种无排水条件下的缓解土壤盐分危害的措施，即用大定额的灌溉水将盐分压入深层或压入侧区，这样的治理技术须以大水漫灌为前提，灌溉用水量甚至超过 15 000m^3/hm^2，不仅浪费了宝贵的水资源，增加土壤盐分输出量，而且容易抬高地下水位，进一步加重土壤次生盐碱化的隐性危害。实践证明，改良盐渍土是一项复杂、难度大、需时间长的工作，应视西北区各省（自治区）的具体情况因地制宜，综合治理。

（一）物理措施

1. 水利措施 采取明水明排、渍水暗排的组合排水方式，能够达到除涝渍防盐碱的目的。组合排水方式包括明沟排水、暗管排水（含鼠洞排水）和竖井排水。不同的排水方式各有利弊。实践表明，在利用浅层淡水灌溉的地区，可采用井灌、并排与明沟相结合的排水系统。

（1）*沟管结合方式* 沟管结合组合排水，是以大、中沟构成骨干排水系统，小沟和暗沟构成田间排水系统。骨干排水系统大、中沟按照传统方法，根据区域排水规划统一布置。田间排水系统小沟与暗管的布置则要通过实验研究确定，既要满足除涝防渍要求，又要经济合理。排水暗管一般采用一级排水管，垂直小沟布置。

（2）*沟井结合方式* 沟井结合组合排水，是以大、中沟构成骨干排水系统，竖井构成田间排水系统。并灌与井排相结合的技术，使地下水动态由“补给—蒸发”型变为“补给—开采”型，既可有效地降低地下水位，解决旱季灌溉问题，又可创造土壤盐分淋洗条件，避免过多的潜水蒸发，控制土壤返盐，同时还可以汛期腾空土壤蓄水库容，蓄存大量的水为以后灌溉使用，从而减少因上游灌溉排水对下游造成的危害。实践证明，并灌与并排相结合的技术，不仅能灵活调控地下水位，对水资源进行合理的开发利用，而且可以有效地防治对农作物产生的渍害和土壤次生盐碱化。

（3）*发展节水灌溉农业* 大力推广喷灌、滴灌、膜灌、井灌及小畦灌溉等节水灌溉新技术。针对近年来高位灌区灌溉渗漏加重低位老灌区耕地土壤盐渍化这一突出问题，在高位灌区要因地制宜地发展喷灌、滴灌、膜灌、管灌等节水灌溉新技术，减少高位灌区的引水灌溉量，防治灌溉渗漏水对低位老灌区的不良影响。

2. 平田整地 有关调查研究表明，田块地面不平是土壤盐渍化的重要原因。田埂、田嘴子以及田中的高起斑块等，常常是农田盐渍化最重的地方。农田田块内部高差小于 5～7cm 为宜。应结合机深翻和机深松等措施，做好农田土地平整工作。

（二）农业生物措施

因地制宜，采用先进的农艺措施对减轻盐渍化危害，改善土壤条件有明显的效果。近年来提倡间、复、套种等立体复合种植方式，调整种植业结构、旱作起垄种植、水稻开沟种植、选种耐盐作物等栽培措施，使得田间作物覆盖时期延长，减少灌溉用水量，对降低地下水位，减少地面蒸发，改良土壤，降低生产成本，减轻土壤盐渍化的发生起到了积极的作用。

1. 深松深翻、耙耱　深耕深翻不仅有利于杀死病虫害虫卵，清除杂草，深埋根茬，加强有机质的分解和迟效养分的释放，还能疏松耕作层土壤，截断土壤毛细管，使土壤水分蒸发减弱，达到控制土壤返盐的目的；平整土地使水分均匀下渗，提高降雨淋盐和灌溉洗盐的效果，防止土壤斑状盐渍化；耙地要适时，要春耕浅，秋耕早，抢伏耕，耕干不耕湿。

2. 选种耐盐作物和植物　一般块根作物耐盐渍能力较差，谷类作物和牧草类较强，水生作物最强。但各类作物都有一定的耐盐渍极限。棉花、花生、甜菜、高粱、向日葵、水稻等都是较耐盐碱作物。植物不仅可以绿化环境，还能改良土壤，从而获得经济效益。尤其是豆类植物和吸盐类植物。一方面，豆类植物能固定土壤中的氮，可以改良土壤结构，增加土壤中有机质和氮素营养；而且吸盐类植物能带走土壤中的盐分，降低土壤含盐量。另一方面，种植耐盐类植物可以利用植物茎叶遮挡阳光，减弱土壤中水分的蒸发，抑制土壤返盐；同时通过增强根系吸水、茎叶面蒸腾使地下水位下降，进而有效地防止盐分向地表积累。最后，根、茎、叶回归土壤，增加土壤有机质含量，产生各种有机酸，对土壤碱度起一定中和作用。对盐土改良有积极作用的植物，如草木灰、紫花苜蓿、马莲、柽柳、沙枣等。

3. 增加有机质和合理控制化肥的施用　盐碱地的特点是低温、土贫、结构差。有机肥经过微生物的分解后，转化形成的腐殖质，不仅提高了土壤的缓冲能力，还能和碳酸钠发生化学反应形成腐殖酸钠，起到降低土壤碱性的作用。形成的腐殖酸钠还可以促进作物生长，增强作物的抗盐能力。腐殖质通过刺激团粒结构的形成，增加孔度，增强透水性，使盐分淋洗更容易，进而控制土壤返盐。有机质通过分解作用产生的有机酸，不仅可以中和土壤碱性，还可以加速养分的分解，刺激迟效养分的转化，促进磷的有效利用。因此，增加有机肥料得到施用可以提高土壤肥力，改良盐碱地。此外，化肥对土壤盐碱地的改良作用也受到人们的关注，化肥的施用增加土壤中氮磷钾，促进作物的生长，提高了作物的耐盐能力，通过施用化肥改变土壤盐分组成，抑制盐类对植物的不良影响。无机肥可增加作物产量，多出秸秆，扩大有机肥源，以无机促有机。盐碱地施用化肥时要避免施用碱性肥料，选用酸性和中性肥料较好。硫酸钾复合肥是微酸性肥料，适合在盐碱地上施用，且对盐碱地的改良有良好作用。宁夏回族自治区在银北贺兰县立岗镇、常信乡和洪广镇，平罗县姚伏镇、渠口乡、灵沙乡和头闸镇，惠农区庙台乡、红果子镇等地的盐碱地改良种中，对水稻机械收获高留茬秸秆粉碎深翻还田和玉米机械收获秸秆粉碎深翻还田定点 5 年的试验示范结果，水稻适宜的秸秆还田量为每亩 400kg 左右，玉米适宜和秸秆还田量为每亩 600kg 左右，土壤有机质增加 1.4g/kg。

4. 挖塘养鱼　挖塘垫地，用挖出的泥土垫到四周，池塘深度应在地下水位以下 2m 多，既抬高鱼塘四周地面，又可利用积水养鱼，并调节碱水排量改变水质成分。近年来，各地挖塘养鱼逐渐增多，以宁夏永宁县10亩的池塘养殖草鱼为例，每亩年产鱼1 000kg计算，年产生经济效益9.8万元。

5. 发展林业 树木有巨大的蒸腾作用，夏季阔叶林能有效地降低地下水位，减少地面蒸发，改善田间小气候，减轻旱涝盐碱危害。在改良利用盐碱地时，可以发展林果、绿肥、饲草。方田、道路、沟渠、池塘的周边都要植树造林，营造农田防护林带，可以实现方田林网化，不仅可以减低风速，改善田间小气候，还能减少地面蒸发，减轻盐碱土壤返盐，巩固和发挥水利工程效益，提高防涝排盐效果。

（三）实施动态监测，加强预测预报

土壤盐渍化是一个动态的变化过程，一旦土壤盐渍化发生，治理起来相当困难，造成的损失短期内难以挽回。因此，要防治土壤盐渍化，就要对土壤盐渍化的变化有一定的预见性，所采取的治理措施有较强的针对性、合理性、经济实用性。因此，对不同灌溉方式、不同排水方式、不同治理措施等土壤盐分含量、地下水及相关的农产品产量、生产成本、经济效益等项目实行长期动态监测，掌握水盐在土壤中的动态变化，预报预测土壤盐渍化，对改造治理措施的作用及其适用性做出评价，从而合理的采用适宜改造治理措施，有效地进行土壤盐渍化防治，确保农业和农村经济稳定发展。

西北区耕地质量等级图

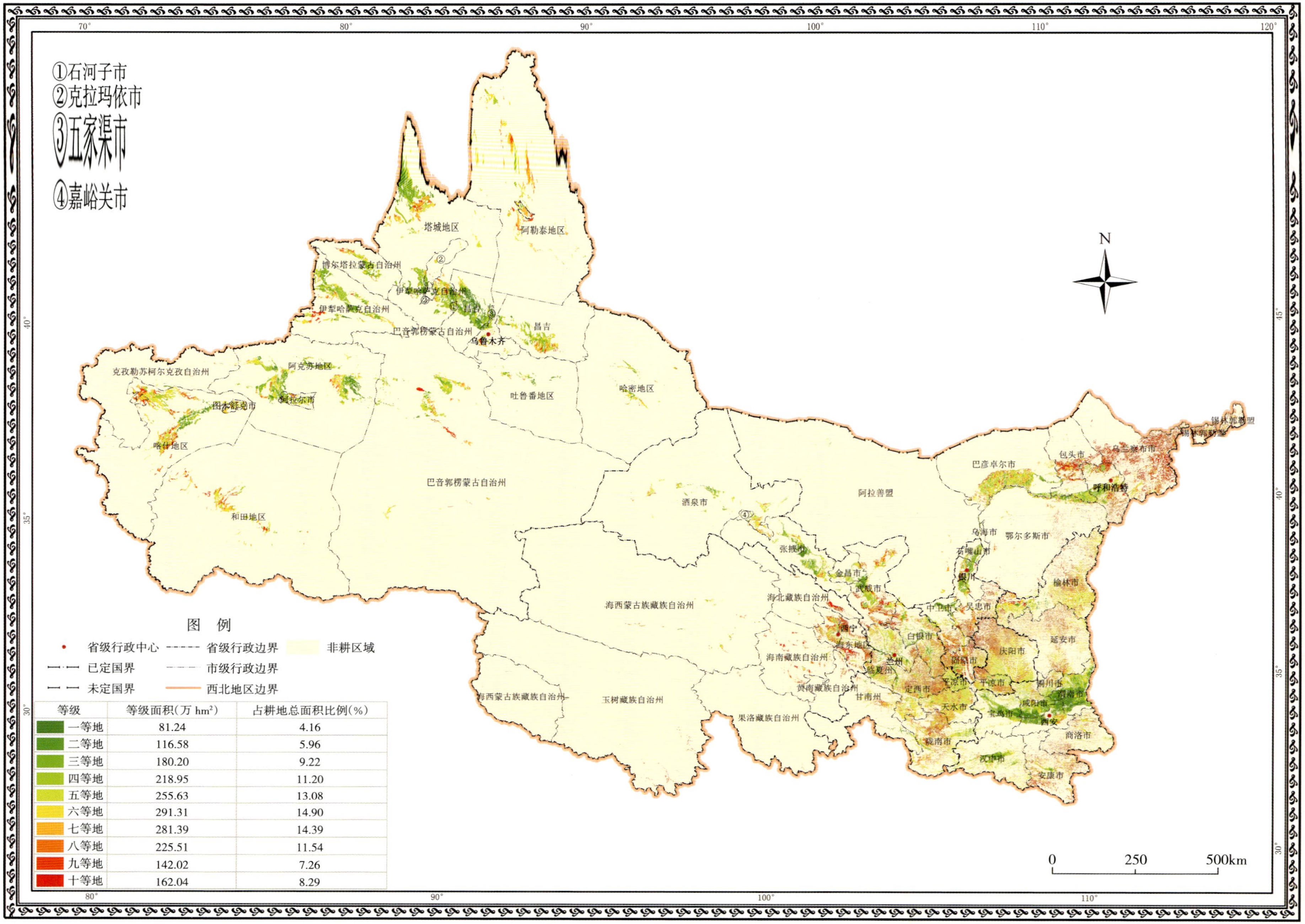

等级	等级面积(万 hm^2)	占耕地总面积比例(%)
一等地	81.24	4.16
二等地	116.58	5.96
三等地	180.20	9.22
四等地	218.95	11.20
五等地	255.63	13.08
六等地	291.31	14.90
七等地	281.39	14.39
八等地	225.51	11.54
九等地	142.02	7.26
十等地	162.04	8.29

全国农业技术推广服务中心
西北农林科技大学地理信息系统与遥感科学系

地理坐标系统：北京 1954 坐标系
制图时间：2016 年 12 月

西北区耕地土壤有效硼含量分布图

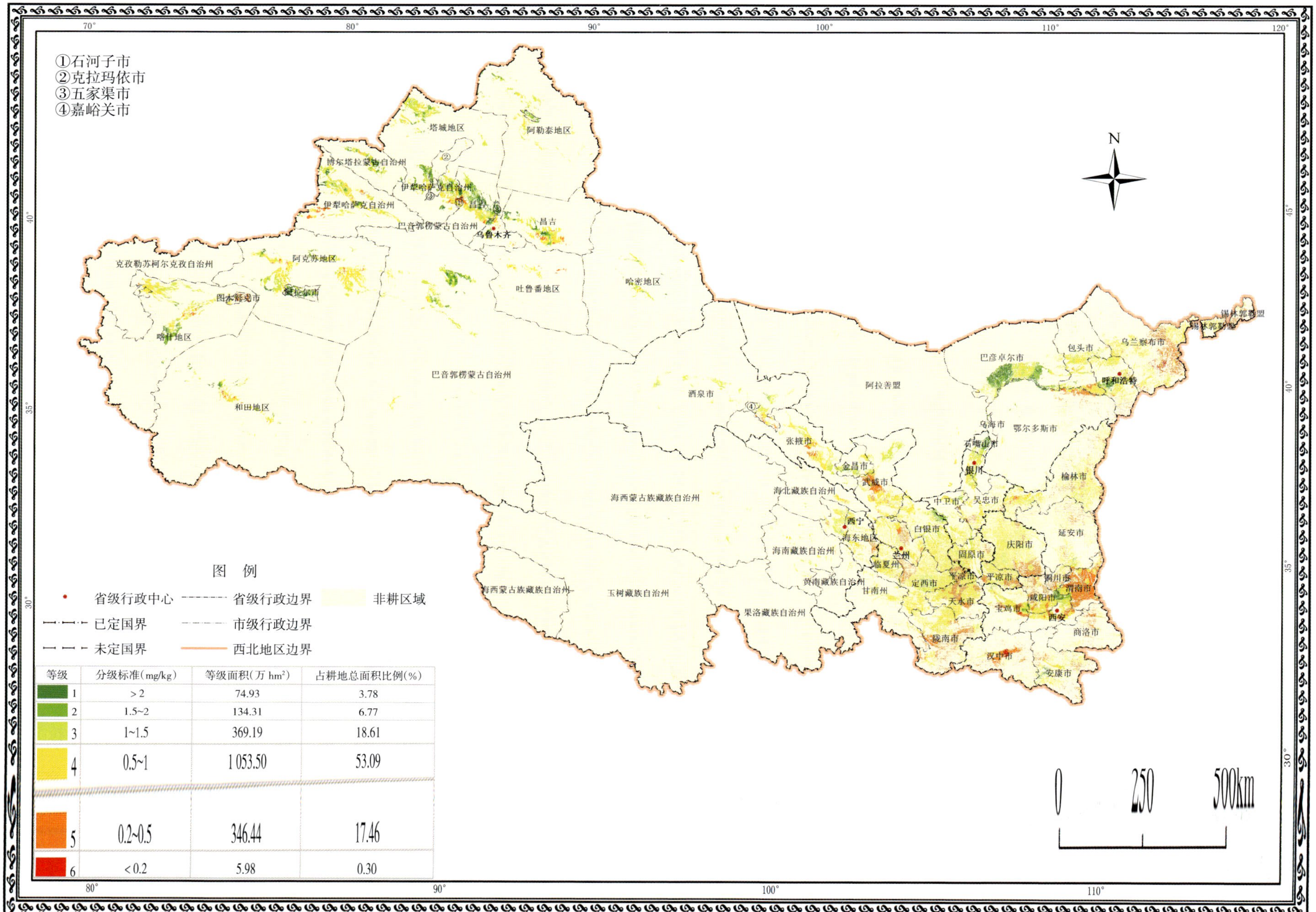

等级	分级标准(mg/kg)	等级面积(万 hm²)	占耕地总面积比例(%)
1	＞2	74.93	3.78
2	1.5~2	134.31	6.77
3	1~1.5	369.19	18.61
4	0.5~1	1 053.50	53.09
5	0.2~0.5	346.44	17.46
6	＜0.2	5.98	0.30

全国农业技术推广服务中心
西北农林科技大学地理信息系统与遥感科学系

地理坐标系统：北京 1954 坐标系
制图时间：2016 年 12 月

西北区耕地土壤有效硅含量分布图

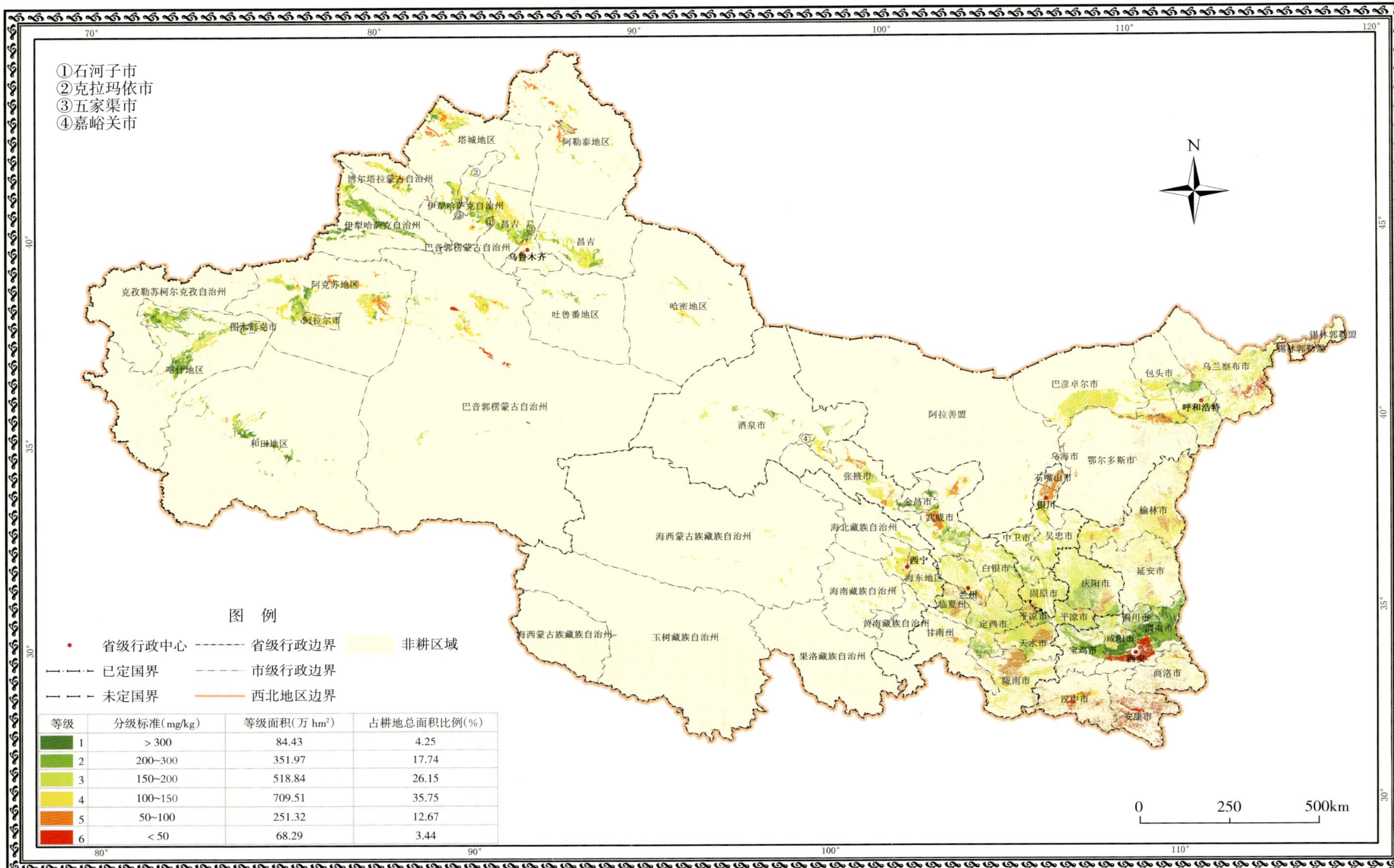

等级	分级标准(mg/kg)	等级面积(万 hm^2)	占耕地总面积比例(%)
1	> 300	84.43	4.25
2	200~300	351.97	17.74
3	150~200	518.84	26.15
4	100~150	709.51	35.75
5	50~100	251.32	12.67
6	< 50	68.29	3.44

全国农业技术推广服务中心
西北农林科技大学地理信息系统与遥感科学系

地理坐标系统：北京 1954 坐标系
制图时间：2016 年 12 月